Benedictus Spinoza

Ethica
Tractatus politicus.
Tractatus theologico-politicus

Latin text

Benedictus Spinoza - Opera

Ethica

E T H I C A

ORDINE GEOMETRICO DEMONSTRATA

ET IN QUINQUE PARTES DISTINCTA IN QUIBUS AGITUR

I. DE DEO.

II. DE NATURA ET ORIGINE MENTIS.

III. DE ORIGINE ET NATURA AFFECTUUM.

IV. DE SERVITUTE HUMANA SEU DE AFFECTUUM VIRIBUS.

V. DE POTENTIA INTELLECTUS SEU DE LIBERTATE HUMANA.

INDEX SCHEMATICUS
quaestionum quae in e t h i c e tractantur

9

P. 5. De potentia intellectus

Passionum remedia

ETHICES
PARS PRIMA
DE DEO.

DEFINITIONES.

I. Per *causam sui* intelligo id, cuius essentia involvit existentiam, sive id, cuius natura non potest concipi nisi existens.

II. Ea *res* dicitur i n *suo genere finita*, quae alia eiusdem naturae terminari potest. Ex. gr. corpus dicitur finitum, quia aliud semper maius concipimus. Sic cogitatio alia cogitatione terminatur. At corpus non terminatur cogitatione, nec cogitatio corpore.

III. Per *substantiam* intelligo id quod in se est et per se concipitur; hoc est id cuius conceptus non indiget conceptu alterius rei, a quo formari debeat.

IV. Per *attributum* intelligo id quod intellectus de substantia percipit tamquam eiusdem essentiam constituens.

V. Per *modum* intelligo substantiae affectiones, sive id quod in alio est, per quod etiam concipitur.

VI. Per *Deum* intelligo ens absolute infinitum, hoc est, substantiam constantem infinitis attributis, quorum unumquodque aeternam et infinitam essentiam exprimit.

EXPLICATIO. *Dico absolute infinitum, non autem in suo genere. Quicquid enim in suo genere tantum infinitum est, infinita de eo attributa negare possumus; quod autem absolute infinitum est, ad eius essentiam pertinet, quicquid essentiam exprimit et negationem nullam involvit.*

VII. Ea *res libera* licetur, quae ex sola suae naturae necessitate existit et a se sola ad agendum determinatur: *necessaria* autem, vel potius *coacta*, quae ab alio determinatur ad existendum et operandum certa ac determinata ratione.

VIII. Per *aeternitatem* intelligo ipsam existentiam, quatenus ex sola rei aeternae definitione necessario sequi concipitur.

11

EXPLICATIO. *Talis enim existentia, ut aeterna veritas, sicut rei essentia, concipitur, proptereaque per durationem aut tempus explicari non potest, tametsi duratio principio et fine carere concipiatur.*

AXIOMATA.

I. Omnia quae sunt vel in se vel in alio sunt.

II. Id quod per aliud non potest concipi, per se concipi debet.

III. Ex data causa determinata necessario sequitur effectus, et contra si nulla detur determinata causa, impossibile est ut effectus sequatur.

IV. Effectus cognitio a cognitione causae dependet et eandem involvit.

V. Quae nihil commune cum se invicem habent, etiam per se invicem intelligi non possunt, sive conceptus unius alterius conceptum non involvit.

VI. Idea vera debet cum suo ideato convenire.

VII. Quicquid ut non existens potest concipi, eius essentia non involvit existentiam.

PROPOSITIONES.

PROPOSITIO I. Substantia prior est natura suis affectionibus.

DEMONSTRATIO. Patet ex defin. 3. et 5.

PROPOSITIO II. Duae substantiae diversa attributa habentes nihil inter se commune habent.

DEMONSTRATIO. Patet etiam ex defin. 3. Unaquaeque enim in se debet esse et per se debet concipi, sive conceptus unius conceptum alterius non involvit.

PROPOSITIO III. Quae res nihil commune inter se habent, earum una alterius causa esse non potest.

DEMONSTRATIO. Si nihil commune cum se invicem habent, ergo (per axiom. 5.) nec per se invicem possunt intelligi, adeoque (per axiom. 4.) una alterius causa esse non potest. Q. E. D.

PROPOSITIO IV. Duae aut plures res distinctae vel inter se distinguuntur ex diversitate attributorum substantiarum, vel ex diversitate earundem affectionum.

DEMONSTRATIO. Omnia, quae sunt, vel in se, vel in alio sunt (per axiom. 1.), hoc est (per defin. 3. et 5.) extra intellectum nihil datur praeter substantias earumque affectiones. Nihil ergo extra intellectum datur, per quod plures res distingui inter se possunt praeter substantias, sive quod idem est (per defin. 4.) earum attributa earumque affectiones. Q. E. D.

PROPOSITIO V. In rerum natura non possunt dari duae aut plures substantiae eiusdem naturae sive attributi.

DEMONSTRATIO. Si darentur plures distinctae, deberent inter se distingui vel ex diversitate attributorum, vel ex diversitate affectionum (per prop. praeced.). Si tantum ex diversitate attributorum, concedetur ergo, non dari nisi unam eiusdem attributi. At si ex diversitate affectionum, cum substantia sit prior natura suis affectionibus (per prop. 1.), depositis ergo affectionibus et in se considerata, hoc est (per defin. 3. et axiom. 6.) vere considerata, non poterit concipi ab alia distingui, hoc est (per prop. praeced.) non poterunt dari plures, sed tantum una. Q. E. D.

PROPOSITIO VI. Una substantia non potest produci ab alia substantia.

DEMONSTRATIO. In rerum natura non possunt dari duae substantiae eiusdem attributi (per prop. praeced.), hoc est (per prop. 2.) quae aliquid inter se commune habent; adeoque (per prop. 3.) una alterius causa esse nequit, sive una ab alia non potest produci. Q. E. D.

COROLLARIUM. Hinc sequitur substantiam ab alio produci non posse. Nam in rerum natura nihil datur praeter substantias, earumque affectiones, ut patet ex axiom. 1. et defin. 3. et 5. Atqui a substantia produci non potest (per prop. praeced.). Ergo substantia absolute ab alio produci non potest. Q. E. D.

ALITER. Demonstratur hoc etiam facilius ex absurdo contradictorio. Nam si substantia ab alio posset produci, eius cognitio a cognitione suae causae deberet pendere (per axiom. 4.); adeoque (per defin. 3.) non esset substantia.

PROPOSITIO VII. Ad naturam substantiae pertinet existere.

DEMONSTRATIO. Substantia non potest produci ab alio (per coroll. prop. praeced.); erit itaque causa sui, id est (per defin. 1.) ipsius essentia involvit necessario existentiam, sive ad eius naturam pertinet existere. Q. E. D.

PROPOSITIO VIII. Omnis substantia est necessario infinita.

DEMONSTRATIO. Substantia unius attributi non nisi unica existit (per prop. 5.) et ad ipsius naturam pertinet existere (per prop. 7.). Erit ergo de ipsius natura vel finita vel infinita existere. At non finita. Nam (per defin. 2.) deberet terminari ab alia eiusdem naturae, quae etiam necessario deberet existere (per prop. 7.); adeoque darentur duae substantiae eiusdem attributi, quod est absurdum (per prop. 5.). Existit ergo infinita. Q. E. D.

SCHOLIUM I. Cum finitum esse revera sit ex parte negatio, et infinitum absoluta affirmatio existentiae alicuius naturae, sequitur ergo ex sola prop. 7. omnem substantiam debere esse infinitam.

SCHOLIUM II. Non dubito, quin omnibus, qui de rebus confuse iudicant, nec res per primas suas causas noscere consueverunt, difficile sit, demonstrationem prop. 7. concipere; nimirum quia non distinguunt inter modificationes substantiarum et ipsas substantias, neque sciunt, quomodo res producuntur. Unde fit, ut principium, quod res naturales habere vident, substantiis affingant. Qui enim veras rerum causas ignorant, omnia confundunt et sine ulla mentis repugnantia tam arbores, quam homines, loquentes fingunt et homines tam ex lapidibus quam ex semine formari et quascumque formas in alias quascumque mutari imaginantur. Sic etiam, qui naturam divinam cum humana confundunt, facile Deo affectus humanos tribuunt, praesertim quamdiu etiam ignorant, quomodo affectus in mente producuntur. Si autem homines ad naturam substantiae attenderent, minime de veritate prop. 7. dubitarent; imo haec prop. omnibus axioma esset et inter notiones communes numeraretur. Nam per *substantiam* intelligerent id quod in se est et per se concipitur, hoc est, id cuius cognitio non indiget cognitione alterius rei. Per *modificationes* autem id quod in alio est et quarum conceptus a conceptu rei, in qua sunt, formatur. Quocirca modificationum non existentium veras ideas possumus habere; quandoquidem, quamvis non existant actu extra intellectum, earum tamen essentia ita in alio comprehenditur, ut per idem concipi possint. Verum substantiarum veritas extra intellectum non est, nisi in se ipsis, quia per se concipiuntur. Si quis ergo diceret, se claram et distinctam, hoc est, veram ideam substantiae habere et nihilominus dubitare, num talis substantia existat, idem hercle esset, ac si diceret, se veram habere ideam et nihilominus dubitare, num falsa sit (ut satis attendenti fit manifestum); vel, si quis statuat, substantiam creari, simul statuit, ideam falsam factam esse veram, quo sane nihil absurdius concipi potest. Adeoque fatendum necessario est, substantiae existentiam, sicut eius essentiam, aeternam esse veritatem. Atque hinc alio modo concludere possumus, non dari nisi unicam eiusdem naturae; quod hic ostendere, operae pretium esse duxi. Ut autem hoc ordine faciam, notandum est, 1. veram uniuscuiusque rei definitionem nihil involvere, neque exprimere praeter rei definitae naturam. Ex quo sequitur hoc 2. nempe nullam definitionem certum aliquem numerum individuorum involvere, neque exprimere, quandoquidem nihil aliud exprimit, quam naturam rei definitae. Ex. gr. definitio trianguli nihil aliud exprimit, quam simplicem naturam trianguli; at non certum aliquem triangulorum numerum. 3. Notandum, dari necessario uniuscuiusque rei existentis certam aliquam causam, propter quam existit. 4. Denique notandum, hanc causam, propter quam aliqua res existit, vel debere contineri in ipsa natura et definitione rei existentis (nimirum quod ad ipsius naturam pertinet existere), vel debere extra ipsam dari. His positis sequitur, quod, si in natura certus aliquis numerus individuorum existat, debeat necessario dari causa, cur illa individua et cur non plura nec pauciora existunt. Si ex. gr. in rerum natura viginti homines existant (quos maioris perspicuitatis causa suppono simul existere, nec alios antea in natura exstitisse), non satis erit (ut scilicet rationem reddamus, cur viginti homines existant) causam naturae humanae in genere ostendere; sed insuper necesse erit, causam ostendere, cur non plures, nec pauciores, quam viginti existant; quandoquidem (per notam 3.) uniuscuiusque debet necessario dari causa, cur existat. At haec causa (per notam 2. et 3.) non potest in ipsa natura humana contineri, quandoquidem vera hominis definitio numerum vicenarium non involvit. Adeoque (per notam. 4.) causa, cur hi viginti homines existunt et consequenter cur unusquisque existit, debet necessario extra unumquemque dari et propterea absolute concludendum, omne id, cuius naturae plura individua existere possunt, debere necessario, ut existant, causam externam habere. Iam quoniam ad naturam substantiae (per iam ostensa in hoc schol.) pertinet existere, debet eius definitio necessariam existentiam involvere et consequenter ex sola eius definitione debet ipsius existentia concludi. At ex ipsius definitione (ut iam ex nota 2. et 3. ostendimus) non potest sequi plurium substantiarum existentia. Sequitur ergo ex ea necessario, unicam tantum eiusdem naturae existere, ut proponebatur.

PROPOSITIO IX. Quo plus realitatis aut esse unaquaeque res habet, eo plura attributa ipsi competunt.

DEMONSTRATIO. Patet ex defin. 4.

PROPOSITIO X. Unumquodque unius substantiae attributum per se concipi debet.

DEMONSTRATIO. Attributum enim est id quod intellectus de substantia percipit tamquam eius essentiam constituens (per defin. 4.); adeoque (per defin. 3.) per se concipi debet. Q. E. D.

SCHOLIUM. Ex his apparet, quod, quamvis duo attributa realiter distincta concipiantur, hoc est, unum sine ope alterius, non possumus tamen inde concludere, ipsa duo entia, sive duas diversas substantias constituere. Id enim est de natura substantiae, ut unumquodque eius attributorum per se concipiatur; quandoquidem omnia quae habet attributa simul in ipsa semper fuerunt, nec unum ab alio produci potuit; sed unumquodque realitatem sive esse substantiae exprimit. Longe ergo abest, ut absurdum sit, uni substantiae plura attributa tribuere; quin nihil in natura clarius, quam quod unumquodque ens sub aliquo attributo debeat concipi, et quo plus realitatis aut esse habeat, eo plura attributa, quae et necessitatem sive aeternitatem et infinitatem exprimunt, habeat; et consequenter nihil etiam clarius, quam quod ens absolute infinitum necessario sit definiendum (ut defin. 6. tradidimus) ens, quod constat infinitis attributis, quorum unumquodque aeternam et infinitam certam essentiam exprimit. Si quis autem iam quaerit, ex quo ergo signo diversitatem substantiarum poterimus dignoscere, legat sequentes propositiones, quae ostendunt in rerum natura non nisi unicam substantiam existere, eamque absolute infinitam esse, quapropter id signum frustra quaereretur.

PROPOSITIO XI. Deus, sive substantia constans infinitis attributis, quorum unumquodque aeternam et infinitam essentiam exprimit, necessario existit.

DEMONSTRATIO. Si negas, concipe, si fieri potest, Deum non existere. Ergo (per axiom. 7.) eius essentia non involvit existentiam. Atqui hoc (per prop. 7.) est absurdum. Ergo Deus necessario existit. Q. E. D.

ALITER. Cuiuscumque rei assignari debet causa seu ratio, tam cur existit, quam cur non existit. Ex. gr. si triangulus existit, ratio seu causa dari debet, cur existit; si autem non existit, ratio etiam seu causa dari debet, quae impedit quominus existat, sive quae eius existentiam tollat. Haec vero ratio seu causa vel in natura rei contineri debet, vel extra ipsam. Ex. gr. rationem, cur circulus quadratus non existat, ipsa eius natura indicat; nimirum, quia contradictionem involvit. Cur autem contra substantia existat, ex sola etiam eius natura sequitur, quia scilicet existentiam involvit (vide prop. 7.). At ratio, cur circulus vel triangulus existit, vel cur non existit, ex eorum natura non sequitur, sed ex ordine universae naturae corporeae. Ex eo enim sequi debet, vel iam triangulum necessario existere, vel impossibile esse ut iam existat. Atque haec per se manifesta sunt. Ex quibus sequitur, id necessario existere, cuius nulla ratio nec causa datur, quae impedit quominus existat. Si itaque nulla ratio nec causa dari possit, quae impedit quominus Deus existat, vel quae eius existentiam tollat, omnino concludendum est, eundem necessario existere. At si talis ratio seu causa daretur, ea vel in ipsa Dei natura, vel extra ipsam dari deberet, hoc est, in alia substantia alterius naturae. Nam si eiusdem naturae esset, eo ipso concederetur dari Deum. At substantia, quae alterius esset naturae, nihil cum Deo commune habere (per prop. 2.), adeoque neque eius existentiam ponere neque tollere posset. Cum igitur ratio seu causa, quae divinam existentiam tollat, extra divinam naturam dari non possit, debebit necessario dari, siquidem non existit, in ipsa eius natura, quae propterea contradictionem involveret. Atqui hoc de ente absolute infinito et summe perfecto affirmare, absurdum est; ergo nec in Deo, nec extra Deum ulla causa seu ratio datur, quae eius existentiam tollat, ac proinde Deus necessario existit. Q. E. D.

ALITER. Posse non existere impotentia est et contra posse existere potentia est (ut per se notum). Si itaque id, quod iam necessario existit, non nisi entia finita sunt, sunt ergo entia finita potentiora ente absolute infinito: atque hoc (ut per se notum) absurdum est. Ergo vel nihil existit, vel ens absolute infinitum necessario etiam existit. Atqui nos, vel in nobis, vel in alio, quod necessario existit, existimus (vid. axiom. 1. et prop. 7.). Ergo ens absolute infinitum, hoc est (per defin. 6.), Deus necessario existit. Q. E. D.

SCHOLIUM. In hac ultima demonstratione Dei existentiam a posteriori ostendere volui, ut demonstratio facilius perciperetur; non autem propterea, quod ex hoc eodem fundamento Dei existentia a priori non sequatur. Nam cum posse existere potentia sit, sequitur, quo plus realitatis alicuius rei naturae competit, eo plus virium a se habere, ut existat; adeoque ens absolute infinitum, sive Deum infinitam absolute potentiam existendi a se habere, qui propterea absolute existit. Multi tamen forsan non facile huius demonstrationis evidentiam videre poterunt, quia assueti sunt, eas solummodo res contemplari, quae a causis externis fluunt; et ex his, quae cito fiunt, hoc est, quae facile existunt, eas etiam facile perire vident et contra eas res factu difficiliores iudicant, hoc est, ad existendum non adeo faciles, ad quas plura pertinere concipiunt. Verum ut ab his praeiudiciis liberentur, non opus habeo hic ostendere, qua ratione hoc enunciatum: *quod cito fit, cito perit*, verum sit, nec etiam, an respectu totius naturae omnia aeque facilia sint, an secus. Sed hoc tantum notare sufficit, me hic non loqui de rebus, quae a causis externis fiunt, sed de solis substantiis, quae (per prop. 6.) a nulla causa externa produci possunt. Res enim, quae a causis externis fiunt, sive eae multis partibus constent sive paucis, quicquid perfectionis sive realitatis habent, id omne virtuti causae externae debetur, adeoque earum existentia ex sola perfectione causae externae, non autem suae oritur. Contra, quicquid substantia perfectionis habet, nulli causae externae debetur; quare eius etiam existentia ex sola eius natura sequi debet, quae proinde nihil aliud est, quam eius essentia. Perfectio igitur rei existentiam non tollit, sed contra ponit; imperfectio autem contra eandem tollit, adeoque de nullius rei existentia certiores esse possumus, quam de existentia entis absolute infiniti seu perfecti, hoc est, Dei. Nam quandoquidem eius essentia omnem imperfectionem secludit absolutamque perfectionem involvit, eo ipso omnem causam dubitandi de ipsius existentia tollit, summamque de eadem certitudinem dat, quod mediocriter attendenti perspicuum fore credo.

PROPOSITIO XII. Nullum substantiae attributum potest vere concipi, ex quo sequatur, substantiam posse dividi.

DEMONSTRATIO. Partes enim, in quas substantia sic concepta divideretur, vel naturam substantiae retinebunt, vel non. Si primum, tum (per prop. 8.) unaquaeque pars debebit esse infinita et (per prop. 6.) causa sui et (per prop. 5.) constare debebit ex diverso attributo, adeoque ex una substantia plures constitui poterunt, quod (per prop. 6.) est absurdum. Adde, quod partes (per prop. 2.) nihil commune cum suo toto haberent, et totum (per defin. 4. et prop. 10.) absque suis partibus et esse et concipi posset, quod absurdum esse, nemo dubitare poterit. Si autem secundum ponatur, quod scilicet partes naturam substantiae non retinebunt; ergo, cum tota substantia in aequales partes esset divisa, naturam substantiae amitteret et esse desineret, quod (per prop. 7.) est absurdum.

PROPOSITIO XIII. Substantia absolute infinita est indivisibilis.

DEMONSTRATIO. Si enim divisibilis esset, partes, in quas divideretur, vel naturam substantiae absolute infinitae retinebunt, vel non. Si primum, dabuntur ergo plures substantiae eiusdem naturae, quod (per prop. 5.) est absurdum. Si secundum ponatur, ergo (ut supra) poterit substantia absolute infinita desinere esse, quod (per prop. 11.) est etiam absurdum.

18

COROLLARIUM. Ex his sequitur, nullam substantiam et consequenter nullam substantiam corpoream, quatenus substantia est, esse divisibilem.

SCHOLIUM. Quod substantia sit indivisibilis, simplicius ex hoc solo intelligitur, quod natura substantiae non potest concipi nisi infinita et quod per partem substantiae nihil aliud intelligi potest, quam substantia finita, quod (per prop. 8.) manifestam contradictionem implicat.

PROPOSITIO XIV. Praeter Deum nulla dari neque concipi potest substantia.

DEMONSTRATIO. Cum Deus sit ens absolute infinitum, de quo nullum attributum, quod essentiam substantiae exprimit, negari potest (per defin. 6.), isque necessario existat (per prop. 11.), si aliqua substantia praeter Deum daretur, ea explicari deberet per aliquod attributum Dei, sicque duae substantiae eiusdem attributi existerent, quod (per prop. 5.) est absurdum; adeoque nulla substantia extra Deum dari potest et consequenter non etiam concipi. Nam si posset concipi, deberet necessario concipi, ut existens; atqui hoc (per primam partem huius demonst.) est absurdum. Ergo extra Deum nulla dari, neque concipi potest substantia. Q. E. D.

COROLLARIUM I. Hinc clarissime sequitur 1. Deum esse unicum, hoc est (per defin. 6.) in rerum natura non nisi unam substantiam dari, eamque absolute infinitam esse, ut in scholio prop. 10. iam innuimus.

COROLLARIUM II. Sequitur 2. rem extensam et rem cogitantem, vel Dei attributa esse, vel (per axiom. 1.) affectiones attributorum Dei.

PROPOSITIO XV. Quicquid est in Deo est, et nihil sine Deo esse neque concipi potest.

DEMONSTRATIO. Praeter Deum nulla datur neque concipi potest substantia (per prop. 14.), hoc est (per defin. 3.) res, quae in se est et per se concipitur. Modi autem (per defin. 5.) sine substantia nec esse, nec concipi possunt; quare hi in sola divina natura esse et per ipsam solam concipi possunt. Atqui praeter substantias et modos nil datur (per axiom. 1.). Ergo nihil sine Deo esse, neque concipi potest. Q. E. D.

SCHOLIUM. Sunt qui Deum instar hominis corpore et mente constantem atque passionibus obnoxium fingunt. Sed quam longe hi a vera Dei cognitione aberrent, satis ex iam demonstratis constat. Sed hos mitto. Nam omnes, qui naturam divinam aliquo modo contemplati sunt, Deum esse corporeum, negant. Quod etiam optime probant ex eo, quod per corpus intelligimus quamcumque quantitatem, longam, latam et profundam, certa aliqua figura terminatam, quo nihil absurdius de Deo, ente scilicet absolute infinito, dici potest. Attamen interim aliis rationibus, quibus hoc idem demonstrare conantur, clare ostendunt, se substantiam ipsam corpoream sive extensam a natura divina omnino removere, atque ipsam a Deo creatam statuunt. Ex qua autem divina potentia creari potuerit, prorsus ignorant; quod clare ostendit, illos id quod ipsimet dicunt, non intelligere. Ego saltem satis clare, meo quidem iudicio, demonstravi (vide coroll. prop. 6. et schol. 2. prop. 8.) nullam substantiam ab alio posse produci vel creari. Porro prop. 14. ostendimus, praeter Deum nullam dari neque concipi posse substantiam. Atque hinc conclusimus, substantiam extensam unum ex infinitis Dei attributis esse. Verum, ad pleniorem explicationem adversariorum argumenta refutabo, quae omnia huc redeunt. *Primo,* quod substantia corporea, quatenus substantia, constat, ut putant, partibus; et ideo eandem infinitam posse esse, et consequenter ad Deum pertinere posse negant. Atque hoc multis exemplis explicant, ex quibus unum, aut alterum afferam. Si substantia corporea, aiunt, est infinita, concipiatur in duas partes dividi; erit unaquaeque pars, vel finita, vel infinita. Si illud, componitur ergo infinitum ex duabus partibus finitis, quod est absurdum. Si hoc, datur ergo infinitum duplo maius alio infinito, quod etiam est absurdum. *Porro,* si quantitas infinita mensuratur partibus pedes aequantibus, infinitis talibus partibus constare debebit, ut et si partibus mensuretur digitos aequantibus; ac propterea unus numerus infinitus erit duodecies maior alio infinito. *Denique,* si ex uno puncto infinitae cuiusdam quantitatis concipiatur, duas lineas, ut AB, AC, certa ac determinata in initio distantia in infinitum protendi; certum est, distantiam inter B et C continuo augeri et tandem ex determinata indeterminabilem fore.

Cum igitur haec absurda sequantur, ut putant, ex eo, quod quantitas infinita supponitur: inde concludunt, substantiam corpoream debere esse finitam, et consequenter ad Dei essentiam non pertinere. Secundum argumentum petitur etiam a summa Dei perfectione. Deus enim, inquiunt, cum sit ens summe perfectum, pati non potest; atqui substantia corporea, quandoquidem divisibilis est, pati potest; sequitur ergo, ipsam ad Dei essentiam non pertinere. Haec sunt, quae apud scriptores invenio argumenta, quibus ostendere conantur, substantiam corpoream divina natura indignam esse, nec ad eandem posse pertinere. Verumenimvero si quis recte attendat, me ad haec iam respondisse comperiet; quandoquidem haec argumenta in eo tantum fundantur, quod substantiam corpoream ex partibus componi supponunt, quod iam (prop. 12. cum coroll. prop. 13.) absurdum esse ostendi. Deinde si quis rem recte perpendere velit, videbit, omnia illa absurda (siquidem omnia absurda sunt, de quo iam non disputo), ex quibus concludere volunt, substantiam extensam finitam esse, minime ex eo sequi, quod quantitas infinita supponatur, sed quod quantitatem infinitam mensurabilem et ex partibus finits conflari supponunt; quare ex absurdis, quae inde sequuntur, nihil aliud concludere possunt, quam quod quantitas infinita non sit mensurabilis et quod ex partibus finitis conflari non possit. Atque hoc idem est, quod nos supra (prop. 12. etc.) iam demonstravimus. Quare telum, quod in nos intendunt, in se ipsos revera coniiciunt. Si igitur ipsi ex suo hoc absurdo concludere tamen volunt, substantiam extensam debere esse finitam, nihil aliud hercle faciunt, quam si quis ex eo, quod finxit, circulum quadrati proprietates habere, concludit, circulum non habere centrum, ex quo omnes ad circumferentiam ductae lineae sunt aequales. Nam substantiam corpoream, quae non nisi infinita, non nisi unica et non nisi indivisibilis potest concipi (vid. prop. 8. 5. et 12.), eam ipsi ad concludendum, eandem esse finitam, ex partibus finitis conflari et multiplicem esse et divisibilem, concipiunt. Sic etiam alii, postquam fingunt, lineam ex punctis componi, multa sciunt invenire argumenta, quibus ostendant, lineam non posse in infinitum dividi. Et profecto non minus absurdum est ponere, quod substantia corporea ex corporibus sive partibus componatur, quam quod corpus ex superficiebus, superficies ex lineis, lineae denique ex punctis componantur. Atque hoc omnes, qui claram rationem infallibilem esse sciunt, fateri debent, et imprimis ii, qui negant, dari vacuum. Nam si substantia corporea ita posset dividi, ut eius partes realiter distinctae essent, cur ergo una pars non posset annihilari manentibus reliquis, ut ante, inter se connexis? et cur omnes ita aptari debent, ne detur vacuum? Sane rerum, quae realiter ab invicem distinctae sunt, una sine alia esse et in suo statu manere potest. Cum igitur vacuum in natura non detur (de quo alias), sed omnes partes ita concurrere debent, ne detur vacuum, sequitur hinc etiam, easdem non posse realiter distingui, hoc est, substantiam corpoream, quatenus substantia est, non posse dividi. Si quis tamen iam quaerat, cur nos ex natura ita propensi simus ad dividendam quantitatem? ei respondeo, quod quantitas duobus modis a nobis concipitur, abstracte scilicet sive superficialiter, prout nempe ipsam imaginamur, vel ut substantia, quod a solo intellectu fit. Si itaque ad quantitatem attendimus, prout in imaginatione est, quod saepe et facilius a nobis fit, reperietur finita, divisibilis et ex partibus conflata; si autem ad ipsam, prout in intellectu est, attendimus et eam, quatenus

21

substantia est, concipimus, quod difficillime fit, tum, ut iam satis demonstravimus, infinita, unica et indivisibilis reperietur. Quod omnibus, qui inter imaginationem et intellectum distinguere sciverint, satis manifestum erit; praecipue si ad hoc etiam attendatur, quod materia ubique eadem est, nec partes in eadem distinguuntur, nisi quatenus materiam diversimode affectam esse concipimus, unde eius partes modaliter tantum distinguuntur, non autem realiter. Ex. gr. aquam, quatenus aqua est, dividi concipimus eiusque partes ab invicem separari; at non, quatenus substantia est corporea; eatenus enim neque separatur neque dividitur. Porro aqua, quatenus aqua, generatur et corrumpitur; at, quatenus substantia, nec generatur, nec corrumpitur. Atque his me ad secundum argumentum etiam respondisse puto; quandoquidem id in eo etiam fundatur, quod materia, quatenus substantia, divisibilis sit et ex partibus confletur. Et quamvis hoc non esset, nescio, cur divina natura indigna esset, quandoquidem (per prop. 14.) extra Deum nulla substantia dari potest, a qua ipsa pateretur. Omnia, inquam, in Deo sunt et omnia, quae fiunt, per solas leges infinitae Dei naturae fiunt et ex necessitate eius essentiae (ut mox ostendam) sequuntur. Quare nulla ratione dici potest, Deum ab alio pati, aut substantiam extensam divina natura indignam esse; tametsi divisibilis supponatur, dummodo aeterna et infinita concedatur. Sed de his impraesentiarum satis.

PROPOSITIO XVI. **Ex necessitate divinae naturae infinita infinitis modis (hoc est, omnia, quae sub intellectum infinitum cadere possunt) sequi debent.**

DEMONSTRATIO. Haec propositio unicuique manifesta esse debet, si modo ad hoc attendat, quod ex data cuiuscumque rei definitione plures proprietates intellectus concludit, quae revera ex eadem (hoc est, ipsa rei essentia) necessario sequuntur et eo plures, quo plus realitatis rei definitio exprimit, hoc est, quo plus realitatis rei definitae essentia involvit. Cum autem natura divina infinita absolute attributa habeat (per defin. 6.), quorum etiam unumquodque infinitam essentiam in suo genere exprimit, ex eiusdem ergo necessitate infinita infinitis modis (hoc est, omnia, quae sub intellectum infinitum cadere possunt) necessario sequi debent. Q. E. D.

COROLLARIUM I. Hinc sequitur, Deum omnium rerum, quae sub intellectum infinitum cadere possunt, esse causam efficientem.

COROLLARIUM II. Sequitur 2. Deum causam esse per se, non vero per accidens.

COROLLARIUM III. Sequitur 3. Deum esse absolute causam primam.

PROPOSITIO XVII. Deus ex solis suae naturae legibus et a nemine coactus agit.

DEMONSTRATIO. Ex sola divinae naturae necessitate, vel (quod idem est) ex solis eiusdem naturae legibus, infinita absolute sequi, modo prop. 16. ostendimus; et prop. 15. demonstravimus, nihil sine Deo esse nec concipi posse, sed omnia in Deo esse. Quare nihil extra ipsum esse potest, a quo ad agendum determinetur vel cogatur; atque adeo Deus ex solis suae naturae legibus et a nemine coactus agit. Q. E. D.

COROLLARIUM I. Hinc sequitur 1. nullam dari causam, quae Deum extrinsece vel intrinsece praeter ipsius naturae perfectionem incitet ad agendum.

COROLLARIUM II. Sequitur 2. solum Deum esse causam liberam. Deus enim solus ex sola suae naturae necessitate existit (per prop. 11. et coroll. 1. prop. 14.), et ex sola suae naturae necessitate agit (per prop. praeced.). Adeoque (per defin. 7.) solus est causa libera. Q. E. D.

SCHOLIUM. Alii putant, Deum esse causam liberam, propterea quod potest, ut putant, efficere, ut ea, quae ex eius natura sequi diximus, hoc est, quae in eius potestate sunt, non fiant, sive ut ab ipso non producantur. Sed hoc idem est, ac si dicerent, quod Deus potest efficere, ut ex natura trianguli non sequatur, eius tres angulos aequales esse duobus rectis; sive ut ex data causa non sequatur effectus, quod est absurdum. Porro infra absque ope huius propositionis ostendam, ad Dei naturam neque intellectum, neque voluntatem pertinere. Scio equidem plures esse qui putant, se posse demonstrare, ad Dei naturam summum intellectum et liberam voluntatem pertinere; nihil enim perfectius cognoscere sese aiunt, quod Deo tribuere possunt, quam id quod in nobis summa est perfectio. Porro, tametsi Deum actu summe intelligentem concipiant, non tamen credunt, eum posse omnia, quae actu intelligit, efficere ut existant; nam se eo modo Dei potentiam destruere putant. Si omnia, inquiunt, quae in eius intellectu sunt, creavisset, nihil tum amplius creare potuisset, quod credunt Dei omnipotentiae repugnare; ideoque maluerunt Deum ad omnia indifferentem statuere, nec aliud creantem praeter id quod absoluta quadam voluntate decrevit creare. Verum ego me satis clare ostendisse puto (vid. prop. 16.), a summa Dei potentia, sive infinita natura infinita infinitis modis, hoc est, omnia necessario effluxisse, vel semper eadem necessitate sequi; eodem modo, ac ex natura trianguli ab aeterno et in aeternum sequitur, eius tres angulos aequari duobus rectis. Quare Dei omnipotentia actu ab aeterno fuit et in aeternum in eadem actualitate manebit. Et hoc modo Dei omnipotentia longe, meo quidem iudicio, perfectior statuitur. Imo adversarii Dei omnipotentiam (liceat aperte loqui) negare videntur. Coguntur enim fateri, Deum infinita creabilia intelligere, quae tamen nunquam creare poterit. Nam alias, si scilicet omnia quae intelligit crearet, suam iuxta ipsos exhauriret omnipotentiam et se imperfectum redderet. Ut igitur Deum perfectum statuant, eo rediguntur, ut simul statuere debeant, ipsum non posse omnia efficere, ad quae eius potentia se extendit; quo absurdius aut Dei omnipotentiae magis repugnans non video, quid fingi possit. Porro (ut de intellectu et voluntate, quos Deo communiter tribuimus, hic etiam aliquid dicam) si ad aeternam Dei essentiam intellectus scilicet et voluntas pertinent, aliud sane per utrumque hoc attributum intelligendum est, quam quod vulgo solent homines. Nam intellectus et voluntas, qui Dei essentiam constituerent, a nostro intellectu et voluntate toto coelo differre deberent, nec in ulla re, praeterquam in nomine, convenire possent; non aliter scilicet, quam inter se conveniunt canis signum coeleste, et canis animal latrans. Quod sic demonstrabo. Si intellectus ad divinam naturam pertinet, non poterit, uti noster intellectus, posterior (ut plerisque placet), vel simul natura esse cum rebus intellectis, quandoquidem Deus omnibus rebus prior est causalitate (per coroll. 1. prop. 16.); sed contra veritas et formalis rerum essentia ideo talis est, quia talis in Dei intellectu existit obiective. Quare Dei intellectus, quatenus Dei essentiam constituere concipitur, est revera causa rerum tam earum essentiae, quam earum existentiae; quod ab iis videtur etiam fuisse animadversum, qui Dei intellectum, voluntatem et potentiam unum et idem esse asseruerunt. Cum itaque Dei intellectus sit unica rerum causa, videlicet (ut ostendimus) tam earum essentiae, quam earum existentiae, debet ipse necessario ab iisdem differre tam ratione essentiae, quam ratione existentiae. Nam causatum differt a sua causa praecise in eo, quod a causa habet. Ex. gr. homo est causa existentiae, non vero essentiae alterius hominis (est enim haec aeterna veritas); et ideo secundum essentiam prorsus convenire possunt, in existendo autem differre debent; et propterea, si unius existentia pereat, non ideo alterius peribit; sed, si unius essentia destrui posset et fieri falsa, destrueretur etiam alterius essentia. Quapropter res, quae et essentiae et existentiae alicuius effectus est causa, a tali effectu differre debet tam ratione essentiae, quam ratione existentiae. Atqui Dei intellectus est et essentiae et existentiae nostri intellectus causa; ergo Dei intellectus, quatenus divinam essentiam constituere concipitur, a nostro intellectu tam ratione essentiae, quam ratione existentiae differt, nec in ulla re, praeterquam in nomine, cum eo convenire potest, ut volebamus. Circa voluntatem eodem modo proceditur, ut facile unusquisque videre potest.

PROPOSITIO XVIII. Deus est omnium rerum causa immanens, non vero transiens.

DEMONSTRATIO. Omnia quae sunt in Deo sunt et per Deum concipi debent (per prop. 15.), adeoque (per coroll. 1. prop. 16.) Deus rerum, quae in ipso sunt, est causa; quod est primum. Deinde extra Deum nulla potest dari substantia (per prop. 14.), hoc est (per defin. 3.) res, quae extra Deum in se sit; quod erat secundum. Deus ergo est omnium rerum causa immanens, non vero transiens. Q. E. D.

PROPOSITIO XIX. Deus sive omnia Dei attributa sunt aeterna.

DEMONSTRATIO. Deus enim (per defin. 6.) est substantia, quae (per prop. 11.) necessario existit, hoc est (per prop. 7.) ad cuius naturam pertinet existere, sive (quod idem est) ex cuius definitione sequitur ipsum existere, adeoque (per defin. 8.) est aeternus. Deinde per Dei attributa intelligendum est id quod (per defin. 4.) divinae substantiae essentiam exprimit, hoc est, id quod ad substantiam pertinet; id ipsum, inquam, ipsa attributa involvere debent. Atqui ad naturam substantiae (ut iam ex prop. 7. demonstravi) pertinet aeternitas; ergo unumquodque attributorum aeternitatem involvere debet, adeoque omnia sunt aeterna. Q. E. D.

SCHOLIUM. Haec propositio quam clarissime etiam patet ex modo, quo (prop. 11.) Dei existentiam demonstravi. Ex ea, inquam, demonstratione constat, Dei existentiam, sicut eius essentiam, aeternam esse veritatem. Deinde princip. philos. Cartesii P. 1. prop. 19. alio etiam modo Dei aeternitatem demonstravi, nec opus est eum hic repetere.

PROPOSITIO XX. Dei existentia eiusque essentia unum et idem sunt.

DEMONSTRATIO. Deus (per anteced. prop.) eiusque omnia attributa sunt aeterna, hoc est (per defin. 8.) unumquodque eius attributorum existentiam exprimit. Eadem ergo Dei attributa, quae (per defin. 4.) Dei aeternam essentiam explicant, eius simul aeternam existentiam explicant, hoc est, illud ipsum, quod essentiam Dei constituit, constituit simul ipsius existentiam; adeoque haec et ipsius essentia unum et idem sunt. Q. E. D.

COROLLARIUM I. Hinc sequitur 1. Dei existentiam, sicut eius essentiam, aeternam esse veritatem.

COROLLARIUM II. Sequitur 2. Deum, sive omnia Dei attributa esse immutabilia. Nam, si ratione existentiae mutarentur, deberent etiam (per prop. praeced.) ratione essentiae mutari, hoc est (ut per se notum) ex veris falsa fieri; quod est absurdum.

PROPOSITIO XXI. Omnia, quae ex absoluta natura alicuius attributi Dei sequuntur, semper et infinita existere debuerunt, sive per idem attributum aeterna et infinita sunt.

DEMONSTRATIO. Concipe, si fieri potest (siquidem neges), aliquid in aliquo Dei attributo ex ipsius absoluta natura sequi, quod finitum sit et determinatam habeat existentiam sive durationem, ex. gr. ideam Dei in cogitatione. At cogitatio, quandoquidem Dei attributum supponitur, est necessario (per prop. 11.) sua natura infinita. Verum quatenus ipsa ideam Dei habet, finita supponitur. At (per defin. 2.) finita concipi non potest, nisi per ipsam cogitationem determinetur; sed non per ipsam cogitationem, quatenus ideam Dei constituit (eatenus enim finita supponitur esse); ergo per cogitationem, quatenus ideam Dei non constituit, quae tamen (per prop. 11.) necessario existere debet. Datur igitur cogitatio non constituens ideam Dei, ac propterea ex eius natura, quatenus est absoluta cogitatio, non sequitur necessario idea Dei (concipitur enim ideam Dei constituens et non constituens); quod est contra hypothesin. Quare si idea Dei in cogitatione, aut aliquid (perinde est, quicquid sumatur, quandoquidem demonstratio universalis est) in aliquo Dei attributo ex necessitate absolutae naturae ipsius attributi sequatur, id debet necessario esse infinitum; quod erat primum.

Deinde id, quod ex necessitate naturae alicuius attributi ita sequitur, non potest determinatam habere existentiam sive durationem. Nam si neges, supponatur res, quae ex necessitate naturae alicuius attributi sequitur, dari in aliquo Dei attributo, ex. gr. idea Dei in cogitatione, eaque supponatur aliquando non exstitisse, vel non exstitura. Cum autem cogitatio Dei attributum supponatur, debet et necessario et immutabilis existere (per prop. 11. et coroll. 2. prop. 20.). Quare ultra limites durationis ideae Dei (supponitur enim aliquando non exstitisse, aut non exstitura) cogitatio sine idea Dei existere debebit; atqui hoc est contra hypothesin; supponitur enim, ex data cogitatione necessario sequi ideam Dei. Ergo idea Dei in cogitatione, aut aliquid quod necessario ex absoluta natura alicuius attributi Dei sequitur, non potest determinatam habere durationem, sed per idem attributum aeternum est; quod erat secundum. Nota, hoc idem esse affirmandum de quacumque re, quae in aliquo Dei attributo ex Dei absoluta natura necessario sequitur.

PROPOSITIO XXII. Quicquid ex aliquo Dei attributo, quatenus modificatum est tali modificatione, quae et necessario et infinita per idem existit, sequitur, debet quoque et necessario et infinitum existere.

DEMONSTRATIO. Huius propositionis demonstratio procedit eodem modo, ac demonstratio praecedentis.

PROPOSITIO XXIII. Omnis modus, qui et necessario et infinitus existit, necessario sequi debuit vel ex absoluta natura alicuius attributi Dei, vel ex aliquo attributo modificato modificatione, quae et necessario et infinita existit.

DEMONSTRATIO. Modus enim in alio est, per quod concipi debet (per defin. 5.), hoc est (per prop. 15.) in solo Deo est et per solum Deum concipi potest. Si ergo modus concipitur necessario existere et infinitus esse, utrumque hoc debet necessario concludi sive percipi per aliquod Dei attributum, quatenus idem concipitur infinitatem et necessitatem existentiae, sive (quod per defin. 8. idem est) aeternitatem exprimere, hoc est (per defin. 6. et prop. 19.) quatenus absolute consideratur. Modus ergo, qui et necessario et infinitus existit, ex absoluta natura alicuius Dei attributi sequi debuit; hocque vel immediate (de quo prop. 21.) vel mediante aliqua modificatione, quae ex eius absoluta natura sequitur, hoc est (per prop. praeced.) quae et necessario et infinita existit. Q. E. D.

PROPOSITIO XXIV. Rerum a Deo productarum essentia non involvit existentiam.

DEMONSTRATIO. Patet ex defin. 1. Id enim, cuius natura (in se scilicet considerata) involvit existentiam, causa est sui et ex sola suae naturae necessitate existit.

COROLLARIUM. Hinc sequitur, Deum non tantum esse causam, ut res incipiant existere; sed etiam, ut in existendo perseverent, sive (ut termino scholastico utar) Deum esse causam essendi rerum. Nam sive res existant, sive non existant, quotiescumque ad earum essentiam attendimus, eandem nec existentiam nec durationem involvere comperimus; adeoque earum essentia neque suae existentiae, neque suae durationis potest esse causa, sed tantum Deus, ad cuius solam naturam pertinet existere (per coroll. 1. prop. 14.).

PROPOSITIO XXV. Deus non tantum est causa efficiens rerum existentiae, sed etiam essentiae.

DEMONSTRATIO. Si negas, ergo rerum essentiae Deus non est causa; adeoque (per axiom. 4.) potest rerum essentia sine Deo concipi.

27

Atqui hoc (per prop. 15.) est absurdum. Ergo rerum etiam essentiae Deus est causa. Q.. E. D.

SCHOLIUM. Haec propositio clarius sequitur ex prop. 16. Ex ea enim sequitur, quod ex data natura divina tam rerum essentia quam existentia debeat necessario concludi; et, ut verbo dicam, eo sensu, quo Deus dicitur causa sui, etiam omnium rerum causa dicendus est, quod adhuc clarius ex sequenti corollario constabit.

COROLLARIUM. Res particulares nihil sunt nisi Dei attributorum affectiones, sive modi, quibus Dei attributa certo et determinato modo exprimuntur. Demonstratio patet ex prop. 15. et defin. 5.

PROPOSITIO XXVI. Res, quae ad aliquid operandum determinata est, a Deo necessario sic fuit determinata; et quae a Deo non est determinata, non potest se ipsam ad operandum determinare.

DEMONSTRATIO. Id, per quod res determinatae ad aliquid operandum dicuntur, necessario quid positivum est (ut per se notum). Adeoque, tam eius essentiae, quam existentiae, Deus ex necessitate suae naturae est causa efficiens (per prop. 25. et 16.); quod erat primum. Ex quo etiam, quod secundo proponitur, clarissime sequitur. Nam si res, quae a Deo determinata non est, se ipsam determinare posset, prima pars huius falsa esset, quod est absurdum, ut ostendimus.

PROPOSITIO XXVII. Res, quae a Deo ad aliquid operandum determinata est, se ipsam indeterminatam reddere non potest.

DEMONSTRATIO. Haec propositio patet ex axiom. 3.

PROPOSITIO XXVIII. Quodcumque singulare, sive quaevis res quae finita est et determinatam habet existentiam, non potest existere nec ad operandum determinari, nisi ad existendum et operandum determinetur ab alia causa, quae etiam finita est et determinatam habet existentiam; et rursus haec causa non potest etiam existere neque ad operandum determinari, nisi ab alia, quae etiam finita est et determinatam habet existentiam, determinetur ad existendum et operandum, et sic in infinitum.

DEMONSTRATIO. Quicquid determinatum est ad existendum et operandum, a Deo sic determinatum est (per prop. 26. et coroll. prop. 24.). At id, quod finitum est et determinatam habet existentiam, ab absoluta natura alicuius Dei attributi produci non potuit; quicquid enim ex absoluta natura alicuius Dei attributi sequitur, id infinitum et aeternum est (per prop. 21.). Debuit ergo ex Deo, vel aliquo eius attributo sequi, quatenus aliquo modo affectum consideratur; praeter enim substantiam et modos nil datur (per axiom. 1. et defin. 3. et 5.) et modi (per coroll. prop. 25.) nihil sunt, nisi Dei attributorum affectiones. At ex Deo vel aliquo eius attributo, quatenus affectum est modificatione, quae aeterna et infinita est, sequi etiam non potuit (per prop. 22.). Debuit ergo sequi, vel ad existendum et operandum determinari a Deo, vel aliquo eius attributo, quatenus modificatum est modificatione, quae finita est et determinatam habet existentiam. Quod erat primum. Deinde haec rursus causa, sive hic modus (per eandem rationem, qua primam partem huius iam iam demonstravimus) debuit etiam determinari ab alia, quae etiam finita est et determinatam habet existentiam et rursus haec ultima (per eandem rationem) ab alia, et sic semper (per eandem rationem) in infinitum. Q. E. D.

SCHOLIUM. Cum quaedam a Deo immediate produci debuerunt, videlicet ea quae ex absoluta eius natura necessario sequuntur, et alia mediantibus his primis, quae tamen sine Deo nec esse, nec concipi possunt; hinc sequitur 1. quod Deus sit rerum immediate ab ipso productarum causa absolute proxima; non vero in suo genere, ut aiunt. Nam Dei effectus sine sua causa nec esse nec concipi possunt (per prop. 15. et coroll. prop. 24.). Sequitur 2. quod Deus non potest proprie dici causa esse remota rerum singularium, nisi forte ea de causa, ut scilicet has ab iis, quas immediate produxit, vel potius, quae ex absoluta eius natura sequuntur, distinguamus. Nam per causam remotam talem intelligimus, quae cum effectu nullo modo coniuncta est. At omnia quae sunt in Deo sunt et a Deo ita dependent, ut sine ipso nec esse, nec concipi possint.

PROPOSITIO XXIX. In rerum natura nullum datur contingens, sed omnia ex necessitate divinae naturae determinata sunt ad certo modo existendum et operandum.

DEMONSTRATIO. Quicquid est, in Deo est (per prop. 15.). Deus autem non potest dici res contingens. Nam (per prop. 11.) necessario, non vero contingenter existit. Modi deinde divinae naturae ex eadem etiam necessario, non vero contingenter secuti sunt (per prop. 16.); idque vel quatenus divina natura absolute (per prop. 21.), vel quatenus certo modo ad agendum determinata consideratur (per prop. 27.). Porro horum modorum Deus non tantum est causa, quatenus simpliciter existunt (per coroll. prop. 24.), sed etiam (per prop. 26.), quatenus ad aliquid operandum determinati considerantur. Quod si a Deo (per eand. prop.) determinati non sint, impossibile, non vero contingens est, ut se ipsos determinent; et contra (per prop. 27.) si a Deo determinati sint, impossibile, non vero contingens est, ut se ipsos indeterminatos reddant. Quare omnia ex necessitate divinae naturae determinata sunt, non tantum ad existendum, sed etiam ad certo modo existendum et operandum, nullumque datur contingens. Q. E. D.

SCHOLIUM. Antequam ulterius pergam, hic quid nobis per *natuam naturantem* et quid per *naturam naturatam* intelligendum sit, explicare volo, vel potius monere. Nam ex antecedentibus iam constare existimo, nempe, quod per *naturam naturantem* nobis intelligendum est id quod in se est et per se concipitur, sive talia substantiae attributa, quae aeternam et infinitam essentiam exprimunt, hoc est (per coroll. 1. prop. 14. et coroll. 2. prop. 17.) Deus, quatenus ut causa libera consideratur. Per *naturatam* autem intelligo id omne quod ex necessitate Dei naturae sive uniuscuiusque Dei attributorum sequitur, hoc est, omnes Dei attributorum modos, quatenus considerantur ut res, quae in Deo sunt et quae sine Deo nec esse nec concipi possunt.

PROPOSITIO XXX. Intellectus actu finitus aut actu infinitus Dei attributa Deique affectiones comprehendere debet et nihil aliud.

DEMONSTRATIO. Idea vera debet convenire cum suo ideato (per axiom. 6.), hoc est (ut per se notum) id, quod in intellectu obiective continetur, debet necessario in natura dari. Atqui in natura (per coroll. 1. prop. 14.) non nisi una substantia datur, nempe Deus, nec ullae aliae affectiones (per prop. 15.) quam quae in Deo sunt et quae (per eandem prop.) sine Deo nec esse, nec concipi possunt. Ergo intellectus actu finitus aut actu infinitus Dei attributa Deique affectiones comprehendere debet et nihil aliud. Q. E. D.

PROPOSITIO XXXI. Intellectus actu, sive is finitus sit sive infinitus, ut et voluntas, cupiditas, amor etc. ad naturam naturatam, non vero ad naturantem referri debent.

DEMONSTRATIO. Per intellectum enim (ut per se notum) non intelligimus absolutam cogitationem, sed certum tantum modum cogitandi, qui modus ab aliis, scilicet cupiditate, amore etc. differt, adeoque (per defin. 5.) per absolutam cogitationem concipi debet; nempe (per prop. 15. et defin. 6.) per aliquod Dei attributum, quod aeternam et infinitam cogitationis essentiam exprimit, ita concipi debet, ut sine ipso nec esse nec concipi possit. Ac propterea (per schol. prop. 29.) ad naturam naturatam, non vero naturantem referri debet, ut etiam reliqui modi cogitandi. Q. E. D.

SCHOLIUM. Ratio, cur hic loquar de intellectu actu, non est, quia concedo, ullum dari intellectum potentia; sed quia omnem confusionem vitare cupio, nolui loqui nisi de re nobis quam clarissime percepta, de ipsa scilicet intellectione, qua nihil nobis clarius percipitur. Nihil enim intelligere possumus, quod ad perfectiorem intellectionis cognitionem non conducat.

PROPOSITIO XXXII. Voluntas non potest vocari causa libera, sed tantum necessaria.

DEMONSTRATIO. Voluntas certus tantum cogitandi modus est, sicuti intellectus; adeoque (per prop. 28.) unaquaeque volitio non potest existere, neque ad operandum determinari, nisi ab alia causa determinetur, et haec rursus ab alia, et sic porro in infinitum. Quod si voluntas infinita supponatur, debet etiam ad existendum et operandum determinari a Deo, non quatenus substantia absolute infinita est, sed quatenus attributum habet, quod infinitam et aeternam cogitationis essentiam exprimit (per prop. 23.). Quocumque igitur modo sive finita sive infinita concipiatur, causam requirit, a qua ad existendum et operandum determinetur; adeoque (per defin. 7.) non potest dici causa libera, sed tantum necessaria vel coacta. Q. E. D.

COROLLARIUM I. Hinc sequitur 1. Deum non operari ex libertate voluntatis.

COROLLARIUM II. Sequitur 2. voluntatem et intellectum ad Dei naturam ita sese habere, ut motus et quies, et absolute, ut omnia naturalia, quae (per prop. 29.) a Deo ad existendum et operandum certo modo determinari debent. Nam voluntas, ut reliqua omnia, causa indiget, a qua ad existendum et operandum certo modo determinetur. Et quamvis ex data voluntate sive intellectu infinita sequantur, non tamen propterea Deus magis dici potest ex libertate voluntatis agere, quam propter ea, quae ex motu et quiete sequuntur (infinita enim ex his etiam sequuntur), dici potest ex libertate motus et quietis agere. Quare voluntas ad Dei naturam non magis pertinet, quam reliqua naturalia, sed ad ipsam eodem modo sese habet, ut motus et quies et omnia reliqua, quae ostendimus ex necessitate divinae naturae sequi, et ab eadem ad existendum et operandum certo modo determinari.

PROPOSITIO XXXIII. Res nullo alio modo, neque alio ordine a Deo produci potuerunt, quam productae sunt.

DEMONSTRATIO. Res enim omnes ex data Dei natura necessario secutae sunt (per prop. 16.), et ex necessitate naturae Dei determinatae sunt ad certo modo existendum et operandum (per prop. 29.). Si itaque res alterius naturae potuissent esse, vel alio modo ad operandum determinari, ut naturae ordo alius esset, ergo Dei etiam natura alia posset esse, quam iam est; ac proinde (per prop. 11.) illa etiam deberet existere et consequenter duo, vel plures possent dari dii; quod (per coroll. 1. prop. 14.) est absurdum. Quapropter res nullo alio modo, neque alio ordine etc. Q. E. D.

SCHOLIUM I. Quoniam his luce meridiana clarius ostendi, nihil absolute in rebus dari, propter quod contingentes dicantur, explicare iam paucis volo, quid nobis per *contingens* erit intelligendum; sed prius, quid per *necessarium* et *impossibile*. Res aliqua *necessaria* dicitur vel ratione suae essentiae vel ratione causae. Rei enim alicuius existentia vel ex ipsius essentia et definitione, vel ex data causa efficiente necessario sequitur. Deinde his etiam de causis res aliqua *impossibilis* dicitur; nimirum quia vel ipsius essentia seu definitio contradictionem involvit, vel quia nulla causa externa datur ad talem rem producendam determinata. At res aliqua nulla alia de causa *contingens* dicitur, nisi respectu defectus nostrae cognitionis. Res enim, cuius essentiam contradictionem involvere ignoramus, vel de qua probe scimus, eandem nullam contradictionem involvere, et tamen de ipsius existentia nihil certo affirmare possumus, propterea quod ordo causarum nos latet, ea nunquam nec ut necessaria nec ut impossibilis videri nobis potest; ideoque eandem vel contingentem vel possibilem vocamus.

SCHOLIUM II. Ex praecedentibus clare sequitur, res summa perfectione a Deo fuisse productas, quandoquidem ex data perfectissima natura necessario secutae sunt. Neque hoc Deum ullius arguit imperfectionis; ipsius enim perfectio hoc nos affirmare coegit. Imo ex huius contrario clare sequeretur (ut modo ostendi), Deum non esse summe perfectum; nimirum quia, si res alio modo fuissent productae, Deo alia natura esset tribuenda diversa ab ea, quam ex consideratione entis perfectissimi coacti sumus ei tribuere. Verum non dubito, quin multi hanc sententiam ut absurdam explodant, nec animum ad eandem perpendendam instituere velint; idque nulla alia de causa, quam quia Deo aliam libertatem assueti sunt tribuere, longe diversam ab illa, quae a nobis (defin. 7.) tradita est, videlicet absolutam voluntatem. Verum neque etiam dubito, si rem meditari vellent, nostrarumque demonstrationum seriem recte secum perpendere, quin tandem talem libertatem, qualem iam Deo tribuunt, non tantum ut nugatoriam, sed ut magnum scientiae obstaculum plane reiiciant. Nec opus est ut ea, quae in schol. prop. 17. dicta sunt, hic repetam. Attamen in eorum gratiam adhuc ostendam, quod, quamvis concedatur, voluntatem ad Dei essentiam pertinere, ex eius perfectione nihilominus sequatur, res nullo alio potuisse modo neque ordine a Deo creari; quod facile erit ostendere, si prius consideremus id quod ipsimet concedunt, videlicet ex solo Dei decreto et voluntate pendere, ut unaquaeque res id quod est sit; nam alias Deus omnium rerum causa non esset. Deinde quod omnia Dei decreta ab aeterno ab ipso Deo sancita fuerunt. Nam alias imperfectionis et inconstantiae argueretur. At cum in aeterno non detur *quando, ante,* nec *post,* hinc, ex sola scilicet Dei perfectione, sequitur, Deum aliud decernere nunquam posse nec unquam potuisse; sive Deum ante sua decreta non fuisse, nec sine ipsis esse posse. At dicent, quod, quamvis supponeretur, quod Deus aliam rerum naturam fecisset, vel quod ab aeterno aliud de natura eiusque ordine decrevisset, nulla inde in Deo sequeretur imperfectio. Verum si hoc dicant, concedent simul, Deum posse sua mutare decreta. Nam si Deus de natura eiusque ordine aliud, quam decrevit, decrevisset, hoc est, ut aliud de natura voluisset et concepisset, alium necessario quam iam habet intellectum, et aliam quam iam habet voluntatem habuisset. Et si Deo alium intellectum aliamque voluntatem tribuere licet absque ulla eius essentiae eiusque perfectionis mutatione; quid causae est, cur iam non possit sua de rebus creatis decreta mutare et nihilominus aeque perfectus manere? Eius enim intellectus et voluntas circa res creatas et earum ordinem in respectu suae essentiae et perfectionis perinde est quomodocumque concipiatur. Deinde omnes quos vidi philosophi concedunt, nullum in Deo dari intellectum potentia, sed tantum actu. Cum autem et eius intellectus et eius voluntas ab eiusdem essentia non distinguantur, ut etiam omnes concedunt; sequitur ergo hinc etiam, quod, si Deus alium intellectum actu habuisset et aliam voluntatem, eius etiam essentia alia necessario esset; ac proinde (ut a principio conclusi) si aliter res, quam iam sunt, a Deo productae essent, Dei intellectus eiusque voluntas, hoc est (ut conceditur) eius essentia alia esse deberet; quod est absurdum.

Cum itaque res nullo alio modo nec ordine a Deo produci potuerit, et hoc verum esse ex summa Dei perfectione sequatur; nulla profecto sana ratio persuadere nobis potest, ut credamus, quod Deus noluerit omnia, quae in suo intellectu sunt, eadem illa perfectione, qua ipsa intelligit, creare. At dicent, in rebus nullam esse perfectionem neque imperfectionem, sed id quod in ipsis est, propter quod perfectae sunt aut imperfectae, et bonae aut malae dicuntur, a Dei tantum voluntate pendere; atque adeo si Deus voluisset, potuisset efficere, ut id quod iam perfectio est, summa esset imperfectio, et contra. Verum quid hoc aliud esset, quam aperte affirmare, quod Deus, qui id quod vult necessario intelligit, sua voluntate efficere potest, ut res alio modo, quam intelligit, intelligat? Quod (ut modo ostendi) magnum est absurdum. Quare argumentum in ipsos retorquere possum, hoc modo: „Omnia a Dei potestate pendent. Ut res itaque aliter se habere possint, necessario Dei voluntas aliter se habere etiam deberet; atqui Dei voluntas aliter se habere nequit (ut modo ex Dei perfectione evidentissime ostendimus);

ergo neque res aliter se habere possunt." Fateor, hanc opinionem, quae omnia indifferenti cuidam Dei voluntati subiicit et ab ipsius beneplacito omnia pendere statuit, minus a vero aberrare, quam illorum, qui statuunt, Deum omnia sub ratione boni agere. Nam hi aliquid extra Deum videntur ponere, quod a Deo non dependet, ad quod Deus tamquam ad exemplar in operando attendit, vel ad quod tamquam ad certum scopum collimat. Quod profecto nihil aliud est, quam Deum fato subiicere, quo nihil de Deo absurdius statui potest, quem ostendimus tam omnium rerum essentiae, quam earum existentiae primam et unicam liberam causam esse. Quare non est, ut in hoc absurdo refutando tempus consumam.

PROPOSITIO XXXIV. Dei potentia est ipsa ipsius essentia.

DEMONSTRATIO. Ex sola enim necessitate Dei essentiae sequitur, Deum esse causam sui (per prop. 11.) et (per prop. 16. eiusque coroll. 1.) omnium rerum. Ergo potentia Dei, qua ipse et omnia sunt et agunt, est ipsa ipsius essentia. Q. E. D.

PROPOSITIO XXXV. Quicquid concipimus in Dei potestate esse, id necessario est.

DEMONSTRATIO. Quicquid enim in Dei potestate est, id (per prop. praeced.) in eius essentia ita debet comprehendi, ut ex ea necessario sequatur, adeoque necessario est. Q. E. D.

PROPOSITIO XXXVI. Nihil existit, ex cuius natura aliquis effectus non sequatur.

DEMONSTRATIO. Quicquid existit, Dei naturam sive essentiam certo et determinato modo exprimit (per coroll. prop. 25.), hoc est (per prop. 34.) quicquid existit, Dei potentiam, quae omnium rerum causa est, certo et determinato modo exprimit, adeoque (per prop. 16.) ex eo aliquis effectus sequi debet. Q. E. D.

APPENDIX. His Dei naturam, eiusque proprietates explicui, ut quod *necessario existat*; quod *sit unicus*; quod *ex sola suae naturae necessitate sit et agat*; quod *sit omnium rerum causa libera et quomodo*; quod *omnia in Deo sint et ab ipso ita pendeant, ut sine ipso nec esse nec concipi possint*; et denique quod *omnia a Deo fuerint praedeterminata*, non quidem ex libertate voluntatis, sive absoluto beneplacito, sed *ex absoluta Dei natura, sive infinita potentia*. Porro ubicumque data fuit occasio, praeiudicia, quae impedire poterant, quominus meae demonstrationes perciperentur, amovere curavi. Sed quia non pauca adhuc restant praeiudicia, quae etiam, imo maxime impedire poterant et possunt, quominus homines rerum concatenationem eo quo ipsam explicui

34

modo amplecti possint, eadem hic ad examen rationis vocare operae pretium duxi. Et quoniam omnia, quae hic indicare suscipio, praeiudicia pendent ab hoc uno, quod scilicet communiter supponant homines, omnes res naturales ut ipsos propter finem agere; imo ipsum Deum omnia ad certum aliquem finem dirigere, pro certo statuant (dicunt enim, Deum omnia propter hominem fecisse, hominem autem, ut ipsum coleret): hoc igitur unum prius considerabo, quaerendo scilicet, *primo* causam, cur plerique hoc in praeiudicio acquiescant et omnes natura adeo propensi sint ad idem amplectendum, *deinde* eiusdem falsitatem ostendam et *tandem*, quomodo ex hoc orta sint praeiudicia de *bono* et *malo, merito* et *peccato, laude* et *vituperio, ordine* et *confusione, pulchritudine* et *deformitate* et de aliis huius generis. Verum, haec ab humanae mentis natura deducere, non est huius loci. Satis hic erit, si pro fundamento id capiam, quod apud omnes debet esse in confesso; nempe hoc, quod omnes homines rerum causarum ignari nascuntur, et quod omnes appetitum habent suum utile quaerendi, cuius rei sunt conscii. Ex his enim sequitur primo, quod homines se liberos esse opinentur, quandoquidem suarum volitionum suique appetitus sunt conscii, et de causis, a quibus disponuntur ad appetendum et volendum, quia earum sunt ignari, nec per somnium cogitant. Sequitur secundo, homines omnia propter finem agere, videlicet propter utile, quod appetunt. Unde fit, ut semper rerum peractarum causas finales tantum scire expetant, et ubi ipsas audiverint, quiescant; nimirum, quia nullam habent causam ulterius dubitandi. Sin autem easdem ex alio audire nequeant, nihil iis restat, nisi ut ad semet se convertant, et ad fines, a quibus ipsi ad similia determinari solent, reflectant; et sic ex suo ingenio ingenium alterius necessario iudicant. Porro cum in se et extra se non pauca reperiant media, quae ad suum utile assequendum non parum conducant, ut ex. gr. oculos ad videndum, dentes ad masticandum, herbas et animantia ad alimentum, solem ad illuminandum, mare ad alendum pisces etc., hinc factum, ut omnia naturalia tamquam ad suum utile media considerent; et quia illa media ab ipsis inventa, non autem parata esse sciunt, hinc causam credendi habuerunt, aliquem alium esse, qui illa media in eorum usum paraverit. Nam postquam res ut media consideraverunt, credere non potuerunt, easdem se ipsas fecisse; sed ex mediis, quae sibi ipsi parare solent, concludere debuerunt, dari aliquem vel aliquos naturae rectores humana praeditos libertate, qui ipsis omnia curaverint et in eorum usum omnia fecerint. Atque horum etiam ingenium, quandoquidem de eo nunquam quid audiverant, ex suo iudicare debuerunt; atque hinc statuerunt, deos omnia in hominum usum dirigere, ut homines sibi devinciant et in summo ab iisdem honore habeantur. Unde factum, ut unusquisque diversos Deum colendi modos ex suo ingenio excogitaverit, ut Deus eos supra reliquos diligeret et totam naturam in usum caecae illorum cupiditatis et insatiabilis avaritiae dirigeret. Atque ita hoc praeiudicium in superstitionem versum est et altas in mentibus egit radices; quod in causa fuit, ut unusquisque maximo conatu omnium rerum *causas finales* intelligere, easque explicare studeret. Sed dum quaesiverunt ostendere, naturam nihil frustra (hoc est, quod in usum hominum non sit) agere, nihil aliud videntur ostendisse, quam naturam deosque aeque ac homines delirare. Vide quaeso, quo res tandem evasit! Inter tot naturae commoda non pauca reperire debuerunt incommoda, tempestates scilicet, terrae motus, morbos etc., atque haec statuerunt propterea evenire, quod dii irati essent ob iniurias sibi ab hominibus factas, sive ob peccata in suo cultu commissa; et quamvis experientia in dies reclamaret et infinitis exemplis ostenderet, commoda atque incommoda piis aeque ac impiis promiscue evenire, non ideo ab inveterato praeiudicio destiterunt. Facilius enim iis fuit, hoc inter alia incognita, quorum usum ignorabant, ponere et sic praesentem suum et innatum statum ignorantiae retinere, quam totam illam fabricam destruere et novam excogitare. Unde pro certo statuerunt, deorum iudicia humanum captum longissime superare: quae sane unica fuisset causa, ut veritas humanum genus in aeternum lateret, nisi mathesis, quae non circa fines, sed tantum circa figurarum essentias et proprietates versatur, aliam veritatis normam hominibus ostendisset. Et praeter mathesin aliae etiam adsignari possunt causae (quas hic enumerare supervacaneum est), a quibus fieri potuit, ut homines communia haec praeiudicia animadverterent et in veram rerum cognitionem ducerentur.

His satis explicui id, quod *primo loco* promisi. Ut iam autem ostendam, naturam finem nullum sibi praefixum habere, et omnes causas finales nihil nisi humana esse figmenta, non opus est multis. Credo enim id iam satis constare tam ex fundamentis et causis, unde hoc praeiudicium originem suam traxisse ostendi, quam ex prop. 16. et coroll. 1. et 2. prop. 32., et praeterea ex iis omnibus, quibus ostendi, omnia naturae aeterna quadam necessitate summaque perfectione procedere. Hoc tamen adhuc addam, nempe, hanc de fine doctrinam naturam omnino evertere. Nam id quod revera causa est, ut effectum considerat, et contra; deinde id quod natura prius est, facit posterius; et denique id quod supremum et perfectissimum est, reddit imperfectissimum. Nam (duobus prioribus omissis, quia per se manifesta sunt) ut ex prop. 21. 22. et 23. constat, ille effectus perfectissimus est, qui a Deo immediate producitur, et quo aliquid pluribus causis intermediis indiget ut producatur, eo imperfectius est.

At si res, quae immediate a Deo productae sunt, ea de causa factae essent, ut Deus finem assequeretur suum, tum necessario ultimae, quarum de causa priores factae sunt, omnium praestantissimae essent. Deinde haec doctrina Dei perfectionem tollit; nam, si Deus propter finem agit, aliquid necessario appetit, quo caret. Et quamvis theologi et methapysici distinguant inter finem indigentiae et finem assimilationis, fatentur tamen Deum omnia propter se, non vero propter res creandas egisse; quia nihil ante creationem praeter Deum assignare possunt, propter quod Deus ageret; adeoque necessario fateri coguntur, Deum iis, propter quae media parare voluit, caruisse, eaque cupivisse, ut per se clarum. Nec hic praetereundum est, quod huius doctrinae sectatores, qui in assignandis rerum finibus suum ingenium ostentare voluerunt, ad hanc suam doctrinam probandam novum attulerunt modum argumentandi, reducendo scilicet non ad impossibile, sed ad ignorantiam; quod ostendit nullum aliud fuisse huic doctrinae argumentandi medium. Nam si ex. gr. ex culmine aliquo lapis in alicuius caput ceciderit eumque interfecerit, hoc modo demonstrabunt, lapidem ad hominem interficiendum cecidisse; ni enim eum in finem Deo id volente ceciderit, quomodo tot circumstantiae (saepe enim multae simul concurrunt) casu concurrere potuerunt? Respondebis fortasse, id ex eo, quod ventus flavit et quod homo illac iter habebat, evenisse. At instabunt: cur ventus illo tempore flavit? cur homo illo eodemque tempore illac iter habebat? Si iterum respondeas, ventum tum ortum, quia mare praecedenti die tempore adhuc tranquillo agitari inceperat, et quod homo ab amico invitatus fuerat; instabunt iterum, quia nullus rogandi finis: cur autem mare agitabatur? cur homo in illud tempus invitatus fuit? Et sic porro causarum causas rogare non cessabunt, donec ad Dei voluntatem, hoc est, ignorantiae asylum confugeris. Sic etiam, ubi corporis humani fabricam vident, stupescunt et ex eo, quod tantae artis causas ignorant, concludunt, eandem non mechanica, sed divina vel supernaturali arte fabricari, talique modo constitui, ut una pars alteram non laedat. Atque hinc fit, ut qui miraculorum causas veras quaerit, quique res naturales ut doctus intelligere, non autem ut stultus admirari studet, passim pro haeretico et impio habeatur et proclametur ab iis, quos vulgus tamquam naturae deorumque interpretes adorat. Nam sciunt, quod sublata ignorantia stupor, hoc est, unicum argumentandi, tuendaeque suae auctoritatis medium, quod habent, tollitur. Sed haec relinquo et ad id, quod *tertio* loco hic agere constitui, pergo.

Postquam homines sibi persuaserunt, omnia quae fiunt propter ipsos fieri; id in unaquaque re praecipuum iudicare debuerunt quod ipsis utilissimum, et illa omnia praestantissima aestimare, a quibus optime afficiebantur. Unde has formare debuerunt notiones, quibus rerum naturas explicarent, scilicet *bonum, malum, ordinem, confusionem, calidum, frigidum, pulchritudinem* et *deformitatem* etc.; et quia se liberos existimant, inde hae notiones ortae sunt, scilicet *laus* et *vituperium, peccatum* et *meritum*. Sed has infra, postquam de natura humana egero, illas autem hic breviter explicabo. Nempe id omne, quod ad valetudinem et Dei cultum conducit, *bonum*; quod autem iis contrarium est, *malum* vocaverunt. Et quia ii, qui rerum naturam non intelligunt, sed res tantummodo imaginantur, nihil de rebus affirmant sed res tantummodo imaginantur et imaginationem pro intellectu capiunt, ideo *ordinem* in rebus esse firmiter credunt rerum suaeque naturae ignari. Nam cum ita sint dispositae, ut, cum nobis per sensus repraesentantur, eas facile imaginari et consequenter earum facile recordari possimus, easdem *bene ordinatas*, si vero contra, ipsas male ordinatas, sive *confusas* esse dicimus. Et quoniam ea nobis prae ceteris grata sunt, quae facile imaginari possumus, ideo homines ordinem confusioni praeferunt; quasi ordo aliquid in natura praeter respectum ad nostram imaginationem esset; dicuntque Deum omnia ordine creasse, et hoc modo ipsi nescientes Deo imaginationem tribuunt; nisi velint forte, Deum humanae imaginationi providentem res omnes eo disposuisse modo, quo ipsas facillime imaginari possent; nec moram forsan iis iniiciet, quod infinita reperiantur, quae nostram imaginationem longe superant, et plurima, quae ipsam propter eius imbecillitatem confundunt. Sed de hac re satis. Ceterae deinde notiones etiam praeter imaginandi modos, quibus imaginatio diversimode afficitur, nihil sunt, et tamen ab ignaris tamquam praecipua rerum attributa considerantur; quia, ut iam diximus, res omnes propter ipsos factas esse credunt, et rei alicuius naturam bonam vel malam, sanam vel putridam et corruptam dicunt, prout ab eadem afficiuntur. Ex. gr. si motus, quem nervi ab obiectis per oculos repraesentatis accipiunt, valetudini conducat, obiecta, a quibus causatur, *pulchra* dicuntur, quae autem contrarium motum cient, *deformia*. Quae deinde per nares sensum movent, odorifera vel faetida vocant, quae per linguam, dulcia aut amara, sapida aut insipida etc.; quae autem per tactum, dura aut mollia, aspera aut laevia, etc. Et quae denique aures movent, strepitum, sonum vel harmoniam edere dicuntur, quorum postremum homines adeo dementavit, ut Deum etiam harmonia delectari crederent. Nec desunt philosophi, qui sibi persuaserint, motus coelestes harmoniam componere. Quae omnia satis ostendunt, unumquemque pro dispositione cerebri de rebus iudicasse, vel potius imaginationis affectiones pro rebus accepisse. Quare non mirum est (ut hoc etiam obiter notemus), quod inter homines tot, quot experimur, controversiae ortae sint, ex quibus tandem scepticismus. Nam, quamvis humana corpora in multis conveniant, in plurimis tamen discrepant, et ideo id quod uni bonum, alteri malum videtur; quod uni ordinatum, alteri confusum; quod uni gratum, alteri ingratum est; et sic de ceteris, quibus hic supersedeo, cum quia huius loci non est de his ex professo agere, tum quia hoc omnes satis experti sunt. Omnibus enim in ore est: quot capita, tot sensus[1], suo quemque sensu abundare, non minora cerebrorum, quam palatorum esse discrimina; quae sententiae satis ostendunt, homines pro dispositione cerebri de rebus iudicare, resque potius imaginari, quam intelligere. Res enim si intellexissent, illae omnes teste mathesi, si non allicerent, ad minimum convincerent.

Videmus itaque omnes notiones, quibus vulgus solet naturam explicare, modos esse tantummodo imaginandi, nec ullius rei naturam, sed tantum imaginationis constitutionem indicare; et quia nomina habent, quasi essent entium, extra imaginationem existentium, eadem entia non rationis, sed imaginationis voco; atque adeo omnia argumenta, quae contra nos ex similibus notionibus petuntur, facile propulsari possunt. Solent enim multi sic argumentari: si omnia ex necessitate perfectissimae Dei naturae sunt consecuta, unde ergo tot imperfectiones in natura ortae? Videlicet rerum corruptio ad faetorem usque, rerum deformitas, quae nauseam moveat, confusio, malum, peccatum etc. Sed, ut modo dixi, facile confutantur. Nam rerum perfectio ex sola earum natura et potentia est aestimanda; nec ideo res magis aut minus perfectae sunt, propterea quod hominum sensum delectant vel offendunt, quod humanae naturae conducunt, vel quod eidem repugnant. Iis autem, qui quaerunt: cur Deus omnes homines non ita creavit, ut solo rationis ductu gubernarentur? nihil aliud respondeo, quam: quia ei non defuit materia ad omnia ex summo nimirum ad infimum perfectionis gradum creanda; vel magis proprie loquendo: quia ipsius naturae leges adeo amplae fuerunt, ut sufficerent ad omnia quae ab aliquo infinito intellectu concipi possunt producenda, ut prop. 16. demonstravi. Haec sunt, quae hic notare suscepi praeiudicia. Si quaedam huius farinae adhuc restant, poterunt eadem ab unoquoque mediocri meditatione emendari.

---

[1] Terentius, Phormio 454 *Me.*

ETHICES
PARS SECUNDA
DE NATURA ET ORIGINE MENTIS.

———

PRAEFATIO.

Transeo iam ad ea explicanda, quae ex Dei, sive entis aeterni et infiniti essentia necessario debuerunt sequi. Non quidem omnia (infinita enim infinitis modis ex ipsa debere sequi P. 1. prop. 16. demonstravimus), sed ea solummodo, quae nos ad *mentis humanae* eiusque summae beatitudinis cognitionem quasi manu ducere possunt.

DEFINITIONES.

I. Per *corpus* intelligo modum, qui Dei essentiam, quatenus ut res extensa consideratur, certo et determinato modo exprimit. Vide P. 1. prop. 25. coroll.

II. Ad *essentiam* alicuius rei id pertinere dico, quo dato res necessario ponitur et quo sublato res necessario tollitur; vel id, sine quo res, et vice versa quod sine re nec esse nec concipi potest.

III. Per *ideam* intelligo mentis conceptum, quem mens format, propterea quod res est cogitans.

EXPLICATIO. *Dico potius conceptum, quam perceptionem, quia perceptionis nomen indicare videtur, mentem ab obiecto pati. At conceptus actionem mentis exprimere videtur.*

IV. Per *ideam adaequatam* intelligo ideam, quae, quatenus in se sine relatione ad obiectum consideratur, omnes verae ideae proprietates sive denominationes intrinsecas habet.

EXPLICATIO. *Dico intrinsecas, ut illam secludam, quae extrinseca est, nempe convenientiam ideae cum suo ideato.*

V. *Duratio* est indefinita existendi continuatio.

EXPLICATIO. *Dico indefinitam, quia per ipsam rei existentis naturam determinari nequaquam potest, neque etiam a causa efficiente, quae scilicet rei existentiam necessario ponit, non autem tollit.*

VI. Per *realitatem et perfectionem* idem intelligo.

VII. Per *res singulares*i ntelligo res, quae finitae sunt et determinatam habent existentiam. Quod si plura individua in una actione ita concurrant, ut omnia simul unius effectus sint causa, eadem omnia eatenus ut unam rem singularem considero.

AXIOMATA.

I. Hominis essentia non involvit necessariam existentiam, hoc est, ex naturae ordine tam fieri potest, ut hic et ille homo existat, quam ut non existat.

II. Homo cogitat.

III. Modi cogitandi, ut amor, cupiditas, vel quicumque nomine affectus animi insigniuntur, non dantur nisi in eodem individuo detur idea rei amatae, desideratae, etc. At idea dari potest, quamvis nullus alius detur cogitandi modus.

IV. Nos corpus quoddam multis modis affici sentimus.

V. Nullas res singulares praeter corpora et cogitandi modos sentimus, nec percipimus.

Postulata vide post prop. 13.

PROPOSITIONES.

PROPOSITIO I. *Cogitatio* **attributum Dei est, sive Deus est res cogitans.**

DEMONSTRATIO. Singulares cogitationes sive haec et illa cogitatio modi sunt, qui Dei naturam certo et determinato modo exprimunt (per coroll. prop. 25. P. 1.). Competit ergo Deo (per defin. 5. P. 1.) attributum, cuius conceptum singulares omnes cogitationes involvunt, per quod etiam concipiuntur. Est igitur cogitatio unum ex infinitis Dei attributis, quod Dei aeternam et infinitam essentiam exprimit (vide defin. 6. P. 1.), sive Deus est res cogitans. Q.E.D.

SCHOLIUM. Patet etiam haec propositio ex hoc, quod nos possumus ens cogitans infinitum concipere. Nam quo plura ens cogitans potest cogitare, eo plus realitatis sive perfectionis idem continere concipimus. Ergo ens, quod infinita infinitis modis cogitare potest, est necessario virtute cogitandi infinitum. Cum itaque ad solam cogitationem attendendo ens infinitum concipiamus, est necessario

41

(per defin. 4. et 6. P. 1.) cogitatio unum ex infinitis Dei attributis, ut volebamus.

PROPOSITIO II. *Extensio* attributum Dei est, sive Deus est res extensa.

DEMONSTRATIO. Huius eodem modo procedit, ac demonstratio praeced. prop.

PROPOSITIO III. In Deo datur necessario idea tam eius essentiae, quam omnium, quae ex ipsius essentia necessario sequuntur.

DEMONSTRATIO. Deus enim (per prop. 1. huius) infinita infinitis modis cogitare, sive (quod idem est per prop. 16. P. 1.) ideam suae essentiae et omnium, quae necessario ex ea sequuntur, formare potest. Atqui omne id, quod in Dei potestate est, necessario est (per prop. 35. P. 1.). Ergo datur necessario talis idea, et (per prop. 15. P. 1.) non nisi in Deo. Q.E.D.

SCHOLIUM. Vulgus per Dei potentiam intelligit Dei liberam voluntatem et ius in omnia quae sunt, quaeque propterea communiter ut contingentia considerantur. Deum enim potestatem omnia destruendi habere dicunt et in nihilum redigendi. Dei porro potentiam cum potentia regum saepissime comparant. Sed hoc in coroll. 1. et 2. prop. 32. P. 1. refutavimus; et prop. 16. P. 1. ostendimus, Deum eadem necessitate agere, qua se ipsum intelligit; hoc est, sicuti ex necessitate divinae naturae sequitur (sicut omnes uno ore statuunt), ut Deus se ipsum intelligat, eadem etiam necessitate sequitur, ut Deus infinita infinitis modis agat. Deinde prop. 34. P. 1. ostendimus, Dei potentiam nihil esse, praeterquam Dei actuosam essentiam; adeoque tam nobis impossibile est concipere, Deum non agere, quam Deum non esse. Porro si haec ulterius persequi liberet, possem hic etiam ostendere, potentiam illam, quam vulgus Deo affingit, non tantum humanam esse (quod ostendit Deum hominem, vel instar hominis a vulgo concipi), sed etiam impotentiam involvere. Sed nolo de eadem re toties sermonem instituere. Lectorem solummodo iterum atque iterum rogo, ut quae in P. 1. ex prop. 16. usque ad finem de hac re dicta sunt, semel atque iterum perpendat. Nam nemo ea quae volo percipere recte poterit, nisi magnopere caveat, ne Dei potentiam cum humana regum potentia vel iure confundat.

PROPOSITIO IV. Idea Dei, ex qua infinita infinitis modis sequuntur, unica tantum esse potest.

DEMONSTRATIO. Intellectus infinitus nihil praeter Dei attributa eiusque affectiones comprehendit (per prop. 30. P. 1.). Atqui Deus est unicus (per coroll. 1. prop. 14. P. 1.). Ergo idea Dei, ex qua infinita infinitis modis sequuntur, unica tantum esse potest. Q.E.D.

PROPOSITIO V. Esse formale idearum Deum, quatenus tantum ut res cogitans consideratur, pro causa agnoscit et non, quatenus alio attributo explicatur; hoc est, tam Dei attributorum, quam rerum singularium ideae non ipsa ideata sive res perceptas pro causa efficiente agnoscunt, sed ipsum Deum, quatenus est res cogitans.

DEMONSTRATIO. Patet quidem ex prop. 3. huius. Ibi enim concludebamus, Deum ideam suae essentiae et omnium, quae ex ea necessario sequuntur, formare posse ex hoc solo, nempe quod Deus est res cogitans, et non ex eo, quod sit suae ideae obiectum. Quare esse formale idearum Deum, quatenus est res cogitans, pro causa agnoscit. Sed aliter hoc modo demonstratur. Esse formale idearum modus est cogitandi (ut per se notum), hoc est (per coroll. prop. 25. P. 1.) modus, qui Dei naturam, quatenus est res cogitans, certo modo exprimit, adeoque (per prop. 10. P. 1.) nullius alterius attributi Dei conceptum involvit, et consequenter (per axiom. 4. P. 1.) nullius alterius attributi, nisi cogitationis, est effectus. Adeoque esse formale idearum Deum, quatenus tantum ut res cogitans consideratur etc. Q.E.D.

PROPOSITIO VI. Cuiuscumque attributi modi Deum, quatenus tantum sub illo attributo, cuius modi sunt, et non quatenus sub ullo alio consideratur, pro causa habent.

DEMONSTRATIO. Unumquodque enim attributum per se absque alio concipitur (per prop. 10. P. 1.). Quare uniuscuiusque attributi modi conceptum sui attributi, non autem alterius involvunt; adeoque (per axiom. 4. P. 1.) Deum, quatenus tantum sub illo attributo, cuius modi sunt, et non, quatenus sub ullo alio consideratur, pro causa habent. Q.E.D.

COROLLARIUM. Hinc sequitur, quod esse formale rerum, quae modi non sunt cogitandi, non sequitur ideo ex divina natura, quia res prius cognovit; sed eodem modo eademque necessitate res ideatae ex suis attributis consequuntur et concluduntur, ac ideas ex attributo cogitationis consequi ostendimus.

PROPOSITIO VII. Ordo et connexio idearum idem est, ac ordo et connexio rerum.

DEMONSTRATIO. Patet ex axiom. 4. P. 1. Nam cuiuscumque causati idea a cognitione causae, cuius est effectus, dependet.

COROLLARIUM. Hinc sequitur, quod Dei cogitandi potentia aequalis est ipsius actuali agendi potentiae; hoc est, quicquid ex infinita

43

Dei natura sequitur formaliter, id omne ex Dei idea eodem ordine eademque connexione sequitur in Deo obiective.

SCHOLIUM. Hic antequam ulterius pergamus, revocandum nobis in memoriam est id quod supra ostendimus; nempe, quod quicquid ab infinito intellectu percipi potest tanquam substantiae essentiam constituens, id omne ad unicam tantum substantiam pertinet; et consequenter quod substantia cogitans et substantia extensa una eademque est substantia, quae iam sub hoc, iam sub illo attributo comprehenditur. Sic etiam modus extensionis et idea illius modi una eademque est res, sed duobus modis expressa; quod quidam Hebraeorum quasi per nebulam vidisse videntur, qui scilicet statuunt, Deum, Dei intellectum resque ab ipso intellectas unum et idem esse. Ex. gr. circulus in natura existens et idea circuli existentis, quae etiam in Deo est, una eademque est res, quae per diversa attributa explicatur. Et ideo sive naturam sub attributo extensionis, sive sub attributo cogitationis, sive sub alio quocumque concipiamus, unum eundemque ordinem sive unam eandemque causarum connexionem, hoc est, easdem res invicem sequi reperiemus. Nec ulla alia de causa dixi, quod Deus sit causa ideae ex. gr. circuli quatenus tantum est res cogitans, et circuli quatenus tantum est res extensa, nisi quia esse formale ideae circuli non nisi per alium cogitandi modum, tanquam causam proximam, et ille iterum per alium, et sic in infinitum, potest percipi, ita ut, quamdiu res ut cogitandi modi considerantur, ordinem totius naturae sive causarum connexionem, per solum cogitationis attributum explicare debemus; et quatenus ut modi extensionis considerantur, ordo etiam totius naturae per solum extensionis attributum explicari debet, et idem de aliis attributis intelligo. Quare rerum, ut in se sunt, Deus revera est causa, quatenus infinitis constat attributis; nec impraesentiarum haec clarius possum explicare.

PROPOSITIO VIII. Ideae rerum singularium sive modorum non existentium ita debent comprehendi in Dei infinita idea, ac rerum singularium sive modorum essentiae formales in Dei attributis continentur.

DEMONSTRATIO. Haec propositio patet ex praeced., sed intelligitur clarius ex praeced. schol.

COROLLARIUM. Hinc sequitur, quod, quamdiu res singulares non existunt, nisi quatenus in Dei attributis comprehenduntur, earum esse obiectivum sive ideae non existunt, nisi quatenus infinita Dei idea existit; et ubi res singulares dicuntur existere, non tantum quatenus in Dei attributis comprehenduntur, sed quatenus etiam durare dicuntur, earum ideae etiam existentiam, per quam durare dicuntur, involvent.

SCHOLIUM. Si quis ad uberiorem huius rei explicationem exemplum desideret, nullum sane dare potero, quod rem, de qua hic loquor, utpote unicam adaequate explicet; conabor tamen rem, ut fieri potest, illustrare. Nempe circulus talis est naturae, ut omnium linearum rectarum in eodem sese invicem secantium rectangula sub segmentis sint inter se aequalia. Quare in circulo infinita inter se aequalia rectangula continentur. Attamen nullum eorum potest dici existere, nisi quatenus circulus existit, nec etiam alicuius horum rectangulorum idea potest dici existere, nisi quatenus in circuli idea comprehenditur. Concipiantur iam ex infinitis illis duo tantum, nempe E et D existere. Sane eorum etiam ideae iam non tantum existunt, quatenus solummodo in circuli idea comprehenduntur; sed etiam quatenus illorum rectangulorum existentiam involvunt, quo fit, ut a reliquis reliquorum rectangulorum ideis distinguantur.

PROPOSITIO IX. Idea rei singularis actu existentis Deum pro causa habet, non quatenus infinitus est, sed quatenus alia rei singularis actu existentis idea affectus consideratur, cuius etiam Deus est causa, quatenus alia tertia affectus est, et sic in infinitum.

DEMONSTRATIO. Idea rei singularis actu existentis modus singularis cogitandi est et a reliquis distinctus (per coroll. et schol. prop. 8. huius); adeoque (per prop. 6. huius) Deum, quatenus est tantum res cogitans, pro causa habet. At non (per prop. 28. P. 1.) quatenus est res absolute cogitans, sed quatenus alio cogitandi modo affectus consideratur, et huius etiam Deus est causa, quatenus alio affectus est, et sic in infinitum. Atqui ordo et connexio idearum (per prop. 7. huius) idem est, ac ordo et connexio causarum. Ergo unius singularis ideae alia idea sive Deus, quatenus alia idea affectus consideratur, est causa, et huius etiam, quatenus alia affectus est, et sic in infinitum. Q.E.D.

COROLLARIUM. Quicquid in singulari cuiuscumque ideae obiecto contingit, eius datur in Deo cognitio, quatenus tantum eiusdem obiecti ideam habet.

DEMONSTRATIO. Quicquid in obiecto cuiuscumque ideae contingit, eius datur in Deo idea (per prop. 3. huius), non quatenus infinitus est, sed quatenus alia rei singularis idea affectus consideratur (per prop. praeced.), sed (per prop. 7. huius) ordo et connexio idearum idem est, ac ordo et connexio rerum. Erit ergo cognitio eius, quod in singulari aliquo obiecto contingit, in Deo, quatenus tantum eiusdem obiecti habet ideam. Q.E.D.

PROPOSITIO X. Ad essentiam hominis non pertinet esse substantiae, sive substantia formam hominis non constituit.

DEMONSTRATIO. Esse enim substantiae involvit necessariam existentiam (per prop. 7. P. 1.). Si igitur ad hominis essentiam pertineret esse substantiae, data ergo substantia daretur necessario homo (per defin. 2. huius), et consequenter homo necessario existeret, quod (per axiom. 1. huius) est absurdum. Ergo etc. Q.E.D.

SCHOLIUM. Demonstratur etiam haec propositio ex prop. 5. P. 1. nempe quod duae eiusdem naturae substantiae non dentur. Cum autem plures homines existere possint, ergo id, quod hominis formam constituit, non est esse substantiae. Patet praeterea haec propositio ex reliquis substantiae proprietatibus, videlicet, quod substantia sit sua natura infinita, immutabilis, indivisibilis etc., ut facile unusquisque videre potest.

COROLLARIUM. Hinc sequitur essentiam hominis constitui a certis Dei attributorum modificationibus. Nam esse substantiae (per prop. praeced.) ad essentiam hominis non pertinet. Est ergo (per prop. 15. P. 1.) aliquid quod in Deo est, et quod sine Deo nec esse nec concipi potest, sive (per coroll. prop. 25. P. 1.) affectio sive modus, qui Dei naturam certo et determinato modo exprimit.

SCHOLIUM. Omnes sane concedere debent, nihil sine Deo esse neque concipi posse. Nam apud omnes in confesso est, quod Deus omnium rerum, tam earum essentiae, quam earum existentiae, unica est causa, hoc est, Deus non tantum est causa rerum secundum fieri (ut aiunt), sed etiam secundum esse. At interim plerique id ad essentiam alicuius rei pertinere dicunt, sine quo res nec esse nec concipi potest; adeoque vel naturam Dei ad essentiam rerum creatarum pertinere, vel res creatas sine Deo vel esse vel concipi posse credunt, vel, quod certius est, sibi non satis constant. Cuius rei causam fuisse credo, quod ordinem philosophandi non tenuerint. Nam naturam divinam, quam ante omnia contemplari debebant, quia tam cognitione quam natura prior est ordine cognitionis, ultimam, et res, quae sensuum obiecta vocantur, omnibus priores esse crediderunt. Unde factum est, ut, dum res naturales contemplati sunt, de nulla re minus cogitaverint, quam de divina natura, et cum postea animum ad divinam naturam contemplandum appulerint, de nulla re minus cogitare potuerint, quam de primis suis figmentis, quibus rerum naturalium cognitionem superstruxerant, utpote quae ad cognitionem divinae naturae nihil iuvare poterant; adeoque nihil mirum, si sibi passim contradixerint. Sed hoc mitto. Nam meum intentum hic tantum fuit, causam reddere, cur non dixerim, id ad essentiam alicuius rei pertinere, sine quo res nec esse nec concipi potest, nimirum, quia res singulares non possunt sine Deo esse nec concipi; et tamen Deus ad earum essentiam non pertinet; sed id necessario essentiam alicuius rei constituere dixi, quo dato res ponitur et quo sublato res tollitur, vel id, sine quo res, et vice versa id, quod sine re nec esse nec concipi potest.

PROPOSITIO XI. Primum, quod actuale mentis humanae esse constituit, nihil aliud est, quam idea rei alicuius singularis actu existentis.

DEMONSTRATIO. Essentia hominis (per coroll. prop. praeced.) a certis Dei attributorum modis constituitur; nempe (per axiom. 2 huius) a modis cogitandi, quorum omnium (per axiom. 3. huius) idea natura prior est, et ea data reliqui modi (quibus scilicet idea natura prior est) in eodem debent esse individuo (per axiom. 3. huius). Atque adeo idea primum est, quod humanae mentis esse constituit. At non idea rei non existentis; nam tum (per coroll. prop. 8. huius) ipsa idea non posset dici existere. Erit ergo idea rei actu existentis. At non rei infinitae. Res namque infinita (per prop. 21. et 22. P. 1.) debet semper necessario existere. Atqui hoc (per axiom. 1. huius) est absurdum. Ergo primum, quod esse humanae mentis actuale constituit, est idea rei singularis actu existentis. Q. E. D.

COROLLARIUM. Hinc sequitur mentem humanam partem esse infiniti intellectus Dei. Ac proinde cum dicimus, mentem humanam hoc vel illud percipere, nihil aliud dicimus, quam quod Deus, non quatenus infinitus est, sed quatenus per naturam humanae mentis explicatur, sive quatenus humanae mentis essentiam constituit, hanc vel illam habet ideam; et cum dicimus Deum hanc vel illam ideam habere, non tantum, quatenus naturam humanae mentis constituit, sed quatenus simul cum mente humana alterius rei etiam habet ideam, tum dicimus mentem humanam rem ex parte sive inadaequate percipere.

SCHOLIUM. Hic sine dubio lectores haerebunt, multaque comminiscentur, quae moram iniiciant; et hac de causa ipsos rogo, ut lento gradu mecum pergant, nec de his iudicium ferant, donec omnia perlegerint.

PROPOSITIO XII. Quicquid in obiecto ideae humanam mentem constituentis contingit, id ab humana mente debet percipi, sive eius rei dabitur in mente necessario idea: hoc est, si obiectum ideae humanam mentem constituentis sit corpus, nihil in eo corpore poterit contingere, quod a mente non percipiatur.

DEMONSTRATIO. Quicquid enim in obiecto cuiuscumque ideae contingit, eius rei datur necessario in Deo cognitio (per coroll. prop. 9. huius), quatenus eiusdem obiecti idea affectus consideratur, hoc est (per prop. 11. huius), quatenus mentem alicuius rei constituit. Quicquid igitur in obiecto ideae humanam mentem constituentis contingit, eius datur necessario in Deo cognitio, quatenus naturam humanae mentis constituit, hoc est (per coroll. prop. 11. huius) eius rei cognitio erit necessario in mente, sive mens id percipit. Q. E. D.

SCHOLIUM. Haec propositio patet etiam et clarius intelligitur ex schol. prop. 7. huius, quod vide.

PROPOSITIO XIII. Obiectum ideae humanam mentem constituentis est corpus, sive certus extensionis modus actu existens, et nihil aliud.

DEMONSTRATIO. Si enim corpus non esset humanae mentis obiectum, ideae affectionum corporis non essent in Deo (per coroll. prop. 9. huius), quatenus mentem nostram, sed quatenus alterius rei mentem constitueret, hoc est (per coroll. prop. 11 huius), ideae affectionum corporis non essent in nostra mente. Atqui (per axiom. 4. huius) ideas affectionum corporis habemus. Ergo obiectum ideae humanam mentem constituentis est corpus, idque (per prop. 11. huius) actu existens. Deinde, si praeter corpus etiam aliud esset mentis obiectum, cum nihil (per prop. 36. P. 1.) existat, ex quo aliquis effectus non sequatur, deberet (per prop. 12 huius) necessario alicuius eius effectus idea in mente nostra dari. Atqui (per axiom. 5. huius) nulla eius idea datur. Ergo obiectum nostrae mentis est corpus existens, et nihil aliud. Q. E. D.

COROLLARIUM. Hinc sequitur *hominem mente et corpore constare*, et corpus humanum, prout ipsum sentimus, existere.

SCHOLIUM. Ex his non tantum intelligimus, mentem humanam unitam esse corpori, sed etiam quid per mentis et corporis unionem intelligendum sit. Verum ipsam adaequate sive distincte intelligere nemo poterit, nisi prius nostri corporis naturam adaequate cognoscat. Nam ea, quae hucusque ostendimus, admodum communia sunt, nec magis ad homines, quam ad reliqua individua pertinent, quae omnia, quamvis diversis gradibus, animata tamen sunt. Nam cuiuscumque rei datur necessario in Deo idea, cuius Deus est causa, eodem modo, ac humani corporis ideae: atque adeo, quicquid de idea humani corporis diximus, id de cuiuscumque rei idea necessario dicendum est. Attamen nec etiam negare possumus, ideas inter se ut ipsa obiecta differre, unamque alia praestantiorem esse, plusque realitatis continere, prout obiectum unius obiecto alterius praestantius est, plusque realitatis continet; ac propterea ad determinandum, quid mens humana reliquis intersit, quidque reliquis praestet, necesse nobis est, eius obiecti, ut diximus, hoc est, corporis humani naturam cognoscere. Eam autem hic explicare nec possum, nec id ad ea quae demonstrare volo necesse est. Hoc tamen in genere dico, quo corpus aliquod reliquis aptius est ad plura simul agendum vel patiendum, eo eius mens reliquis aptior est ad plura simul percipiendum; et quo unius corporis actiones magis ab ipso solo pendent, et quo minus alia corpora cum eodem in agendo concurrunt, eo eius mens aptior est ad distincte intelligendum. Atque ex his praestantiam unius mentis prae aliis cognoscere possumus; deinde causam etiam videre, cur nostri corporis non nisi admodum confusam habeamus cognitionem, et alia plura, quae in sequentibus ex his deducam. Qua de causa operae pretium esse duxi, haec ipsa accuratius explicare et demonstrare, ad quod necesse est, pauca de *natura corporum* praemittere.

AXIOMA I. Omnia corpora vel moventur, vel quiescunt.

AXIOMA II. Unumquodque corpus iam tardius, iam celerius movetur.

LEMMA I. *Corpora ratione motus et quietis, celeritatis et tarditatis, et non ratione substantiae ab invicem distinguuntur.*

DEMONSTRATIO. Primam partem huius per se notam suppono. At, quod ratione substantiae non distinguantur corpora, patet tam ex prop. 5. quam 8. P. 1.; sed clarius ex iis, quae in schol. prop. 15. P. 1. dicta sunt.

LEMMA II. *Omnia corpora in quibusdam conveniunt.*

DEMONSTRATIO. In his enim omnia corpora conveniunt, quod unius eiusdemque attributi conceptum involvunt (per defin. 1. huius); deinde, quod iam tardius, iam celerius, et absolute iam moveri, iam quiescere possunt.

LEMMA III. *Corpus motum vel quiescens ad motum vel quietem determinari debuit ab alio corpore, quod etiam ad motum vel quietem determinatum fuit ab alio, et illud iterum ab alio, et sic in infinitum.*

49

DEMONSTRATIO. Corpora (per defin. 1. huius) res singulares sunt, quae (per lem. 1.) ratione motus et quietis ab invicem distinguuntur; adeoque (per prop. 28. P. 1.) unumquodque ad motum vel quietem necessario determinari debuit ab alia re singulari, nempe (per prop. 6. huius) ab alio corpore, quod (per axiom. 1.) etiam vel movetur, vel quiescit. At hoc etiam (per eandem rationem) moveri, vel quiescere non potuit, nisi ab alio ad motum vel quietem determinatum fuisset, et hoc iterum (per eandem rationem) ab alio, et sic in infinitum. Q. E. D.

COROLLARIUM. Hinc sequitur corpus motum tamdiu moveri, donec ab alio corpore ad quiescendum determinetur; et corpus quiescens tamdiu etiam quiescere, donec ab alio ad motum determinetur. Quod etiam per se notum est. Nam cum suppono, corpus ex. gr. A quiescere, nec ad alia corpora mota attendo, nihil de corpore A dicere potero, nisi quod quiescat. Quod si postea contingat, ut corpus A moveatur, id sane evenire non potuit ex eo, quod quiescebat; ex eo enim nil aliud sequi poterat, quam ut corpus A quiesceret. Si contra supponatur A moveri, quotiescumque ad A tantum attendimus, nihil de eodem affirmare poterimus, nisi quod moveatur. Quod si postea contingat, ut A quiescat, id sane evenire etiam non potuit ex motu, quem habebat; ex motu enim nihil aliud sequi poterat, quam ut A moveretur. Contingit itaque a re, quae non erat in A, nempe a causa externa, a qua ad quiescendum determinatum fuit.

AXIOMA I. Omnes modi, quibus corpus aliquod ab alio afficitur corpore, ex natura corporis affecti et simul ex natura corporis afficientis sequuntur; ita ut unum idemque corpus diversimode moveatur pro diversitate naturae corporum moventium, et contra ut diversa corpora ab uno eodemque corpore diversimode moveantur.

AXIOMA II. Cum corpus motum alteri quiescenti, quod dimovere nequit, impingit, reflectitur, ut moveri pergat, et angulus lineae motus reflectionis cum plano corporis quiescentis, cui impegit, aequalis erit angulo, quem linea motus incidentiae cum eodem plano efficit.

Atque haec de corporibus *simplicissimis*, quae scilicet solo motu et quiete, celeritate et tarditate ab invicem distinguuntur, iam ad c o m p o s i t a ascendamus.

DEFINITIO. Cum corpora aliquot eiusdem aut diversae magnitudinis a reliquis ita coercentur, ut invicem incumbant, vel si eodem aut diversis celeritatis gradibus moventur, ut motus suos invicem certa quadam ratione communicent, illa *corpora invicem unita* dicemus, et omnia simul *unum corpus*, sive *individuum* componere, quod a reliquis per hanc corporum unionem distinguitur.

AXIOMA III. Quo partes individui vel corporis compositi secundum maiores vel minores superficies sibi invicem incumbunt, eo difficilius vel facilius cogi possunt, ut situm suum mutent, et consequenter eo difficilius vel facilius effici potest, ut ipsum individuum aliam figuram induat. Atque hinc corpora, quorum partes secundum magnas superficies invicem incumbunt, *dura*, quorum autem partes secundum parvas, *mollia*, et quorum denique partes inter se moventur, *fluida* vocabo.

LEMMA IV. *Si corporis sive individui, quod ex pluribus corporibus componitur, quaedam corpora segregentur, et simul totidem alia eiusdem naturae eorum loco succedant, retinebit individuum suam naturam, uti antea, absque ulla eius formae mutatione.*

DEMONSTRATIO. Corpora enim (per lem. 1.) ratione substantiae non distinguuntur; id autem, quod formam individui constituit, in corporum unione (per defin. praeced.) consistit. Atqui haec (per hypothesin), tametsi corporum continua fiat mutatio, retinetur. Retinebit ergo individuum tam ratione substantiae, quam modi, suam naturam, uti ante. Q. E. D.

LEMMA V. *Si partes individuum componentes, maiores minoresve evadant, ea tamen proportione, ut omnes eandem, ut antea, ad invicem motus et quietis rationem servent, retinebit itidem individuum suam naturam, ut antea, absque ulla formae mutatione.*

DEMONSTRATIO. Huius eadem est, ac praeced. lem.

LEMMA VI. *Si corpora quaedam individuum componentia motum, quem versus unam partem habent, aliam versus flectere cogantur, at ita, ut motus suos continuare possint, atque invicem eadam, qua antea, ratione communicare; retinebit itidem individuum suam naturam absque ulla formae mutatione.*

DEMONSTRATIO. Per se patet. Id enim omne retinere supponitur, quod in eiusdem definitione formam ipsius constituere diximus.

LEMMA VII. *Retinet praeterea individuum sic compositum suam naturam, sive id secundum totum moveatur, sive quiescat, sive versus hanc,*

sive versus illam partem moveatur, dummodo unaquaeque pars motum suum
retineat, eumque, uti antea, reliquis communicet.

DEMONSTRATIO. Patet ex ipsius definitione, quam vide ante lem.
4.

SCHOLIUM. His itaque videmus, qua ratione individuum compositum possit multis modis affici, eius nihilominus natura servata. Atque hucusque individuum concepimus, quod non, nisi ex corporibus, quae solo motu et quiete, celeritate et tarditate inter se distinguuntur, hoc est, quod ex corporibus simplicissimis componitur. Quod si iam aliud concipiamus ex pluribus diversae naturae individuis compositum, idem pluribus aliis modis posse affici reperiemus, ipsius nihilominus natura servata. Nam quandoquidem eius unaquaeque pars ex pluribus corporibus est composita, poterit ergo (per lem. praeced.) unaquaeque pars, absque ulla ipsius naturae mutatione iam tardius, iam celerius moveri, et consequenter motus suos citius vel tardius reliquis communicare. Quod si praeterea tertium individuorum genus ex his secundis compositum, concipiamus, idem multis aliis modis affici posse reperiemus absque ulla eius formae mutatione. Et si sic porro in infinitum pergamus, facile concipiemus, totam naturam unum esse individuum, cuius partes, hoc est, omnia corpora infinitis modis variant absque ulla totius individui mutatione. Atque haec si animus fuisset, de corpore ex professo agere, prolixius explicare et demonstrare debuissem. Sed iam dixi me aliud velle, nec alia de causa haec adferre, quam quia ex ipsis ea, quae demonstrare constitui, facile possum deducere.

POSTULATA.

I. *Corpus humanum* componitur ex plurimis (diversae naturae) individuis, quorum unumquodque valde compositum est.

II. Individuorum, ex quibus corpus humanum componitur, quaedam *fluida*, quaedam *mollia* et quaedam denique *dura* sunt.

III. Individua corpus humanum componentia, et consequenter ipsum humanum corpus a corporibus externis plurimis modis afficitur.

IV. Corpus humanum indiget, ut conservetur, plurimis aliis corporibus, a quibus continuo quasi regeneratur.

V. Cum corporis humani pars fluida a corpore externo determinatur, ut in aliam mollem saepe impingat, eius planum mutat et veluti quaedam corporis externi impellentis vestigia eidem imprimit.

VI. Corpus humanum potest corpora externa plurimis modis movere plurimisque modis disponere.

PROPOSITIO XIV. Mens humana apta est ad plurima percipiendum, et eo aptior, quo eius corpus pluribus modis disponi potest.

DEMONSTRATIO. Corpus enim humanum (per postul. 3. et 6.) plurimis modis a corporibus externis afficitur, disponiturque ad corpora externa plurimis modis afficiendum. At omnia, quae in corpore humano contingunt (per prop. 12. huius), mens humana percipere debet. Est ergo mens humana apta ad plurima percipiendum, et eo aptior. Q. E. D.

PROPOSITIO XV. Idea, quae esse formale humanae mentis constituit, non est simplex, sed ex plurimis ideis composita.

DEMONSTRATIO. Idea, quae esse formale humanae mentis constituit, est idea corporis (per prop. 13. huius), quod (per postul. 1.) ex plurimis valde compositis individuis componitur. At cuiuscumque individui corpus componentis datur necessario (per coroll. prop. 8. huius) in Deo idea. Ergo (per prop. 7. huius) idea corporis humani ex plurimis hisce partium componentium ideis est composita. Q. E. D.

PROPOSITIO XVI. Idea cuiuscumque modi, quo corpus humanum a corporibus externis afficitur, involvere debet naturam corporis humani et simul naturam corporis externi.

DEMONSTRATIO. Omnes enim modi, quibus corpus aliquod afficitur, ex natura corporis affecti, et simul ex natura corporis afficientis sequuntur (per axiom. 1. post coroll. lem. 3.). Quare eorum idea (per axiom. 4. P. 1.) utriusque corporis naturam necessario involvet. Adeoque idea cuiuscumque modi, quo corpus humanum a corpore externo afficitur, corporis humani, et corporis externi naturam involvit. Q. E. D.

COROLLARIUM I. Hinc sequitur primo, mentem humanam plurimorum corporum naturam una cum sui corporis natura percipere.

COROLLARIUM II. Sequitur secundo, quod ideae, quas corporum externorum habemus, magis nostri corporis constitutionem, quam corporum externorum naturam indicant; quod in appendice partis primae multis exemplis explicui.

PROPOSITIO XVII. Si humanum corpus affectum est modo, qui naturam corporis alicuius externi involvit, mens humana idem corpus

53

externum ut actu existens, vel ut sibi praesens contemplabitur, donec corpus afficiatur affectu, qui eiusdem corporis existentiam vel praesentiam secludat.

DEMONSTRATIO. Patet. Nam quamdiu corpus humanum sic affectum est, tamdiu mens humana (per prop. 12. huius) hanc corporis affectionem contemplabitur, hoc est (per prop. praeced.), ideam habebit modi actu existentis, quae naturam corporis externi involvit, hoc est, ideam, quae existentiam, vel praesentiam naturae corporis externi non secludit, sed ponit. Adeoque mens (per coroll. 1. praeced.) corpus externum ut actu existens, vel ut praesens contemplabitur, donec afficiatur etc. Q. E. D.

COROLLARIUM. Mens corpora externa, a quibus corpus humanum semel affectum fuit, quamvis non existant nec praesentia sint, contemplari tamen poterit, velut praesentia essent.

DEMONSTRATIO. Dum corpora externa corporis humani partes fluidas ita determinant, ut in molliores saepe impingant, earum plana (per postul. 5.) mutant. Unde fit (vide axiom. 2. post coroll. lem. 3.) ut inde alio modo reflectantur, quam antea solebant, et ut etiam postea iisdem novis planis spontaneo suo motu occurrendo, eodem modo reflectantur, ac cum a corporibus externis versus illa plana impulsae sunt, et consequenter, ut corpus humanum, dum sic reflexae moveri pergunt, eodem modo afficiant, de quo mens (per prop. 12. huius) iterum cogitabit, hoc est (per prop. 17. huius) mens iterum corpus externum ut praesens contemplabitur; et hoc toties, quoties corporis humani partes fluidae spontaneo suo motu iisdem planis occurrent. Quare quamvis corpora externa, a quibus corpus humanum affectum semel fuit, non existant, mens tamen eadem toties ut praesentia contemplabitur, quoties haec corporis actio repetetur. Q. E. D.

SCHOLIUM. Videmus itaque, qui fieri potest, ut ea, quae non sunt veluti praesentia contemplemur, ut saepe fit. Et fieri potest, ut hoc aliis de causis contingat. Sed mihi hic sufficit ostendisse unam, per quam rem sic possim explicare, ac si ipsam per veram causam ostendissem; nec tamen credo, me a vera longe aberrare, quandoquidem omnia illa quae sumpsi postulata vix quicquam continent, quod non constet experientia, de qua nobis non licet dubitare, postquam ostendimus corpus humanum, prout ipsum sentimus, existere (vide coroll. post prop. 13. huius). Praeterea (ex coroll. praeced. et coroll. 2. prop. 16. huius) clare intelligimus, quaenam sit differentia inter ideam ex. gr. Petri, quae essentiam mentis ipsius Petri constituit, et inter ideam ipsius Petri, quae in alio homine, puta in Paulo, est. Illa enim essentiam corporis ipsius Petri directe explicat, nec existentiam involvit nisi quamdiu Petrus existit; haec autem magis constitutionem corporis Pauli, quam Petri naturam indicat, et ideo durante illa corporis Pauli constitutione mens Pauli, quamvis Petrus non existat, ipsum tamen ut sibi praesentem contemplabitur. Porro, ut verba usitata retineamus, corporis humani affectiones, quarum ideae corpora externa velut nobis praesentia repraesentant, *rerum imagines* vocabimus, tametsi rerum figuras non referunt. Et cum mens hac ratione contemplatur corpora, eandem *imaginari* dicemus. Atque hic, ut, quid sit *error*, indicare incipiam, notetis velim, *mentis imaginationes* in se spectatas nihil erroris continere, sive *mentem ex eo, quod imaginatur, non errare*; sed tantum quatenus consideratur, carere idea, quae existentiam illarum rerum, quas sibi praesentes imaginatur, secludat. Nam si mens, dum res non existentes ut sibi praesentes imaginatur, simul sciret, res illas revera non existere, hanc sane imaginandi potentiam virtuti suae naturae, non vitio tribueret; praesertim si haec imaginandi facultas a sola sua natura penderet, hoc est (per defin. 7. P. 1.) si haec mentis imaginandi facultas libera esset.

PROPOSITIO XVIII. Si corpus humanum a duobus, vel pluribus corporibus simul affectum fuerit semel, ubi mens postea eorum aliquod imaginabitur, statim et aliorum recordabitur.

DEMONSTRATIO. Mens (per coroll. praeced.) corpus aliquod ea de causa imaginatur, quia scilicet humanum corpus a corporis externi vestigiis eodem modo afficitur disponiturque, ac affectum est, cum quaedam eius partes ab ipso corpore externo fuerunt impulsae. Sed (per hypothesin) corpus tum ita fuit dispositum, ut mens duo simul corpora imaginaretur. Ergo iam etiam duo simul imaginabitur, atque mens ubi alterutrum imaginabitur, statim et alterius recordabitur. Q. E. D.

SCHOLIUM. Hinc clare intelligimus, quid sit *memoria*. Est enim nihil aliud, quam quaedam concatenatio idearum, naturam rerum, quae extra corpus humanum sunt, involventium, quae in mente fit secundum ordinem et concatenationem affectionum corporis humani. Dico *primo* concatenationem esse illarum tantum idearum, quae naturam rerum, quae extra corpus humanum sunt, involvunt; non autem idearum, quae earundem rerum naturam explicant. Sunt enim revera (per prop. 16. huius) ideae affectionum corporis humani, quae tam huius, quam corporum externorum naturam involvunt. Dico *secundo* hanc concatenationem fieri secundum ordinem et concatenationem affectionum corporis humani, ut ipsam distinguerem a concatenatione idearum, quae fit secundum ordinem intellectus, quo res per primas suas causas mens percipit, et qui in omnibus hominibus idem est. Atque hinc porro clare intelligimus, cur mens ex cogitatione unius rei statim in alterius rei cogitationem incidat, quae nullam cum priore habet similitudinem; ut, ex. gr. ex cogitatione vocis *pomi* homo Romanus statim in cogitationem fructus incidet, qui nullam cum articulato illo sono habet similitudinem, nec aliquid commune, nisi quod eiusdem hominis corpus ab his duobus affectum saepe fuit, hoc est, quod ipse homo saepe vocem *pomum* audivit, dum ipsum fructum videret; et sic unusquisque ex una in aliam cogitationem incidet, prout rerum imagines uniuscuiusque consuetudo in corpore ordinavit. Nam miles ex. gr. visis in arena equi vestigiis statim ex cogitatione equi in cogitationem equitis, et inde in cogitationem belli, etc. incidet. At rusticus ex cogitatione equi in cogitationem aratri, agri, etc. incidet; et sic unusquisque, prout rerum imagines consuevit hoc vel alio modo iungere et concatenare, ex una in hanc vel in aliam incidet cogitationem.

PROPOSITIO XIX. **Mens humana ipsum humanum corpus non cognoscit, nec ipsum existere scit, nisi per ideas affectionum, quibus corpus afficitur.**

DEMONSTRATIO. Mens enim humana est ipsa idea sive cognitio corporis humani (per prop. 13. huius), quae (per prop. 9. huius) in Deo quidem est, quatenus alia rei singularis idea affectus consideratur; vel quia (per postul. 4.) corpus humanum plurimis corporibus indiget, a quibus continuo quasi regeneratur, et ordo et connexio idearum idem est (per prop. 7. huius) ac ordo et connexio causarum, erit haec idea in Deo, quatenus plurimarum rerum singularium ideis affectus consideratur. Deus itaque ideam corporis humani habet, sive corpus humanum cognoscit, quatenus plurimis aliis ideis affectus est, et non quatenus naturam humanae mentis constituit, hoc est (per coroll. prop. 11. huius) mens humana corpus humanum non cognoscit. At ideae affectionum corporis in Deo sunt, quatenus humanae mentis naturam constituit, sive mens humana easdem affectiones percipit (per prop. 12. huius), et consequenter (per prop. 16. huius) ipsum corpus humanum, idque (per prop. 17. huius) ut actu existens. Percipit ergo eatenus tantum mens humana ipsum humanum corpus. Q. E. D.

PROPOSITIO XX. **Mentis humanae datur etiam in Deo idea, sive cognitio, quae in Deo eodem modo sequitur et ad Deum eodem modo refertur, ac idea sive cognitio corporis humani.**

DEMONSTRATIO. Cogitatio attributum Dei est (per prop. 1. huius); adeoque (per prop. 3. huius) tam eius, quam omnium eius affectionum, et consequenter (per prop. 11. huius) mentis etiam humanae debet necessario in Deo dari idea. Deinde haec mentis idea sive cognitio non sequitur in Deo dari, quatenus infinitus; sed quatenus alia rei singularis idea affectus est (per prop. 9. huius). Sed ordo et connexio idearum idem est, ac ordo et connexio causarum (per prop. 7. huius). Sequitur ergo haec mentis idea, sive cognitio in Deo, et ad Deum eodem modo refertur, ac idea sive cognitio corporis. Q. E. D.

PROPOSITIO XXI. Haec mentis idea eodem modo unita est menti, ac ipsa mens unita est corpori.

DEMONSTRATIO. Mentem unitam esse corpori ex eo ostendimus, quod scilicet corpus mentis sit obiectum (vide prop. 12. et 13. huius); adeoque per eandem illam rationem idea mentis cum suo obiecto, hoc est, cum ipsa mente eodem modo unita esse debet, ac ipsa mens unita est corpori. Q.E.D.

SCHOLIUM. Haec prop. longe clarius intelligitur ex dictis in schol. prop. 7. huius. Ibi enim ostendimus corporis ideam, et corpus, hoc est (per prop. 13. huius) mentem et corpus unum et idem esse individuum, quod iam sub cogitationis, iam sub extensionis attributo concipitur. Quare mentis idea et ipsa mens una eademque est res, quae sub uno eodemque attributo, nempe cogitationis, concipitur. Mentis, inquam, idea et ipsa mens in Deo eadem necessitate ex eadem cogitandi potentia sequuntur dari. Nam revera idea mentis, hoc est, idea ideae nihil aliud est, quam forma ideae, quatenus haec ut modus cogitandi absque relatione ad obiectum consideratur. Simulac enim quis aliquid scit, eo ipso scit se id scire, et simul scit se scire quod scit, et sic in infinitum. Sed de his postea.

PROPOSITIO XXII. Mens humana non tantum corporis affectiones, sed etiam harum affectionum ideas percipit.

DEMONSTRATIO. Affectionum idearum ideae in Deo eodem modo sequuntur et ad Deum eodem modo referuntur, ac ipsae affectionum ideae; quod eodem modo demonstratur, ac prop. 20. huius. At ideae affectionum corporis in mente humana sunt (per prop. 12. huius), hoc est (per coroll. prop. 11. huius) in Deo, quatenus humanae mentis essentiam constituit. Ergo harum idearum ideae in Deo erunt, quatenus humanae mentis cognitionem, sive ideam habet, hoc est (per prop. 21. huius) in ipsa mente humana, quae propterea non tantum corporis affectiones, sed earum etiam ideas percipit. Q.E.D.

PROPOSITIO XXIII. Mens se ipsam non cognoscit, nisi quatenus corporis affectionum ideas percipit.

DEMONSTRATIO. Mentis idea sive cognitio (per prop. 20. huius) in Deo eodem modo sequitur et ad Deum eodem modo refertur, ac corporis idea sive cognitio. At quoniam (per prop. 19. huius) mens humana ipsum humanum corpus non cognoscit, hoc est (per coroll. prop. 11. huius) quoniam cognitio corporis humani ad Deum non refertur, quatenus humanae mentis naturam constituit; ergo nec cognitio mentis ad Deum refertur, quatenus essentiam mentis humanae constituit; atque adeo (per idem coroll. prop. 11. huius.) mens humana eatenus se ipsam non cognoscit. Deinde affectionum, quibus corpus afficitur, ideae naturam ipsius corporis humani involvunt (per prop. 16. huius), hoc est (per prop. 13. huius) cum natura mentis conveniunt. Quare harum idearum cognitio cognitionem mentis necessario involvet. At (per prop. praeced.) harum idearum cognitio in ipsa humana mente est. Ergo mens humana eatenus tantum se ipsam novit. Q.E.D.

PROPOSITIO XXIV. Mens humana partium corpus humanum componentium adaequatam cognitionem non involvit.

DEMONSTRATIO. Partes corpus humanum componentes ad essentiam ipsius corporis non pertinent, nisi quatenus motus suos certa quadam ratione invicem communicant (vide defin. post coroll. lem. 3.), et non quatenus ut individua absque relatione ad humanum corpus considerari possunt. Sunt enim partes humani corporis (per postul. 1.) valde composita individua, quorum partes (per lem. 4.) a corpore humano servata omnino eiusdem natura et forma segregari possunt, motusque suos (vide axiom. 1. post lem. 3.) aliis corporibus alia ratione communicare. Adeoque (per prop. 3. huius) cuiuscumque partis idea sive cognitio in Deo erit, et quidem (per prop. 9. huius) quatenus affectus consideratur alia idea rei singularis, quae res singularis ipsa parte ordine naturae prior est (per prop. 7. huius). Quod idem praeterea etiam de quacumque parte ipsius individui corpus humanum componentis est dicendum. Adeoque cuiuscumque partis corpus humanum componentis cognitio in Deo est, quatenus plurimis rerum ideis affectus est, et non quatenus corporis humani tantum habet ideam, hoc est (per prop. 13. huius) ideam, quae humanae mentis naturam constituit. Atque adeo (per coroll. prop. 11. huius) humana mens partium corpus humanum componentium adaequatam cognitionem non involvit. Q.E.D.

PROPOSITIO XXV. Idea cuiuscumque affectionis corporis humani adaequatam corporis externi cognitionem non involvit.

DEMONSTRATIO. Ideam affectionis corporis humani eatenus corporis externi naturam involvere ostendimus (vide prop.16. huius), quatenus externum ipsum humanum corpus certo quodam modo determinat. At quatenus externum corpus individuum est, quod ad corpus humanum non refertur, eius idea sive cognitio in Deo est (per prop. 9. huius), quatenus Deus affectus consideratur alterius rei idea, quae (per prop. 7. huius) ipso corpore externo prior est natura. Quare corporis externi adaequata cognitio in Deo non est, quatenus ideam affectionis humani corporis habet, sive idea affectionis corporis humani adaequatam corporis externi cognitionem non involvit. Q.E.D.

PROPOSITIO XXVI. Mens humana nullum corpus externum ut actu existens percipit, nisi per ideas affectionum sui corporis.

DEMONSTRATIO. Si a corpore aliquo externo corpus humanum nullo modo affectum est, ergo (per prop. 7. huius) nec idea corporis humani, hoc est (per prop. 13. huius) nec mens humana idea existentiae illius corporis ullo etiam modo affecta est, sive existentiam illius corporis externi ullo modo percipit. At quatenus corpus humanum a corpore aliquo externo aliquo modo afficitur, eatenus (per prop. 16. huius cum coroll. 1. eiusdem) corpus externum percipit. Q.E.D.

COROLLARIUM. Quatenus mens humana corpus externum imaginatur, eatenus adaequatam eius cognitionem non habet.

DEMONSTRATIO. Cum mens humana per ideas affectionum sui corporis corpora externa contemplatur, eandem tum imaginari dicimus (vide schol. prop. 17. huius); nec mens alia ratione (per prop. praeced.) corpora externa ut actu existentia imaginari potest. Atque adeo (per prop. 25. huius) quatenus mens corpora externa imaginatur, eorum adaequatam cognitionem non habet. Q.E.D.

PROPOSITIO XXVII. Idea cuiuscumque affectionis corporis humani adaequatam ipsius humani corporis cognitionem non involvit.

DEMONSTRATIO. Quaelibet idea cuiuscumque affectionis humani corporis eatenus naturam corporis humani involvit, quatenus ipsum humanum corpus certo quodam modo affici consideratur (vide prop. 16. huius). At quatenus corpus humanum individuum est, quod multis aliis modis affici potest, eius idea etc. Vide demonstr. prop. 25. huius.

PROPOSITIO XXVIII. Ideae affectionum corporis humani, quatenus ad humanam mentem tantum referuntur, non sunt clarae et distinctae, sed confusae.

DEMONSTRATIO. Ideae enim affectionum corporis humani, tam corporum externorum, quam ipsius humani corporis naturam involvunt (per prop. 16. huius); nec tantum corporis humani, sed eius etiam partium naturam involvere debent. Affectiones namque modi sunt (per postul. 3.), quibus partes corporis humani, et consequenter totum corpus afficitur. At (per prop. 24. et 25. huius) corporum externorum adaequata cognitio, ut et partium corpus humanum componentium in Deo non est, quatenus humana mente, sed quatenus aliis ideis affectus consideratur. Sunt ergo hae affectionum ideae, quatenus ad solam humanam mentem referuntur, veluti consequentiae absque praemissis, hoc est (ut per se notum) ideae confusae. Q.E.D.

SCHOLIUM. Idea, quae naturam mentis humanae constituit, demonstratur eodem modo non esse in se sola considerata clara et distincta; ut etiam idea mentis humanae, et ideae idearum affectionum corporis humani, quatenus ad solam mentem referuntur, quod unusquisque facile videre potest.

PROPOSITIO XXIX. Idea ideae cuiuscumque affectionis corporis humani adaequatam humanae mentis cognitionem non involvit.

DEMONSTRATIO. Idea enim affectionis corporis humani (per prop. 27. huius) adaequatam ipsius corporis cognitionem non involvit, sive eius naturam adaequate non exprimit, hoc est (per prop. 13. huius) cum natura mentis non convenit adaequate. Adeoque (per axiom. 6. P. 1.) huius ideae idea adaequate humanae mentis naturam non exprimit, sive adaequatam eius cognitionem non involvit. Q.E.D.

COROLLARIUM. Hinc sequitur, mentem humanam, quoties ex communi naturae ordine res percipit, nec sui ipsius, nec sui corporis, nec corporum externorum adaequatam, sed confusam tantum et mutilatam habere cognitionem. Nam mens se ipsam non cognoscit, nisi quatenus ideas affectionum corporis percipit (per prop. 23. huius). Corpus autem suum (per prop. 19. huius) non percipit, nisi per ipsas affectionum ideas, per quas etiam tantum (per prop. 26. huius) corpora externa percipit. Atque adeo, quatenus eas habet, nec sui ipsius (per prop. 29. huius), nec sui corporis (per prop. 27. huius), nec corporum externorum (per prop. 25. huius) habet adaequatam cognitionem, sed tantum (per prop. 28. huius cum eius schol.) mutilatam, et confusam. Q.E.D.

SCHOLIUM. Dico expresse, quod mens nec sui ipsius, nec sui corporis, nec corporum externorum adaequatam, sed confusam tantum, cognitionem habeat, quoties ex communi naturae ordine res percipit, hoc est, quoties externe, ex rerum nempe fortuito occursu, determinatur ad hoc vel illud contemplandum, et non quoties interne, ex eo scilicet, quod res plures simul contemplatur, determinatur ad earundem convenientias, differentias et oppugnantias intelligendum. Quoties enim hoc vel alio modo interne disponitur, tum res clare et distincte contemplatur, ut infra ostendam.

PROPOSITIO XXX. Nos de duratione nostri corporis nullam nisi admodum inadaequatam cognitionem habere possumus.

DEMONSTRATIO. Nostri corporis duratio ab eius essentia non dependet (per axiom. 1. huius), nec etiam ab absoluta Dei natura (per prop. 21. P. 1.). Sed (per prop. 28. P. 1.) ad existendum et operandum determinatur a talibus causis, quae etiam ab aliis determinatae sunt ad existendum et operandum certa ac determinata ratione, et hae iterum ab aliis, et sic in infinitum. Nostri igitur corporis duratio a communi naturae ordine et rerum constitutione pendet. Qua autem ratione constitutae sint, eius rei adaequata cognitio datur in Deo, quatenus earum omnium ideas, et non quatenus tantum humani corporis ideam habet (per coroll. prop. 9. huius). Quare cognitio durationis nostri corporis est in Deo admodum inadaequata, quatenus tantum naturam mentis humanae constituere consideratur, hoc est (per coroll. prop. 11. huius) haec cognitio est in nostra mente admodum inadaequata. Q.E.D.

PROPOSITIO XXXI. Nos de duratione rerum singularium, quae extra nos sunt, nullam nisi admodum inadaequatam cognitionem habere possumus.

DEMONSTRATIO. Unaquaeque enim res singularis, sicuti humanum corpus, ab alia re singulari determinari debet ad existendum et operandum certa ac determinata ratione; et haec iterum ab alia, et sic in infinitum (per prop. 28. P. 1.). Cum autem ex hac communi rerum singularium proprietate in praeced. prop. demonstraverimus, nos de duratione nostri corporis non nisi admodum inadaequatam cognitionem habere; ergo hoc idem de rerum singularium duratione erit concludendum, quod scilicet eius non nisi admodum inadaequatam cognitionem habere possumus. Q.E.D.

COROLLARIUM. Hinc sequitur, omnes res particulares contingentes et corruptibiles esse. Nam de earum duratione nullam adaequatam cognitionem habere possumus (per prop. praeced.), et hoc est id, quod per rerum contingentiam et corruptionis possibilitatem nobis est intelligendum. Vide schol. 1. prop. 33. P. 1. Nam (per prop. 29. P. 1.) praeter hoc nullum datur contingens.

PROPOSITIO XXXII. Omnes ideae, quatenus ad Deum referuntur, verae sunt.

DEMONSTRATIO. Omnes enim ideae, quae in Deo sunt, cum suis ideatis omnino conveniunt (per coroll. prop. 7. huius); adeoque (per axiom. 6. P. 1.) omnes verae sunt. Q.E.D.

PROPOSITIO XXXIII. Nihil in ideis positivum est, propter quod falsae dicuntur.

DEMONSTRATIO. Si negas, concipe, si fieri potest, modum positivum cogitandi, qui formam erroris, sive falsitatis constituat. Hic cogitandi modus non potest esse in Deo (per prop. praeced.); extra Deum autem etiam nec esse, nec concipi potest (per prop. 15. P. 1.). Atque adeo nihil potest dari positivum in ideis, propter quod falsae dicuntur. Q.E.D.

PROPOSITIO XXXIV. Omnis idea, quae in nobis est absoluta sive adaequata et perfecta, vera est.

DEMONSTRATIO. Cum dicimus, dari in nobis ideam adaequatam et perfectam, nihil aliud dicimus (per coroll. prop. 11. huius) quam quod in Deo, quatenus nostrae mentis essentiam constituit, detur idea adaequata et perfecta, et consequenter (per prop. 32. huius) nihil aliud dicimus, quam quod talis idea sit vera. Q.E.D.

PROPOSITIO XXXV. Falsitas consistit in cognitionis privatione, quam ideae inadaequatae sive mutilatae et confusae involvunt.

DEMONSTRATIO. Nihil in ideis positivum datur, quod falsitatis formam constituat (per prop. 33. huius). At falsitas in absoluta privatione consistere nequit (mentes enim, non corpora errare nec falli dicuntur), neque etiam in absoluta ignorantia; diversa enim sunt ignorare et errare; quare in cognitionis privatione, quam rerum inadaequata cognitio sive ideae inadaequatae et confusae involvunt, consistit. Q.E.D.

SCHOLIUM. In schol. prop. 17. huius explicui, qua ratione error in cognitionis privatione consistit. Sed ad uberiorem huius rei explicationem exemplum dabo. Nempe falluntur homines, quod se liberos esse putant; quae opinio in hoc solo consistit, quod suarum actionum sint conscii et ignari causarum a quibus determinantur. Haec ergo est eorum libertatis idea, quod suarum actionum nullam cognoscant causam. Nam quod aiunt, humanas actiones a voluntate pendere, verba sunt, quorum nullam habent ideam. Quid enim voluntas sit et quomodo moveat corpus, ignorant omnes; qui aliud iactant, et animae sedes et habitacula fingunt, vel risum vel nauseam movere solent. Sic cum solem intuemur, eum ducentos circiter pedes a nobis distare imaginamur; qui error in hac sola imaginatione non consistit, sed in eo, quod dum ipsum sic imaginamur, veram eius distantiam et huius imaginationis causam ignoramus. Nam tametsi postea cognoscamus, eundem ultra sescentos terrae diametros a nobis distare, ipsum nihilominus prope adesse imaginabimur; non enim solem adeo propinquum imaginamur, propterea quod veram eius distantiam ignoramus, sed propterea, quod affectio nostri corporis essentiam solis involvit, quatenus ipsum corpus ab eodem afficitur.

PROPOSITIO XXXVI. Ideae inadaequatae et confusae eadem necessitate consequuntur, ac adaequatae sive clarae ac distinctae ideae.

DEMONSTRATIO. Ideae omnes in Deo sunt (per prop. 15. P. 1.) et quatenus ad Deum referuntur, sunt verae (per prop. 32. huius) et (per coroll. prop. 7. huius) adaequatae; adeoque nullae inadaequatae nec confusae sunt, nisi quatenus ad singularem alicuius mentem referuntur. Qua de re vide prop. 24. et 28. huius). Adeoque omnes tam adaequatae, quam inadaequatae eadem necessitate (per coroll. prop. 6. huius) consequuntur. Q.E.D.

PROPOSITIO XXXVII. Id quod omnibus commune (de his vide supra lem. 2.), quodque aeque in parte ac in toto est, nullius rei singularis essentiam constituit.

DEMONSTRATIO. Si negas, concipe, si fieri potest, id essentiam alicuius rei singularis constituere, nempe essentiam B. Ergo (per defin. 2 huius) id sine B non poterit esse, neque concipi. Atqui hoc est contra hypothesin. Ergo id ad essentiam B non pertinet, nec alterius rei singularis essentiam constituit. Q.E.D.

PROPOSITIO XXXVIII. Illa quae omnibus communia, quaeque aeque in parte ac in toto sunt, non possunt concipi nisi adaequate.

DEMONSTRATIO. Sit A aliquid, quod omnibus corporibus commune, quodque aeque in parte cuiuscumque corporis ac in toto est. Dico A non posse concipi, nisi adaequate. Nam eius idea (per coroll. prop. 7. huius) erit necessario in Deo adaequata, tam quatenus ideam corporis humani, quam quatenus ideas habet eiusdem affectionum, quae (per prop. 16., 25. et 27. huius) tam corporis humani, quam corporum externorum naturam ex parte involvunt, hoc est (per prop. 12. et 13. huius) haec idea erit necessario in Deo adaequata, quatenus mentem humanam constituit, sive quatenus ideas habet, quae in mente humana sunt. Mens igitur (per coroll. prop. 11. huius) A necessario adaequate percipit, idque tam quatenus se, quam quatenus suum vel quodcumque externum corpus percipit; nec A alio modo potest concipi. Q.E.D.

COROLLARIUM. Hinc sequitur, dari quasdam ideas sive notiones omnibus hominibus communes. Nam (per lem. 2.) omnia corpora in quibusdam conveniunt, quae (per prop. praeced.) ab omnibus debent adaequate sive clare et distincte percipi.

PROPOSITIO XXXIX. Id quod corpori humano et quibusdam corporibus externis, a quibus corpus humanum affici solet, commune est, et proprium, quodque in cuiuscumque horum parte aeque ac in toto est, eius etiam idea erit in mente adaequata.

DEMONSTRATIO. Sit A id quod corpori humano et quibusdam corporibus externis commune est et proprium, quodque aeque in humano corpore ac in iisdem corporibus externis, et quod denique aeque in cuiuscumque corporis externi parte ac in toto est. Ipsius A dabitur in Deo idea adaequata (per coroll. prop. 7. huius) tam quatenus ideam corporis humani, quam quatenus positorum corporum externorum ideas habet. Ponatur iam humanum corpus a corpore externo affici per id quod cum eo habet commune, hoc est, ab A. Huius affectionis idea proprietatem A involvet (per prop. 16. huius); atque adeo (per idem coroll. prop. 7. huius) idea huius affectionis, quatenus proprietatem A involvit, erit in Deo adaequata, quatenus idea corporis humani affectus est, hoc est (per prop. 13. huius) quatenus mentis humanae naturam constituit. Adeoque (per coroll. prop. 11. huius) haec idea est etiam in mente humana adaequata. Q.E.D.

COROLLARIUM. Hinc sequitur, quod mens eo aptior est ad plura adaequate percipiendum, quo eius corpus plura habet cum aliis corporibus communia.

PROPOSITIO XL. Quaecumque ideae in mente sequuntur ex ideis, quae in ipsa sunt adaequatae, sunt etiam adaequatae.

DEMONSTRATIO. Patet. Nam cum dicimus, in mente humana ideam sequi ex ideis, quae in ipsa sunt adaequatae, nihil aliud dicimus (per coroll. prop. 11. huius) quam quod in ipso divino intellectu detur idea, cuius Deus est causa, non quatenus infinitus est, nec quatenus plurimarum rerum singularium ideis affectus est; sed quatenus tantum humanae mentis essentiam constituit.

SCHOLIUM I. His causam notionum, quae *communes* vocantur quaeque ratiocinii nostri fundamenta sunt, explicui. Sed aliae quorundam axiomatum sive notionum causae dantur, quas hac nostra methodo explicare e re foret. Ex iis namque constaret, quaenam notiones prae reliquis utiliores, quaenam vero vix ullius usus essent; deinde quaenam communes, et quaenam iis tantum, qui praeiudiciis non laborant, clarae et distinctae; et quaenam denique male fundatae sint. Praeterea constaret, unde notiones illae, quas *secundas* vocant, et consequenter axiomata, quae in iisdem fundantur, suam duxerunt originem, et alia, quae circa haec aliquando meditatus sum. Sed quoniam haec alii dicavi tractatui, et etiam, ne propter nimiam huius rei prolixitatem fastidium crearem, hac re hic supersedere decrevi. Attamen ne quid horum omittam, quod scitu necessarium sit, causas breviter addam, ex quibus *termini transcendentales* dicti suam duxerunt originem, ut ens, res, aliquid. Hi termini ex hoc oriuntur, quod scilicet humanum corpus, quandoquidem limitatum est, tantum est capax certi imaginum numeri (quid imago sit explicui in schol. *prop. 17.* huius) in se distincte simul formandi; qui si excedatur, hae imagines confundi incipient, et si hic imaginum numerus, quarum corpus est capax, ut eas in se simul distincte formet, longe excedatur, omnes inter se plane confundentur. Cum hoc ita se habeat, patet ex coroll. prop. 17. et prop. 18. huius, quod mens humana tot corpora distincte simul imaginari poterit, quot in ipsius corpore imagines possunt simul formari. At ubi imagines in corpore plane confunduntur, mens etiam omnia corpora confuse sine ulla distinctione imaginabitur et quasi sub uno attributo comprehendet, nempe sub attributo entis, rei, etc. Potest hoc etiam ex eo deduci, quod imagines non semper aeque vigeant, et ex aliis causis his analogis, quas hic explicare non est opus; nam ad nostrum, ad quem collimamus, scopum unam tantum sufficit considerare. Nam omnes huc redeunt, quod hi termini ideas significent summo gradu confusas. Ex similibus deinde causis ortae sunt notiones illae, quas *universales* vocant, ut homo, equus, canis etc. Videlicet quia in corpore humano tot imagines, ex gr. hominum formantur simul, ut vim imaginandi, non quidem penitus, sed eo usque tamen superent, ut singulorum parvas differentias (videlicet uniuscuiusque colorem, magnitudinem etc.) eorumque determinatum numerum mens imaginari nequeat, et id tantum, in quo omnes, quatenus corpus ab iisdem afficitur, conveniunt, distincte imaginetur; nam ab eo corpus, maxime scilicet ab unoquoque singulari, affectum fuit; atque hoc nomine *hominis* exprimit, hocque de infinitis singularibus praedicat. Nam singularium determinatum numerum, ut diximus, imaginari nequit. Sed notandum, has notiones non ab omnibus eodem modo formari, sed apud unumquemque variare pro ratione rei, a qua corpus affectum saepius fuit, quamque facilius mens imaginatur vel recordatur. Ex. gr. qui saepius cum admiratione hominum staturam contemplati sunt, sub nomine *hominis* intelligent animal erectae staturae; qui vero aliud assueti sunt contemplari, aliam hominum communem imaginem formabunt, nempe, hominem esse animal risibile, animal bipes, sine plumis, animal rationale; et sic de reliquis unusquisque pro dispositione sui corporis rerum universales imagines formabit. Quare non mirum est, quod inter philosophos, qui res naturales per solas rerum imagines explicare voluerunt, tot sint ortae controversiae.

SCHOLIUM II. Ex omnibus supra dictis clare apparet, nos multa percipere, et notiones universales formare 1. ex singularibus nobis per sensus mutilate, confuse et sine ordine ad intellectum repraesentatis (vide coroll. prop. 29. huius); et ideo tales perceptiones *cognitionem ab experientia vaga* vocare consuevi. 2. Ex signis, ex. gr. ex eo, quod auditis aut lectis quibusdam verbis rerum recordemur, et earum quasdam ideas formemus similes iis, per quas res imaginamur. Vide schol. prop. 18. huius. Utrumque hunc res contemplandi modum *cognitionem primi generis, opinioem*, vel *imaginationem* in posterum vocabo. 3. Denique ex eo, quod notiones communes rerumque proprietatum ideas adaequatas habemus. Vide coroll. prop. 38. et 39. cum eius coroll. et prop. 40. huius. Atque hunc *rationem*, et *secundi generis cognitionem* vocabo. Praeter haec duo cognitionis genera datur, ut in sequentibus ostendam, aliud tertium quod *scientiam intuitivam* vocabimus. Atque hoc cognoscendi genus procedit ab adaequata idea essentiae formalis quorundam Dei attributorum ad adaequatam cognitionem essentiae rerum. Haec omnia unius rei exemplo explicabo. Dantur ex. gr. tres numeri ad quartum obtinendum, qui sit ad tertium, ut secundus ad primum. Non dubitant mercatores secundum in tertium ducere et productum per primum dividere; quia scilicet ea, quae a magistro absque ulla demonstratione audiverunt, nondum tradiderunt oblivioni, vel quia id saepe in numeris simplicissimis experti sunt, vel ex vi demonstr. prop. 19. libr. 7. element. Euclid., nempe ex communi proprietate proportionalium. At in numeris simplicissimis nihil horum opus est. Ex. gr. datis numeris 1, 2, 3 nemo non videt, quartum numerum proportionalem esse 6, atque hoc multo clarius, quia ex ipsa ratione, quam primum ad secundum habere uno intuitu videmus, ipsum quartum concludimus.

PROPOSITIO XLI. Cognitio primi generis unica est falsitatis causa, secundi autem et tertii est necessario vera.

DEMONSTRATIO. Ad primi generis cognitionem illas omnes ideas diximus in praeced. schol. pertinere, quae sunt inadaequatae, et confusae; atque adeo (per prop. 35. huius) haec cognitio unica est falsitatis causa. Deinde ad cognitionem secundi et tertii illas pertinere diximus, quae sunt adaequatae; adeoque (per prop. 34. huius) est necessario vera. Q.E.D.

PROPOSITIO XLII. Secundi et tertii, et non primi generis cognitio docet nos verum a falso distinguere.

DEMONSTRATIO. Haec prop. per se patet. Qui enim inter verum, et falsum scit distinguere, debet adaequatam veri, et falsi habere ideam, hoc est (per schol. 2. prop. 40. huius) verum, et falsum secundo, aut tertio cognitionis genere cognoscere.

66

PROPOSITIO XLIII. Qui veram habet ideam, simul scit se veram habere ideam, nec de rei veritate potest dubitare.

DEMONSTRATIO. Idea vera in nobis est illa, quae in Deo, quatenus per naturam mentis humanae explicatur, est adaequata (per coroll. prop. 11. huius). Ponamus itaque, dari in Deo, quatenus per naturam mentis humanae explicatur, ideam adaequatam A. Huius ideae debet necessario dari etiam in Deo idea, quae ad Deum eodem modo refertur, ac idea A (per prop. 20. huius, cuius demonstratio universalis est). At idea A ad Deum referri supponitur, quatenus per naturam mentis humanae explicatur; ergo etiam idea ideae A ad Deum eodem modo debet referri, hoc est (per idem coroll. prop. 11. huius) haec adaequata idea ideae A erit in ipsa mente, quae ideam adaequatam A habet; adeoque qui adaequatam habet ideam, sive (per prop. 34. huius) qui vere rem cognoscit, debet simul suae cognitionis adaequatam habere ideam, sive veram cognitionem, hoc est (ut per se manifestum) debet simul esse certus. Q.E.D.

SCHOLIUM. In schol. prop. 21. huius explicui, quid sit idea ideae. Sed notandum, praeced. prop. per se satis esse manifestam. Nam nemo, qui veram habet ideam, ignorat veram ideam summam certitudinem involvere. Veram namque habere ideam, nihil aliud significat, quam perfecte, sive optime rem cognoscere; nec sane aliquis de hac re dubitare potest, nisi putet, ideam quid mutum instar picturae in tabula, et non modum cogitandi esse, nempe ipsum intelligere. Et quaeso, quis scire potest, se rem aliquam intelligere, nisi prius rem intelligat? hoc est, quis potest scire, se de aliqua re certum esse, nisi prius de ea re certus sit? Deinde quid idea vera clarius et certius dari potest, quod norma sit veritatis? Sane sicut lux se ipsam et tenebras manifestat, sic veritas norma sui et falsi est. Atque his me ad has quaestiones respondisse puto; nempe, si idea vera, quatenus tantum dicitur cum suo ideato convenire, a falsa distinguitur, nihil ergo realitatis, aut perfectionis idea vera habet prae falsa (quandoquidem per solam denominationem extrinsecam distinguuntur), et consequenter neque etiam homo, qui veras, prae illo, qui falsas tantum ideas habet? Deinde unde fit, ut homines falsas habeant ideas? Et denique, unde aliquis certo scire potest, se ideas habere, quae cum suis ideatis conveniant? Ad has, inquam, quaestiones me iam respondisse puto. Nam quod ad differentiam inter ideam veram et falsam attinet, constat ex prop. 35. huius illam ad hanc sese habere, ut ens ad non-ens; falsitatis autem causas a prop. 19. usque ad 35. cum eius schol. clarissime ostendi. Ex quibus etiam apparet, quid inter hominem qui veras habet ideas et hominem qui non nisi falsas habet, intersit. Quod denique ultimum attinet, nempe, undenam homo scire potest se habere ideam, quae cum suo ideato conveniat, id modo satis superque ostendi ex hoc solo oriri, quod ideam habet, quae cum suo ideato convenit, sive quod veritas sui sit norma. His adde, quod mens nostra, quatenus res vere percipit, pars est infiniti Dei intellectus (per coroll. prop. 11 huius); adeoque tam necesse est, ut mentis clarae et distinctae ideae verae sint, ac Dei ideae.

PROPOSITIO XLIV. De natura rationis non est res ut contingentes, sed ut necessarias contemplari.

DEMONSTRATIO. De natura rationis est res vere percipere (per prop. 41. huius), nempe (per axiom. 6. P. 1.) ut in se sunt, hoc est (per prop. 29. P. 1.) non ut contingentes, sed ut necessarias. Q.E.D.

COROLLARIUM I. Hinc sequitur, a sola imaginatione pendere, quod res tam respectu praeteriti, quam futuri, ut contingentes contemplemur.

SCHOLIUM. Qua autem ratione hoc fiat, paucis explicabo. Ostendimus supra (prop. 17. huius cum eius coroll.) mentem, quamvis res non existant, eas tamen semper ut sibi praesentes imaginari, nisi causae occurrant, quae earum praesentem existentiam secludant. Deinde (prop. 18. huius) ostendimus, quod, si corpus humanum semel a duobus corporibus externis simul affectum fuit, ubi mens postea eorum alterutrum imaginabitur, statim et alterius recordabitur, hoc est, ambo ut sibi praesentia contemplabitur, nisi causae occurrant, quae eorum praesentem existentiam secludant. Praeterea nemo dubitat, quin etiam tempus imaginemur, nempe ex eo, quod corpora alia aliis tardius vel celerius, vel aeque celeriter moveri imaginemur. Ponamus itaque puerum, qui heri prima vice hora matutina viderit Petrum, meridiana autem Paulum et vespertina Simeonem, atque hodie iterum matutina hora Petrum. Ex prop. 18. huius patet, quod simulac matutinam lucem videt, illico solem eandem caeli, quam die praecedenti viderit, partem percurrentem sive diem integrum, et simul cum tempore matutino Petrum, cum meridiano autem Paulum et cum vespertino Simeonem imaginabitur, hoc est, Pauli et Simeonis existentiam cum relatione ad futurum tempus imaginabitur; et contra, si hora vespertina Simeonem videat, Paulum et Petrum ad tempus praeteritum referet, eosdem scilicet simul cum tempore praeterito imaginando; atque haec eo constantius, quo saepius eos eodem hoc ordine viderit. Quod si aliquando contingat, ut alia quadam vespera loco Simeonis Iacobum videat, tum sequenti mane cum tempore vespertino iam Simeonem, iam Iacobum, non vero ambos simul imaginabitur. Nam alterutrum tantum, non autem ambos simul tempore vespertino vidisse supponitur. Fluctuabitur itaque eius imaginatio, et cum futuro tempore vespertino iam hunc, iam illum imaginabitur, hoc est, neutrum certo;

68

sed utrumque contingenter futurum contemplabitur. Atque haec imaginationis fluctuatio eadem erit, si imaginatio rerum sit, quas eodem modo cum relatione ad tempus praeteritum vel praesens contemplamur, et consequenter res tam ad tempus praesens, quam ad praeteritum vel futurum relatas ut contingentes imaginabimur.

COROLLARIUM II. De natura rationis est res sub quadam aeternitatis specie percipere.

DEMONSTRATIO. De natura enim rationis est res ut necessarias et non ut contingentes contemplari (per prop. praeced.). Hanc autem rerum necessitatem (per prop. 41. huius) vere, hoc est (per axiom. 6. P. 1.) ut in se est, percipit. Sed (per prop. 16. P. 1.) haec rerum necessitas est ipsa Dei aeternae naturae necessitas. Ergo de natura rationis est res sub hac aeternitatis specie contemplari. Adde, quod fundamenta rationis notiones sint (per prop. 38. huius) quae illa explicant, quae omnibus communia sunt, quaeque (per prop. 37. huius) nullius rei singularis essentiam explicant; quaeque propterea absque ulla temporis relatione, sed sub quadam aeternitatis specie debent concipi. Q.E.D.

PROPOSITIO XLV. Unaquaeque cuiuscumque corporis, vel rei singularis actu existentis idea Dei aeternam et infinitam essentiam necessario involvit.

DEMONSTRATIO. Idea rei singularis actu existentis ipsius rei tam essentiam, quam existentiam necessario involvit (per coroll. prop. 8. huius). At res singulares (per prop. 15. P. 1.) non possunt sine Deo concipi; sed quia (per prop. 6. huius) Deum pro causa habent, quatenus sub attributo consideratur, cuius res ipsae modi sunt, debent necessario earum ideae (per axiom. 4. P. 1.) ipsarum attributi conceptum, hoc est (per defin. 6. P. 1.) Dei aeternam et infinitam essentiam involvere. Q.E.D.

SCHOLIUM. Hic per existentiam non intelligo durationem, hoc est, existentiam, quatenus abstracte concipitur et tanquam quaedam quantitatis species. Nam loquor de ipsa natura existentiae, quae rebus singularibus tribuitur, propterea quod ex aeterna necessitate Dei naturae infinita infinitis modis sequuntur. Vide prop. 16. P. 1. Loquor, inquam, de ipsa existentia rerum singularium, quatenus in Deo sunt. Nam etsi unaquaeque ab alia re singulari determinetur ad certo modo existendum; vis tamen, qua unaquaeque in existendo perseverat, ex aeterna necessitate naturae Dei sequitur. Qua de re vide coroll. prop. 24. P. 1.

PROPOSITIO XLVI. Cognitio aeternae et infinitae essentiae Dei, quam unaquaeque idea involvit, est adaequata et perfecta.

69

DEMONSTRATIO. Demonstratio praeced. prop. universalis est, et sive res ut pars, sive ut totum consideretur, eius idea sive totius sit sive partis (per prop. praeced.), Dei aeternam et infinitam essentiam involvet. Quare id quod cognitionem aeternae et infinitae essentiae Dei dat, omnibus commune et aeque in parte, ac in toto est, adeoque (per prop. 38. huius) erit haec cognitio adaequata. Q.E.D.

PROPOSITIO XLVII. Mens humana adaequatam habet cognitionem aeternae et infinitae essentiae Dei.

DEMONSTRATIO. mens humana ideas habet (per prop. 22. huius) ex quibus (per prop. 23. huius) se suumque corpus (per prop. 19. huius) et (per coroll. 1. prop. 16. et per prop. 17. huius) corpora externa ut actu existentia percipit; adeoque (per prop. 45. et 46. huius) cognitionem aeternae et infinitae essentiae Dei habet adaequatam. Q.E.D.

SCHOLIUM. Hinc videmus, Dei infinitam essentiam eiusque aeternitatem omnibus esse notam. Cum autem omnia in Deo sint et per Deum concipiantur, sequitur, nos ex cognitione hac plurima posse deducere, quae adaequate cognoscamus, atque adeo tertium illud cognitionis genus formare, de quo diximus in schol. 2. prop. 40. huius, et de cuius praestantia et utilitate in P. 5. erit nobis dicendi locus. Quod autem homines non aeque claram Dei, ac notionum communium habeant cognitionem, inde fit, quod Deum imaginari nequeant ut corpora, et quod nomen *Deus* iunxerunt imaginibus rerum, quas videre solent; quod homines vix vitare possunt, quia continuo a corporibus externis afficiuntur. Et profecto plerique errores in hoc solo consistunt, quod scilicet nomina rebus non recte applicamus. Cum enim aliquis ait, lineas, quae ex centro circuli ad eiusdem circumferentiam ducuntur, esse inaequales, ille sane aliud tum saltem per circulum intelligit, quam mathematici. Sic cum homines in calculo errant, alios numeros in mente, alios in charta habent. Quare si ipsorum mentem spectes, non errant sane; videntur tamen errare, quia ipsos in mente putamus habere numeros, qui in charta sunt. Si hoc non esset, nihil eosdem errare crederemus; ut non credidi quendam errare, quem nuper audivi clamantem, suum atrium volasse in gallinam vicini, quia scilicet ipsius mens satis perspecta mihi videbatur. Atque hinc pleraeque oriuntur controversiae, nempe quia homines mentem suam non recte explicant, vel quia alterius mentem male interpretantur. Nam revera dum sibi maxime contradicunt, vel eadem vel diversa cogitant, ita ut, quos in alio errores et absurda esse putant, non sint.

PROPOSITIO XLVIII. In mente nulla est absoluta sive libera voluntas, sed mens ad hoc vel illud volendum determinatur a causa,

70

quae etiam ab alia determinata est, et haec iterum ab alia, et sic in infinitum.

DEMONSTRATIO. Mens certus et determinatus modus cogitandi est (per prop. 11. huius), adeoque (per coroll. 2. prop. 17. P. 1.) suarum actionum non potest esse causa libera, sive absolutam facultatem volendi et nolendi habere non potest; sed ad hoc vel illud volendum (per prop. 28. P. 1.) determinari debet a causa, quae etiam ab alia determinata est, et haec iterum ab alia, etc. Q.E.D.

SCHOLIUM. Eodem hoc modo demonstratur in mente nullam dari facultatem absolutam intelligendi, cupiendi, amandi, etc. Unde sequitur, has et similes facultates vel prorsus fictitias, vel nihil esse praeter entia metaphysica sive universalia, quae ex particularibus formare solemus; adeo ut intellectus, et voluntas ad hanc et illam ideam, vel ad hanc et illam volitionem eodem modo sese habeant, ac lapideitas ad hunc et illum lapidem, vel ut homo ad Petrum et Paulum. Causam autem, cur homines se liberos esse putent, explicuimus in app. P. 1. Verum, antequam ulterius pergam, venit hic notandum, me per voluntatem affirmandi et negandi facultatem, non autem cupiditatem intelligere; facultatem, inquam, intelligo, qua mens, quid verum quidve falsum sit, affirmat vel negat, et non cupiditatem, qua mens res appetit vel aversatur. At postquam demonstravimus, has facultates notiones esse universales, quae a singularibus, ex quibus easdem formamus, non distinguuntur, inquirendum iam est, an ipsae volitiones aliquid sint praeter ipsas rerum ideas. Inquirendum, inquam, est, an in mente alia affirmatio et negatio detur praeter illam, quam idea, quatenus idea est, involvit, qua de re vide seq. prop., ut et defin. 3. huius, ne cogitatio in picturas incidat. Non enim per ideas imagines, quales in fundo oculi, et, si placet, in medio cerebro formantur, sed cogitationis conceptus intelligo.

PROPOSITIO XLIX. In mente nulla datur volitio sive affirmatio et negatio praeter illam, quam idea, quatenus idea est, involvit.

DEMONSTRATIO. In mente (per prop. praeced.) nulla datur absoluta facultas volendi et nolendi, sed tantum singulares volitiones, nempe haec et illa affirmatio, et haec et illa negatio. Concipiamus itaque singularem aliquam volitionem, nempe modum cogitandi, quo mens affirmat, tres angulos trianguli aequales esse duobus rectis. Haec affirmatio conceptum, sive ideam trianguli involvit, hoc est, sine idea trianguli non potest concipi. Idem enim est, si dicam, quod A conceptum B debeat involvere, ac quod A sine B non possit concipi. Deinde haec affirmatio (per axiom. 3. huius) non potest etiam sine idea trianguli esse. Haec ergo affirmatio sine idea trianguli nec esse, nec

71

concipi potest. Porro haec trianguli idea hanc eandem affirmationem involvere debet, nempe, quod tres eius anguli aequentur duobus rectis. Quare et vice versa haec trianguli idea sine hac affirmatione nec esse nec concipi potest; adeoque (per defin. 2. huius) haec affirmatio ad essentiam ideae trianguli pertinet, nec aliud praeter ipsam est. Et quod de hac volitione diximus (quandoquidem eam ad libitum sumpsimus), dicendum etiam est de quacumque volitione, nempe, quod praeter ideam nihil sit. Q.E.D.

COROLLARIUM. Voluntas et intellectus unum et idem sunt.

DEMONSTRATIO. Voluntas et intellectus nihil praeter ipsas singulares volitiones et ideas sunt (per prop. 48. huius et eiusdem schol.). At singularis volitio et idea (per prop. praeced.) unum et idem sunt. Ergo voluntas et intellectus unum et idem sunt. Q.E.D.

SCHOLIUM. His causam, quae communiter erroris esse statuitur, sustulimus. Supra autem ostendimus, falsitatem in sola privatione, quam ideae mutilatae, et confusae involvunt, consistere. Quare idea falsa, quatenus falsa est, certitudinem non involvit. Cum itaque dicimus, hominem in falsis acquiescere, nec de iis dubitare, non ideo ipsum certum esse, sed tantum non dubitare dicimus, vel quod in falsis acquiescit, quia nullae causae dantur, quae efficiant, ut ipsius imaginatio fluctuetur. Qua de re vide schol. prop. 44. huius. Quantumvis igitur homo falsis adhaerere supponatur, nunquam tamen ipsum certum esse dicemus. Nam per certitudinem quid positivum intelligimus (vide prop. 43. huius cum eiusdem schol.), non vero dubitationis privationem. At per certitudinis privationem falsitatem intelligimus. Sed ad uberiorem explicationem praeced. prop. quaedam monenda supersunt. Superest deinde, ut ad obiectiones, quae in nostram hanc doctrinam obiici possunt, respondeam; et denique, ut omnem amoveam scrupulum, operae pretium esse duxi, huius doctrinae quasdam utilitates indicare. Quasdam, inquam; nam praecipuae ex iis, quae in P. 5. dicemus, melius intelligentur.

Incipio igitur a primo, lectoresque moneo, ut accurate distinguant inter ideam sive mentis conceptum, et inter imagines rerum, quas imaginamur. Deinde necesse est, ut distinguant inter ideas, et verba, quibus res significamus. Nam quia haec tria, imagines scilicet, verba et ideae a multis vel plane confunduntur, vel non satis accurate, vel denique non satis caute distinguuntur, ideo hanc de voluntate doctrinam, scitu prorsus necessariam, tam ad speculationem, quam ad vitam sapienter instituendam, plane ignorarunt. Quippe qui putant ideas consistere in imaginibus, quae in nobis ex corporum occursu formantur, sibi persuadent, ideas illas rerum, quarum similem nullam imaginem formare possumus, non esse ideas, sed tantum figmenta, quae ex libero voluntatis arbitrio fingimus; ideas igitur veluti picturas in tabula mutas, aspiciunt, et hoc praeiudicio praeoccupati non vident, ideam, quatenus idea est, affirmationem aut negationem involvere. Deinde qui verba confundunt cum idea, vel cum ipsa affirmatione, quam idea involvit, putant se posse contra id, quod sentiunt, velle; quando aliquid solis verbis contra id, quod sentiunt, affirmant aut negant. Haec autem praeiudicia exuere facile is poterit, qui ad naturam cogitationis attendit, quae extensionis conceptum minime involvit; atque adeo clare intelliget, ideam (quandoquidem modus cogitandi est) neque in rei alicuius imagine, neque in verbis consistere. Verborum namque et imaginum essentia a solis motibus corporeis constituitur, qui cogitationis conceptum minime involvunt.

Atque haec pauca de his monuisse sufficiat, quare ad praedictas *obiectiones* transeo. Harum *prima* est, quod constare putant, voluntatem latius se extendere, quam intellectum; atque adeo ab eodem diversam esse. Ratio autem, cur putant, voluntatem latius se extendere quam intellectum, est, quia se experiri aiunt, se non maiore assentiendi sive affirmandi et negandi facultate indigere ad infinitis aliis rebus, quas non percipimus, assentiendum, quam iam habemus; at quidem maiore facultate intelligendi. Distinguitur ergo voluntas ab intellectu, quod finitus hic sit, illa autem infinita. *Secundo* nobis obiici potest, quod experientia nihil clarius videatur docere, quam quod nostrum iudicium possumus suspendere, ne rebus, quas percipimus, assentiamur; quod hinc etiam confirmatur, quod nemo dicitur decipi, quatenus aliquid percipit, sed tantum, quatenus assentitur aut dissentitur. Ex. gr. qui equum alatum fingit, non ideo concedit dari equum alatum, hoc est, non ideo decipitur, nisi simul concedat, dari equum alatum. Nihil igitur clarius videtur docere experientia, quam quod voluntas sive facultas assentiendi libera sit et a facultate intelligendi diversa. *Tertio* obiici potest, quod una affirmatio non plus realitatis videtur continere, quam alia, hoc est, non maiore potentia indigere videmur ad affirmandum, verum esse id quod verum est, quam ad aliquid quod falsum est verum esse affirmandum. At unam ideam plus realitatis sive perfectionis, quam aliam habere percipimus; quantum enim obiecta alia aliis praestantiora, tantum etiam eorum ideae aliae aliis perfectiores sunt; ex quibus etiam constare videtur differentia inter voluntatem et intellectum. *Quarto* obiici potest: si homo non operatur ex libertate voluntatis, quid ergo fiet, si in aequilibrio sit, ut Buridani asina? Famene, et siti peribit? Quod si concedam, viderer asinam vel hominis statuam, non hominem concipere; si autem negem, ergo se ipsum determinabit, et consequenter eundi facultatem et faciendi quicquid velit, habet. Praeter haec alia forsan possunt obiici; sed quia inculcare non teneor, quid unusquisque somniare potest, ad has obiectiones tantum respondere curabo, idque quam potero breviter. Et quidem ad *primam* dico, me concedere, voluntatem latius se extendere, quam intellectum, si per intellectum claras tantummodo et distinctas ideas intelligant; sed nego voluntatem latius se extendere, quam perceptiones sive concipiendi facultatem. Nec sane video, cur facultas volendi potius dicenda est infinita, quam sentiendi facultas; sicut enim infinita (unum tamen post aliud; nam infinita simul affirmare non possumus) eadem volendi facultate possumus affirmare, sic etiam infinita corpora (unum nempe post aliud) eadem sentiendi facultate possumus sentire sive percipere. Quod si dicant, infinita dari, quae percipere non possumus? regero, nos ea ipsa nulla cogitatione, et consequenter nulla volendi facultate posse assequi. At dicunt, si Deus vellet efficere, ut ea etiam perciperemus, maiorem quidem facultatem percipiendi deberet nobis dare, sed non maiorem, quam dedit, volendi facultatem; quod idem est, ac si dicerent, quod si Deus velit efficere, ut infinita alia entia intelligeremus, necesse quidem esset, ut nobis daret maiorem intellectum; sed non universaliorem entis ideam, quam dedit, ad eadem infinita entia amplectendum. Ostendimus enim voluntatem ens esse universale sive ideam, qua omnes singulares volitiones, hoc est, id quod iis omnibus commune est, explicamus. Cum itaque hanc omnium volitionum communem sive universalem ideam facultatem esse credant, minime mirum, si hanc facultatem ultra limites intellectus in infinitum se extendere dicant. Universale enim aeque de uno, ac de pluribus ac de infinitis individuis dicitur. Ad *secundam* obiectionem respondeo negando, nos liberam habere potestatem iudicium suspendendi. Nam cum dicimus, aliquem iudicium suspendere, nihil aliud dicimus, quam quod videt, se rem non adaequate percipere. Est igitur iudicii suspensio revera perceptio, et non libera voluntas. Quod ut clare intelligatur, concipiamus puerum equum alatum imaginantem, nec aliud quicquam percipientem. Quandoquidem haec imaginatio equi existentiam involvit (per coroll. prop. 17. huius) nec puer quicquam percipit, quod equi existentiam tollat (ille necessario equum ut praesentem contemplabitur), nec de eius existentia poterit dubitare, quamvis de eadem non sit certus. Atque hoc quotidie in somnis experimur, nec credo aliquem esse, qui putet, se, dum somniat, liberam habere potestatem suspendendi de iis, quae somniat, iudicium, efficiendique ut ea, quae se videre somniat, non somniet; et nihilominus contingit, ut etiam in somnis iudicium suspendamus, nempe cum somniamus, nos somniare. Porro concedo neminem decipi, quatenus percipit, hoc est, mentis imaginationes in se consideratas nihil erroris involvere concedo (vide schol. prop. 17.

huius); sed nego, hominem nihil affirmare, quatenus percipit. Nam quid aliud est equum alatum percipere, quam alas de equo affirmare? Si enim mens praeter equum alatum nihil aliud perciperet, eundem sibi praesentem contemplaretur, nec causam haberet ullam dubitandi de eiusdem existentia, nec ullam dissentiendi facultatem, nisi imaginatio equi alati iuncta sit ideae, quae existentiam eiusdem equi tollit, vel quod percipit, ideam equi alati, quam habet, esse inadaequatam, atque tum vel eiusdem equi existentiam necessario negabit, vel de eadem necessario dubitabit. Atque his puto me ad *tertiam* etiam obiectionem respondisse, nempe quod voluntas universale quid sit, quod de omnibus ideis praedicatur, quodque id tantum significat, quod omnibus ideis commune est, nempe affirmationem, cuius propterea adaequata essentia, quatenus sic abstracte concipitur, debet esse in unaquaque idea, et hac ratione tantum in omnibus eadem; sed non quatenus consideratur essentiam ideae constituere; nam eatenus singulares affirmationes aeque inter se differunt, ac ipsae ideae. Ex. gr. affirmatio, quam idea circuli ab illa, quam idea trianguli involvit, aeque differt, ac idea circuli ab idea trianguli. Deinde absolute nego, nos aequali cogitandi potentia indigere ad affirmandum, verum esse id, quod verum est, quam ad affirmandum, verum esse id, quod falsum est. Nam hae duae affirmationes, si mentem spectes, se habent ad invicem, ut ens ad non-ens; nihil enim in ideis positivum est, quod falsitatis formam constituit. Vide prop. 35. huius cum eius schol. et schol. prop. 47. huius. Quare hic apprime venit notandum, quam facile decipimur, quando universalia cum singularibus et entia rationis et abstracta cum realibus confundimus. Quod denique ad *quartam* obiectionem attinet, dico, me omnino concedere, quod homo in tali aequilibrio positus (nempe qui nihil aliud percipit, quam sitim et famem, talem cibum et talem potum, qui aeque ab eo distant), fame et siti peribit. Si me rogant, an talis homo non potius asinus, quam homo sit aestimandus? dico me nescire, ut etiam nescio, quanti aestimandus sit ille, qui se pensilem facit, et quanti aestimandi sint pueri, stulti, vesani etc.

Superest tandem indicare, quantum huius doctrinae cognitio ad usum vitae conferat, quod facile ex his animadvertemus. Nempe I. Quatenus docet nos ex solo Dei nutu agere, divinaeque naturae esse participes, et eo magis quo perfectiores actiones agimus et quo magis magisque Deum intelligimus. Haec ergo doctrina, praeterquam quod animum omnimode quietum reddit, hoc etiam habet, quod nos docet, in quo nostra summa felicitas sive beatitudo consistit, nempe in sola Dei cognitione, ex qua ad ea tantum agenda inducimur, quae amor et pietas suadent. Unde clare intelligimus, quantum illi a vera virtutis aestimatione aberrant, qui pro virtute et optimis actionibus, tanquam pro summa servitute, summis praemiis a Deo decorari exspectant, quasi ipsa virtus Deique servitus non esset ipsa felicitas et summa libertas. II. Quatenus docet, quomodo circa res fortunae, sive quae in nostra potestate non sunt, hoc est, circa res, quae ex nostra natura non sequuntur, nos gerere debeamus; nempe utramque fortunae faciem aequo animo exspectare et ferre; nimirum quia omnia ab aeterno Dei decreto eadem necessitate sequuntur, ac ex essentia trianguli sequitur, quod tres eius anguli sunt aequales duobus rectis. III. Confert haec doctrina ad vitam socialem, quatenus docet neminem odio habere, contemnere, irridere, nemini irasci, invidere. Praeterea quatenus docet, ut unusquisque suis sit contentus et proximo in auxilium; non ex muliebri misericordia, partialitate, neque superstitione, sed ex solo rationis ductu, prout scilicet tempus et res postulat, ut in quarta parte ostendam. IV. Denique confert etiam haec doctrina non parum ad communem societatem, quatenus docet, qua ratione cives gubernandi sint et ducendi, nempe non ut serviant, sed ut libere ea quae optima sunt, agant. Atque his, quae in hoc schol. agere constitueram, absolvi et eo finem huic nostrae secundae parti impono, in qua puto me naturam mentis humanae eiusque proprietates satis prolixe, et quantum rei difficultas fert, clare explicuisse, atque talia tradidisse, ex quibus multa praeclara, maxime utilia et cognitu necessaria concludi possunt, ut partim ex sequentibus constabit.

ETHICES
PARS TERTIA
DE ORIGINE ET NATURA AFFECTUUM.

PRAEFATIO.

Plerique qui de *affectibus* et *hominum vivendi ratione scripserunt*, videntur non de rebus naturalibus, quae communes naturae leges sequuntur, sed de rebus, quae extra naturam sunt, agere. Imo hominem in natura, veluti imperium in imperio, concipere videntur. Nam hominem naturae ordinem magis perturbare, quam sequi, ipsumque in suas actiones absolutam habere potentiam, nec aliunde, quam a se ipso determinari credunt. Humanae deinde impotentiae et inconstantiae causam non communi naturae potentiae, sed nescio cui naturae humanae vitio tribuunt, quam propterea flent, rident, contemnunt vel quod plerumque fit, detestantur; et qui humanae mentis impotentiam eloquentius vel argutius carpere novit, veluti divinus habetur. Non defuerunt tamen viri praestantissimi (quorum labori et industriae nos multum debere fatemur), qui de recta vivendi ratione praeclara multa scripserint et plena prudentiae consilia mortalibus dederint; verum affectuum naturam et vires, et quid contra mens in iisdem moderandis possit, nemo, quod sciam, determinavit. Scio equidem celeberrimum *Cartesium*, licet etiam crediderit, mentem in suas actiones absolutam habere potentiam, affectus tamen humanos per primas suas causas explicare, simulque viam ostendere studuisse, qua mens in affectus absolutum habere possit imperium; sed mea quidem sententia nihil praeter magni sui ingenii acumen ostendit, ut suo loco demonstrabo. Nam ad illos revertere volo, qui hominum affectus et actiones detestari vel ridere malunt, quam intelligere. His sine dubio mirum videbitur, quod hominum vitia et ineptias more geometrico tractare aggrediar, et certa ratione demonstrare velim ea, quae rationi repugnare, quaeque vana, absurda et horrenda esse clamitant. Sed mea haec est ratio. Nihil in natura fit, quod ipsius vitio possit tribui; est namque natura semper eadem et ubique una eademque eius virtus et agendi potentia, hoc est, naturae leges et regulae, secundum quas omnia fiunt et ex unis formis in alias mutantur, sunt ubique et semper eaedem, atque adeo una eademque etiam debet esse ratio rerum qualiumcumque naturam intelligendi, nempe per leges et regulas naturae universales. Affectus itaque odii, irae, invidiae etc. in se considerati ex eadem naturae necessitate et virtute consequuntur, ac reliqua singularia; ac proinde certas causas agnoscunt, per quas intelliguntur, certasque proprietates habent, cognitione nostra aeque dignas ac proprietates cuiuscumque alterius rei cuius sola contemplatione delectamur. De *affectuum* itaque *natura et viribus ac mentis in eosdem potentia* eadem methodo agam qua in praecedentibus de *Deo* et *mente* egi, et humanas actiones atque appetitus considerabo perinde, ac si quaestio de lineis, planis aut de corporibus esset.

DEFINITIONES.

I. *Causam adaequatam* appello eam, cuius effectus potest clare et distincte per eandem percipi. *Inadaequatam* autem seu *partialem* illam voco, cuius effectus per ipsam solam intelligi nequit.

II. Nos tum agere dico cum aliquid in nobis aut extra nos fit, cuius adaequata sumus causa hoc est (per defin. praeced.) cum ex nostra natura aliquid in nobis aut extra nos sequitur, quod per eandem solam potest clare et distincte intelligi. At contra nos *pati* dico, cum in nobis aliquid fit vel ex nostra natura aliquid sequitur, cuius nos non nisi partialis sumus causa.

III. Per *affectum* intelligo corporis affectiones, quibus ipsius corporis agendi potentia augetur vel minuitur, iuvatur vel coercetur, et simul harum affectionum ideas.

EXPLICATIO. *Si itaque alicuius harum affectionum adaequata possimus esse causa, tum per affectum* actionem *intelligo; alias* passionem.

POSTULATA.

I. Corpus humanum potest multis affici modis, quibus ipsius agendi potentia augetur vel minuitur, et etiam aliis qui eiusdem agendi potentiam nec maiorem nec minorem reddunt.

Hoc postulatum seu axioma nititur axiom. 1. et lem. 5. et 7., quae vide post prop. 13. P. 2.

II. Corpus humanum multas pati potest mutationes, et nihilominus retinere obiectorum impressiones seu vestigia (de quibus vide postul. 5. P. 2.), et consequenter easdem rerum imagines; quarum defin. vide in schol. prop. 17. P. 2.

PROPOSITIONES.

PROPOSITIO I. Mens nostra quaedam agit, quaedam vero patitur; nempe quatenus adaequatas habet ideas, eatenus quaedam necessario agit, et quatenus ideas habet inadaequatas, eatenus necessario quaedam patitur.

DEMONSTRATIO. Cuiuscumque humanae mentis ideae aliae adaequatae sunt, aliae autem mutilatae et confusae (per schol. 2. prop. 40. P. 2.). Ideae autem, quae in alicuius mente sunt adaequatae, sunt in Deo adaequatae, quatenus eiusdem mentis essentiam constituit (per coroll. prop. 11. P. 2.), et quae deinde inadaequatae sunt in mente, sunt etiam in Deo (per idem coroll.) adaequatae, non quatenus eiusdem solummodo mentis essentiam, sed etiam quatenus aliarum rerum mentes in se simul continet. Deinde ex data quacumque idea aliquis effectus sequi necessario debet (per prop. 36. P. 1.), cuius effectus Deus causa est adaequata (vide defin. 1. huius), non quatenus infinitus est, sed quatenus data illa idea affectus consideratur (vide prop. 9. P. 2.). At eius effectus, cuius Deus est causa, quatenus affectus est idea, quae in alicuius mente est adaequata, illa eadem mens est causa adaequata (per coroll. prop. 11. P. 2.). Ergo mens nostra (per defin. 2. huius) quatenus ideas habet adaequatas, quaedam necessario agit; quod erat primum. Deinde quicquid necessario sequitur ex idea, quae in Deo est adaequata, non quatenus mentem unius hominis tantum, sed quatenus aliarum rerum mentes simul cum eiusdem hominis mente in se habet, eius (per idem coroll. prop. 11 P. 2.) illius hominis mens non est causa adaequata, sed partialis. Ac proinde (per defin. 2. huius) mens quatenus ideas inadaequatas habet, quaedam necessario patitur; quod erat secundum. Ergo mens nostra etc. Q.E.D.

COROLLARIUM. Hinc sequitur mentem eo pluribus passionibus esse obnoxiam, quo plures ideas inadaequatas habet, et contra eo plura agere, quo plures habet adaequatas.

PROPOSITIO II. Nec corpus mentem ad cogitandum, nec mens corpus ad motum, neque ad quietem, nec ad aliquid (si quid est) aliud determinare potest.

DEMONSTRATIO. Omnes cogitandi modi Deum, quatenus res est cogitans et non quatenus alio attributo explicatur, pro causa habent (per prop. 6. P. 2.). Id ergo, quod mentem ad cogitandum determinat, modus cogitandi est, et non extensionis, hoc est (per defin. 1. P. 2.) non est corpus; quod erat primum. Corporis deinde motus et quies ab alio oriri debet corpore, quod etiam ad motum vel quietem determinatum fuit ab alio, et absolute quicquid in corpore oritur, id a Deo oriri debuit, quatenus aliquo extensionis modo et non quatenus aliquo cogitandi modo affectus consideratur (per eandem prop. 6. P. 2.), hoc est, a mente, quae (per prop. 11. P. 2.) modus cogitandi est, oriri non potest; quod erat secundum. Ergo nec corpus mentem etc. Q.E.D.

SCHOLIUM. Haec clarius intelliguntur ex iis, quae in schol. prop. 7. P. 2. dicta sunt, quod scilicet mens et corpus una eademque res sit, quae iam sub cogitationis, iam sub extensionis attributo concipitur. Unde fit, ut ordo sive rerum concatenatio una sit, sive natura sub hoc sive sub illo attributo concipiatur, consequenter ut ordo actionum et passionum corporis nostri simul sit natura cum ordine actionum et passionum mentis. Quod etiam patet ex modo, quo prop. 12. P. 2. demonstravimus. At quamvis haec ita se habeant, ut nulla dubitandi ratio supersit, vix tamen credo, nisi rem experientia comprobavero, homines induci posse ad haec aequo animo perpendendum; adeo firmiter persuasi sunt, corpus ex solo mentis nutu iam moveri, iam quiescere, plurimaque agere, quae a sola mentis voluntate et excogitandi arte pendent. Etenim quid corpus possit, nemo hucusque determinavit, hoc est, neminem hucusque experientia docuit, quid corpus ex solis legibus naturae quatenus corporea tantum consideratur, possit agere, et quid non possit, nisi a mente determinetur. Nam nemo hucusque corporis fabricam tam accurate novit, ut omnes eius functiones potuerit explicare, ut iam taceam quod in brutis plura observentur, quae humanam sagacitatem longe superant, et quod somnambuli in somnis plurima agant, quae vigilando non auderent; quod satis ostendit, ipsum corpus ex solis suae naturae legibus multa posse, quae ipsius mens admiratur. Deinde nemo scit, qua ratione quibusve mediis mens moveat corpus, neque quot motus gradus possit corpori tribuere, quantaque cum celeritate idem movere queat. Unde sequitur, cum homines dicunt, hanc vel illam actionem corporis oriri a mente, quae imperium in corpus habet, eos nescire, quid dicant, nec aliud agere, quam speciosis verbis fateri, se veram illius actionis causam absque admiratione ignorare. At dicent, sive sciant sive nesciant, quibus mediis mens moveat corpus, se tamen experiri, quod nisi mens humana apta esset ad excogitandum, corpus iners esset; deinde se experiri, in sola mentis potestate esse, tam loqui quam tacere, et alia multa, quae proinde a mentis decreto pendere credunt. Sed quod ad primum attinet, ipsos rogo, num experientia non etiam doceat, quod si contra corpus iners sit, mens simul ad cogitandum sit inepta? Nam cum corpus somno quiescit, mens simul cum ipso sopita manet, nec potestatem habet, veluti cum vigilat, excogitandi. Deinde omnes expertos esse credo, mentem non semper aeque aptam esse ad cogitandum de eodem obiecto; sed prout corpus aptius est, ut in eo huius vel illius obiecti imago excitetur, ita mentem aptiorem esse ad hoc vel illud obiectum contemplandum. At dicent ex solis legibus naturae, quatenus corporea tantum consideratur, fieri non posse, ut causae aedificiorum, picturarum rerumque huiusmodi, quae sola humana arte fiunt, possint deduci, nec corpus humanum, nisi a mente determinaretur ducereturque, pote esset ad templum aliquod aedificandum. Verum ego iam ostendi, ipsos nescire, quid corpus possit, quidve ex sola ipsius naturae contemplatione possit deduci, ipsosque plurima experiri ex solis naturae legibus fieri, quae nunquam credidissent posse fieri, nisi ex mentis directione, ut sunt ea, quae somnambuli in somnis agunt, quaeque ipsi, dum vigilant, admirantur. Addo hic ipsam corporis humani fabricam, quae artificio longissime superat omnes, quae humana arte fabricatae sunt, ut iam taceam, quod supra ostenderim, ex natura sub quovis attributo considerata infinita sequi. Quod porro ad secundum attinet, sane longe felicius sese res humanae haberent, si aeque in hominis potestate esset tam tacere, quam loqui. At experientia satis superque docet, homines nihil minus in potestate habere quam linguam[2], nec minus posse, quam appetitus moderari suos. Unde factum, ut plerique credant, nos ea tantum libere agere, quae leviter petimus, quia earum rerum appetitus facile contrahi potest memoria alterius rei, cuius frequenter recordamur; sed illa minime, quae magno cum affectu petimus et qui alterius rei memoria sedari nequit. Verumenimvero nisi experti essent, nos plura agere quorum postea poenitet, nosque saepe, quando scilicet contrariis affectibus conflictamur, meliora videre et deteriora sequi[3], nihil impediret, quominus crederent nos omnia libere agere. Sic infans se lac libere appetere credit, puer autem iratus vindictam velle et timidus fugam. Ebrius deinde credit, se ex libero mentis decreto ea loqui, quae postea sobrius vellet tacuisse. Sic delirans, garrula, puer et huius farinae plurimi ex libero mentis decreto credunt loqui, cum tamen loquendi impetum, quem habent, continere nequeant, ita ut ipsa experientia non minus clare, quam ratio doceat, quod homines ea sola de causa liberos se esse credant, quia suarum actionum sunt conscii et causarum, a quibus determinantur, ignari; et praeterea quod mentis decreta nihil sint praeter ipsos appetitus, quae propterea varia sunt pro varia corporis dispositione. Nam unusquisque ex suo affectu omnia moderatur, et qui praeterea contrariis affectibus conflictantur, quid velint, nesciunt; qui autem nullo, facili momento huc atque illuc pelluntur. Quae omnia profecto clare ostendunt, mentis tam decretum,

---

[2] Conf. Iacob. 3. 8. **Br.**
[3] Verba Ovidiana metam. 7, 20. sq. "Video meliora proboque, deteriora sequor."
Br.

quam appetitum et corporis determinationem simul esse natura, vel potius unam eandemque rem, quam, quando sub cogitationis attributo consideratur et per ipsum explicatur, *decretum* appellamus, et quando sub extensionis attributo consideratur et ex legibus motus et quietis deducitur, *determinationem* vocamus; quod adhuc clarius ex iam dicendis patebit. Nam aliud est, quod hic apprime notari vellem, nempe quod nos nihil ex mentis decreto agere possumus, nisi eius recordemur. Ex. gr. non possumus verbum loqui, nisi eiusdem recordemur. Deinde in libera mentis potestate non est, rei alicuius recordari vel eiusdem oblivisci. Quare hoc tantum in mentis potestate esse creditur, quod rem, cuius recordamur, vel tacere vel loqui ex solo mentis decreto possumus. Verum cum nos loqui somniamus, credimus nos ex libero mentis decreto loqui, nec tamen loquimur, vel si loquimur, id ex corporis spontaneo motu fit. Somniamus deinde, nos quaedam homines celare, idque eodem mentis decreto, quo, dum vigilamus, ea quae scimus tacemus. Somniamus denique, nos ex mentis decreto quaedam agere, quae, dum vigilamus, non audemus; atque adeo pervelim scire, an in mente duo decretorum genera dentur, phantasticorum unum et liberorum alterum? Quod si eo usque insanire non libet, necessario concedendum est, hoc mentis decretum, quod liberum esse creditur, ab ipsa imaginatione sive memoria non distingui, nec aliud esse praeter illam affirmationem, quam idea, quatenus idea est, necessario involvit. Vide prop. 49. P. 2. Atque adeo haec mentis decreta eadem necessitate in mente oriuntur, ac ideae rerum actu existentium. Qui igitur credunt, se ex libero mentis decreto loqui vel tacere vel quicquam agere, oculis apertis somniant.

PROPOSITIO III. **Mentis actiones ex solis ideis adaequatis oriuntur, passiones autem a solis inadaequatis pendent.**

DEMONSTRATIO. Primum, quod mentis essentiam constituit, nihil aliud est, quam idea corporis actu existentis (per prop. 11. et 13. P. 2.), quae (per prop. 15. P. 2.) ex multis aliis componitur, quarum quaedam (per coroll. prop. 38. P. 2.) sunt adaequatae, quaedam autem inadaequatae (per coroll. prop. 29. P. 2.). Quicquid ergo ex mentis natura sequitur et cuius mens causa est proxima, per quam id debet intelligi, necessario ex idea adaequata vel inadaequata sequi debet. At quatenus mens (per prop. 1. huius) ideas habet inadaequatas, eatenus necessario patitur. Ergo mentis actiones ex solis ideis adaequatis sequuntur, et mens propterea tantum patitur quia ideas habet inadaequatas. Q.E.D.

SCHOLIUM. Videmus itaque passiones ad mentem non referri, nisi quatenus aliquid habet, quod negationem involvit, sive quatenus consideratur ut naturae pars, quae per se absque aliis non potest clare et distincte percipi; et hac ratione ostendere possem, passiones eodem modo ad res singulares, ac ad mentem referri, nec alia ratione posse percipi. Sed meum institutum est, de sola mente humana agere.

PROPOSITIO IV. Nulla res nisi a causa externa potest destrui.

DEMONSTRATIO. Haec propositio per se patet. Definitio enim cuiuscumque rei ipsius rei essentiam affirmat, sed non negat; sive rei essentiam ponit, sed non tollit. Dum itaque ad rem ipsam tantum, non autem ad causas externas attendimus, nihil in eadem poterimus invenire, quod ipsam possit destruere. Q.E.D.

PROPOSITIO V. Res eatenus contrariae sunt naturae, hoc est, eatenus in eodem subiecto esse nequeunt, quatenus una alteram potest destruere.

DEMONSTRATIO. Si enim inter se convenire vel in eodem subiecto simul esse possent, posset ergo in eodem subiecto aliquid dari, quod ipsum posset destruere, quod (per prop. praeced.) est absurdum. Ergo res etc. Q.E.D.

PROPOSITIO VI. Unaquaeque res, quantum in se est, in suo esse perseverare conatur.

DEMONSTRATIO. Res enim singulares modi sunt, quibus Dei attributa certo et determinato modo exprimuntur (per coroll. prop. 25. P. 1.), hoc est (per prop. 34. P. 1.) res, quae Dei potentiam qua Deus est et agit, certo et determinato modo exprimunt. Neque ulla res aliquid in se habet, a quo possit destrui, sive quod eius existentiam tollat (per prop. 4. huius); sed contra ei omni, quod eiusdem existentiam potest tollere, opponitur (per prop. praeced.). Adeoque quantum potest et in se est, in suo esse perseverare conatur. Q.E.D.

PROPOSITIO VII. Conatus, quo unaquaeque res in suo esse perseverare conatur, nihil est praeter ipsius rei actualem essentiam.

DEMONSTRATIO. Ex data cuiuscumque rei essentia quaedam necessario sequuntur (per prop. 36. P. 1.), nec res aliud possunt, quam id quod ex determinata earum natura necessario sequitur (per prop. 29. P. 1.). Quare cuiuscumque rei potentia sive conatus, quo ipsa vel sola vel cum aliis quidquam agit, vel agere conatur, hoc est (per prop. 6. huius) potentia sive conatus, quo in suo esse perseverare conatur, nihil est praeter ipsius rei datam sive actualem essentiam. Q.E.D.

PROPOSITIO VIII. Conatus, quo unaquaeque res in suo esse perseverare conatur, nullum tempus finitum, sed indefinitum involvit.

DEMONSTRATIO. Si enim tempus limitatum involveret, quod rei durationem determinaret, tum ex sola ipsa potentia, qua res existit, sequeretur, quod res post limitatum illud tempus non posset existere, sed quod deberet destrui. Atqui hoc (per prop. 4. huius) est absurdum. Ergo conatus, quo res existit, nullum tempus definitum involvit, sed contra, quoniam (per eandem prop. 4. huius) si a nulla externa causa destruatur, eadem potentia, qua iam existit, existere perget semper, ergo hic conatus tempus indefinitum involvit. Q.E.D.

PROPOSITIO IX. **Mens tam quatenus claras et distinctas, quam quatenus confusas habet ideas, conatur in suo esse perseverare indefinita quadam duratione, et huius sui conatus est conscia.**

DEMONSTRATIO. Mentis essentia ex ideis adaequatis et inadaequatis constituitur (ut in prop. 3. huius ostendimus), adeoque (per prop. 7. huius) tam quatenus has, quam quatenus illas habet, in suo esse perseverare conatur; idque (per prop. 8. huius) indefinita quadam duratione. Cum autem mens (per prop. 23. P. 2.) per ideas affectionum corporis necessario sui sit conscia, est ergo (per prop. 7. huius) mens sui conatus conscia. Q.E.D.

SCHOLIUM. Hic conatus cum ad mentem solam refertur, *voluntas* appellatur; sed cum ad mentem et corpus simul refertur, vocatur *appetitus*, qui proinde nihil aliud est, quam ipsa hominis essentia, ex cuius natura ea, quae ipsius conservationi inserviunt, necessario sequuntur; atque adeo homo ad eadem agendum determinatus est. Deinde inter appetitum et *cupiditatem* nulla est differentia, nisi quod cupiditas ad homines plerumque referatur, quatenus sui appetitus sunt conscii; et propterea sic definiri potest, nempe *cupiditas est appetitus cum eiusdem conscientia.* Constat itaque ex his omnibus, nihil nos conari, velle, appetere neque cupere, quia id bonum esse iudicamus; sed contra nos propterea aliquid bonum esse iudicare, quia id conamur, volumus, appetimus atque cupimus.

PROPOSITIO X. **Idea, quae corporis nostri existentiam secludit, in nostra mente dari nequit, sed eidem est contraria.**

DEMONSTRATIO. Quicquid corpus nostrum potest destruere, in eodem dari nequit (per prop. 5. huius). Adeoque neque eius rei idea potest in Deo dari, quatenus nostri corporis ideam habet (per coroll. prop. 9. P. 2.), hoc est (per prop. 11. et 13. P. 2.) eius rei idea in nostra mente dari nequit; sed contra, quoniam (per prop. 11. et 13. P. 2.) primum, quod mentis essentiam constituit, est idea corporis actu existentis, primum et praecipuum nostrae mentis conatus est (per prop. 7. huius) corporis nostri existentiam affirmare. Atque adeo idea, quae corporis nostri existentiam negat, nostrae menti est contraria etc. Q.E.D.

PROPOSITIO XI. Quicquid corporis nostri agendi potentiam auget vel minuit, iuvat vel coercet, eiusdem rei idea mentis nostrae cogitandi potentiam auget vel minuit, iuvat vel coercet.

DEMONSTRATIO. Haec propositio patet ex prop. 7. P. 2. vel etiam ex prop. 14. P. 2.

SCHOLIUM. Videmus itaque mentem magnas posse pati mutationes, et iam ad maiorem, iam autem ad minorem perfectionem transire, quae quidem passiones nobis explicant *affectus laetitiae et tristitiae*. Per *laetitiam* itaque in sequentibus intelligam *passionem, qua mens ad maiorem perfectionem transit*; per *tristitiam* autem *passionem, qua ipsa ad minorem transit perfectionem*. Porro *affectum laetitiae ad mentem et corpus simul relatum titillationem* vel *hilaritatem* voco; *tristitiae* autem *dolorem* vel *melancholiam*. Sed notandum, titillationem et dolorem ad hominem referri, quando una eius pars prae reliquis est affecta; hilaritatem autem et melancholiam, quando omnes pariter sunt affectae. Quid deinde *cupiditas* sit in schol. prop. 9. huius partis explicui et *praeter hos tres nullum alium agnosco affectum primarium*; nam reliquos ex his tribus oriri in seqq. ostendam. Sed antequam ulterius pergam, lubet hic fusius prop. 10. huius explicare, ut clarius intelligatur, qua ratione idea ideae sit contraria.

In schol. prop. 17. P. 2. ostendimus, ideam quae mentis essentiam constituit, corporis existentiam tamdiu involvere, quamdiu ipsum corpus existit. Deinde ex iis quae in coroll. prop. 8. P. 2. et in eiusdem schol. ostendimus, sequitur, praesentem nostrae mentis existentiam ab hoc solo pendere, quod sc. mens actualem corporis existentiam involvit. Denique mentis potentiam, qua ipsa res imaginatur earumque recordatur, ab hoc etiam pendere ostendimus (vide prop. 17. et 18. P. 2. cum eius schol.), quod ipsa actualem corporis existentiam involvit. Ex quibus sequitur, mentis praesentem existentiam eiusque imaginandi potentiam tolli, simulatque mens praesentem corporis existentiam affirmare desinit. At causa, cur mens hanc corporis existentiam affirmare desinit, non potest esse ipsa mens (per prop. 4. huius), nec etiam quod corpus esse desinit. Nam (per prop. 6. P. 2.) causa, cur mens corporis existentiam affirmat, non est, quia corpus existere incepit (quare, per eandem rationem nec ipsius corporis existentiam affirmare desinit quia corpus esse desinit); sed (per prop. 8. P. 2.) hoc ab alia idea oritur, quae nostri corporis, et consequenter nostrae mentis praesentem existentiam secludit; quaeque adeo ideae, quae nostrae mentis essentiam constituit, est contraria.

PROPOSITIO XII. Mens quantum potest, ea imaginari conatur, quae corporis agendi potentiam augent vel iuvant.

DEMONSTRATIO. Quamdiu humanum corpus affectum est modo, qui naturam corporis alicuius externi involvit, tamdiu mens humana idem corpus ut praesens contemplabitur (per prop. 17. P. 2.); et consequenter (per prop. 7. P. 2.) quamdiu mens aliquod externum corpus ut praesens contemplatur, hoc est (per eiusdem prop. 17 schol.) imaginatur, tamdiu humanum corpus affectum est modo, qui naturam eiusdem corporis externi involvit. Atque adeo quamdiu mens ea imaginatur, quae corporis nostri agendi potentiam augent vel iuvant, tamdiu corpus affectum est modis, qui eiusdem agendi potentiam augent vel iuvant (vide postul. 1. huius); et consequenter (per prop. 11. huius) tamdiu mentis cogitandi potentia augetur vel iuvatur. Ac proinde (per prop. 6. vel 9. huius) mens quantum potest, eadem imaginari conatur. Q.E.D.

PROPOSITIO XIII. Cum mens ea imaginatur, quae corporis agendi potentiam minuunt vel coercent, conatur, quantum potest, rerum recordari, quae horum existentiam secludunt.

DEMONSTRATIO. Quamdiu mens quicquam tale imaginatur, tamdiu mentis et corporis potentia minuitur vel coercetur (ut in praeced. prop. demonstravimus), et nihilominus id tamdiu imaginabitur, donec mens aliud imaginetur, quod huius praesentem existentiam secludat (per prop. 17. P. 2.), hoc est (ut modo ostendimus) mentis et corporis potentia tamdiu minuitur vel coercetur, donec mens aliud imaginetur, quod huius existentiam secludit, quodque adeo mens (per prop. 9. huius) quantum potest, imaginari vel recordari conabitur. Q.E.D.

COROLLARIUM. Hinc sequitur, quod mens ea imaginari aversatur, quae ipsius et corporis potentiam minuunt vel coercent.

SCHOLIUM. Ex his clare intelligimus quid *amor* quidque *odium* sit. Nempe *amor* nihil aliud est, quam *laetitia concomitante idea causae externae* et *odium* nihil aliud quam *tristitia concomitante idea causae externae*. Videmus deinde quod ille, qui amat, necessario conatur rem, quam amat, praesentem habere et conservare; et contra qui odit, rem, quam odio habet, amovere et destruere conatur. Sed de his omnibus in seqq. prolixius.

PROPOSITIO XIV. Si mens duobus affectibus simul affecta semel fuit, ubi postea eorum alterutro afficietur, afficietur etiam altero.

DEMONSTRATIO. Si corpus humanum a duobus corporibus simul affectum semel fuit, ubi mens postea eorum alterutrum imaginatur, statim et alterius recordabitur (per prop. 18. P. 2.). At mentis imaginationes magis nostri corporis affectus, quam corporum externorum naturam indicant (per coroll. 2. prop. 16. P. 2.). Ergo si corpus et consequenter mens (vide defin. 3. huius) duobus affectibus semel affecta fuit, ubi postea eorum alterutro afficietur, afficietur etiam altero. Q.E.D.

PROPOSITIO XV. Res quaecumque potest esse per accidens causa laetitiae, tristitiae vel cupiditatis.

DEMONSTRATIO. Ponatur mens duobus affectibus simul affici, uno scilicet, qui eius agendi potentiam neque auget neque minuit et altero, qui eandem vel auget vel minuit (vide postul. 1. huius). Ex praeced. prop. patet, quod ubi mens postea illo a sua vera causa, quae (per hypothesin) per se eius cogitandi potentiam nec auget nec minuit, afficietur, statim et hoc altero, qui ipsius cogitandi potentiam auget vel minuit, hoc est (per schol. prop. 11. huius) laetitia vel tristitia afficietur; atque adeo illa res non per se, sed per accidens causa erit laetitiae vel tristitiae. Atque hac eadem via facile ostendi potest, rem illam posse per accidens causam esse cupiditatis. Q.E.D.

COROLLARIUM. Ex eo solo, quod rem aliquam affectu laetitiae vel tristitiae, cuius ipsa non est causa efficiens, contemplati sumus, eandem amare vel odio habere possumus.

DEMONSTRATIO. Nam ex hoc solo fit (per prop. 14. huius), ut mens hanc rem postea imaginando affectu laetitiae vel tristitiae afficiatur, hoc est (per schol. prop. 11. huius) ut mentis et corporis potentia augeatur vel minuatur etc. Et consequenter (per prop. 12. huius) ut mens eandem imaginari cupiat vel (per coroll. prop. 13. huius) aversetur, hoc est (per schol. prop. 13. huius) ut eandem amet vel odio habeat. Q.E.D.

SCHOLIUM. Hinc intelligimus, qui fieri potest, ut quaedam amemus vel odio habeamus absque ulla causa nobis cognita; sed tantum ex s y m p a t h i a (ut aiunt) et a n t i p a t h i a . Atque huc referenda etiam ea obiecta, quae nos laetitia vel tristitia afficiunt ex eo solo, quod aliquid simile habent obiectis, quae nos iisdem affectibus afficere solent, ut in seq. prop. ostendam. Scio equidem auctores, qui primi haec nomina sympathiae et antipathiae introduxerunt, significare iisdem voluisse rerum occultas quasdam qualitates; sed nihilominus credo nobis licere, per eadem notas vel manifestas etiam qualitates intelligere.

PROPOSITIO XVI. Ex eo solo, quod rem aliquam aliquid habere imaginamur simile obiecto, quod mentem laetitia vel tristitia afficere solet, quamvis id, in quo res obiecto est similis, non sit horum affectuum efficiens causa, eam tamen amabimus vel odio habebimus.

DEMONSTRATIO. Id quod simile est obiecto, in ipso obiecto (per hypothesin) cum affectu laetitiae vel tristitiae contemplati sumus atque adeo (per prop. 14. huius) cum mens eius imagine afficietur, statim etiam hoc vel illo afficietur affectu, et consequenter res, quam hoc idem habere percipimus, erit (per prop. 15. huius) per accidens laetitiae vel tristitiae causa. Adeoque (per praeced. coroll.) quamvis id, in quo obiecto est similis, non sit horum affectuum causa efficiens, eam tamen amabimus vel odio habebimus. Q.E.D.

PROPOSITIO XVII. Si rem, quae nos tristitiae affectu afficere solet, aliquid habere imaginamur simile alteri, quae nos aeque magno laetitiae affectu solet afficere, eandem odio habebimus et simul amabimus.

DEMONSTRATIO. Est enim (per hypothesin) haec res per se tristitiae causa, et (per schol. prop. 13. huius) quatenus eandem hoc affectu imaginamur, eandem odio habemus; et quatenus praeterea aliquid habere imaginamur simile alteri quae nos aeque magno laetitiae affectu afficere solet, aeque magno laetitiae conamine amabimus (per prop. praeced.). Atque adeo eandem odio habebimus et simul amabimus. Q.E.D.

SCHOLIUM. Haec *mentis constitutio quae scilicet ex duobus contrariis affectibus oritur, animi* vocatur *fluctuatio,* quae proinde affectum respicit, ut dubitatio imaginationem (vide schol. prop. 44. P. 2.); nec animi fluctuatio et dubitatio inter se differunt, nisi secundum maius et minus. Sed notandum, me in prop. praeced. has animi fluctuationes ex causis deduxisse, quae per se unius et per accidens alterius affectus sunt causa. Quod ideo feci, quia sic facilius ex praecedentibus deduci poterant; at non, quod negem, animi fluctuationes plerumque oriri ab obiecto, quod utriusque affectus sit efficiens causa. Nam corpus humanum (per postul. 1. P. 2.) ex plurimis diversae naturae individuis componitur, atque adeo (per axiom. 1. post lem. 3. quod vide post prop. 13. P. 2.) ab uno eodemque corpore plurimis diversisque modis potest affici; et contra, quia una eademque res multis modis potest affici, multis ergo etiam diversisque modis unam eandemque corporis partem afficere poterit. Ex quibus facile concipere possumus, unum idemque obiectum posse esse causam multorum contrariorumque affectuum.

PROPOSITIO XVIII. Homo ex imagine rei praeteritae aut futurae eodem laetitiae et tristitiae affectu afficitur, ac ex imagine rei praesentis.

DEMONSTRATIO. Quamdiu homo rei alicuius imagine affectus est, rem ut praesentem, tametsi non existat, contemplabitur (per prop. 17. P. 2. cum eiusdem coroll.), nec ipsam ut praeteritam aut futuram imaginatur, nisi quatenus eius imago iuncta est imagini temporis praeteriti aut futuri (vide schol. prop. 44. P. 2.). Quare rei imago in se sola considerata eadem est, sive ad tempus futurum vel praeteritum, sive ad praesens referatur, hoc est (per coroll. 2. prop. 16. P. 2.) corporis constitutio seu affectus idem est, sive imago sit rei praeteritae vel futurae, sive praesentis. Atque adeo affectus laetitiae et tristitiae idem est, sive imago sit rei praeteritae aut futurae, sive praesentis. Q.E.D.

SCHOLIUM I. Rem eatenus *praeteritam* aut *futuram* hic voco, quatenus ab eadem affecti fuimus aut afficiemur. Ex. gr. quatenus ipsam vidimus aut videbimus, nos refecit aut reficiet, nos laesit aut laedet etc. Quatenus enim eandem sic imaginamur, eatenus eius existentiam affirmamus, hoc est, corpus nullo affectu afficitur, qui rei existentiam secludat; atque adeo (per prop. 17. P. 2.) corpus eiusdem rei imagine eodem modo afficitur, ac si res ipsa praesens adesset. Verumenimvero quia plerumque fit, ut ii qui plura sunt experti fluctuent, quamdiu rem ut futuram vel praeteritam contemplantur, deque rei eventu ut plurimum dubitent (vide schol. prop. 44. P. 2.), hinc fit, ut affectus, qui ex similibus rerum imaginibus oriuntur, non sint adeo constantes, sed ut plerumque aliarum rerum imaginibus perturbentur, donec homines de rei eventu certiores fiant.

SCHOLIUM II. Ex modo dictis intelligimus, quid *sit spes, metus, securitas, desperatio, gaudium* et *conscientiae morsus. Spes* namque nihil aliud est quam *inconstans laetitia orta ex imagine rei futurae vel praeteritae, de cuius eventu dubitamus; metus* contra *inconstans tristitia ex rei dubiae imagine etiam orta. Porro si horum affectuum dubitatio tollatur, ex spe fit securitas et ex metu desperatio; nempe laetitia vel tristitia orta ex imagine rei, quam metuimus vel speravimus. Gaudium* deinde est *laetitia orta ex imagine rei praeteritae, de cuius eventu dubitavimus. Conscientiae* denique *morsus* est *tristitia opposita gaudio.*

PROPOSITIO XIX. Qui id quod amat destrui imaginatur, contristabitur; si contra autem conservari, laetabitur.

DEMONSTRATIO. Mens quantum potest, ea imaginari conatur, quae corporis agendi potentiam augent vel iuvant (per prop. 12. huius), hoc est (per schol. prop. 13. huius) ea quae amat. At imaginatio ab iis iuvatur, quae rei existentiam ponunt, et contra coercetur iis quae rei existentiam secludunt (per prop. 17. P. 2.). Ergo rerum imagines, quae rei existentiam ponunt, mentis conatum, quo rem amatam imaginari conatur, iuvant, hoc est (per schol. prop. 11. huius) laetitia mentem afficiunt; et quae contra rei amatae existentiam secludunt, eundem mentis conatum coercent, hoc est (per idem schol.) tristitia mentem afficiunt. Qui itaque id quod amat destrui imaginatur, contristabitur, etc. Q.E.D.

PROPOSITIO XX. Qui id quod odio habet destrui imaginatur, laetabitur.

DEMONSTRATIO. Mens (per prop. 13. huius) ea imaginari conatur, quae rerum existentiam, quibus corporis agendi potentia minuitur vel coercetur, secludunt, hoc est (per schol. eiusdem prop.) ea imaginari conatur; quae rerum quas odio habet, existentiam secludunt. Atque adeo rei imago, quae existentiam eius quod mens odio habet secludit, hunc mentis conatum iuvat, hoc est (per schol. prop. 11. huius) mentem laetitia afficit. Qui itaque id quod odio habet destrui imaginatur, laetabitur. Q.E.D.

PROPOSITIO XXI. Qui id quod amat laetitia vel tristitia affectum imaginatur, laetitia etiam vel tristitia afficietur; et uterque hic affectus maior aut minor erit in amante, prout uterque maior aut minor est in re amata.

DEMONSTRATIO. Rerum imagines (ut in prop. 19. huius demonstravimus) quae rei amatae existentiam ponunt, mentis conatum, quo ipsam rem amatam imaginari conatur, iuvant. Sed laetitia existentiam rei laetae ponit, et eo magis, quo laetitiae affectus maior est; est enim (per schol. prop. 11. huius) transitio ad maiorem perfectionem. Ergo imago laetitiae rei amatae in amante ipsius mentis conatum iuvat, hoc est (per schol. prop. 11. huius) amantem laetitia afficit, et eo maiore quo maior hic affectus in re amata fuerit. Quod erat primum. Deinde quatenus res aliqua tristitia afficitur, eatenus destruitur, et eo magis, quo maiore afficitur tristitia (per idem schol. prop. 11. huius); adeoque (per prop. 19. huius) qui id quod amat tristitia affici imaginatur, tristitia etiam afficietur, et eo maiore quo maior hic affectus in re amata fuerit. Q.E.D.

PROPOSITIO XXII. Si aliquem imaginamur laetitia afficere rem, quam amamus, amore erga eum afficiemur. Si contra eundem imaginamur tristitia eandem afficere, econtra odio etiam contra ipsum afficiemur.

DEMONSTRATIO. Qui rem, quam amamus, laetitia vel tristitia afficit, ille nos laetitia vel tristitia etiam afficit, si nimirum rem amatam laetitia illa vel tristitia affectam imaginamur (per praeced. prop.). At haec laetitia vel tristitia in nobis supponitur dari concomitante idea causae externae. Ergo (per schol. prop. 13. huius) si aliquem imaginamur laetitia vel tristitia afficere rem, quam amamus, erga eundem amore vel odio afficiemur. Q.E.D.

SCHOLIUM. Prop. 21. nobis explicat quid sit *commiseratio* quam definire possumus quod sit *tristitia orta ex alterius damno.* Quo autem nomine appellanda sit laetitia, quae ex alterius bono oritur, nescio. Porro *amorem erga illum, qui alteri benefecit, favorem*, et contra *odium erga illum, qui alteri malefecit, indignationem* appellabimus. Denique notandum nos non tantum misereri rei, quam amavimus (ut in prop. 21. ostendimus), sed etiam eius, quam antea nullo affectu prosecuti sumus, modo eam nobis similem iudicemus (ut infra ostendam); atque adeo ei etiam favere, qui simili benefecit et contra in eum indignari, qui simili damnum intulit.

PROPOSITIO XXIII. Qui id quod odio habet, tristitia affectum imaginatur, laetabitur; si contra idem laetitia affectum esse imaginetur, contristabitur; et uterque hic affectus maior aut minor erit, prout eius contrarius maior aut minor est in eo, quod odio habet.

DEMONSTRATIO. Quatenus res odiosa tristitia afficitur, eatenus destruitur, et eo magis quo maiore tristitia afficitur (per schol. prop. 11. huius). Qui igitur (per prop. 20. huius) rem, quam odio habet, tristitia affici imaginatur, laetitia contra afficietur; et eo maiore, quo maiore tristitia rem odiosam affectam esse imaginatur. Quod erat primum. Deinde laetitia existentiam rei laetae ponit (per idem schol. prop. 11. huius), et eo magis, quo maior laetitia concipitur. Si quis eum, quem odio habet, laetitia affectum imaginatur, haec imaginatio (per prop. 13. huius) eiusdem conatum coercebit, hoc est (per schol. prop. 11. huius) is, qui odio habet, tristitia afficietur etc. Q.E.D.

SCHOLIUM. Haec laetitia vix solida et absque ullo animi conflictu esse potest. Nam (ut statim in prop. 27. huius ostendam) quatenus rem sibi similem tristitiae affectu affici imaginatur, eatenus contristari debet; et contra, si eandem laetitia affici imaginetur. Sed hic ad solum odium attendimus.

PROPOSITIO XXIV. Si aliquem imaginamur laetitia afficere rem, quam odio habemus, odio etiam erga eum afficiemur. Si contra eundem imaginamur tristitia eandem rem afficere, amore erga ipsum afficiemur.

DEMONSTRATIO. Demonstratur eodem modo haec prop. ac prop. 22. huius, quam vide.

SCHOLIUM. Hi et similes odii affectus ad *invidiam* referuntur, quae propterea nihil aliud est, quam ipsum *odium, quatenus id consideratur hominem ita disponere, ut malo alterius gaudeat, et contra ut eiusdem bono contristetur.*

PROPOSITIO XXV. Id omne de nobis deque re amata affirmare conamur, quod nos vel rem amatam laetitia afficere imaginamur; et contra id omne negare, quod nos vel rem amatam tristitia afficere imaginamur.

DEMONSTRATIO. Quod rem amatam laetitia vel tristitia afficere imaginamur, id nos laetitia vel tristitia afficit (per prop. 21. huius). At mens (per prop. 12. huius) ea quae nos laetitia afficiunt, quantum potest, conatur imaginari, hoc est (per prop. 17. P. 2. et eius coroll.) ut praesentia contemplari; et contra (per prop. 13. huius) quae nos tristitia afficiunt, eorum existentiam secludere. Ergo id omne de nobis deque re amata affirmare conamur, quod nos vel rem amatam laetitia afficere imaginamur, et contra. Q.E.D.

PROPOSITIO XXVI. Id omne de re, quam odio habemus, affirmare conamur, quod ipsam tristitia afficere imaginamur, et id contra negare, quod ipsam laetitia afficere imaginamur.

DEMONSTRATIO. Sequitur haec prop. ex prop. 23. ut praec. ex prop. 21. huius.

SCHOLIUM. His videmus, facile contingere, ut homo de se deque re amata plus iusto, et contra de re quam odit minus iusto sentiat; quae quidem imaginatio, quando ipsum hominem respicit, qui de se plus iusto sentit, *superbia* vocatur et species delirii est, quia homo oculis apertis somniat, se omnia illa posse, quae sola imaginatione assequitur, quaeque propterea veluti realia contemplatur, iisque exultat, quamdiu ea imaginari non potest, quae horum existentiam secludunt et ipsius agendi potentiam determinant. Est igitur *superbia laetitia ex eo orta, quod homo de se plus iusto sentit.* Deinde *laetitia, quae ex eo oritur, quod homo de alio plus iusto sentit, existimatio* vocatur; et illa denique *despectus, quae ex eo oritur, quod de alio minus iusto sentit.*

PROPOSITIO XXVII. Ex eo, quod rem nobis similem et quam nullo affectu prosecuti sumus, aliquo affectu affici imaginamur, eo ipso simili affectu afficimur.

DEMONSTRATIO. Rerum imagines sunt corporis humani affectiones, quarum ideae corpora externa veluti nobis praesentia repraesentant (per schol. prop. 17. P. 2.), hoc est (per prop. 16. P. 2.) quarum ideae naturam nostri corporis et simul praesentem externi corporis naturam involvunt. Si igitur corporis externi natura similis sit naturae nostri corporis, tum idea corporis externi, quod imaginamur, affectionem nostri corporis involvet similem affectioni corporis externi; et consequenter, si aliquem nobis similem aliquo affectu affectum imaginamur, haec imaginatio affectionem nostri corporis huic affectui similem exprimet. Adeoque ex hoc, quod rem aliquam nobis similem aliquo affectu affici imaginamur, simili cum ipsa affectu afficimur. Quod si rem nobis similem odio habeamus, eatenus (per prop. 23. huius) contrario affectu cum ipsa afficiemur, non autem simili. Q.E.D.

SCHOLIUM. Haec affectuum imitatio quando ad tristitiam refertur, vocatur *commiseratio* (de qua vide schol. prop. 22. huius); sed ad cupiditatem relata *aemulatio*, quae proinde nihil aliud est, quam *alicuius rei cupiditas, quae in nobis ingeneratur ex eo, quod alios nobis similes eandem cupiditatem habere imaginamur.*

COROLLARIUM I. Si aliquem, quem nullo affectu prosecuti sumus, imaginamur laetitia afficere rem nobis similem, amore erga eundem afficiemur. Si contra eundem imaginamur eandem tristitia afficere, odio erga ipsum afficiemur.

DEMONSTRATIO. Hoc eodem modo ex prop. praec. demonstratur ac prop. 22. huius ex prop. 21.

COROLLARIUM II. Rem cuius nos miseret, odio habere non possumus ex eo, quod ipsius miseria nos tristitia afficit.

DEMONSTRATIO. Si enim ex eo nos eandem odio habere possemus, tum (per prop. 23. huius) ex ipsius tristitia laetaremur, quod est contra hypothesin.

COROLLARIUM III. Rem, cuius nos miseret, a miseria, quantum possumus, liberare conabimur.

DEMONSTRATIO. Id quod rem, cuius nos miseret, tristitia afficit, nos simili etiam tristitia afficit (per prop. praeced.); adeoque omne id, quod eius rei existentiam tollit, sive quod rem destruit, comminisci conabimur (per prop. 13. huius), hoc est (per schol. prop. 9. huius) id destruere appetemus, sive ad id destruendum determinabimur; atque adeo rem, cuius miseremur, a sua miseria liberare conabimur. Q.E.D.

SCHOLIUM. Haec voluntas sive appetitus benefaciendi qui ex eo oritur, quod rei, in quam beneficium conferre volumus, nos miseret, *benevolentia* vocatur, quae proinde nihil aliud est, quam *cupiditas ex commiseratione orta.* Ceterum de amore et odio erga illum, qui rei, quam nobis similem esse imaginamur, bene aut male fecit, vide schol. prop. 22. huius.

PROPOSITIO XXVIII. **Id omne, quod ad laetitiam conducere imaginamur, conamur promovere, ut fiat; quod vero eidem repugnare sive ad tristitiam conducere imaginamur, amovere vel destruere conamur.**

DEMONSTRATIO. Quod ad laetitiam conducere imaginamur, quantum possumus, imaginari conamur (per prop. 12. huius), hoc est (per prop. 17. P. 2.) id, quantum possumus, conabimur ut praesens sive ut actu existens contemplari. Sed mentis conatus seu potentia in cogitando aequalis, et simul natura est cum corporis conatu seu potentia in agendo (ut clare sequitur ex coroll. prop. 7. et coroll. prop. 11. P. 2.). Ergo ut id existat, absolute conamur, sive (quod per schol. prop. 9. huius idem est) appetimus et intendimus; quod erat primum. Deinde si id, quod tristitiae causam esse credimus, hoc est (per schol. prop. 13. huius) si id, quod odio habemus destrui imaginamur, laetabimur (per prop. 20. huius). Adeoque idem (per primam huius partem) conabimur destruere sive (per prop. 13. huius) a nobis amovere, ne ipsum ut praesens contemplemur; quod erat secundum. Ergo id omne, quod ad laetitiam etc. Q.E.D.

PROPOSITIO XXIX. **Nos id omne etiam agere conabimur, quod homines[4] cum laetitia aspicere imaginamur, et contra id agere aversabimur, quod homines aversari imaginamur.**

DEMONSTRATIO. Ex eo, quod imaginamur homines aliquid amare vel odio habere, nos idem amabimus vel odio habebimus (per prop. 27. huius), hoc est (per schol. prop. 13. huius) eo ipso eius rei praesentia laetabimur vel contristabimur; adeoque (per praeced. prop.) id omne, quod homines amare sive cum laetitia aspicere imaginamur, conabimur agere etc. Q.E.D.

SCHOLIUM. Hic conatus aliquid agendi et etiam omittendi, ea sola de causa, ut hominibus placeamus, vocatur a m b i t i o praesertim quando adeo impense vulgo placere conamur, ut cum nostro aut alterius damno quaedam agamus vel omittamus; alias *humanitas* appellari solet. Deinde laetitiam, qua alterius actionem, qua nos conatus est delectari, imaginamur, *laudem* voco; tristitiam vero, qua contra eiusdem actionem aversamur, *vituperium* voco.

---

[4] NB. Intellige hic et in seqq. homines, quos nullo affectu prosecuti sumus. *Sp.*

PROPOSITIO XXX. Si quis aliquid egit, quod reliquos laetitia afficere imaginatur, is laetitia concomitante idea sui, tamquam causa, afficietur, sive se ipsum cum laetitia contemplabitur. Si contra aliquid egit, quod reliquos tristitia afficere imaginatur, se ipsum cum tristitia contra contemplabitur.

DEMONSTRATIO. Qui se reliquos laetitia vel tristitia afficere imaginatur, eo ipso (per prop. 27. huius) laetitia vel tristitia afficietur. Cum autem homo (per prop. 19. et 23. P. 2.) sui sit conscius per affectiones, quibus ad agendum determinatur, ergo qui aliquid egit, quod ipse imaginatur, reliquos laetitia afficere, laetitia cum conscientia sui tamquam causa afficietur, sive se ipsum cum laetitia contemplabitur, et contra. Q.E.D.

SCHOLIUM. Cum amor (per schol. prop. 13. huius) sit laetitia concomitante idea causae externae, et odium tristitia concomitante etiam idea causae externae, erit ergo haec laetitia et tristitia amoris et odii species. Sed quia amor et odium ad obiecta externa referuntur, ideo hos affectus aliis nominibus significabimus; nempe laetitiam concomitante idea causae internae *gloriam* et tristitiam huic contrariam *pudorem* appellabimus; intellige, quando laetitia vel tristitia ex eo oritur, quod homo se laudari vel vituperari credit. Alias laetitiam concomitante idea causae internae *acquiescentiam* in *se ipso*, tristitiam vero eidem contrariam *poenitentiam* vocabo. Deinde quia (per coroll. prop. 17. P. 2.) fieri potest, ut laetitia, qua aliquis se reliquos afficere imaginatur, imaginaria tantum sit, et (per prop. 25. huius) unusquisque de se id omne conatur imaginari, quod se laetitia afficere imaginatur, facile ergo fieri potest, ut gloriosus superbus sit, et se omnibus gratum esse imaginetur, quando omnibus molestus est.

PROPOSITIO XXXI. Si aliquem imaginamur amare vel cupere vel odio habere aliquid, quod ipsi amamus, cupimus vel odio habemus, eo ipso rem constantius amabimus, etc. Si autem id, quod amamus, eum aversari imaginamur, vel contra, tum animi fluctuationem patiemur.

DEMONSTRATIO. Ex eo solo, quod aliquem aliquid amare imaginamur, eo ipso idem amabimus (per prop. 27. huius). At sine hoc nos idem amare supponimus. Accedit ergo amori nova causa, a qua fovetur; atque adeo id, quod amamus hoc ipso constantius amabimus. Deinde ex eo, quod aliquem aliquid aversari imaginamur, idem aversabimur (per eandem prop.). At si supponamus, nos eodem tempore id ipsum amare, eodem ergo tempore hoc idem amabimus et aversabimur sive (vide schol. prop. 17. huius) animi fluctuationem patiemur. Q.E.D.

COROLLARIUM. Hinc et ex prop. 28. huius sequitur, unumquemque, quantum potest, conari ut unusquisque id quod ipse amat amet, et quod ipse odit odio etiam habeat; unde illud poetae[5]:

Speremus pariter, pariter metuamus amantes;
Ferreus est, si quis, quod sinit alter, amat.

SCHOLIUM. Hic conatus efficiendi, ut unusquisque probet id, quod ipse amat vel odio habet, revera est a m b i t i o (vide schol. prop. 29. huius); atque adeo videmus, unumquemque ex natura appetere, ut reliqui ex ipsius ingenio vivant, quod dum omnes pariter appetunt, pariter sibi impedimento, et dum omnes ab omnibus laudari seu amari volunt, odio invicem sunt.

PROPOSITIO XXXII. Si aliquem re aliqua, qua unus solus potiri potest, gaudere imaginamur, conabimur efficere ne ille illa re potiatur.

DEMONSTRATIO. Ex eo solo, quod aliquem re aliqua gaudere imaginamur, (per prop. 27. huius cum eiusdem coroll. 1.) rem illam amabimus, eaque gaudere cupiemus. At (per hypothesin) huic laetitiae obstare imaginamur, quod ille eadem hac re gaudeat. Ergo (per prop. 28. huius) ne ille eadem potiatur, conabimur. Q.E.D.

SCHOLIUM. Videmus itaque cum hominum natura plerumque ita comparatum, esse ut eorum, quibus male est, misereantur, et quibus bene est, invideant, et (per prop. praeced.) eo maiore odio, quo rem, qua alium potiri imaginantur, magis amant. Videmus deinde, ex eadem naturae humanae proprietate, ex qua sequitur homines esse misericordes, sequi etiam eosdem esse invidos et ambitiosos. Denique si ipsam experientiam consulere velimus, ipsam haec omnia docere experiemur; praesertim si ad priores nostrae aetatis annos attenderimus. Nam pueros, quia eorum corpus continuo veluti in aequilibrio est, ex hoc solo ridere vel flere experimur, quod alios ridere vel flere vident; et quicquid praeterea vident alios facere, id imitari statim cupiunt, et omnia denique sibi cupiunt, quibus alios delectari imaginantur; nimirum quia rerum imagines, uti diximus, sunt ipsae humani corporis affectiones, sive modi, quibus corpus humanum a causis externis afficitur, disponiturque ad hoc vel illud agendum.

PROPOSITIO XXXIII. Cum rem nobis similem amamus, conamur, quantum possumus, efficere ut nos contra amet.

DEMONSTRATIO. Rem, quam amamus, prae reliquis, quantum possumus, imaginari conamur (per prop. 12. huius). Si igitur res nobis

---

[5] Ovidii amor. l. II. eleg. 19. v. 4., 5. *Br.*

sit similis, ipsam prae reliquis laetitia afficere conabimur (per prop. 29. huius), sive conabimur, quantum possumus, efficere, ut res amata laetitia afficiatur concomitante idea nostri, hoc est (per schol. prop. 13. huius) ut nos contra amet. Q.E.D.

PROPOSITIO XXXIV. Quo maiore affectu rem amatam erga nos affectam esse imaginamur, eo magis gloriabimur.

DEMONSTRATIO. Nos (per prop. praeced.) conamur, quantum possumus, ut res amata nos contra amet hoc est (per schol. prop. 13. huius) ut res amata laetitia afficiatur concomitante idea nostri. Quo itaque rem amatam maiore laetitia nostra de causa affectam esse imaginamur, eo magis hic conatus iuvatur hoc est (per prop. 11. huius cum eius schol.) eo maiore laetitia afficimur. At cum ex eo laetemur, quod alium nobis similem laetitia affecimus, tum nosmet cum laetitia contemplamur (per prop. 30. huius). Ergo quo maiore affectu rem amatam erga nos affectam esse imaginamur, eo maiore laetitia nosmet contemplabimur, sive (per schol. prop. 30. huius) eo magis gloriabimur. Q.E.D.

PROPOSITIO XXXV. Si quis imaginatur rem amatam eodem vel arctiore vinculo amicitiae, quo ipse eadem solus potiebatur, alium sibi iungere, odio erga ipsam rem amatam afficietur, et illi alteri invidebit.

DEMONSTRATIO. Quo quis maiore amore rem amatam erga se affectam esse imaginatur, eo magis gloriabitur (per praeced. prop.), hoc est (per schol. prop. 30. huius) laetabitur; adeoque (per prop. 28. huius) conabitur, quantum potest, imaginari rem amatam ipsi quam arctissime devinctam, qui quidem conatus sive appetitus fomentatur, si alium idem sibi cupere imaginatur (per prop. 31. huius). At hic conatus sive appetitus ab ipsius rei amatae imagine concomitante imagine illius, quem res amata sibi iungit, coerceri supponitur. Ergo (per schol. prop. 11. huius) eo ipso tristitia afficietur concomitante idea rei amatae, tamquam causa, et simul imagine alterius, hoc est (per schol. prop. 13. huius) odio erga rem amatam afficietur, et simul erga illum alterum (per coroll. prop. 15. huius), cui propterea (per prop. 23. huius) quod re amata delectatur, invidebit. Q.E.D.

SCHOLIUM. Hoc odium erga rem amatam invidiae iunctum *zelotypia* vocatur, quae proinde nihil aliud est, quam animi fluctuatio orta ex amore et odio simul, concomitante idea alterius, cui invidetur. Praeterea hoc odium erga rem amatam maius erit pro ratione laetitiae, qua zelotypus ex reciproco rei amatae amore solebat affici, et etiam pro ratione affectus quo erga illum, quem sibi rem amatam iungere imaginatur, affectus erat. Nam si eum oderat, eo ipso rem amatam (per prop. 24. huius) odio habebit, quia ipsam id, quod ipse odio habet, laetitia afficere imaginatur; et etiam (per coroll. prop. 15. huius) ex eo, quod rei amatae imaginem imagini eius, quem odit, iungere cogitur, quae ratio plerumque locum habet in amore erga feminam. Qui enim imaginatur mulierem, quam amat, alteri sese prostituere, non solum ex eo, quod ipsius appetitus coercetur, contristabitur, sed etiam quia rei amatae imaginem pudendis et excrementis alterius iungere cogitur, eandem aversatur. Ad quod denique accedit, quod zelotypus non eodem vultu, quem res amata ei praebere solebat, ab eadem excipiatur, qua etiam de causa amans contristatur, ut iam ostendam.

PROPOSITIO XXXVI. Qui rei, qua semel delectatus est, recordatur, cupit eadem cum iisdem potiri circumstantiis ac cum primo ipsa delectatus est.

DEMONSTRATIO. Quicquid homo simul cum re, quae ipsum delectavit, vidit, id omne (per prop. 15. huius) erit per accidens laetitiae causa; adeoque (per prop. 28. huius) omni eo simul cum re, quae ipsum delectavit, potiri cupiet, sive re cum omnibus iisdem circumstantiis potiri cupiet, ac cum primo eadem delectatus est. Q.E.D.

COROLLARIUM. Si itaque unam ex iis circumstantiis deficere compererit, amans contristabitur.

DEMONSTRATIO. Nam quatenus aliquam circumstantiam deficere comperit, eatenus aliquid imaginatur, quod eius rei existentiam secludit. Cum autem eius rei sive circumstantiae (per prop. praeced.) sit prae amore cupidus, ergo (per prop. 19. huius) quatenus eandem deficere imaginatur, contristabitur. Q.E.D.

SCHOLIUM. Haec tristitia, quatenus absentiam eius, quod amamus, respicit, *desiderium* vocatur.

PROPOSITIO XXXVII. Cupiditas, quae prae tristitia vel laetitia praeque odio vel amore oritur, eo est maior, quo affectus maior est.

DEMONSTRATIO. Tristitia hominis agendi potentiam (per schol. prop. 11. huius) minuit vel coercet, hoc est (per prop. 7. huius) conatum quo homo in suo esse perseverare conatur, minuit vel coercet; adeoque (per prop. 5. huius) huic conatui est contraria; et quicquid homo tristitia affectus conatur, est tristitiam amovere. At (per tristitiae defin.) quo tristitia maior est, eo maiori parti hominis agendi potentiae necesse est opponi. Ergo quo maior tristitia est, eo maiore agendi potentia conabitur homo contra tristitiam amovere, hoc est (per schol. prop. 9. huius) eo maiore cupiditate sive appetitu conabitur tristitiam amovere. Deinde quoniam laetitia (per idem schol. prop. 11. huius) hominis agendi potentiam auget vel iuvat, facile eadem via demonstratur, quod homo laetitia affectus nihil aliud cupit, quam eandem conservare, idque eo maiore cupiditate quo laetitia maior erit. Denique quoniam odium et amor sunt ipsi tristitiae vel laetitiae affectus, sequitur eodem modo, quod conatus, appetitus sive cupiditas, quae prae odio vel amore oritur, maior erit pro ratione odii et amoris. Q.E.D.

PROPOSITIO XXXVIII. Si quis rem amatam odio habere inceperit, ita ut amor plane aboleatur, eandem maiore odio ex pari causa prosequetur, quam si ipsam nunquam amavisset, et eo maiore, quo amor antea maior fuerat.

DEMONSTRATIO. Nam si quis rem, quam amat, odio habere incipit, plures eius appetitus coercentur, quam si eandem non amavisset. Amor namque laetitia est (per schol. prop. 13. huius), quam homo, quantum potest (per prop. 28. huius) conservare conatur; idque (per idem schol.) rem amatam ut praesentem contemplando, eandemque (per prop. 21. huius) laetitia, quantum potest, afficiendo, qui quidem conatus (per prop. praeced.) eo est maior, quo amor maior est, ut et conatus efficiendi, ut res amata ipsum contra amet (vide prop. 33. huius). At hi conatus odio erga rem amatam coercentur (per coroll. prop. 13. et per prop. 23. huius). Ergo amans (per schol. prop. 11. huius) hac etiam de causa tristitia afficietur, et eo maiore quo amor maior fuerat, hoc est, praeter tristitiam, quae odii fuit causa, alia ex eo oritur quod rem amavit, et consequenter maiore tristitiae affectu rem amatam contemplabitur, hoc est (per schol. prop. 13. huius) maiore odio prosequetur, quam si eandem non amavisset, et eo maiore, quo amor maior fuerat. Q.E.D.

PROPOSITIO XXXIX. Qui aliquem odio habet, ei malum inferre conabitur, nisi ex eo maius sibi malum oriri timeat; et contra, qui aliquem amat, ei eadem lege benefacere conabitur.

DEMONSTRATIO. Aliquem odio habere est (per schol. prop. 13. huius) aliquem ut tristitiae causam imaginari; adeoque (per prop. 28. huius) is, qui aliquem odio habet, eundem amovere vel destruere conabitur. Sed si inde aliquid tristius sive (quod idem est) maius malum sibi timeat, idque se vitare posse credit non inferendo ei, quem odit, malum quod meditabatur, a malo inferendo (per eandem prop. 28. huius) abstinere cupiet; idque (per prop. 37. huius) maiore conatu, quam quo tenebatur inferendi malum, qui propterea praevalebit, ut volebamus. Secundae partis demonstratio eodem modo procedit. Ergo qui aliquem odio habet etc. Q.E.D.

99

SCHOLIUM. Per *bonum* hic intelligo omne genus laetitiae et quicquid porro ad eandem conducit, et praecipue id, quod desiderio qualecumque illud sit, satisfacit; per m a l u m autem omne tristitiae genus et praecipue id, quod desiderium frustratur. Supra enim (in schol. prop. 9. huius) ostendimus, nos nihil cupere, quia id bonum esse iudicamus, sed contra id bonum vocamus, quod cupimus; et consequenter id, quod aversamur malum appellamus. Quare unusquisque ex suo affectu iudicat seu aestimat, quid bonum, quid malum, quid melius, quid peius et quid denique optimum quidve pessimum sit. Sic avarus argenti copiam optimum, eius autem inopiam pessimum iudicat. Ambitiosus autem nihil aeque ac gloriam cupit, et contra nihil aeque ac pudorem reformidat. Invido deinde nihil iucundius, quam alterius infelicitas, et nihil molestius, quam aliena felicitas; ac sic unusquisque ex suo affectu rem aliquam bonam aut malam, utilem aut inutilem esse iudicat. Ceterum hic affectus, quo homo ita disponitur, ut id quod vult nolit, vel ut id quod non vult velit, *timor* vocatur, qui proinde nihil aliud est quam *metus quatenus homo ab eodem disponitur ad malum, quod futurum iudicat, minore vitandum.* Vide prop. 28. huius. Sed si malum, quod timet, pudor sit, tum timor appellatur *verecundia.* Denique si cupiditas malum futurum vitandi coercetur timore alterius mali, ita ut quid potius velit nesciat, tum metus vocatur *consternatio* praecipue si utrumque malum, quod timetur, ex maximis sit.

PROPOSITIO XL. Qui se odio haberi ab aliquo imaginatur, nec se ullam odii causam illi dedisse credit, eundem odio contra habebit.

DEMONSTRATIO. Qui aliquem odio affectum imaginatur, eo ipso etiam odio afficietur (per prop. 27. huius), hoc est (per schol. prop. 13. huius) tristitia concomitante idea causae externae. At ipse (per hypothesin) nullam huius tristitiae causam imaginatur praeter illum, qui ipsum odio habet. Ergo ex hoc, quod se odio haberi ab aliquo imaginatur, tristitia afficietur concomitante idea eius, qui ipsum odio habet, sive (per idem schol.) eundem odio habebit. Q.E.D.

SCHOLIUM. Quod si se iustam odii causam praebuisse imaginatur, tum (per prop. 30. huius et eiusdem schol.) pudore afficietur. Sed hoc (per prop. 25. huius) raro contingit. Praeterea haec odii reciprocatio oriri etiam potest ex eo, quod odium sequatur conatus malum inferendi ei, qui odio habetur (per prop. 39. huius). Qui igitur se odio haberi ab aliquo imaginatur, eundem alicuius mali sive tristitiae causam imaginabitur; atque adeo tristitia afficietur, seu metu concomitante idea eius, qui ipsum odio habet, tamquam causa, hoc est, odio contra afficietur, ut supra.

COROLLARIUM I. Qui, quem amat, odio erga se affectum imaginatur, odio et amore simul conflictabitur. Nam quatenus imaginatur, ab eodem se odio haberi, determinatur (per prop. praeced.) ad eundem contra odio habendum. At (per hypothesin) ipsum nihilominus amat. Ergo odio et amore simul conflictabitur.

COROLLARIUM II. Si aliquis imaginatur, ab aliquo, quem antea nullo affectu prosecutus est, malum aliquod prae odio sibi illatum esse, statim idem malum eidem referre conabitur.

DEMONSTRATIO. Qui aliquem odio erga se affectum esse imaginatur, eum contra (per praeced. prop.) odio habebit et (per prop. 26. huius) id omne comminisci conabitur, quod eundem possit tristitia afficere; atque id eidem (per prop. 39. huius) inferre studebit. At (per hypothesin) primum, quod huiusmodi imaginatur, est malum sibi illatum. Ergo idem statim eidem inferre conabitur. Q.E.D.

SCHOLIUM. Conatus malum inferendi ei, quem odimus, *ira* vocatur; conatus autem malum nobis illatum referendi *vindicta* appellatur.

PROPOSITIO XLI. Si quis ab aliquo se amari imaginatur, nec se ullam ad id causam dedisse credit (quod per coroll. prop. 15. et per prop. 16. huius fieri potest), eundem contra amabit.

DEMONSTRATIO. Haec propositio eadem via demonstratur ac praeced., cuius etiam schol. vide.

SCHOLIUM. Quod si se iustam amoris causam praebuisse crediderit, gloriabitur (per prop. 30. huius cum eiusdem schol.); quod quidem (per prop. 25. huius) frequentius contingit, et cuius contrarium evenire diximus, quando aliquis ab aliquo se odio haberi imaginatur (vide schol. prop. praeced.). Porro hic reciprocus amor, et consequenter (per prop. 39. huius) conatus benefaciendi ei, qui nos amat, quique (per eandem prop. 39. huius) nobis benefacere conatur, g r a t i a seu g r a t i t u d o vocatur. Atque adeo apparet, homines longe paratiores esse ad vindictam, quam ad referendum beneficium.

COROLLARIUM. Qui ab eo, quem odio habet, se amari imaginatur, odio et amore simul conflictabitur. Quod eadem via, qua coroll. 1. prop. praeced. demonstratur.

SCHOLIUM. Quod si odium praevaluerit, ei, a quo amatur, malum inferre conabitur, qui quidem affectus *crudelitas* appellatur, praecipue si illum, qui amat, nullam odii communem causam praebuisse creditur.

PROPOSITIO XLII. Qui in aliquem amore aut spe gloriae motus beneficium contulit, contristabitur, si viderit, beneficium ingrato animo accipi.

DEMONSTRATIO. Qui rem aliquam sibi similem amat, conatur, quantum potest, efficere ut ab ipsa contra ametur (per prop. 33. huius). Qui igitur prae amore in aliquem beneficium contulit, id facit desiderio, quo tenetur, ut contra ametur, hoc est (per prop. 34. huius) spe gloriae sive (per schol. prop. 30. huius) laetitiae; adeoque (per prop. 12. huius) hanc gloriae causam, quantum potest, imaginari, sive ut actu existentem contemplari conabitur. At (per hypothesin) aliud imaginatur, quod eiusdem causae existentiam secludit. Ergo (per prop. 19. huius) eo ipso contristabitur. Q.E.D.

PROPOSITIO XLIII. Odium reciproco odio augetur, et amore contra deleri potest.

DEMONSTRATIO. Qui eum, quem odit, contra odio erga se affectum esse imaginatur, eo ipso (per prop. 40. huius) novum odium oritur durante (per hypothesin) adhuc primo. Sed si contra eundem amore erga se affectum esse imaginetur, quatenus hoc imaginatur, eatenus (per prop. 30. huius) se ipsum cum laetitia contemplatur, et eatenus (per prop. 29. huius) eidem placere conabitur, hoc est (per prop. 41. huius) eatenus conatur ipsum odio non habere nullaque tristitia afficere; qui quidem conatus (per prop. 37. huius) maior vel minor erit pro ratione affectus, ex quo oritur. Atque adeo si maior fuerit illo, qui ex odio oritur, et quo rem, quam odit (per prop. 26. huius) tristitia afficere conatur, ei praevalebit, et odium ex animo delebit. Q.E.D.

PROPOSITIO XLIV. Odium, quod amore plane vincitur, in amorem transit; et amor propterea maior est, quam si odium non praecessisset.

DEMONSTRATIO. Eodem modo procedit, ac prop. 38. huius. Nam qui rem, quam odit, sive quam cum tristitia contemplari solebat, amare incipit, eo ipso, quod amat, laetatur et huic laetitiae, quam amor involvit (vide eius defin. in schol. prop. 13. huius), illa etiam accedit, quae ex eo oritur, quod conatus amovendi tristitiam, quam odium involvit (ut in prop. 37. huius ostendimus), prorsus iuvatur, concomitante idea eius, quem odio habuit, tamquam causa.

SCHOLIUM. Quamvis res ita se habeat, nemo tamen conabitur rem aliquam odio habere vel tristitia affici, ut maiore hac laetitia fruatur; hoc est, nemo spe damnum recuperandi damnum sibi inferri cupiet, nec aegrotare desiderabit spe convalescendi. Nam unusquisque suum esse conservare et tristitiam, quantum potest, amovere semper conabitur. Quod si contra concipi posset, hominem posse cupere aliquem odio habere, ut eum postea maiore amore prosequatur, tum eundem odio habere semper desiderabit. Nam quo odium maius fuerit, eo amor erit maior, atque adeo desiderabit semper, ut odium magis magisque augeatur, et eadem de causa homo magis ac magis aegrotare conabitur, ut maiore laetitia ex restauranda valetudine postea fruatur; atque adeo semper aegrotare conabitur, quod (per prop. 6. huius) est absurdum.

PROPOSITIO XLV. Si quis aliquem sibi similem odio in rem sibi similem, quam amat, affectum esse imaginatur, eum odio habebit.

DEMONSTRATIO. Nam res amata eum, qui ipsam odit, odio contra habet (per prop. 40. huius). Adeoque amans, qui aliquem imaginatur rem amatam odio habere, eo ipso rem amatam odio, hoc est (per schol. prop. 13. huius) tristitia affectam esse imaginatur, et consequenter (per prop. 21. huius) contristatur, idque concomitante idea eius, qui rem amatam odit, tamquam causa, hoc est (per schol. prop. 13. huius) ipsum odio habebit. Q.E.D.

PROPOSITIO XLVI. Si quis ab aliquo cuiusdam classis, sive nationis a sua diversae, laetitia vel tristitia affectus fuerit, concomitante eius idea sub nomine universali classis vel nationis tamquam causa, is non tantum illum, sed omnes eiusdem classis vel nationis amabit vel odio habebit.

DEMONSTRATIO. Huius rei demonstratio patet ex prop. 16. huius partis.

PROPOSITIO XLVII. Laetitia, quae ex eo oritur, quod scilicet rem, quam odimus, destrui aut alio malo affici imaginamur, non oritur absque ulla animi tristitia.

DEMONSTRATIO. Patet ex prop. 27. huius. Nam quatenus rem nobis similem tristitia affici imaginamur, eatenus contristamur.

SCHOLIUM. Potest haec propositio etiam demonstrari ex coroll. prop. 17. P. 2. Quoties enim rei recordamur, quamvis ipsa actu non existat, eandem tamen ut praesentem contemplamur, corpusque eodem modo afficitur. Quare quatenus rei memoria viget, eatenus homo determinatur ad eandem cum tristitia contemplandum; quae determinatio manente adhuc rei imagine, coercetur quidem memoria illarum rerum, quae huius existentiam secludunt, sed non tollitur. Atque adeo homo eatenus tantum laetatur, quatenus haec determinatio coercetur; et hinc fit, ut haec laetitia, quae ex rei, quam odimus malo oritur, toties repetatur, quoties eiusdem rei recordamur. Nam, uti diximus, quando eiusdem rei imago excitatur, quia haec ipsius rei existentiam involvit, hominem determinat ad rem cum eadem tristitia contemplandum, qua eandem contemplari solebat, cum ipsa existeret. Sed quia eiusdem rei imagini alias iunxit, quae eiusdem existentiam secludunt, ideo haec ad tristitiam determinatio statim coercetur, et homo de novo laetatur, et hoc toties, quoties haec repetitio fit. Atque haec eadem est causa, cur homines laetantur, quoties alicuius iam praeteriti mali recordantur, et cur pericula, a quibus liberati sunt, narrare gaudeant. Nam ubi aliquod periculum imaginantur, idem veluti adhuc futurum contemplantur, et ad id metuendum determinantur, quae determinatio de novo coercetur idea libertatis, quam huius periculi ideae iunxerunt, cum ab eodem liberati sunt, quaeque eos de novo securos reddit; atque adeo de novo laetantur.

PROPOSITIO XLVIII. Amor et odium ex. gr. erga Petrum destruitur, si tristitia, quam hoc, et laetitia, quam ille involvit, ideae alterius causae iungatur; et eatenus uterque diminuitur, quatenus imaginamur Petrum non solum fuisse alterutrius causam.

DEMONSTRATIO. Patet ex sola amoris et odii definitione, quam vide in schol. prop. 13. huius. Nam propter hoc solum laetitia vocatur amor, et tristitia odium erga Petrum, quia scilicet Petrus huius vel illius affectus causa esse consideratur. Hoc itaque prorsus vel ex parte sublato affectus quoque erga Petrum prorsus vel ex parte diminuitur. Q.E.D.

PROPOSITIO XLIX. Amor et odium erga rem, quam liberam esse imaginamur, maior ex pari causa uterque debet esse, quam erga necessariam.

DEMONSTRATIO. Res, quam liberam esse imaginamur, debet (per defin. 7. P. 1.) per se absque aliis percipi. Si igitur eandem laetitiae vel tristitiae causam esse imaginemur, eo ipso (per schol. prop. 13. huius) eandem amabimus vel odio habebimus, idque (per prop. praeced.) summo amore vel odio, qui ex dato affectu oriri potest. Sed si rem, quae eiusdem affectus est causa, ut necessariam imaginemur, tum (per eandem defin. 7. P. 1.) ipsam non solam, sed cum aliis eiusdem affectus causam esse imaginabimur; atque adeo (per prop. praeced.) amor et odium erga ipsam minor erit. Q.E.D.

SCHOLIUM. Hinc sequitur homines, quia se liberos esse existimant, maiore amore vel odio se invicem prosequi, quam alia; ad quod accedit affectuum imitatio, de qua vide prop. 27., 34., 40. et 43. huius.

PROPOSITIO L. Res quaecumque potest esse per accidens spei aut metus causa.

DEMONSTRATIO. Haec propositio eadem via demonstratur, qua prop. 15. huius, quam vide una cum schol. 2. prop. 18. huius.

SCHOLIUM. Res, quae per accidens spei aut metus sunt causae, b o n a aut m a l a o m i n a vocantur. Deinde quatenus haec eadem omina sunt spei aut metus causa, eatenus (per defin. spei et metus, quam vide in schol. 2. prop. 18. huius) laetitiae aut tristitiae sunt causa, et consequenter (per coroll. prop. 15. huius) eatenus eadem amamus vel odio habemus, et (per prop. 28. huius) tamquam media ad ea, quae speramus, adhibere, vel tamquam obstacula aut metus causas amovere conamur. Praeterea ex prop. 25. huius sequitur, nos natura ita esse constitutos, ut ea quae speramus facile, quae autem timemus, difficile credamus, et ut de iis plus minusve iusto sentiamus. Atque ex his ortae sunt superstitiones, quibus homines ubique conflictantur. Ceterum non puto operae esse pretium, animi hic ostendere fluctuationes, quae ex spe et metu oriuntur; quandoquidem ex sola horum affectuum definitione sequitur, non dari spem sine metu, neque metum sine spe (ut fusius suo loco explicabimus); et praeterea quandoquidem quatenus aliquid speramus aut metuimus, eatenus idem amamus vel odio habemus. Atque adeo quicquid de amore et odio diximus, facile unusquisque spei et metui applicare poterit.

PROPOSITIO LI. Diversi homines ab uno eodemque obiecto diversimode affici possunt, et unus idemque homo ab uno eodemque obiecto potest diversis temporibus diversimode affici.

DEMONSTRATIO. Corpus humanum (per postul. 3. P. 2.) a corporibus externis plurimis modis afficitur. Possunt igitur eodem tempore duo homines diversimode esse affecti; atque adeo (per axiom. 1. quod est post lem. 3. quod vide post prop. 13. P. 2.) ab uno eodemque obiecto possunt diversimode affici. Deinde (per idem postul.) corpus humanum potest iam hoc, iam alio modo esse affectum; et consequenter (per idem axiom.) ab uno eodemque obiecto diversis temporibus diversimode affici. Q.E.D.

SCHOLIUM. Videmus itaque fieri posse, ut quod hic amat, alter odio habeat; et quod hic metuit, alter non metuat; et ut unus idemque homo iam amet, quod antea oderit, et ut iam audeat, quod antea timuit etc. Deinde quia unusquisque ex suo affectu iudicat, quid bonum, quid malum, quid melius et quid peius sit (vide schol. prop. 39. huius),

105

sequitur homines tam iudicio, quam affectu variare posse[6]; et hinc fit, ut, cum alios aliis comparamus, ex sola affectuum differentia a nobis distinguantur, et ut alios intrepidos, alios timidos, alios denique alio nomine appellemus. Ex. gr. illum ego intrepidum vocabo, qui malum contemnit, quod ego timere soleo; et si praeterea ad hoc attendam, quod eius cupiditas malum inferendi ei quem odit, et benefaciendi ei quem amat, non coercetur timore mali, a quo ego contineri soleo, ipsum audacem appellabo. Deinde ille mihi timidus videbitur, qui malum timet, quod ego contemnere soleo, et si insuper ad hoc attendam, quod eius cupiditas coercetur timore mali, quod me continere nequit, ipsum pusillanimem esse dicam, et sic unusquisque iudicabit. Denique ex hac hominis natura et iudicii inconstantia, ut et quod homo saepe ex solo affectu de rebus iudicat, et quod res, quas ad laetitiam vel tristitiam facere credit, quasque propterea (per prop. 28. huius) ut fiant, promovere vel amovere conatur, saepe non nisi imaginariae sint, ut iam taceam alia, quae in P. 2. ostendimus, de rerum incertitudine, facile concipimus hominem posse saepe in causa esse, tam ut contristetur, quam ut laetetur, sive ut tam tristitia, quam laetitia, afficiatur, concomitante idea sui tamquam causa. Atque adeo facile intelligimus, quid poenitentia et quid acquiescentia in se ipso sit. Nempe *poenitentia* est *tristitia concomitante idea sui*, et *acquiescentia in se ipso* est *laetitia concomitante idea sui tamquam causa*, et hi affectus vehementissimi sunt, quia homines se liberos esse credunt. Vide prop. 49. huius.

PROPOSITIO LII. Obiectum, quod simul cum aliis antea vidimus, vel quod nihil habere imaginamur, nisi quod commune est pluribus, non tamdiu contemplabimur, ac illud, quod aliquid singulare habere imaginamur.

DEMONSTRATIO. Simulatque obiectum, quod cum aliis vidimus, imaginamur, statim et aliorum recordamur (per prop. 18. P. 2., cuius etiam schol. vide), et sic ex unius contemplatione statim in contemplationem alterius incidimus. Atque eadem est ratio obiecti, quod nihil habere imaginamur, nisi quod commune est pluribus. Nam eo ipso supponimus, nos nihil in eo contemplari, quod antea cum aliis non viderimus. Verum cum supponimus, nos in obiecto aliquo aliquid singulare, quod antea nunquam vidimus, imaginari, nihil aliud dicimus, quam quod mens, dum illud obiectum contemplatur, nullum aliud in se habeat, in cuius contemplationem ex contemplatione illius incidere

---

[6] NB. Posse hoc fieri, tametsi mens humana pars esset divini intellectus, ostendimus in schol. prop. 17. P. 2. *Sp.*

potest. Atque adeo ad illud solum contemplandum determinata est. Ergo obiectum etc. Q.E.D.

SCHOLIUM. Haec mentis affectio sive rei singularis imaginatio, quatenus sola in mente versatur, vocatur *admiratio*, quae si ab obiecto, quod timemus, moveatur, *consternatio* dicitur, quia mali admiratio hominem suspensum in sola sui contemplatione ita tenet, ut de aliis cogitare non valeat, quibus illud malum vitare posset. Sed si id, quod admiramur, sit hominis alicuius prudentia, industria vel aliquid huiusmodi, quia eo ipso hominem nobis longe antecellere contemplamur, tum admiratio vocatur *veneratio*; alias *horror* si hominis iram, invidiam etc. admiramur. Deinde, si hominis, quem amamus, prudentiam, industriam etc. admiramur, amor eo ipso (per prop. 12. huius) maior erit, et hunc amorem admirationi sive venerationi iunctum *devotionem* vocamus. Et ad hunc modum concipere etiam possumus odium, spem, securitatem et alios affectus admirationi iunctos; atque adeo plures affectus deducere poterimus, quam qui receptis vocabulis indicari solent. Unde apparet, affectuum nomina inventa esse magis ex eorum vulgari usu, quam ex eorundem accurata cognitione.

Admirationi opponitur *contemptus* cuius tamen causa haec plerumque est, quod scilicet ex eo, quod aliquem rem aliquam admirari, amare, metuere etc. videmus, vel ex eo, quod res aliqua primo aspectu apparet similis rebus, quas admiramur, amamus, metuimus etc. (per prop. 15 cum eius coroll. et prop. 27. huius) determinamur ad eandem rem admirandum, amandum, metuendum etc. Sed si ex ipsius rei praesentia vel accuratiore contemplatione id omne de eadem negare cogamur, quod causa admirationis, amoris, metus etc. esse potest, tum mens ex ipsa rei praesentia magis ad ea cogitandum, quae in obiecto non sunt quam quae in ipso sunt, determinata manet; cum tamen contra ex obiecti praesentia id praecipue cogitare soleat, quod in obiecto est. Porro sicut devotio ex rei, quam amamus, admiratione; sic *irrisio* ex rei, quam odimus vel metuimus, contemptu oritur, et *dedignatio* ex stultitiae contemptu, sicuti veneratio ex admiratione prudentiae. Possumus denique amorem, spem, gloriam et alios affectus iunctos contemptui concipere, atque inde alios praeterea affectus deducere, quos etiam nullo singulari vocabulo ab aliis distinguere solemus.

PROPOSITIO LIII. **Cum mens se ipsam suamque agendi potentiam contemplatur, laetatur; et eo magis, quo se suamque agendi potentiam distinctius imaginatur.**

DEMONSTRATIO. Homo se ipsum non cognoscit, nisi per affectiones sui corporis earumque ideas (per prop. 19. et 23. P. 2.). Cum ergo fit, ut mens se ipsam possit contemplari, eo ipso ad maiorem perfectionem transire, hoc est (per schol. prop. 11. huius) laetitia affici supponitur, et eo maiore quo se suamque agendi potentiam distinctius imaginari potest. Q.E.D.

COROLLARIUM. Haec laetitia magis magisque fovetur, quo magis homo se ab aliis laudari imaginatur. Nam quo magis se ab aliis laudari imaginatur, eo maiore laetitia alios ab ipso affici imaginatur, idque concomitante idea sui (per schol. prop. 29. huius). Atque adeo (per prop. 27 huius) ipse maiore laetitia concomitante idea sui afficitur. Q.E.D.

PROPOSITIO LIV. Mens ea tantum imaginari conatur, quae ipsius agendi potentiam ponunt.

DEMONSTRATIO. Mentis conatus sive potentia est ipsa ipsius mentis essentia (per prop. 7. huius). Mentis autem essentia (ut per se notum) id tantum, quod mens est et potest, affirmat; at non id, quod non est neque potest. Adeoque id tantum imaginari conatur, quod ipsius agendi potentiam affirmat sive ponit. Q.E.D.

PROPOSITIO LV. Cum mens suam impotentiam imaginatur, eo ipso contristatur.

DEMONSTRATIO. Mentis essentia id tantum, quod mens est et potest, affirmat, sive de natura mentis est ea tantummodo imaginari, quae ipsius agendi potentiam ponunt (per prop. praeced.). Cum itaque dicimus, quod mens, dum se ipsam contemplatur, suam imaginatur impotentiam, nihil aliud dicimus, quam quod, dum mens aliquid imaginari conatur, quod ipsius agendi potentiam ponit, hic eius conatus coercetur, sive (per schol. prop. 11. huius) quod ipsa contristatur. Q.E.D.

COROLLARIUM I. Haec tristitia magis ac magis fovetur, si se ab aliis vituperari imaginatur; quod eodem modo demonstratur ac coroll. prop. 53. huius.

SCHOLIUM. Haec tristitia concomitante idea nostrae imbecillitatis *humilitas* appellatur; laetitia autem, quae ex contemplatione nostri oritur, *philautia* vel *acquiescentia in se ipso* vocatur. Et quoniam haec toties repetitur, quoties homo suas virtutes sive suam agendi potentiam contemplatur, hinc ergo etiam fit, ut unusquisque facta sua narrare, suique tam corporis, quam animi vires ostentare gestiat, et ut homines hac de causa sibi invicem molesti sint.

Ex quibus iterum sequitur, homines natura esse invidos (vide schol. prop. 24. et schol. prop. 32. huius) sive ob suorum aequalium imbecillitatem gaudere, et contra propter eorundem virtutem contristari. Nam quoties unusquisque suas actiones imaginatur, toties laetitia (per prop. 53. huius) afficitur, et eo maiore, quo actiones plus perfectionis exprimere et easdem distinctius imaginatur, hoc est (per illa quae in schol. 1. prop. 40. P. 2. dicta sunt) quo magis easdem ab aliis distinguere et ut res singulares contemplari potest. Quare unusquisque ex contemplatione sui tunc maxime gaudebit, quando aliquid in se contemplatur, quod de reliquis negat. Sed si id, quod de se affirmat, ad universalem hominis vel animalis ideam refert, non tantopere gaudebit; et contra contristabitur, si suas ad aliorum actiones comparatas imbecilliores esse imaginetur, quam quidem tristitiam (per prop. 28. huius) amovere conabitur, idque suorum aequalium actiones perperam interpretando, vel suas quantum potest adornando. Apparet igitur homines natura proclives esse ad odium et invidiam, ad quam accedit ipsa educatio. Nam parentes solo honoris et invidiae stimulo liberos ad virtutem concitare solent. Sed scrupulus forsan remanet, quod non raro hominum virtutes admiremur eosque veneremur. Hunc ergo ut amoveam sequens addam corollarium.

COROLLARIUM II. Nemo virtutem alicui nisi aequali invidet.

DEMONSTRATIO. Invidia est ipsum odium (vide schol. prop. 24. huius) sive (per schol. prop. 13. huius) tristitia hoc est (per schol. prop. 11. huius) affectio, qua hominis agendi potentia seu conatus coercetur. At homo (per schol. prop. 9. huius) nihil agere conatur, neque cupit, nisi quod ex data sua natura sequi potest. Ergo homo nullam de se agendi potentiam seu (quod idem est) virtutem praedicari cupiet, quae naturae alterius est propria et suae aliena. Adeoque eius cupiditas coerceri, hoc est (per schol. prop. 11. huius) ipse contristari nequit ex eo, quod aliquam virtutem in aliquo ipsi dissimili contemplatur, et consequenter neque ei invidere poterit; at quidem suo aequali qui cum ipso eiusdem naturae supponitur. Q.E.D.

SCHOLIUM. Cum igitur supra in schol. prop. 52. huius dixerimus, nos hominem venerari ex eo, quod ipsius prudentiam, fortitudinem etc. admiramur, id fit (ut ex ipsa prop. patet) quia has virtutes ei singulariter inesse, et non ut nostrae naturae communes imaginamur; adeoque easdem ipsi non magis invidebimus quam arboribus altitudinem et leonibus fortitudinem etc.

PROPOSITIO LVI. Laetitiae, tristitiae et cupiditatis, et consequenter uniuscuiusque affectus, qui ex his componitur, ut animi fluctuationis, vel qui ab his derivatur, nempe amoris, odii, spei, metus etc. tot species dantur, quot sunt species obiectorum, a quibus afficimur.

DEMONSTRATIO. Laetitia et tristitia, et consequenter affectus, qui ex his componuntur vel ex his derivantur, passiones sunt (per schol. prop. 11. huius); nos autem (per prop. 1. huius) necessario patimur, quatenus ideas habemus inadaequatas; et quatenus easdem habemus (per prop. 3. huius), eatenus tantum patimur, hoc est (vide schol. 1. prop. 40. P. 2.) eatenus tantum necessario patimur, quatenus imaginamur, sive (vide prop. 17. P. 2. cum eius schol.) quatenus afficimur affectu, qui naturam nostri corporis et naturam corporis externi involvit. Natura igitur uniuscuiusque passionis ita necessario debet explicari, ut obiecti a quo afficimur, natura exprimatur. Nempe laetitia, quae ex obiecto ex. gr. A oritur, naturam ipsius obiecti A, et laetitia, quae ex obiecto B oritur, ipsius obiecti B naturam involvit; atque adeo hi duo laetitiae affectus natura sunt diversi, quia ex causis diversae naturae oriuntur. Sic etiam tristitiae affectus, qui ex uno obiecto oritur, diversus natura est a tristitia, quae ab alia causa oritur; quod etiam de amore, odio, spe, metu, animi fluctuatione etc. intelligendum est, ac proinde laetitiae, tristitiae, amoris, odii etc. tot species necessario dantur, quot sunt species obiectorum, a quibus afficimur. At cupiditas est ipsa uniuscuiusque essentia seu natura, quatenus ex data quacumque eius constitutione determinata concipitur ad aliquid agendum. Vide schol. prop. 9. huius. Ergo, prout unusquisque a causis externis hac aut illa laetitiae, tristitiae, amoris, odii etc. specie afficitur, hoc est prout eius natura hoc aut alio modo constituitur, ita eius cupiditas alia atque alia esse et natura unius a natura alterius cupiditatis tantum differre necesse est, quantum affectus, a quibus unaquaeque oritur, inter se differunt. Dantur itaque tot species cupiditatis, quot sunt species laetitiae, tristitiae, amoris etc. et consequenter (per iam ostensa) quot sunt obiectorum species, a quibus afficimur. Q.E.D.

SCHOLIUM. Inter affectuum species, quae (per prop. praeced.) perplurimae esse debent, insignes sunt *luxuria, ebrietas, libido, avaritia* et *ambitio*, quae non nisi amoris vel cupiditatis sunt notiones, quae huius utriusque affectus naturam explicant per obiecta, ad quae referuntur. Nam per luxuriam, ebrietatem, libidinem, avaritiam et ambitionem nihil aliud intelligimus, quam convivandi, potandi, coeundi, divitiarum et gloriae immoderatum amorem vel cupiditatem. Praeterea hi affectus, quatenus eos per solum obiectum, ad quod referuntur, ab aliis distinguimus, contrarios non habent. Nam temperantia, quam luxuriae, et sobrietas, quam ebrietati, et denique castitas, quam libidini opponere solemus, affectus seu passiones non

110

sunt; sed animi indicant potentiam, quae hos affectus moderatur. Ceterum reliquas affectuum species hic explicare nec possum (quia tot sunt quot obiectorum species), nec, si possem, necesse est. Nam ad id quod intendimus, nempe ad affectuum vires et mentis in eosdem potentiam determinandum, nobis sufficit, uniuscuiusque affectus generalem habere definitionem. Sufficit, inquam, nobis affectuum et mentis communes proprietates intelligere, ut determinare possimus, qualis et quanta sit mentis potentia in moderandis et coercendis affectibus. Quamvis itaque magna sit differentia inter hunc et illum amoris, odii vel cupiditatis affectum, ex. gr. inter amorem erga liberos et amorem erga uxorem, nobis tamen has differentias cognoscere et affectuum naturam et originem ulterius indagare non est opus.

PROPOSITIO LVII. Quilibet uniuscuiusque individui affectus ab affectu alterius tantum discrepat, quantum essentia unius ab essentia alterius differt.

DEMONSTRATIO. Haec propositio patet ex axiom. 1., quod vide post lem. 3. prop. 13. P. 2. At nihilominus eandem ex trium primitivorum affectuum definitionibus demonstrabimus.

Omnes affectus ad cupiditatem, laetitiam vel tristitiam referuntur, ut eorum quas dedimus definitiones ostendunt. At cupiditas est ipsa uniuscuiusque natura seu essentia (vide eius defin. in schol. prop. 9. huius); ergo uniuscuiusque individui cupiditas a cupiditate alterius tantum discrepat, quantum natura seu essentia unius ab essentia alterius differt. Laetitia deinde et tristitia passiones sunt, quibus uniuscuiusque potentia seu conatus in suo esse perseverandi augetur vel minuitur, iuvatur vel coercetur (per prop. 11 huius et eius schol.). At per conatum in suo esse perseverandi, quatenus ad mentem et corpus simul refertur, appetitum et cupiditatem intelligimus (vide schol. prop. 9. huius); ergo laetitia et tristitia est ipsa cupiditas sive appetitus quatenus a causis externis augetur vel minuitur, iuvatur vel coercetur, hoc est (per idem schol.) est ipsa cuiusque natura. Atque adeo uniuscuiusque laetitia vel tristitia a laetitia vel tristitia alterius tantum etiam discrepat, quantum natura seu essentia unius ab essentia alterius differt; et consequenter quilibet uniuscuiusque individui affectus ab affectu alterius tantum discrepat etc. Q.E.D.

SCHOLIUM. Hinc sequitur affectus animalium, quae irrationalia dicuntur (bruta enim sentire nequaquam dubitare possumus, postquam mentis novimus originem), ab affectibus hominum tantum differre, quantum eorum natura a natura humana differt. Fertur quidem equus et homo libidine procreandi; at ille libidine equina, hic autem humana. Sic etiam libidines et appetitus insectorum, piscium et avium alii atque alii esse debent. Quamvis itaque unumquodque individuum sua qua constat natura, contentum vivat eaque gaudeat; vita tamen illa, qua unumquodque est contentum, et gaudium nihil aliud est, quam idea seu anima eiusdem individui; atque adeo gaudium unius a gaudio alterius tantum natura discrepat, quantum essentia unius ab essentia alterius differt. Denique ex praec. prop. sequitur, non parum etiam interesse inter gaudium, quo ebrius ex. gr. ducitur, et gaudium, quo potitur philosophus, quod hic in transitu monere volui. Atque haec de affectibus, qui ad hominem referuntur, quatenus patitur. Superest, ut pauca addam de iis, qui ad eundem referuntur, quatenus agit.

PROPOSITIO LVIII. Praeter laetitiam et cupiditatem quae passiones sunt, alii laetitiae et cupiditatis affectus dantur, qui ad nos, quatenus agimus, referuntur.

DEMONSTRATIO. Cum mens se ipsam suamque agendi potentiam concipit, laetatur (per prop. 53. huius). Mens autem se ipsam necessario contemplatur, quando veram sive adaequatam ideam concipit (per prop. 43. P. 2.). At mens quasdam ideas adaequatas concipit (per schol. 2. prop. 40. P. 2.). Ergo eatenus etiam laetatur, quatenus ideas adaequatas concipit, hoc est (per prop. 1. huius) quatenus agit. Deinde mens tam quatenus claras et distinctas, quam quatenus confusas habet ideas, in suo esse perseverare conatur (per prop. 9. huius). At per conatum cupiditatem intelligimus (per eiusdem schol.). Ergo cupiditas ad nos refertur etiam quatenus intelligimus, sive (per prop. 1. huius) quatenus agimus. Q.E.D.

PROPOSITIO LIX. Inter omnes affectus, qui ad mentem, quatenus agit, referuntur, nulli alii sunt, quam qui ad laetitiam vel cupiditatem referuntur.

DEMONSTRATIO. Omnes affectus ad cupiditatem, laetitiam vel tristitiam referuntur, ut eorum quas dedimus definitiones ostendunt. Per tristitiam autem intelligimus, quod mentis cogitandi potentia minuitur vel coercetur (per prop. 11. huius et eius schol.); adeoque mens quatenus contristatur, eatenus eius intelligendi, hoc est eius agendi potentia (per prop. 1. huius) minuitur vel coercetur. Adeoque nulli tristitiae affectus ad mentem referri possunt, quatenus agit, sed tantum affectus laetitiae et cupiditatis, qui (per prop. praeced.) eatenus etiam ad mentem referuntur. Q.E.D.

SCHOLIUM. Omnes actiones, quae sequuntur ex affectibus, qui ad mentem referuntur, quatenus intelligit, ad *fortitudinem* refero quam in *animositatem et generositatem* distinguo. Nam per *animositatem* intelligo *cupiditatem, qua unusquisque conatur suum esse ex solo rationis dictamine conservare.* Per *generositatem* autem *cupiditatem* intelligo, *qua unusquisque ex solo rationis dictamine conatur reliquos homines iuvare et sibi amicitia iungere.* Eas itaque actiones, quae solum agentis utile intendunt, ad animositatem, et quae alterius etiam utile intendunt, ad generositatem refero. Temperantia igitur, sobrietas et animi in periculis praesentia etc. animositatis sunt species; modestia autem, clementia etc. species generositatis sunt. Atque his puto me praecipuos affectus animique fluctuationes, quae ex compositione trium primitivorum affectuum, nempe cupiditatis, laetitiae et tristitiae oriuntur, explicuisse perque primas suas causas ostendisse. Ex quibus apparet, nos a causis externis multis modis agitari, nosque perinde ut maris undae a contrariis ventis agitatae, fluctuari nostri eventus atque fati inscios. At dixi, me praecipuos tantum, non omnes, qui dari possunt, animi conflictus ostendisse. Nam eadem via, qua supra, procedendo facile possumus ostendere amorem esse iunctum poenitentiae, dedignationi, pudori etc. Imo unicuique ex iam dictis clare constare credo, affectus tot modis, alios cum aliis, posse componi, indeque tot variationes oriri, ut nullo numero definiri queant. Sed ad meum institutum praecipuos tantum enumeravisse sufficit; nam reliqui, quos omisi, plus curiositatis, quam utilitatis haberent. Attamen de amore hoc notandum restat, quod scilicet saepissime contingit, dum re, quam appetebamus, fruimur, ut corpus ex ea fruitione novam acquirat constitutionem, a qua aliter determinatur, et aliae rerum imagines in eo excitantur, et simul mens alia imaginari aliaque cupere incipit. Ex. gr. cum aliquid, quod nos sapore delectare solet, imaginamur, eodem frui, nempe comedere cupimus. At quamdiu eodem sic fruimur, stomachus adimpletur corpusque aliter constituitur. Si igitur corpore iam aliter disposito eiusdem cibi imago, quia ipse praesens adest, fomentetur, et consequenter conatus etiam sive cupiditas eundem comedendi huic cupiditati seu conatui nova illa constitutio repugnabit, et consequenter cibi, quem appetebamus, praesentia odiosa erit, et hoc est quod *fastidium* et *taedium* vocamus. Ceterum corporis affectiones externas, quae in affectibus observantur, ut sunt tremor, livor, singultus, risus etc. neglexi quia ad solum corpus absque ulla ad mentem relatione referuntur. Denique de *affectuum definitionibus* quaedam notanda sunt, quas propterea hic ordine repetam, et quid in unaquaque observandum est, iisdem interponam.

AFFECTUUM DEFINITIONES.

I. *Cupiditas* est ipsa hominis essentia, quatenus ex data quacumque eius affectione determinata concipitur ad aliquid agendum.

EXPLICATIO. *Diximus supra in schol. prop. 9. huius partis, cupiditatem esse appetitum cum eiusdem conscientia; appetitum autem esse ipsam hominis essentiam, quatenus determinata est ad ea agendum, quae ipsius conservationi inserviunt. Sed in eodem schol. etiam monui, me revera inter humanum appetitum et cupiditatem nullam agnoscere differentiam. Nam sive homo sui appetitus sit conscius, sive non sit, manet tamen appetitus unus idemque; atque adeo ne tautologiam committere viderer, cupiditatem per appetitum explicare nolui, sed eandem ita definire studui, ut omnes humanae naturae conatus, quos nomine appetitus, voluntatis, cupiditatis vel impetus significamus, una comprehenderem. Potueram enim dicere, cupiditatem esse ipsam hominis essentiam, quatenus determinata concipitur ad aliquid agendum; sed ex hac definitione (per prop. 23. P. 2.) non sequeretur, quod mens possit suae cupiditatis sive appetitus esse conscia. Igitur ut huius conscientiae causam involverem, necesse fuit (per eandem prop.) addere "quatenus ex data quacumque eius affectione determinata etc.". Nam per affectionem humanae essentiae quamcumque eiusdem essentiae constitutionem intelligimus, sive ea sit innata, sive quod ipsa per solum cogitationis, sive per solum extensionis attributum concipiatur, sive denique quod ad utrumque simul referatur. Hic igitur cupiditatis nomine intelligo hominis quoscumque conatus, impetus, appetitus et volitiones, qui pro varia eiusdem hominis constitutione varii et non raro adeo sibi invicem oppositi sunt, ut homo diversimode trahatur et quo se vertat, nesciat.*

II. *Laetitia* est hominis transitio a minore ad maiorem perfectionem.

III. *Tristitia* est hominis transitio a maiore ad minorem perfectionem.

EXPLICATIO. *Dico transitionem. Nam laetitia non est ipsa perfectio. Si enim homo cum perfectione, ad quam transit, nasceretur, eiusdem absque laetitiae affectu compos esset; quod clarius apparet ex tristitiae affectu, qui huic est contrarius. Nam quod tristitia in transitione ad minorem perfectionem consistit, non autem in ipsa minore perfectione, nemo negare potest, quandoquidem homo eatenus contristari nequit, quatenus alicuius perfectionis est particeps. Nec dicere possumus, quod tristitia in privatione maioris perfectionis consistat; nam privatio nihil est. Tristitiae autem affectus actus est, qui propterea nullus alius esse potest, quam actus transeundi ad minorem perfectionem, hoc est, actus quo hominis agendi potentia minuitur vel coercetur. Vide schol. prop. 11. huius.* Ceterum definitiones hilaritatis, titillationis, melancholiae et doloris omitto, quia ad corpus potissimum referuntur et non nisi laetitiae aut tristitiae sunt species.

114

IV. *Admiratio* est rei alicuius imaginatio, in qua mens defixa propterea manet, quia haec singularis imaginatio nullam cum reliquis habet connexionem. Vide prop. 52. cum eiusdem schol.

EXPLICATIO. *In schol. prop. 18. P. 2. ostendimus, quaenam sit causa, cur mens ex contemplatione unius rei statim in alterius rei cogitationem incidat, videlicet, quia earum rerum imagines invicem concatenatae et ita ordinatae sunt, ut alia aliam sequatur, quod quidem concipi nequit, quando rei imago nova est; sed mens in eiusdem rei contemplatione detinebitur, donec ab aliis causis ad alia cogitandum determinetur. Rei itaque novae imaginatio in se considerata eiusdem naturae est, ac reliquae, et hac de causa ego admirationem inter affectus non numero, nec causam video, cur id facerem, quandoquidem haec mentis distractio ex nulla causa positiva, quae mentem ab aliis distrahat, oritur, sed tantum ex eo, quod causa, cur mens ex unius rei contemplatione ad alia cogitandum determinatur, deficit. T r e s igitur (ut in schol. prop. 11. huius monui) tantum affectus primitivos seu primarios agnosco, nempe* laetitiae, tristitiae et cupiditatis *nec alia de causa verba de admiratione feci, quam quia usu factum est ut quidam affectus, qui ex tribus primitivis derivantur, aliis nominibus indicari soleant quando ad obiecta, quae admiramur, referuntur; quae quidem ratio me ex aequo movet, ut etiam contemptus defininitionem his adiungam.*

V. *Contemptus* est rei alicuius imaginatio, quae mentem adeo parum tangit, ut ipsa mens ex rei praesentia magis moveatur ad ea imaginandum, quae in ipsa re non sunt, quam quae in ipsa sunt. Vide schol. prop. 52. huius.

Definitiones venerationis *et* dedignationis *missas hic facio, quia nulli, quod sciam, affectus ex his nomen trahunt.*

VI. *Amor* est laetitia concomitante idea causae externae.

EXPLICATIO. *Haec definitio satis clare amoris essentiam explicat. Illa vero auctorum, qui definiunt amorem esse voluntatem amantis se iungendi rei amatae, non amoris essentiam, sed eius proprietatem exprimit; et quia amoris essentia non satis ab auctoribus perspecta fuit, ideo neque eius proprietatis ullum clarum conceptum habere potuerunt, et hinc factum, ut eorum definitionem admodum obscuram esse omnes iudicaverint. Verum notandum, cum dico, proprietatem esse in amante, se voluntate iungere rei amatae, me per voluntatem non intelligere consensum vel animi deliberationem seu liberum decretum (nam hoc fictitium esse demonstravimus prop. 48. P. 2.), nec etiam cupiditatem sese iungendi rei amatae, quando abest, vel perseverandi in ipsius praesentia quando adest (potest namque amor absque hac aut illa cupiditate concipi; sed per voluntatem me acquiescentiam intelligere, quae est in amante ob rei amatae praesentiam, a qua laetitia amantis corroboratur aut saltem fovetur.*

VII. *Odium* est tristitia concomitante idea causae externae.

EXPLICATIO. *Quae hic notanda sunt, ex dictis in praecedentis definitionis explicatione facile percipiuntur. Vide praeterea schol. prop. 13. huius.*

VIII. *Propensio* est laetitia concomitante idea alicuius rei, quae per accidens causa est laetitiae.

IX. *Aversio* est tristitia concomitante idea alicuius rei, quae per accidens causa est tristitiae. De his vide schol. prop. 15. huius.

X. *Devotio* est amor erga eum, quem admiramur.

EXPLICATIO. *Admirationem oriri ex rei novitate, ostendimus prop. 52. huius. Si igitur contingat, ut id quod admiramur saepe imaginemur, idem admirari desinemus; atque adeo videmus, devotionis affectum facile in simplicem amorem degenerare.*

XI. *Irrisio* est laetitia orta ex eo, quod aliquid, quod contemnimus in re, quam odimus, inesse imaginamur.

EXPLICATIO. *Quatenus rem, quam odimus, contemnimus, eatenus de eadem existentiam negamus (vide schol. prop. 52. huius), et eatenus (per prop. 20. huius) laetamur. Sed quoniam supponimus, hominem id quod irridet, odio tamen habere, sequitur, hanc laetitiam solidam non esse. Vide schol. prop. 47. huius.*

XII. *Spes* est inconstans laetitia orta ex idea rei futurae vel praeteritae, de cuius eventu aliquatenus dubitamus.

XIII. *Metus* est inconstans tristitia orta ex idea rei futurae vel praeteritae, de cuius eventu aliquatenus dubitamus. Vide de his schol. 2. prop. 18. huius.

EXPLICATIO. *Ex his definitionibus sequitur, non dari spem sine metu, neque metum sine spe. Qui enim spe pendet et de rei eventu dubitat, is aliquid imaginari supponitur, quod rei futurae existentiam secludit; atque adeo eatenus contristari (per prop. 19. huius) et consequenter, dum spe pendet, metuere, ut res eveniat. Qui autem contra in metu est, hoc est, de rei quam odit eventu dubitat, aliquid etiam imaginatur, quod eiusdem rei existentiam secludit; atque adeo (per prop. 20. huius) laetatur, et consequenter eatenus spem habet, ne eveniat.*

XIV. *Securitas* est laetitia orta ex idea rei futurae vel praeteritae, de qua dubitandi causa sublata est.

XV. *Desperatio* est tristitia orta ex idea rei futurae vel praeteritae, de qua dubitandi causa sublata est.

EXPLICATIO. *Oritur itaque ex spe securitas et ex metu desperatio, quando de rei eventu dubitandi causa tollitur, quod fit, quia homo rem praeteritam vel futuram adesse imaginatur et ut praesentem contemplatur; vel quia alia imaginatur, quae existentiam earum rerum secludunt, quae ipsi dubium iniiciebant. Nam tametsi de rerum singularium eventu (per coroll. prop. 31. P. 2.) nunquam possumus esse certi; fieri tamen potest, ut de earum eventu non dubitemus. Aliud enim esse ostendimus (vide schol. prop. 49. P. 2.) de re non dubitare, aliud rei certitudinem habere; atque adeo fieri potest, ut ex imagine rei praeteritae aut futurae eodem laetitiae vel tristitiae affectu afficiamur ac ex rei praesentis imagine, ut in prop. 18 huius demonstravimus, quam cum eiusdem schol. 2. vide.*

XVI. *Gaudium* est laetitia concomitante idea rei praeteritae, quae praeter spem evenit.

XVII. *Conscientiae morsus* est tristitia concomitante idea rei praeteritae, quae praeter spem evenit.

XVIII. *Commiseratio* est tristitia concomitante idea mali, quod alteri, quem nobis similem esse imaginamur, evenit. Vide schol. prop. 22. et schol. prop. 27. huius.

EXPLICATIO. *Inter commiserationem et misericordiam nulla videtur esse differentia, nisi forte, quod commiseratio singularem affectum respiciat, misericordia autem eius habitum.*

XIX. *Favor* est amor erga aliquem, qui alteri benefecit.

XX. *Indignatio* est odium erga aliquem, qui alteri malefecit.

EXPLICATIO. *Haec nomina ex communi usu aliud significare scio. Sed meum institutum non est, verborum significationem, sed rerum naturam explicare, easque iis vocabulis indicare, quorum significatio, quam ex usu habent, a significatione, qua eadem usurpare volo, non omnino abhorret, quod semel monuisse sufficiat. Ceterum horum affectuum causam vide in coroll. 1. prop. 27. et schol. prop. 22. huius.*

XXI. *Existimatio* est de aliquo prae amore plus iusto sentire.

XXII. *Despectus* est de aliquo prae odio minus iusto sentire.

EXPLICATIO. *Est itaque existimatio, amoris et despectus odii effectus sive proprietas; atque adeo potest existimatio etiam definiri, quod sit amor, quatenus hominem ita afficit, ut de re amata plus iusto sentiat, et contra despectus, quod sit odium, quatenus hominem ita afficit, ut de eo quem odio habet, minus iusto sentiat. Vide de his schol. prop. 26. huius.*

XXIII. *Invidia* est odium, quatenus hominem ita afficit, ut ex alterius felicitate contristetur, et contra ut ex alterius malo gaudeat.

EXPLICATIO. *Invidiae opponitur communiter misericordia, quae proinde invita vocabuli significatione sic definiri potest:*

XXIV. *Misericordia* est amor, quatenus hominem ita afficit, ut ex bono alterius gaudeat, et contra ut ex alterius malo contristetur.

EXPLICATIO. *Ceterum de invidia vide schol. prop. 24. et schol. prop. 32. huius. Atque hi affectus laetitiae et tristitiae sunt, quos idea rei externae comitatur tamquam causa per se vel per accidens. Hinc ad alios transeo, quos idea rei internae comitatur tamquam causa.*

XXV. *Acquiescentia in se ipso* est laetitia orta ex eo, quod homo se ipsum suamque agendi potentiam contemplatur.

XXVI. *Humilitas* est tristitia orta ex eo, quod homo suam impotentiam sive imbecillitatem contemplatur.

EXPLICATIO. *Acquiescentia in se ipso humilitati opponitur, quatenus per eandem intelligimus laetitiam, quae ex eo oritur, quod nostram agendi potentiam contemplamur. Sed quatenus per ipsam etiam intelligimus laetitiam concomitante idea alicuius facti, quod nos ex mentis libero decreto fecisse credimus, tum poenitentiae opponitur, quae a nobis sic definitur:*

XXVII. *Poenitentia* est tristitia concomitante idea alicuius facti, quod nos ex libero mentis decreto fecisse credimus.

EXPLICATIO. *Horum affectuum causas ostendimus in schol. prop. 51. huius et prop. 53., 54. et 55. huius eiusque schol. De libero autem mentis decreto vide schol. prop. 35. P. 2. Sed hic praeterea notandum venit, mirum non esse, quod omnes omnino actus, qui ex consuetudine p r a v i vocantur, sequatur tristitia, et illos, qui r e c t i dicuntur, laetitia. Nam hoc ab educatione potissimum pendere, facile ex supra dictis intelligimus. Parentes nimirum illos exprobrando liberosque propter eosdem saepe obiurgando, hos contra suadendo et laudando effecerunt, ut tristitiae commotiones illis, laetitiae vero his iungerentur. Quod ipsa etiam experientia comprobatur. Nam consuetudo et religio non est omnibus eadem; sed contra, quae apud alios sacra, apud alios profana, et quae apud alios honesta, apud alios turpia sunt. Prout igitur unusquisque educatus est, ita facti alicuius poenitet vel eodem gloriatur.*

XXVIII. *Superbia* est de se prae amore sui plus iusto sentire.

EXPLICATIO. *Differt igitur superbia ab existimatione, quod haec ad obiectum externum, superbia autem ad ipsum hominem de se plus iusto sentientem referatur. Ceterum ut existimatio amoris sic s u p e r b i a philautiae effectus vel proprietas est, quae propterea etiam definiri potest, quod sit amor sui sive acquiescentia in se ipso, quatenus hominem ita afficit, ut de se plus iusto sentiat. Vide schol. prop. 26. huius. Huic affectui non datur contrarius. Nam nemo de se prae odio sui minus iusto sentit; imo nemo de se minus iusto sentit, quatenus imaginatur, se hoc vel illud non posse. Nam quicquid homo imaginatur se non posse, id necessario imaginatur, et hac imaginatione ita disponitur, ut id agere revera non possit, quod se non posse imaginatur. Quamdiu enim imaginatur se hoc vel illud non posse, tamdiu ad agendum non est determinatus; et consequenter tamdiu impossibile ei est, ut id agat. Verumenimvero si ad illa attendamus, quae a sola opinione pendent, concipere poterimus fieri posse, ut homo de se minus iusto sentiat. Fieri enim potest, ut aliquis, dum tristis imbecillitatem contemplatur suam, imaginetur, se ab omnibus contemni; idque, dum reliqui nihil minus cogitant, quam ipsum contemnere. Potest praeterea homo de se minus iusto sentire, si aliquid de se in praesenti neget cum relatione ad futurum tempus, cuius est incertus; ut quod negetm, se nihil certi posse concipere nihilque nisi prava vel turpia posse cupere vel agere etc. Possumus deinde dicere, aliquem de se minus iusto sentire, cum videmus, ipsum ex nimio pudoris metu ea non audere, quae alii ipsi aequales audent. Hunc igitur affectum possumus superbiae opponere, quem* abiectionem *vocabo. Nam ut ex acquiescentia in se ipso superbia, sic ex humilitate abiectio oritur; quae proinde a nobis sic definitur:*

XXIX. *Abiectio* est de se prae tristitia minus iusto sentire.

EXPLICATIO. *Solemus tamen saepe superbiae humilitatem opponere; sed tum magis ad utriusque effectus, quam naturam attendimus. Solemus namque illum* s u p e r b u m *vocare, qui nimis gloriatur (vide schol. prop. 30. huius), qui non nisi virtutes suas et aliorum non nisi vitia narrat, qui omnibus praeferri vult, et qui denique ea gravitate et ornatu incedit, quo solent alii, qui longe supra ipsum sunt positi. Contra illum* h u m i l e m *vocamus, qui saepius erubescit, qui sua vitia fatetur et aliorum virtutes narrat, qui omnibus cedit, et qui denique submisso capite ambulat et se ornare negligit. Ceterum hi affectus, nempe humilitas et abiectio, rarissimi sunt. Nam natura humana in se considerata contra eosdem, quantum potest nititur (vide prop. 13. et 54. huius); et ideo qui maxime creduntur abiecti et humiles esse, maxime plerumque ambitiosi et invidi sunt.*

XXX. *Gloria* est laetitia concomitante idea alicuius nostrae actionis, quam alios laudare imaginamur.

XXXI. *Pudor* est tristitia concomitante idea alicuius nostrae actionis, quam alios vituperare imaginamur.

EXPLICATIO. *De his vide schol. prop. 30. huius. Sed hic notanda est differentia, quae est inter pudorem et verecundiam. Est enim* pudor *tristitia, quae sequitur factum cuius pudet;* verecundia *autem metus seu timor pudoris, quo homo continetur, ne aliquid turpe committat. Verecundiae opponi solet* impudentia, *quae revera affectus non est, ut suo loco ostendam; sed affectuum nomina (ut iam monui) magis eorum usum, quam naturam respiciunt. Atque*

119

his laetitiae et tristitiae affectus, *quos explicare proposueram, absolvi. Pergo itaque ad illos, quos ad* cupiditatem *refero.*

XXXII. *Desiderium* est cupiditas sive appetitus re aliqua potiundi, quae eiusdem rei memoria fovetur, et simul aliarum rerum memoria, quae eiusdem rei appetendae existentiam secludunt, coercetur.

EXPLICATIO. *Cum alicuius rei recordamur, ut iam saepe diximus, eo ipso disponimur ad eandem eodem affectu contemplandum, ac si res praesens adesset; sed haec dispositio seu conatus, dum vigilamus, plerumque cohibetur ab imaginibus rerum, quae existentiam eius, cuius recordamur, secludunt. Quando itaque rei meminimus, quae nos aliquo laetitiae genere afficit, eo ipso conamur eandem cum eodem laetitiae affectu ut praesentem contemplari; qui quidem conatus statim cohibetur memoria rerum, quae illius existentiam secludunt. Quare desiderium revera tristitia est, quae laetitiae opponitur illi, quae ex absentia rei, quam odimus, oritur, de qua vide schol. prop. 47. huius. Sed quia nomen desiderium cupiditatem respicere videtur, ideo hunc affectum ad cupiditatis affectus refero.*

XXXIII. *Aemulatio* est alicuius rei cupiditas, quae nobis ingeneratur ex eo, quod alios eandem cupiditatem habere imaginamur.

EXPLICATIO. *Qui fugit, quia alios fugere, vel qui timet, quia alios timere videt, vel etiam ille, qui ex eo, quod aliquem manum suam combussisse videt, manum ad se contrahit corpusque movet, quasi ipsius manus combureretur, eum imitari quidem alterius affectum, sed non eundem aemulari dicemus; non quia aliam aemulationis, aliam imitationis novimus causam, sed quia usu factum est, ut illum tantum vocemus aemulum, qui id, quod honestum, utile vel iucundum esse iudicamus, imitatur. Ceterum de aemulationis causa vide prop. 27. huius cum eius schol. Cur autem huic affectui plerumque iuncta sit invidia, de eo vide prop. 32. huius cum eiusdem schol.*

XXXIV. *Gratia* seu *gratitudo* est cupiditas seu amoris studium, quo ei benefacere conamur, qui in nos pari amoris affectu beneficium contulit. Vide prop. 39. cum schol. prop. 41. huius.

XXXV. *Benevolentia* est cupiditas benefaciendi ei, cuius nos miseret. Vide schol. ad coroll. 3. prop. 27. huius.

XXXVI. *Ira* est cupiditas, qua ex odio incitamur ad illi quem odimus malum inferendum. Vide prop. 39. huius.

XXXVII. *Vindicta* est cupiditas, qua ex reciproco odio concitamur ad malum inferendum ei, qui nobis pari affectu damnum intulit. Vide coroll. 2. prop. 40. huius cum eiusdem schol.

XXXVIII. *Crudelitas* seu *saevitia* est cupiditas, qua aliquis concitatur ad malum inferendum ei, quem amamus, vel cuius nos miseret.

EXPLICATIO. *Crudelitati opponitur* clementia, *quae passio non est, sed animi potentia, qua homo iram et vindictam moderatur.*

XXXIX. *Timor* est cupiditas maius quod metuimus malum minore vitandi. Vide schol. prop. 39. huius.

XL. *Audacia* est cupiditas, qua aliquis incitatur ad aliquid agendum cum periculo, quod eius aequales subire metuunt.

XLI. *Pusillanimitas* dicitur de eo, cuius cupiditas coercetur timore periculi, quod eius aequales subire audent.

EXPLICATIO. *Est igitur pusillanimitas nihil aliud, quam metus alicuius mali quod plerique non solent metuere; quare ipsam ad cupiditatis affectus non refero. Eandem tamen hic explicare volui, quia quatenus ad cupiditatem attendimus, affectui audaciae revera opponitur.*

XLII. *Consternatio* dicitur de eo, cuius cupiditas malum vitandi coercetur admiratione mali, quod timet.

EXPLICATIO. *Est itaque consternatio pusillanimitatis species. Sed quia consternatio ex duplici timore oritur, ideo commodius definiri potest, quod sit metus, qui hominem stupefactum aut fluctuantem ita continet, ut is malum amovere non possit. Dico stupefactum, quatenus eius cupiditatem malum amovendi admiratione coerceri intelligimus. Fluctuantem autem dico, quatenus concipimus eandem cupiditatem coerceri timore alterius mali, quod ipsum aeque cruciat; unde fit ut quodnam ex duobus avertat, nesciat. De his vide schol. prop. 39. et schol. prop. 52. huius. Ceterum de pusillanimitate et audacia vide schol. prop. 51. huius.*

XLIII. *Humanitas* seu *modestia* est cupiditas ea faciendi quae hominibus placent, et omittendi quae displicent.

XLIV. *Ambitio* est immodica gloriae cupiditas.

EXPLICATIO. *Ambitio est cupiditas, qua omnes affectus (per prop. 27. et 31. huius) foventur et corroborantur; et ideo hic affectus vix superari potest. Nam quamdiu homo aliqua cupiditate tenetur, hac simul necessario tenetur. "Optimus quisque, inquit Cicero[7], maxime gloria ducitur. Philosophi etiam libris, quos de contemnenda gloria scribunt, nomen suum inscribunt" etc.*

XLV. *Luxuria* est immoderata convivandi cupiditas vel etiam amor.

XLVI. *Ebrietas* est immoderata potandi cupiditas et amor.

XLVII. *Avaritia* est immoderata divitiarum cupiditas et amor.

---

[7] Vid. Cic. pro Archia cap. 11. Conf. Tuscul. disp. l. 1., cap. 15. **Br.**

XLVIII. *Libido* est etiam cupiditas et amor in commiscendis corporibus.

EXPLICATIO. *Sive haec coeundi cupiditas moderata sit sive non sit, libido appellari solet. Porro hi quinque affectus (ut in schol. prop. 56. huius monui) contrarios non habent. Nam modestia species est ambitionis, de qua vide schol. prop. 29. huius. Temperantiam deinde, sobrietatem et castitatem mentis potentiam, non autem passionem indicare, iam etiam monui. Et tametsi fieri potest ut homo avarus, ambitiosus vel timidus a nimio cibo, potu et coitu abstineat, avaritia tamen, ambitio et timor luxuriae, ebrietati vel libidini non sunt contrarii. Nam avarus in cibum et potum alienum se ingurgitare plerumque desiderat. Ambitiosus autem, modo speret fore clam, in nulla re sibi temperabit, et si inter ebrios vivat et libidinosos, ideo quia ambitiosus est, proclivior erit ad eadem vitia. Timidus denique id quod non vult, facit. Nam quamvis mortis vitandae causa divitias in mare proiiciat, manet tamen avarus; et si libidinosus tristis est, quod sibi morem gerere nequeat, non desinit propterea libidinosus esse. Et absolute hi affectus non tam ipsos actus convivandi, potandi etc. respiciunt, quam ipsum appetitum et amorem. Nihil igitur his affectibus opponi potest praeter generositatem et animositatem, de quibus in seqq.*

Definitiones zelotypiae *et reliquarum animi fluctuationum silentio praetermitto, tam quia ex compositione affectuum, quos iam definivimus, oriuntur, quam quia pleraeque nomina non habent, quod ostendit ad usum vitae sufficere, easdem in genere tantummodo noscere. Ceterum ex definitionibus affectuum, quos explicuimus, liquet eos omnesa* cupiditate, laetitia *vel* tristitia *oriri, seu potius nihil praeter hos tres esse, quorum unusquisque variis nominibus appellari solet propter varias eorum relationes et denominationes extrinsecas. Si iam ad hos primitivos et ad eam, quae de natura mentis supra diximus, attendere velimus, affectus, quatenus ad solam mentem referuntur, sic definire poterimus.*

AFFECTUUM GENERALIS DEFINITIO.

Affectus, qui *animi pathema* dicitur, est confusa idea, qua mens maiorem vel minorem sui corporis vel alicuius eius partis existendi vim, quam antea, affirmat, et qua data ipsa mens ad hoc potius, quam ad illud cogitandum determinatur.

EXPLICATIO. *Dico primo affectum seu passionem animi esse "confusam ideam". Nam mentem eatenus tantum pati ostendimus (vide prop. 3 huius), quatenus ideas inadaequatas sive confusas habet. Dico deinde "qua mens maiorem vel minorem sui corporis vel alicuius eius partis existendi vim quam antea affirmat". Omnes enim corporum ideae, quas habemus, magis nostri corporis actualem constitutionem (per coroll. 2. prop. 16. P. 2.), quam corporis externi naturam indicant; at haec, quae affectus formam constituit, corporis vel*

122

alicuius eius partis constitutionem indicare vel exprimere debet, quam ipsum corpus vel aliqua eius pars habet, ex eo, quod ipsius agendi potentia sive existendi vis augetur vel minuitur, iuvatur vel coercetur. *Sed notandum cum dico "maiorem vel minorem existendi vim, quam antea", me non intelligere, quod mens praesentem corporis constitutionem cum praeterita comparat, sed quod idea, quae affectus formam constituit, aliquid de corpore affirmat, quod plus minusve realitatis revera involvit, quam antea. Et quia essentia mentis in hoc consistit (per prop. 11. et 13. P. 2.), quod sui corporis actualem existentiam affirmat, et nos per perfectionem ipsam rei essentiam intelligimus; sequitur ergo, quod mens ad maiorem minoremve perfectionem transit, quando ei aliquid de suo corpore vel aliqua eius parte affirmare contingit, quod plus minusve realitatis involvit, quam antea. Cum igitur supra dixerim mentis cogitandi potentiam augeri vel minui, nihil aliud intelligere volui, quam quod mens ideam sui corporis vel alicuius eius partis formaverit, quae plus minusve realitatis exprimit, quam de suo corpore affirmaverat. Nam idearum praestantia et actualis cogitandi potentia ex obiecti praestantia aestimatur. Addidi denique "et qua data ipsa mens ad hoc potius quam ad illud cogitandum determinatur", ut praeter laetitiae et tristitiae naturam, quam prima definitionis pars explicat, cupiditatis etiam naturam exprimerem.*

ETHICES
PARS QUARTA

DE SERVITUTE HUMANA
SEU DE AFFECTUUM VIRIBUS.

PRAEFATIO.

Humanam impotentiam in moderandis et coercendis affectibus s e r v i t u t e m voco. Homo enim affectibus obnoxius sui iuris non est, sed fortunae, in cuius potestate ita est, ut saepe coactus sit, quamquam meliora sibi videat, deteriora tamen sequi[8]. Huius rei causam, et quid praeterea affectus boni vel mali habent, in hac parte demonstrare proposui. Sed antequam incipiam, pauca de *perfectione* et *imperfectione*, deque *bono* et *malo* praefari lubet.

Qui rem aliquam facere constituit eamque perfecit, rem suam *perfectam* esse non tantum ipse, sed etiam unusquisque, qui mentem auctoris illius operis et scopum recte noverit aut se novisse crediderit, dicet. Ex. gr. si quis aliquod opus (quod suppono nondum esse peractum) viderit, noveritque scopum auctoris illius operis esse domum aedificare, is domum imperfectam esse dicet, et contra perfectam, simulatque opus ad finem, quem eius auctor eidem dare constituerat, perductum viderit. Verum si quis opus aliquod videt, cuius simile nunquam viderat, nec mentem opificis novit, is sane scire non poterit, opusne illud perfectum, an imperfectum sit. Atque haec videtur *prima* fuisse horum vocabulorum *significatio*. Sed postquam homines ideas universales formare, et domuum, aedificiorum, turrium etc. exemplaria excogitare, et alia rerum exemplaria aliis praeferre inceperunt, factum est, ut unusquisque id *perfectum* vocaret, quod cum universali idea, quam eiusmodi rei formaverat, videret convenire, et id contra *imperfectum*, quod cum concepto suo exemplari minus convenire videret, quamquam ex opificis sententia consummatum plane esset. Nec alia videtur esse ratio, cur res naturales etiam, quae scilicet humana manu non sunt factae, *perfectas* aut *imperfectas* vulgo appellent; solent namque homines tam rerum naturalium, quam artificialium ideas formare universales, quas rerum veluti exemplaria habent et quas naturam (quam nihil nisi alicuius finis causa agere existimant) intueri

---

[8] Vid. Ovid. metam. l. VII. v. 20. 21. *Br.*

credunt sibique exemplaria proponere. Cum itaque aliquid in natura fieri vident, quod cum concepto exemplari, quod rei eiusmodi habent, minus convenit, ipsam naturam tum defecisse vel peccavisse, remque illam imperfectam reliquisse credunt. Videmus itaque homines consuevisse, res naturales *perfectas* aut *imperfectas* vocare magis ex praeiudicio, quam ex earum vera cognitione. Ostendimus enim in primae partis appendice naturam propter finem non agere; aeternum namque illud et infinitum ens, quod Deum seu naturam appellamus, eadem, qua existit necessitate agit. Ex qua enim naturae necessitate existit, ex eadem ipsum agere ostendimus. Vide prop.16. P. 1. Ratio igitur seu causa, cur Deus seu natura agit et cur existit, una eademque est. Ut ergo nullius finis causa existit, nullius etiam finis causa agit; sed ut existendi, sic et agendi principium vel finem habet nullum. Causa autem, quae finalis dicitur, nihil est praeter ipsum humanum appetitum, quatenus is alicuius rei veluti principium seu causa primaria consideratur. Ex. gr. cum dicimus habitationem causam fuisse finalem huius aut illius domus, nihil tum sane intelligimus aliud, quam quod homo ex eo, quod vitae domesticae commoda imaginatus est, appetitum habuit aedificandi domum. Quare habitatio, quatenus ut finalis causa consideratur, nihil est praeter hunc singularem appetitum, qui revera causa est efficiens, quae ut prima consideratur, quia homines suorum appetituum causas communiter ignorant. Sunt namque, ut iam saepe dixi, suarum quidem actionum et appetituum conscii, sed ignari causarum, a quibus ad aliquid appetendum determinantur. Quod praeterea vulgo aiunt, naturam aliquando deficere vel peccare, resque imperfectas producere, inter commenta numero, de quibus in app. P. 1. egi. *Perfectio* igitur et *imperfectio* revera modi solummodo cogitandi sunt, nempe notiones, quas fingere solemus ex eo, quod eiusdem speciei aut generis individua ad invicem comparamus. Et hac de causa supra (def. 6. P. 2.) dixi me per realitatem et perfectionem idem intelligere; solemus enim omnia naturae individua ad unum genus, quod generalissimum appellatur, revocare; nempe ad notionem entis, quae ad omnia absolute naturae individua pertinet. Quatenus itaque naturae individua ad hoc genus revocamus, et ad invicem comparamus, et alia plus entitatis seu realitatis, quam alia habere comperimus, eatenus alia aliis *perfectiora* esse dicimus; et quatenus iisdem aliquid tribuimus, quod negationem involvit, ut terminus, finis, impotentia etc., eatenus ipsa *imperfecta* appellamus, quia nostram mentem non aeque afficiunt, ac illa, quae perfecta vocamus, et non quod ipsis aliquid, quod suum sit, deficiat vel quod natura peccaverit. Nihil enim naturae alicuius rei competit, nisi id quod ex necessitate naturae causae efficientis sequitur; et quicquid ex necessitate naturae causae efficientis sequitur, id necessario fit.

Bonum et *malum* quod attinet, nihil etiam positivum in rebus, in se scilicet consideratis, indicant, nec aliud sunt praeter cogitandi modos seu notiones, quas formamus ex eo, quod res ad invicem comparamus. Nam una eademque res potest eodem tempore bona et mala, et etiam indifferens esse. Ex. gr. musica bona est melancholico, mala lugenti; surdo autem neque bona neque mala. Verum quamvis se res ita habeat, nobis tamen haec vocabula retinenda sunt. Nam quia ideam hominis, tamquam naturae humanae exemplar, quod intueamur, formare cupimus, nobis ex usu erit, haec eadem vocabula eo, quo dixi, sensu retinere. Per *bonum* itaque in seqq. intelligam id, quod certo scimus medium esse, ut ad exemplar humanae naturae, quod nobis proponimus, magis magisque accedamus; per *malum* autem id, quod certo scimus impedire, quominus idem exemplar referamus. Deinde homines *perfectiores* aut *imperfectiores* dicemus, quatenus ad hoc idem exemplar magis aut minus accedunt. Nam apprime notandum est, cum dico, aliquem a minore ad maiorem perfectionem transire, et contra, me non intelligere quod ex una essentia seu forma in aliam mutatur (equus namque ex. gr. tam destruitur, si in hominem, quam si in insectum mutetur); sed quod eius agendi potentiam, quatenus haec per ipsius naturam intelligitur, augeri vel minui concipimus. Deinde per *perfectionem* in genere realitatem, uti dixi, intelligam, hoc est rei cuiuscumque essentiam, quatenus certo modo existit et operatur, nulla ipsius durationis habita ratione. Nam nulla res singularis potest ideo dici perfectior, quia plus temporis in existendo perseveravit; quippe rerum duratio ex earum essentia determinari nequit, quandoquidem rerum essentia nullum certum et determinatum existendi tempus involvit; sed res quaecumque, sive ea perfectior sit sive minus, eadem vi, qua existere incipit, semper in existendo perseverare poterit, ita ut omnes hac in re aequales sint.

DEFINITIONES.

I. Per *bonum* id intelligam, quod certo scimus nobis esse utile.

II. Per *malum* autem id, quod certo scimus impedire, quominus boni alicuius simus compotes.

De his praecedentem vide praefationem sub finem.

III. Res singulares voco *contingentes*, quatenus, dum ad earum solam essentiam attendimus, nihil invenimus, quod earum existentiam necessario ponat, vel quod ipsam necessario secludat.

IV. Easdem res singulares voco *possibiles*, quatenus, dum ad causas, ex quibus produci debent, attendimus, nescimus, an ipsae determinatae sint ad easdem producendum.

In schol. 1. prop. 33. P. 1. inter possibile et contingens nullam feci differentiam, quia ibi non opus erat haec accurate distinguere.

V. Per *contrarios affectus* in seqq. intelligam eos, qui hominem diversum trahunt, quamvis eiusdem sint generis, ut luxuries et avaritia, quae amoris sunt species; nec natura, sed per accidens sunt contrarii.

VI. Quid per *affectum erga rem futuram, praesentem* et *praeteritam* intelligam, explicui in schol. 1. et 2. prop. 18. P. 3., quod vide.

Sed venit hic praeterea notandum, quod ut loci, sic etiam temporis, distantiam non nisi usque ad certum quendam limitem possumus distincte imaginari, hoc est, sicut omnia illa obiecta, quae ultra ducentos pedes a nobis distant, seu quorum distantia a loco, in quo sumus, illam superat, quam distincte imaginamur, aeque longe a nobis distare, et perinde ac si in eodem plano essent, imaginari solemus; sic etiam obiecta, quorum existendi tempus longiore a praesenti intervallo abesse imaginamur, quam quod distincte imaginari solemus, omnia aeque longe a praesenti distare imaginamur et ad unum quasi temporis momentum referimus.

VII. Per *finem*, cuius causa aliquid facimus, appetitum intelligo.

VIII. Per *virtutem* et *potentiam* idem intelligo, hoc est (per prop. 7. P. 3.) virtus, quatenus ad hominem refertur, est ipsa hominis essentia seu natura, quatenus potestatem habet quaedam efficiendi, quae per solas ipsius naturae leges possunt intelligi.

AXIOMA.

Nulla res singularis in rerum natura datur, qua potentior et fortior non detur alia. Sed quacumque data datur alia potentior, a qua illa data potest destrui.

PROPOSITIONES.

PROPOSITIO I. Nihil, quod idea falsa positivum habet, tollitur praesentia veri, quatenus verum.

DEMONSTRATIO. Falsitas in sola privatione cognitionis, quam ideae inadaequatae involvunt, consistit (per prop. 35. P. 2.), nec ipsae aliquid habent positivum, propter quod falsae dicuntur (per prop. 33. P.

2.); sed contra, quatenus ad Deum referuntur, verae sunt (per prop. 32. P. 2.). Si igitur id quod idea falsa positivum habet, praesentia veri, quatenus verum est, tolleretur, tolleretur ergo idea vera a se ipsa, quod (per prop. 4. P. 3.) est absurdum. Ergo nihil, quod idea etc. Q.E.D.

SCHOLIUM. Intelligitur haec propositio clarius ex coroll. 2. prop. 16. P. 2. Nam imaginatio idea, est quae magis corporis humani praesentem constitutionem, quam corporis externi naturam indicat, non quidem distincte, sed confuse; unde fit, ut mens errare dicatur. Ex. gr. cum solem intuemur, eundem ducentos circiter pedes a nobis distare imaginamur; in quo tamdiu fallimur, quamdiu veram eius distantiam ignoramus. Cognita eiusdem distantia tollitur quidem error, sed non imaginatio, hoc est, idea solis, quae eiusdem naturam eatenus tantum explicat, quatenus corpus ab eodem afficitur; adeoque quamvis veram eiusdem distantiam noscamus, ipsum nihilominus prope nobis adesse imaginabimur. Nam ut in schol. prop. 35. P. 2. diximus, non ea de causa solem adeo propinquum imaginamur, quia eius veram distantiam ignoramus, sed quia mens eatenus magnitudinem solis concipit, quatenus corpus ab eodem afficitur. Sic cum solis radii aquae superficiei incidentes ad nostros oculos reflectuntur, eundem perinde, ac si in aqua esset, imaginamur; tametsi verum eius locum noverimus. Et sic reliquae imaginationes, quibus mens fallitur, sive eae naturalem corporis constitutionem, sive quod eiusdem agendi potentiam augeri vel minui indicant, vero non sunt contrariae, nec eiusdem praesentia evanescunt. Fit quidem, cum falso aliquod malum timemus, ut timor evanescat audito vero nuntio; sed contra etiam fit, cum malum quod certe venturum est, timemus, ut timor etiam evanescat audito falso nuntio. Atque adeo imaginationes non praesentia veri, quatenus verum, evanescunt; sed quia aliae occurrunt iis fortiores, quae rerum, quas imaginamur, praesentem existentiam secludunt, ut prop. 17. P. 2. ostendimus.

PROPOSITIO II. **Nos eatenus patimur, quatenus naturae sumus pars, quae per se absque aliis non potest concipi.**

DEMONSTRATIO. Nos tum pati dicimur, cum aliquid in nobis oritur, cuius non nisi partialis sumus causa (per defin. 2. P. 3.), hoc est (per defin. 1. P. 3.) aliquid, quod ex solis legibus nostrae naturae deduci nequit. Patimur igitur, quatenus naturae sumus pars, quae per se absque aliis nequit concipi. Q.E.D.

PROPOSITIO III. **Vis, qua homo in existendo perseverat, limitata est et a potentia causarum externarum infinite superatur.**

DEMONSTRATIO. Patet ex axiom. huius partis. Nam dato homine datur aliquid aliud, puta A potentius, et dato A datur deinde aliud, puta B, ipso A potentius et hoc in infinitum. Ac proinde potentia hominis potentia alterius rei definitur, et a potentia causarum externarum infinite superatur. Q.E.D.

PROPOSITIO IV. Fieri non potest, ut homo non sit naturae pars et ut nullas possit pati mutationes, nisi quae per solam suam naturam possint intelligi, quarumque adaequata sit causa.

DEMONSTRATIO. Potentia, qua res singulares, et consequenter homo suum esse conservat, est ipsa Dei sive naturae potentia (per coroll. prop. 24. P. 1.), non quatenus infinita est, sed quatenus per humanam actualem essentiam explicari potest (per prop. 7. P. 3.). Potentia itaque hominis, quatenus per ipsius actualem essentiam explicatur, pars est infinitae Dei seu naturae potentiae, hoc est (per prop. 34. P. 1.), essentiae. Quod erat primum. Deinde si fieri posset, ut homo nullas possit pati mutationes, nisi quae per solam ipsius hominis naturam possint intelligi, sequeretur (per prop. 4. et 6. P. 3.) ut non posset perire, sed ut semper necessario existeret. Atque hoc sequi deberet ex causa, cuius potentia finita aut infinita sit, nempe vel ex sola hominis potentia, qui scilicet potis esset, ut a se removeret reliquas mutationes, quae a causis externis oriri possent; vel infinita naturae potentia, a qua omnia singularia ita dirigerentur, ut homo nullas alias posset pati mutationes, nisi quae ipsius conservationi inserviunt. At primum (per prop. praeced. cuius demonstratio universalis est et ad omnes res singulares applicari potest) est absurdum. Ergo si fieri posset, ut homo nullas pateretur mutationes, nisi quae per solam ipsius hominis naturam possent intelligi, et consequenter (sicut iam ostendimus) ut semper necessario existeret, id sequi deberet ex Dei infinita potentia; et consequenter (per prop. 16. P. 1.) ex necessitate divinae naturae, quatenus alicuius hominis idea affectus consideratur, totius naturae ordo, quatenus ipsa sub extensionis et cogitationis attributis concipitur, deduci deberet. Atque adeo (per prop. 21. P. 1.) sequeretur, ut homo esset infinitus, quod (per primam partem huius demonstrationis) est absurdum. Fieri itaque nequit, ut homo nullas alias patiatur mutationes, nisi quarum ipse adaequata sit causa. Q.E.D.

COROLLARIUM. Hinc sequitur, hominem necessario passionibus esse semper obnoxium, communemque naturae ordinem sequi et eidem parere, seseque eidem, quantum rerum natura exigit, accommodare.

PROPOSITIO V. Vis et incrementum cuiuscumque passionis, eiusque in existendo perseverantia non definitur potentia, qua nos in

existendo perseverare conamur, sed causae externae potentia cum nostra comparata.

DEMONSTRATIO. Passionis essentia non potest per solam nostram essentiam explicari (per defin. 1. et 2. P. 3.), hoc est (per prop. 7. P. 3.), passionis potentia definiri nequit potentia, qua in nostro esse perseverare conamur; sed (ut prop. 16. P. 2. ostensum est) definiri necessario debet potentia causae externae cum nostra comparata. Q.E.D.

PROPOSITIO VI. Vis alicuius passionis seu affectus reliquas hominis actiones seu potentiam superare potest, ita ut affectus pertinaciter homini adhaereat.

DEMONSTRATIO. Vis et incrementum cuiuscumque passionis eiusque in existendo perseverantia definitur potentia causae externae cum nostra comparata (per prop. praec.); adeoque (per prop. 3. huius) hominis potentiam superare potest etc. Q.E.D.

PROPOSITIO VII. Affectus nec coerceri nec tolli potest, nisi per affectum contrarium et fortiorem affectu coercendo.

DEMONSTRATIO. Affectus, quatenus ad mentem refertur, est idea qua mens maiorem vel minorem sui corporis existendi vim, quam antea, affirmat (per gener. aff. defin. quae reperitur sub finem P. 3.). Cum igitur mens aliquo affectu conflictatur, corpus afficitur simul affectione, qua eius agendi potentia augetur vel minuitur. Porro haec corporis affectio (per prop. 5. huius) vim a sua causa accipit perseverandi in suo esse; quae proinde nec coerceri nec tolli potest, nisi a causa corporea (per prop. 6. P. 2.), quae corpus afficiat affectione illi contraria (per prop. 5. P. 3.) et fortiore (per axiom. huius). Atque adeo (per prop. 12. P. 2.) mens afficitur idea affectionis fortioris et contrariae priori, hoc est (per gener. aff. defin.) mens afficietur affectu fortiori et contrario priori, qui scilicet prioris existentiam secludet vel tollet; ac proinde affectus nec tolli nec coerceri potest, nisi per affectum contrarium et fortiorem. Q.E.D.

COROLLARIUM. Affectus, quatenus ad mentem refertur, nec coerceri nec tolli potest nisi per ideam corporis affectionis contrariae et fortioris affectione, qua patimur. Nam affectus, quo patimur, nec coerceri nec tolli potest, nisi per affectum eodem fortiorem eique contrarium (per prop. praec.), hoc est (per gener. aff. defin.), nisi per ideam corporis affectionis fortioris et contrariae affectioni, qua patimur.

PROPOSITIO VIII. Cognitio boni et mali nihil aliud est, quam laetitiae vel tristitiae affectus, quatenus eius sumus conscii.

DEMONSTRATIO. Id bonum aut malum vocamus, quod nostro esse conservando prodest vel obest (per defin. 1. et 2. huius), hoc est (per prop. 7. P. 3.), quod nostram agendi potentiam auget vel minuit, iuvat vel coercet. Quatenus itaque (per defin. laetitiae et tristitiae, quas vide in schol. prop. 11. P. 3.) rem aliquam nos laetitia vel tristitia afficere percipimus, eandem bonam aut malam vocamus; atque adeo boni et mali cognitio nihil aliud, est quam laetitiae vel tristitiae idea, quae ex ipso laetitiae vel tristitiae affectu necessario sequitur (per prop. 22. P. 2.). At haec idea eodem modo unita est affectui, ac mens unita est corpori (per prop. 21. P. 2.), hoc est (ut in schol. eiusdem prop. ostensum), haec idea ab ipso affectu, sive (per gener. aff. defin.) ab idea corporis affectionis revera non distinguitur nisi solo conceptu. Ergo haec cognitio boni et mali nihil est aliud, quam ipse affectus, quatenus eiusdem sumus conscii. Q.E.D.

PROPOSITIO IX. Affectus, cuius causam in praesenti nobis adesse imaginamur, fortior est, quam si eandem non adesse imaginaremur.

DEMONSTRATIO. Imaginatio est idea, qua mens rem ut praesentem contemplatur (vide eius defin. in schol. prop. 17. P. 2.), quae tamen magis corporis humani constitutionem, quam rei externae naturam indicat (per coroll. 2. prop. 16. P. 2.). Est igitur affectus (per gener. aff. defin.) imaginatio, quatenus corporis constitutionem indicat. At imaginatio (per prop. 17. P. 2.) intensior est, quamdiu nihil imaginamur, quod rei externae praesentem existentiam secludit. Ergo etiam affectus, cuius causam in praesenti nobis adesse imaginamur, intensior seu fortior est, quam si eandem non adesse imaginaremur. Q.E.D.

SCHOLIUM. Cum supra in prop. 18. P. 3. dixerim, nos ex rei futurae vel praeteritae imagine eodem affectu affici, ac si res, quam imaginamur, praesens esset, expresse monui, id verum esse, quatenus ad solam ipsius rei imaginem attendimus (est enim eiusdem naturae, sive res ut praesentes imaginati simus, sive non simus); sed non negavi eandem debiliorem reddi, quando alias res nobis praesentes contemplamur, quae rei futurae praesentem existentiam secludunt, quod tum monere neglexi, quia in hac parte de affectuum viribus agere constitueram.

COROLLARIUM. Imago rei futurae vel praeteritae, hoc est, rei, quam cum relatione ad tempus futurum vel praeteritum secluso praesenti contemplamur, ceteris paribus debilior est imagine rei praesentis, et consequenter affectus erga rem futuram vel praeteritam, ceteris paribus remissior est affectu erga rem praesentem.

PROPOSITIO X. **Erga rem futuramm, quam cito affuturam imaginamur, intensius afficimur quam si eius existendi tempus longius a praesenti distare imaginaremur; et memoria rei, quam non diu praeteriisse imaginamur, intensius etiam afficimur, quam si eandem diu praeteriisse imaginaremur.**

DEMONSTRATIO. Quatenus enim rem cito affuturam, vel non diu praeteriisse imaginamur, eo ipso aliquid imaginamur, quod rei praesentiam minus secludit, quam si eiusdem futurum existendi tempus longius a praesenti distare, vel quod dudum praeterierit, imaginaremur (ut per se notum); adeoque (per praec. prop.) eatenus intensius erga eandem afficiemur. Q.E.D.

SCHOLIUM. Ex iis, quae ad defin. 6. huius partis notavimus, sequitur nos erga obiecta, quae a praesenti longiore temporis intervallo distant, quam quod imaginando determinare possumus, quamvis ab invicem longo temporis intervallo distare intelligamus, aeque tamen remisse affici.

PROPOSITIO XI. **Affectus erga rem, quam ut necessariam imaginamur, ceteris paribus intensior est, quam erga possibilem vel contingentem, sive non necessariam.**

DEMONSTRATIO. Quatenus rem aliquam necessariam esse imaginamur, eatenus eius existentiam affirmamus, et contra rei existentiam negamus, quatenus eandem non necessariam esse imaginamur (per schol. 1. prop. 33. P. 1.); ac proinde (per prop. 9. huius) affectus erga rem necessariam ceteris paribus intensior est, quam erga non necessariam. Q.E.D.

PROPOSITIO XII. **Affectus erga rem, quam scimus in praesenti non existere et quam ut possibilem imaginamur, ceteris paribus intensior est, quam erga contingentem.**

DEMONSTRATIO. Quatenus rem ut contingentem imaginamur, nulla alterius rei imagine afficimur, quae rei existentiam ponat (per defin. 3. huius); sed contra (secundum hypothesin) quaedam imaginamur, quae eiusdem praesentem existentiam secludunt. At quatenus rem in futurum possibilem esse imaginamur, eatenus quaedam imaginamur, quae eiusdem existentiam ponunt (per defin. 4 huius), hoc est (per prop. 18. P. 3.) quae spem vel metum fovent; atque adeo affectus erga rem possibilem vehementior est. Q.E.D.

COROLLARIUM. Affectus erga rem, quam scimus in praesenti non existere et quam ut contingentem imaginamur, multo remissior est, quam si rem in praesenti nobis adesse imaginaremur.

DEMONSTRATIO. Affectus erga rem, quam in praesenti existere imaginamur, intensior est, quam si eandem ut futuram imaginaremur (per coroll. prop. 9. huius), et multo vehementior est, quam si tempus futurum a praesenti multum distare imaginaremur (per prop. 10. huius). Est itaque affectus erga rem, cuius existendi tempus longe a praesenti distare imaginamur, multo remissior, quam si eandem ut praesentem imaginaremur et nihilominus (per prop. praec.) intensior est quam si eandem rem ut contingentem imaginaremur. Atque adeo affectus erga rem contingentem multo remissior erit, quam si rem in praesenti nobis adesse imaginaremur. Q.E.D.

PROPOSITIO XIII. **Affectus erga rem contingentem, quam scimus in praesenti non existere, ceteris paribus remissior est, quam affectus erga rem praeteritam.**

DEMONSTRATIO. Quatenus rem ut contingentem imaginamur, nulla alterius rei imagine afficimur, quae rei existentiam ponat (per defin. 3. huius). Sed contra (secundum hypothesin) quaedam imaginamur, quae eiusdem praesentem existentiam secludunt. Verum quatenus eandem cum relatione ad tempus praeteritum imaginamur, eatenus aliquid imaginari supponimur, quod ipsam ad memoriam redigit sive quod rei imaginem excitat (vide prop. 18. P. 2. cum eiusdem schol.), ac proinde eatenus efficit, ut ipsam ac si praesens esset contemplemur (per coroll. prop. 17. P. 2.). Atque adeo (per prop. 9. huius) affectus erga rem contingentem, quam scimus in praesenti non existere, ceteris paribus remissior erit, quam affectus erga rem praeteritam. Q.E.D.

PROPOSITIO XIV. **Vera boni et mali cognitio, quatenus vera, nullum affectum coercere potest; sed tantum quatenus ut affectus consideratur.**

DEMONSTRATIO. Affectus est idea, qua mens maiorem vel minorem sui corporis existendi vim, quam antea, affirmat (per gener. aff. defin.); atque adeo (per prop. 1. huius) nihil positivum habet, quod praesentia veri tolli possit; et consequenter vera boni et mali cognitio, quatenus vera, nullum affectum coercere potest. At quatenus affectus est (vide prop. 8. huius), si fortior affectu coercendo sit, eatenus tantum (per prop. 7. huius) affectum coercere poterit. Q.E.D.

133

PROPOSITIO XV. Cupiditas, quae ex vera boni et mali cognitione oritur, multis aliis cupiditatibus, quae ex affectibus, quibus conflictamur, oriuntur, restingui vel coerceri potest.

DEMONSTRATIO. Ex vera boni et mali cognitione, quatenus haec (per prop. 8. huius) affectus est, oritur necessario cupiditas (per aff. defin. 1.), quae eo est maior, quo affectus, ex quo oritur, maior est (per prop. 37. P. 3.). Sed quia haec cupiditas (per hypothesin) ex eo, quod aliquid vere intelligimus, oritur, sequitur ergo ipsa in nobis, quatenus agimus (per prop. 3. P. 3.). Atque adeo per solam nostram essentiam debet intelligi (per defin. 2. P. 3.); et consequenter (per prop. 7. P. 3.) eius vis et incrementum sola humana potentia definiri debet. Porro cupiditates, quae ex affectibus, quibus conflictamur oriuntur, eo etiam maiores sunt, quo hi affectus vehementiores erunt; atque adeo earum vis et incrementum (per prop. 5. huius) potentia causarum externarum definiri debet, quae, si cum nostra comparetur, nostram potentiam indefinite superat (per prop. 3. huius). Atque adeo cupiditates, quae ex similibus affectibus oriuntur, vehementiores esse possunt illa, quae ex vera boni et mali cognitione oritur; ac proinde (per prop. 7. huius) eandem coercere vel restinguere poterunt. Q.E.D.

PROPOSITIO XVI. Cupiditas, quae ex cognitione boni et mali, quatenus haec cognitio futurum respicit, oritur, facilius rerum cupiditate, quae in praesentia suaves sunt, coerceri vel restingui potest.

DEMONSTRATIO. Affectus erga rem, quam futuram imaginamur, remissior est, quam erga praesentem (per coroll. prop. 9. huius). At cupiditas, quae ex vera boni et mali cognitione oritur, tametsi haec cognitio circa res, quae in praesentia bonae sunt, versetur, restingui vel coerceri potest aliqua temeraria cupiditate (per prop. praeced. cuius demonstratio universalis est). Ergo cupiditas, quae ex eadem cognitione, quatenus haec futurum respicit, oritur, facilius coerceri vel restingui poterit etc. Q.E.D.

PROPOSITIO XVII. Cupiditas, quae oritur ex vera boni et mali cognitione, quatenus haec circa res contingentes versatur, multo adhuc facilius coerceri potest cupiditate rerum, quae praesentes sunt.

DEMONSTRATIO. Propositio haec eodem modo, ac prop. praeced. demonstratur ex coroll. prop. 12. huius.

SCHOLIUM. His me causam ostendisse credo, cur homines opinione magis, quam vera ratione commoveantur, et cur vera boni et mali cognitio animi commotiones excitet et saepe omni libidinis generi cedat. Unde illud poetae natum: *Video meliora proboque, deteriora sequor*[9]. Quod idem etiam Ecclesiastes in mente habuisse videtur, cum dixit: *Qui auget scientiam, auget dolorem*[10]. Atque haec non eum in finem dico, ut inde concludam, praestabilius esse ignorare, quam scire, vel quod stulto intelligens in moderandis affectibus nihil intersit; sed ideo quia necesse est, nostrae naturae tam potentiam, quam impotentiam noscere, ut determinare possimus, quid ratio in moderandis affectibus possit et quid non possit; et in hac parte de sola humana impotentia me acturum dixi. Nam de rationis in affectus potentia separatim agere constitui.

PROPOSITIO XVIII. Cupiditas, quae ex laetitia oritur, ceteris paribus fortior est cupiditate, quae ex tristitia oritur.

DEMONSTRATIO. Cupiditas est ipsa hominis essentia (per aff. defin. 1.) hoc est (per prop. 7. P. 3.) conatus, quo homo in suo esse perseverare conatur. Quare cupiditas, quae ex laetitia oritur, ipso laetitiae affectu (per defin. laetitiae, quam vide in schol. prop. 11. P. 3.) iuvatur vel augetur; quae autem contra ex tristitia oritur, ipso tristitiae affectu (per idem schol.) minuitur vel coercetur. Atque adeo vis cupiditatis, quae ex laetitia oritur, potentia humana, simul et potentia causae externae, quae autem ex tristitia, sola humana potentia definiri debet; ac proinde hac illa fortior est. Q.E.D.

SCHOLIUM. His paucis humanae impotentiae et inconstantiae causas, et cur homines rationis praecepta non servent, explicui. Superest iam, ut ostendam, quid id, sit quod ratio nobis praescribit, et quinam affectus cum rationis humanae regulis conveniant, quinam contra iisdem contrarii sint. Sed antequam haec prolixo nostro geometrico ordine demonstrare incipiam, lubet ipsa *rationis dictamina* hic prius breviter ostendere, ut ea, quae sentio, facilius ab unoquoque percipiantur. Cum ratio nihil contra naturam postulet, postulat ergo ipsa, ut unusquisque seipsum amet, suum utile, quod revera utile est, quaerat, et id omne, quod hominem ad maiorem perfectionem revera ducit, appetat, et absolute ut unusquisque suum esse, quantum in se est, conservare conetur. Quod quidem tam necessario verum est, quam quod totum sit sua parte maius (vide prop. 4. P. 3.). Deinde quandoquidem virtus (per defin. 8. huius) nihil aliud est, quam ex legibus propriae naturae agere, et nemo suum esse (per prop. 7. P. 3.) conservare conetur, nisi ex propriae suae naturae legibus, hinc sequitur *primo*, virtutis fundamentum esse ipsum conatum proprium

[9] Vid. Ovid. metam. l. VII. v. 20. 21. **Br.**
[10] Vid. lib. Cohel. 1. 18. (cl. v. 17.) **Br.**

esse conservandi, et felicitatem in eo consistere quod homo suum esse conservare potest. *Secundo* sequitur, virtutem propter se esse appetendam, nec quicquam, quod ipsa praestabilius aut quod utilius nobis sit, dari, cuius causa deberet appeti. *Tertio* denique sequitur, eos, qui se interficiunt, animo esse impotentes, eosque a causis externis suae naturae repugnantibus prorsus vinci. Porro ex postul. 4. P. 2. sequitur, nos efficere nunquam posse, ut nihil extra nos indigeamus ad nostrum esse conservandum, et ut ita vivamus, ut nullum commercium cum rebus quae extra nos sunt, habeamus; et si praeterea nostram mentem spectemus, sane noster intellectus imperfectior esset, si mens sola esset, nec quicquam praeter se ipsam intelligeret. Multa igitur extra nos dantur, quae nobis utilia quaeque propterea appetenda sunt. Ex his nulla praestantiora excogitari possunt, quam ea quae cum nostra natura prorsus conveniunt. Si enim duo ex. gr. eiusdem prorsus naturae individua invicem iunguntur, individuum componunt singulo duplo potentius. Homini igitur nihil homine utilius; nihil, inquam, homines praestantius ad suum esse conservandum optare possunt, quam quod omnes in omnibus ita conveniant, ut omnium mentes et corpora unam quasi mentem, unumque corpus componant, et omnes simul, quantum possunt, suum esse conservare conentur, omnesque simul omnium commune utile sibi quaerant. Ex quibus sequitur, homines, qui ratione gubernantur, hoc est, homines qui ex ductu rationis suum utile quaerunt, nihil sibi appetere, quod reliquis hominibus non cupiant, atque adeo eosdem iustos, fidos atque honestos esse.

Haec illa rationis dictamina sunt, quae hic paucis ostendere proposueram, antequam eadem prolixiore ordine demonstrare inciperem, quod ea de causa feci, ut, si fieri posset, eorum attentionem mihi conciliarem, qui credunt, hoc principium, quod scilicet unusquisque suum utile quaerere tenetur, impietatis, non autem virtutis et pietatis esse fundamentum. Postquam igitur rem sese contra habere breviter ostenderim, pergo ad eandem eadem via, qua hucusque progressi sumus, demonstrandum.

PROPOSITIO XIX. Id unusquisque ex legibus suae naturae necessario appetit vel aversatur, quod bonum vel malum esse iudicat.

DEMONSTRATIO. Boni et mali cognitio est (per prop. 8. huius) ipse laetitiae vel tristitiae affectus quatenus eiusdem sumus conscii; ac proinde (per prop. 28. P. 3.) id unusquisque necessario appetit, quod bonum, et contra id aversatur, quod malum esse iudicat. Sed hic appetitus nihil aliud est, quam ipsa hominis essentia seu natura (per defin. appetitus, quam vide in schol. prop. 9. P. 3. et aff. defin. 1.). Ergo unusquisque ex solis suae naturae legibus id necessario appetit vel aversatur etc. Q.E.D.

PROPOSITIO XX. Quo magis unusquisque suum utile quaerere, hoc est, suum esse conservare conatur et potest, eo magis virtute praeditus est; et contra, quatenus unusquisque suum utile, hoc est, suum esse conservare negligit, eatenus est impotens.

DEMONSTRATIO. Virtus est ipsa humana potentia, quae sola hominis essentia definitur (per defin. 8. huius), hoc est (per prop. 7. P. 3.), quae solo conatu, quo homo in suo esse perseverare conatur, definitur. Quo ergo unusquisque magis suum esse conservare conatur et potest, eo magis virtute praeditus, est et consequenter (per prop. 4. et 6. P. 3.), quatenus aliquis suum esse conservare negligit, eatenus est impotens. Q.E.D.

SCHOLIUM. Nemo igitur nisi a causis externis et suae naturae contrariis victus suum utile appetere sive suum esse conservare negligit. Nemo, inquam, ex necessitate suae naturae, sed a causis externis coactus alimenta aversatur vel se ipsum interficit, quod multis modis fieri potest. Nempe interficit aliquis se ipsum coactus ab alio, qui eius dexteram, qua ensem casu prehenderat, contorquet et cogit versus cor ipsum gladium dirigere; vel quod ex mandato tyranni, ut Seneca, cogatur venas aperire suas, hoc est maius malum minore vitare cupiat; vel denique ex eo, quod causae latentes externae eius imaginationem ita disponunt et corpus ita afficiunt, ut id aliam naturam priori contrariam induat et cuius idea in mente dari nequit (per prop. 10. P. 3.). At quod homo ex necessitate suae naturae conetur non existere vel in aliam formam mutari, tam est impossibile, quam quod ex nihilo aliquid fiat, ut unusquisque mediocri meditatione videre potest.

PROPOSITIO XXI. Nemo potest cupere beatum esse, bene agere et bene vivere, qui simul non cupiat esse, agere et viverem hoc estm actu existere.

DEMONSTRATIO. Huius propositionis demonstratio seu potius res ipsa per se patet, et etiam ex cupiditatis defininitione. Est enim cupiditas (per aff. defin. 1.) beate seu bene vivendi, agendi etc. ipsa hominis essentia, hoc est (per prop. 7. P. 3.), conatus, quo unusquisque suum esse conservare conatur. Ergo nemo potest cupere etc. Q.E.D.

PROPOSITIO XXII. Nulla virtus potest prior hac (nempe conatu sese conservandi) concipi.

DEMONSTRATIO. Conatus sese conservandi est ipsa rei essentia (per prop. 7. P. 3.). Si igitur aliqua virtus posset hac, nempe hoc conatu, prior concipi, conciperetur ergo (per defin. 8 huius) ipsa rei essentia se ipsa prior; quod (ut per se notum) est absurdum. Ergo nulla virtus etc. Q.E.D.

COROLLARIUM. Conatus sese conservandi primum et unicum virtutis est fundamentum. Nam hoc principio nullum aliud potest prius concipi (per prop. praeced.), et absque ipso (per prop. 21. huius) nulla virtus potest concipi.

PROPOSITIO XXIII. Homo quatenus ad aliquid agendum determinatur ex eo, quod ideas habet inadaequatas, non potest absolute dici ex virtute agere; sed tantum quatenus determinatur ex eo, quod intelligit.

DEMONSTRATIO. Quatenus homo ad agendum determinatur ex eo, quod inadaequatas habet ideas, eatenus (per prop. 1. P. 3.) patitur, hoc est (per defin. 1. et 2. P. 3.) aliquid agit, quod per solam eius essentiam non potest percipi; hoc est (per defin. 8. huius), quod ex ipsius virtute non sequitur. At quatenus ad aliquid agendum determinatur ex eo, quod intelligit, eatenus (per eandem prop. 1. P. 3.) agit, hoc est (per defin. 2. P. 3.) aliquid agit, quod per solam ipsius essentiam percipitur, sive (per defin. 8. huius) quod ex ipsius virtute adaequate sequitur. Q.E.D.

PROPOSITIO XXIV. Ex virtute absolute agere nihil aliud in nobis est, quam ex ductu rationis agere, vivere, suum esse conservare (haec tria idem significant) idque ex fundamento proprium utile quaerendi.

DEMONSTRATIO. Ex virtute absolute agere nihil aliud est (per defin. 8. huius), quam ex legibus propriae naturae agere. At nos eatenus tantummodo agimus, quatenus intelligimus (per prop. 3. P. 3.). Ergo ex virtute agere nihil aliud in nobis est, quam ex ductu rationis agere, vivere, suum esse conservare idque (per coroll. prop. 22. huius) ex fundamento suum utile quaerendi. Q.E.D.

PROPOSITIO XXV. Nemo suum esse alterius rei causa conservare conatur.

DEMONSTRATIO. Conatus, quo unaquaeque res in suo esse perseverare conatur, sola ipsius rei essentia definitur (per prop. 7. P. 3.), eaque sola data, non autem ex alterius rei essentia necessario sequitur (per prop. 6. P. 3.), ut unusquisque suum esse conservare conetur. Patet praeterea haec propositio ex coroll. prop. 22. huius partis. Nam si homo alterius rei causa suum esse conservare conaretur, tum res illa primum esset virtutis fundamentum (ut per se notum), quod (per praedict. coroll.) est absurdum. Ergo nemo suum esse etc. Q.E.D.

PROPOSITIO XXVI. Quicquid ex ratione conamur, nihil aliud est quam intelligere; nec mens quatenus ratione utitur, aliud sibi utile esse iudicat nisi id quod ad intelligendum conducit.

DEMONSTRATIO. Conatus sese conservandi nihil est praeter ipsius rei essentiam (per prop. 7. P. 3.), quae quatenus talis existit, vim habere concipitur ad perseverandum in existendo (per prop. 6. P. 3.), et ea agendum, quae ex data sua natura necessario sequuntur. Vide defin. appetitus in schol. prop. 9. P. 3. At rationis essentia nihil aliud est quam mens nostra quatenus clare et distincte intelligit. Vide eius defin. in schol. 2. prop. 40. P. 2. Ergo (per prop. 40. P. 2.) quicquid ex ratione conamur, nihil aliud est quam intelligere. Deinde quoniam hic mentis conatus, quo mens quatenus ratiocinatur, suum esse conatur conservare, nihil aliud est quam intelligere (per primam partem huius). Est ergo hic intelligendi conatus (per coroll. prop. 22. huius) primum et unicum virtutis fundamentum, nec alicuius finis causa (per prop. 25. huius) res intelligere conabimur; sed contra mens quatenus ratiocinatur, nihil sibi bonum esse concipere poterit, nisi id quod ad intelligendum conducit (per defin. 1. huius). Q.E.D.

PROPOSITIO XXVII. Nihil certo scimus bonum aut malum esse, nisi id quod ad intelligendum revera conducit, vel quod impedire potest quominus intelligamus.

DEMONSTRATIO. Mens quatenus ratiocinatur, nihil aliud appetit quam intelligere, nec aliud sibi utile esse iudicat, nisi id quod ad intelligendum conducit (per prop. praeced.). At mens (per prop. 41. et 43. P. 2., cuius etiam schol. vide) rerum certitudinem non habet, nisi quatenus ideas habet adaequatas, sive (quod per schol. prop. 40. P. 2. idem est) quatenus ratiocinatur. Ergo nihil certo scimus bonum esse, nisi id quod ad intelligendum revera conducit; et contra id malum, quod impedire potest quominus intelligamus. Q.E.D.

PROPOSITIO XXVIII. Summum mentis bonum est Dei cognitio, et summa mentis virtus Deum cognoscere.

DEMONSTRATIO. Summum, quod mens intelligere potest, Deus est, hoc est (per defin. 6. P. 1.) ens absolute infinitum, et sine quo (per prop. 15. P. 1.) nihil esse neque concipi potest. Adeoque (per prop. 26. et 27. huius) summum mentis utile sive (per defin. 1. huius) bonum est Dei cognitio. Deinde mens quatenus intelligit, eatenus tantum agit (per prop. 1. et 3. P. 3.), et eatenus tantum (per prop. 23. huius) potest absolute dici, quod ex virtute agit. Est igitur mentis absoluta virtus intelligere. At summum, quod mens intelligere potest, Deus est (ut iam iam demonstravimus). Ergo mentis summa virtus est Deum intelligere seu cognoscere. Q.E.D.

PROPOSITIO XXIX. Res quaecumque singularis, cuius natura a nostra prorsus est diversa, nostram agendi potentiam nec iuvare nec coercere potest, et absolute res nulla potest nobis bona aut mala esse, nisi commune aliquid nobiscum habeat.

DEMONSTRATIO. Cuiuscumque rei singularis, et consequenter (per coroll. prop. 10. P. 2.) hominis potentia, qua existit et operatur, non determinatur nisi ab alia re singulari (per prop. 28. P. 1.), cuius natura (per prop. 6. P. 2.) per idem attributum debet intelligi, per quod natura humana concipitur. Nostra igitur agendi potentia, quomodocumque ea concipiatur, determinari et consequenter iuvari vel coerceri potest potentia alterius rei singularis, quae aliquid commune nobiscum habet, et non potentia rei, cuius natura a nostra prorsus est diversa; et quia id bonum aut malum vocamus, quod causa est laetitiae aut tristitiae (per prop. 8. huius), hoc est (per schol. prop. 11. P. 3.) quod nostram agendi potentiam auget vel minuit, iuvat vel coercet; ergo res, cuius natura a nostra prorsus est diversa, nobis neque bona neque mala esse potest. Q.E.D.

PROPOSITIO XXX. Res nulla per id, quod cum nostra natura commune habet, potest esse mala; sed quatenus nobis mala est, eatenus est nobis contraria.

DEMONSTRATIO. Id malum vocamus, quod causa est tristitiae (per prop. 8. huius), hoc est (per eius defin., quam vide in schol. prop. 11. P. 3.) quod nostram agendi potentiam minuit vel coercet. Si igitur res aliqua per id, quod nobiscum habet commune, nobis esset mala, posset ergo res id ipsum, quod nobiscum commune habet, minuere vel coercere; quod (per prop. 4. P. 3.) est absurdum. Nulla igitur res per id, quod nobiscum commune habet, potest nobis esse mala; sed contra quatenus mala est, hoc est (ut iam iam ostendimus) quatenus nostram agendi potentiam minuere vel coercere potest, eatenus (per prop. 5. P. 3.) nobis est contraria. Q.E.D.

PROPOSITIO XXXI. Quatenus res aliqua cum nostra natura convenit, eatenus necessario bona est.

DEMONSTRATIO. Quatenus enim res aliqua cum nostra natura convenit, non potest (per prop. praeced.) esse mala. Erit ergo necessario vel bona vel indifferens. Si hoc ponatur, nempe quod neque bona sit neque mala, nihil ergo (per axiom. 3. P. 1.) ex ipsius natura sequetur, quod nostrae naturae conservationi inservit, hoc est (per hypothesin) quod ipsius rei naturae conservationi inservit. Sed hoc est absurdum (per prop. 6. P. 3.). Erit ergo, quatenus cum nostra natura convenit, necessario bona. Q.E.D.

COROLLARIUM. Hinc sequitur, quod quo res aliqua magis cum nostra natura convenit, eo nobis est utilior seu magis bona, et contra quo res aliqua nobis est utilior, eatenus cum nostra natura magis convenit. Nam quatenus cum nostra natura non convenit, erit necessario a nostra natura diversa vel eidem contraria. Si diversa, tum (per prop. 29. huius) neque bona neque mala esse poterit; si autem contraria, erit ergo etiam ei contraria, quae cum nostra natura convenit, hoc est (per prop. praeced.) contraria bono seu mala. Nihil igitur nisi quatenus cum nostra natura convenit, potest esse bonum; atque adeo quo res aliqua magis cum nostra natura convenit, eo est utilior et contra. Q.E.D.

PROPOSITIO XXXII. Quatenus homines passionibus sunt obnoxii, non possunt eatenus dici, quod natura conveniant.

DEMONSTRATIO. Quae natura convenire dicuntur, potentia convenire intelliguntur (per prop. 7. P. 3.); non autem impotentia seu negatione, et consequenter (vide schol. prop. 3. P. 3.) neque etiam passione. Quare homines quatenus passionibus sunt obnoxii, non possunt dici, quod natura conveniant. Q.E.D.

SCHOLIUM. Res etiam per se patet. Qui enim ait, album et nigrum in eo solummodo convenire, quod neutrum sit rubrum, is absolute affirmat album et nigrum nulla in re convenire. Sic etiam si quis ait, lapidem et hominem in hoc tantum convenire, quod uterque sit finitus, impotens vel quod ex necessitate suae naturae non existit, vel denique quod a potentia causarum externarum indefinite superatur, is omnino affirmat lapidem et hominem nulla in re convenire. Quae enim in sola negatione sive in eo, quod non habent, conveniunt, ea revera nulla in re conveniunt.

PROPOSITIO XXXIII. Homines natura discrepare possunt, quatenus affectibus, qui passiones sunt, conflictantur, et eatenus etiam unus idemque homo varius est et inconstans.

DEMONSTRATIO. Affectuum natura seu essentia non potest per solam nostram essentiam seu naturam explicari (per defin. 1. et 2. P. 3.); sed potentia, hoc est (per prop. 7. P. 3.) natura causarum externarum cum nostra comparata definiri debet. Unde fit, ut uniuscuiusque affectus tot species dentur, quot sunt species obiectorum, a quibus afficimur (vide prop. 56. P. 3.), et ut homines ab uno eodemque obiecto diversimode afficiantur (vide prop. 51. P. 3.), atque eatenus natura discrepent, et denique ut unus idemque homo (per eandem prop. 51. P. 3.) erga idem obiectum diversimode afficiatur, atque eatenus varius sit etc. Q.E.D.

PROPOSITIO XXXIV. Quatenus homines affectibus, qui passiones sunt, conflictantur, possunt invicem esse contrarii.

DEMONSTRATIO. Homo, ex. gr. Petrus, potest esse causa, ut Paulus contristetur, propterea quod aliquid habet simile rei, quam Paulus odit (per prop. 16. P. 3.); vel propterea, quod Petrus solus re aliqua potitur, quam ipse Paulus etiam amat (vide prop. 32. P. 3. cum eiusdem schol.); vel ob alias causas (harum praecipuas vide in schol. prop. 55. P. 3.). Atque adeo inde fiet (per aff. defin. 7.) ut Paulus Petrum odio habeat, et consequenter facile fiet (per prop. 40. P. 3. cum eius schol.) ut Petrus Paulum contra odio habeat, atque adeo (per prop. 39. P. 3.) ut invicem malum inferre conentur, hoc est (per prop. 30. huius) ut invicem sint contrarii. At affectus tristitiae semper passio est (per prop. 59. P. 3.); ergo homines, quatenus conflictantur affectibus, qui passiones sunt, possunt invicem esse contrarii. Q.E.D.

SCHOLIUM. Dixi, quod Paulus odio Petrum habeat, quia imaginatur, id eundem possidere, quod ipse Paulus etiam amat. Unde prima fronte videtur sequi; quod hi duo ex eo; quod idem amant et consequenter ex eo; quod natura conveniunt, sibi invicem damno sint; atque adeo, si hoc verum est, falsae essent prop. 30. et 31. huius partis. Sed si rem aequa lance examinare velimus, haec omnia convenire omnino videbimus. Nam hi duo non sunt invicem molesti, quatenus natura conveniunt, hoc est quatenus uterque idem amat; sed quatenus ab invicem discrepant. Nam quatenus uterque idem amat, eo ipso utriusque amor fovetur (per prop. 31. P. 3.), hoc est (per aff. defin. 6.) eo ipso utriusque laetitia fovetur. Quare longe abest, ut quatenus idem amant et natura conveniunt, invicem molesti sint. Sed huius rei causa, ut dixi, nulla alia est quam quia natura discrepare supponuntur. Supponimus namque Petrum ideam habere rei amatae iam possessae, et Paulum contra ideam rei amatae amissae. Unde fit, ut hic tristitia, et ille contra laetitia afficiatur; atque eatenus invicem contrarii sint. Et ad hunc modum ostendere facile possumus reliquas odii causas ab hoc solo pendere, quod homines natura discrepant, et non ab eo, in quo conveniunt.

PROPOSITIO XXXV. Quatenus homines ex ductu rationis vivunt, eatenus tantum natura semper necessario conveniunt.

DEMONSTRATIO. Quatenus homines affectibus, qui passiones sunt, conflictantur, possunt esse natura diversi (per prop. 33. huius) et invicem contrarii (per prop. praeced.). Sed eatenus homines tantum agere dicuntur, quatenus ex ductu rationis vivunt (per prop. 3. P. 3.); atque adeo quicquid ex humana natura, quatenus ratione definitur, sequitur, id (per defin. 2. P. 3.) per solam humanam naturam, tamquam per proximam suam causam, debet intelligi. Sed quia unusquisque ex suae naturae legibus id appetit, quod bonum, et id amovere conatur, quod malum esse iudicat (per prop. 19. huius); et cum praeterea id, quod ex dictamine rationis bonum aut malum esse iudicamus, necessario bonum aut malum sit (per prop. 41. P. 2.), ergo homines quatenus ex ductu rationis vivunt, eatenus tantum ea necessario agunt, quae humanae naturae, et consequenter unicuique homini necessario bona sunt, hoc est (per coroll. prop. 31. huius) quae cum natura uniuscuiusque hominis conveniunt. Atque adeo homines etiam inter se, quatenus ex ductu rationis vivunt, necessario semper conveniunt. Q.E.D.

COROLLARIUM I. Nihil singulare in rerum natura datur, quod homini sit utilius, quam homo qui ex ductu rationis vivit. Nam id homini utilissimum est, quod cum sua natura maxime convenit (per coroll. prop. 31. huius), hoc est (ut per se notum) homo. At homo ex legibus suae naturae absolute agit, quando ex ductu rationis vivit (per defin. 2. P. 3.), et eatenus tantum cum natura alterius hominis necessario semper convenit (per prop. praeced.). Ergo homini nihil inter res singulares utilius datur quam homo etc. Q.E.D.

COROLLARIUM II. Cum maxime unusquisque homo suum sibi utile quaerit, tum maxime homines sunt sibi invicem utiles. Nam quo magis unusquisque suum utile quaerit et se conservare conatur, eo magis virtute praeditus est (per prop. 20. huius), sive quod idem est (per defin. 8. huius), eo maiore potentia praeditus est ad agendum ex suae naturae legibus, hoc est (per prop. 3. P. 3.) ad vivendum ex ductu rationis. At homines tum maxime natura conveniunt, cum ex ductu rationis vivunt (per prop. praeced.). Ergo (per praeced. coroll.) tum maxime homines erunt sibi invicem utiles, cum maxime unusquisque suum utile sibi quaerit. Q.E.D.

SCHOLIUM. Quae modo ostendimus, ipsa etiam experientia quotidie tot tamque luculentis testimoniis testatur, ut omnibus fere in ore sit, hominem homini Deum esse. Fit tamen raro, ut homines ex ductu rationis vivant; sed cum iis ita comparatum est, ut plerumque invidi atque invicem molesti sint. At nihilominus vitam solitariam vix transigere queunt, ita ut plerisque illa definitio, quod homo sit animal sociale, valde arriserit; et revera res ita se habet, ut ex hominum communi societate multo plura commoda oriantur, quam damna.

Rideant igitur, quantum velint, res humanas satyrici, easque detestentur theologi, et laudent, quantum possunt, melancholici vitam incultam et agrestem, hominesque contemnant et admirentur bruta; experientur tamen homines mutuo auxilio ea quibus indigent, multo facilius sibi parare, et non nisi iunctis viribus pericula, quae ubique imminent, vitare posse; ut iam taceam, quod multo praestabilius sit et cognitione nostra magis dignum, hominum quam brutorum facta contemplari. Sed de his alias prolixius.

PROPOSITIO XXXVI. Summum bonum eorum, qui virtutem sectantur, omnibus commune est, eoque omnes aeque gaudere possunt.

DEMONSTRATIO. Ex virtute agere est ex ductu rationis agere (per prop. 24. huius), et quicquid ex ratione conamur agere, est intelligere (per prop. 26. huius). Atque adeo (per prop. 28. huius) summum bonum eorum, qui virtutem sectantur, est Deum cognoscere, hoc est (per prop. 47. P. 2. et eiusdem schol.), bonum quod omnibus hominibus commune est, et ab omnibus hominibus, quatenus eiusdem sunt naturae, possideri aeque potest. Q.E.D.

SCHOLIUM. Si quis autem roget: quid si summum bonum eorum, qui virtutem sectantur, non esset omnibus commune? an non inde, ut supra (vide prop. 34. huius) sequeretur, quod homines, qui ex ductu rationis vivunt, hoc est (per prop. 35. huius) homines, quatenus natura conveniunt, essent invicem contrarii? Is hoc sibi responsum habeat, non ex accidenti, sed ex ipsa natura rationis oriri, ut hominis summum bonum omnibus sit commune, nimirum, quia ex ipsa humana essentia, quatenus ratione definitur, deducitur; et quia homo nec esse nec concipi posset, si potestatem non haberet gaudendi hoc summo bono. Pertinet namque (per prop. 47. P. 2.) ad mentis humanae essentiam, adaequatam habere cognitionem aeternae et infinitae essentiae Dei.

PROPOSITIO XXXVII. Bonum, quod unusquisque, qui sectatur virtutem, sibi appetit, reliquis hominibus etiam cupiet, et eo magis, quo maiorem Dei habuerit cognitionem.

DEMONSTRATIO. Homines quatenus ex ductu rationis vivunt, sunt homini utilissimi (per coroll. 1. prop. 35. huius); atque adeo (per prop. 19. huius) ex ductu rationis conabimur necessario efficere, ut homines ex ductu rationis vivant. At bonum, quod unusquisque, qui ex rationis dictamine vivit, hoc est (per prop. 24. huius) qui virtutem sectatur, sibi appetit, est intelligere (per prop. 26. huius). Ergo bonum, quod unusquisque, qui virtutem sectatur, sibi appetit, reliquis hominibus etiam cupiet. Deinde cupiditas, quatenus ad mentem refertur, est ipsa mentis essentia (per aff. defin. 1.); mentis autem

144

essentia in cognitione consistit (per prop. 11. P. 2.) quae Dei cognitionem involvit (per prop. 47. P. 2.), et sine qua (per prop. 15. P. 1.) nec esse nec concipi potest. Adeoque quo mentis essentia maiorem Dei cognitionem involvit, eo cupiditas, qua is, qui virtutem sectatur, bonum, quod sibi appetit, alteri cupit, etiam maior erit. Q.E.D.

ALITER. Bonum, quod homo sibi appetit et amat, constantius amabit, si viderit, alios idem amare (per prop. 31. P. 3.). Atque adeo (per coroll. eiusdem prop.) conabitur, ut reliqui idem ament. Et quia hoc bonum (per prop. praeced.) omnibus commune est, eoque omnes gaudere possunt, conabitur ergo (per eandem rationem) ut omnes eodem gaudeant, et (per prop. 37. P. 3.) eo magis, quo hoc bono magis fruetur. Q.E.D.

SCHOLIUM I. Qui ex solo affectu conatur, ut reliqui ament quod ipse amat, et ut reliqui ex suo ingenio vivant, solo impetu agit, et ideo odiosus est, praecipue iis, quibus alia placent, quique propterea etiam student et eodem impetu conantur, ut reliqui contra ex ipsorum ingenio vivant. Deinde quoniam summum, quod homines ex affectu appetunt, bonum saepe tale est, ut unus tantum eius possit esse compos, hinc fit, ut qui amant, mente sibi non constent, et dum laudes rei, quam amant, narrare gaudent, timeant credi. At qui reliquos conatur ratione ducere, non impetu, sed humaniter et benigne agit et sibi mente maxime constat. Porro quicquid cupimus et agimus, cuius causa sumus, quatenus Dei habemus ideam, sive quatenus Deum cognoscimus, ad *religionem* refero. Cupiditatem autem bene faciendi, quae eo ingeneratur, quod ex rationis ductu vivimus, *pietatem* voco. Cupiditatem deinde, qua homo, qui ex ductu rationis vivit, tenetur ut reliquos sibi amicitia iungat, *honestatem* voco, et id *honestum*, quod homines, qui ex ductu rationis vivunt, laudant, et id contra *turpe*, quod conciliandae amicitiae repugnat. Praeter haec civitatis etiam quaenam sint fundamenta ostendi. Differentia deinde inter veram virtutem et impotentiam facile ex supra dictis percipitur: nempe quod vera virtus nihil aliud sit, quam ex solo rationis ductu vivere; atque adeo impotentia in hoc solo consistit, quod homo a rebus, quae extra ipsum sunt, duci se patiatur et ab iis ad ea agendum determinetur, quae rerum externarum communis constitutio, non autem ea, quae ipsa ipsius natura in se sola considerata postulat. Atque haec illa sunt, quae in schol. prop. 18. huius partis demonstrare promisi, ex quibus apparet legem illam de non mactandis brutis magis vana superstitione et muliebri misericordia, quam sana ratione fundatam esse. Docet quidem ratio nostrum utile quaerendi necessitudinem cum hominibus iungere; sed non cum brutis aut rebus, quarum natura a natura humana est diversa, sed idem ius, quod illa in nos habent, nos in ea habere. Imo

145

quia uniuscuiusque ius virtute seu potentia uniuscuiusque definitur, longe maius homines in bruta, quam haec in homines ius habent. Nec tamen nego bruta sentire, sed nego, quod propterea non liceat nostrae utilitati consulere et iisdem ad libitum uti; eademque tractare, prout nobis magis convenit; quandoquidem nobiscum natura non conveniunt et eorum affectus ab affectibus humanis sunt natura diversi. Vide schol. prop. 57. P. 3. Superest, ut explicem, quid iustum, quid iniustum, quid peccatum et quid denique meritum sit. Sed de his vide sequens scholium.

SCHOLIUM II. In appendice partis primae explicare promisi, quid laus et vituperium, quid meritum et peccatum, quid iustum et iniustum sit. *Laudem* et *vituperium* quod attinet, in schol. prop. 29. P. 3. explicui; de reliquis autem hic iam erit dicendi locus. Sed prius pauca de *statu hominis naturali et civili* dicenda sunt.

Existit unusquisque summo naturae iure, et consequenter summo naturae iure unusquisque ea agit, quae ex suae naturae necessitate sequuntur; atque adeo summo naturae iure unusquisque iudicat, quid bonum, quid malum sit, suaeque utilitati ex suo ingenio consulit (vide prop. 19. et 20. huius), seseque vindicat (vide coroll. 2. prop. 40. P. 3.), et id quod amat conservare, et id quod odio habet destruere conatur (vide prop. 28. P. 3.). Quod si homines ex ductu rationis viverent, potiretur unusquisque (per coroll. 1. prop. 35 huius) hoc suo iure absque ullo alterius damno. Sed quia affectibus sunt obnoxii (per coroll. prop. 4. huius), qui potentiam seu virtutem humanam longe superant (per prop. 6. huius), ideo saepe diversi trahuntur (per prop. 33. huius) atque sibi invicem sunt contrarii (per prop. 34. huius), mutuo dum auxilio indigent (per schol. prop. 35. huius). Ut igitur homines concorditer vivere et sibi auxilio esse possint, necesse est, ut iure suo naturali cedant et se invicem securos reddant, se nihil acturos, quod possit in alterius damnum cedere. Qua autem ratione hoc fieri possit, ut scilicet homines, qui affectibus necessario sunt obnoxii (per coroll. prop. 4. huius) atque inconstantes et varii (per prop. 33. huius), possint se invicem securos reddere et fidem invicem habere, patet ex prop. 7. huius partis et prop. 39. P. 3. Nempe quod nullus affectus coerceri potest, nisi affectu fortiore et contrario affectui coercendo, et quod unusquisque ab inferendo damno abstinet timore maioris damni. Hac igitur lege *societas* firmari poterit, si modo ipsa sibi vindicet ius, quod unusquisque habet, sese vindicandi et de bono et malo iudicandi; quaeque adeo potestatem habeat communem vivendi rationem praescribendi, legesque ferendi, easque non ratione, quae affectus coercere nequit (per schol. prop. 17. huius), sed minis firmandi. Haec autem societas legibus et potestate sese conservandi firmata *civitas* appellatur, et qui ipsius iure defenduntur *cives*. Ex quibus facile intelligimus, nihil in statu naturali dari, quod ex omnium consensu bonum aut malum sit, quandoquidem unusquisque, qui in statu est naturali, suae tantummodo utilitati consulit, et ex suo ingenio, et quatenus suae utilitatis tantum habet rationem, quid bonum quidve malum sit, decernit, et nemini nisi sibi soli obtemperare lege ulla tenetur; atque adeo in statu naturali peccatum concipi nequit. At quidem in statu civili, ubi et communi consensu decernitur, quid bonum quidve malum sit, et unusquisque civitati obtemperare tenetur. Est itaque *peccatum* nihil aliud, quam inobedientia, quae propterea solo civitatis iure punitur; et contra obedientia civi *meritum* ducitur, quia eo ipso dignus iudicatur, qui civitatis commodis gaudeat. Deinde in statu naturali nemo ex communi consensu alicuius rei est dominus, nec in natura aliquid datur, quod possit dici huius hominis esse et non illius; sed omnia omnium sunt, ac proinde in statu naturali nulla potest concipi voluntas unicuique suum tribuendi; aut alicui id, quod eius sit, eripiendi, hoc est, in statu naturali nihil fit, quod *iustum* aut *iniustum* possit dici; at quidem in statu civili, ubi ex communi consensu decernitur, quid huius quidve illius sit. Ex quibus apparet, iustum et iniustum, peccatum et meritum notiones esse extrinsecas, non autem attributa, quae mentis naturam explicent. Sed de his satis.

PROPOSITIO XXXVIII. **Id quod corpus humanum ita disponit, ut pluribus modis possit affici, vel quod idem aptum reddit ad corpora externa pluribus modis afficiendum, homini est utile; et eo utilius, quo corpus ab eo aptius redditur, ut pluribus modis afficiatur, aliaque corpora afficiat; et contra id noxium est, quod corpus ad haec minus aptum reddit.**

DEMONSTRATIO. Quo corpus ad haec aptius redditur, eo mens aptior ad percipiendum redditur (per prop. 14. P. 2.); adeoque id, quod corpus hac ratione disponit aptumque ad haec reddit, est necessario bonum seu utile (per prop. 26. et 27. huius), et eo utilius, quo corpus ad haec aptius potest reddere; et contra (per eandem prop. 14. P. 2. inversam et prop. 26. et 27. huius) noxium, si corpus ad haec minus aptum reddat. Q.E.D.

PROPOSITIO XXXIX. **Quae efficiunt, ut motus et quietis ratio, quam corporis humani partes ad invicem habent, conservetur, bona sunt; et ea contra mala, quae efficiunt, ut corporis humani partes aliam ad invicem motus et quietis habeant rationem.**

DEMONSTRATIO. Corpus humanum indiget, ut conservetur, plurimis aliis corporibus (per postul. 4. P. 2.). At id, quod formam humani corporis constituit, in hoc consistit, quod eius partes motus suos certa quadam ratione sibi invicem communicent (per defin. ante lemm. 4. quam vide post prop. 13. P. 2.). Ergo quae efficiunt, ut motus et quietis ratio, quam corporis humani partes ad invicem habent, conservetur, eadem humani corporis formam conservant, et consequenter efficiunt (per postul. 3. et 6. P. 2.) ut corpus humanum multis modis affici, et ut idem corpora externa multis modis afficere possit; adeoque (per prop. praeced.) bona sunt. Deinde quae efficiunt, ut corporis humani partes aliam motus et quietis rationem obtineant, eadem (per eandem defin. P. 2.) efficiunt, ut corpus humanum aliam formam induat, hoc est (ut per se notum, et in fine praef. huius partis monuimus) ut corpus humanum destruatur, et consequenter ut omnino ineptum reddatur, ne possit pluribus modis affici, ac proinde (per prop. praeced.) mala sunt. Q.E.D.

SCHOLIUM. Quantum haec menti obesse vel prodesse possunt in P. 5. explicabitur. Sed hic notandum, quod corpus tum mortem obire intelligam, quando eius partes ita disponuntur, ut aliam motus et quietis rationem ad invicem obtineant. Nam negare non audeo corpus humanum retenta sanguinis circulatione et aliis, propter quae corpus vivere existimatur, posse nihilominus in aliam naturam a sua prorsus diversam mutari. Nam nulla ratio me cogit, ut statuam corpus non mori, nisi mutetur in cadaver; quin ipsa experientia aliud suadere videtur. Fit namque aliquando, ut homo tales patiatur mutationes, ut non facile eundem illum esse dixerim, ut de quodam hispano poeta narrare audivi, qui morbo correptus fuerat et quamvis ex eo convaluerit, mansit tamen praeteritae suae vitae tam oblitus, ut fabulas et tragoedias, quas fecerat, suas non crediderit esse, et sane pro infante adulto haberi potuisset, si vernaculae etiam linguae fuisset oblitus. Et si hoc incredibile videtur, quid de infantibus dicemus, quorum naturam homo provectae aetatis a sua tam diversam esse credit, ut persuaderi non posset, se unquam infantem fuisse, nisi ex aliis de se coniecturam faceret? Sed ne superstitiosis materiam suppeditem movendi novas quaestiones, malo haec in medio relinquere.

PROPOSITIO XL. Quae ad hominum communem societatem conducunt, sive quae efficiunt, ut homines concorditer vivant, utilia sunt, et illa contra mala, quae discordiam in civitatem inducunt.

DEMONSTRATIO. Nam quae efficiunt ut homines concorditer vivant, simul efficiunt, ut ex ductu rationis vivant (per prop. 35. huius), atque adeo (per prop. 26. et 27. huius) bona sunt, et (per eandem rationem) illa contra mala sunt, quae discordias concitant. Q.E.D.

PROPOSITIO XLI. Laetitia directe mala non est, sed bona; tristitia autem contra directe est mala.

DEMONSTRATIO. Laetitia (per prop. 11. P. 3. cum eiusdem schol.) est affectus, quo corporis agendi potentia augetur vel iuvatur; tristitia autem contra est affectus, quo corporis agendi potentia minuitur vel coercetur; adeoque (per prop. 38. huius) laetitia directe bona est etc. Q.E.D.

PROPOSITIO XLII. Hilaritas excessum habere nequit, sed semper bona est, et contra melancholia semper mala.

DEMONSTRATIO. Hilaritas (vide eius defin. in schol. prop. 11. P. 3.) est laetitia, quae, quatenus ad corpus refertur, in hoc consistit, quod corporis omnes partes pariter sint affectae, hoc est (per prop. 11. P. 3.) quod corporis agendi potentia augetur vel iuvatur, ita ut omnes eius partes eandem ad invicem motus et quietis rationem obtineant; atque adeo (per prop. 39. huius) hilaritas semper est bona, nec excessum habere potest. At melancholia (cuius etiam defin. vide in schol. prop. 11. P. 3.) est tristitia, quae quatenus ad corpus refertur, in hoc solo consistit, quod corporis agendi potentia absolute minuitur vel coercetur; adeoque (per prop. 38. huius) semper est mala. Q.E.D.

PROPOSITIO XLIII. Titillatio excessum habere potest et mala esse; dolor autem eatenus potest esse bonus, quatenus titillatio seu laetitia est mala.

DEMONSTRATIO. Titillatio est laetitia, quae, quatenus ad corpus refertur, in hoc consistit, quod una vel aliquot eius partes prae reliquis afficiuntur (vide eius defin. in schol. prop. 11 P. 3.), cuius affectus potentia tanta esse potest, ut reliquas corporis actiones superet (per prop. 6. huius), eique pertinaciter adhaereat, atque adeo impediat, quominus corpus aptum sit, ut plurimis aliis modis afficiatur; adeoque (per prop. 38. huius) mala esse potest. Deinde dolor, qui contra tristitia est, in se solo consideratus non potest esse bonus (per prop. 41. huius). Verum quia eius vis et incrementum definitur potentia causae externae cum nostra comparata (per prop. 5. huius), possumus ergo huius affectus infinitos virium concipere gradus et modos (per prop. 3. huius); atque adeo eundem talem concipere, qui titillationem possit coercere, ut excessum non habeat, et eatenus (per primam partem prop. huius) efficere, ne corpus minus aptum reddatur, ac proinde eatenus erit bonus. Q.E.D.

PROPOSITIO XLIV. Amor et cupiditas excessum habere possunt.

DEMONSTRATIO. Amor est laetitia (per aff. defin. 6.) concomitante idea causae externae. Titillatio igitur (per schol. prop. 11. P. 3.) concomitante idea causae externae amor est; atque adeo amor (per prop. praeced.) excessum habere potest. Deinde cupiditas eo est maior, quo affectus, ex quo oritur, maior est (per prop. 37. P. 3.). Quare ut affectus (per prop. 6. huius) reliquas hominis actiones superare potest, sic etiam cupiditas, quae ex eodem affectu oritur, reliquas cupiditates superare, ac proinde eundem excessum habere poterit, quem in praeced. prop. titillationem habere ostendimus. Q.E.D.

SCHOLIUM. Hilaritas, quam bonam esse dixi, concipitur facilius, quam observatur. Nam affectus, quibus quotidie conflictamur, referuntur plerumque ad aliquam corporis partem, quae prae reliquis afficitur, ac proinde affectus ut plurimum excessum habent, et mentem in sola unius obiecti contemplatione ita detinent, ut de aliis cogitare nequeat; et quamvis homines pluribus affectibus obnoxii sint, atque adeo rari reperiantur, qui semper uno eodemque affectu conflictentur, non desunt tamen, quibus unus idemque affectus pertinaciter adhaereat. Videmus enim homines aliquando ab uno obiecto ita affici, ut, quamvis praesens non sit, ipsum tamen coram habere credant, quod quando homini non dormienti accidit, eundem delirare dicimus vel insanire; nec minus insanire creduntur, qui amore ardent, quique noctes atque dies solam amasiam vel meretricem somniant, quia risum movere solent. At cum avarus de nulla alia re, quam de lucro vel de nummis cogitet, et ambitiosus de gloria etc., hi non creduntur delirare, quia molesti solent esse et odio digni aestimantur. Sed revera avaritia, ambitio, libido etc. delirii species sunt, quamvis inter morbos non numerentur.

PROPOSITIO XLV. Odium nunquam potest esse bonum.

DEMONSTRATIO. Hominem quem odimus destruere conamur (per prop. 39. P. 3.) hoc est (per prop. 37. huius) aliquid conamur quod malum est. Ergo etc. Q.E.D.

SCHOLIUM I. Nota me hic et in seqq. per odium illud tantum intelligere quod est erga homines.

COROLLARIUM I. Invidia, irrisio, contemptus, ira, vindicta et reliqui affectus, qui ad odium referuntur vel ex eodem oriuntur, mali sunt, quod etiam ex prop. 39. P. 3. et prop. 37 huius patet.

COROLLARIUM II. Quicquid ex eo, quod odio affecti sumus, appetimus, turpe et in civitate iniustum est. Quod etiam patet ex prop. 39. P. 3., et ex defin. turpis et iniusti, quas vide in schol. 1. et 2. prop. 37. huius.

SCHOLIUM II. Inter *irrisionem* (quam in coroll. 1. malam esse dixi) et r i s u m magnam agnosco differentiam. Nam risus, ut et iocus, mera est laetitia; adeoque modo excessum non habeat, per se bonus est (per prop. 41. huius). Nihil profecto nisi torva et tristis superstitio delectari prohibet. Nam qui magis decet famem et sitim extinguere, quam melancholiam expellere? Mea haec est ratio et sic animum induxi meum. Nullum numen, nec alius nisi invidus, mea impotentia et incommodo delectatur, nec nobis lacrimas, singultus, metum et alia huiusmodi, quae animi impotentis sunt signa, virtuti ducit; sed contra, quo maiore laetitia afficimur, eo ad maiorem perfectionem transimus, hoc est, eo nos magis de natura divina participare necesse est. Rebus itaque uti et iis, quantum fieri potest, delectari (non quidem ad nauseam usque, nam hoc delectari non est) viri est sapientis. Viri, inquam, sapientis est moderato et suavi cibo et potu se reficere et recreare, ut et odoribus, plantarum virentium amoenitate, ornatu, musica, ludis exercitatoriis, theatris et aliis huiusmodi, quibus unusquisque absque ullo alterius damno uti potest. Corpus namque humanum ex plurimis diversae naturae partibus componitur, quae continuo novo alimento indigent et vario, ut totum corpus ad omnia, quae ex ipsius natura sequi possunt, aeque aptum sit, et consequenter ut mens etiam aeque apta sit ad plura simul intelligendum. Hoc itaque vivendi institutum et cum nostris principiis et cum communi praxi optime convenit; quare si quae alia, haec vivendi ratio optima est et omnibus modis commendanda, nec opus est de his clarius, neque prolixius agere.

PROPOSITIO XLVI. Qui ex ductu rationis vivit, quantum potest, conatur alterius in ipsum odium, iram, contemptum etc. amore contra sive generositate compensare.

DEMONSTRATIO. Omnes odii affectus mali sunt (per coroll. 1. praeced. prop.); adeoque qui ex ductu rationis vivit, quantum potest conabitur efficere, ne odii affectibus conflictetur (per prop. 19. huius), et consequenter (per prop. 37. huius) conabitur, ne etiam alius eosdem patiatur affectus. At odium odio reciproco augetur et amore contra extingui potest (per prop. 43. P. 3.), ita ut odium in amorem transeat (per prop. 44. P. 3.). Ergo qui ex ductu rationis vivit, alterius odium etc. amore contra compensare conabitur, hoc est, generositate (cuius defin. vide in schol. prop. 59. P. 3.). Q.E.D.

SCHOLIUM. Qui iniurias reciproco odio vindicare vult, misere profecto vivit. At qui contra studet odium amore expugnare, ille sane laetus et secure pugnat; aeque facile pluribus hominibus ac uni resistit, et fortunae auxilio quam minime indiget. Quos vero vincit, ii laeti cedunt, non quidem ex defectu sed ex incremento virium. Quae omnia adeo clare ex solis amoris et intellectus definitionibus sequuntur, ut opus non sit eadem sigillatim demonstrare.

PROPOSITIO XLVII. Spei et metus affectus non possunt esse per se boni.

DEMONSTRATIO. Spei et metus affectus sine tristitia non dantur. Nam metus est (per aff. defin. 13.) tristitia, et spes (vide explicationem aff. defin. 12. et 13.) non datur sine metu. Ac proinde (per prop. 41. huius) hi affectus non possunt esse per se boni, sed tantum quatenus laetitiae excessum coercere possunt (per prop. 43. huius) Q.E.D.

SCHOLIUM. Huc accedit, quod hi affectus cognitionis defectum et mentis impotentiam indicant; et hac de causa etiam securitas, desperatio, gaudium et conscientiae morsus animi impotentis sunt signa. Nam quamvis securitas et gaudium affectus sint laetitiae, tristitiam tamen eosdem praecessisse supponunt, nempe spem et metum. Quo itaque magis ex ductu rationis vivere conamur, eo magis spe minus pendere et metu nosmet liberare, et fortunae, quantum possumus, imperare conamur, nostrasque actiones certo rationis consilio dirigere.

PROPOSITIO XLVIII. Affectus existimationis et despectus semper mali sunt.

DEMONSTRATIO. Hi enim affectus (per aff. defin. 21. et 22.) rationi repugnant; adeoque (per prop. 26. et 27. huius) mali sunt. Q.E.D.

PROPOSITIO XLIX. Existimatio facile hominem, qui existimatur, superbum reddit.

DEMONSTRATIO. Si videmus, aliquem de nobis plus iusto prae amore sentire, facile gloriabimur (per schol. prop. 41. P. 3.) sive laetitia afficiemur (per aff. defin. 30.), et id boni, quod de nobis praedicari audimus, facile credemus (per prop. 25. P. 3.). Atque adeo de nobis prae amore nostri plus iusto sentiemus, hoc est (per aff. defin. 28.) facile superbiemus. Q.E.D.

PROPOSITIO L. Commiseratio in homine, qui ex ductu rationis vivit, per se mala et inutilis est.

DEMONSTRATIO. Commiseratio enim (per aff. defin. 18.) tristitia est, ac proinde (per prop. 41. huius) per se mala. Bonum autem, quod ex ea sequitur, quod scilicet hominem cuius nos miseret, a miseria liberare conamur (per coroll. 3. prop. 27. P. 3.), ex solo rationis dictamine facere cupimus (per prop. 37. huius), nec nisi ex solo rationis dictamine aliquid, quod certo scimus bonum esse, agere possumus (per prop. 27. huius). Atque adeo commiseratio in homine, qui ex ductu rationis vivit, per se mala est et inutilis. Q.E.D.

COROLLARIUM. Hinc sequitur, quod homo qui ex dictamine rationis vivit, conatur, quantum potest, efficere ne commiseratione tangatur.

SCHOLIUM. Qui recte novit, omnia ex naturae divinae necessitate sequi et secundum aeternas naturae leges et regulas fieri, is sane nihil reperiet, quod odio, risu aut contemptu dignum sit, nec cuiusquam miserebitur; sed quantum humana fert virtus, conabitur bene agere, ut aiunt, et laetari. Huc accedit, quod is, qui commiserationis affectu facile tangitur et alterius miseria vel lacrimis movetur, saepe aliquid agit, cuius postea ipsum poenitet; tam quia ex affectu nihil agimus, quod certo scimus bonum esse, quam quia facile falsis lacrimis decipimur. Atque hic expresse loquor de homine, qui ex ductu rationis vivit. Nam qui nec ratione, nec commiseratione movetur, ut aliis auxilio sit, is recte inhumanus appellatur; nam (per prop. 27. P. 3.) homini dissimilis esse videtur.

PROPOSITIO LI. **Favor rationi non repugnat, sed cum eadem convenire et ab eadem oriri potest.**

DEMONSTRATIO. Est enim favor amor erga illum, qui alteri benefecit (per aff. defin. 19.). Atque adeo ad mentem referri potest, quatenus haec agere dicitur (per prop. 59. P. 3.), hoc est (per prop. 3. P. 3.) quatenus intelligit; ac proinde cum ratione convenit etc. Q.E.D.

ALITER. Qui ex ductu rationis vivit, bonum, quod sibi appetit, alteri etiam cupit (per prop. 37. huius). Quare ex eo, quod ipse aliquem videt alteri benefacere, ipsius benefaciendi conatus iuvatur, hoc est (per schol. prop. 11. P. 3.) laetabitur, idque (ex hypothesi) concomitante idea illius, qui alteri benefecit; ac proinde (per aff. defin. 19.) ei favet. Q.E.D.

SCHOLIUM. Indignatio, prout ipsa a nobis definitur (vide aff. defin. 20.), est necessario mala (per prop. 45. huius). Sed notandum, quod quando summa potestas desiderio, quo tenetur, tutandae pacis, civem punit qui, alteri iniuriam fecit, eandem civi indignari non dico, quia non odio percita ad perdendum civem, sed pietate mota eundem punit.

PROPOSITIO LII. **Acquiescentia in se ipso ex ratione oriri potest, et ea sola acquiescentia, quae ex ratione oritur, summa est quae potest dari.**

DEMONSTRATIO. Acquiescentia in se ipso est laetitia orta ex eo, quod homo se ipsum suamque agendi potentiam contemplatur (per aff. defin. 25.). At vera hominis agendi potentia seu virtus est ipsa ratio (per prop. 3. P. 3.), quam homo clare et distincte contemplatur (per prop. 40. et 43. P. 2.). Ergo acquiescentia in se ipso ex ratione oritur. Deinde nihil homo, dum se ipsum contemplatur, clare et distincte sive adaequate percipit, nisi ea quae ex ipsius agendi potentia sequuntur (per defin. 2. P. 3.), hoc est (per prop. 3. P. 3.), quae ex ipsius intelligendi potentia sequuntur. Adeoque ex sola hac contemplatione summa, quae dari potest, acquiescentia oritur. Q.E.D.

SCHOLIUM. Est revera acquiescentia in se ipso summum, quod sperare possumus. Nam (ut prop. 25. huius ostendimus) nemo suum esse alicuius finis causa conservare conatur; et quia haec acquiescentia magis magisque fovetur et corroboratur laudibus (per coroll. prop. 53. P. 3.), et contra (per coroll. 1. prop. 55. P. 3.) vituperio magis magisque turbatur, ideo gloria maxime ducimur et vitam cum probro vix ferre possumus.

PROPOSITIO LIII. Humilitas virtus non est, sive ex ratione non oritur.

DEMONSTRATIO. Humilitas est tristitia, quae ex eo oritur, quod homo suam impotentiam contemplatur (per aff. defin. 26.). Quatenus autem homo se ipsum vera ratione cognoscit, eatenus suam essentiam intelligere supponitur, hoc est (per prop. 7. P. 3.) suam potentiam. Quare si homo, dum se ipsum contemplatur, aliquam suam impotentiam percipit, id non ex eo est, quod se intelligit, sed (ut prop. 55. P. 3. ostendimus) ex eo, quod ipsius agendi potentia coercetur. Quod si supponamus, hominem suam impotentiam concipere ex eo, quod aliquid se potentius intelligit, cuius cognitione suam agendi potentiam determinat, tum nihil aliud concipimus, quam quod homo se ipsum distincte intelligit sive (per prop. 26. huius), quod ipsius agendi potentia iuvatur. Quare humilitas seu tristitia, quae ex eo oritur, quod homo suam impotentiam contemplatur, non ex vera contemplatione seu ratione oritur, nec virtus, sed passio est. Q.E.D.

PROPOSITIO LIV. Poenitentia virtus non est, sive ex ratione non oritur, sed is, quem facti poenitet, bis miser seu impotens est.

DEMONSTRATIO. Huius prima pars demonstratur ut praeced. prop. Secunda autem ex sola huius affectus definitione (vide aff. defin. 27.) patet. Nam primo prava cupiditate, dein tristitia vinci se patitur.

SCHOLIUM. Quia homines raro ex dictamine rationis vivunt, ideo hi duo affectus, nempe humilitas et poenitentia, et praeter hos spes et metus plus utilitatis, quam damni afferunt, atque adeo quandoquidem peccandum est, in istam partem potius peccandum. Nam si homines animo impotentes aeque omnes superbirent, nullius rei ipsos puderet, nec ipsi quicquam metuerent, qui vinculis coniungi constringique possent? Terret vulgus, nisi metuat. Quare non mirum, quod prophetae qui non paucorum, sed communi utilitati consuluerunt, tantopere humilitatem, poenitentiam et reverentiam commendaverint. Et revera qui hisce affectibus sunt obnoxii, multo facilius, quam alii duci possunt, ut tandem ex ductu rationis vivant, hoc est ut liberi sint et beatorum vita fruantur.

PROPOSITIO LV. Maxima superbia vel abiectio est maxima sui ignorantia.

DEMONSTRATIO. Patet ex aff. defin. 28. et 29.

PROPOSITIO LVI. Maxima superbia vel abiectio maximam animi impotentiam indicat.

DEMONSTRATIO. Primum virtutis fundamentum est suum esse conservare (per coroll. prop. 22. huius) idque ex ductu rationis (per prop. 24. huius). Qui igitur se ipsum ignorat, omnium virtutum fundamentum, et consequenter omnes virtutes ignorat. Deinde ex virtute agere nihil aliud est, quam ex ductu rationis agere (per prop. 24. huius), et qui ex ductu rationis agit, scire necessario debet se ex ductu rationis agere (per prop. 43. P. 2.). Qui itaque se ipsum, et consequenter (ut iam iam ostendimus) omnes virtutes maxime ignorat, is minime ex virtute agit, hoc est (ut ex defin. 8. huius patet) maxime animo est impotens; atque adeo (per prop. praeced.) maxima superbia vel abiectio maximam animi impotentiam indicat. Q.E.D.

COROLLARIUM. Hinc clare sequitur, superbos et abiectos maxime affectibus esse obnoxios.

SCHOLIUM. Abiectio tamen facilius corrigi potest, quam superbia, quandoquidem haec laetitiae, illa autem tristitiae est affectus; atque adeo (per prop. 18 huius) haec illa fortior est.

PROPOSITIO LVII. Superbus parasitorum seu adulatorum praesentiam amat, generosorum autem odit.

DEMONSTRATIO. Superbia est laetitia orta ex eo, quod homo de se plus iusto sentit (per aff. defin. 28. et 6.), quam opinionem homo superbus, quantum potest, fovere conabitur (vide schol. prop. 13. P. 3.). Adeoque superbi parasitorum vel adulatorum (horum definitiones omisi, quia nimis noti sunt) praesentiam amabunt, et generosorum, qui de ipsis, ut par est, sentiunt, fugient. Q.E.D.

SCHOLIUM. Nimis longum foret, hic omnia superbiae mala enumerare, quandoquidem omnibus affectibus obnoxii sunt superbi, sed nullis minus, quam affectibus amoris et misericordiae. Sed hic minime tacendum est, quod ille etiam superbus vocetur, qui de reliquis minus iusto sentit, atque adeo hoc sensu superbia definienda est, quod sit laetitia orta ex falsa opinione, quod homo se supra reliquos esse putat. Et abiectio huic superbiae contraria definienda esset tristitia orta ex falsa opinione, quod homo se infra reliquos esse credit. At hoc posito facile concipimus, superbum necessario esse invidum (vide schol. prop. 55. P. 3.) et eos maxime odio habere, qui maxime ob virtutes laudantur, nec facile eorum odium amore aut beneficio vinci (vide schol. prop. 41. P. 3.), et eorum tantummodo praesentia delectari, qui animo eius impotenti morem gerunt et ex stulto insanum faciunt. Abiectio quamvis superbiae sit contraria, est tamen abiectus superbo proximus. Nam quandoquidem eius tristitia ex eo oritur, quod suam impotentiam ex aliorum potentia seu virtute iudicat, levabitur ergo eius tristitia, hoc est, laetabitur si eius imaginatio in alienis vitiis contemplandis occupetur, unde illud proverbium natum: *Solamen miseris socios habuisse malorum;* et contra eo magis contristabitur, quo se magis infra reliquos esse crediderit. Unde fit, ut nulli magis ad invidiam sint proni, quam abiecti, et ut isti maxime hominum facta observare conentur ad carpendum magis, quam ad eadem corrigendum, et ut tandem solam abiectionem laudent eaque glorientur, sed ita, ut tamen abiecti videantur. Atque haec ex hoc affectu tam necessario sequuntur, quam ex natura trianguli, quod eius tres anguli aequales sint duobus rectis; et iam dixi me hos et similes affectus malos vocare, quatenus ad solam humanam utilitatem attendo. Sed naturae leges communem naturae ordinem, cuius homo pars est, respiciunt; quod hic in transitu monere volui, ne quis putaret me hic hominum vitia et absurda facta narrare, non autem rerum naturam et proprietates demonstrare voluisse. Nam, ut in praef. P. 3. dixi, humanos affectus eorumque proprietates perinde considero, ac reliqua naturalia. Et sane humani affectus, si non humanam, naturae saltem potentiam et artificium non minus indicant, quam multa alia, quae admiramur quorumque contemplatione delectamur. Sed pergo de affectibus ea notare, quae hominibus utilitatem adferunt, vel quae iisdem damnum inferunt.

PROPOSITIO LVIII. **Gloria rationi non repugnat, sed ab ea oriri potest.**

DEMONSTRATIO. Patet ex aff. defin. 30. et ex defin. honesti, quam vide in schol. 1. prop. 37. huius.

SCHOLIUM. Vana quae dicitur gloria est acquiescentia in se ipso, quae sola vulgi opinione fovetur, eaque cessante cessat ipsa acquiescentia, hoc est (per schol. prop. 52. huius) summum bonum, quod unusquisque amat. Unde fit, ut qui vulgi opinione gloriatur, quotidiana cura anxius nitatur, faciat, experiatur, ut famam conservet. Est namque vulgus varius et inconstans, atque adeo, nisi conservetur fama, cito abolescit; imo quia omnes vulgi captare applausus cupiunt, facile unusquisque alterius famam reprimit, ex quo, quandoquidem de summo, quod aestimatur, bono certatur, ingens libido oritur se invicem quocumque modo opprimendi, et qui tandem victor evadit, gloriatur magis, quod alteri obfuit, quam quod sibi profuit. Est igitur haec gloria seu acquiescentia revera vana, quia nulla est.

Quae de pudore notanda sunt, colliguntur facile ex iis, quae de misericordia et poenitentia diximus. Hoc tantum addo, quod ut commiseratio, sic etiam pudor, quamvis non sit virtus, bonus tamen est, quatenus indicat, homini, qui pudore suffunditur, cupiditatem inesse honeste vivendi, sicut dolor, qui eatenus bonus dicitur, quatenus indicat, partem laesam nondum esse putrefactam. Quare quamvis homo, quem facti alicuius pudet, revera sit tristis, est tamen perfectior impudenti, qui nullam habet honeste vivendi cupiditatem.

Atque haec sunt, quae de affectibus laetitiae et tristitiae notare susceperam. Ad cupiditates quod attinet, hae sane bonae aut malae sunt, quatenus ex bonis aut malis affectibus oriuntur. Sed omnes revera, quatenus ex affectibus, qui passiones sunt, in nobis ingenerantur, caecae sunt (ut facile colligitur ex iis, quae in schol. prop. 44. huius diximus), nec ullius usus essent, si homines facile duci possent, ut ex solo rationis dictamine viverent, ut iam paucis ostendam.

PROPOSITIO LIX. Ad omnes actiones, ad quas ex affectu, qui passio est, determinamur, possumus absque eo a ratione determinari.

DEMONSTRATIO. Ex ratione agere nihil aliud est (per prop. 3. et defin. 2. P. 3.) quam ea agere, quae ex necessitate nostrae naturae in se sola consideratae sequuntur. At tristitia eatenus mala est, quatenus hanc agendi potentiam minuit vel coercet (per prop. 41. huius). Ergo ex hoc affectu ad nullam actionem possumus determinari, quam non possemus agere, si ratione duceremur. Praeterea laetitia eatenus mala est, quatenus impedit, quominus homo ad agendum sit aptus (per prop. 41. et 43. huius) atque adeo eatenus etiam ad nullam actionem determinari possumus, quam non possemus agere, si ratione duceremur. Denique quatenus laetitia bona est, eatenus cum ratione convenit (consistit enim in eo, quod hominis agendi potentia augetur vel iuvatur), nec passio est nisi quatenus hominis agendi potentia non eo usque augetur, ut se suasque actiones adaequate concipiat (per prop. 3. P. 3. cum eius schol.). Quare si homo laetitia affectus ad tantam perfectionem duceretur, ut se suasque actiones adaequate conciperet, ad easdem actiones, ad quas iam ex affectibus, qui passiones sunt, determinatur, aptus, imo aptior esset. At omnes affectus ad laetitiam, tristitiam vel cupiditatem referuntur (vide explicationem aff. defin. 4.), et cupiditas (per aff. defin. 1.) nihil aliud est, quam ipse agendi conatus. Ergo ad omnes actiones, ad quas ex affectu, qui passio est, determinamur, possumus absque eo sola ratione duci. Q.E.D.

ALITER. Actio quaecumque eatenus dicitur mala, quatenus ex eo oritur, quod odio aut aliquo malo affectu affecti sumus (vide coroll. 1. prop. 45. huius). At nulla actio in se sola considerata bona aut mala est (ut in praef. huius ostendimus) sed una eademque actio iam bona, iam mala est. Ergo ad eandem actionem, quae iam mala est, sive quae ex aliquo malo affectu oritur, ratione duci possumus (per prop. 19. huius). Q.E.D.

SCHOLIUM. Explicantur haec clarius exemplo. Nempe verberandi actio quatenus physice consideratur, et ad hoc tantum attendimus, quod homo brachium tollit, manum claudit totumque brachium vi deorsum movet, virtus est, quae ex corporis humani fabrica concipitur. Si itaque homo ira vel odio commotus determinatur ad claudendam manum vel brachium movendum, id, ut in parte secunda ostendimus, fit quia una eademque actio potest iungi quibuscumque rerum imaginibus; atque adeo tam ex iis imaginibus rerum, quas confuse, quam quas clare et distincte concipimus, ad unam eandemque actionem determinari possumus. Apparet itaque, quod omnis cupiditas, quae ex affectu, qui passio est, oritur, nullius esset usus, si homines ratione duci possent. Videamus iam, cur cupiditas quae ex affectu, qui passio est, oritur, caeca a nobis appellatur.

PROPOSITIO LX. Cupiditas, quae oritur ex laetitia vel tristitia, quae ad unam vel ad aliquot, non autem ad omnes corporis partes refertur, rationem utilitatis totius hominis non habet.

DEMONSTRATIO. Ponatur ex. gr. corporis pars A vi alicuius causae externae ita corroborari, ut reliquis praevaleat (per prop. 6. huius); haec pars vires suas amittere propterea non conabitur, ut reliquae corporis partes suo fungantur officio. Deberet enim vim seu potentiam habere vires suas amittendi; quod (per prop. 6. P. 3.) est absurdum. Conabitur itaque illa pars, et consequenter (per prop. 7. et 12. P. 3.) mens etiam illum statum conservare; adeoque cupiditas, quae ex tali affectu laetitiae oritur, rationem totius non habet. Quod si contra supponatur pars A coerceri, ut reliquae praevaleant, eodem modo demonstratur, quod nec cupiditas, quae ex tristitia oritur, rationem totius habeat. Q.E.D.

SCHOLIUM. Cum itaque laetitia plerumque (per schol. prop. 44. huius) ad unam corporis partem referatur, cupimus ergo plerumque nostrum esse conservare nulla habita ratione integrae nostrae valetudinis. Ad quod accedit, quod cupiditates quibus maxime tenemur (per coroll. prop. 9. huius), temporis tantum praesentis, non autem futuri habent rationem.

PROPOSITIO LXI. Cupiditas, quae ex ratione oritur, excessum habere nequit.

DEMONSTRATIO. Cupiditas (per aff. defin. 1.) absolute considerata est ipsa hominis essentia, quatenus quocumque modo determinata concipitur ad aliquid agendum. Adeoque cupiditas, quae ex ratione oritur, hoc est (per prop. 3. P. 3.) quae in nobis ingeneratur, quatenus agimus, est ipsa hominis essentia seu natura, quatenus determinata concipitur ad agendum ea, quae per solam hominis essentiam adaequate concipiuntur (per defin. 2. P. 3.). Si itaque haec cupiditas excessum habere posset, posset ergo humana natura in se sola considerata se ipsam excedere, sive plus posset, quam potest, quod manifesta est contradictio. Ac proinde haec cupiditas excessum habere nequit. Q.E.D.

PROPOSITIO LXII. Quatenus mens ex rationis dictamine res concipit, aeque afficitur, sive idea sit rei futurae vel praeteritae, sive praesentis.

DEMONSTRATIO. Quicquid mens ducente ratione concipit, id omne sub eadem aeternitatis seu necessitatis specie concipit (per coroll. 2. prop. 44. P. 2.), eademque certitudine afficitur (per prop. 43. P. 2. et eius schol.). Quare sive idea sit rei futurae vel praeteritae, sive praesentis, mens eadem necessitate rem concipit, eademque certitudine afficitur, et sive idea sit rei futurae vel praeteritae, sive praesentis, erit nihilominus aeque vera (per prop. 41. P. 2.), hoc est (per defin. 4. P. 2.) habebit nihilominus semper easdem ideae adaequatae proprietates. Atque adeo quatenus mens ex rationis dictamine res concipit, eodem modo afficitur, sive idea sit rei futurae vel praeteritae, sive praesentis. Q.E.D.

SCHOLIUM. Si nos de rerum duratione adaequatam cognitionem habere, earumque existendi tempora ratione determinare possemus, eodem affectu res futuras ac praesentes contemplaremur, et bonum, quod mens ut futurum conciperet, perinde ac praesens appeteret, et consequenter bonum praesens minus pro maiore bono futuro necessario negligeret, et quod in praesenti bonum esset, sed causa futuri alicuius mali, minime appeteret, ut mox demonstrabimus. Sed nos de duratione rerum (per prop. 31. P. 2.) non nisi admodum inadaequatam cognitionem habere possumus, et rerum existendi tempora (per schol. prop. 44. P. 2.) sola imaginatione determinamus, quae non aeque afficitur imagine rei praesentis ac futurae. Unde fit, ut vera boni et mali cognitio, quam habemus, non nisi abstracta sive universalis sit, et iudicium, quod de rerum ordine et causarum nexu facimus, ut determinare possimus, quid nobis in praesenti bonum aut malum sit, sit potius imaginarium, quam reale. Atque adeo mirum non est, si cupiditas, quae ex boni et mali cognitione, quatenus haec futurum prospicit, oritur, facilius rerum cupiditate, quae in praesentia suaves sunt, coerceri potest, de quo vide prop. 16. huius partis.

PROPOSITIO LXIII. Qui metu ducitur et bonum, ut malum vitet, agit, is ratione non ducitur.

DEMONSTRATIO. Omnes affectus, qui ad mentem, quatenus agit, hoc est (per prop. 3. P. 3.), qui ad rationem referuntur, nulli alii sunt, quam affectus laetitiae et cupiditatis (per prop. 59. P. 3.). Atque adeo (per aff. defin. 13.) qui metu ducitur et bonum timore mali agit, is ratione non ducitur. Q.E.D.

SCHOLIUM. Superstitiosi, qui vitia exprobrare magis, quam virtutes docere norunt et qui homines non ratione ducere, sed metu ita continere student, ut malum potius fugiant, quam virtutes ament, nil aliud intendunt, quam ut reliqui aeque ac ipsi fiant miseri; et ideo non mirum, si plerumque molesti et odiosi sint hominibus.

COROLLARIUM. Cupiditate, quae ex ratione oritur, bonum directe sequimur et malum indirecte fugimus.

DEMONSTRATIO. Nam cupiditas, quae ex ratione oritur, ex solo laetitiae affectu, quae passio non est, oriri potest (per prop. 59. P. 3.), hoc est, ex laetitia, quae excessum habere nequit (per prop. 61. huius), non autem ex tristitia. Ac proinde haec cupiditas (per prop. 8. huius) ex cognitione boni, non autem mali oritur atque adeo ex ductu rationis bonum directe appetimus, et eatenus tantum malum fugimus. Q.E.D.

SCHOLIUM. Explicatur hoc corollarium exemplo aegri et sani. Comedit aeger id, quod aversatur, timore mortis; sanus autem cibo gaudet et vita sic melius fruitur, quam si mortem timeret, eamque directe vitare cuperet. Sic iudex qui non odio aut ira etc., sed solo amore salutis publicae reum mortis damnat, sola ratione ducitur.

PROPOSITIO LXIV. Cognitio mali cognitio est inadaequata.

DEMONSTRATIO. Cognitio mali (per prop. 8. huius) est ipsa tristitia, quatenus eiusdem sumus conscii. Tristitia autem est transitio ad minorem perfectionem (per aff. defin. 3.) quae propterea per ipsam hominis essentiam intelligi nequit (per prop. 6. et 7. P. 3.). Ac proinde (per defin. 2. P. 3.) passio est, quae (per prop. 3. P. 3.) ab ideis inadaequatis pendet, et consequenter (per prop. 29. P. 2.) eius cognitio, nempe mali cognitio, est inadaequata. Q.E.D.

COROLLARIUM. Hinc sequitur, quod si mens humana non nisi adaequatas haberet ideas, nullam mali formaret notionem.

PROPOSITIO LXV. De duobus bonis maius et de duobus malis minus ex rationis ductu sequemur.

DEMONSTRATIO. Bonum quod impedit, quominus maiore bono fruamur, est revera malum; malum enim et bonum (ut in praef. huius partis ostendimus) de rebus dicitur, quatenus easdem ad invicem comparamus, et (per eandem rationem) malum minus revera bonum est. Quare (per coroll. prop. 63. huius) ex rationis ductu bonum tantum maius et malum minus appetemus seu sequemur. Q.E.D.

COROLLARIUM. Malum minus pro maiore bono ex rationis ductu sequemur, et bonum minus, quod causa est maioris mali, negligemus. Nam malum quod hic dicitur minus, revera bonum est, et bonum contra malum; quare (per coroll. prop. 63. huius) illud appetemus, et hoc negligemus. Q.E.D.

PROPOSITIO LXVI. Bonum maius futurum prae minore praesenti, et malum praesens, quod causa est futura alicuius mali, ex rationis ductu appetemus.

DEMONSTRATIO. Si mens rei futurae adaequatam posset habere cognitionem, eodem affectu erga rem futuram ac erga praesentem afficeretur (per prop. 62. huius). Quare quatenus ad ipsam rationem attendimus, ut in hac propositione nos facere supponimus, res eadem est, sive maius bonum vel malum futurum, sive praesens supponatur. Ac proinde (per prop. 65. huius) bonum futurum maius prae minore praesenti etc. appetemus. Q.E.D.

COROLLARIUM. Malum praesens minus, quod est causa maioris futuri boni, ex rationis ductu appetemus, et bonum praesens minus, quod causa est maioris futuri mali, negligemus. Hoc coroll. se habet ad praeced. prop. ut coroll. prop. 65. ad ipsam prop. 65.

SCHOLIUM. Si igitur haec cum iis conferantur, quae in hac parte usque ad prop. 18. de affectuum viribus ostendimus, facile videbimus, quid homo, qui solo affectu seu opinione, homini, qui ratione ducitur, intersit. Ille enim, velit nolit, ea quae maxime ignorat, agit; hic autem nemini nisi sibi morem gerit, et ea tantum agit, quae in vita prima esse novit, quaeque propterea maxime cupit; et ideo illum s e r v u m , hunc autem l i b e r u m voco, de cuius ingenio et vivendi ratione pauca adhuc notare libet.

PROPOSITIO LXVII. Homo liber de nulla re minus, quam de morte cogitat, et eius sapientia non mortis, sed vitae meditatio est.

DEMONSTRATIO. Homo liber, hoc est, qui ex solo rationis dictamine vivit, mortis metu non ducitur (per prop. 63. huius), sed bonum directe cupit (per coroll. eiusdem prop.), hoc est (per prop. 24. huius) agere, vivere, suum esse conservare ex fundamento proprium utile quaerendi. Atque adeo nihil minus, quam de morte cogitat, sed eius sapientia vitae est meditatio. Q.E.D.

PROPOSITIO LXVIII. Si homines liberi nascerentur, nullum boni et mali formarent conceptum, quamdiu liberi essent.

DEMONSTRATIO. Illum liberum esse dixi, qui sola ducitur ratione. Qui itaque liber nascitur et liber manet, non nisi adaequatas ideas habet, ac proinde mali conceptum habet nullum (per coroll. prop. 64. huius), et consequenter (nam bonum et malum correlata sunt) neque boni. Q.E.D.

SCHOLIUM. Huius propositionis hypothesin falsam esse, nec posse concipi, nisi quatenus ad solam naturam humanam, seu potius ad Deum attendimus, non quatenus infinitus, sed quatenus tantummodo causa est, cur homo existat, patet ex prop. 4. huius partis. Atque hoc et alia, quae iam demonstravimus, videntur a Mose significari in illa primi hominis historia. In ea enim nulla alia Dei potentia concipitur, quam illa, qua hominem creavit, hoc est, potentia, qua hominis solummodo utilitati consuluit, atque eatenus narratur, quod Deus homini libero prohibuerit, ne de arbore cognitionis boni et mali comederet, et quod, simulac de ea comederet, statim mortem metueret potius, quam vivere cuperet. Deinde, quod inventa ab homine uxore, quae cum sua natura prorsus conveniebat, cognovit nihil posse in natura dari, quod ipsi posset illa esse utilius; sed quod, postquam bruta sibi similia esse credidit, statim eorum affectus imitari inceperit (vide prop. 27. P. 3.) et libertatem suam amittere, quam patriarchae postea recuperaverunt, ducti spiritu Christi, hoc est, Dei idea, a qua sola pendet, ut homo liber sit, et ut bonum quod sibi cupit, reliquis hominibus cupiat, ut supra (per prop. 37. huius) demonstravimus.

PROPOSITIO LXIX. Hominis liberi virtus aeque magna cernitur in declinandis, quam in superandis periculis.

DEMONSTRATIO. Affectus coerceri nec tolli potest, nisi affectu contrario et fortiore affectu coercendo (per prop. 7. huius). At caeca audacia et metus affectus sunt, qui aeque magni possunt concipi (per prop. 5. et 3. huius). Ergo aeque magna animi virtus seu fortitudo (huius defin. vide in schol. prop. 59. P. 3.) requiritur ad audaciam, quam ad metum coercendum, hoc est (per aff. defin. 40. et 41.) homo liber eadem animi virtute pericula declinat, qua eadem superare tentat. Q.E.D.

COROLLARIUM. Homini igitur libero aeque magnae animositati fuga in tempore, ac pugna ducitur; sive homo liber eadem animosivate seu animi praesentia, qua certamen, fugam eligit.

SCHOLIUM. Quid animositas sit, vel quid per ipsam intelligam, in schol. prop. 59. P. 3. explicui. Per *periculum* autem id omne intelligo, quod potest esse causa alicuius mali, nempe tristitiae, odii, discordiae etc.

PROPOSITIO LXX. Homo liber qui inter ignaros vivit, eorum, quantum potest, beneficia declinare studet.

DEMONSTRATIO. Unusquisque ex suo ingenio iudicat, quid bonum sit (vide schol. prop. 39. P. 3.). Ignarus igitur, qui in aliquem beneficium contulit, id ex suo ingenio aestimabit, et si minoris ab eo, cui datum est, aestimari videt, contristabitur (per prop. 42. P. 3.). At homo liber reliquos homines amicitia sibi iungere (per prop. 37. huius), nec paria hominibus beneficia ex eorum affectu referre, sed se et reliquos libero rationis iudicio ducere et ea tantum agere studet, quae ipse prima esse novit. Ergo homo liber, ne ignaris odio sit, et ne eorum appetitui, sed soli rationi obsequatur, eorum beneficia, quantum potest, declinare conabitur. Q.E.D.

SCHOLIUM. Dico *quantum potest*. Nam quamvis homines ignari sint, sunt tamen homines, qui in necessitatibus humanum auxilium, quo nullum praestabilius est, adferre queunt. Atque adeo saepe fit, ut necesse sit ab iisdem beneficium accipere, et consequenter iisdem contra ex eorum ingenio congratulari. Ad quod accedit, quod etiam in declinandis beneficiis cautio esse debet, ne videamur eosdem contemnere, vel prae avaritia remunerationem timere, atque ita, dum eorum odium fugimus, eo ipso in eorum offensionem incurramus. Quare in declinandis beneficiis ratio utilis et honesti habenda est.

PROPOSITIO LXXI. Soli homines liberi erga invicem gratissimi sunt.

DEMONSTRATIO. Soli homines liberi sibi invicem utilissimi sunt et maxima amicitiae necessitudine invicem iunguntur (per prop. 35. huius et eius coroll. 1.), parique amoris studio sibi invicem benefacere conantur (per prop. 37. huius). Adeoque (per aff. defin. 34.) soli homines liberi erga se invicem gratissimi sunt. Q.E.D.

SCHOLIUM. Gratia, quam homines, qui caeca cupiditate ducuntur, invicem habent, mercatura seu aucupium potius, quam gratia plerumque est. Porro ingratitudo affectus non est. Est tamen ingratitudo turpis, quia plerumque hominem nimio odio, ira vel superbia vel avaritia etc. affectum esse indicat. Nam qui prae stultitia dona compensare nescit, ingratus non est, et multo minus ille, qui donis non movetur meretricis, ut ipsius libidini inserviat, nec furis, ut ipsius furta celet, vel alterius similis. Nam hic contra animum habere constantem ostendit, qui scilicet se nullis donis ad suam vel communem perniciem patitur corrumpi.

PROPOSITIO LXXII. Homo liber nunquam dolo malo, sed semper cum fide agit.

DEMONSTRATIO. Si liber homo quicquam dolo malo, quatenus liber est, ageret, id ex dictamine rationis ageret (nam eatenus tantum liber a nobis appellatur); atque adeo dolo malo agere virtus esset (per prop. 24. huius), et consequenter (per eandem prop.) unicuique ad suum esse conservandum consultius esset, dolo malo agere, hoc est (ut per se notum) hominibus consultius esset verbis solummodo convenire, re autem invicem esse contrarios; quod (per coroll. prop. 31. huius) est absurdum. Ergo homo liber etc. Q.E.D.

SCHOLIUM. Si iam quaeratur: "Quid si homo se perfidia a praesenti mortis periculo posset liberare, an non ratio suum esse conservandi omnino suadet ut perfidus sit?" respondebitur eodem modo: "Quod si ratio id suadeat, suadet ergo id omnibus hominibus, atque adeo ratio omnino suadet hominibus, ne nisi dolo malo paciscantur, vires coniungere et iura habere communia, hoc est, ne revera iura habeant communia, quod est absurdum."

PROPOSITIO LXXIII. Homo, qui ratione ducitur, magis in civitate, ubi ex communi decreto vivit, quam in solitudine, ubi sibi soli obtemperat, liber est.

DEMONSTRATIO. Homo, qui ratione ducitur, non ducitur metu ad obtemperandum (per prop. 63. huius), sed quatenus suum esse ex rationis dictamine conservare conatur, hoc est (per schol. prop. 66. huius) quatenus libere vivere conatur, communis vitae et utilitatis rationem tenere (per prop. 37. huius), et consequenter (ut in schol. 2. prop. 37. huius ostendimus) ex communi civitatis decreto vivere cupit.

164

Cupit ergo homo, qui ratione ducitur, ut liberius vivat, communia civitatis iura tenere. Q.E.D.

SCHOLIUM. Haec et similia, quae de *vera hominis libertate* ostendimus, ad fortitudinem, hoc est (per schol. prop. 59. P. 3.) ad animositatem et generositatem referuntur. Nec operae pretium duco, omnes fortitudinis proprietates hic separatim demonstrare, et multo minus, quod vir fortis neminem odio habeat, nemini irascatur, invideat, indignetur, neminem despiciat minimeque superbiat. Nam haec et omnia, quae ad *veram vitam* et *religionem* spectant, facile ex prop. 37. et 46. huius partis convincuntur; nempe quod odium amore contra vincendum sit, et quod unusquisque, qui ratione ducitur, bonum quod sibi appetit, reliquis etiam ut sit, cupiat. Ad quod accedit id, quod in schol. prop. 50. huius partis et aliis in locis notavimus, quod scilicet vir fortis hoc apprime consideret, nempe quod omnia ex necessitate divinae naturae sequantur, ac proinde quicquid molestum et malum esse cogitat et quicquid praeterea impium, horrendum, iniustum et turpe videtur, ex eo oritur, quod res ipsas perturbate, mutilate et confuse concipit; et hac de causa apprime conatur res, ut in se sunt, concipere et verae cognitionis impedimenta amovere, ut sunt odium, ira, invidia, irrisio, superbia et reliqua huiusmodi, quae in praecedentibus notavimus; atque adeo, quantum potest, conatur, uti diximus, bene agere et laetari. Quousque autem humana virtus ad haec consequenda se extendat et quid possit, in sequenti parte demonstrabo.

APPENDIX. *Quae in hac parte de recta vivendi ratione tradidi, non sunt ita disposita, ut uno aspectu videri possint, sed disperse a me demonstrata sunt, prout scilicet unum ex alio facilius deducere potuerim. Eadem igitur hic recolligere et ad summa capita redigere proposui.*

CAP. I. Omnes nostri conatus seu cupiditates ex necessitate nostrae naturae ita sequuntur, ut vel per ipsam solam tamquam per proximam suam causam possint intelligi vel quatenus naturae sumus pars, quae per se absque aliis individuis non potest adaequate concipi.

CAP. II. Cupiditates, quae ex nostra natura ita sequuntur, ut per ipsam solam possit intelligi, sunt illae quae ad mentem referuntur, quatenus haec ideis adaequatis constare concipitur; reliquae vero cupiditates ad mentem non referuntur, nisi quatenus res inadaequate concipit, et quarum vis et incrementum non humana, sed rerum, quae extra nos sunt, potentia definiri debet. Et ideo illae recte *actiones*, hae autem *passiones* vocantur. Illae namque nostram potentiam semper indicant, et hae contra nostram impotentiam et mutilatam cognitionem.

CAP. III. Nostrae actiones, hoc est, cupiditates illae, quae hominis potentia seu ratione definiuntur, semper bonae sunt; reliquae autem tam bonae, quam malae possunt esse.

CAP. IV. In vita itaque apprime utile est, intellectum seu rationem, quantum possumus, perficere, et in hoc uno summa hominis felicitas seu beatitudo consistit; quippe *beatitudo* nihil aliud est, quam ipsa animi acquiescentia, quae ex Dei intuitiva cognitione oritur. At intellectum perficere nihil etiam aliud, est quam Deum Deique attributa et actiones, quae ex ipsius naturae necessitate consequuntur, intelligere. Quare hominis, qui ratione ducitur, finis ultimus, hoc est, summa cupiditas, qua reliquas omnes moderari studet, est illa, qua fertur ad se resque omnes, quae sub ipsius intelligentiam cadere possunt, adaequate concipiendum.

CAP. V. Nulla igitur *vita rationalis* est sine intelligentia, et res eatenus tantum bonae sunt, quatenus hominem iuvant, ut mentis vita fruatur, quae *intelligentia* definitur. Quae autem contra impediunt, quominus homo rationem perficere et rationali vita frui possit, eas solummodo malas esse dicimus.

CAP. VI. Sed quia omnia illa, quorum homo efficiens est causa, necessario bona sunt, nihil ergo mali homini evenire potest, nisi a causis externis; nempe quatenus pars est totius naturae, cuius legibus humana natura obtemperare, et cui infinitis modis pene sese accommodare cogitur.

CAP. VII. Nec fieri potest, ut homo non sit naturae pars, et communem eius ordinem non sequatur; sed si inter talia individua versetur, quae cum ipsius hominis natura conveniunt, eo ipso hominis agendi potentia iuvabitur et fovebitur. At si contra inter talia sit, quae cum ipsius natura minime conveniunt, vix absque magna ipsius mutatione iisdem sese accommodare poterit.

CAP. VIII. Quicquid in rerum natura datur, quod iudicamus m a l u m esse, sive posse impedire, quominus existere et vita rationali frui queamus, id a nobis removere ea via, quae securior videtur, licet; et quicquid contra datur quod iudicamus *bonum* sive *utile* esse ad nostrum esse conservandum, et vita rationali fruendum, id ad nostrum usum capere et eo quocumque modo uti nobis licet. Et absolute id unicuique summo naturae iure facere licet, quod ad ipsius utilitatem conferre iudicat.

CAP. IX. Nihil magis cum natura alicuius rei convenire potest, quam reliqua eiusdem speciei individua; adeoque (per cap. 7.) nihil homini ad suum esse conservandum et vita rationali fruendum utilius datur, quam *homo, qui ratione ducitur.* Deinde quia inter res singulares nihil novimus, quod homine, qui ratione ducitur, sit praestantius, nulla ergo re magis potest unusquisque ostendere, quantum arte et ingenio valeat, quam in hominibus ita educandis, ut tandem ex proprio rationis imperio vivant.

CAP. X. Quatenus homines invidia aut aliquo odii affectu in se invicem feruntur, eatenus invicem contrarii sunt, et consequenter eo magis timendi, quo plus possunt, quam reliqua naturae individua.

CAP. XI. Animi tamen non armis, sed *amore et generositate* vincuntur.

CAP. XII. Hominibus apprime utile est, *consuetudines* iungere, seseque iis vinculis astringere, quibus aptius de se omnibus unum efficiant, et absolute ea agere, quae firmandis amicitiis inserviunt.

CAP. XIII. Sed ad haec *ars* et *vigilantia* requiritur. Sunt enim homines varii (nam rari sunt, qui ex rationis praescripto vivunt), et tamen plerumque invidi et magis ad vindictam, quam ad misericordiam proclives. Unumquemque igitur ex ipsius ingenio ferre et sese continere, ne eorum affectus imitetur, singularis animi potentiae opus est. At qui contra homines carpere et vitia potius exprobrare, quam virtutes docere et hominum animos non firmare, sed frangere norunt, ii et sibi et reliquis molesti sunt. Unde multi prae nimia scilicet animi impatientia falsoque religionis studio inter bruta potius, quam inter homines vivere maluerunt; ut pueri vel adolescentes, qui parentum iurgia aequo animo ferre nequeunt, militatum confugiunt et incommoda belli et imperium tyrannidis prae domesticis commodis et paternis admonitionibus eligunt, et quidvis oneris sibi imponi patiuntur, dummodo parentes ulciscantur.

CAP. XIV. Quamvis igitur homines omnia plerumque ex sua libidine moderentur, ex eorum tamen *communi societate* multo plura commoda, quam damna sequuntur. Quare satius est eorum iniurias aequo animo ferre et studium iis adhibere, quae concordiae et amicitiae conciliandae inserviunt.

CAP. XV. Quae *concordiam* gignunt sunt illa, quae ad *iustitiam, aequitatem* et *honestatem* referuntur. Nam homines praeter id, quod iniustum et iniquum est, etiam aegre ferunt, quod turpe habetur, sive quod aliquis receptos civitatis mores aspernatur. Amori autem conciliando illa apprime necessaria sunt, quae ad *religionem* et *pietatem* spectant. De quibus vide schol. 1. et 2. prop. 37. et schol. prop. 46. et schol. prop. 73. P. 4.

CAP. XVI. Solet praeterea concordia ex metu plerumque gigni; sed sine fide. Adde, quod metus ex animi impotentia oritur et propterea ad rationis usum non pertinet, ut nec commiseratio, quamvis pietatis speciem prae se ferre videatur.

CAP. XVII. Vincuntur praeterea homines etiam largitate, praecipue ii, qui non habent unde comparare possint illa, quae ad vitam sustentandam necessaria sunt. Attamen unicuique indigenti auxilium ferre, vires et utilitatem viri privati longe superat. Divitiae namque viri privati longe impares sunt ad id suppeditandum. Unius praeterea viri facultas limitatior est, quam ut omnes sibi possit amicitia iungere; quare p a u p e r u m c u r a integrae societati incumbit et ad communem tantum utilitatem spectat.

CAP. XVIII. In beneficiis accipiendis et gratia referenda alia prorsus debet esse cura, de qua vide schol. prop. 70. et schol. prop. 71. P. 4.

CAP. XIX. Amor praeterea meretricius, hoc est generandi libido, quae ex forma oritur, et absolute omnis amor, qui aliam causam praeter animi libertatem agnoscit, facile in odium transit, nisi, quod peius est, species delirii sit, atque tum magis discordia, quam concordia fovetur. Vide schol. prop. 31. P. 3.

CAP. XX. Ad m a t r i m o n i u m quod attinet, certum est, ipsum cum ratione convenire, si cupiditas miscendi corpora non ex sola forma, sed etiam ex amore liberos procreandi et sapienter educandi, ingeneretur; et praeterea, si utriusque, viri scilicet et feminae, amor non solam formam, sed animi praecipue libertatem pro causa habeat.

CAP. XXI. Gignit praeterea adulatio concordiam, sed foedo servitutis crimine vel perfidia; nulli quippe magis adulatione capiuntur, quam superbi, qui primi esse volunt, nec sunt.

CAP. XXII. Abiectioni falsa pietatis et religionis species inest. Et quamvis abiectio superbiae sit contraria, est tamen abiectus superbo proximus. Vide schol. prop. 57. P. 4.

CAP. XXIII. Confert praeterea concordiae p u d o r in iis tantum, quae celari non possunt. Deinde, quia ipse pudor species est tristitiae, ad rationis usum non spectat.

CAP. XXIV. Ceteri tristitiae erga homines affectus directe iustitiae, aequitati, honestati, pietati et religioni opponuntur, et quamvis indignatio aequitatis speciem prae se ferre videatur, ibi tamen *sine lege vivitur* ubi unicuique de factis alterius iudicium ferre, et suum vel alterius ius vindicare licet.

CAP. XXV. M o d e s t i a, hoc est, cupiditas hominibus placendi, quae ex ratione determinatur, ad pietatem (ut in schol. 1. prop. 37. P. 4. diximus) refertur. Sed si ex affectu oriatur, ambitio est sive cupiditas, qua homines falsa pietatis imagine plerumque discordias et seditiones concitant. Nam qui reliquos consilio aut re iuvare cupit, ut simul summo fruantur bono, is apprime studebit, eorum sibi amorem conciliare; non autem eos in admirationem traducere, ut disciplina ex ipso habeat vocabulum, nec ullas absolute invidiae causas dare. In communibus deinde colloquiis cavebit hominum vitia referre, et de humana impotentia non nisi parce loqui curabit; at largiter de humana virtute seu potentia, et qua via possit perfici, ut sic homines non ex metu aut aversione, sed solo laetitiae affectu, moti ex rationis praescripto, quantum in se est, conentur vivere.

CAP. XXVI. Praeter homines nihil singulare in natura novimus, cuius mente gaudere et quod nobis amicitia aut aliquo consuetudinis genere iungere possumus; adeoque quicquid in rerum natura extra homines datur, id nostrae utilitatis ratio conservare non postulat, sed pro eius vario usu conservare, destruere, vel quocumque modo ad nostrum usum adaptare nos docet.

CAP. XXVII. Utilitas, quam ex rebus, quae extra nos sunt, capimus, est praeter experientiam et cognitionem, quam acquirimus ex eo, quod easdem observamus et ex his formis in alias mutamus, praecipua corporis conservatio; et hac ratione res illae imprimis utiles sunt, quae corpus ita alere et nutrire possunt, ut eius omnes partes officio suo recte fungi queant. Nam quo corpus aptius est, ut pluribus modis possit affici et corpora externa pluribus modis afficere, eo mens ad cogitandum est aptior. Vide prop. 38. et 39. P. 4. At huius notae perpauca in natura esse videntur. Quare ad corpus, ut requiritur, nutriendum necesse est multis naturae diversae alimentis uti. Quippe humanum corpus ex plurimis diversae naturae partibus componitur, quae continuo alimento indigent et vario, ut totum corpus ad omnia, quae ex ipsius natura sequi possunt, aeque aptum sit, et consequenter ut mens etiam aeque apta sit ad plura concipiendum.

CAP. XXVIII. Ad haec autem comparandum vix uniuscuiusque vires sufficerent nisi homines operas mutuas traderent. Verum omnium rerum compendium *pecunia* attulit. Unde factum, ut eius imago mentem vulgi maxime occupare soleat; quia vix ullam laetitiae speciem imaginari possunt, nisi concomitante nummorum idea tamquam causa.

CAP. XXIX. Sed hoc vitium eorum tantum est, qui non ex indigentia, nec propter necessitates nummos quaerunt, sed quia lucri artes didicerunt, quibus se magnifice efferunt. Ceterum corpus ex consuetudine pascunt; sed parce, quia tantum de suis bonis se perdere credunt, quantum sui corporis conservationi impendunt. At qui verum nummorum usum norunt et divitiarum modum ex sola indigentia moderantur, paucis contenti vivunt.

CAP. XXX. Cum igitur res illae sint bonae, quae corporis partes iuvant, ut suo officio fungantur, et laetitia in eo consistat, quod hominis potentia, quatenus mente et corpore constat, iuvatur vel augetur, sunt ergo illa omnia, quae laetitiam afferunt, b o n a . Attamen quoniam contra non eum in finem res agunt, ut nos laetitia afficiant, nec earum agendi potentia ex nostra utilitate temperatur, et denique quoniam laetitia plerumque ad unam corporis partem potissimum refertur, habent ergo plerumque laetitiae affectus (nisi ratio et vigilantia adsit), et consequenter cupiditates, etiam quae ex iisdem generantur, excessum. Ad quod accedit, quod ex affectu id primum habeamus, quod in praesentia suave est, nec futura aequali animi affectu aestimare possumus. Vide schol. prop. 44. et schol. prop. 60. P. 4.

CAP. XXXI. At superstitio id contra videtur statuere bonum esse, quod tristitiam, et id contra malum, quod laetitiam affert. Sed, ut iam diximus (vide schol. 2. prop. 45. P. 4.), nemo, nisi invidus, mea impotentia et incommodo delectatur. Nam quo maiore laetitia afficimur, eo ad maiorem perfectionem transimus, et consequenter eo magis de natura divina participamus; nec laetitia unquam mala esse potest, quam nostrae utilitatis vera ratio moderatur. At qui contra metu ducitur et bonum, ut malum vitet, agit, is ratione non ducitur. Vide prop. 63. P. 4.

CAP. XXXII. Sed humana potentia admodum limitata est et a potentia causarum externarum infinite superatur; atque adeo potestatem absolutam non habemus, res, quae extra nos sunt, ad nostrum usum aptandi. Attamen ea quae nobis eveniunt contra id, quod nostrae utilitatis ratio postulat, aequo animo feremus, si conscii simus nos functos nostro officio fuisse, et potentiam, quam habemus, non potuisse se eo usque extendere, ut eadem vitare possemus, nosque partem totius naturae esse, cuius ordinem sequimur. Quod si clare et distincte intelligamus, pars illa nostri, quae *intelligentia* definitur, hoc est, pars melior nostri, in eo plane acquiescet et in ea acquiescentia perseverare conabitur. Nam quatenus intelligimus, nihil appetere nisi id quod necessarium est, nec absolute, nisi in veris acquiescere possumus; adeoque quatenus haec recte intelligimus, eatenus conatus melioris partis nostri cum ordine totius naturae convenit.

ETHICES
PARS QUINTA

DE POTENTIA INTELLECTUS
SEU DE LIBERTATE HUMANA.

PRAEFATIO.

Transeo tandem ad *alteram ethices partem,* quae est de *modo sive via, quae ad libertatem ducit.* In hac ergo de *potentia rationis* agam ostendens, quid ipsa ratio in affectus possit, et deinde, quid *mentis libertas* seu *b e a t i t u d o* sit; ex quibus videbimus, quantum sapiens potior sit ignaro. Quomodo autem et qua via debeat intellectus perfici, et qua deinde arte corpus sit curandum; ut possit suo officio recte fungi, huc non pertinet; hoc enim ad *medicinam,* illud autem ad *logicam* spectat. Hic igitur, ut dixi, de sola mentis seu rationis potentia agam, et ante omnia, quantum et quale imperium in affectus habeat ad eosdem coercendum et moderandum, ostendam. Nam nos in ipsos imperium absolutum non habere, iam supra demonstravimus. *Stoici* tamen putarunt, eosdem a nostra voluntate absolute pendere, nosque iis absolute imperare posse. Attamen ab experientia reclamante, non vero ex suis principiis coacti sunt fateri, usum et studium non parvum requiri ad eosdem coercendum et moderandum. Quod quidam exemplo duorum canum (si recte memini), unius scilicet domestici, alterius venatici, conatus est ostendere; nempe quia usu efficere tandem potuit ut domesticus venari, venaticus contra a leporibus sectandis abstinere assuesceret. Huic opinioni non parum favet *Cartesius.* Nam statuit animam seu mentem unitam praecipue esse cuidam parti cerebri, glandulae scilicet pineali dictae, cuius ope mens motus omnes, qui in corpore excitantur, et obiecta externa sentit, quamque mens eo solo, quod vult, varie movere potest. Hanc glandulam in medio cerebri ita suspensam esse statuit, ut minimo spirituum animalium motu possit moveri. Deinde statuit, quod haec glans tot variis modis in medio cerebro suspendatur, quot variis modis spiritus animales in eandem impingunt, et quod praeterea tot varia vestigia in eadem imprimantur, quot varia obiecta externa ipsos spiritus animales versus eandem propellunt; unde fit, ut si glans postea ab animae voluntate illam diversimode movente hoc aut illo modo suspendatur, quo semel fuit suspensa a spiritibus hoc aut illo modo agitatis, tum ipsa glans ipsos spiritus animales eodem modo propellet et determinabit, ac antea a simili glandulae suspensione repulsi fuerant. Praeterea statuit, unamquamque mentis voluntatem natura esse unitam certo cuidam glandis motui. Ex. gr. si quis voluntatem habet obiectum remotum intuendi, haec voluntas efficiet, ut pupilla dilatetur; sed si de sola dilatanda pupilla cogitet, nihil proderit eius rei habere voluntatem, quia natura non iunxit motum glandis, qui inservit impellendis spiritibus versus nervum opticum modo conveniente dilatandae vel contrahendae pupillae, cum voluntate eandem dilatandi vel contrahendi; sed demum cum voluntate intuendi obiecta remota vel proxima. Denique statuit, quod, etsi unusquisque motus huius glandulae videatur connexus esse per naturam singulis ex nostris cogitationibus ab initio nostrae vitae, aliis tamen per habitum possunt iungi, quod probare conatur artic. 50. P. 1. de passionibus animae. Ex his concludit, nullam esse tam imbecillem animam quae non possit, cum bene dirigitur, acquirere potestatem absolutam in suas passiones. Nam hae, ut ab eo definiuntur, sunt perceptiones aut sensus aut commotiones animae, quae ad eam speciatim referuntur, quaeque nota bene producuntur, conservantur et corroborantur per aliquem motum spirituum. Vide Cartes. artic. 27. P. 1. passionum animae. At quandoquidem cuilibet voluntati possumus iungere motum quemcumque glandis, et consequenter spirituum, et determinatio voluntatis a sola nostra potestate pendet, si igitur nostram voluntatem certis et firmis iudiciis, secundum quae nostrae vitae actiones dirigere volumus, determinemus et motus passionum, quas habere volumus, hisce iudiciis iungamus, imperium acquiremus absolutum in nostras passiones. Haec est clarissimi huius viri sententia (quantum ex ipsius verbis coniicio), quam ego vix credidissem a tanto viro prolatam esse, si minus acuta fuisset. Profecto mirari satis non possum, quod vir philosophus, qui firmiter statuerat, nihil deducere nisi ex principiis per se notis, et nihil affirmare nisi quod clare et distincte perciperet, et qui toties scholasticos reprehenderat, quod per occultas qualitates res obscuras voluerint explicare, hypothesin sumat omni occulta qualitate occultiorem. Quid, quaeso, per mentis et corporis unionem intelligit? Quem, inquam, clarum et distinctum conceptum habet cogitationis arctissime unitae cuidam quantitatis portiunculae? Vellem sane, ut hanc unionem per proximam suam causam explicuisset. Sed ille mentem a corpore adeo distinctam conceperat, ut nec huius unionis, nec ipsius mentis ullam singularem causam assignare potuerit, sed necesse ipsi fuerit, ad causam totius universi, hoc est, ad Deum recurrere. Deinde pervelim scire: quot motus gradus potest glandulae isti pineali mens tribuere, et quanta cum vi eandem suspensam tenere potest? Nam nescio an haec glans tardius vel celerius a mente circumagatur, quam a spiritibus animalibus, et an motus passionum, quos firmis iudiciis arcte iunximus, non possint ab iisdem iterum a causis corporeis disiungi; ex quo sequeretur, ut, quamvis mens firmiter proposuerit contra pericula ire, atque huic decreto motus audaciae iunxerit, viso tamen periculo glans ita suspendatur, ut mens non nisi de fuga possit cogitare. Et sane cum nulla detur ratio voluntatis ad motum, nulla etiam datur comparatio inter mentis et corporis potentiam seu vires; et consequenter huius vires nequaquam viribus illius determinari possunt. His adde, quod nec haec glans ita in medio cerebro sita reperiatur, ut tam facile totque modis circumagi possit, et quod non omnes nervi ad cavitates usque cerebri protendantur. Denique omnia, quae de voluntate eiusque libertate asserit, omitto, quandoquidem haec falsa esse satis superque ostenderim. Igitur quia mentis potentia, ut supra ostendi, sola intelligentia definitur, affectuum remedia, quae omnes experiri quidem, sed non accurate observare, nec distincte videre credo, sola mentis cognitione determinabimus, et ex eadem illa omnia, quae ad ipsius beatitudinem spectant, deducemus.

AXIOMATA.

I. Si in eodem subiecto duae contrariae actiones excitentur, debebit necessario vel in utraque, vel in una sola mutatio fieri, donec desinant contrariae esse.

II. Effectus potentia definitur potentia ipsius causae, quatenus eius essentia per ipsius causae essentiam explicatur vel definitur. Patet hoc axioma ex prop. 7. P. 3.

PROPOSITIONES.

PROPOSITIO I. Prout cogitationes rerumque ideae ordinantur et concatenantur in mente, ita corporis affectiones seu rerum imagines ad amussim ordinantur et concatenantur in corpore.

DEMONSTRATIO. Ordo et connexio idearum idem est (per prop. 7. P. 2.) ac ordo et connexio rerum, et vice versa ordo et connexio rerum idem est (per coroll. prop. 6. et 7. P. 2.) ac ordo et connexio idearum. Quare sicuti ordo et connexio idearum in mente fit secundum ordinem et concatenationem affectionum corporis (per prop. 18. P. 2.), sic vice versa (per prop. 2. P. 3.) ordo et connexio affectionum corporis fit, prout cogitationes rerumque ideae ordinantur et concatenantur in mente. Q.E.D.

PROPOSITIO II. Si animi commotionem seu affectum a causae externae cogitatione amoveamus et aliis iungamus cogitationibus, tum

amor seu odium erga causam externam, ut et animi fluctuationes, quae ex his affectibus oriuntur, destruentur.

DEMONSTRATIO. Id enim, quod formam amoris vel odii constituit, est laetitia vel tristitia concomitante idea causae externae (per aff. defin. 6. et 7.). Hac igitur sublata amoris vel odii forma simul tollitur; adeoque hi affectus, et qui ex his oriuntur, destruuntur. Q.E.D.

PROPOSITIO III. Affectus, qui passio est, desinit esse passio, simulatque eius claram et distinctam formamus ideam.

DEMONSTRATIO. Affectus, qui passio est, idea est confusa (per gener. aff. defin.). Si itaque ipsius affectus claram et distinctam formemus ideam, haec idea ab ipso affectu, quatenus ad solam mentem refertur, non nisi ratione distinguetur (per prop. 21. P. 2. cum eiusdem schol.); adeoque (per prop. 3. P. 3.) affectus desinet esse passio. Q.E.D.

COROLLARIUM. Affectus igitur eo magis in nostra potestate est et mens ab eo minus patitur, quo nobis est notior.

PROPOSITIO IV. Nulla est corporis affectio, cuius aliquem clarum et distinctum non possumus formare conceptum.

DEMONSTRATIO. Quae omnibus communia sunt, non possunt concipi nisi adaequate (per prop. 38. P. 2.). Adeoque (per prop. 12. et lemm. 2. quod habetur post schol. prop. 13. P. 2.) nulla est corporis affectio, cuius aliquem clarum et distinctum non possumus formare conceptum. Q.E.D.

COROLLARIUM. Hinc sequitur, nullum esse affectum, cuius non possumus aliquem clarum et distinctum formare conceptum. Est namque affectus corporis affectionis idea (per gener. aff. defin.), quae propterea (per prop. praeced.) aliquem clarum et distinctum involvere debet conceptum.

SCHOLIUM. Quandoquidem nihil datur, ex quo aliquis effectus non sequatur (per prop. 36. P. 1.), et quicquid ex idea, quae in nobis est adaequata, sequitur, id omne clare et distincte intelligimus (per prop. 40. P. 2.); hinc sequitur, unumquemque potestatem habere, se suosque affectus, si non absolute, ex parte saltem clare et distincte intelligendi, et consequenter efficiendi, ut ab iisdem minus patiatur. Huic igitur rei praecipue danda est opera, ut unumquemque affectum, quantum fieri potest, clare et distincte cognoscamus, ut sic mens ex affectu ad illa cogitandum determinetur, quae clare et distincte percipit, et in quibus plane acquiescit; atque adeo ut ipse affectus a cogitatione causae externae separetur et veris iungatur cogitationibus. Ex quo fiet, ut non tantum amor, odium etc. destruantur (per prop. 2. huius), sed ut etiam appetitus seu cupiditates, quae ex tali affectu oriri solent, excessum habere nequeant (per prop. 61. P. 4.). Nam apprime notandum est, unum eundemque esse appetitum, per quem homo tam agere quam pati dicitur. Ex. gr. cum natura humana ita comparatum esse ostendimus, ut unusquisque appetat, ut reliqui ex ipsius ingenio vivant (vide coroll. prop. 31. P. 3.); qui quidem appetitus in homine, qui ratione non ducitur, passio est, quae ambitio vocatur, nec multum a superbia discrepat; et contra in homine, qui ex rationis dictamine vivit, actio seu virtus est, quae pietas appellatur (vide schol. 1. prop. 37. P. 4. et 2. demonstr. eiusdem prop.). Et hoc modo omnes appetitus seu cupiditates eatenus tantum passiones sunt, quatenus ex ideis inadaequatis oriuntur; atque eaedem virtuti accensentur, quando ab ideis adaequatis excitantur vel generantur. Nam omnes cupiditates, quibus ad aliquid agendum determinamur, tam oriri possunt ab adaequatis, quam ab inadaequatis ideis (vide prop. 59. P. 4.). Atque hoc (ut eo, unde digressus sum, revertar) affectuum remedio, quod scilicet in eorum vera cognitione consistit, nullum praestantius aliud, quod a nostra potestate pendeat, excogitari potest, quandoquidem nulla alia mentis potentia datur, quam cogitandi et adaequatas ideas formandi, ut supra (per prop. 3. P. 3.) ostendimus.

PROPOSITIO V. **Affectus erga rem, quam simpliciter et non ut necessariam neque ut possibilem, neque ut contingentem imaginamur, ceteris paribus omnium est maximus.**

DEMONSTRATIO. Affectus erga rem, quam liberam esse imaginamur, maior est, quam erga necessariam (per prop. 49. P. 3.), et consequenter adhuc maior, quam erga illam, quam ut possibilem vel contingentem imaginamur (per prop. 11. P. 4.). At rem aliquam ut liberam imaginari nihil aliud esse potest, quam quod rem simpliciter imaginamur, dum causas, a quibus ipsa ad agendum determinata fuit, ignoramus (per illa quae in schol. prop. 35. P. 2. ostendimus). Ergo affectus erga rem, quam simpliciter imaginamur, ceteris paribus maior est, quam erga necessariam, possibilem vel contingentem, et consequenter maximus. Q.E.D.

PROPOSITIO VI. **Quatenus mens res omnes ut necessarias intelligit, eatenus maiorem in affectus potentiam habet, seu minus ab iisdem patitur.**

DEMONSTRATIO. Mens res omnes necessarias esse intelligit (per prop. 29. P. 1.), et infinito causarum nexu determinari ad existendum et operandum (per prop. 28. P. 1.). Adeoque (per prop. praeced.) eatenus efficit, ut ab affectibus, qui ex iis oriuntur, minus patiatur et (per prop. 48. P. 3.) minus erga ipsas afficiatur. Q.E.D.

SCHOLIUM. Quo haec cognitio, quod scilicet res necessariae sint, magis circa res singulares, quas distinctius et magis vivide imaginamur, versatur, eo haec mentis in affectus potentia maior est, quod ipsa etiam experientia testatur. Videmus enim tristitiam boni alicuius, quod periit, mitigari simulac homo, qui id perdidit, considerat bonum illud servari nulla ratione potuisse. Sic etiam videmus, quod nemo miseretur infantis, propterea quod nescit loqui, ambulare, ratiocinari, et quod denique tot annos quasi sui inscius vivat. At si plerique adulti, et unus aut alter infans nascerentur, tum unumquemque misereret infantum, quia tum ipsam infantiam non ut rem naturalem et necessariam, sed ut naturae vitium seu peccatum consideraret. Et ad hunc modum plura alia notare possemus.

PROPOSITIO VII. Affectus, qui ex ratione oriuntur vel excitantur, si ratio temporis habeatur, potentiores sunt iis, qui ad res singulares referuntur, quas ut absentes contemplamur.

DEMONSTRATIO. Rem aliquam ut absentem non contemplamur ex affectu, quo eandem imaginamur, sed ex eo, quod corpus alio afficitur affectu, qui eiusdem rei existentiam secludit (per prop. 17. P. 2.). Quare affectus, qui ad rem, quam ut absentem contemplamur, refertur, eius naturae non est, ut reliquas hominis actiones et potentiam superet (de quibus vide prop. 6. P. 4.), sed contra eius naturae est, ut ab iis affectionibus, quae existentiam externae eius causae secludunt, coerceri aliquo modo possit (per prop. 9. P. 4.). At affectus, qui ex ratione oritur, refertur necessario ad communes rerum proprietates (vide rationis definitionem in schol. 2. prop. 40. P. 2.), quas semper ut praesentes contemplamur (nam nihil dari potest, quod earum praesentem existentiam secludat), et quas semper eodem modo imaginamur (per prop. 38. P. 2.). Quare talis affectus idem semper manet, et consequenter (per axiom. 1. huius) affectus, qui eidem sunt contrarii, quique a suis causis externis non foventur, eidem magis magisque sese accommodare debebunt, donec non amplius sint contrarii, et eatenus affectus, qui ex ratione oritur, est potentior. Q.E.D.

PROPOSITIO VIII. Quo affectus aliquis a pluribus causis simul concurrentibus excitatur, eo maior est.

DEMONSTRATIO. Plures causae simul plus possunt, quam si pauciores essent (per prop. 7. P. 3.). Adeoque (per prop. 5. P. 4.) quo affectus aliquis a pluribus causis simul excitatur, eo fortior est. Q.E.D.

SCHOLIUM. Haec propositio patet etiam ex axiom. 2. huius partis.

PROPOSITIO IX. Affectus, qui ad plures et diversas causas refertur, quas mens cum ipso affectu simul contemplatur, minus noxius est, et minus per ipsum patimur, et erga unamquamque causam minus afficimur, quam alius aeque magnus affectus, qui ad unam solam vel pauciores causas refertur.

DEMONSTRATIO. Affectus eatenus tantum malus seu noxius est, quatenus mens ab eo impeditur, quominus possit cogitare (per propositiones 26. et 27. P. 4.). Adeoque ille affectus, a quo mens ad plura simul obiecta contemplandum determinatur, minus noxius est, quam alius aeque magnus affectus, qui mentem in sola unius aut pauciorum obiectorum contemplatione ita detinet, ut de aliis cogitare nequeat; quod erat primum. Deinde quia mentis essentia, hoc est (per prop. 7. P. 3.) potentia, in sola cogitatione consistit (per prop. 11. P. 2.); ergo mens per affectum, a quo ad plura simul contemplandum determinatur, minus patitur, quam per aeque magnum affectum, qui mentem in sola unius aut pauciorum obiectorum contemplatione occupatam tenet; quod erat secundum. Denique hic affectus (per prop. 48. P. 3.) quatenus ad plures causas externas refertur, est etiam erga unamquamque minor. Q.E.D.

PROPOSITIO X. Quamdiu affectibus, qui nostrae naturae sunt contrarii, non conflictamur, tamdiu potestatem habemus ordinandi et concatenandi corporis affectiones secundum ordinem ad intellectum.

DEMONSTRATIO. Affectus, qui nostrae naturae sunt contrarii, hoc est (per prop. 30. P. 4.) qui mali sunt, eatenus mali sunt, quatenus impediunt, quominus mens intelligat (per prop. 27. P. 4.). Quamdiu igitur affectibus, qui nostrae naturae contrarii sunt, non conflictamur, tamdiu mentis potentia, qua res intelligere conatur (per prop. 26. P. 4.) non impeditur. Atque adeo tamdiu potestatem habet claras et distinctas ideas formandi et alias ex aliis deducendi (vide schol. 2. prop. 40. et schol. prop. 47. P. 2.); et consequenter (per prop. 1. huius) tamdiu potestatem habemus ordinandi et concatenandi affectiones corporis secundum ordinem ad intellectum. Q.E.D.

SCHOLIUM. Hac potestate recte ordinandi et concatenandi corporis affectiones efficere possumus, ut non facile malis affectibus afficiamur. Nam (per prop. 7. huius) maior vis requiritur ad affectus secundum ordinem ad intellectum ordinatos et concatenatos coercendum, quam incertos et vagos. Optimum igitur, quod efficere possumus, quamdiu nostrorum affectuum perfectam cognitionem non habemus, est rectam vivendi rationem seu certa vitae dogmata concipere, eaque memoriae mandare, et rebus particularibus in vita frequenter obviis continuo applicare, ut sic nostra imaginatio late iisdem afficiatur, et nobis in promptu sint semper. Ex. gr. inter vitae dogmata posuimus (vide prop. 46. P. 4. cum eiusdem schol.), odium amore seu generositate vincendum, non autem reciproco odio compensandum. Ut autem hoc rationis praescriptum semper in promptu habeamus, ubi usus erit, cogitandae et saepe meditandae sunt communes hominum iniuriae, et quomodo et qua via generositate optime propulsentur. Sic enim imaginem iniuriae imaginationi huius dogmatis iungemus, et nobis (per prop. 18. P. 2.) in promptu semper erit, ubi nobis iniuria afferetur. Quod si etiam in promptu habuerimus rationem nostri veri utilis ac etiam boni, quod ex mutua amicitia et communi societate sequitur, et praeterea quod ex recta vivendi ratione summa animi cquiescentia oriatur (per prop. 52. P. 4.), et quod homines, ut reliqua, ex naturae necessitate agant; tum iniuria sive odium, quod ex eadem oriri solet, minimam imaginationis partem occupabit et facile superabitur; vel si ira, quae ex maximis iniuriis oriri solet, non adeo facile superetur, superabitur tamen, quamvis non sine animi fluctuatione longe minore temporis spatio, quam si haec non ita praemeditata habuissemus, ut patet ex prop. 6., 7. et 8. huius partis. De animositate ad metum deponendum eodem modo cogitandum est; enumeranda scilicet sunt et saepe imaginanda communia vitae pericula, et quomodo animi praesentia et fortitudine optime vitari et superari possunt. Sed notandum, quod nobis in ordinandis nostris cogitationibus et imaginibus semper attendendum est (per coroll. prop. 63. P. 4. et prop. 59. P. 3.) ad illa, quae in unaquaque re bona sunt, ut sic semper ex laetitiae affectu ad agendum determinemur. Ex. gr. si quis videt, se nimis gloriam sectari, de eius recto usu cogitet, et in quem finem sectanda sit, et quibus mediis acquiri possit; sed non de ipsius abusu et vanitate et hominum inconstantia vel aliis huiusmodi, de quibus nemo nisi ex animi aegritudine cogitat. Talibus enim cogitationibus maxime ambitiosi se maxime afflictant, quando de assequendo honore, quem ambiunt, desperant; et dum iram evomunt, sapientes videri volunt. Quare certum est, eos gloriae maxime esse cupidos, qui de ipsius abusu et mundi vanitate maxime clamant. Nec hoc ambitiosis proprium, sed omnibus commune est, quibus fortuna est adversa, et qui animo impotentes sunt. Nam pauper etiam avarus de abusu pecuniae et divitum vitiis non cessat loqui; quo nihil aliud efficit, quam se afflictare et aliis ostendere, se non tantum paupertatem suam, sed etiam aliorum divitias iniquo animo ferre. Sic etiam qui male ab amasia excepti sunt, nihil aliud cogitant, quam de mulierum inconstantia et fallaci animo et reliquis earundem decantatis vitiis, quae omnia statim oblivioni tradunt, simulac ab amasia iterum recipiuntur. Qui itaque suos affectus et appetitus ex solo libertatis amore moderari studet, is, quantum potest, nitetur, virtutes earumque causas noscere, et animum gaudio, quod ex earum vera cognitione oritur, implere; at minime hominum vitia contemplari, hominesque obtrectare et falsa libertatis specie gaudere. Atque haec qui diligenter observabit (neque enim difficilia sunt) et exercebit, nae ille brevi temporis spatio actiones suas ex rationis imperio plerumque dirigere poterit.

PROPOSITIO XI. Quo imago aliqua ad plures res refertur, eo frequentior est seu saepius viget, et mentem magis occupat.

DEMONSTRATIO. Quo enim imago seu affectus ad plures res refertur, eo plures dantur causae, a quibus excitari et foveri potest, quas omnes mens (per hypothesin) ex ipso affectu simul contemplatur. Atque adeo affectus eo frequentior est seu saepius viget, et (per prop. 8. huius) mentem magis occupat. Q.E.D.

PROPOSITIO XII. Rerum imagines facilius imaginibus, quae ad res referuntur, quas clare et distincte intelligimus, iunguntur, quam aliis.

DEMONSTRATIO. Res, quas clare et distincte intelligimus, vel rerum communes proprietates sunt, vel quae ex iis deducuntur (vide rationis definitionem in schol. 2. prop. 40. P. 2.), et consequenter saepius (per prop. praeced.) in nobis excitantur. Adeoque facilius fieri potest, ut res alias simul cum his, quam cum aliis contemplemur, et consequenter (per prop. 18. P. 2.) ut facilius cum his, quam cum aliis iungantur. Q.E.D.

PROPOSITIO XIII. Quo imago aliqua pluribus aliis iuncta est,, eo saepius viget.

DEMONSTRATIO. Nam quo imago aliqua pluribus aliis iuncta est, eo (per prop. 18. P. 2.) plures causae dantur, a quibus excitari potest. Q.E.D.

PROPOSITIO XIV. Mens efficere potest, ut omnes corporis affectiones seu rerum imagines ad Dei ideam referantur.

DEMONSTRATIO. Nulla est corporis affectio, cuius aliquem clarum et distinctum non possit mens formare conceptum (per prop. 4. huius). Adeoque efficere potest (per prop. 15. P. 1.), ut omnes ad Dei ideam referuntur. Q.E.D.

PROPOSITIO XV. Qui se suosque affectus clare et distincte intelligit, Deum amat, et eo magis, quo se suosque affectus magis intelligit.

DEMONSTRATIO. Qui se suosque affectus clare et distincte intelligit, laetatur (per prop. 53. P. 3.), idque concomitante idea Dei (per prop. praeced.). Atque adeo (per aff. defin. 6.) Deum amat, et (per

179

eandem rationem) eo magis, quo se suosque affectus magis intelligit. Q.E.D.

PROPOSITIO XVI. Hic erga Deum amor mentem maxime occupare debet.

DEMONSTRATIO. Est enim hic amor iunctus omnibus corporis affectionibus (per prop. 14. huius), quibus omnibus fovetur (per prop. 15. huius). Atque adeo (per prop. 11. huius) mentem maxime occupare debet. Q.E.D.

PROPOSITIO XVII. Deus expers est passionum, nec ullo laetitiae aut tristitiae affectu afficitur.

DEMONSTRATIO. Ideae omnes, quatenus ad Deum referuntur, verae sunt (per prop. 32. P. 2.), hoc est (per defin. 4. P. 2.) adaequatae; atque adeo (per gener. aff. defin.) Deus expers est passionum. Deinde Deus neque ad maiorem neque ad minorem perfectionem transire potest (per coroll. 2. prop. 20. P. 1.); adeoque (per aff. defin. 2. et 3.) nullo laetitiae neque tristitiae affectu afficitur. Q.E.D.

COROLLARIUM. Deus proprie loquendo neminem amat, neque odio habet. Nam Deus (per prop. praeced.) nullo laetitiae neque tristitiae affectu afficitur, et consequenter (per aff. defin. 6. et 7.) neminem etiam amat, neque odio habet.

PROPOSITIO XVIII. Nemo potest Deum odio habere.

DEMONSTRATIO. Idea Dei, quae in nobis est, est adaequata et perfecta (per prop. 46. et 47 P. 2.). Adeoque quatenus Deum contemplamur, eatenus agimus (per prop. 3. P. 3.), et consequenter (per prop. 59. P. 3.) nulla potest dari tristitia concomitante idea Dei, hoc est (per aff. defin. 7.) nemo Deum odio habere potest. Q.E.D.

COROLLARIUM. Amor erga Deum in odium verti nequit.

SCHOLIUM. At obiici potest, quod dum Deum omnium rerum causam intelligimus, eo ipso Deum tristitiae causam consideramus. Sed ad hoc respondeo, quod quatenus tristitiae causas intelligimus, eatenus (per prop. 3. huius) ipsa desinit esse passio, hoc est (per prop. 59. P. 3.) eatenus desinit esse tristitia; atque adeo quatenus Deum tristitiae causam esse intelligimus, eatenus laetamur.

PROPOSITIO XIX. Qui Deum amat, conari non potest, ut Deus ipsum contra amet.

DEMONSTRATIO. Si homo id conaretur, cuperet ergo (per coroll. prop. 17. huius) ut Deus, quem amat, non esset Deus, et consequenter (per prop. 19. P. 3.) contristari cuperet; quod (per prop. 28. P. 3.) est absurdum. Ergo qui Deum amat etc. Q.E.D.

PROPOSITIO XX. Hic erga Deum amor neque invidiae neque zelotypiae affectu inquinari potest; sed eo magis fovetur, quo plures homines eodem amoris vinculo cum Deo iunctos imaginamur.

DEMONSTRATIO. Hic erga Deum amor summum bonum est, quod ex dictamine rationis appetere possumus (per prop. 28. P. 4.), et omnibus hominibus commune est (per prop. 36. P. 4.), et omnes ut eodem gaudeant, cupimus (per prop. 37. P. 4.). Atque adeo (per aff. defin. 23.) invidiae affectu maculari nequit, neque etiam (per prop. 18. huius et definitionem zelotypiae, quam vide in schol. prop. 35. P. 3.) zelotypiae affectu; sed contra (per prop. 31. P. 3.) eo magis foveri debet, quo plures homines eodem gaudere imaginamur. Q.E.D.

SCHOLIUM. Possumus hoc eodem modo ostendere, nullum dari affectum, qui huic amori directe sit contrarius, a quo hic ipse amor possit destrui: atque adeo concludere possumus, hunc erga Deum amorem omnium affectuum est constantissimum, nec quatenus ad corpus refertur, posse destrui, nisi cum ipso corpore. Cuius autem naturae sit, quatenus ad solam mentem refertur, postea videbimus. Atque his omnia affectuum remedia, sive id, omne quod mens in se sola considerata adversus affectus potest, comprehendi. Ex quibus apparet, mentis in affectus potentiam consistere 1. in ipsa affectuum cognitione. Vide schol. prop. 4. huius. 2. In eo, quod affectus a cogitatione causae externae, quam confuse imaginamur, separat. Vide prop. 2. cum eodem schol. prop. 4. huius. 3. In tempore, quo affectiones, quae ad res quas intelligimus referuntur, illas superant, quae ad res referuntur, quas confuse seu mutilate concipimus. Vide prop. 7. huius. 4. In multitudine causarum, a quibus affectiones, quae ad rerum communes proprietates vel ad Deum referuntur, foventur. Vide prop. 9. et 11. huius. 5. Denique in ordine, quo mens suos affectus ordinare et invicem concatenare potest. Vide schol. prop. 10. et insuper prop. 12., 13. et 14. huius. Sed ut haec mentis in affectus potentia melius intelligatur, venit apprime notandum, quod affectus a nobis magni appellantur, quando unius hominis affectum cum affectu alterius comparamus, et unum magis, quam alium eodem affectu conflictari videmus; vel quando unius eiusdemque hominis affectus ad invicem comparamus, eundemque uno affectu magis, quam alio affici sive moveri comperimus. Nam (per prop. 5. P. 4.) vis cuiuscumque affectus definitur potentia causae externae cum nostra comparata. At mentis potentia sola cognitione definitur; impotentia autem seu passio a sola cognitionis privatione, hoc est, ab eo, per quod ideae dicuntur inadaequatae, aestimatur. Ex quo sequitur, mentem illam maxime pati, cuius maximam partem ideae inadaequatae constituunt, ita ut magis per id, quod patitur, quam per id quod agit, dignoscatur; et illam contra maxime agere, cuius maximam partem ideae adaequatae constituunt, ita ut, quamvis huic tot inadaequatae ideae, quam illi insint, magis tamen per illas, quae humanae virtuti tribuuntur, quam per has, quae humanam impotentiam arguunt, dignoscatur. Deinde notandum, animi aegritudines et infortunia potissimum originem trahere ex nimio amore erga rem, quae multis variationibus est obnoxia, et cuius nunquam compotes esse possumus. Nam nemo de re ulla, nisi quam amat, sollicitus anxiusve est, neque iniuriae, suspiciones, inimicitiae etc. oriuntur, nisi ex amore erga res, quarum nemo potest revera esse compos. Ex his itaque facile concipimus, quid clara et distincta cognitio, et praecipue tertium illud cognitionis genus (de quo vide schol. prop. 47. P. 2.), cuius fundamentum est ipsa Dei cognitio, in affectus potest, quos nempe, quatenus passiones sunt, si non absolute tollit (vide prop. 3. cum schol. prop. 4. huius), saltem efficit, ut minimam mentis partem constituant. Vide prop. 14. huius. Deinde amorem gignit erga rem immutabilem et aeternam (vide prop. 15. huius), et cuius revera sumus compotes (vide prop. 45. P. 2.), et qui propterea nullis vitiis, quae in communi amore insunt, inquinari, sed semper maior ac maior esse potest (per prop. 15. huius), et mentis maximam partem occupare (per prop. 16. huius) lateque afficere. Atque his omnia, quae praesentem hanc vitam spectant, absolvi. Nam quod in huius scholii principio dixi, me his paucis omnia affectuum remedia amplexum esse, facile poterit unusquisque videre qui ad haec quae in hoc scholio diximus, et simul ad mentis eiusque affectuum definitiones, et denique ad prop. 1. et 3. P. 3. attenderit. Tempus igitur iam est, ut ad illa transeam quae ad mentis durationem sine relatione ad corpus pertinent.

PROPOSITIO XXI. Mens nihil imaginari potest, neque rerum praeteritarum recordari, nisi durante corpore.

DEMONSTRATIO. Mens actualem sui corporis existentiam non exprimit, neque etiam corporis affectiones ut actuales concipit, nisi durante corpore (per coroll. prop. 8. P. 2.), et consequenter (per prop. 26. P. 2.) nullum corpus ut actu existens concipit, nisi durante suo corpore. Ac proinde nihil imaginari (vide imaginationis definitionem in schol. prop. 17. P. 2.), neque rerum praeteritarum recordari potest, nisi durante corpore (vide definitionem memoriae in schol. prop. 18. P. 2.). Q.E.D.

PROPOSITIO XXII. In Deo tamen datur necessario idea, quae huius et illius corporis humani essentiam sub aeternitatis specie exprimit.

DEMONSTRATIO. Deus non tantum est causa huius et illius corporis humani existentiae, sed etiam essentiae (per prop. 25. P. 1.), quae propterea per ipsam Dei essentiam necessario debet concipi (per axiom. 4. P. 1.), idque aeterna quadam necessitate (per prop. 16. P. 1.), qui quidem conceptus necessario in Deo dari debet (per prop. 3. P. 2.). Q.E.D.

PROPOSITIO XXIII. Mens humana non potest cum corpore absolute destrui, sed eius aliquid remanet quod aeternum est.

DEMONSTRATIO. In Deo datur necessario conceptus seu idea, quae corporis humani essentiam exprimit (per prop. praeced.), quae propterea aliquid necessario est, quod ad essentiam mentis humanae pertinet (per prop. 13. P. 2.). Sed menti humanae nullam durationem, quae tempore definiri potest, tribuimus, nisi quatenus corporis actualem existentiam, quae per durationem explicatur et tempore definiri potest, exprimit, hoc est (per coroll. prop. 8. P. 2.) ipsi durationem non tribuimus nisi durante corpore. Cum tamen aliquid nihilominus sit id, quod aeterna quadam necessitate per ipsam Dei essentiam concipitur (per prop. praeced.), erit necessario hoc aliquid, quod ad mentis essentiam pertinet, aeternum. Q.E.D.

SCHOLIUM. Est, uti diximus, haec idea, quae corporis essentiam sub specie aeternitatis exprimit, certus cogitandi modus, qui ad mentis essentiam pertinet, quique necessario aeternus est. Nec tamen fieri potest, ut recordemur nos ante corpus exstitisse, quandoquidem nec in corpore ulla eius vestigia dari, nec aeternitas tempore definiri, nec ullam ad tempus relationem habere potest. At nihilominus sentimus experimurque, nos aeternos esse. Nam mens non minus res illas sentit, quas intelligendo concipit, quam quas in memoria habet. Mentis enim oculi, quibus res videt observatque, sunt ipsae demonstrationes. Quamvis itaque non recordemur nos ante corpus exstitisse, sentimus tamen mentem nostram, quatenus corporis essentiam sub aeternitatis specie involvit, aeternam esse, et hanc eius existentiam tempore definiri sive per durationem explicari non posse. Mens igitur nostra eatenus tantum potest dici durare, eiusque existentia certo tempore definiri potest, quatenus actualem corporis existentiam involvit, et eatenus tantum potentiam habet rerum existentiam tempore determinandi, easque sub duratione concipiendi.

PROPOSITIO XXIV. Quo magis res singulares intelligimus, eo magis Deum intelligimus.

DEMONSTRATIO. Patet ex coroll. prop. 25. P. 1.

183

PROPOSITIO XXV. Summus mentis conatus summaque virtus est res intelligere tertio cognitionis genere.

DEMONSTRATIO. Tertium cognitionis genus procedit ab adaequata idea quorundam Dei attributorum ad adaequatam cognitionem essentiae rerum (vide huius definitionem in schol. 2. prop. 40. P. 2.), et quo magis hoc modo res intelligimus, eo magis (per prop. praeced.) Deum intelligimus. Ac proinde (per prop. 28. P. 4.) summa mentis virtus, hoc est (per defin. 8. P. 4.) mentis potentia seu natura, sive (per prop. 7. P. 3.) summus conatus est res intelligere tertio cognitionis genere. Q.E.D.

PROPOSITIO XXVI. Quo mens aptior est ad res tertio cognitionis genere intelligendum, eo magis cupit res eodem hoc cognitionis genere intelligere.

DEMONSTRATIO. Patet. Nam quatenus concipimus mentem aptam esse ad res hoc cognitionis genere intelligendum eatenus, eandem determinatam concipimus ad res eodem cognitionis genere intelligendum, et consequenter (per aff. defin. 1.) quo mens ad hoc aptior est, eo magis hoc cupit. Q.E.D.

PROPOSITIO XXVII. Ex hoc tertio cognitionis genere summa, quae dari potest, mentis acquiescentia, oritur.

DEMONSTRATIO. Summa mentis virtus est Deum cognoscere (per prop. 28. P. 4.), sive res tertio cognitionis genere intelligere (per prop. 25. huius); quae quidem virtus eo maior est, quo mens hoc cognitionis genere magis res cognoscit (per prop. 24. huius). Adeoque qui res hoc cognitionis genere cognoscit, is ad summam humanam perfectionem transit, et consequenter (per aff. defin. 2.) summa laetitia afficitur, idque (per prop. 43. P. 2.) concomitante idea sui suaeque virtutis; ac proinde (per aff. defin. 25.) ex hoc cognitionis genere summa, quae dari potest, oritur acquiescentia. Q.E.D.

PROPOSITIO XXVIII. Conatus seu cupiditas cognoscendi res tertio cognitionis genere oriri non potest ex primo, at quidem ex secundo cognitionis genere.

DEMONSTRATIO. Haec propositio per se patet. Nam quicquid clare et distincte intelligimus, id vel per se vel per aliud, quod per se concipitur, intelligimus; hoc est, ideae, quae in nobis clarae et distinctae sunt, sive quae ad tertium cognitionis genus referuntur (vide schol. 2. prop. 40. P. 2.), non possunt sequi ex ideis mutilatis et confusis, quae (per idem schol.) ad primum cognitionis genus referuntur, sed ex ideis adaequatis, sive (per idem schol.) ex secundo et tertio cognitionis genere. Ac proinde (per aff. defin. 1.) cupiditas cognoscendi res tertio cognitionis genere non potest oriri ex primo, at quidem ex secundo. Q.E.D.

PROPOSITIO XXIX. Quicquid mens sub specie aeternitatis intelligit, id ex eo non intelligit, quod corporis praesentem actualem existentiam concipit; sed ex eo, quod corporis essentiam concipit sub specie aeternitatis.

DEMONSTRATIO. Quatenus mens praesentem sui corporis existentiam concipit, eatenus durationem concipit, quae tempore determinari potest, et eatenus tantum potentiam habet concipiendi res cum relatione ad tempus (per prop. 21. huius et prop. 26. P. 2.). At aeternitas per durationem explicari nequit (per defin. 8. P. 1. et ipsius explic.). Ergo mens eatenus potestatem non habet concipiendi res sub specie aeternitatis; sed quia de natura rationis est, res sub specie aeternitatis concipere (per coroll. 2. prop. 44. P. 2.), et ad mentis naturam etiam pertinet, corporis essentiam sub specie aeternitatis concipere (per prop. 23. huius), et praeter haec duo nihil aliud ad mentis essentiam pertinet (per prop. 13. P. 2.), ergo haec potentia concipiendi res sub specie aeternitatis ad mentem non pertinet, nisi quatenus corporis essentiam sub specie aeternitatis concipit. Q.E.D.

SCHOLIUM. Res duobus modis a nobis ut actuales concipiuntur, vel quatenus easdem cum relatione ad certum tempus et locum existere, vel quatenus ipsas in Deo contineri et ex naturae divinae necessitate consequi concipimus. Quae autem hoc secundo modo ut verae seu reales concipiuntur, eas sub aeternitatis specie concipimus, et earum ideae aeternam et infinitam Dei essentiam involvunt, ut prop. 45. P. 2. ostendimus, cuius etiam schol. vide.

PROPOSITIO XXX. Mens nostra quatenus se et corpus sub aeternitatis specie cognoscit, eatenus Dei cognitionem necessario habet, scitque se in Deo esse et per Deum concipi.

DEMONSTRATIO. Aeternitas est ipsa Dei essentia, quatenus haec necessariam involvit existentiam (per defin. 8. P. 1.). Res igitur sub specie aeternitatis concipere est res concipere, quatenus per Dei essentiam ut entia realia concipiuntur, sive quatenus per Dei essentiam involvunt existentiam. Adeoque mens nostra quatenus se et corpus sub specie aeternitatis concipit, eatenus Dei cognitionem necessario habet, scitque etc. Q.E.D.

PROPOSITIO XXXI. Tertium cognitionis genus pendet a mente, tamquam a formali causa, quatenus mens ipsa aeterna est.

DEMONSTRATIO. Mens nihil sub aeternitatis specie concipit, nisi quatenus sui corporis essentiam sub aeternitatis specie concipit (per prop. 29. huius), hoc est (per prop. 21. et 23. huius) nisi quatenus aeterna est. Adeoque (per prop. praeced.) quatenus aeterna est, Dei habet cognitionem, quae quidem cognitio est necessario adaequata (per prop. 46. P. 2.); ac proinde mens quatenus aeterna est, ad illa omnia cognoscendum est apta, quae ex data hac Dei cognitione consequi possunt (per prop. 40. P. 2.), hoc est, ad res tertio cognitionis genere cognoscendum (vide huius definitionem in schol. 2. prop. 40. P. 2.), cuius propterea mens (per defin. 1. P. 3.) quatenus aeterna est, causa est adaequata seu formalis. Q.E.D.

SCHOLIUM. Quo igitur unusquisque hoc cognitionis genere plus pollet, eo melius sui et Dei conscius est, hoc est, eo est perfectior et beatior, quod adhuc clarius ex seqq. patebit. Sed hic notandum, quod, tametsi iam certi sumus, mentem aeternam esse, quatenus res sub aeternitatis specie concipit, nos tamen, ut ea, quae ostendere volumus, facilius explicentur et melius intelligantur, ipsam, tamquam iam inciperet esse, et res sub aeternitatis specie intelligere iam inciperet, considerabimus, ut hucusque fecimus; quod nobis absque ullo erroris periculo facere licet, modo nobis cautio sit nihil concludere, nisi ex perspicuis praemissis.

PROPOSITIO XXXII. Quicquid intelligimus tertio cognitionis genere, eo delectamur, et quidem concomitante idea Dei tamquam causa.

DEMONSTRATIO. Ex hoc cognitionis genere summa, quae dari potest, mentis acquiescentia (per prop. 27. huius), hoc est (per aff. defin. 25.) laetitia oritur, eaque concomitante idea sui, et consequenter (per prop. 30. huius) concomitante etiam idea Dei tamquam causa. Q.E.D.

COROLLARIUM. Ex tertio cognitionis genere oritur necessario amor Dei intellectualis. Nam ex hoc cognitionis genere oritur (per prop. praeced.) laetitia concomitante idea Dei tamquam causa, hoc est (per aff. defin. 6.) amor Dei, non quatenus ipsum ut praesentem imaginamur (per prop. 29. huius), sed quatenus Deum aeternum esse intelligimus, et hoc est, quod amorem Dei intellectualem voco.

PROPOSITIO XXXIII. Amor Dei intellectualis, qui ex tertio cognitionis genere oritur, est aeternus.

DEMONSTRATIO. Tertium enim cognitionis genus (per prop. 31. huius et axiom. 3. P. 1.) est aeternum; adeoque (per idem axiom. P. 1.) amor, qui ex eodem oritur, est etiam necessario aeternus. Q.E.D.

SCHOLIUM. Quamvis hic erga Deum amor principium non habuerit (per prop. praeced.), habet tamen omnes amoris perfectiones, perinde ac si ortus fuisset, sicut in coroll. prop. praeced. finximus. Nec ulla hic est differentia, nisi quod mens easdem has perfectiones, quas eidem iam accedere finximus, aeternas habuerit, idque concomitante idea Dei tamquam causa aeterna. Quod si laetitia in transitione ad maiorem perfectionem consistit, beatitudo sane in eo consistere debet, quod mens ipsa perfectione sit praedita.

PROPOSITIO XXXIV. Mens non nisi durante corpore obnoxia est affectibus, qui ad passiones referuntur.

DEMONSTRATIO. Imaginatio est idea, qua mens rem aliquam ut praesentem contemplatur (vide eius definitionem in schol. prop. 17. P. 2.), quae tamen magis corporis humani praesentem constitutionem, quam rei externae naturam indicat (per coroll. 2. prop. 16. P. 2.). Est igitur affectus (per gener. aff. defin.) imaginatio, quatenus corporis praesentem constitutionem indicat; atque adeo (per prop. 21. huius) mens non nisi durante corpore obnoxia est affectibus, qui ad passiones referuntur. Q.E.D.

COROLLARIUM. Hinc sequitur nullum amorem praeter amorem intellectualem esse aeternum.

SCHOLIUM. Si ad hominum communem opinionem attendamus, videbimus, eos suae mentis aeternitatis esse quidem conscios, sed ipsos eandem cum duratione confundere, eamque imaginationi seu memoriae tribuere, quam post mortem remanere credunt.

PROPOSITIO XXXV. Deus se ipsum amore intellectuali infinito amat.

DEMONSTRATIO. Deus est absolute infinitus (per defin. 6. P. 1.), hoc est (per defin. 6. P. 2.) Dei natura gaudet infinita perfectione, idque (per prop. 3. P. 2.) concomitante idea sui, hoc est (per prop. 11. et defin. 1. P. 1.) idea suae causae, et hoc est, quod in coroll. prop. 32. huius amorem intellectualem esse diximus.

PROPOSITIO XXXVI. Mentis amor intellectualis erga Deum est ipse Dei amor, quo Deus se ipsum amat, non quatenus infinitus est, sed quatenus per essentiam humanae mentis sub specie aeternitatis consideratam explicari potest, hoc est, mentis erga Deum amor intellectualis pars est infiniti amoris, quo Deus se ipsum amat.

187

DEMONSTRATIO. Hic mentis amor ad mentis actiones referri debet (per coroll. prop. 32. huius et per prop. 3. P. 3.), qui proinde actio est, qua mens se ipsam contemplatur concomitante idea Dei tamquam causa (per prop. 32. huius et eius coroll.), hoc est (per coroll. prop. 25. P. 1. et coroll. prop. 11. P. 2.) actio, qua Deus, quatenus per mentem humanam explicari potest, seipsum contemplatur concomitante idea sui. Atque adeo (per prop. praeced.) hic mentis amor pars est infiniti amoris, quo Deus seipsum amat. Q.E.D.

COROLLARIUM. Hinc sequitur, quod Deus, quatenus seipsum amat, homines amat, et consequenter quod amor Dei erga homines et mentis erga Deum amor intellectualis unum et idem sit.

SCHOLIUM. Ex his clare intelligimus, *qua in re nostra salus seu beatitudo seu libertas consistit*, nempe in constanti et aeterno erga Deum amore, sive in amore Dei erga homines. Atque hic amor, seu beatitudo in sacris codicibus g l o r i a appellatur[11]; nec immerito. Nam sive hic amor ad Deum referatur sive ad mentem, recte animi acquiescentia, quae revera a gloria (per aff. defin. 25. et 30.) non distinguitur, appellari potest. Nam quatenus ad Deum refertur, est (per prop. 35. huius) laetitia (liceat hoc adhuc vocabulo uti) concomitante idea sui, ut et quatenus ad mentem refertur (per prop. 27. huius). Deinde quia nostrae mentis essentia in sola cognitione consistit, cuius principium et fundamentum Deus est (per prop. 15. P. 1. et schol. prop. 47. P. 2.), hinc perspicuum nobis fit, quomodo et qua ratione mens nostra secundum essentiam et existentiam ex natura divina sequatur et continuo a Deo pendeat; quod hic notare operae pretium duxi, ut hoc exemplo ostenderem, quantum rerum singularium cognitio, quam intuitivam sive tertii generis appellavi (vide schol. 2. prop. 40. P. 2.), polleat, potiorque sit cognitione universali, quam secundi generis esse dixi. Nam quamvis in prima parte generaliter ostenderim, omnia (et consequenter mentem etiam humanam) a Deo secundum essentiam et existentiam pendere, illa tamen demonstratio tametsi legitima sit et extra dubitationis aleam posita, non ita tamen mentem nostram afficit, quam quando id ipsum ex ipsa essentia rei cuiuscumque singularis, quam a Deo pendere dicimus, concluditur.

PROPOSITIO XXXVII. Nihil in natura datur, quod huic amori intellectuali sit contrarium, sive quod ipsum possit tollere.

DEMONSTRATIO. Hic intellectualis amor ex mentis natura necessario sequitur, quatenus ipsa ut aeterna veritas per Dei naturam consideratur (per prop. 33. et 29. huius). Si quid ergo daretur, quod huic

---

[11] Ies. 6. 3., Ps. 8. 6., 113. 4., Ioh. 11. 40., Rom. 3. 23., Eph. 1. 17.-18. **Br.**

amori esset contrarium, id contrarium esset vero, et consequenter id, quod hunc amorem posset tollere, efficeret, ut id, quod verum est, falsum esset; quod (ut per se notum) est absurdum. Ergo nihil in natura datur etc. Q.E.D.

SCHOLIUM. Partis quartae axioma res singulares respicit, quatenus cum relatione ad certum tempus et locum considerantur, de quo neminem dubitare credo.

PROPOSITIO XXXVIII. Quo plures res secundo et tertio cognitionis genere mens intelligit, eo minus ipsa ab affectibus, qui mali sunt, patitur et mortem minus timet.

DEMONSTRATIO. Mentis essentia in ognitione consistit (per prop. 11. P. 2.); quo igitur mens plures res cognoscit secundo et tertio cognitionis genere, eo maior eius pars remanet (per prop. 23. et 29. huius), et consequenter (per prop. praeced.) eo maior eius pars non tangitur ab affectibus, qui nostrae naturae sunt contrarii, hoc est (per prop. 30. P. 4.) qui mali sunt. Quo itaque mens plures res secundo et tertio cognitionis genere intelligit, eo maior eius pars illaesa manet, et consequenter minus ab affectibus patitur etc. Q.E.D.

SCHOLIUM. Hinc intelligimus id quod in schol. prop. 39. P. 4. attigi et quod in hac parte explicare promisi; nempe quod mors eo minus est noxia, quo mentis clara et distincta cognitio maior est, et consequenter quo mens magis Deum amat. Deinde quia (per prop. 27. huius) ex tertio cognitionis genere summa, quae dari potest, oritur acquiescentia, hinc sequitur mentem humanam posse eius naturae esse, ut id, quod eius cum corpore perire ostendimus (vide prop. 21. huius), in respectu ad id, quod ipsius remanet, nullius sit momenti. Sed de his mox prolixius.

PROPOSITIO XXXIX. Qui corpus ad plurima aptum habet, is mentem habet, cuius maxima pars est aeterna.

DEMONSTRATIO. Qui corpus ad plurima agendum aptum habet, is minime affectibus, qui mali sunt, conflictatur (per prop. 38. P. 4.), hoc est (per prop. 30. P. 4.) affectibus qui naturae nostrae sunt contrarii. Atque adeo (per prop. 10. huius) potestatem habet ordinandi et concatenandi corporis affectiones secundum ordinem ad intellectum, et consequenter efficiendi (per prop. 14. huius) ut omnes corporis affectiones ad Dei ideam referantur, ex quo fiet (per prop. 15. huius) ut erga Deum afficiatur amore, qui (per prop. 16. huius) mentis maximam partem occupare sive constituere debet; ac proinde (per prop. 33. huius) mentem habet, cuius maxima pars est aeterna. Q.E.D.

SCHOLIUM. Quia corpora humana ad plurima apta sunt, non dubium est, quin eius naturae possint esse, ut ad mentes referantur, quae magnam sui et Dei habeant cognitionem, et quarum maxima seu praecipua pars est aeterna, atque adeo ut mortem vix timeant. Sed ut haec clarius intelligantur, animadvertendum hic est, quod nos in continua vivimus variatione, et prout in melius sive in peius mutamur, eo *felices* aut *infelices* dicimur. Qui enim ex infante vel puero in cadaver transiit, infelix dicitur, et contra id felicitati tribuitur, quod totum vitae spatium mente sana in corpore sano percurrere potuerimus. Et revera qui corpus habet, ut infans vel puer, ad paucissima aptum et maxime pendens a causis externis, mentem habet, quae in se sola considerata nihil fere sui, nec Dei, nec rerum sit conscia; et contra, qui corpus habet ad plurima aptum, mentem habet, quae in se sola considerata multum sui et Dei et rerum sit conscia. In hac vita igitur apprime conamur, ut corpus infantiae in aliud, quantum eius natura patitur eique conducit, mutetur, quod ad plurima aptum sit, quodque ad mentem referatur, quae sui et Dei et rerum plurimum sit conscia; atque ita ut id omne, quod ad ipsius memoriam vel imaginationem refertur, in respectu ad intellectum vix alicuius sit momenti, ut in schol. prop. praeced. iam dixi.

PROPOSITIO XL. Quo unaquaeque res plus perfectionis habet, eo magis agit et minus patitur, et contra quo magis agit, eo perfectior est.

DEMONSTRATIO. Quo unaquaeque res perfectior est, eo plus habet realitatis (per defin. 6. P. 2.), et consequenter (per prop. 3. P. 3. cum eius schol.) eo magis agit et minus patitur; quae quidem demonstratio inverso ordine eodem modo procedit; ex quo sequitur, ut res contra eo sit perfectior, quo magis agit. Q.E.D.

COROLLARIUM. Hinc sequitur, partem mentis, quae remanet, quantacumque ea sit, perfectiorem esse reliqua. Nam pars mentis aeterna (per prop. 23. et 29. huius) est intellectus, per quem solum nos agere dicimur (per prop. 3. P. 3.); illa autem, quam perire ostendimus, est ipsa imaginatio (per prop. 21. huius), per quam solam dicimur pati (per prop. 3. P. 3. et gener. aff. defin.). Atque adeo (per prop. praeced.) illa, quantacumque ea sit, hac est perfectior. Q.E.D.

SCHOLIUM. Haec sunt, quae de mente, quatenus sine relatione ad corporis existentiam consideratur, ostendere constitueram. Ex quibus et simul ex prop. 21 P. 1. et aliis apparet, quod mens nostra, quatenus intelligit, aeternus cogitandi modus sit, qui alio cogitandi modo determinatur, et hic iterum ab alio, et sic in infinitum; ita ut omnes simul Dei aeternum et infinitum intellectum constituant.

PROPOSITIO XLI. Quamvis nesciremus, mentem nostram aeternam esse, pietatem tamen et religionem et absolute omnia, quae ad animositatem et generositatem referri ostendimus in quarta parte, prima haberemus.

DEMONSTRATIO. Primum et unicum virtutis seu recte vivendi rationis fundamentum (per coroll. prop. 22. et per prop. 24. P. 4.) est suum utile quaerere. Ad illa autem determinandum, quae ratio utilia esse dictat, nullam rationem habuimus mentis aeternitatis, quam demum in hac quinta parte novimus. Quamvis igitur tum temporis ignoraverimus, mentem esse aeternam, illa tamen, quae ad animositatem et generositatem referri ostendimus, prima habuimus. Atque adeo quamvis etiam nunc hoc ipsum ignoraremus, eadem tamen praescripta prima haberemus. Q.E.D.

SCHOLIUM. Communis vulgi persuasio alia videtur esse. Nam plerique videntur credere, se eatenus liberos esse, quatenus libidini parere licet, et eatenus de suo iure cedere, quatenus ex legis divinae praescripto vivere tenentur. Pietatem igitur et religionem et absolute omnia, quae ad animi fortitudinem referuntur, onera esse credunt, quae post mortem deponere, et pretium servitutis, nempe pietatis et religionis, accipere sperant. Nec hac spe sola, sed etiam et praecipue metu, ne diris scilicet suppliciis post mortem puniantur, inducuntur, ut ex legis divinae praescripto, quantum eorum fert tenuitas et impotens animus, vivant; et nisi haec spes et metus hominibus inessent, at contra si crederent, mentes cum corpore interire, nec restare miseris pietatis onere confectis, vivere longius, ad ingenium redirent, et ex libidine omnia moderari et fortunae potius, quam sibi parere vellent. Quae mihi non minus absurda videntur, quam si quis propterea, quod non credit se posse bonis alimentis corpus in aeternum nutrire, venenis potius et letiferis se exsaturare vellet; vel quia videt mentem non esse aeternam seu immortalem, ideo amens mavult esse et sine ratione vivere; quae adeo absurda sunt, ut vix recenseri mereantur.

PROPOSITIO XLII. Beatitudo non est virtutis praemium, sed ipsa virtus; nec eadem gaudemus, quia libidines coercemus; sed contra quia eadem gaudemus, ideo libidines coercere possumus.

DEMONSTRATIO. Beatitudo in amore erga Deum consistit (per prop. 36. huius et eius schol.), qui quidem amor ex tertio cognitionis genere oritur (per coroll. prop. 32. huius). Atque adeo hic amor (per prop. 59. et 3. P. 3.) ad mentem, quatenus agit, referri debet, ac proinde (per defin. 8. P. 4.) ipsa virtus est; quod erat primum. Deinde quo mens hoc amore divino seu beatitudine magis gaudet, eo plus intelligit (per prop. 32. huius), hoc est (per coroll. prop. 3. huius) eo maiorem in affectus habet potentiam, et (per prop. 38. huius) eo minus ab affectibus, qui mali sunt, patitur. Atque adeo ex eo, quod mens hoc amore divino seu beatitudine gaudet, potestatem habet libidines coercendi; et quia humana potentia ad coercendos affectus in solo intellectu consistit, ergo nemo beatitudine gaudet, quia affectus coercuit, sed contra potestas libidines coercendi ex ipsa beatitudine oritur. Q.E.D.

SCHOLIUM. His omnia, quae de mentis in affectus potentia, quaeque de mentis libertate ostendere volueram, absolvi. Ex quibus apparet, quantum sapiens polleat, potiorque sit ignaro, qui sola libidine agitur. Ignarus enim, praeterquam quod a causis externis multis modis agitatur, nec unquam vera animi acquiescentia potitur, vivit praeterea sui et Dei et rerum quasi inscius, et simulac pati desinit, simul etiam esse desinit. Cum contra sapiens, quatenus ut talis consideratur, vix animo movetur, sed sui et Dei et rerum aeterna quadam necessitate conscius, nunquam esse desinit, sed semper vera animi acquiescentia potitur. Si iam via, quam ad haec ducere ostendi, perardua videatur, inveniri tamen potest. Et sane arduum debet esse, quod adeo raro reperitur. Qui enim posset fieri, si salus in promptu esset et sine magno labore reperiri posset, ut ab omnibus fere negligeretur? Sed omnia praeclara tam difficilia, quam rara sunt.

INDEX

propositionum, definitionum et al. qui in e t h i c e continentur,
cum indicatione locorum citationis earundem.

Pars prima.

P.1. defin. 1. *Per causam sui intelligo id, cuius essentia involvit*
existentiam, sive id, cuius natura non potest concipi nisi existens. [*in:* P. 1.
prop. 7., prop. 24., P. 5. prop. 35.]

P.1. defin. 2. *Ea res dicitur in suo genere finita, quae alia eiusdem naturae*
terminari potest. [*in:* P. 1. prop. 8., prop. 21., *etiam in:* Ep. 4. §. 3.]

P.1. defin. 3. *Per substantiam intelligo id quod in se est et per se concipitur;*
hoc est id, cuius conceptus non indiget conceptu alterius rei, a quo formari
debeat. [*in:* P. 1. prop. 1., prop. 2., prop. 4., prop. 5., prop. 6. coroll., prop.
10., prop. 15., prop. 18., prop. 28., *etiam in:* Ep. 26. §. 6., Ep. 27. §. 8.]

P.1. defin. 4. *Per attributum intelligo id quod intellectus de substantia*
percipit, tanquam eiusdem essentiam constituens. [*in:* P. 1. prop. 4., prop. 9.,
prop. 10., prop. 12., prop. 19., prop. 20., P. 2. prop. 1. schol., *etiam in:* Ep.
27. §. 8.]

P.1. defin. 5. *Per modum intelligo substantiae affectiones, sive id quod in alio*
est, per quod etiam concipitur. [*in:* P. 1. prop. 1., prop. 4., prop. 6. coroll.,
prop. 15., prop. 23., prop. 25. coroll., prop. 28., prop. 31., P. 2. prop. 1.]

P.1. defin. 6. *Per Deum intelligo ens absolute infinitum, hoc est, substantiam*
constantem infinitis attributis, quorum unumquodque aeternam et infinitam
essentiam exprimit. [*in:* P. 1. prop. 10. schol., prop. 11., prop. 14., prop. 14.
coroll. 1., prop. 16., prop. 19., prop. 23., prop. 31., P. 2. prop. 1., prop. 1.
schol., prop. 45., P. 4. prop. 28., P. 5. prop. 35., *etiam in:* Ep. 3. §. 1., Ep. 4.
§. 2., Ep. 26. §. 8., Ep. 64. §. 3.]

P.1. defin. 7. *Ea res libera dicetur, quae ex sola suae naturae necessitate existit*
et a se sola ad agendum determinatur; necessaria autem, vel potius coacta,
quae ab alio determinatur ad existendum et operandum certa ac determinata
ratione. [*in:* P. 1. prop. 17. coroll. 2., prop. 32., prop. 33. schol. 2., P. 2.
prop. 17. schol., P. 3. prop. 49.]

P.1. defin. 8. *Per aeternitatem intelligo ipsam existentiam, quatenus ex sola rei*
aeternae definitione necessario sequi concipitur. [*in:* P. 1. prop. 19., prop. 20.,
prop. 23., P. 5. prop. 29., prop. 30.]

P. 1. axiom. 1. *Omnia quae sunt vel in se vel in alio sunt.* [*in:* P. 1. prop.
4., prop. 6. coroll., prop. 11., prop. 14. coroll. 2., prop. 15., prop. 28.]

P. 1. axiom. 2. *Id quod per aliud non potest concipi, per se concipi debet.* [*in:*
Ep. 3. §. 4.]

P. 1. axiom. 3. *Ex data causa determinata necessario sequitur effectus, et contra si nulla detur determinata causa, impossibile est ut effectus sequatur.* [*in:* P. 1. prop. 27., P. 4. prop. 31., P. 5. prop. 33.]

P. 1. axiom. 4. *Effectus cognitio a cognitione causae dependet et eandem involvit.* [*in:*P. 1. prop. 3., prop. 6. coroll., prop. 25., P. 2. prop. 5., prop. 6., prop. 7., prop. 16., prop. 45., P. 5. prop. 22.]

P. 1. axiom. 5. *Quae nihil commune cum se invicem habent, etiam per se invicem intelligi non possunt, sive conceptus unius alterius conceptum non involvit.* [*in:* P. 1. prop. 3.]

P. 1. axiom. 6. *Idea vera debet cum suo ideato convenire.* [*in:* P. 1. prop. 5., prop. 30., P. 2. prop. 29., prop. 32., prop. 44., prop. 44. coroll. 2., *etiam in:* Ep. 66. §. 3.]

P. 1. axiom. 7. *Quicquid ut non existens potest concipi, eius essentia non involvit existentiam.* [*in:* P. 1. prop. 11.]

P. 1. prop. 1. *Substantia prior est natura suis affectionibus.* [*in:* P. 1. prop. 5., *etiam in:* Ep. 3. §. 4.]

P. 1. prop. 2. *Duae substantiae diversa attributa habentes nihil inter se commune habent.* [*in:* P. 1. prop. 6., prop. 11., prop. 12., *etiam in:* Ep. 3. §. 4.]

P. 1. prop. 3. *Quae res nihil commune inter se habent, earum una alterius causa esse non potest.* [*in:* P. 1. prop. 6., *etiam in:* Ep. 3. §. 4., Ep. 65. §. 2.]

P. 1. prop. 4. *Duae aut plures res distinctae vel inter se distinguuntur ex diversitate attributorum substantiarum, vel ex diversitate earundem affectionum.* [*in:* P. 1. prop. 5.]

P. 1. prop. 5. *In rerum natura non possunt dari duae aut plures substantiae eiusdem naturae sive attributi.* [*in:* P. 1. prop. 6., prop. 8., prop. 12., prop. 13., prop. 14., prop. 15. schol., P. 2. prop. 10. schol., lem. 1., *etiam in:* Ep. 3. §. 7.]

P. 1. prop. 6. *Una substantia non potest produci ab alia substantia.* [*in:* P. 1. prop. 6. coroll., prop. 11. schol., prop. 12., *etiam in:* Ep. 3. §. 7., Ep. 4. §. 8.]

-- P. 1. prop. 6. coroll. *Hinc sequitur substantiam ab alio produci non posse.* [*in:* P. 1. prop. 7., prop. 15. schol.]

P. 1. prop. 7. *Ad naturam substantiae pertinet existere.* [*in:* P. 1. prop. 8., prop. 8. schol. 1., prop. 8. schol. 2., prop. 11., prop. 12., prop. 19., P. 2. prop. 10., *etiam in:* Ep. 4. §. 3.]

P. 1. prop. 8. *Omnis substantia est necessario infinita.* [*in:* P. 1. prop. 12., prop. 13. schol., prop. 15. schol., P. 2. lem. 1.]

-- P. 1. prop. 8. schol. 1.

-- P. 1. prop. 8. schol. 2. *Substantiae et earum modificationes.* [*in:* P. 1. prop. 15. schol., *etiam in:* Ep. 4. §. 2.]

P. 1. prop. 9. *Quo plus realitatis, aut esse unaquaeque res habet, eo plura attributa ipsi competunt.*

P. 1. prop. 10. *Unumquodque unius substantiae attributum per se concipi debet.* [*in:* P. 1. prop. 12., P. 2. prop. 5., prop. 6., *etiam in:* Ep. 66. §. 4., Ep. 68. §. 1.]

-- P. 1. prop. 10. schol. *Substantiarum et attributorum distinctio.* [*in:* P. 1. prop. 14. coroll. 1., *etiam in:* Ep. 26. §. 7., Ep. 27. §. 6., Ep. 65. §. 3., Ep. 66. §. 7.]

P. 1. prop. 11. *Deus sive substantia constans infinitis attributis, quorum unumquodque aeternam et infinitam essentiam exprimit, necessario existit.* [*in:* P. 1. prop. 13., prop. 14., prop. 17. coroll. 2., prop. 19., prop. 19. schol., prop. 21., prop. 29., prop. 33., prop. 34., P. 5. prop. 35.]

-- P. 1. prop. 11. schol.

P. 1. prop. 12. *Nullum substantiae attributum potest vere concipi, ex quo sequatur, substantiam posse dividi.* [*in:* P. 1. prop. 13., prop. 15. schol.]

P. 1. prop. 13. *Substantia absolute infinita est indivisibilis.*

-- P. 1. prop. 13. coroll. *Ex his sequitur, nullam substantiam, et consequenter nullam substantiam corpoream, quatenus substantia est, esse divisibilem.* [*in:* P. 1. prop. 15. schol.]

-- P. 1. prop. 13. schol.

P. 1. prop. 14. *Praeter Deum nulla dari neque concipi potest substantia.* [*in:* P. 1. prop. 15., prop. 15. schol., prop. 18.]

-- P. 1. prop. 14. coroll. 1. *Hinc clarissime sequitur 1. Deum esse unicum, ...* [*in:* P. 1. prop. 17. coroll. 2., prop. 24. coroll., prop. 29. schol., prop. 30., prop. 33., P. 2. prop. 4.]

-- P. 1. prop. 14. coroll. 2. *Sequitur 2. rem extensam et rem cogitantem, vel Dei attributa esse, vel affectiones attributorum Dei.*

P. 1. prop. 15. *Quicquid est in Deo est, et nihil sine Deo esse neque concipi potest.* [*in:* P. 1. prop. 17., prop. 18., prop. 23., prop. 25., prop. 25. coroll., prop. 28. schol., prop. 29., prop. 30., prop. 31., P. 2. prop. 3., prop. 10. coroll., prop. 33., prop. 36., prop. 45., P. 4. prop. 28., prop. 37., P. 5. prop. 14., prop. 36. schol.]

-- P. 1. prop. 15. schol. *Vulgi errores de Deo.* [*in:* P. 2. lem. 1.]

P. 1. prop. 16. *Ex necessitate divinae naturae infinita infinitis modis (hoc est, omnia, quae sub intellectum infinitum cadere possunt) sequi debent.* [*in:* P. 1. prop. 17., prop. 17. schol., prop. 25. schol., prop. 26., prop. 29., prop. 33., prop. 34., prop. 36., app., P. 2. praef., prop. 3., prop. 3. schol., prop. 44. coroll. 2., prop. 45. schol., P. 4. praef., prop. 4., P. 5. prop. 22.]

-- P. 1. prop. 16. coroll. 1. *Hinc sequitur, Deum omnium rerum, quae sub intellectum infinitum cadere possunt, esse causam efficientem.* [*in:* P. 1. prop. 17. schol., prop. 18., prop. 34.]

-- P. 1. prop. 16. coroll. 2. *Sequitur 2. Deum causam esse per se, non vero per accidens.*

-- P. 1. prop. 16. coroll. 3. *Sequitur 3. Deum esse absolute causam primam.*

P. 1. prop. 17. *Deus ex solis suae naturae legibus et a nemine coactus agit.* [*in:* P. 1. prop. 17. coroll. 2., prop. 17. schol.]

-- P. 1. prop. 17. coroll. 1. *Hinc sequitur 1. nullam dari causam, quae Deum extrinsece vel intrinsece praeter ipsius naturae perfectionem incitet ad agendum.*

-- P. 1. prop. 17. coroll. 2. *Sequitur 2. solum Deum esse causam liberam.* [*in:* P. 1. prop. 29. schol., P. 2. prop. 48.]

-- P. 1. prop. 17. schol. *Dei existentia, sicut eius essentia, aeterna est veritas.* [*in:* P. 1. prop. 33. schol. 2.]

P. 1. prop. 18. *Deus est omnium rerum causa immanens, non vero transiens.*

P. 1. prop. 19. *Deus sive omnia Dei attributa sunt aeterna.* [*in:* P. 1. prop. 20., prop. 23.]

-- P. 1. prop. 19. schol.

P. 1. prop. 20. *Dei existentia eiusque essentia unum et idem sunt.* [*in:* P. 1. prop. 20. coroll. 2.]

-- P. 1. prop. 20. coroll. 1. *Hinc sequitur 1. Dei existentiam, sicut eius essentiam, aeternam esse veritatem.*

-- P. 1. prop. 20. coroll. 2. *Sequitur 2. Deum, sive omnia Dei attributa esse immutabilia.* [*in:* P. 1. prop. 21., P. 5. prop. 17.]

P. 1. prop. 21. *Omnia, quae ex absoluta natura alicuius attributi Dei sequuntur, semper et infinita existere debuerunt, sive per idem attributum aeterna et infinita sunt.* [*in:* P. 1. prop. 22., prop. 23., prop. 28., prop. 29., app., P. 2. prop. 11., prop. 30., P. 4. prop. 4., P. 5. prop. 40. schol.]

P. 1. prop. 22. *Quicquid ex aliquo Dei attributo, quatenus modificatum est tali modificatione, quae et necessario et infinita per idem existit, sequitur, debet quoque et necessario et infinitum existere.* [*in:* P. 1. prop. 23., prop. 28., app., P. 2. prop. 11.]

P. 1. prop. 23. *Omnis modus, qui et necessario et infinitus existit, necessario sequi debuit vel ex absoluta natura alicuius attributi Dei, vel ex aliquo attributo modificato modificatione, quae et necessario et infinita existit.* [*in:* P. 1. prop. 32., app.]

P. 1. prop. 24. *Rerum a Deo productarum essentia non involvit existentiam.*

-- P. 1. prop. 24. coroll. *Hinc sequitur, Deum non tantum esse causam, ut res incipiant existere; sed etiam, ut in existendo perseverent, sive (ut termino scholastico utar) Deum esse causam essendi rerum.* [*in:* P. 1. prop. 28., prop. 28. schol., prop. 29., P. 2. prop. 45. schol., P. 4. prop. 4.]

P. 1. prop. 25. *Deus non tantum est causa efficiens rerum existentiae, sed etiam essentiae.* [*in:* P. 1. prop. 26., P. 5. prop. 22.]

-- P. 1. prop. 25. schol. *Deus est causa sui et omnium rerum causa.* [*in:* Ep. 66. §. 6.]

-- P. 1. prop. 25. coroll. *Res particulares nihil sunt nisi Dei attributorum affectiones, sive modi, quibus Dei attributa certo et determinato modo exprimuntur.* [*in:* P. 1. prop. 25. schol., prop. 28., prop. 36., P. 2. defin. 1., prop. 1., prop. 5., prop. 10. coroll., P. 3. prop. 6., P. 5. prop. 24., prop. 36., *etiam in:* Ep. 66. §. 6.]

P. 1. prop. 26. *Res, quae ad aliquid operandum determinata est, a Deo necessario sic fuit determinata; et quae a Deo non est determinata, non potest se ipsam ad operandum determinare.* [*in:* P. 1. prop. 28., prop. 29.]

P. 1. prop. 27. *Res, quae a Deo ad aliquid operandum determinata est, se ipsam indeterminatam reddere non potest.* [*in:* P. 1. prop. 29.]

P. 1. prop. 28. *Quodcumque singulare, sive quaevis res quae finita est et determinatam habet existentiam, non potest existere nec ad operandum determinari, nisi ad existendum et operandum determinetur ab alia causa, quae etiam finita est et determinatam habet existentiam; et rursus haec causa non potest etiam existere neque ad operandum determinari, nisi ab alia, quae etiam finita est et determinatam habet existentiam, determinetur ad existendum et operandum, et sic in infinitum.* [*in:* P. 1. prop. 32., P. 2. prop. 9., lem. 3., prop. 30., prop. 31., prop. 48., P. 4. prop. 29., P. 5. prop. 6.]

-- P. 1. prop. 28. schol. *De Deo rerum causa.*

P. 1. prop. 29. *In rerum natura nullum datur contingens, sed omnia ex necessitate divinae naturae determinata sunt ad certo modo existendum et operandum.* [*in:* P. 1. prop. 32. coroll. 2., prop. 33., P. 2. prop. 31. coroll., prop. 44., P. 3. prop. 7., P. 5. prop. 6.]

-- P. 1. prop. 29. schol. *Natura naturans et natura naturata.* [*in:* P. 1. prop. 31.]

P. 1. prop. 30. *Intellectus actu finitus aut actu infinitus Dei attributa Deique affectiones comprehendere debet et nihil aliud.* [*in:* P. 2. prop. 4.]

P. 1. prop. 31. *Intellectus actu, sive is finitus sit sive infinitus, ut et voluntas, cupiditas, amor etc. ad naturam naturatam, non vero ad naturantem referri debent.*

-- P. 1. prop. 31. schol.

P. 1. prop. 32. *Voluntas non potest vocari causa libera, sed tantum necessaria.*

-- P. 1. prop. 32. coroll. 1. *Hinc sequitur 1. Deum non operari ex libertate voluntatis.* [*in:* P. 1. app., P. 2. prop. 3. schol.]

-- P. 1. prop. 32. coroll. 2. *Sequitur 2. voluntatem et intellectum ad Dei naturam ita sese habere, ut motus et quies, et absolute, ut omnia naturalia, quae a Deo ad existendum et operandum certo modo determinari debent ...* [*in:* P. 2. prop. 3. schol.]

P. 1. prop. 33. *Res nullo alio modo, neque alio ordine a Deo produci potuerunt, quam productae sunt.*

-- P. 1. prop. 33. schol. 1. *Necessarium, impossibile, contingens.* [*in:* P. 2. prop. 31. coroll., P. 4. defin. 4., prop. 11.]

-- P. 1. prop. 33. schol. 2. *De voluntate Dei.*

P. 1. prop. 34. *Dei potentia est ipsa ipsius essentia.* [*in:* P. 1. prop. 35., prop. 36., P. 2. prop. 3. schol., P. 3. prop. 6., P. 4. prop. 4.]

P. 1. prop. 35. *Quicquid concipimus in Dei potestate esse, id necessario est.* [*in:* P. 2. prop. 3.]

P. 1. prop. 36. *Nihil existit, ex cuius natura aliquis effectus non sequatur.* [*in:* P. 2. prop. 13., P. 3. prop. 1., prop. 7., P. 5. prop. 4. schol.]

P. 1. app. *De praeiudiciis quibusdam.* [*in:* P. 2. prop. 16. coroll. 2., prop. 48. schol., P. 4. praef., prop. 37. schol. 2.]

Pars secunda.

P. 2. praef.

P. 2. defin. 1. *Per corpus intelligo modum, qui Dei essentiam, quatenus ut res extensa consideratur, certo et determinato modo exprimit.* [*in:* P. 2. lem. 2., lem. 3., P. 3. prop. 2.]

P. 2. defin. 2. *Ad essentiam alicuius rei id pertinere dico, quo dato res necessario ponitur et quo sublato res necessario tollitur; vel id, sine quo res, et vice versa quod sine re nec esse nec concipi potest.* [*in:* P. 2. prop. 10., prop. 37., prop. 49.]

P. 2. defin. 3. *Per ideam intelligo mentis conceptum, quem mens format, propterea quod res est cogitans.* [*in:* P. 2. prop. 48. schol.]

P. 2. defin. 4. *Per ideam adaequatam intelligo ideam, quae, quatenus in se sine relatione ad obiectum consideratur, omnes verae ideae proprietates sive denominationes intrinsecas habet.* [*in:* P. 4. prop. 62., P. 5. prop. 17.]

P. 2. defin. 5. *Duratio est indefinita existendi continuatio.*

P. 2. defin. 6. *Per realitatem et perfectionem idem intelligo.* [*in:* P. 4. praef., P. 5. prop. 35., prop. 40.]

P. 2. defin. 7. *Per res singulares intelligo res, quae finitae sunt et determinatam habent existentiam. Quod si plura individua in una actione ita concurrant, ut omnia simul unius effectus sint causa, eadem omnia eatenus ut unam rem singularem considero.*

P. 2. axiom. 1. *Hominis essentia non involvit necessariam existentiam, hoc est, ex naturae ordine tam fieri potest, ut hic et ille homo existat, quam ut non existat.* [*in:* P. 2. prop. 10., prop. 11., prop. 30.]

P. 2. axiom. 2. *Homo cogitat.* [*in:* P. 2. prop. 11.]

P. 2. axiom. 3. *Modi cogitandi, ut amor, cupiditas vel quicumque nomine affectus animi insigniuntur, non dantur, nisi in eodem individuo detur idea rei amatae, desideratae, etc. At idea dari potest, quamvis nullus alius detur cogitandi modus.* [*in:* P. 2. prop. 11., prop. 49.]

P. 2. axiom. 4. *Nos corpus quoddam multis modis affici sentimus.* [*in:* P. 2. prop. 13.]

P. 2. axiom. 5. *Nullas res singulares praeter corpora et cogitandi modos sentimus, nec percipimus.* [*in:* P. 2. prop. 13.]

P. 2. prop. 1. *Cogitatio attributum Dei est, sive Deus est res cogitans.* [*in:* P. 2. prop. 1. schol., prop. 2., prop. 3., prop. 20.]

-- P. 2. prop. 1. schol.

P. 2. prop. 2. *Extensio attributum Dei est, sive Deus est res extensa.*

P. 2. prop. 3. *In Deo datur necessario idea tam eius essentiae, quam omnium, quae ex ipsius essentia necessario sequuntur.* [*in:* P. 2. prop. 5., prop. 9. coroll., prop. 20., prop. 24., P. 5. prop. 22., prop. 35.]

-- P. 2. prop. 3. schol. *Errores de Dei potentia.*

P. 2. prop. 4. *Idea Dei, ex qua infinita infinitis modis sequuntur, unica tantum esse potest.*

P. 2. prop. 5. *Esse formale idearum Deum, quatenus tantum ut res cogitans consideratur, pro causa agnoscit et non, quatenus alio attributo explicatur; hoc est, tam Dei attributorum, quam rerum singularium ideae non ipsa ideata sive res perceptas pro causa efficiente agnoscunt, sed ipsum Deum, quatenus est res cogitans.*

P. 2. prop. 6. *Cuiuscumque attributi modi Deum, quatenus tantum sub illo attributo, cuius modi sunt, et non quatenus sub ullo alio consideratur, pro causa habent.* [*in:* P. 2. prop. 9., lem. 3., prop. 45., P. 3. prop. 2., prop. 11. schol., P. 4. prop. 7., prop. 29., *etiam in:* Ep. 66. §. 3.]

-- P. 2. prop. 6. coroll. *Hinc sequitur, quod esse formale rerum, quae modi non sunt cogitandi, non sequitur ideo ex divina natura, quia res prius cognovit; sed eodem modo eademque necessitate res ideatae ex suis attributis consequuntur et concluduntur, ac ideas ex attributo cogitationis consequi ostendimus.* [*in:* P. 2. prop. 36., P. 5. prop. 1.]

P. 2. prop. 7. *Ordo et connexio idearum idem est, ac ordo et connexio rerum.* [*in:* P. 2. prop. 8., prop. 9., prop. 9. coroll., prop. 15., prop. 19., prop. 20., prop. 24., prop. 25., prop. 26., P. 3. prop. 11., prop. 12., P. 5. prop. 1.]

-- P. 2. prop. 7. coroll. *Hinc sequitur, quod Dei cogitandi potentia aequalis est ipsius actuali agendi potentiae; hoc est, quicquid ex infinita Dei natura sequitur formaliter, id omne ex Dei idea eodem ordine eademque connexione sequitur in Deo obiective.* [*in:* P. 2. prop. 32., prop. 36., prop. 38., prop. 39., P. 3. prop. 28., P. 5. prop. 1.]

-- P. 2. prop. 7. schol. *Substantia cogitans et substantia extensa una eademque est substantia.* [*in:* P. 2. prop. 8., prop. 12. schol., prop. 21. schol., P. 3. prop. 2. schol., *etiam in:* Ep. 66. §. 4., Ep. 67. §. 1., Ep. 68. §. 1.]

P. 2. prop. 8. *Ideae rerum singularium sive modorum non existentium ita debent comprehendi in Dei infinita idea, ac rerum singularium sive modorum essentiae formales in Dei attributis continentur.* [*in:* prop. 45., P. 3. prop. 11. schol.]

-- P. 2. prop. 8. coroll. *Hinc sequitur, quod, quamdiu res singulares non existunt, nisi quatenus in Dei attributis comprehenduntur, earum esse obiectivum sive ideae non existunt, nisi quatenus infinita Dei idea existit; et ubi res singulares dicuntur existere, non tantum quatenus in Dei attributis*

comprehenduntur, sed quatenus etiam durare dicuntur, earum ideae etiam existentiam, per quam durare dicuntur, involvent. [*in:* P. 2. prop. 9., prop. 11., prop. 15., prop. 45., P. 3. prop. 11. schol., P. 5. prop. 21., prop. 23.]
-- P. 2. prop. 8. schol. *Exemplum.* [*in:* P. 2. prop. 9., P. 3. prop. 11. schol.]
P. 2. prop. 9. *Idea rei singularis actu existentis Deum pro causa habet, non quatenus infinitus est, sed quatenus alia rei singularis actu existentis idea affectus consideratur, cuius etiam Deus est causa, quatenus alia tertia affectus est, et sic in infinitum.* [*in:* P. 2. prop. 9. coroll., prop. 19., prop. 20., prop. 24., prop. 25., P. 3. prop. 1.]
-- P. 2. prop. 9. coroll. *Quicquid in singulari cuiuscumque ideae obiecto contingit, eius datur in Deo cognitio, quatenus tantum eiusdem obiecti ideam habet.* [*in:* P. 2. prop. 12., prop. 13., prop. 30., P. 3. prop. 10.]
P. 2. prop. 10. *Ad essentiam hominis non pertinet esse substantiae, sive substantia formam hominis non constituit.* [*in:* P. 2. prop. 10. coroll.]
-- P. 2. prop. 10. schol.
-- P. 2. prop. 10. coroll. *Hinc sequitur essentiam hominis constitui a certis Dei attributorum modificationibus.* [*in:* P. 2. prop. 11., P. 4. prop. 29.]
-- P. 2. prop. 10. coroll. schol.
P. 2. prop. 11. *Primum, quod actuale mentis humanae esse constituit, nihil aliud est, quam idea rei alicuius singularis actu existentis.* [*in:* P. 2. prop. 12., prop. 13., prop. 20., prop. 48., P. 3. prop. 2., prop. 3., prop. 10., gener. aff. defin., P. 4. prop. 37., P. 5. prop. 9., prop. 38.]
-- P. 2. prop. 11. coroll. *Hinc sequitur mentem humanam partem esse infiniti intellectus Dei. ...* [*in:* P. 2. prop. 12., prop. 13., prop. 19., prop. 22., prop. 23., prop. 24., prop. 30., prop. 34., prop. 38., prop. 39., prop. 40., prop. 43., prop. 43. schol., P. 3. prop. 1., prop. 28., P. 5. prop. 36.]
-- P. 2. prop. 11. schol.
P. 2. prop. 12. *Quicquid in obiecto ideae humanam mentem constituentis contingit, id ab humana mente debet percipi, sive eius rei dabitur in mente necessario idea: hoc est, si obiectum ideae humanam mentem constituentis sit corpus, nihil in eo corpore poterit contingere, quod a mente non percipiatur.* [*in:* P. 2. prop. 13., prop. 14., prop. 17., prop. 17. coroll., prop. 19., prop. 21., prop. 22., prop. 38., P. 3. prop. 2. schol., P. 4. prop. 7., P. 5. prop. 4.]
-- P. 2. prop. 12. schol.
P. 2. prop. 13. *Obiectum ideae humanam mentem constituentis est corpus, sive certus extensionis modus actu existens, et nihil aliud.* [*in:* P. 2. prop. 15., prop. 19., prop. 21., prop. 21. schol., prop. 23., prop. 24., prop. 26., prop. 29., prop. 38., prop. 39., P. 3. prop. 3., prop. 10., gener. aff. defin., P. 5. prop. 23., prop. 29., etiam in:* Ep. 66. §. 2.]
-- P. 2. prop. 13. coroll. *Hinc sequitur hominem mente et corpore constare, et corpus humanum, prout ipsum sentimus, existere.* [*in:* P. 2. prop. 17. schol.]
-- P. 2. prop. 13. schol. *Praemittenda de natura corporum.*
---- axiom. 1. *Omnia corpora vel moventur, vel quiescunt.* [*in:* P. 2. lem. 3.]

---- axiom. 2. *Unumquodque corpus iam tardius, iam celerius movetur.*

---- lem. 1. *Corpora ratione motus et quietis, celeritatis et tarditatis, et non ratione substantiae ab invicem distinguuntur. [in: P. 2. lem. 3., lem. 4., etiam in: Ep. 63. §. 1.]*

---- lem. 2. *Omnia corpora in quibusdam conveniunt. [in: P. 2. prop. 37., prop. 38. coroll., P. 5. prop. 4.]*

---- lem. 3. *Corpus motum vel quiescens ad motum vel quietem determinari debuit ab alio corpore, quod etiam ad motum vel quietem determinatum fuit ab alio, et illud iterum ab alio, et sic in infinitum.*

------ coroll. *Hinc sequitur corpus motum tamdiu moveri, donec ab alio corpore ad quiescendum determinetur; et corpus quiescens tamdiu etiam quiescere, donec ab alio ad motum determinetur.*

------- axiom. 1. *Omnes modi, quibus corpus aliquod ab alio afficitur corpore, ex natura corporis affecti et simul ex natura corporis afficientis sequuntur; ita ut unum idemque corpus diversimode moveatur pro diversitate naturae corporum moventium, et contra ut diversa corpora ab uno eodemque corpore diversimode moveantur. [in: P. 2. prop. 16., prop. 24., P. 3. postul. 1., prop. 17. schol., prop. 51., prop. 57.]*

-------- axiom. 2. *Cum corpus motum alteri quiescenti quod dimovere nequit, impingit, reflectitur, ut moveri pergat, et angulus lineae motus reflectionis cum plano corporis quiescentis, cui impegit, aequalis erit angulo, quem linea motus incidentiae cum eodem plano efficit. [in: P. 2. prop. 17. coroll.]*

-------- defin. *Cum corpora aliquot eiusdem aut diversae magnitudinis a reliquis ita coercentur, ut invicem incumbant, vel si eodem aut diversis celeritatis gradibus moventur, ut motus suos invicem certa quadam ratione communicent, illa corpora invicem unita dicemus, et omnia simul unum corpus, sive individuum componere, quod a reliquis per hanc corporum unionem distinguitur. [in: P. 2. lem. 4., lem. 7., prop. 24., P. 4. prop. 39.]*

-------- axiom. 3. *Quo partes individui vel corporis compositi secundum maiores vel minores superficies sibi invicem incumbunt, eo difficilius vel facilius cogi possunt, ut situm suum mutent, et consequenter eo difficilius vel facilius effici potest, ut ipsum individuum aliam figuram induat. Atque hinc corpora, quorum partes secundum magnas superficies invicem incumbunt, dura, quorum autem partes secundum parvas, mollia, et quorum denique partes inter se moventur, fluida vocabo.*

---- lem. 4. *Si corporis sive individui, quod ex pluribus corporibus componitur, quaedam corpora segregentur, et simul totidem alia eiusdem naturae eorum loco succedant, retinebit individuum suam naturam, uti antea, absque ulla eius formae mutatione. [in: P. 2. lem. 5., prop. 24.]*

---- lem. 5. *Si partes individuum componentes, maiores minoresve evadant, ea tamen proportione, ut omnes eandem, ut antea, ad invicem motus et quietis rationem servent, retinebit itidem individuum suam naturam, ut antea, absque ulla formae mutatione. [in: P. 3. postul. 1.]*

---- lem. 6. *Si corpora quaedam individuum componentia motum, quem versus unam partem habent, aliam versus flectere cogantur, at ita, ut motus suos continuare possint, atque invicem eadam, qua antea, ratione communicare; retinebit itidem individuum suam naturam absque ulla formae mutatione.*

---- lem. 7. *Retinet praeterea individuum sic compositum suam naturam, sive id secundum totum moveatur, sive quiescat, sive versus hanc, sive versus illam partem moveatur, dummodo unaquaeque pars motum suum retineat, eumque, uti antea, reliquis communicet.* [*in:* P. 2. lem. 7. schol., P. 3. postul. 1.]

------ schol. [*in:* Ep. 66. §. 8.]

-- postul. 1. *Corpus humanum componitur ex plurimis (diversae naturae) individuis, quorum unumquodque valde compositum est.* [*in:* P. 2. prop. 15., prop. 24., P. 3. prop. 17. schol.]

-- postul. 2. *Individuorum, ex quibus corpus humanum componitur, quaedam fluida, quaedam mollia et quaedam denique dura sunt.*

-- postul. 3. *Individua corpus humanum componentia, et consequenter ipsum humanum corpus a corporibus externis plurimis modis afficitur.* [*in:* P. 2. prop. 14., prop. 28., P. 3. prop. 51., P. 4. prop. 39.]

-- postul. 4. *Corpus humanum indiget, ut conservetur, plurimis aliis corporibus, a quibus continuo quasi regeneratur.* [*in:* P. 2. prop. 19., P. 4. prop. 18. schol., prop. 39.]

-- postul. 5. *Cum corporis humani pars fluida a corpore externo determinatur, ut in aliam mollem saepe impingat, eius planum mutat et veluti quaedam corporis externi impellentis vestigia eidem imprimit.* [*in:* P. 2. prop. 17. coroll., P. 3. postul. 2.]

-- postul. 6. *Corpus humanum potest corpora externa plurimis modis movere plurimisque modis disponere.* [*in:* P. 2. prop. 14., P. 4. prop. 39.]

P. 2. prop. 14. *Mens humana apta est ad plurima percipiendum, et eo aptior, quo eius corpus pluribus modis disponi potest.* [*in:* P. 3. prop. 11., P. 4. prop. 38.]

P. 2. prop. 15. *Idea, quae esse formale humanae mentis constituit, non est simplex, sed ex plurimis ideis composita.* [*in:* P. 3. prop. 3.]

P. 2. prop. 16. *Idea cuiuscumque modi, quo corpus humanum a corporibus externis afficitur, involvere debet naturam corporis humani et simul naturam corporis externi.* [*in:* P. 2. prop. 17., prop. 18. schol., prop. 19., prop. 23., prop. 25., prop. 26., prop. 27., prop. 28., prop. 38., prop. 39., P. 3. prop. 27., P. 4. prop. 5.]

-- P. 2. prop. 16. coroll. 1. *Hinc sequitur primo, mentem humanam plurimorum corporum naturam una cum sui corporis natura percipere.* [*in:* P. 2. prop. 17., prop. 26., prop. 47.]

-- P. 2. prop. 16. coroll. 2. *Sequitur secundo, quod ideae, quas corporum externorum habemus, magis nostri corporis constitutionem, quam corporum externorum naturam indicant.* [*in:* P. 2. prop. 17. schol., P. 3. prop. 14., prop. 18., gener. aff. defin., P. 4. prop. 1. schol., P. 4. prop. 9., P. 5. prop.

34.]
P. 2. prop. 17. *Si humanum corpus affectum est modo, qui naturam corporis alicuius externi involvit, mens humana idem corpus externum ut actu existens, vel ut sibi praesens contemplabitur, donec corpus afficiatur affectu, qui eiusdem corporis existentiam vel praesentiam secludat.* [*in:* P. 2. prop. 17. coroll., P. 2. prop. 19., prop. 44. schol., prop. 47., P. 3. prop. 11. schol., prop. 12., prop. 13., prop. 18., prop. 18. schol. 1., prop. 19., prop. 25., prop. 28., prop. 56., P. 4. prop. 1. schol., prop. 9., P. 5. prop. 7.]

-- P. 2. prop. 17. coroll. *Mens corpora externa, a quibus corpus humanum semel affectum fuit, quamvis non existant nec praesentia sint, contemplari tamen poterit, velut praesentia essent.* [*in:* P. 2. prop. 17. schol., prop. 18., prop. 40. schol. 1., prop. 44. schol., P. 3. prop. 18., prop. 25., prop. 30. schol., prop. 47. schol., P. 4. prop. 13.]

-- P. 2. prop. 17. schol. *Mentis imaginationes.* [*in:* P. 2. prop. 26. coroll., prop. 35. schol., prop. 40. schol. 1., prop. 49. schol., P. 3. postul. 2., prop. 11. schol., prop. 12., prop. 27., prop. 51. schol., prop. 56., P. 4. prop. 9., P. 5. prop. 21., prop. 34.]

P. 2. prop. 18. *Si corpus humanum a duobus, vel pluribus corporibus simul affectum fuerit semel, ubi mens postea eorum aliquod imaginabitur, statim et aliorum recordabitur.* [*in:* P. 2. prop. 40. schol. 1., prop. 44. schol., P. 3. prop. 11. schol., prop. 14., prop. 52., P. 4. prop. 13., P. 5. prop. 1., prop. 10. schol., prop. 12., prop. 13.]

-- P. 2. prop. 18. schol. *Quid sit memoria.* [*in:* P. 2. prop. 40. schol. 2., P. 3. prop. 11. schol., prop. 52., aff. defin. 4., P. 4. prop. 13., P. 5. prop. 21.]

P. 2. prop. 19. *Mens humana ipsum humanum corpus non cognoscit, nec ipsum existere scit, nisi per ideas affectionum, quibus corpus afficitur.* [*in:* P. 2. prop. 23., prop. 29. coroll., prop. 43. schol., prop. 47., P. 3. prop. 30., prop. 53.]

P. 2. prop. 20. *Mentis humanae datur etiam in Deo idea, sive cognitio, quae in Deo eodem modo sequitur et ad Deum eodem modo refertur, ac idea sive cognitio corporis humani.* [*in:* P. 2. prop. 22., prop. 23., prop. 43.]

P. 2. prop. 21. *Haec mentis idea eodem modo unita est menti, ac ipsa mens unita est corpori.* [*in:* P. 2. prop. 22., P. 4. prop. 8., P. 5. prop. 3.]

-- P. 2. prop. 21. schol. *Ostenditur mentem et corpus unum et idem esse individuum.* [*in:* P. 2. prop. 43. schol., P. 4. prop. 8., P. 5. prop. 3.]

P. 2. prop. 22. *Mens humana non tantum corporis affectiones, sed etiam harum affectionum ideas percipit.* [*in:* P. 2. prop. 23., prop. 47., P. 4. prop. 8.]

P. 2. prop. 23. *Mens se ipsam non cognoscit, nisi quatenus corporis affectionum ideas percipit.* [*in:* P. 2. prop. 29. coroll., prop. 47., P. 3. prop. 9., prop. 30., prop. 53., aff. defin. 1.]

P. 2. prop. 24. *Mens humana partium corpus humanum componentium adaequatam cognitionem non involvit.* [*in:* P. 2. prop. 28., prop. 36.]

P. 2. prop. 25. *Idea cuiuscumque affectionis corporis humani adaequatam corporis externi cognitionem non involvit.* [*in:* P. 2. prop. 26. coroll., prop. 27., prop. 28., prop. 29. coroll., prop. 38.]

P. 2. prop. 26. *Mens humana nullum corpus externum ut actu existens percipit, nisi per ideas affectionum sui corporis.* [*in:* P. 2. prop. 26. coroll., prop. 29. coroll., P. 5. prop. 21., prop. 29.]

-- P. 2. prop. 26. coroll. *Quatenus mens humana corpus externum imaginatur, eatenus adaequatam eius cognitionem non habet.*

P. 2. prop. 27. *Idea cuiuscumque affectionis corporis humani adaequatam ipsius humani corporis cognitionem non involvit.* [*in:* P. 2. prop. 29., prop. 29. coroll., prop. 38.]

P. 2. prop. 28. *Ideae affectionum corporis humani, quatenus ad humanam mentem tantum referuntur, non sunt clarae et distinctae, sed confusae.* [*in:* P. 2. prop. 29. coroll., prop. 36.]

-- P. 2. prop. 28. schol. *Idea, quae naturam mentis humanae constituit, demonstratur non esse in se sola considerata clara et distincta.* [*in:* P. 2. prop. 29. coroll.]

P. 2. prop. 29. *Idea ideae cuiuscumque affectionis corporis humani adaequatam humanae mentis cognitionem non involvit.* [*in:* P. 2. prop. 29. coroll., P. 4. prop. 64.]

-- P. 2. prop. 29. coroll. *Hinc sequitur, mentem humanam, quoties ex communi naturae ordine res percipit, nec sui ipsius, nec sui corporis, nec corporum externorum adaequatam, sed confusam tantum et mutilatam habere cognitionem.* [*in:* P. 2. prop. 40. schol. 2., P. 3. prop. 3.]

-- P. 2. prop. 29. schol.

P. 2. prop. 30. *Nos de duratione nostri corporis nullam nisi admodum inadaequatam cognitionem habere possumus.* [*in:* P. 2. prop. 31.]

P. 2. prop. 31. *Nos de duratione rerum singularium, quae extra nos sunt, nullam nisi admodum inadaequatam cognitionem habere possumus.* [*in:* P. 2. prop. 31. coroll., P. 4. prop. 62. schol.]

-- P. 2. prop. 31. coroll. *Hinc sequitur, omnes res particulares contingentes et corruptibiles esse.* [*in:* P. 3. aff. defin. 14., aff. defin. 15.]

P. 2. prop. 32. *Omnes ideae, quatenus ad Deum referuntur, verae sunt.* [*in:* P. 2. prop. 33., prop. 34., prop. 36., P. 4. prop. 1., P. 5. prop. 17.]

P. 2. prop. 33. *Nihil in ideis positivum est, propter quod falsae dicuntur.* [*in:* P. 2. prop. 35., P. 4. prop. 1.]

P. 2. prop. 34. *Omnis idea, quae in nobis est absoluta sive adaequata et perfecta, vera est.* [*in:* P. 2. prop. 41., prop. 43.]

P. 2. prop. 35. *Falsitas consistit in cognitionis privatione, quam ideae inadaequatae sive mutilatae et confusae involvunt.* [*in:* P. 2. prop. 41., prop. 43. schol., prop. 49. schol., P. 4. prop. 1.]

-- P. 2. prop. 35. schol. *Exemplum.* [*in:* P. 2. prop. 49. schol., P. 3. aff. defin.

27., P. 4. prop. 1. schol., P. 5. prop. 5.]

P. 2. prop. 36. *Ideae inadaequatae et confusae eadem necessitate consequuntur, ac adaequatae sive clarae ac distinctae ideae.*

P. 2. prop. 37. *Id quod omnibus commune quodque aeque in parte ac in toto est, nullius rei singularis essentiam constituit.* [*in:* P. 2. prop. 44. coroll. 2.]

P. 2. prop. 38. *Illa quae omnibus communia, quaeque aeque in parte ac in toto sunt, non possunt concipi nisi adaequate.* [*in:* P. 2. prop. 38. coroll., prop. 44. coroll. 2., prop. 46., P. 5. prop. 4., prop. 7.]

-- P. 2. prop. 38. coroll. *Hinc sequitur, dari quasdam ideas sive notiones omnibus hominibus communes.* [*in:* P. 2. prop. 40. schol. 2., P. 3. prop. 3.]

P. 2. prop. 39. *Id quod corpori humano et quibusdam corporibus externis, a quibus corpus humanum affici solet, commune est, et proprium, quodque in cuiuscumque horum parte aeque ac in toto est, eius etiam idea erit in mente adaequata.* [*in:* P. 2. prop. 40. schol. 2.]

-- P. 2. prop. 39. coroll. *Hinc sequitur, quod mens eo aptior est ad plura adaequate percipiendum, quo eius corpus plura habet cum aliis corporibus communia.* [*in:* P. 2. prop. 40. schol. 2.]

P. 2. prop. 40. *Quaecumque ideae in mente sequuntur ex ideis, quae in ipsa sunt adaequatae, sunt etiam adaequatae.* [*in:* P. 2. prop. 40. schol. 2., P. 4. prop. 26., prop. 52., P. 5. prop. 4. schol., prop. 31.]

-- P. 2. prop. 40. schol. 1. *Notiones communes, secundae, transcendentales, universales.* [*in:* P. 3. prop. 55. schol., prop. 56., P. 4. prop. 27.]

-- P. 2. prop. 40. schol. 2. *Tria cognitionis genera.* [*in:* P. 2. prop. 41., prop. 42., prop. 47. schol., P. 3. prop. 1., prop. 58., P. 4. prop. 26., prop. 27., P. 5. prop. 7., prop. 10., prop. 12., prop. 25., prop. 28., prop. 31., prop. 36. schol.]

P. 2. prop. 41. *Cognitio primi generis unica est falsitatis causa, secundi autem et tertii est necessario vera.* [*in:* P. 2. prop. 44., prop. 44. coroll. 2., P. 4. prop. 27., prop. 35., prop. 62.]

P. 2. prop. 42. *Secundi et tertii, et non primi generis cognitio docet nos verum a falso distinguere.*

P. 2. prop. 43. *Qui veram habet ideam, simul scit se veram habere ideam, nec de rei veritate potest dubitare.* [*in:* P. 2. prop. 43. schol., prop. 49. schol., P. 3. prop. 58., P. 4. prop. 27., prop. 52., prop. 56., prop. 62., P. 5. prop. 27.]

-- P. 2. prop. 43. schol. *Veritas norma sui et falsi.* [*in:* P. 2. prop. 49. schol., P. 4. prop. 27., prop. 62.]

P. 2. prop. 44. *De natura rationis non est res ut contingentes, sed ut necessarias contemplari.* [*in:* prop. 44. coroll. 2.]

-- P. 2. prop. 44. coroll. 1. *Hinc sequitur, a sola imaginatione pendere, quod res tam respectu praeteriti, quam futuri, ut contingentes contemplemur.*

-- P. 2. prop. 44. schol. *Animi fluctuationes.* [*in:* P. 2. prop. 49. schol., P. 3. prop. 17. schol., prop. 18., prop. 18. schol. 1., P. 4. prop. 62. schol.]

-- P. 2. prop. 44. coroll. 2. *De natura rationis est res sub quadam aeternitatis specie percipere.* [*in:* P. 4. prop. 62., P. 5. prop. 29.]

P. 2. prop. 45. *Unaquaeque cuiuscumque corporis, vel rei singularis actu existentis idea Dei aeternam et infinitam essentiam necessario involvit.* [*in:* P. 2. prop. 46., prop. 47., P. 5. prop. 20. schol., prop. 29. schol.]

-- P. 2. prop. 45. schol. *Per existentiam non intelligatur duratio.* [*in:* P. 5. prop. 29. schol.]

P. 2. prop. 46. *Cognitio aeternae et infinitae essentiae Dei, quam unaquaeque idea involvit, est adaequata et perfecta.* [*in:* P. 2. prop. 47., P. 5. prop. 18., prop. 31.]

P. 2. prop. 47. *Mens humana adaequatam habet cognitionem aeternae et infinitae essentiae Dei.* [*in:* P. 4. prop. 36., prop. 36. schol., prop. 37., P. 5. prop. 18.]

-- P. 2. prop. 47. schol. *Hominum errores de Deo.* [*in:* P. 2. prop. 49. schol., P. 4. prop. 36., P. 5. prop. 10., prop. 20. schol., prop. 36. schol.]

P. 2. prop. 48. *In mente nulla est absoluta sive libera voluntas, sed mens ad hoc vel illud volendum determinatur a causa, quae etiam ab alia determinata est, et haec iterum ab alia, et sic in infinitum.* [*in:* P. 2. prop. 49., prop. 49. coroll., P. 3. aff. defin. 6., etiam in:* TP cap. 2. art. 1.]

-- P. 2. prop. 48. schol. *Entia metaphysica sive universalia.* [*in:* P. 2. prop. 49. coroll.]

P. 2. prop. 49. *In mente nulla datur volitio sive affirmatio et negatio praeter illam, quam idea, quatenus idea est, involvit.* [*in:* P. 2. prop. 48. schol., prop. 49. coroll., prop. 49. schol., P. 3. prop. 2. schol.]

-- P. 2. prop. 49. coroll. *Voluntas et intellectus unum et idem sunt.*

-- P. 2. prop. 49. schol. *De adversariorum obiectionibus. Quid haec doctrina a usum vitae conferat.* [*in:* P. 3. aff. defin. 14., aff. defin. 15., etiam in:* TP cap. 2. art. 1.]

Pars tertia.

P. 3. praef. [*in:* P. 4. prop. 57. schol.]

P. 3. defin. 1. *Causam adaequatam appello eam, cuius effectus potest clare et distincte per eandem percipi. Inadaequatam autem seu partialem illam voco, cuius effectus per ipsam solam intelligi nequit.* [*in:* P. 3. defin. 2., prop. 1., P. 4. prop. 2., prop. 5., prop. 23., prop. 33., P. 5. prop. 31.]

P. 3. defin. 2. *Nos tum agere dico, cum aliquid in nobis aut extra nos fit, cuius adaequata sumus causa, hoc est cum ex nostra natura aliquid in nobis, aut extra nos sequitur, quod per eandem solam potest clare et distincte intelligi. At contra nos pati dico, cum in nobis aliquid fit vel ex nostra natura aliquid sequitur, cuius nos non nisi partialis sumus causa.* [*in:* P. 3. prop. 1., P. 4. prop. 2., prop. 5., prop. 15., prop. 23., prop. 33., prop. 35., prop. 35. coroll. 1., prop. 52., prop. 59., prop. 61., prop. 64.]

P. 3. defin. 3. *Per affectum intelligo corporis affectiones, quibus ipsius corporis agendi potentia augetur vel minuitur, iuvatur vel coercetur, et simul harum affectionum ideas.* [*in:* P. 3. prop. 14.]

P. 3. postul. 1. *Corpus humanum potest multis affici modis, quibus ipsius agendi potentia augetur vel minuitur, et etiam aliis, qui eiusdem agendi potentiam nec majorem nec minorem reddunt.* [*in:* P. 3. prop. 12., prop. 15.]
P. 3. postul. 2. *Corpus humanum multas pati potest mutationes, et nihilominus retinere obiectorum impressiones seu vestigia et consequenter easdem rerum imagines.*

P. 3. prop. 1. *Mens nostra quaedam agit, quaedam vero patitur; nempe quatenus adaequatas habet ideas, eatenus quaedam necessario agit, et quatenus ideas habet inadaequatas, eatenus necessario quaedam patitur.* [*in:* P. 3. prop. 3., prop. 56., prop. 58., prop. 59., P. 4. prop. 23., prop. 28., P. 5. prop. 20. schol.]
-- P. 3. prop. 1. coroll. *Hinc sequitur mentem eo pluribus passionibus esse obnoxiam quo plures ideas inadaequatas habet et contra eo plura agere quo plures habet adaequatas.*
P. 3. prop. 2. *Nec corpus mentem ad cogitandum, nec mens corpus ad motum, neque ad quietem, nec ad aliquid (si quid est) aliud determinare potest.* [*in:* P. 5. prop. 1.]
-- P. 3. prop. 2. schol. *Mens et corpus una eademque sunt. De decreto et determinatione.*
P. 3. prop. 3. *Mentis actiones ex solis ideis adaequatis oriuntur; passiones autem a solis inadaequatis pendent.* [*in:* P. 3. prop. 9., prop. 56., gener. aff. defin., P. 4. prop. 15., prop. 24., prop. 28., prop. 35., prop. 35. coroll. 2., prop. 51., prop. 52., prop. 59., prop. 61., prop. 63., prop. 64., P. 5. prop. 3., prop. 4. schol., prop. 18., prop. 20. schol., prop. 36., prop. 40., prop. 40. coroll., prop. 42.]
-- P. 3. prop. 3. schol. *Passiones ad mentem non referuntur.* [*in:* P. 4. prop. 32., prop. 59., P. 5. prop. 40.]
P. 3. prop. 4. *Nulla res nisi a causa externa potest destrui.* [*in:* P. 3. prop. 5., prop. 6., prop. 8., prop. 11. schol., P. 4. prop. 1., prop. 4., prop. 18. schol., prop. 20., prop. 30.]
P. 3. prop. 5. *Res eatenus contrariae sunt naturae, hoc est, eatenus in eodem subiecto esse nequeunt, quatenus una alteram potest destruere.* [*in:* P. 3. prop. 6., prop. 10., prop. 37., P. 4. prop. 7., prop. 30.]
P. 3. prop. 6. *Unaquaeque res, quantum in se est, in suo esse perseverare conatur.* [*in:* P. 3. prop. 7., prop. 12., prop. 44. schol., P. 4. prop. 4., prop. 20., prop. 25., prop. 26., prop. 31., prop. 60., prop. 64.]
P. 3. prop. 7. *Conatus, quo unaquaeque res in suo esse perseverare conatur, nihil est praeter ipsius rei actualem essentiam.* [*in:* P. 3. prop. 9., prop. 10., prop. 37., prop. 54., P. 4. defin. 8., prop. 4., prop. 5., prop. 8., prop. 15., prop. 18., prop. 18. schol., prop. 20., prop. 21., prop. 22., prop. 25., prop.

26., prop. 32., prop. 33., prop. 53., prop. 60., prop. 64., P. 5. axiom. 2., prop. 8., prop. 9., prop. 25., *etiam in:* Ep. 66. §. 2.]

P. 3. prop. 8. *Conatus, quo unaquaeque res in suo esse perseverare conatur, nullum tempus finitum, sed indefinitum involvit.* [*in:* P. 3. prop. 9.]

P. 3. prop. 9. *Mens tam quatenus claras et distinctas, quam quatenus confusas habet ideas, conatur in suo esse perseverare indefinita quadam duratione, et huius sui conatus est conscia.* [*in:* P. 3. prop. 12., prop. 13., prop. 58.]

-- P. 3. prop. 9. schol. *Voluntas, appetitus, cupiditas.* [*in:* P. 3. prop. 11. schol., prop. 27. coroll. 3., prop. 28., prop. 37., prop. 39. schol., prop. 55. coroll. 2., prop. 56., prop. 57., prop. 58., aff. defin. 1., P. 4. prop. 19., prop. 26.]

P. 3. prop. 10. *Idea, quae corporis nostri existentiam secludit, in nostra mente dari nequit, sed eidem est contraria.* [*in:* P. 3. prop. 11. schol., P. 4. prop. 20. schol.]

P. 3. prop. 11. *Quicquid corporis nostri agendi potentiam auget vel minuit, iuvat vel coercet, eiusdem rei idea mentis nostrae cogitandi potentiam auget vel minuit, iuvat vel coercet.* [*in:* P. 3. prop. 12., prop. 34., prop. 57., prop. 59., P. 4. prop. 41., prop. 42.]

-- P. 3. prop. 11. schol. *Tres affectus primitivi: cupiditas, laetitia, tristitia.* [*in:* P. 3. prop. 15., prop. 15. coroll., prop. 19., prop. 20., prop. 21., prop. 23., prop. 34., prop. 35., prop. 37., prop. 38., prop. 53., prop. 55., prop. 55. coroll. 2., prop. 56., prop. 57., prop. 59., aff. defin. 2., aff. defin. 3., aff. defin. 4., P. 4. prop. 8., prop. 18., prop. 29., prop. 30., prop. 41., prop. 42., prop. 43., prop. 44., prop. 51.]

P. 3. prop. 12. *Mens quantum potest, ea imaginari conatur, quae corporis agendi potentiam augent vel iuvant.* [*in:* P. 3. prop. 13., prop. 15. coroll., prop. 19., prop. 25., prop. 28., prop. 33., prop. 42., prop. 52. schol., P. 4. prop. 60.]

P. 3. prop. 13. *Cum mens ea imaginatur, quae corporis agendi potentiam minuunt vel coercent, conatur, quantum potest, rerum recordari, quae horum existentiam secludunt.* [*in:* P. 3. prop. 20., prop. 23., prop. 25., prop. 27. coroll. 3., prop. 28., aff. defin. 29.]

-- P. 3. prop. 13. coroll. *Hinc sequitur quod mens ea imaginari aversatur, quae ipsius et corporis potentiam minuunt vel coercent.* [*in:* P. 3. prop. 15. coroll., prop. 38.]

-- P. 3. prop. 13. schol. *Amor, odium.* [*in:* P. 3. prop. 15. coroll., prop. 17., prop. 19., prop. 20., prop. 22., prop. 28., prop. 29., prop. 30. schol., prop. 33., prop. 34., prop. 35., prop. 38., prop. 39., prop. 40., prop. 44., prop. 45., prop. 48., prop. 49., prop. 55. coroll. 2., aff. defin. 6., aff. defin. 7., P. 4. prop. 57.]

P. 3. prop. 14. *Si mens duobus affectibus simul affecta semel fuit, ubi postea eorum alterutro afficietur, afficietur etiam altero.* [*in:* P. 3. prop. 15., prop. 15. coroll., prop. 16.]

P. 3. prop. 15. *Res quaecumque potest esse per accidens causa laetitiae,*
tristitiae vel cupiditatis. [*in:* P. 3. prop. 16., prop. 36., prop. 50., prop. 52.
schol.]

-- P. 3. prop. 15. coroll. *Ex eo solo, quod rem aliquam affectu laetitiae vel*
tristitiae, cuius ipsa non est causa efficiens, contemplati sumus, eandem amare
vel odio habere possumus. [*in:* P. 3. prop. 16., prop. 35., prop. 35. schol.,
prop. 41., prop. 50. schol., prop. 52. schol.]

-- P. 3. prop. 15. schol. *Sympathia, antipathia.* [*in:* P. 3. aff. defin. 8., aff.
defin. 9.]

P. 3. prop. 16. *Ex eo solo, quod rem aliquam aliquid habere imaginamur simile*
obiecto, quod mentem laetitia vel tristitia afficere solet, quamvis id, in quo res
obiecto est similis, non sit horum affectuum efficiens causa, eam tamen
amabimus vel odio habebimus. [*in:* P. 3. prop. 15. schol., prop. 17., prop.
41., prop. 46., P. 4. prop. 34.]

P. 3. prop. 17. *Si rem, quae nos tristitiae affectu afficere solet, aliquid habere*
imaginamur simile alteri, quae nos aeque magno laetitiae affectu solet afficere,
eandem odio habebimus et simul amabimus. [*in:* prop. 17. schol.]

-- P. 3. prop. 17. schol. *Animi fluctuatio.* [*in:* P. 3. prop. 31.]

P. 3. prop. 18. *Homo ex imagine rei praeteritae aut futurae eodem laetitiae et*
tristitiae affectu afficitur, ac ex imagine rei praesentis. [*in:* P. 3. aff. defin. 14.,
aff. defin. 15., P. 4. prop. 9. schol., prop. 12.]

-- P. 3. prop. 18. schol. 1. *Res praeterita, futura.* [*in:* P. 4. defin. 6.]

-- P. 3. prop. 18. schol. 2. *Spes, metus, securitas, desperatio, gaudium,*
conscientiae morsus. [*in:* P. 3. prop. 50., prop. 50. schol., aff. defin. 13., aff.
defin. 14., aff. defin. 15., P. 4. defin. 6.]

P. 3. prop. 19. *Qui id quod amat destrui imaginatur, contristabitur; si contra*
autem conservari, laetabitur. [*in:* P. 3. prop. 21., prop. 36. coroll., prop. 42.,
aff. defin. 12., aff. defin. 13., P. 5. prop. 19.]

P. 3. prop. 20. *Qui id quod odio habet destrui imaginatur, laetabitur.* [*in:* P. 3.
prop. 23., prop. 28., aff. defin. 11., aff. defin. 12., aff. defin. 13.]

P. 3. prop. 21. *Qui id quod amat laetitia vel tristitia affectum imaginatur,*
laetitia etiam vel tristitia afficietur; et uterque hic affectus maior aut minor erit
in amante, prout uterque maior aut minor est in re amata. [*in:* P. 3. prop. 22.,
prop. 22. schol., prop. 25., prop. 26., prop. 27. coroll. 1., prop. 38., prop.
45.]

P. 3. prop. 22. *Si aliquem imaginamur laetitia afficere rem, quam amamus,*
amore erga eum afficiemur. Si contra eundem imaginamur tristitia eandem
afficere, contra odio etiam contra ipsum afficiemur. [*in:* P. 3. prop. 24., prop.
27. coroll. 1.]

-- P. 3. prop. 22. schol. *Commiseratio, favor, indignatio.* [*in:* P. 3. prop. 27.
schol., prop. 27. coroll. 3. schol., aff. defin. 18., aff. defin. 19., aff. defin.
20.]

P. 3. prop. 23. *Qui id quod odio habet tristitia affectum imaginatur, laetabitur;*

si contra idem laetitia affectum esse imaginetur, contristabitur; et uterque hic affectus maior aut minor erit, prout eius contrarius maior aut minor est in eo, quod odio habet. [*in:* P. 3. prop. 26., prop. 27., prop. 27. coroll. 2., prop. 35., prop. 38.]
-- P. 3. prop. 23. schol.

P. 3. prop. 24. *Si aliquem imaginamur laetitia afficere rem, quam odio habemus, odio etiam erga eum afficiemur. Si contra eundem imaginamur tristitia eandem rem afficere, amore erga ipsum afficiemur.* [*in:* P. 3. prop. 35. schol.]
-- P. 3. prop. 24. schol. *Invidia.* [*in:* P. 3. prop. 55. coroll. 2., prop. 55. schol., aff. defin. 23.]

P. 3. prop. 25. *Id omne de nobis deque re amata affirmare conamur, quod nos vel rem amatam laetitia afficere imaginamur; et contra id omne negare, quod nos vel rem amatam tristitia afficere imaginamur.* [*in:* P. 3. prop. 26., prop. 30. schol., prop. 40. schol., prop. 41. schol., prop. 50. schol., P. 4. prop. 49.]

P. 3. prop. 26. *Id omne de re, quam odio habemus, affirmare conamur, quod ipsam tristitia afficere imaginamur, et id contra negare, quod ipsam laetitia afficere imaginamur.* [*in:* prop. 40. coroll. 2., prop. 43.]
-- P. 3. prop. 26. schol. *Superbia, existimatio, despectus.* [*in:* P. 3. aff. defin. 21., aff. defin. 22., aff. defin. 28.]

P. 3. prop. 27. *Ex eo, quod rem nobis similem et quam nullo affectu prosecuti sumus, aliquo affectu affici imaginamur, eo ipso simili affectu afficimur.* [*in:* P. 3. prop. 22. schol., prop. 23. schol., prop. 27. coroll. 1., prop. 27. coroll. 3., prop. 29., prop. 30., prop. 31., prop. 32., prop. 40., prop. 47., prop. 49. schol., prop. 52. schol., prop. 53. coroll., aff. defin. 33., aff. defin. 44., P. 4. prop. 50. schol., prop. 68. schol.]
-- P. 3. prop. 27. schol. *Commiseratio, aemulatio.* [*in:* P. 3. aff. defin. 18., aff. defin. 33.]
-- P. 3. prop. 27. coroll. 1. *Si aliquem, quem nullo affectu prosecuti sumus, imaginamur laetitia afficere rem nobis similem, amore erga eundem afficiemur. Si contra eundem imaginamur eandem tristitia afficere, odio erga ipsum afficiemur.* [*in:* P. 3. prop. 32., aff. defin. 19., aff. defin. 20.]
-- P. 3. prop. 27. coroll. 2. *Rem, cuius nos miseret, odio habere non possumus ex eo, quod ipsius miseria nos tristitia afficit.*
-- P. 3. prop. 27. coroll. 3. *Rem, cuius nos miseret, a miseria, quantum possumus, liberare conabimur.* [*in:* P. 4. prop. 50.]
-- P. 3. prop. 27. coroll. 3. schol. *Benevolentia.* [*in:* P. 3. aff. defin. 35.]

P. 3. prop. 28. *Id omne, quod ad laetitiam conducere imaginamur, conamur promovere, ut fiat; quod vero eidem repugnare sive ad tristitiam conducere imaginamur, amovere vel destruere conamur.* [*in:* P. 3. prop. 29., prop. 31. coroll., prop. 32., prop. 35., prop. 36., prop. 38., prop. 39., prop. 39.

schol., prop. 50. schol., prop. 51. schol., prop. 55. schol., P. 4. prop. 19., prop. 37. schol. 2., P. 5. prop. 19.]

P. 3. prop. 29. *Nos id omne etiam agere conabimur, quod homines cum laetitia aspicere imaginamur, et contra id agere aversabimur, quod homines aversari imaginamur.* [*in:* P. 3. prop. 33., prop. 43., *etiam in:* TP cap. 7. art. 6.] -- P. 3. prop. 29. schol. *Ambitio, humanitas, laus, vituperium.* [*in:* P. 3. prop. 31. schol., prop. 53. coroll., aff. defin. 44., P. 4. prop. 37. schol. 2., *etiam in:* TP cap. 2. art. 24.]

P. 3. prop. 30. *Si quis aliquid egit, quod reliquos laetitia afficere imaginatur, is laetitia concomitante idea sui, tanquam causa, afficietur, sive se ipsum cum laetitia contemplabitur. Si contra aliquid egit, quod reliquos tristitia afficere imaginatur, se ipsum cum tristitia contra contemplabitur.* [*in:* P. 3. prop. 34., prop. 40. schol., prop. 41. schol., prop. 43.] -- P. 3. prop. 30. schol. *Gloria, pudor, acquiescentia in se ipso, poenitentia.* [*in:* P. 3. prop. 34., prop. 35., prop. 40. schol., prop. 41. schol., prop. 42., aff. defin. 28., aff. defin. 29., aff. defin. 30., aff. defin. 31.]

P. 3. prop. 31. *Si aliquem imaginamur amare vel cupere vel odio habere aliquid, quod ipsi amamus, cupimus vel odio habemus, eo ipso rem constantius amabimus etc. Si autem id, quod amamus, eum aversari imaginamur, vel contra, tum animi fluctuationem patiemur.* [*in:* P. 3. prop. 35., aff. defin. 44., P. 4. prop. 34. schol., prop. 37., P. 5. prop. 20.] -- P. 3. prop. 31. coroll. *Sequitur unumquemque quantum potest conari ut unusquisque id quod ipse amat, amet et quod ipse odit, odio etiam habeat.* [*in:* P. 4. prop. 37., P. 5. prop. 4. schol.] -- P. 3. prop. 31. schol. *Ambitio.* [*in:* P. 4. app. cap. 19., *etiam in:* TP cap. 1. art. 5.]

P. 3. prop. 32. *Si aliquem re aliqua, qua unus solus potiri potest, gaudere imaginamur, conabimur efficere, ne ille illa re potiatur.* [*in:* P. 3. prop. 32. schol., aff. defin. 33., P. 4. prop. 34.] -- P. 3. prop. 32. schol. *Homines natura invidi, ambitiosi, misericordes.* [*in:* P. 3. prop. 55. schol., aff. defin. 23., aff. defin. 33., P. 4. prop. 34., *etiam in:* TP cap. 1. art. 5.]

P. 3. prop. 33. *Cum rem nobis similem amamus, conamur, quantum possumus, efficere, ut nos contra amet.* [*in:* P. 3. prop. 34., prop. 38., prop. 42.]

P. 3. prop. 34. *Quo maiore affectu rem amatam erga nos affectam esse imaginamur, eo magis gloriabimur.* [*in:* P. 3. prop. 35., prop. 42., prop. 49. schol.]

P. 3. prop. 35. *Si quis imaginatur rem amatam eodem vel arctiore vinculo amicitiae, quo ipse eadem solus potiebatur, alium sibi iungere, odio erga ipsam rem amatam afficietur, et illi alteri invidebit.* -- P. 3. prop. 35. schol. *Zelotypia.,* [*in:* P. 5. prop. 20.]

P. 3. prop. 36. *Qui rei, qua semel delectatus est, recordatur, cupit eadem cum iisdem potiri circumstantiis ac cum primo ipsa delectatus est.* [*in:* P. 3. prop.

36. coroll.]
-- P. 3. prop. 36. coroll. *Si itaque unam ex iis circumstantiis deficere compererit, amans contristabitur.*
-- P. 3. prop. 36. schol. *Desiderium.*

P. 3. prop. 37. *Cupiditas, quae prae tristitia vel laetitia praeque odio vel amore oritur, eo est maior, quo affectus maior est.* [*in:* P. 3. prop. 38., prop. 39., prop. 43., prop. 44., P. 4. prop. 15., prop. 37., prop. 44.]

P. 3. prop. 38. *Si quis rem amatam odio habere inceperit, ita ut amor plane aboleatur, eandem maiore odio ex pari causa prosequetur, quam si ipsam nunquam amavisset, et eo maiore, quo amor antea maior fuerat.* [*in:* P. 3. prop. 44.]

P. 3. prop. 39. *Qui aliquem odio habet, ei malum inferre conabitur, nisi ex eo maius sibi malum oriri timeat; et contra, qui aliquem amat, ei eadem lege benefacere conabitur.* [*in:* P. 3. prop. 40. coroll. 2., prop. 40. schol., prop. 41. schol., aff. defin. 34., aff. defin. 36., P. 4. prop. 34., prop. 37. schol. 2., prop. 45., prop. 45. coroll. 1., prop. 45. coroll. 2.]
-- P. 3. prop. 39. schol. *Bonum, malum. Timor, metus, verecundia, consternatio.* [*in:* P. 3. prop. 51. schol., aff. defin. 39., aff. defin. 42., P. 4. prop. 70.]

P. 3. prop. 40. *Qui se odio haberi ab aliquo imaginatur, nec se ullam odii causam illi dedisse credit, eundem odio contra habebit.* [*in:* P. 3. prop. 40. coroll. 1., prop. 40. coroll. 2., prop. 41., prop. 43., prop. 45., prop. 49. schol., P. 4. prop. 34.]
-- P. 3. prop. 40. schol. *Pudor; odii reciprocatio.* [*in:* P. 3. prop. 41., prop. 41. schol., P. 4. prop. 34.]
-- P. 3. prop. 40. coroll. 1. *Qui, quem amat, odio erga se affectum imaginatur, odio et amore simul conflictabitur.* [*in:* P. 3. prop. 41. coroll.]
-- P. 3. prop. 40. coroll. 2. *Si aliquis imaginatur, ab aliquo, quem antea nullo affectu prosecutus est, malum aliquod prae odio sibi illatum esse, statim idem malum eidem referre conabitur.* [*in:* P. 3. aff. defin. 37., P. 4. prop. 37. schol. 2.]
-- P. 3. prop. 40. coroll. 2. schol. *Ira, vindicta.* [*in:* P. 3. aff. defin. 37.]

P. 3. prop. 41. *Si quis ab aliquo se amari imaginatur, nec se ullam ad id causam dedisse credit, eundem contra amabit.* [*in:* P. 3. prop. 43.]
-- P. 3. prop. 41. schol. *Gratia seu gratitudo.* [*in:* P. 3. aff. defin. 34., P. 4. prop. 49., prop. 57. schol.]
-- P. 3. prop. 41. coroll. *Qui ab eo, quem odio habet, se amari imaginatur, odio et amore simul conflictabitur.*
-- P. 3. prop. 41. coroll. schol. *Crudelitas seu saevitia.*

P. 3. prop. 42. *Qui in aliquem amore aut spe gloriae motus beneficium contulit, contristabitur, si viderit, beneficium ingrato animo accipi.* [*in:* P. 4. prop. 70.]

P. 3. prop. 43. *Odium reciproco odio augetur, et amore contra deleri potest.* [*in:* P. 3. prop. 49. schol., P. 4. prop. 46.]

P. 3. prop. 44. Odium, quod amore plane vincitur, in amorem transit; et amor propterea maior est, quam si odium non praecessisset. [*in: P. 4. prop. 46.*]
-- P. 3. prop. 44. schol.

P. 3. prop. 45. Si quis aliquem sibi similem odio in rem sibi similem, quam amat, affectum esse imaginatur, eum odio habebit.

P. 3. prop. 46. Si quis ab aliquo cuiusdam classis, sive nationis a sua diversae, laetitia vel tristitia affectus fuerit, concomitante eius idea sub nomine universali classis vel nationis tanquam causa, is non tantum illum, sed omnes eiusdem classis vel nationis amabit vel odio habebit.

P. 3. prop. 47. Laetitia, quae ex eo oritur, quod scilicet rem, quam odimus, destrui aut alio malo affici imaginamur, non oritur absque ulla animi tristitia.
-- P. 3. prop. 47. schol. Demonstratur aliter. [*in: P. 3. aff. defin. 11., aff. defin. 32.*]

P. 3. prop. 48. Amor et odium ex. gr. erga Petrum destruitur, si tristitia, quam hoc, et laetitia, quam ille involvit, ideae alterius causae iungatur; et eatenus uterque diminuitur, quatenus imaginamur Petrum non solum fuisse alterutrius causam. [*in: P. 3. prop. 49. , P. 5. prop. 6., prop. 9.*]

P. 3. prop. 49. Amor et odium erga rem, quam liberam esse imaginamur, maior ex pari causa uterque debet esse, quam erga necessariam. [*in: P. 3. prop. 51. schol., P. 5. prop. 5.*]
-- P. 3. prop. 49. schol.

P. 3. prop. 50. Res quaecumque potest esse per accidens spei aut metus causa.
-- P. 3. prop. 50. schol. *Bona et mala omina.*

P. 3. prop. 51. Diversi homines ab uno eodemque obiecto diversimode affici possunt, et unus idemque homo ab uno eodemque obiecto potest diversis temporibus diversimode affici. [*in: P. 4. prop. 33.*]
-- P. 3. prop. 51. schol. *Audax, intrepidus, pusillanimus. Poenitentia et acquiescentia in se ipso.* [*in: P. 3. aff. defin. 25., aff. defin. 27., aff. defin. 40., aff. defin. 41., aff. defin. 42.*]

P. 3. prop. 52. Obiectum quod simul cum aliis antea vidimus, vel quod nihil habere imaginamur, nisi quod commune est pluribus, non tamdiu contemplabimur, ac illud, quod aliquid singulare habere imaginamur. [*in: P. 3. prop. 55. coroll. 2. schol., aff. defin. 4., aff. defin. 10.*]
-- P. 3. prop. 52. schol. *Admiratio, consternatio, veneratio, horror, devotio, contemptus, irrisio, dedignatio.* [*in: P. 3. prop. 55. coroll. 2. schol., aff. defin. 4., aff. defin. 5., aff. defin. 11., aff. defin. 42.*]

P. 3. prop. 53. Cum mens se ipsam suamque agendi potentiam contemplatur, laetatur; et eo magis, quo se suamque agendi potentiam distinctius imaginatur. [*in: P. 3. prop. 55. schol., prop. 58., aff. defin. 25., P. 5. prop. 15.*]
-- P. 3. prop. 53. coroll. *Haec laetitia magis magisque fovetur, quo magis homo se ab aliis laudari imaginatur.* [*in: P. 3. prop. 55. coroll. 1., P. 4. prop. 52. schol.*]

P. 3. prop. 54. *Mens ea tantum imaginari conatur, quae ipsius agendi potentiam ponunt.* [*in:* P. 3. prop. 55., aff. defin. 25., aff. defin. 29.]

P. 3. prop. 55. *Cum mens suam impotentiam imaginatur, eo ipso contristatur.* [*in:* P. 3. aff. defin. 26., P. 4. prop. 53.]

-- P. 3. prop. 55. coroll. 1. *Haec tristitia magis ac magis fovetur, si se ab aliis vituperari imaginatur.* [*in:* P. 4. prop. 52. schol.]

-- P. 3. prop. 55. schol. *Humilitas, philautia.* [*in:* P. 3. aff. defin. 25., aff. defin. 26., P. 4. prop. 34., prop. 57. schol.]

-- P. 3. prop. 55. coroll. 2. *Nemo virtutem alicui nisi aequali invidet.*

-- P. 3. prop. 55. coroll. 2. schol.

P. 3. prop. 56. *Laetitiae, tristitiae et cupiditatis, et consequenter uniuscuiusque affectus, qui ex his componitur, ut animi fluctuationis, vel qui ab his derivatur, nempe amoris, odii, spei, metus etc., tot species dantur, quot sunt species obiectorum, a quibus afficimur.* [*in:* P. 4. prop. 33.]

-- P. 3. prop. 56. schol. *Luxuria, ebrietas, libido, avaritia, ambitio.* [*in:* P. 3. aff. defin. 44., aff. defin. 45., aff. defin. 46., aff. defin. 47., aff. defin. 48.]

P. 3. prop. 57. *Quilibet uniuscuiusque individui affectus ab affectu alterius tantum discrepat, quantum essentia unius ab essentia alterius differt.* [*in:* P. 3. prop. 57. schol.]

-- P. 3. prop. 57. schol. *De affectibus animalium, quae irrationalia dicuntur.* [*in:* P. 4. prop. 37. schol. 1.]

P. 3. prop. 58. *Praeter laetitiam et cupiditatem, quae passiones sunt, alii laetitiae et cupiditatis affectus dantur, qui ad nos, quatenus agimus, referuntur.* [*in:* P. 3. prop. 59.]

P. 3. prop. 59. *Inter omnes affectus, qui ad mentem, quatenus agit, referuntur, nulli alii sunt, quam qui ad laetitiam vel cupiditatem referuntur.* [*in:* P. 4. prop. 34., prop. 51., prop. 63., prop. 63. coroll., P. 5. prop. 10. schol., prop. 18., prop. 18. schol., prop. 42.]

-- P. 3. prop. 59. schol. *Animi fortitudo: animositas, generositas, modestia; fastidium, taedium.* [*in:* P. 4. prop. 46., prop. 69., prop. 69. schol., prop. 73. schol.]

Affectuum definitiones.

P. 3. gener. aff. defin. *Affectus, qui animi pathema dicitur, est confusa idea, qua mens maiorem vel minorem sui corporis vel alicuius eius partis existendi vim, quam antea, affirmat, et qua data ipsa mens ad hoc potius, quam ad illud cogitandum determinatur.* [*in:* P. 4. prop. 7., prop. 7. coroll., prop. 8., prop. 9., prop. 14., P. 5. prop. 3., prop. 4. coroll., prop. 17., prop. 34., prop. 40. coroll.]

Abiectio	Despectus	Libido
Acquiescentia in se ipso	Desperatio	Luxuria
Admiratio	Devotio	Metus

214

Aemulatio	Ebrietas	Misericordia
Ambitio	Existimatio	Modestia
Amor	Favor	Odium
Audacia	Gaudium	Poenitentia
Avaritia	Gloria	Propensio
Aversio	Gratia	Pudor
Benevolentia	Gratitudo	Pusillanimitas
Commiseratio	Humanitas	Saevitia
Conscientiae morsus	Humilitas	Securitas
Consternatio	Indignatio	Spes
Contemptus	Invidia	Superbia
Crudelitas	Ira	Timor
Cupiditas	Irrisio	Tristitia
Desiderium	Laetitia	Vindicta

P. 3. aff. defin. 1. *Cupiditas est ipsa hominis essentia, quatenus ex data quacumque eius affectione determinata concipitur ad aliquid agendum.* [*in:* P. 4. prop. 15., prop. 18., prop. 19., prop. 21., prop. 37., prop. 59., prop. 61., P. 5. prop. 26., prop. 28.]

P. 3. aff. defin. 2. *Laetitia est hominis transitio a minore ad maiorem perfectionem.* [*in:* P. 5. prop. 17., prop. 27.]

P. 3. aff. defin. 3. *Tristitia est hominis transitio a maiore ad minorem perfectionem.* [*in:* P. 4. prop. 64., P. 5. prop. 17.]

P. 3. aff. defin. 4. *Admiratio est rei alicuius imaginatio, in qua mens defixa propterea manet, quia haec singularis imaginatio nullam cum reliquis habet connexionem.* [*in:* P. 4. prop. 59.]

P. 3. aff. defin. 5. *Contemptus est rei alicuius imaginatio, quae mentem adeo parum tangit, ut ipsa mens ex rei praesentia magis moveatur ad ea imaginandum, quae in ipsa re non sunt, quam quae in ipsa sunt.*

P. 3. aff. defin. 6. *Amor est laetitia concomitante idea causae externae.* [*in:* P. 3. aff. defin. 7., P. 4. prop. 34. schol., prop. 44., prop. 57., P. 5. prop. 2., prop. 15., prop. 17. coroll., prop. 32. coroll.]

P. 3. aff. defin. 7. *Odium est tristitia concomitante idea causae externae.* [*in:* P. 4. prop. 34., P. 5. prop. 2., prop. 17. coroll., prop. 18.]

P. 3. aff. defin. 8. *Propensio est laetitia concomitante idea alicuius rei, quae per accidens causa est laetitiae.*

P. 3. aff. defin. 9. *Aversio est tristitia concomitante idea alicuius rei, quae per accidens causa est tristitiae.*

P. 3. aff. defin. 10. *Devotio est amor erga eum, quem admiramur.*

P. 3. aff. defin. 11. *Irrisio est laetitia orta ex eo, quod aliquid, quod contemnimus in re, quam odimus, inesse imaginamur.*

P. 3. aff. defin. 12. *Spes est inconstans laetitia orta ex idea rei futurae vel praeteritae, de cuius eventu aliquatenus dubitamus.* [*in:* P. 4. prop. 47.]

P. 3. aff. defin. 13. *Metus est inconstans tristitia orta ex idea rei futurae vel praeteritae, de cuius eventu aliquatenus dubitamus.* [*in:* P. 4. prop. 47., prop. 63.]

P. 3. aff. defin. 14. *Securitas est laetitia orta ex idea rei futurae vel praeteritae, de qua dubitandi causa sublata est.*

P. 3. aff. defin. 15. *Desperatio est tristitia orta ex idea rei futurae vel praeteritae, de qua dubitandi causa sublata est.*

P. 3. aff. defin. 16. *Gaudium est laetitia concomitante idea rei praeteritae, quae praeter spem evenit.*

P. 3. aff. defin. 17. *Conscientiae morsus est tristitia concomitante idea rei praeteritae, quae praeter spem evenit.*

P. 3. aff. defin. 18. *Commiseratio est tristitia concomitante idea mali, quod alteri, quem nobis similem esse imaginamur, evenit.* [*in:* P. 4. prop. 50.]

P. 3. aff. defin. 19. *Favor est amor erga aliquem, qui alteri benefecit.* [*in:* P. 4. prop. 51.]

P. 3. aff. defin. 20. *Indignatio est odium erga aliquem, qui alteri malefecit.* [*in:* P. 4. prop. 51. schol.]

P. 3. aff. defin. 21. *Existimatio est de aliquo prae amore plus iusto sentire.* [*in:* P. 4. prop. 48.]

P. 3. aff. defin. 22. *Despectus est de aliquo prae odio minus iusto sentire.* [*in:* P. 4. prop. 48.]

P. 3. aff. defin. 23. *Invidia est odium, quatenus hominem ita afficit, ut ex alterius felicitate contristetur, et contra ut ex alterius malo gaudeat.* [*in:* P. 5. prop. 20.]

P. 3. aff. defin. 24. *Misericordia est amor, quatenus hominem ita afficit, ut ex bono alterius gaudeat, et contra ut ex alterius malo contristetur.*

P. 3. aff. defin. 25. *Acquiescentia in se ipso est laetitia orta ex eo, quod homo se ipsum suamque agendi potentiam contemplatur.* [*in:* P. 4. prop. 52., P. 5. prop. 27., prop. 32., prop. 36. schol.]

P. 3. aff. defin. 26. *Humilitas est tristitia orta ex eo quod homo suam impotentiam sive imbecillitatem contemplatur.* [*in:* P. 4. prop. 53.]

P. 3. aff. defin. 27. *Poenitentia est tristitia concomitante idea alicuius facti, quod nos ex libero mentis decreto fecisse credimus.* [*in:* P. 4. prop. 54.]

P. 3. aff. defin. 28. *Superbia est de se prae amore sui plus iusto sentire.* [*in:* P. 4. prop. 49., prop. 55., prop. 57.]

P. 3. aff. defin. 29. *Abiectio est de se prae tristitia minus iusto sentire.* [*in:* P. 4. prop. 55.]

P. 3. aff. defin. 30. *Gloria est laetitia concomitante idea alicuius nostrae actionis, quam alios laudare imaginamur.* [*in:* P. 4. prop. 49., prop. 58., P. 5. prop. 36. schol.]

P. 3. aff. defin. 31. *Pudor est tristitia concomitante idea alicuius actionis, quam alios vituperare imaginamur.*

P. 3. aff. defin. 32. *Desiderium est cupiditas sive appetitus re aliqua potiundi, quae eiusdem rei memoria fovetur, et simul aliarum rerum memoria, quae eiusdem rei appetendae existentiam secludunt, coercetur.*

P. 3. aff. defin. 33. *Aemulatio est alicuius rei cupiditas, quae nobis ingeneratur ex eo, quod alios eandem cupiditatem habere imaginamur.*

P. 3. aff. defin. 34. *Gratia seu gratitudo est cupiditas seu amoris studium, quo ei benefacere conamur, qui in nos pari amoris affectu beneficium contulit.* [*in:* P. 4. prop. 71.]

P. 3. aff. defin. 35. *Benevolentia est cupiditas benefaciendi ei, cuius nos miseret.*

P. 3. aff. defin. 36. *Ira est cupiditas, qua ex odio incitamur ad illi quem odimus malum inferendum.*

P. 3. aff. defin. 37. *Vindicta est cupiditas, qua ex reciproco odio concitamur ad malum inferendum ei, qui nobis pari affectu damnum intulit.*

P. 3. aff. defin. 38. *Crudelitas seu saevitia est cupiditas, qua aliquis concitatur ad malum inferendum ei, quem amamus, vel cuius nos miseret.*

P. 3. aff. defin. 39. *Timor est cupiditas maius quod metuimus malum minore vitandi.*

P. 3. aff. defin. 40. *Audacia est cupiditas, qua aliquis incitatur ad aliquid agendum cum periculo, quod eius aequales subire metuunt.* [*in:* P. 4. prop. 69.]

P. 3. aff. defin. 41. *Pusillanimitas dicitur de eo, cuius cupiditas coercetur timore periculi, quod eius aequales subire audent.* [*in:* P. 4. prop. 69.]

P. 3. aff. defin. 42. *Consternatio dicitur de eo, cuius cupiditas malum vitandi coercetur admiratione mali, quod timet.*

P. 3. aff. defin. 43. *Humanitas seu modestia est cupiditas ea faciendi quae hominibus placent, et omittendi quae displicent.*

P. 3. aff. defin. 44. *Ambitio est immodica gloriae cupiditas.*

P. 3. aff. defin. 45. *Luxuria est immoderata convivandi cupiditas vel etiam amor.*

P. 3. aff. defin. 46. *Ebrietas est immoderata potandi cupiditas et amor.*

P. 3. aff. defin. 47. *Avaritia est immoderata divitiarum cupiditas et amor.*

P. 3. aff. defin. 48. *Libido est etiam cupiditas et amor in commiscendis corporibus.*

Pars quarta.

P. 4. praef. [*in:* P. 4. defin. 2., prop. 39., prop. 59., prop. 65., *etiam in:* TIE §. 12.]

P. 4. defin. 1. *Per bonum id intelligam, quod certo scimus nobis esse utile.* [*in:* P. 4. prop. 8., prop. 26., prop. 28.]

P. 4. defin. 2. *Per malum autem id, quod certo scimus impedire, quominus boni alicuius simus compotes.* [*in:* P. 4. prop. 8.]

217

P. 4. defin. 3. *Res singulares voco contingentes, quatenus, dum ad earum solam essentiam attendimus, nihil invenimus, quod earum existentiam necessario ponat, vel quod ipsam necessario secludat.* [*in:* P. 4. prop. 12., prop. 13.]

P. 4. defin. 4. *Easdem res singulares voco possibiles, quatenus, dum ad causas, ex quibus produci debent, attendimus, nescimus, an ipsae determinatae sint ad easdem producendum.* [*in:* P. 4. prop. 12.]

P. 4. defin. 5. *Per contrarios affectus intelligam eos, qui hominem in diversum trahunt, quamvis eiusdem sint generis, ut luxuries et avaritia, quae amoris sunt species; nec natura, sed per accidens sunt contrarii.*

P. 4. defin. 6. *Quid per affectum erga rem futuram, praesentem, et praeteritam intelligam, explicui in schol. 1. et 2. prop. 18. P. 3. quod vide.* [*in:* P. 4. prop. 10. schol.]

P. 4. defin. 7. *Per finem, cuius causa aliquid facimus, appetitum intelligo.*

P. 4. defin. 8. *Per virtutem et potentiam idem intelligo; hoc est (per prop. 7. P. 3.) virtus, quatenus ad hominem refertur, est ipsa hominis essentia seu natura, quatenus potestatem habet, quaedam efficiend, quae per solas ipsius naturae leges possunt intelligi.* [*in:* P. 4. prop. 18. schol., prop. 20., prop. 22., prop. 23., prop. 24., prop. 35. coroll. 2., prop. 56., P. 5. prop. 25., prop. 42.]

P. 4. axiom. *Nulla res singularis in rerum natura datur, qua potentior et fortior non detur alia. Sed quacumque data datur alia potentior, a qua illa data potest destrui.* [*in:* P. 4. prop. 3., prop. 7., P. 5. prop. 37. schol.]

P. 4. prop. 1. *Nihil, quod idea falsa positivum habet, tollitur praesentia veri, quatenus verum.* [*in:* P. 4. prop. 14.]

-- P. 4. prop. 1. schol.

P. 4. prop. 2. *Nos eatenus patimur, quatenus naturae sumus pars, quae per se absque aliis non potest concipi.*

P. 4. prop. 3. *Vis, qua homo in existendo perseverat, limitata est et a potentia causarum externarum infinite superatur.* [*in:* P. 4. prop. 4., prop. 6., prop. 15., prop. 43., prop. 69.]

P. 4. prop. 4. *Fieri non potest, ut homo non sit naturae pars et ut nullas possit pati mutationes, nisi quae per solam suam naturam possint intelligi, quarumque adaequata sit causa.* [*in:* P. 4. prop. 68. schol.]

-- P. 4. prop. 4. coroll. *Hinc sequitur, hominem necessario passionibus esse semper obnoxium, communemque naturae ordinem sequi et eidem parere, seseque eidem, quantum rerum natura exigit, accommodare.* [*in:* P. 4. prop. 37. schol. 2., etiam in:* TP cap. 1. art. 5.]

P. 4. prop. 5. *Vis et incrementum cuiuscumque passionis, eiusque in existendo perseverantia non definitur potentia, qua nos in existendo perseverare conamur, sed causae externae potentia cum nostra comparata.* [*in:* P. 4. prop. 6., prop. 7., prop. 15., prop. 43., prop. 69., P. 5. prop. 8., prop. 20. schol.]

P. 4. prop. 6. *Vis alicuius passionis seu affectus reliquas hominis actiones seu potentiam superare potest, ita ut affectus pertinaciter homini adhaereat.* [*in:* P. 4. prop. 37. schol. 2., prop. 43., prop. 44., prop. 60., P. 5. prop. 7.] P. 4. prop. 7. *Affectus nec coerceri nec tolli potest, nisi per affectum contrarium et fortiorem affectu coercendo.* [*in:* P. 4. prop. 7. coroll., prop. 14., prop. 15., prop. 37. schol. 2., prop. 69.]

-- P. 4. prop. 7. coroll. *Affectus, quatenus ad mentem refertur, nec coerceri nec tolli potest nisi per ideam corporis affectionis contrariae et fortioris affectione, qua patimur.*

P. 4. prop. 8. *Cognitio boni et mali nihil aliud est, quam laetitiae vel tristitiae affectus, quatenus eius sumus conscii.* [*in:* P. 4. prop. 14., prop. 15., prop. 19., prop. 29., prop. 30., prop. 63. coroll., prop. 64.]

P. 4. prop. 9. *Affectus, cuius causam in praesenti nobis adesse imaginamur, fortior est, quam si eandem non adesse imaginaremur.* [*in:* P. 4. prop. 10., prop. 11., prop. 13., P. 5. prop. 7.]

-- P. 4. prop. 9. schol.

-- P. 4. prop. 9. coroll. *Imago rei futurae vel praeteritae, hoc est, rei, quam cum relatione ad tempus futurum vel praeteritum secluso praesenti contemplamur, ceteris paribus debilior est imagine rei praesentis, et consequenter affectus erga rem futuram vel praeteritam, ceteris paribus remissior est affectu erga rem praesentem.* [*in:* P. 4. prop. 12. coroll., prop. 16., prop. 60. schol.]

P. 4. prop. 10. *Erga rem futuramm, quam cito affuturam imaginamur, intensius afficimur quam si eius existendi tempus longius a praesenti distare imaginaremur; et memoria rei, quam non diu praeteriisse imaginamur, intensius etiam afficimur, quam si eandem diu praeteriisse imaginaremur.* [*in:* P. 4. prop. 12. coroll.]

-- P. 4. prop. 10. schol.

P. 4. prop. 11. *Affectus erga rem, quam ut necessariam imaginamur, ceteris paribus intensior est, quam erga possibilem vel contingentem, sive non necessariam.* [*in:* P. 5. prop. 5.]

P. 4. prop. 12. *Affectus erga rem, quam scimus in praesenti non existere et quam ut possibilem imaginamur, ceteris paribus intensior est, quam erga contingentem.* [*in:* P. 4. prop. 12. coroll.]

-- P. 4. prop. 12. coroll. *Affectus erga rem, quam scimus in praesenti non existere et quam ut contingentem imaginamur, multo remissior est, quam si rem in praesenti nobis adesse imaginaremur.* [*in:* P. 4. prop. 17.]

P. 4. prop. 13. *Affectus erga rem contingentem, quam scimus in praesenti non existere, ceteris paribus remissior est, quam affectus erga rem praeteritam.*

P. 4. prop. 14. *Vera boni et mali cognitio, quatenus vera, nullum affectum coercere potest; sed tantum quatenus ut affectus consideratur.*

P. 4. prop. 15. *Cupiditas, quae ex vera boni et mali cognitione oritur, multis aliis cupiditatibus, quae ex affectibus, quibus conflictamur, oriuntur, restingui vel coerceri potest.* [*in:* P. 4. prop. 16.]

P. 4. prop. 16. *Cupiditas, quae ex cognitione boni et mali, quatenus haec cognitio futurum respicit, oritur, facilius rerum cupiditate, quae in praesentia suaves sunt, coerceri vel restingui potest.* [in: P. 4. prop. 17., prop. 62. schol.]

P. 4. prop. 17. *Cupiditas, quae oritur ex vera boni et mali cognitione, quatenus haec circa res contingentes versatur, multo adhuc facilius coerceri potest cupiditate rerum, quae praesentes sunt.*

-- P. 4. prop. 17. schol. *Cur homines opinione magis, quam vera ratione commoveantur.* [in: P. 4. prop. 37. schol. 2.]

P. 4. prop. 18. *Cupiditas, quae ex laetitia oritur, ceteris paribus fortior est cupiditate, quae ex tristitia oritur.* [in: P. 4. prop. 56. schol., prop. 66. schol.]

-- P. 4. prop. 18. schol. *Rationis dictamina.* [in: P. 4. prop. 37. schol. 1.]

P. 4. prop. 19. *Id unusquisque ex legibus suae naturae necessario appetit vel aversatur, quod bonum vel malum esse iudicat.* [in: P. 4. prop. 35., prop. 37., prop. 37. schol. 2., prop. 46., prop. 59.]

P. 4. prop. 20. *Quo magis unusquisque suum utile quaerere, hoc est, suum esse conservare conatur et potest, eo magis virtute praeditus est; et contra, quatenus unusquisque suum utile, hoc est, suum esse conservare negligit, eatenus est impotens.* [in: P. 4. prop. 35. coroll. 2., prop. 37. schol. 2.]

-- P. 4. prop. 20. schol. *De causis mortis involuntariae.*

P. 4. prop. 21. *Nemo potest cupere beatum esse, bene agere et bene viverem qui simul non cupiat esse, agere et viverem hoc estm actu existere.* [in: P. 4. prop. 22. coroll.]

P. 4. prop. 22. *Nulla virtus potest prior hac (nempe conatu sese conservandi) concipi.* [in: P. 4. prop. 22. coroll.]

-- P. 4. prop. 22. coroll. *Conatus sese conservandi primum et unicum virtutis est fundamentum.* [in: P. 4. prop. 24., prop. 25., prop. 26., prop. 56., P. 5. prop. 41.]

P. 4. prop. 23. *Homo quatenus ad aliquid agendum determinatur ex eo, quod ideas habet inadaequatas, non potest absolute dici ex virtute agere; sed tantum quatenus determinatur ex eo, quod intelligit.* [in: P. 4. prop. 28.]

P. 4. prop. 24. *Ex virtute absolute agere nihil aliud in nobis est, quam ex ductu rationis agere, vivere, suum esse conservare (haec tria idem significant) idque ex fundamento proprium utile quaerendi.* [in: P. 4. prop. 36., prop. 37., prop. 56., prop. 67., prop. 72., P. 5. prop. 41.]

P. 4. prop. 25. *Nemo suum esse alterius rei causa conservare conatur.* [in: P. 4. prop. 26., prop. 52. schol.]

P. 4. prop. 26. *Quicquid ex ratione conamur, nihil aliud est quam intelligere; nec mens quatenus ratione utitur, aliud sibi utile esse iudicat nisi id quod ad intelligendum conducit.* [in: P. 4. prop. 27., prop. 28., prop. 36., prop. 37., prop. 38., prop. 40., prop. 48., prop. 53., P. 5. prop. 9., prop. 10.]

P. 4. prop. 27. *Nihil certo scimus bonum aut malum esse, nisi id quod ad intelligendum revera conducit, vel quod impedire potest quominus intelligamus.* [*in:* P. 4. prop. 28., prop. 38., prop. 40., prop. 48., prop. 50., P. 5. prop. 9., prop. 10.]

P. 4. prop. 28. *Summum mentis bonum est Dei cognitio, et summa mentis virtus Deum cognoscere.* [*in:* P. 4. prop. 36., P. 5. prop. 20., prop. 25., prop. 27.]

P. 4. prop. 29. *Res quaecumque singularis, cuius natura a nostra prorsus est diversa, nostram agendi potentiam nec iuvare nec coercere potest, et absolute res nulla potest nobis bona aut mala esse, nisi commune aliquid nobiscum habeat.* [*in:* P. 4. prop. 31. coroll.]

P. 4. prop. 30. *Res nulla per id, quod cum nostra natura commune habet, potest esse mala; sed quatenus nobis mala est, eatenus est nobis contraria.* [*in:* P. 4. prop. 31., prop. 34., prop. 34. schol., P. 5. prop. 10., prop. 38., prop. 39.]

P. 4. prop. 31. *Quatenus res aliqua cum nostra natura convenit, eatenus necessario bona est.* [*in:* P. 4. prop. 31. coroll., prop. 34. schol.]

-- P. 4. prop. 31. coroll. *Hinc sequitur, quod quo res aliqua magis cum nostra natura convenit, eo nobis est utilior seu magis bona, et contra quo res aliqua nobis est utilior, eatenus cum nostra natura magis convenit.* [*in:* P. 4. prop. 35., prop. 35. coroll. 1., prop. 72.]

P. 4. prop. 32. *Quatenus homines passionibus sunt obnoxii, non possunt eatenus dici, quod natura conveniant.*

-- P. 4. prop. 32. schol.

P. 4. prop. 33. *Homines natura discrepare possunt, quatenus affectibus, qui passiones sunt, conflictantur, et eatenus etiam unus idemque homo varius est et inconstans.* [*in:* P. 4. prop. 35., prop. 37. schol. 2.]

P. 4. prop. 34. *Quatenus homines affectibus, qui passiones sunt, conflictantur, possunt invicem esse contrarii.* [*in:* P. 4. prop. 35., prop. 36. schol., prop. 37. schol. 2.]

-- P. 4. prop. 34. schol.

P. 4. prop. 35. *Quatenus homines ex ductu rationis vivunt, eatenus tantum natura semper necessario conveniunt.* [*in:* P. 4. prop. 35. coroll. 1., prop. 35. coroll. 2., prop. 36. schol., prop. 40., prop. 71.]

-- P. 4. prop. 35. coroll. 1. *Nihil singulare in rerum natura datur, quod homini sit utilius, quam homo qui ex ductu rationis vivit.* [*in:* P. 4. prop. 35. coroll. 2., prop. 37., prop. 37. schol. 2., prop. 71.]

-- P. 4. prop. 35. coroll. 2. *Cum maxime unusquisque homo suum sibi utile quaerit, tum maxime homines sunt sibi invicem utiles.*

-- P. 4. prop. 35. schol. *De vita sociali et solitaria.* [*in:* P. 4. prop. 37. schol. 2.]

P. 4. prop. 36. *Summum bonum eorum, qui virtutem sectantur, omnibus commune est, eoque omnes aeque gaudere possunt.* [*in:* P. 4. prop. 37., P. 5. prop. 20.]

-- P. 4. prop. 36. schol.

P. 4. prop. 37. *Bonum, quod unusquisque, qui sectatur virtutem, sibi appetit, reliquis hominibus etiam cupiet, et eo magis, quo maiorem Dei habuerit cognitionem.* [*in:* P. 4. prop. 45., prop. 45. coroll. 1., prop. 46., prop. 50., prop. 51., prop. 68. schol., prop. 70., prop. 71., prop. 73., prop. 73. schol., P. 5. prop. 4. schol., prop. 20.]

-- P. 4. prop. 37. schol 1. *Religio, pietas; honestum, turpe.* [*in:* P. 4. prop. 45. coroll. 2., prop. 58., app. cap. 15., app. cap. 25., P. 5. prop. 4. schol.]

-- P. 4. prop. 37. schol 2. *De statu hominis naturali et civili. Peccatum et meritum; iustum et inustum.* [*in:* P. 4. prop. 37. schol 1. prop. 45. coroll. 2., prop. 73., app. cap. 15., *etiam in:* TP cap. 2. art. 1.]

P. 4. prop. 38. *Id quod corpus humanum ita disponit, ut pluribus modis possit affici, vel quod idem aptum reddit ad corpora externa pluribus modis afficiendum, homini est utile; et eo utilius, quo corpus ab eo aptius redditur, ut pluribus modis afficiatur, aliaque corpora afficiat; et contra id noxium est, quod corpus ad haec minus aptum reddit.* [*in:* P. 4. prop. 39., prop. 41., prop. 42., prop. 43., app. cap. 27., P. 5. prop. 39.]

P. 4. prop. 39. *Quae efficiunt, ut motus et quietis ratio, quam corporis humani partes ad invicem habent, conservetur, bona sunt; et ea contra mala, quae efficiunt, ut corporis humani partes aliam ad invicem motus et quietis habeant rationem.* [*in:* P. 4. prop. 42., app. cap. 27.]

-- P. 4. prop. 39. schol. *De corporis mutatione in morte et morbo.* [*in:* P. 5. prop. 38. schol.]

P. 4. prop. 40. *Quae ad hominum communem societatem conducunt, sive quae efficiunt, ut homines concorditer vivant, utilia sunt, et illa contra mala, quae discordiam in civitatem inducunt.*

P. 4. prop. 41. *Laetitia directe mala non est, sed bona; tristitia autem contra directe est mala.* [*in:* P. 4. prop. 43., prop. 45. schol. 2., prop. 47., prop. 50., prop. 59.]

P. 4. prop. 42. *Hilaritas excessum habere nequit, sed semper bona est, et contra melancholia semper mala.*

P. 4. prop. 43. *Titillatio excessum habere potest et mala esse; dolor autem eatenus potest esse bonus, quatenus titillatio seu laetitia est mala.* [*in:* P. 4. prop. 44., prop. 47., prop. 59.]

P. 4. prop. 44. *Amor et cupiditas excessum habere possunt.*

-- P. 4. prop. 44. schol. *Quaedam cupiditates sunt delirii species.* [*in:* P. 4. prop. 58. schol., prop. 60. schol., app. cap. 30.]

P. 4. prop. 45. *Odium nunquam potest esse bonum.* [*in:* P. 4. prop. 51. schol.]

-- P. 4. prop. 45. schol 1.

-- P. 4. prop. 45. coroll. 1. *Invidia, irrisio, contemptus, ira, vindicta et reliqui affectus, qui ad odium referuntur vel ex eodem oriuntur, mali sunt.* [*in:* P. 4. prop. 45. schol. 2., prop. 46., prop. 59.]

-- P. 4. prop. 45. coroll. 2. *Quicquid ex eo, quod odio affecti sumus, appetimus,*

turpe et in civitate iniustum est.
-- P. 4. prop. 45. schol 2. *Irrisio et risus. Rebus uti et iis delectari est viri sapientis.* [*in:* P. 4. app. cap. 31.]
P. 4. prop. 46. *Qui ex ductu rationis vivit, quantum potest, conatur alterius in ipsum odium, iram, contemptum etc. amore contra sive generositate compensare.* [*in:* P. 4. prop. 73. schol., P. 5. prop. 10. schol.]
-- P. 4. prop. 46. schol. *Qui studet odium amore expugnare, ille laetus et secure pugnat.* [*in:* P. 4. app. cap. 15., P. 5. prop. 10. schol.]
P. 4. prop. 47. *Spei et metus affectus non possunt esse per se boni.*
-- P. 4. prop. 47. schol.
P. 4. prop. 48. *Affectus existimationis et despectus semper mali sunt.*
P. 4. prop. 49. *Existimatio facile hominem, qui existimatur, superbum reddit.*
P. 4. prop. 50. *Commiseratio in homine, qui ex ductu rationis vivit, per se mala et inutilis est.*
-- P. 4. prop. 50. coroll. *Hinc sequitur, quod homo qui ex dictamine rationis vivit, conatur, quantum potest, efficere ne commiseratione tangatur.*
-- P. 4. prop. 50. schol. *Inhumanitas refutatur.* [*in:* P. 4. prop. 73. schol.]

P. 4. prop. 51. *Favor rationi non repugnat, sed cum eadem convenire et ab eadem oriri potest.*
-- P. 4. prop. 51. schol.
P. 4. prop. 52. *Acquiescentia in se ipso ex ratione oriri potest, et ea sola acquiescentia, quae ex ratione oritur, summa est quae potest dari.* [*in:* P. 5. prop. 10. schol.]
-- P. 4. prop. 52. schol. *Acquiescentia in se ipso summum est, quod sperare possumus.* [*in:* P. 4. prop. 58. schol.]
P. 4. prop. 53. *Humilitas virtus non est, sive ex ratione non oritur.* [*in:* P. 4. prop. 54.]
P. 4. prop. 54. *Poenitentia virtus non est, sive ex ratione non oritur, sed is, quem facti poenitet, bis miser seu impotens est.*
-- P. 4. prop. 54. schol. *Humilitas, poenitentia.*
P. 4. prop. 55. *Maxima superbia vel abiectio est maxima sui ignorantia.* [*in:* P. 4. prop. 56.]
P. 4. prop. 56. *Maxima superbia vel abiectio maximam animi impotentiam indicat.*
-- P. 4. prop. 56. coroll. *Hinc clare sequitur, superbos et abiectos maxime affectibus esse obnoxios.*
-- P. 4. prop. 56. schol.
P. 4. prop. 57. *Superbus parasitorum seu adulatorum praesentiam amat, generosorum autem odit.*
-- P. 4. prop. 57. schol. *De superbiae malis.* [*in:* P. 4. app. cap. 22.]
P. 4. prop. 58. *Gloria rationi non repugnat, sed ab ea oriri potest.*
-- P. 4. prop. 58. schol. *Gloria vana, pudor.*

P. 4. prop. 59. *Ad omnes actiones, ad quas ex affectu, qui passio est, determinamur, possumus absque eo a ratione determinari.* [*in:* P. 5. prop. 4. schol.]

-- P. 4. prop. 59. schol. *Exemplum.*

P. 4. prop. 60. *Cupiditas, quae oritur ex laetitia vel tristitia, quae ad unam vel ad aliquot, non autem ad omnes corporis partes refertur, rationem utilitatis totius hominis non habet.*

-- P. 4. prop. 60. schol. *Valetudinis cura.* [*in:* P. 4. app. cap. 30.]

P. 4. prop. 61. *Cupiditas, quae ex ratione oritur, excessum habere nequit.* [*in:* P. 4. prop. 63. coroll., P. 5. prop. 4. schol.]

P. 4. prop. 62. *Quatenus mens ex rationis dictamine res concipit, aeque afficitur, sive idea sit rei futurae vel praeteritae, sive praesentis.* [*in:* P. 4. prop. 66.]

-- P. 4. prop. 62. schol.

P. 4. prop. 63. *Qui metu ducitur et bonum, ut malum vitet, agit, is ratione non ducitur.* [*in:* P. 4. prop. 67., prop. 73., app. cap. 31.]

-- P. 4. prop. 63. schol.

-- P. 4. prop. 63. coroll. *Cupiditate, quae ex ratione oritur, bonum directe sequimur et malum indirecte fugimus.* [*in:* P. 4. prop. 65., prop. 65. coroll., prop. 67., P. 5. prop. 10. schol.]

-- P. 4. prop. 63. coroll. schol.

P. 4. prop. 64. *Cognitio mali cognitio est inadaequata.*

-- P. 4. prop. 64. coroll. *Hinc sequitur, quod si mens humana non nisi adaequatas haberet ideas, nullam mali formaret notionem.* [*in:* P. 4. prop. 68.]

P. 4. prop. 65. *De duobus bonis maius et de duobus malis minus ex rationis ductu sequemur.* [*in:* P. 4. prop. 66., prop. 66. coroll.]

-- P. 4. prop. 65. coroll. *Malum minus pro maiore bono ex rationis ductu sequemur, et bonum minus, quod causa est maioris mali, negligemus.* [*in:* P. 4. prop. 66. coroll.]

P. 4. prop. 66. *Bonum maius futurum prae minore praesenti, et malum praesens, quod causa est futura alicuius mali, ex rationis ductu appetemus.* [*in:* P. 4. prop. 66. coroll.]

-- P. 4. prop. 66. coroll. *Malum praesens minus, quod est causa maioris futuri boni, ex rationis ductu appetemus, et bonum praesens minus, quod causa est maioris futuri mali, negligemus.*

-- P. 4. prop. 66. schol. *Homo servus, liber.* [*in:* P. 4. prop. 73.]

P. 4. prop. 67. *Homo liber de nulla re minus, quam de morte cogitat, et eius sapientia non mortis, sed vitae meditatio est.*

P. 4. prop. 68. *Si homines liberi nascerentur, nullum boni et mali formarent conceptum, quamdiu liberi essent.*

-- P. 4. prop. 68. schol. *De Mosis historia primi hominis.*

P. 4. prop. 69. *Hominis liberi virtus aeque magna cernitur in declinandis, quam in superandis periculis.*

-- P. 4. prop. 69. coroll. *Homini igitur libero aeque magnae animositati fuga in tempore, ac pugna ducitur; sive homo liber eadem animositate seu animi praesentia, qua certamen, fugam eligit.*
-- P. 4. prop. 69. schol. *Quid sit periculum.*
P. 4. prop. 70. *Homo liber qui inter ignaros vivit, eorum, quantum potest, beneficia declinare studet.*
-- P. 4. prop. 70. schol. *In declinandis beneficiis ratio utilis et honesti habenda est.* [*in:* P. 4. app. cap. 18.]
P. 4. prop. 71. *Soli homines liberi erga invicem gratissimi sunt.*
-- P. 4. prop. 71. schol. *Ingratitudo.* [*in:* P. 4. app. cap. 18.]
P. 4. prop. 72. *Homo liber nunquam dolo malo, sed semper cum fide agit.*
-- P. 4. prop. 72. schol.
P. 4. prop. 73. *Homo, qui ratione ducitur, magis in civitate, ubi ex communi decreto vivit, quam in solitudine, ubi sibi soli obtemperat, liber est.*
-- P. 4. prop. 73. schol. *Vera hominis libertas est vera vita et religio.* [*in:* P. 4. app. cap. 15.]

Capita rectae vivendi rationis.

P. 4. app. cap. 1. *Omnes nostri conatus seu cupiditates ex necessitate nostrae naturae ita sequuntur, ...*
P. 4. app. cap. 2. *Cupiditates, quae ex nostra natura ita sequuntur, ut per ipsam solam possit intelligi, ...*
P. 4. app. cap. 3. *Nostrae actiones, hoc est, cupiditates illae, quae hominis potentia seu ratione definiuntur, ...*
P. 4. app. cap. 4. *In vita itaque apprime utile est, intellectum seu rationem, quantum possumus, perficere, ...*
P. 4. app. cap. 5. *Nulla igitur vita rationalis est sine intelligentia, ...*
P. 4. app. cap. 6. *Sed quia omnia illa, quorum homo efficiens est causa, necessario bona sunt, ...*
P. 4. app. cap. 7. *Nec fieri potest, ut homo non sit naturae pars, et communem eius ordinem non sequatur; ...* [*in:* P. 4. app. cap. 9.]
P. 4. app. cap. 8. *Quicquid in rerum natura datur, quod iudicamus malum esse, sive posse impedire, ...*
P. 4. app. cap. 9. *Nihil magis cum natura alicuius rei convenire potest, quam reliqua eiusdem speciei individua; ...*
P. 4. app. cap. 10. *Quatenus homines invidia aut aliquo odii affectu in se invicem feruntur, ...*
P. 4. app. cap. 11. *Animi tamen non armis, sed amore et generositate vincuntur.*
P. 4. app. cap. 12. *Hominibus apprime utile est, consuetudines iungere, ...*
P. 4. app. cap. 13. *Sed ad haec ars et vigilantia requiritur. Sunt enim homines varii ...* [*in:* TP cap. 1. art. 5.]
P. 4. app. cap. 14. *Quamvis igitur homines omnia plerumque ex sua libidine*

moderentur, ...

P. 4. app. cap. 15. *Quae concordiam gignunt sunt illa, ...*

P. 4. app. cap. 16. *Solet praeterea concordia ex metu plerumque gigni, sed sine fide. ...*

P. 4. app. cap. 17. *Vincuntur praeterea homines etiam largitate, praecipue ii, qui non habent, unde comparare ...*

P. 4. app. cap. 18. *In beneficiis accipiendis et gratia referenda alia prorsus debet esse cura, ...*

P. 4. app. cap. 19. *Amor praeterea meretricius, hoc est, generandi libido, quae ex forma oritur, ...*

P. 4. app. cap. 20. *Ad matrimonium quod attinet, ...*

P. 4. app. cap. 21. *Gignit praeterea adulatio concordiam, sed foedo servitutis crimine vel perfidia; ...*

P. 4. app. cap. 22. *Abiectioni falsa pietatis et religionis species inest. ...*

P. 4. app. cap. 23. *Confert praeterea concordiae pudor in iis tantum, quae celari non possunt. ...*

P. 4. app. cap. 24. *Ceteri tristitiae erga homines affectus directe iustitiae, aequitati, honestati, ...*

P. 4. app. cap. 25. *Modestia, hoc est, cupiditas hominibus placendi, ...*

P. 4. app. cap. 26. *Praeter homines nihil singulare in natura novimus, cuius mente gaudere ...*

P. 4. app. cap. 27. *Utilitas, quam ex rebus, quae extra nos sunt, capimus, est praeter experientiam ...*

P. 4. app. cap. 28. *Ad haec autem comparandum vix uniuscuiusque vires sufficerent, ...*

P. 4. app. cap. 29. *Sed hoc vitium eorum tantum est, qui non ex indigentia, nec propter necessitates nummos quaerunt, ...*

P. 4. app. cap. 30. *Cum igitur res illae sint bonae, quae corporis partes iuvant, ut suo officio fungantur, ...*

P. 4. app. cap. 31. *At superstitio id contra videtur statuere bonum esse, quod tristitiam, et id contra malum ...*

P. 4. app. cap. 32. *Sed humana potentia admodum limitata est et a potentia causarum externarum infinite superatur; ...*

Pars quinta.

P. 5. praef.

P. 5. axiom. 1. *Si in eodem subiecto duae contrariae actiones excitentur, debebit necessario vel in utraque vel in una sola mutatio fieri, donec desinant contrariae esse.* [*in:* P. 5. prop. 7.]

P. 5. axiom. 2. *Effectus potentia definitur potentia ipsius causae, quatenus eius essentia per ipsius causae essentiam explicatur vel definitur.* [*in:* P. 5. prop. 8. schol.]

P. 5. prop. 1. *Prout cogitationes rerumque ideae ordinantur et concatenantur in mente, ita corporis affectiones seu rerum imagines ad amussim ordinantur et concatenantur in corpore.* [*in:* P. 5. prop. 10.]

P. 5. prop. 2. *Si animi commotionem seu affectum a causae externae cogitatione amoveamus et aliis iungamus cogitationibus, tum amor seu odium erga causam externam, ut et animi fluctuationes quae ex his affectibus oriuntur, destruentur.* [*in:* P. 5. prop. 4. schol., prop. 20. schol.]

P. 5. prop. 3. *Affectus, qui passio est, desinit esse passio, simulatque eius claram et distinctam formamus ideam.* [*in:* P. 5. prop. 18. schol., prop. 20. schol.]

-- P. 5. prop. 3. coroll. *Affectus igitur eo magis in nostra potestate est et mens ab eo minus patitur quo nobis est notior.* [*in:* P. 5. prop. 42.]

P. 5. prop. 4. *Nulla est corporis affectio, cuius aliquem clarum et distinctum non possumus formare conceptum.* [*in:* P. 5. prop. 4. coroll., prop. 14.]

-- P. 5. prop. 4. coroll. *Hinc sequitur, nullum esse affectum, cuius non possumus aliquem clarum et distinctum formare conceptum.*

-- P. 5. prop. 4. schol. *Potestas uniuscuiusque efficiendi ut ab affectibus minus patitur.* [*in:* P. 5. prop. 20. schol.]

P. 5. prop. 5. *Affectus erga rem, quam simpliciter et non ut necessariam neque ut possibilem, neque ut contingentem imaginamur, ceteris paribus omnium est maximus.* [*in:* P. 5. prop. 6.]

P. 5. prop. 6. *Quatenus mens res omnes ut necessarias intelligit, eatenus maiorem in affectus potentiam habet, seu minus ab iisdem patitur.* [*in:* P. 5. prop. 10. schol.]

-- P. 5. prop. 6. schol.

P. 5. prop. 7. *Affectus, qui ex ratione oriuntur vel excitantur, si ratio temporis habeatur, potentiores sunt iis, qui ad res singulares referuntur, quas ut absentes contemplamur.* [*in:* P. 5. prop. 10. schol., prop. 20. schol.]

P. 5. prop. 8. *Quo affectus aliquis a pluribus causis simul concurrentibus excitatur, eo maior est.* [*in:* P. 5. prop. 10. schol., prop. 11.]

-- P. 5. prop. 8. schol.

P. 5. prop. 9. *Affectus, qui ad plures et diversas causas refertur, quas mens cum ipso affectu simul contemplatur, minus noxius est, et minus per ipsum patimur, et erga unamquamque causam minus afficimur, quam alius aeque magnus affectus, qui ad unam solam vel pauciores causas refertur.* [*in:* P. 5. prop. 20. schol.]

P. 5. prop. 10. *Quamdiu affectibus, qui nostrae naturae sunt contrarii, non conflictamur, tamdiu potestatem habemus ordinandi et concatenandi corporis affectiones secundum ordinem ad intellectum.* [*in:* P. 5. prop. 39.]

-- P. 5. prop. 10. schol. *Quomodo malos affectus vitemus.* [*in:* P. 5. prop. 20.

schol.]

P. 5. prop. 11. *Quo imago aliqua ad plures res refertur, eo frequentior est seu saepius viget, et mentem magis occupat.* [*in:* P. 5. prop. 12., prop. 16., prop. 20. schol.]

P. 5. prop. 12. *Rerum imagines facilius imaginibus, quae ad res referuntur, quas clare et distincte intelligimus, iunguntur, quam aliis.* [*in:* P. 5. prop. 20. schol.]

P. 5. prop. 13. *Quo imago aliqua pluribus aliis iuncta est, eo saepius viget.* [*in:* P. 5. prop. 20. schol.]

P. 5. prop. 14. *Mens efficere potest, ut omnes corporis affectiones seu rerum imagines ad Dei ideam referantur.* [*in:* P. 5. prop. 15., prop. 16., prop. 20. schol., prop. 39.]

P. 5. prop. 15. *Qui se suosque affectus clare et distincte intelligit, Deum amat, et eo magis, quo se suosque affectus magis intelligit.* [*in:* P. 5. prop. 16., prop. 20. schol., prop. 39.]

P. 5. prop. 16. *Hic erga Deum amor mentem maxime occupare debet.* [*in:* P. 5. prop. 20. schol., prop. 39.]

P. 5. prop. 17. *Deus expers est passionum, nec ullo laetitiae aut tristitiae affectu afficitur.* [*in:* P. 5. prop. 17. coroll.]

-- P. 5. prop. 17. coroll. *Deus proprie loquendo neminem amat, neque odio habet.* [*in:* P. 5. prop. 19.]

P. 5. prop. 18. *Nemo potest Deum odio habere.* [*in:* P. 5. prop. 20.]

-- P. 5. prop. 18. coroll. *Amor erga Deum in odium verti nequit.*

-- P. 5. prop. 18. schol.

P. 5. prop. 19. *Qui Deum amat, conari non potest, ut Deus ipsum contra amet.*

P. 5. prop. 20. *Hic erga Deum amor neque invidiae neque zelotypiae affectu inquinari potest; sed eo magis fovetur, quo plures homines eodem amoris vinculo cum Deo iunctos imaginamur.*

-- P. 5. prop. 20. schol. *De affectuum remediis.*

P. 5. prop. 21. *Mens nihil imaginari potest, neque rerum praeteritarum recordari, nisi durante corpore.* [*in:* P. 5. prop. 29., prop. 31., prop. 34., prop. 38. schol., prop. 40. coroll.]

P. 5. prop. 22. *In Deo tamen datur necessario idea, quae huius et illius corporis humani essentiam sub aeternitatis specie exprimit.* [*in:* P. 5. prop. 23.]

P. 5. prop. 23. *Mens humana non potest cum corpore absolute destrui, sed eius aliquid remanet quod aeternum est.* [*in:* P. 5. prop. 29., prop. 31., prop. 38., prop. 40. coroll.]

-- P. 5. prop. 23. schol.

P. 5. prop. 24. *Quo magis res singulares intelligimus, eo magis Deum intelligimus.* [*in:* P. 5. prop. 25., prop. 27.]

P. 5. prop. 25. *Summus mentis conatus summaque virtus est res intelligere tertio cognitionis genere.* [*in:* P. 5. prop. 27.]

P. 5. prop. 26. *Quo mens aptior est ad res tertio cognitionis genere intelligendum, eo magis cupit, res eodem hoc cognitionis genere intelligere.*
P. 5. prop. 27. *Ex hoc tertio cognitionis genere summa, quae dari potest, mentis acquiescentia, oritur.* [in: P. 5. prop. 32., prop. 36. schol., prop. 38. schol.]
P. 5. prop. 28. *Conatus seu cupiditas cognoscendi res tertio cognitionis genere oriri non potest ex primo, at quidem ex secundo cognitionis genere.*
P. 5. prop. 29. *Quicquid mens sub specie aeternitatis intelligit, id ex eo non intelligit, quod corporis praesentem actualem existentiam concipit; sed ex eo, quod corporis essentiam concipit sub specie aeternitatis.* [in: P. 5. prop. 31., prop. 32. coroll., prop. 37., prop. 38., prop. 40. coroll.]
-- P. 5. prop. 29. schol.
P. 5. prop. 30. *Mens nostra quatenus se et corpus sub aeternitatis specie cognoscit, eatenus Dei cognitionem necessario habet, scitque se in Deo esse et per Deum concipi.* [in: P. 5. prop. 31., prop. 32.]
P. 5. prop. 31. *Tertium cognitionis genus pendet a mente, tamquam a formali causa, quatenus mens ipsa aeterna est.* [in: P. 5. prop. 33.]
-- P. 5. prop. 31. schol.
P. 5. prop. 32. *Quicquid intelligimus tertio cognitionis genere, eo delectamur, et quidem concomitante idea Dei tamquam causa.* [in: P. 5. prop. 32. coroll., prop. 36., prop. 42.]
-- P. 5. prop. 32. coroll. *Ex tertio cognitionis genere oritur necessario amor Dei intellectualis.* [in: P. 5. prop. 33. schol., prop. 35., prop. 36., prop. 42.]
P. 5. prop. 33. *Amor Dei intellectualis, qui ex tertio cognitionis genere oritur, est aeternus.* [in: P. 5. prop. 33. schol., prop. 37., prop. 39.]
-- P. 5. prop. 33. schol. *Beatitudo in quo consistat.*
P. 5. prop. 34. *Mens non nisi durante corpore obnoxia est affectibus, qui ad passiones referuntur.*
-- P. 5. prop. 34. coroll. *Hinc sequitur nullum amorem praeter amorem intellectualem esse aeternum.*
-- P. 5. prop. 34. schol. *Communis hominum opinio de aeternitate.*
P. 5. prop. 35. *Deus se ipsum amore intellectuali infinito amat.* [in: P. 5. prop. 36., prop. 36. schol.]
P. 5. prop. 36. *Mentis amor intellectualis erga Deum est ipse Dei amor, quo Deus se ipsum amat, non quatenus infinitus est, sed quatenus per essentiam humanae mentis sub specie aeternitatis consideratam explicari potest, hoc est, mentis erga Deum amor intellectualis pars est infiniti amoris, quo Deus se ipsum amat.* [in: P. 5. prop. 42.]
-- P. 5. prop. 36. coroll. *Hinc sequitur, quod Deus, quatenus seipsum amat, homines amat, et consequenter quod amor Dei erga homines et mentis erga Deum amor intellectualis unum et idem sit.*
-- P. 5. prop. 36. schol. *Beatitudo sive libertas nostra consistit in constanti et aeterno erga Deum amore sive in amore Deum erga homines.* [in: P. 5. prop.

42.]

P. 5. prop. 37. *Nihil in natura datur, quod huic amori intellectuali sit contrarium, sive quod ipsum possit tollere.* [*in:* P. 5. prop. 38.]

-- P. 5. prop. 37. schol.

P. 5. prop. 38. *Quo plures res secundo et tertio cognitionis genere mens intelligit, eo minus ipsa ab affectibus, qui mali sunt, patitur et mortem minus timet.* [*in:* P. 5. prop. 42.]

-- P. 5. prop. 38. schol. *Mors eo minus est noxia, quo mes magis Deum amat.* [*in:* P. 5. prop. 39. schol.]

P. 5. prop. 39. *Qui corpus ad plurima aptum habet, is mentem habet, cuius maxima pars est aeterna.*

-- P. 5. prop. 39. schol. *De hominis felicitate et infelicitate.*

P. 5. prop. 40. *Quo unaquaeque res plus perfectionis habet, eo magis agit et minus patitur, et contra quo magis agit, eo perfectior est.* [*in:* P. 5. prop. 40. coroll.]

-- P. 5. prop. 40. coroll. *Hinc sequitur, partem mentis, quae remanet, quantacunque ea sit, perfectiorem esse reliqua.*

-- P. 5. prop. 40. schol. *Mens nostra quatenus intelligit aeterna cogitandi modus est.*

P. 5. prop. 41. *Quamvis nesciremus, mentem nostram aeternam esse, pietatem tamen et religionem et absolute omnia, quae ad animositatem et generositatem referri ostendimus in quarta parte, prima haberemus.*

-- P. 5. prop. 41. schol. *Communis vulgi persuasio de vita aeterna.*

P. 5. prop. 42. *Beatitudo non est virtutis praemium, sed ipsa virtus; nec eadem gaudemus, quia libidines coercemus, sed contra quia eadem gaudemus, ideo libidines coercere possumus.*

-- P. 5. prop. 42. schol. *Quantum sapiens polleat potiorque sit ignaro, qui sola libidine agit.* [*in:* TP cap. 1. art. 5.]

Tractatus politicus.

IN QUO DEMONSTRATUR, QUOMODO SOCIETAS UBI IMPERIUM MONARCHICUM LOCUM HABET, SICUT ET EA UBI OPTIMI IMPERANT, DEBET INSTITUI, NE IN TYRANNIDEM LABATUR ET UT PAX LIBERTASQUE CIVIUM INVIOLATA MANEAT.

EPISTOLA s. n.

ARG. Epistola Spinozae ad amicum, quae praefationis loco *Tractatui Politico* praefigi et inservire potest.

AMICE DILECTE,

Grata tua mihi heri tradita est. Gratias pro cura tam diligenti, quam pro me geris, ex animo ago. Hanc occasionem non praetermitterem, nisi in quadam re essem occupatus, quam utiliorem iudico, quaeque tibi, ut credo, magis arridebit, nempe in *Tractatu Politico* concinnando, quem ante aliquod tempus te auctore inchoavi. Huius Tractatus Capita sex iam sunt absoluta. *Primum* ad ipsum opus introductionem quasi continet. *Secundum* tractat de iure naturali; *tertium* de iure summarum potestatum; *quartum* quaenam negotia politica a summarum potestatum gubernatione pendeant; *quintum*, quidnam sid illud extremum et summum, quod societas potest considerare; et *sextum*, qua ratione imperium monarchicum debeat institui, ne in tyrannidem labatur. Impraesentiarum caput *septimum* tracto, in quo omnia praecedentis sexti capitis membra ordinem bene ordinatae monarchiae concernentia methodice demonstro. *Postea* ad aristocraticum et populare imperium, *denique* ad leges aliasque particulares quaestiones politicam spectantes transibo. Hisce vale, etc.

TRACTATUS POLITICUS.

CAPUT I. Introductio.

1. Affectus, quibus conflictamur, concipiunt philosophi veluti vitia, in quae homines sua culpa labuntur; quos propterea ridere, flere, carpere vel (qui sanctiores videri volunt) detestari solent. Sic ergo se rem divinam facere, et sapientiae culmen attingere credunt, quando humanam naturam, quae nullibi est, multis modis laudare et eam, quae revera est, dictis lacessere norunt. Homines namque non ut sunt, sed ut eosdem esse vellent, concipiunt; unde factum est, ut plerumque pro *ethica* satyram scripserint, et ut nunquam *politicam* conceperint, quae possit ad usum revocari; sed quae pro chimaera haberetur, vel quae in Utopia vel in illo poëtarum aureo saeculo, ubi scilicet minime necesse erat, institui potuisset. Cum igitur omnium scientiarum, quae usum habent, tum maxime *politices theoria* ab ipsius *praxi* discrepare creditur, et regendae reipublicae nulli minus idonei aestimantur, quam theoretici seu philosophi.

2. At politici contra hominibus magis insidiari, quam consulere creduntur, et potius callidi, quam sapientes aestimantur. Docuit nimirum eosdem experientia, vitia fore, donec homines. Humanam igitur malitiam praevenire dum student, idque iis artibus, quas experientia longo usu docuit, et quas homines magis metu, quam ratione ducti exercere solent, religioni adversari videntur, theologis praecipue, qui credunt summas potestates debere negotia publica tractare secundum easdem pietatis regulas, quibus vir privatus tenetur. Ipsos tamen politicos multo felicius de rebus politicis scripsisse, quam philosophos, dubitari non potest. Nam quoniam experientiam magistram habuerunt, nihil docuerunt, quod ab usu remotum esset.

3. Et sane mihi plane persuadeo, experientiam omnia civitatum genera, quae concipi possunt, ut homines concorditer vivant, et simul media, quibus multitudo dirigi seu quibus intra certos limites contineri debeat, ostendisse; ita ut non credam, nos posse aliquid, quod ab

experientia sive praxi non abhorreat, cogitatione de hac re assequi, quod nondum expertum compertumque sit. Nam homines ita comparati sunt, ut extra commune aliquod ius vivere nequeant; iura autem communia et negotia publica a viris acutissimis, sive astutis sive callidis, instituta et tractata sunt; adeoque vix credibile est, nos aliquid, quod communi societati ex usu esse queat, posse concipere, quod occasio seu casus non obtulerit, quodque homines communibus negotiis intenti suaeque securitati consulentes, non viderint.

4. Cum igitur animum ad *politicam* applicuerim, nihil quod novum vel inauditum est, sed tantum ea, quae cum praxi optime conveniunt, certa et indubitata ratione demonstrare, aut ex ipsa humanae naturae conditione deducere intendi; et ut ea, quae ad hanc scientiam spectant, eadem animi libertate, qua res mathematicas solemus, inquirerem, sedulo curavi, humanas actiones non ridere, non lugere, neque detestari, sed intelligere; atque adeo humanos affectus, ut sunt amor, odium, ira, invidia, gloria, misericordia et reliquae animi commotiones non ut humanae naturae vitia, sed ut proprietates contemplatus sum, quae ad ipsam ita pertinent, ut ad naturam aëris aestus, frigus, tempestas, tonitru et alia huiusmodi, quae, tametsi incommoda sunt, necessaria tamen sunt, certasque habent causas, per quas eorum naturam intelligere conamur, et mens eorum vera contemplatione aeque gaudet, ac earum rerum cognitione, quae sensibus gratae sunt.

5. Est enim hoc certum et in nostra ethica verum esse demonstravimus, homines necessario affectibus esse obnoxios et ita constitutos esse, ut eorum, quibus male est, misereantur, et quibus bene est, invideant, et ut ad vindictam magis, quam ad misericordiam sint proni, et praeterea unumquemque appetere, ut reliqui ex ipsius ingenio vivant, et ut probent, quod ipse probat, et quod ipse repudiat, repudient. Unde fit, ut cum omnes pariter appetant primi esse, in contentiones veniant et, quantum possunt, nitantur se invicem opprimere, et qui victor evadit magis glorietur, quod alteri obfuit, quam quod sibi profuit. Et quamvis omnes persuasi sint, religionem contra docere, ut unusquisque proximum tamquam se ipsum amet, hoc est, ut us alterius perinde ac suum defendat, hanc tamen persuasionem in affectus parum posse ostendimus. Valet quidem in articulo mortis, quando scilicet morbus ipsos affectus vicit et homo segnis iacet, vel in templis, ubi homines nullum exercent commercium; at minime in foro vel in aula, ubi maxime necesse esset. Ostendimus praeterea, rationem multum quidem posse affectus coërcere et moderari; sed simul vidimus viam, quam ipsa ratio docet, perarduam esse; ita ut, qui sibi persuadent posse multitudinem vel qui publicis negotiis distrahuntur, induci, ut ex

solo rationis praescripto vivant, saeculum poëtarum aureum seu fabulam somnient.

6. Imperium igitur, cuius salus ab alicuius fide pendet et cuius negotia non possunt recte curari, nisi ii, qui eadem tractant, fide velint agere, minime stabile erit; sed, ut permanere possit, res eius publicae ita ordinandae sunt, ut qui easdem administrant, sive ratione ducantur sive affectu, induci nequeant, ut male fidi sint seu prave agant. Nec ad imperii securitatem refert, quo animo homines inducantur ad res recte administrandum, modo res recte administrentur. Animi enim libertas seu fortitudo privata virtus est; at imperii virtus securitas.

7. Denique quia omnes homines, sive barbari sive culti sint, consuetudines ubique iungunt et statum aliquem civilem formant, ideo *imperii causae et fundamenta naturalia* non ex rationis documentis petenda, sed *ex hominum communi natura seu conditione deducenda sunt*, quod in sequenti capite facere constitui.

CAPUT II. De iure naturali.

1. In nostro tractatu theologico-politico de *iure naturali et civili* egimus et in nostra ethica explicuimus, quid peccatum, quid meritum, quid iustitia, quid iniustitia et quid denique humana libertas sit. Sed ne ii, qui hunc tractatum legunt, opus habeant ea, quae ad hunc ipsum tractatum maxime spectant, in aliis quaerere, ea hic iterum explicare et apodictice demonstrare constitui.

2. Res quaecumque naturalis potest adaequate concipi, sive existat sive non existat. Ut igitur rerum naturalium existendi principium, sic earum in existendo perseverantia ex earum definitione non potest concludi. Nam earum essentia idealis eadem est, postquam existere inceperunt, quam antequam existerent. Ut ergo earum existendi principium ex earum essentia sequi nequit, sic nec earum in existendo perseverantia; sed eadem potentia, qua indigent ut existere incipiant, indigent ut existere pergant. Ex quo sequitur, rerum naturalium potentiam, qua existunt, et consequenter qua operantur,

nullam aliam esse posse, quam ipsam Dei aeternam potentiam. Nam si quae alia creata esset, non posset seipsam, et consequenter neque res naturales conservare; sed ipsa etiam eadem potentia, qua indigeret ut crearetur, indigeret ut in existendo perseveraret.

3. Hinc igitur, quod scilicet rerum naturalium potentia, qua existunt et operantur, ipsissima Dei sit potentia, facile intelligimus, quid *ius naturae* sit. Nam quoniam Deus ius ad omnia habet et ius Dei nihil aliud est, quam ipsa Dei potentia, quatenus haec absolute libera consideratur, hinc sequitur, unamquamque rem naturalem tantum iuris ex natura habere, quantum potentiae habet ad existendum et operandum; quandoquidem uniuscuiusque rei naturalis potentia, qua existit et operatur, nulla alia est, quam ipsa Dei potentia, quae absolute libera est.

4. Per *ius* itaque *naturae* intelligo ipsas naturae leges seu regulas, secundum quas omnia fiunt, hoc est, ipsam naturae potentiam. Atque adeo totius naturae, et consequenter uniuscuiusque individui naturale ius eo usque se extendit, quo eius potentia; et consequenter quicquid unusquisque homo ex legibus suae naturae agit, id summo naturae iure agit, tantumque in naturam habet iuris, quantum potentia valet.

5. Si igitur cum humana natura ita comparatum esset, ut homines ex solo rationis praescripto viverent, nec aliud conarentur; tum naturae ius, quatenus humani generis proprium esse consideratur, sola rationis potentia determinaretur. Sed homines magis caeca cupiditate, quam ratione ducuntur; ac proinde *hominum naturalis potentia* sive *ius* non ratione, sed quocumque appetitu, quo ad agendum determinantur, quoque se conservare conantur, definiri debet. Equidem fateor, cupiditates illas, quae ex ratione non oriuntur, non tam actiones, quam passiones esse humanas. Verum quia hic de naturae universali potentia seu iure agimus, nullam hic agnoscere possumus differentiam inter cupiditates, quae ex ratione, et inter illas, quae ex aliis causis in nobis ingenerantur; quandoquidem tam hae, quam illae effectus naturae sunt, vimque naturalem explicant, qua homo in suo esse perseverare conatur. Est enim homo, sive sapiens sive ignarus sit, naturae pars et id omne, ex quo unusquisque ad agendum determinatur, ad naturae potentiam referri debet, nempe quatenus haec per naturam huius aut illius hominis definiri potest. Nihil namque homo, seu ratione seu sola cupiditate ductus, agit nisi secundum leges et regulas naturae, hoc est (per art. 4. huius cap.) ex naturae iure.

6. At plerique ignaros naturae ordinem magis perturbare, quam sequi credunt, et homines in natura veluti imperium in imperio concipiunt. Nam mentem humanam a nullis causis naturalibus statuunt

produci, sed a Deo immediate creari, a reliquis rebus adeo independentem, ut absolutam habeat potestatem sese determinandi et ratione recte utendi. Sed experientia satis superque docet, quod in nostra potestate non magis sit, mentem sanam, quam corpus sanum habere. Deinde quandoquidem unaquaeque res, quantum in se est, suum esse conservare conatur, dubitare nequaquam possumus, quin, si aeque in nostra potestate esset, tam ex rationis praescripto vivere, quam caeca cupiditate duci, omnes ratione ducerentur et vitam sapienter instituerent, quod minime fit. Nam trahit sua quemque voluptas. Nec theologi hanc difficultatem tollunt, qui scilicet statuunt huius impotentiae causam humanae naturae vitium seu peccatum esse, quod originem a primi parentis lapsu traxerit. Nam si etiam in primi hominis potestate fuit tam stare, quam labi, et mentis compos erat et natura integra, qui fieri potuit, ut sciens prudensque lapsus fuerit? At dicunt, eum a diabolo deceptum fuisse. Verum quis ille fuit, qui ipsum diabolum decepit? Quis, inquam, ipsum omnium creaturarum intelligentium praestantissimum adeo amentem reddidit, ut Deo maior esse voluerit? Nonne enim se ipsum, qui mentem sanam habebat, suumque esse, quantum in se erat, conservare conabatur? Deinde qui fieri potuit, ut ipse primus homo, qui mentis compos erat et suae voluntatis dominus, seduceretur et mente pateretur capi? Nam si potestatem habuit ratione recte utendi, decipi non potuit; nam quantum in se fuit, conatus est necessario suum esse mentemque suam sanam conservare. Atqui supponitur, eum hoc in potestate habuisse; ergo mentem suam sanam necessario conservavit, nec decipi potuit. Quod ex ipsius historia falsum esse constat. Ac proinde fatendum est, quod in primi hominis potestate non fuerit ratione recte uti, sed quod, sicuti nos, affectibus fuerit obnoxius.

7. Quod autem homo, ut reliqua individua, suum esse, quantum in se est, conservare conetur, negare nemo potest. Nam si hic aliqua concipi posset differentia, inde oriri deberet, quod homo voluntatem haberet liberam. Sed quo homo a nobis magis liber conciperetur, eo magis cogeremur statuere, ipsum sese necessario debere conservare, et mentis compotem esse, quod facile unusquisque, qui libertatem cum contingentia non confundit, mihi concedet. Est namque *libertas* virtus seu perfectio. Quicquid igitur hominem impotentiae arguit, id ad ipsius libertatem referri nequit. Quare homo minime potest dici *liber*, propterea quod potest non existere vel quod potest non uti ratione, sed tantum quatenus potestatem habet existendi et operandi secundum humanae naturae leges. Quo igitur hominem magis liberum esse consideramus, eo minus dicere possumus, quod possit ratione non uti et mala prae bonis eligere; et ideo Deus, qui absolute liber existit,

intelligit et operatur necessario etiam, nempe ex suae naturae necessitate existit, intelligit et operatur. Nam non dubium est, quin Deus eadem, qua existit, libertate operetur. Ut igitur ex ipsius naturae necessitate existit, ex ipsius etiam naturae necessitate agit, hoc est, libere absolute agit.

8. Concludimus itaque, in potestate uniuscuiusque hominis non esse ratione semper uti et in summo humanae libertatis fastigio esse; et tamen unumquemque semper, quantum in se est, conari suum esse conservare, et (quia unusquisque tantum iuris habet, quantum potentia valet) quicquid unusquisque, sive sapiens sive ignarus, conatur et agit, id summo naturae iure conari et agere. Ex quibus sequitur ius et institutum naturae, sub quo omnes nascuntur homines et maxima ex parte vivunt, nihil, nisi quod nemo cupit et quod nemo potest, prohibere, non contentiones, non odia, non iram, non dolos, nec absolute aliquid, quod appetitus suadet, aversari. Nec mirum. Nam natura non legibus humanae rationis, quae non nisi hominum verum utile et conservationem intendunt, continetur, sed infinitis aliis, quae totius naturae, cuius homo particula est, aeternum ordinem respiciunt, ex cuius sola necessitate omnia individua certo modo determinantur ad existendum et operandum. Quicquid ergo nobis in natura ridiculum, absurdum aut malum videtur, id inde est, quod res tantum ex parte novimus, totiusque naturae ordinem et cohaerentiam maxima ex parte ignoramus, et quod omnia ex praescripto nostrae rationis ut dirigerentur, volumus; cum tamen id, quod ratio malum esse dictat, non malum sit respectu ordinis et legum universae naturae, sed tantum solius nostrae naturae legum respectu.

9. Praeterea sequitur, unumquemque tamdiu alterius esse iuris, quamdiu sub alterius potestate est, et eatenus sui iuris, quatenus vim omnem repellere damnumque sibi illatum ex sui animi sententia vindicare, et absolute quatenus ex suo ingenio vivere potest.

10. Is alterum sub potestate habet, quem ligatum tenet, vel cui arma et media sese defendendi aut evadendi ademit, vel cui metum iniecit, vel quem sibi beneficio ita devinxit, ut ei potius, quam sibi morem gerere et potius ex ipsius, quam ex sui animi sententia vivere velit. Qui primo vel secundo modo alterum in potestate habet, eius tantum corpus, non mentem tenet; tertio autem vel quarto, tam ipsius mentem, quam corpus sui iuris fecit; sed non nisi durante metu vel spe; hac vero aut illo adempto manet alter sui iuris.

11. Iudicandi facultas eatenus etiam alterius iuris esset potest, quatenus mens potest ab altero decipi. Ex quo sequitur, mentem eatenus sui iuris omnino esse, quatenus recte uti potest ratione. Imo

quia humana potentia non tam ex corporis robore, quam ex mentis fortitudine aestimanda est; hinc sequitur, illos maxime sui iuris esse, qui maxime ratione pollent, quique maxime eadem ducuntur. Atque adeo hominem eatenus *liberum* omnino voco, quatenus ratione ducitur, quia eatenus ex causis, quae per solam eius naturam possunt adaequate intelligi, ad agendum determinatur, tametsi ex iis necessario ad agendum determinetur. Nam libertas (ut art. 7. huius cap. ostendimus) agendi necessitatem non tollit, sed ponit.

12. Fides alicui data, qua aliquis solis verbis pollicitus est, se hoc aut illum facturum, quod pro suo iure omittere poterat, vel contra, tamdiu rata manet, quamdiu eius, qui fidem dedit, non mutatur voluntas. Nam qui potestatem habet solvendi fidem, is revera suo iure non cessit, sed verba tantum dedit. Si igitur ipse, qui naturae iure sui iudex est, iudicaverit, seu recte seu prave (nam errare humanum est), ex fide data plus damni, quam utilitatis sequi, ex suae mentis sententia fidem solvendam esse censet, et naturae iure (per art. 9. huius cap.) eandem solvet.

13. Si duo simul conveniant et vires iungant, plus simul possunt, et consequenter plus iuris in naturam simul habent, quam uterque solus; et quo plures necessitudines sic iunxerint suas, eo omnes simul plus iuris habebunt.

14. Quatenus homines ira, invidia aut aliquo odii affectu conflictantur, eatenus diverse trahuntur et invicem contrarii sunt, et propterea eo plus timendi, quo plus possunt, magisque callidi et astuti sunt, quam reliqua animalia; et quia homines ut plurimum (ut in art. 5. praeced. cap. diximus) his affectibus natura sunt obnoxii, sunt ergo homines ex natura hostes. Nam is mihi maximus hostis, qui mihi maxime timendus et a quo mihi maxime cavendum est.

15. Cum autem (per art. 9. huius cap.) in statu naturali tamdiu unusquisque sui iuris sit, quamdiu sibi cavere potest, ne ab alio opprimatur et unus solus frustra ab omnibus sibi cavere conetur, hinc sequitur, quamdiu ius humanum naturale uniuscuiusque potentia determinatur et uniuscuiusque est, tamdiu nullum esse; sed magis opinione, quam re constare, quandoquidem nulla eius obtinendi est securitas. Et certum est, unumquemque tanto minus posse, et consequenter tanto minus iuris habere, quanto maiorem timendi causam habet. His accedit, quod homines vix absque mutuo auxilio vitam sustentare et mentem colere possint. Atque adeo concludimus ius naturae, quod humani generis proprium est, vix posse concipi, nisi ubi homines iura habent communia, qui simul terras, quas habitare et colere possunt, sibi vindicare seseque munire, vimque omnem

repellere et ex communi omnium sententia vivere possunt. Nam (per art. 13. huius cap.) quo plures in unum sic conveniunt, eo omnes simul plus iuris habent; et si scholastici hac de causa, quod scilicet homines in statu naturali vix sui iuris esse possunt, velint hominem *animal sociale* dicere, nihil habeo, quod ipsis contradicam.

16. Ubi homines iura communia habent omnesque una veluti mente ducuntur, certum est (per art. 13. huius cap.) eorum unumquemque tanto minus habere iuris, quanto reliqui simul ipso potentiores sunt, hoc est, illum revera ius nullum in naturam habere praeter id, quod ipsi commune concedit ius. Ceterum quicquid ex communi consensu ipsi imperatur, teneri exequi vel (per art. 4. huius cap.) iure ad id cogi.

17. Hoc ius, quod multitudinis potentia definitur, *imperium* appellari solet. Atque hoc is absolute tenet, qui curam reipublicae ex communi consensu habet, nempe iura statuendi, interpretandi et abolendi, urbes muniendi, de bello et pace decernendi, etc. Quod si haec cura ad concilium pertineat, quod ex communi multitudine componitur, tum imperium *democratia* appellatur, si autem ex quibusdam tantum selectis, *aristocratia*, et si denique reipublicae cura et consequenter imperium penes unum sit, tum *monarchia* appellatur.

18. Ex his, quae in hoc capite ostendimus, perspicuum nobis fit, in statu naturali non dari peccatum, vel si quis peccat, is sibi, non alteri peccat; quandoquidem nemo iure naturae alteri, nisi velit, morem gerere tenetur, nec aliquid bonum aut malum habere, nisi quod ipse ex suo ingenio bonum, aut malum esse, decernit; et nihil absolute naturae iure prohibetur, nisi quod nemo potest. Vide art. 5. et 8. huius cap. At *peccatum* actio est, quae iure fieri nequit. Quod si homines ex naturae instituto tenerentur ratione duci, tum omnes necessario ratione ducerentur. Nam naturae instituta Dei instituta sunt (per art. 2. et 3. huius cap.), quae Deus eadem, qua existit, libertate instituit, quaeque adeo ex naturae divinae necessitate consequuntur (vide art. 7. huius cap.), et consequenter aeterna sunt, nec violari possunt. Sed homines maxime appetitu sine ratione ducuntur, nec tamen naturae ordinem perturbant, sed necessario sequuntur; ac proinde ignarus et animo impotens non magis ex naturae iure tenetur, vitam sapienter instituere, quam aeger tenetur sano corpore esse.

19. Peccatum itaque non nisi in imperio concipi potest, ubi scilicet quid bonum et quid malum sit ex communi totius imperii iure decernitur et ubi nemo (per art. 16. huius cap.) iure quicquam agit, nisi quod ex communi decreto vel consensu agit. Id enim (ut in praeced. art. diximus) *peccatum* est, quod iure fieri nequit, sive quod iure prohibetur;

obsequium autem est constans voluntas id exequendi, quod iure bonum est et ex communi decreto fieri debet.

20. Solemus tamen id etiam *peccatum* appellare, quod contra sanae rationis dictamen fit, et *obsequium* constantem voluntatem moderandi appetitus ex rationis praescripto; quod omnino probarem, si humana libertas in appetitus licentia et servitus in rationis imperio consisteret. Sed quia humana libertas eo maior est, quo homo magis ratione duci et appetitus moderari potest, non possumus, nisi admodum improprie, vitam rationalem vocare obsequium, et peccatum id, quod revera mentis impotentia, non autem contra se ipsam licentia est, et per quod homo servus potius, quam liber potest dici. Vide art. 7. et 2. huius cap.

21. Verumenimvero, quia ratio pietatem exercere et animo tranquillo et bono esse docet, quod non nisi in imperio fieri potest, et praeterea quia fieri nequit, ut multitudo una veluti mente ducatur, sicut in imperio requiritur, nisi iura habeat, quae ex rationis praescripto instituta sint; non ergo adeo improprie homines, qui in imperio vivere consueverunt, id peccatum vocant, quod contra rationis dictamen fit, quandoquidem optimi imperii iura (vide art. 18. huius cap.) ex rationis dictamine institui debent. Cur autem dixerim (art. 18. huius cap.) hominem in statu naturali sibi peccare, si quid peccat, de hoc vide cap. 4. art. 4. et 5., ubi ostenditur, quo sensu dicere possumus, eum, qui imperium tenet et iure naturae potitur, legibus adstrictum esse et peccare posse.

22. Ad religionem quod attinet, certum etiam est, *hominem eo magis esse liberum et sibi maxime obsequentem*, quo Deum magis amat et animo magis integro colit. Verum quatenus non ad naturae ordinem, quem ignoramus, sed ad sola rationis dictamina, quae religionem concernunt, attendimus et simul consideramus, eadem nobis a Deo, quasi in nobis ipsis loquente, revelari, vel etiam haec eadem prophetis veluti iura fuisse revelata, eatenus, more humano loquendo, dicimus hominem Deo obsequi, qui ipsum integro animo amat, et contra peccare, qui caeca cupiditate ducitur. Sed interim memores esse debemus, quod in Dei potestate sumus, sicut lutum in potestate figuli, qui ex eadem massa alia vasa ad decus, alia ad dedecus facit, atque adeo quod homo contra haec Dei decreta quidem, quatenus in nostra vel in prophetarum mente tamquam iura inscripta fuerunt; at non contra aeternum Dei decretum, quod in universa natura inscriptum est, quodque totius naturae ordinem respicit, quicquam agere potest.

23. Ut itaque peccatum et obsequium stricte sumptum, sic etiam iustitia et iniustitia non nisi in imperio possunt concipi. Nam nihil in

natura datur, quod iure posset dici huius esse et non alterius; sed omnia omnium sunt, qui scilicet potestatem habent sibi eadem vindicandi. At in imperio, ubi communi iure decernitur, quid huius, quidque illius sit, ille *iustus* vocatur, cui constans est voluntas tribuendi unicuique suum, *iniustus* autem, qui contra conatur id, quod alterius est, suum facere.

24. Ceterum laudem et vituperium affectus esse laetitiae et tristitiae, quos comitatur idea virtutis aut impotentiae humanae tamquam causa, explicuimus in nostra ethica.

CAPUT III. De iure summarum potestatum.

1. Imperii cuiuscumque status dicitur *civilis*; imperii autem integrum corpus *civitas* appellatur, et communia imperii negotia, quae ab eius, qui imperium tenet, directione pendent, *respublica*. Deinde homines, quatenus ex iure civili omnibus civitatis commodis gaudent, *cives* appellamus, et *subditos*, quatenus civitatis institutis seu legibus parere tenentur. Denique status civilis tria dari genera, nempe *democraticum, aristocraticum* et *monarchicum*, in art. 17. cap. praeced. diximus. Iam antequam de unoquoque seorsim agere incipiam, illa prius demonstrabo, quae ad statum civilem in genere pertinent; quorum ante omnia considerandum venit summum civitatis seu *summarum potestatum ius.*

2. Ex art. 15. praeced. cap. patet, imperii seu summarum potestatum ius nihil esse praeter ipsum naturae ius, quod potentia, non quidem uniuscuiusque, sed multitudinis, quae una veluti mente ducitur, determinatur, hoc est, quod sicuti unusquisque in statu naturali, sic etiam totius imperii corpus et mens tantum iuris habet, quantum potentia valet. Atque adeo unusquisque civis seu subditus tanto minus iuris habet, quanto ipsa civitas ipso potentior est (vid. art. 16. praeced. cap.), et consequenter unusquisque civis nihil iure agit, nec habet praeter id, quod communi civitatis decreto defendere potest.

3. Si civitas alicui concedat ius, et consequenter potestatem (nam alias per art. 12. praeced. cap. verba tantum dedit) vivendi ex suo ingenio, eo ipso suo iure cedit et in eum transfert, cui talem potestatem dedit. Si autem duobus aut pluribus hanc potestatem dedit, ut scilicet unusquisque ex suo ingenio vivat, eo ipso imperium divisit, et si denique unicuique civium hanc eandem potestatem dedit, eo ipso sese destruxit, nec manet amplius civitas, sed redeunt omnia ad statum naturalem, quae omnia ex praecedentibus manifestissima fiunt. Atque

adeo sequitur, nulla ratione posse concipi, quod unicuique civi ex civitatis instituto liceat ex suo ingenio vivere, et consequenter hoc ius naturale, quod scilicet unusquisque sui iudex est, in statu civili necessario cessat. Dico expresse *ex civitatis instituto*; nam ius naturae uniuscuiusque (si recte rem perpendamus) in statu civili non cessat. Homo namque tam in statu naturali, quam civili ex legibus suae naturae agit, suaeque utilitati consulit. Homo, inquam, in utroque statu spe aut metu ducitur ad hoc aut illud agendum vel omittendum; sed praecipua inter utrumque statum differentia est, quod in statu civili omnes eadem metuant, et omnibus una eademque securitatis sit causa et vivendi ratio, quod sane iudicandi facultatem uniuscuiusque non tollit. Qui enim omnibus civitatis mandatis obtemperare constituit, sive eius potentiam metuit, vel quia tranquillitatem amat, is profecto suae securitati suaeque utilitati ex suo ingenio consulit.

4. Praeterea concipere etiam non possumus, quod unicuique civi liceat civitatis decreta, seu iura interpretari. Nam si hoc unicuique liceret, eo ipso sui iudex esset; quandoquidem unusquisque facta sua specie iuris nullo negotio excusare seu adornare posset, et consequenter ex suo ingenio vitam institueret, quod (per art. praeced.) est absurdum.

5. Videmus itaque, *unumquemque civem non sui, sed civitatis iuris esse,* cuius omnia mandata tenetur exsequi, nec ullum habere ius decernendi, quid aequum, quid iniquum, quid pium, quidve impium sit; sed contra, quia imperii corpus una veluti mente duci debet, et consequenter civitatis voluntas pro omnium voluntate habenda est, id quod civitas iustum et bonum esse decernit, tamquam ab unoquoque decretum esse censendum est; atque adeo, quamvis subditus civitatis decreta iniqua esse censeat, tenetur nihilominus eadem exsequi.

6. At obiici potest: an non contra rationis dictamen est, se alterius iudicio omnino subiicere? et consequenter: an status civilis rationi non repugnat? Ex quo sequeretur statum civilem irrationalem esse, nec posse creari nisi ab hominibus ratione destitutis; at minime ab iis, qui ratione ducuntur. Sed quoniam ratio nihil contra naturam docet, non potest ergo sana ratio dictare, ut unusquisque sui iuris maneat, quamdiu homines affectibus sunt obnoxii (per art. 15. praeced. cap.), hoc est (per art. 5. cap. 1.) ratio hoc posse fieri negat. Adde, quod ratio omnino docet pacem quaerere, quae quidem obtineri nequit, nisi communia civitatis iura inviolata serventur; atque adeo quo homo ratione magis ducitur, hoc est (per art. 11. praeced. cap.) quo magis liber est, eo constantius civitatis iura servabit et summae potestatis, cuius subditus est, mandata exsequetur. Ad quod accedit, quod status

civilis naturaliter instituitur ad metum communem adimendum et communes miserias propellendum; ac proinde id maxime intendit, quod unusquisque, qui ratione ducitur, in statu naturali conaretur, sed frustra (per art. 15. praeced. cap.). Quapropter si homini, qui ratione ducitur, id aliquando ex civitatis mandato faciendum est, quod rationi repugnare novit, id damnum longe compensatur bono, quod ex ipso statu civili haurit. Nam rationis etiam lex est, ut ex duobus malis minus eligatur; ac proinde concludere possumus, neminem quicquam contra suae rationis praescriptum agere, quatenus id agit, quod iure civitatis faciendum est; quod nobis facilius unusquisque concedet, postquam explicuerimus, quo usque civitatis potentia, et consequenter ius se extendit.

7. Nam considerandum primum venit, quod sicuti in statu naturali (per art. 2. praeced. cap.) ille homo maxime potens maximeque sui iuris est, qui ratione ducitur; sic etiam illa civitas maxime erit potens et maxime sui iuris, quae ratione fundatur et dirigitur. Nam civitatis ius potentia multitudinis, quae una veluti mente ducitur, determinatur. At haec animorum unio concipi nulla ratione posset, nisi civitas id ipsum maxime intendat, quod sana ratio omnibus hominibus utile esse docet.

8. Secundo venit etiam considerandum, quod subditi eatenus non sui, sed civitatis iuris sint, quatenus eius potentiam seu minas metuunt, vel quatenus statum civilem amant (per art. 10. praeced. cap.). Ex quo sequitur, quod ea omnia, ad quae agenda nemo praemiis aut minis induci potest, ad iura civitatis non pertineant. Ex. gr. iudicandi facultate nemo cedere potest. Quibus enim praemiis aut minis induci potest homo, ut credat, totum non esse sua parte maius, aut quod Deus non existat, aut quod corpus, quod videt finitum, ens infinitum esse credat, et absolute ut aliquid contra id, quod sentit vel cogitat, credat? Sic etiam quibus praemiis aut minis induci potest homo, ut amet, quem odit, vel ut odio habeat, quem amat? Atque huc etiam illa referenda sunt, a quibus humana natura ita abhorret, ut ipsa omni malo peiora habeat, ut quod homo testem contra se agat, ut se cruciet, ut parentes interficiat suos, ut mortem vitare non conetur et similia, ad quae nemo praemiis nec minis induci potest. Quod si tamen dicere velimus, civitatem ius sive potestatem habere talia imperandi, id nullo alio sensu poterimus concipere, nisi quo quis diceret, hominem iure posse insanire et delirare. Quid enim aliud nisi delirium ius illud esset, cui nemo adstrictus esse potest? Atque hic de iis expresse loquor, quae iuris civitatis esse nequeunt, et a quibus natura humana plerumque abhorret. Nam quod stultus aut vesanus nullis praemiis, neque minis induci possit ad exsequenda mandata, et quod unus aut alter ex eo,

quod huic aut illi religioni addictus sit, imperii iura omni malo peiora iudicat; iura tamen civitatis irrita non sunt, quandoquidem iisdem plerique cives continentur. Ac proinde, quia ii, qui nihil timent neque sperant, eatenus sui iuris sunt (per art. 10. praeced. cap.); sunt ergo (per art. 14. praeced. cap.) imperii hostes, quos iure cohibere licet.

9. Tertio denique considerandum venit, ad civitatis ius ea minus pertinere, quae plurimi indignantur. Nam certum est, homines naturae ductu in unum conspirare, vel propter communem metum vel desiderio damnum aliquod commune ulciscendi; et quia ius civitatis communi multitudinis potentia definitur, certum est, potentiam civitatis et ius eatenus minui, quatenus ipsa causas praebet, ut plures in unum conspirent. Habet certe civitas quaedam sibi metuenda, et sicut unusquisque civis, sive homo in statu naturali, sic civitas eo minus sui iuris est, quo maiorem timendi causam habet. Atque haec de iure summarum potestatum in subditos. Iam antequam de earundem in alios iure, agam, solvenda videtur quaestio, quae de *religione* moveri solet.

10. Nam obiici nobis potest, an status civilis et subditorum obedientia, qualem in statu civili requiri ostendimus, non tollat religionem, qua Deum colere tenemur. Sed si rem ipsam perpendamus, nihil reperiemus, quod possit scrupulum iniicere. Mens enim quatenus ratione utitur, non summarum potestatum, sed sui iuris est (per art. 11. cap. praeced.). Atque adeo vera Dei cognitio et amor nullius imperio subiici potest, ut nec erga proximum caritas (per art. 8. huius cap.); et si praeterea consideremus summum caritatis exercitium esse illud, quod ad pacem tuendam et concordiam conciliandam fit, non dubitabimus, illum revera suo officio functum esse, qui unicuique tantum auxilii fert, quantum iura civitatis, hoc est, concordia et tranquillitas concedunt. Ad externos cultus quod attinet, certum est, illos ad veram Dei cognitionem et amorem, qui ex ea necessario sequitur, nihil prorsus iuvare nec nocere posse; atque adeo non tanti faciendi sunt, ut propter ipsos pax et tranquillitas publica perturbari mereatur. Ceterum certum est, me iure naturae, hoc est (per art. 3. praeced. cap.) ex divino decreto, non esse religionis vindicem; nam nulla mihi est, ut olim Christi discipulis potestas fuit, eiiciendi spiritus immundos et faciendi miracula, quae sane potestas adeo necessaria est ad propagandam religionem in locis, ubi interdicta est, ut sine ipsa non tantum oleum et opera, ut aiunt, perdatur, sed plurimae insuper creentur molestiae; cuius rei funestissima exempla omnia viderunt saecula. Unusquisque igitur, ubicumque sit, Deum potest vera religione colere, sibique prospicere, quod viri privati officium est. Ceterum cura religionis propagandae Deo vel summis potestatibus, quibus solis incumbit

reipublicae habere curam, committenda est. Sed ad propositum revertor.

11. Iure summarum potestatum in cives et subditorum officio explicato, superest ut *earum ius in reliqua* consideremus, quod iam ex dictis facile cognoscitur. Nam, quandoquidem (per art. 2. huius cap.) ius summae potestatis nihil est praeter ipsum naturae ius, sequitur duo imperia ad invicem sese habere, ut duo homines in statu naturali, excepto hoc, quod civitas sibi cavere potest, ne ab alia opprimatur, quod homo in statu naturali non potest, nimirum qui quotidie somno, saepe morbo aut animi aegritudine, et tandem senectute gravatur, et praeter haec aliis incommodis est obnoxius, a quibus civitas securam se reddere potest.

12. Civitas igitur eatenus sui iuris est, quatenus sibi consulere et cavere potest, ne ab alia opprimatur (per art. 9. et 15. praeced. cap.), et (per art. 10. et 15. praeced. cap.) eatenus alterius iuris, quatenus alterius civitatis potentiam timet, vel quatenus ab ea impeditur, quominus id, quod vult, exsequatur, vel denique quatenus ipsius auxilio ad sui conservationem vel incrementum indiget. Nam dubitare nequaquam possumus, quin, si duae civitates invicem mutuum auxilium praestare volunt, ambae simul plus possint, et consequenter plus iuris simul habeant, quam alterutra sola. Vid. art. 13. cap. praeced.

13. Haec autem clarius intelligi possunt, si consideremus, quod duae civitates natura hostes sunt. Homines enim (per art. 14. praeced. cap.) in statu naturali hostes sunt. Qui igitur ius naturae extra civitatem retinent, hostes manent. Si itaque altera civitas alteri bellum inferre et extrema adhibere media velit, quo eam sui iuris faciat, id ei iure tentare licet, quandoquidem, ut bellum geratur, ei sufficit eius rei habere voluntatem. At de pace nihil statuere potest, nisi connivente alterius civitatis voluntate. Ex quo sequitur iura belli uniuscuiusque civitatis esse; pacis autem non unius, sed duarum ad minimum civitatum esse iura, quae propterea confoederatae dicuntur.

14. Hoc foedus tamdiu fixum manet, quamdiu causa foederis pangendi, nempe metus damni seu lucri spes in medio est. Hac autem aut illo civitatum alterutri adempto, manet ipsa sui iuris (per art. 10. praeced. cap.), et vinculum, quo civitates invicem adstrictae erant, sponte solvitur, ac proinde unicuique civitati ius integrum est solvendi foedus, quandocumque vult, nec dici potest, quod dolo vel perfidia agat, propterea quod fidem solvit, simulatque metus vel spei causa sublata est, quia haec conditio unicuique contrahentium aequalis fuit, ut scilicet quae prima extra metum esse posset, sui iuris esset, eoque ex sui animi sententia uteretur, et praeterea quia nemo in futurum

contrahit nisi positis praecedentibus circumstantiis. His autem mutatis totius status etiam mutatur ratio, et hac de causa unaquaeque confoederatarum civitatum ius retinet sibi consulendi, et unaquaeque propterea, quantum potest, conatur extra metum et consequenter sui iuris esse, et impedire, quominus altera potentior evadat.

Si quae ergo civitas se deceptam esse queritur, ea sane non confoederatae civitatis fidem, sed suam tantummodo stultitiam damnare potest, quod scilicet salutem suam alteri, qui sui iuris et cui sui imperii salus summa lex est, crediderit.

15. Civitatibus, quae una pacem contraxerunt, ius competit dirimendi quaestiones, quae moveri possunt de pacis conditionibus seu legibus, quibus sibi invicem fidem adstrinxerunt, quandoquidem pacis iura non unius civitatis, sed contrahentium simul sunt (per art. 13. huius cap.). Quod si de iis convenire inter ipsas non potest, eo ipso ad belli statum redeunt.

16. Quo plures civitates simul pacem contrahunt, eo unaquaeque reliquis minus timenda, sive unicuique minor est potestas bellum inferendi; sed eo magis pacis tenetur conditiones servare, hoc est (per art. 13. huius cap.) eo minus sui iuris est, sed eo magis communi foederatorum voluntati sese accommodare tenetur.

17. Ceterum fides, quam sana ratio et religio servandam docet, hic minime tollitur; nam nec ratio, nec scriptura omnem datam fidem servare docet. Cui enim pollicitus sum, argentum ex. gr., quod mihi secreto servandum dedit, custodire, fidem praestare non teneor, simulac noverim aut scire crediderim, furtum esse, quod mihi servandum dedit; sed rectius agam, si dem operam, ut suis restituatur. Sic etiam si summa potestas aliquid alteri se facturam promisit, quod postea tempus seu ratio docuit aut docere videbatur, communi subditorum saluti obesse, fidem sane solvere tenetur. Cum itaque scriptura non nisi in genere doceat fidem servare et casus singulares, qui excipiendi sunt, uniuscuiusque iudicio relinquat, nihil ergo docet, quod iis, quae modo ostendimus, repugnat.

18. Sed ne toties opus sit sermonis filum interrumpere et similes posthac obiectiones solvere, monere volo, me haec omnia ex naturae humanae quomodocumque consideratae necessitate demonstrasse, nempe ex universali omnium hominum conatu sese conservandi, qui conatus omnibus hominibus inest, sive ignari sive sapientes sint. Ac proinde quomodocumque homines sive affectu sive ratione duci considerentur, res eadem erit, quia demonstratio, ut diximus, universalis est.

CAPUT IV. De summis negotiis publicis.

1. Ius summarum potestatum, quod earum potentia determinatur, in praeced. cap. ostendimus, idque in hoc potissimum consistere vidimus, nempe quod imperii veluti mens sit, qua omnes duci debent; adeoque solas ius habere decernendi, quid bonum, quid malum, quid aequum, quid iniquum, hoc est, quid singulis vel omnibus simul agendum vel omittendum sit. Ac proinde vidimus iis solis ius competere leges condendi, easque, quando de iis quaestio est, in quocumque singulari casu interpretandi et decernendi, an datus casus contra vel secundum ius factus sit (vide art. 3., 4. et 5. praeced. cap.); deinde bellum inferendi, vel pacis conditiones statuendi et offerendi, vel oblatas acceptandi. Vide art. 12. et 13. praeced. cap.

2. Cum haec omnia ac etiam media, quae ad eadem exsequenda requiruntur, omnia *negotia* sint, *quae ad integrum imperii corpus*, hoc est, quae *ad rem publicam* spectant, hinc sequitur, rempublicam ab eius solummodo directione pendere, qui summum habet imperium. Ac proinde sequitur solius summae potestatis ius esse de factis uniuscuiusque iudicandi, de factis cuiuscumque rationem exigendi, delinquentes poena mulctandi et quaestiones inter cives de iure dirimendi, vel legum latarum peritos statuendi, qui haec eius loco administrent; deinde omnia ad bellum et pacem media adhibendi et ordinandi, nempe urbes condendi et muniendi, milites conducendi, officia militaria distribuendi, et quid factum velit imperandi, et pacis causa legatos mittendi et audiendi, et denique sumptus ad haec omnia exigendi.

3. Quoniam itaque solius summae potestatis ius sit negotia publica tractandi, vel ministros ad eadem eligendi, sequitur, subditum imperium affectare, qui suo solo arbitrio, supremo concilio inscio, negotium aliquod publicum aggressus est, tametsi id, quod intenderat agere, civitati optimum fore crediderit.

4. Sed quaeri solet, an summa potestas legibus adstricta sit, et consequenter an peccare possit? Verum quoniam legis et peccati nomina non tantum civitatis iura, sed etiam omnium rerum naturalium et apprime rationis communes regulas respicere solent, non possumus absolute dicere, civitatem nullis adstrictam esse legibus seu peccare non posse. Nam si civitas nullis legibus seu regulis, sine quibus civitas non esset civitas, adstricta esset, tum civitas non ut res naturalis, sed ut chimaera esset contemplanda. Peccat ergo civitas, quando ea agit vel

fieri patitur, quae causa esse possunt ipsius ruinae, atque tum eandem eo sensu peccare dicimus, quo philosophi vel medici naturam peccare dicunt, et hoc sensu dicere possumus, civitatem peccare, quando contra rationis dictamen aliquid agit. Est enim civitas tum maxime sui iuris, quando ex dictamine rationis agit (per art. 7. praeced. cap.); quatenus igitur contra rationem agit, eatenus sibi deficit seu peccat. Atque haec clarius intelligi poterunt, si consideremus, quod, cum dicimus unumquemque posse de re, quae sui iuris est, statuere, quicquid velit, haec potestas non sola agentis potentia, sed etiam ipsius patientis aptitudine definiri debet. Si enim ex. gr. dico, me iure posse de hac mensa, quicquid velim, facere, non hercle intelligo, quod ius habeam efficiendi, ut haec mensa herbam comedat. Sic etiam, tametsi dicimus homines non sui, sed civitati iuris esse, non intelligimus, quod homines naturam humanam amittant et aliam induant; atque adeo quod civitas ius habeat efficiendi, ut homines volent, vel quod aeque impossibile est, ut homines cum honore adspiciant ea, quae risum movent vel nauseam; sed quod quaedam circumstantiae occurrant, quibus positis ponitur subditorum erga civitatem reverentia et metus, et quibus sublatis metus et reverentia et cum his civitas una tollitur. Civitas itaque ut sui iuris sit, metus et reverentiae causas servare tenetur; alias civitas esse desinit. Nam iis, vel ei, qui imperium tenet, aeque impossibile est, ebrium aut nudum cum scortis per plateas currere, histrionem agere, leges ab ipso latas aperte violare seu contemnere, et cum his maiestatem servare, ac impossibile est, simul esse et non esse. Subditos deinde trucidare, spoliare, virgines rapere et similia metum in indignationem, et consequenter statum civilem in statum hostilitatis vertunt.

5. Videmus itaque, quo sensu dicere possumus, civitatem legibus teneri et peccare posse. Verum si per legem intelligamus ius civile, quod ipso iure civili vindicari potest, et peccatum id, quod iure civili fieri prohibetur, hoc est, si haec nomina genuino sensu sumantur, nulla ratione dicere possumus, civitatem legibus adstrictam esse aut posse peccare. Nam regulae et causae metus et reverentiae, quas civitas sui causa servare tenetur, non ad iura civilia, sed ad ius naturale spectant; quandoquidem (per art. praeced.) non iure civili, sed iure belli vindicari possunt, et civitas nulla alia ratione iisdem tenetur, quam homo in statu naturali, ut sui iuris esse possit, sive ne sibi hostis sit, cavere tenetur, ne se ipsum interficiat, quae sane cautio non obsequium, sed humanae naturae libertas est. at iura civilia pendent a solo civitatis decreto; atque haec nemini, nisi sibi, ut scilicet libera maneat, morem gerere tenetur, nec aliud bonum aut malum habere, nisi quod ipsa sibi bonum aut malum esse decernit. Ac proinde non tantum ius habet sese

vindicandi, leges condendi et interpretandi, sed etiam easdem abrogandi et reo cuicumque ex plenitudine potentiae condonandi.

6. Contractus seu leges, quibus multitudo ius suum in unum concilium vel hominem transferunt, non dubium est, quin violari debeant, quando communis salutis interest easdem violare. At iudicium de hac re, an scilicet communis salutis intersit, easdem violare, an secus, nemo privatus, sed is tantum, qui imperium tenet, iure ferre potest (per art. 3. huius cap.); ergo iure civili is solus, qui imperium tenet, earum legum interpres manet. Ad quod accedit, quod nullus privatus easdem iure vindicare possit,;atque adeo eum, qui imperium tenet, revera non obligant. Quod si tamen eius naturae sint, ut violari nequeant, nisi simul civitatis robur debilitetur, hoc est, nisi simul plerorumque civium communis metus in indignationem vertatur, eo ipso civitas dissolvitur et contractus cessat, qui propterea non iure civili, sed iure belli vindicatur. Atque adeo is, qui imperium tenet, nulla etiam alia de causa huius contractus conditiones servare tenetur, quam homo in statu naturali, ne sibi hostis sit, tenetur cavere, ne se ipsum interficiat, ut in praeced. art. diximus.

CAPUT V. De optimo imperii statu.

1. In art. 11. cap. 2. ostendimus, hominem tum maxime sui iuris esse, quando maxime ratione ducitur, et consequenter (vid. art. 7. cap. 3.) civitatem illam maxime potentem maximeque sui iuris esse, quae ratione fundatur et dirigitur. Cum autem optima vivendi ratio ad sese, quantum fieri potest, conservandum ea sit, quae ex praescripto rationis instituitur; sequitur ergo id omne optimum esse, quod homo vel civitas agit, quatenus maxime sui iuris est. Nam non id omne, quod iure fieri dicimus, optime fieri affirmamus. Aliud namque est agrum iure colere, aliud agrum optime colere; aliud, inquam, est sese iure defendere, conservare, iudicium ferre etc., aliud sese optime defendere, conservare, atque optimum iudicium ferre; et consequenter aliud est iure imperare et reipublicae curam habere, aliud optime imperare et rempublicam optime gubernare. Postquam itaque de iure cuiuscumque civitatis in genere egimus, tempus est, ut *de optimo cuiuscumque imperii statu* agamus.

2. Qualis autem optimus cuiuscumque imperii sit status, facile *ex fine status civilis* cognoscitur, qui scilicet nullus alius est, quam pax vitaeque securitas. Ac proinde illud *imperium optimum* est, ubi homines concorditer vitam transigunt et cuius iura inviolata servantur. Nam

certum est, quod seditiones, bella, legumque contemptio sive violatio non tam subditorum malitiae, quam pravo imperii statui imputanda sunt. Homines enim civiles non nascuntur, sed fiunt. Hominum praeterea naturales affectus ubique iidem sunt. Si itaque in una civitate malitia magis regnat, pluraque peccata committuntur, quam in alia, certum est, id ex eo oriri, quod talis civitas non satis concordiae providerit, nec iura satis prudenter instituerit, et consequenter neque ius civitatis absolutum obtinuerit. Status enim civilis, qui seditionum causas non abstulit, et ubi bellum continuo timendum, et ubi denique leges frequenter violantur, non multum ab ipso naturali statu differt, ubi unusquisque ex suo ingenio magno vitae periculo vivit.

3. At sicut subditorum vitia nimiaque licentia et contumacia civitati imputanda sunt, ita contra eorum virtus et constans legum observantia maxime civitatis virtuti et iuri absoluto tribuenda est, ut patet ex art. 15. cap. 2. Unde Hannibali merito eximiae virtuti ducitur, quod in ipsius exercitu nulla unquam seditio orta fuerit.

4. Civitas, cuius subditi metu territi arma non capiunt, potius dicenda est, quod sine bello sit, quam quod pacem habeat. Pax enim non belli privatio, sed virtus est, quae ex animi fortitudine oritur; est namque obsequium (per art. 19. cap. 2.) constans voluntas id exsequendi, quod ex communi civitatis decreto fieri debet. Illa praeterea civitas, cuius pax a subditorum inertia pendet, qui scilicet veluti pecora ducuntur, ut tantum servire discant, rectius solitudo, quam civitas dici potest.

5. Cum ergo dicimus, illud imperium optimum esse, ubi homines concorditer vitam transigunt, vitam humanam intelligo, quae non sola sanguinis circulatione et aliis, quae omnibus animalibus sunt communia, sed quae maxime ratione, vera mentis virtute et vita definitur.

6. Sed notandum, imperium, quod in hunc finem institui dixi, a me intelligi id, quod multitudo libera instituit, non autem id, quod in multitudinem iure belli acquiritur. Libera enim multitudo maiori spe quam metu, subacta autem maiori metu quam spe ducitur; quippe illa vitam colere, haec autem mortem tantummodo vitare studet; illa inquam, sibi vivere studet, haec victoris esse cogitur, unde hanc servire, illam liberam esse dicimus. Finis itaque imperii, quod aliquis iure belli adipiscitur, est dominari et servos potius, quam subditos habere. Et quamvis inter imperium, quod a libera multitudine creatur, et illud, quod iure belli acquiritur, si ad utriusque ius in genere attendamus, nulla essentialis detur differentia, finem tamen, ut iam

ostendimus, et praeterea media, quibus unumquodque conservari debeat, admodum diversa habent.

7. Quibus autem mediis princeps, qui sola dominandi libidine fertur, uti debet, ut imperium stabilire et conservare possit, acutissimus Machiavellus prolixe ostendit; quem autem in finem, non satis constare videtur. Si quem tamen bonum habuit, ut de viro sapiente credendum est, fuisse videtur, ut ostenderet, quam imprudenter multi tyrannum e medio tollere conantur, cum tamen causae, cur princeps sit tyrannus, tolli nequeant, sed contra eo magis ponantur, quo principi maior timendi causa praebetur; quod fit, quando multitudo exempla in principem edidit et parricidio quasi re bene gesta gloriatur. Praeterea ostendere forsan voluit, quantum libera multitudo cavere debet, ne salutem suam uni absolute credat, qui nisi vanus sit et omnibus se posse placere existimet, quotidie insidias timere debet; atque adeo sibi potius cavere et multitudini contra insidiari magis, quam consulere cogitur. Et ad hoc de prudentissimo isto viro credendum magis adducor, quia pro libertate fuisse constat, ad quam etiam tuendam saluberrima consilia dedit.

CAPUT VI. De monarchia.

1. Quia homines, uti diximus, magis affectu, quam ratione ducuntur, sequitur multitudinem non ex rationis ductu, sed ex communi aliquo affectu naturaliter convenire et una veluti mente duci velle, nempe (ut art. 9. cap. 3. diximus) vel ex communi spe, vel metu, vel desiderio commune aliquod damnum ulciscendi. Cum autem solitudinis metus omnibus hominibus insit, quia nemo in solitudine vires habet, ut sese defendere, et quae ad vitam necessaria sunt, comparare possit, sequitur statum civilem homines natura appetere, nec fieri posse, ut homines eundem unquam penitus dissolvant.

2. Ex discordiis igitur et seditionibus, quae in civitate saepe concitantur, nunquam fit, ut cives civitatem dissolvant (ut in reliquis societatibus saepe evenit), sed ut eiusdem formam in aliam mutent; si nimirum contentiones sedari nequeunt servata civitatis facie. Quare media, quae ad imperium conservandum requiri dixi, ea intelligo, quae ad imperii formam absque ulla eius notabili mutatione conservandam necessaria sunt.

3. Quod si cum humana natura ita comparatum esset, ut homines id, quod maxime utile est, maxime cuperent, nulla esset opus arte ad concordiam et fidem. Sed quia longe aliter cum natura humana constitutum esse constat, imperium necessario ita instituendum est, ut omnes, tam qui regunt, quam qui reguntur, velint nolint, id tamen agant, quod communis salutis interest, hoc est, ut omnes sponte vel vi vel necessitate coacti sint ex rationis praescripto vivere; quod fit, si imperii res ita ordinentur, ut nihil, quod ad communem salutem spectat, ullius fidei absolute committatur. Nemo enim tam vigilans est, qui aliquando non dormitet, et nemo tam potenti tamque integro animo fuit, qui aliquando, et praesertim quando maxime animi fortitudine opus est, non frangeretur ac pateretur vinci. Et sane stultitia est ab alio id exigere, quod nemo a se ipso impetrare potest, nempe, ut alteri potius, quam sibi vigilet, ut avarus non sit, neque invidus, neque ambitiosus, etc., praesertim is, qui omnium affectuum incitamenta maxima quotidie habet.

4. At experientia contra docere videtur, pacis et concordiae interesse, ut omnis potestas ad unum conferatur. Nam nullum imperium tamdiu absque ulla notabili mutatione stetit, quam Turcarum, et contra nulla minus diuturna, quam popularia, seu democratica fuerunt, nec ulla, ubi tot seditiones moverentur. Sed si servitium, barbaries et solitudo pax appellanda sit, nihil hominibus pace miserius. Plures sane et acerbiores contentiones inter parentes et liberos, quam inter dominos et servos moveri solent, nec tamen oeconomiae interest, ius paternum in dominium mutare, et liberos perinde ac servos habere. Servitutis igitur, non pacis, interest, omnem potestatem ad unum transferre. Nam pax, ut iam diximus, non in belli privatione, sed in animorum unione sive concordia consistit.

5. Et sane, qui credunt posse fieri, ut unus solus summum civitatis ius obtineat, longe errant. Ius enim sola potentia determinatur, ut cap. 2. ostendimus. At unius hominis potentia longe impar est tantae moli sustinendae. Unde fit, ut, quem multitudo regem elegit, is sibi imperatores quaerat seu consiliarios seu amicos, quibus suam et omnium salutem committit, ita ut *imperium*, quod absolute *monarchicum* esse creditur, sit revera in praxi aristocraticum; non quidem manifestum, sed latens, et propterea pessimum. Ad quod accedit, quod rex puer, aeger aut senectute gravatus, precario rex sit; sed ii revera summam potestatem habeant, qui summa imperii negotia administrant, vel qui regi sunt proximi; ut iam taceam, quod rex libidini obnoxius omnia saepe moderetur ex libidine unius aut alterius pellicis aut cinaedi. "Audieram, inquit Orsines, in Asia olim regnasse feminas; hoc vero novum est, regnare castratum!"

6. Est praeterea hoc certum, quod civitas semper magis propter cives, quam propter hostes periclitetur; rari quippe boni. Ex quo sequitur, quod is, in quem totum imperii ius delatum est, magis cives, quam hostes semper timebit, et consequenter sibi cavere et subditis non consulere, sed insidiari conabitur, iis praecipue, qui sapientia clari vel divitiis potentiores sunt.

7. Accedit praeterea, quod reges filios etiam plus timent quam amant, et eo magis, quo pacis, bellique artes magis callent et subditis ob virtutes dilectiores sunt. Unde fit, ut eos ita educare studeant, ut causa timendi absit. Qua in re officiarii promptissime regi obsequuntur et studium adhibebunt summum, ut regem successorem rudem habeant, quem arte tractare possint.

8. Ex quibus omnibus sequitur, regem eo minus sui iuris, et subditorum conditionem eo miseriorem esse, quo magis absolute civitatis ius in eundem transfertur. Atque adeo necesse est, ad imperium monarchicum rite stabiliendum fundamenta iacere firma, quibus superstruatur; ex quibus monarchae securitas et multitudini pax sequatur; ac proinde, ut monarcha tum maxime sui iuris sit, cum maxime multitudinis saluti consulit. Quaenam autem haec *imperii monarchici* fundamenta sint, primum breviter proponam, et deinde ordine ea ostendam.

9. *Urbs* una aut plures condendae et muniendae sunt, quarum omnes cives, sive ii intra moenia sive extra propter agriculturam habitent, eodem civitatis iure gaudeant;ea tamen conditione, ut unaquaeque certum civium numerum ad sui et communem defensionem habeat; quae autem id praestare nequit, aliis conditionibus in ditione habenda.

10. *Militia* ex solis civibus, nullo excepto, formanda est et ex nullis aliis; atque adeo omnes arma habere teneantur et nullus in civium numerum recipiatur, nisi postquam exercitium militare didicerit, illudque signatis anni temporibus exercere pollicitus fuerit. Deinde uniuscuiusque familiae militia in cohortes et legiones divisa nullius cohortis dux eligendus, nisi qui architecturam militarem noverit. Porro cohortium et legionum *duces* ad vitam quidem, sed qui unius familiae integrae militiae imperet in bello tantummodo eligendus, qui annum ad summum imperium habeat, nec continuari in imperio, nec postea eligi possit. Atque hi eligendi sunt ex regis consiliariis (de quibus art. 15. et seqq. dicendum) vel qui officio consiliarii functi sunt.

11. Omnium urbium incolae et agricolae, hoc est, *omnes cives in familias dividendi sunt*, quae nomine et insigni aliquo distinguantur, et omnes ex aliqua harum familiarum geniti in civium numerum recipiantur, eorumque nomina in catalogum eorum familiae redigantur, simulac eo aetatis pervenerint, ut arma ferre et officium suum noscere possint; iis tamen exceptis, qui ob scelus aliquod infames, vel qui muti, vesani et famuli sunt, qui servili aliquo officio vitam sustentant.

12. *Agri et omne solum et*, si fieri potest, *domus* etiam publici iuris sint, nempe eius, qui ius civitatis habet, a quo annuo pretio civibus sive urbanis et agricolis locentur; et praeterea omnes ab omni exactione tempore pacis liberi sive immunes sint. Atque huius pretii alia pars ad civitatis munimenta, alia ad usum domesticum Regis referenda est. Nam tempore pacis urbes tanquam ad bellum munire, et praeterea naves et reliqua instrumenta bellica parata necesse est habere.

13. *Electo rege* ex aliqua familia, nulli *nobiles* censendi nisi a rege oriundi, qui propterea insignibus regiis a sua et a reliquis familiis distinguantur.

14. Regis consanguinei nobiles masculi, qui ei, qui regnat, gradu consanguinitatis tertio aut quarto propinqui sunt, uxorem ducere prohibeantur, et si quos liberos procreaverint, illegitimi habeantur et omni dignitate indigni, nec parentum haeredes agnoscantur, sed eorum bona ad regem redeant.

15. *Regis* praeterea *consiliarii*, qui ei proximi vel dignitate secundi sunt, plures esse debent, et non nisi ex civibus eligendi; nempe, ex unaquaque familia tres aut quatuor aut quinque (si familiae non plures quam sexcentae fuerint), qui simul unum huius concilii membrum constituent, non ad vitam, sed in tres aut quatuor aut quinque annos ita ut singulis annis eorum tertia, quarta aut quinta pars nova eligatur; in qua electione tamen apprime observandum, ut ex unaquaque familia unus ad minimum iuris peritus consiliarius eligatur.

16. Haec electio ab ipso rege fieri debet, cui constituto anni tempore, quo scilicet novi Consiliarii eligendi sunt, unaquaeque familia omnium suorum civium nomina, qui ad annum quinquagesimum aetatis pervenerunt et qui huius officii candidati rite promoti fuerunt, regi tradere debet, ex quibus, quem velit, rex eliget. At eo anno, quo alicuius familiae iuris peritus alteri succedere debet, iuris peritorum tantum nomina sunt regi tradenda. Qui statuto tempore officio hoc consiliarii functi sunt, in eodem continuari nequeant, nec ad catalogum eligendorum quinquennio aut amplius referri. Causa autem, cur necesse sit singulis annis ex unaquaque familia unum eligere, est, ne concilium iam ex inexpertis novitiis, iam ex veteranis et rerum expertis componeretur, quod necessario fieret, si omnes simul recederent et novi succederent. Sed si singulis annis ex unaquaque familia unus eligatur, tum non nisi quinta, quarta aut ad summum tertia concilii pars ex novitiis erit. Praeterea si rex aliis negotiis impeditus aut alia de causa huic electioni vacare aliquamdiu non possit, tum ipsi consiliarii alios pro tempore eligant, donec ipse rex vel alios eligat vel quos concilium elegit probet.

17. *Huius concilii primarium officium* sit, imperii fundamentalia iura defendere, consilia de rebus agendis dare, ut rex quid in bonum publicum decernendum sit sciat, atque adeo, ut regi nihil de aliqua re statuere liceat nisi intellecta prius huius concilii sententia. Sed si concilio ut plerumque fiet, non una mens fuerit, sed diversas habuerit sententias, etiam postquam bis aut ter quaestionem de eadem re habuerint, res in longius trahenda non est, sed discrepantes sententiae ad regem deferendae, ut art. 25. huius cap. docebimus.

18. Huius praeterea concilii officium etiam sit, regis instituta seu decreta promulgare, et quid in rempublicam decretum est, curare, totiusque administrationis imperii curam habere, tanquam regis vicarii.

19. Civibus nulli ad regem aditus pateant nisi per hoc concilium, cui omnes postulationes seu libelli supplices tradendi sunt, ut regi offerantur. Legatis etiam aliarum civitatum non nisi intercedente hoc concilio veniam regem alloquendi impetrare liceat. Epistolae praeterea, quae ex aliis locis regi mittuntur, ei ab hoc concilio tradi debent; et absolute rex censendus est veluti civitatis mens, hoc autem concilium mentis sensus externi, ceu civitatis corpus, per quod mens civitatis statum concipit et per quod mens id agit, quod sibi optimum esse decernit.

20. Cura filios regis educandi huic etiam concilio incumbat, et etiam tutela, si rex successore infante seu puero relicto, obiit. Sed ne tamen concilium interea temporis sine rege sit, ex nobilibus civitatis senior eligendus, qui regis locum suppleat, donec legitimus successor eo aetatis pervenerit, quo imperii onus sustinere possit.

21. Huius concilii candidati ii sint, qui regimen, fundamenta et statum seu conditionem civitatis, cuius subditi sunt, norint. At qui iurisperiti locum occupare vult, is praeter regimen et conditionem civitatis, cuius subditus est, aliarum etiam, cum quibus commercium aliquod intercedit, scire debet. Sed nulli nisi qui ad quinquagesium

aetatis annum, nullo convicti crimine, pervenerint, in catalogum eligendorum referendi sunt.

22. In hoc concilio nihil de rebus imperii concludendum, nisi praesentibus omnibus membris; quod si aliquis morbi aut alia de causa adesse nequeat, aliquem ex eadem familia, qui eodem officio functus vel qui in catalogum eligendorum relatus est, in ipsius locum mittere debet. Quod si nec hoc fecerit, sed quod concilium propter eius absentiam rem aliquam consulendam in diem differre coactus fuerit, summa aliqua pecuniae sensibili mulctetur. Sed hoc intelligendum, quando quaestio est de re, quae integrum imperium spectat, videlicet de bello et pace, de iure aliquo abrogando vel instituendo, de commercio, etc. Sed si quaestio sit de re, quae unam aut alteram urbem spectet, de libellis supplicibus, etc., satis erit, si maior concilii pars adsit.

23. Ut inter familias aequalitas in omnibus et ordo sedendi, proponendi et dicendi habeatur, vices servandae sunt, ut singulae singulis sessionibus praesideant, et quae hac sessione prima, sequenti ultima sit. Sed eorum, qui eiusdem familiae sunt, is primus sit, qui prior electus fuerit.

24. Hoc concilium quater ad minimum in anno convocetur, ut rationem administrationis imperii a ministris exigant, ut rerum statum noscant, et si quid praeterea statuendum sit videant. Nam adeo magnum civium numerum negotiis publicis continuo vacare impossibile videtur; sed, quia negotia publica interim exerceri nihilominus debent, ideo ex hoc concilio quinquaginta aut plures eligendi sunt, qui soluto concilio eius vicem suppleant, quique quotidie congregari debeant in cubiculo, quod regio sit proximum, atque adeo quotidie curam habeant aerarii, urbium munimentorum, educationis filii regis, et absolute eorum omnium magni concilii officiorum, quae modo enumeravimus, praeterquam illud, quod de rebus novis, de quibus nihil decretum est, consulere non possint.

25. Congregato concilio, antequam aliquid in eo proponatur, quinque aut sex aut plures iurisperiti ex familiis, quae illa sessione ordine loci priores sunt, regem adeant, ut libellos supplices vel epistolas, si quas habent, tradant, ut rerum statum indicent, et denique ut ex ipso intelligant, quid in suo concilio proponere iubeat; quo accepto concilium repetant, et qui ordine loci prior est, rem consulendam aperiat. Nec de re suffragia statim colligenda, quae aliquibus videtur alicuius esse momenti, sed in id tempus differenda, quod rei necessitas concedit. Concilio igitur ad id statutum tempus soluto, poterunt interea uniuscuiusque familiae consiliarii de ipsa

seorsum quaestionem habere, et, si res iis magni momenti videbitur, alios, qui eodem officio functi vel qui eiusdem concilii candidati sunt, consulere, et, si intra constitutum tempus inter ipsos convenire non poterit, illa familia extra suffragium erit; nam unaquaeque familia unum tantum ferre suffragium poterit. Alias eius familiae iurisperitus instructus sententiam, quam optimam iudicaverint esse, in ipso concilio ferat, et sic reliqui; et si maiori parti visum fuerit post auditas cuiusque sententiae rationes, rem iterum perpendere, concilium iterum in tempus solvatur, ad quod unaquaeque familia, quaenam ultima eius sit sententia, pronunciabit, et tum demum praesente integro concilio suffragiis collectis ea irrita habeatur, quae centum ad minimum suffragia non habuerit. Reliquae autem ad regem deferantur a iurisperitis omnibus, qui concilio interfuerunt, ut ex iis, postquam uniuscuiusque partis rationes intellexerit, quam velit, eligat, atque inde digressi ad concilium revertantur, ubi omnes regem ad constitutum ab ipso tempus exspectent, ut, quam sententiam ex latis eligendam censet, omnes audiant, et quid faciendum ipse decernat.

26. Ad iustitiam administrandam *concilium aliud* ex solis iurisperitis est formandum, quorum officium sit lites dirimere et poenas ex deliquentibus sumere; sed ita ut omnes sententiae, quas tulerint, ab iis, qui concilii magni vicem supplent, probari debeant, num scilicet servato rite in iudicando ordine prolatae fuerint et absque partium studio. Quod si quae pars, quae causa cecidit, ostendere poterit, aliquem ex iudicibus munere aliquo corruptum fuisse ab adversario, vel aliam communem causam amicitiae erga eundem, vel odii erga ipsum habere, vel denique quod communis iudicandi ordo non fuerit servatus, ea in integrum restituatur. Sed haec forsan observari non possent ab iis, qui, quando quaestio de crimine est, non tam argumentis, quam tormentis reum convincere solent. Verum nec ego hic alium in iudicando ordinem concipio praeter eum, qui cum optimo civitatis regimine convenit.

27. Hi iudices magno etiam et impari numero esse debent; nempe sexaginta et unus aut quinquaginta et unus ad minimum, et ex una familia non nisi unus eligendus, nec tamen ad vitam, sed ut quotannis etiam aliqua eius pars cedat, et alii totidem eligantur, qui ex aliis sint familiis, quique ad quadragesimum aetatis annum pervenerint.

28. In hoc concilio nulla sententia pronuncianda nisi praesentibus omnibus iudicibus. Quod si aliquis morbi aut alterius rei causa diu concilio interesse non poterit, alius ad id tempus eligendus, qui ipsius locum suppleat. In suffragiis autem ferendis debebit unusquisque sententiam suam non palam dicere, sed calculis indicare.

29. Huius et praecedentis concilii vicariorum emolumenta sint bona primo eorum, qui mortis damnati sunt ab ipsis, et etiam eorum, qui summa quadam argenti plectuntur. Deinde ex unaquaque sententia, quam de rebus civilibus tulerint, ab eo, qui causa cecidit, pro ratione totius summae partem aliquotam accipiant, qua utrumque concilium gaudeat.

30. His conciliis alia subordinentur in unaquaque urbe, quorum etiam membra ad vitam eligi non debent, sed etiam quotannis pars aliqua eligenda ex solis familiis, quae in eadem habitant. Sed opus non est haec latius persequi.

31. *Militiae stipendia* nulla solvenda tempore pacis, tempore autem belli iis tantummodo quotidiana stipendia danda, qui quotidiano opere vitam sustentant. At duces et reliqui officiarii cohortium nulla alia emolumenta ex bello exspectanda habeant praeter hostium praedam.

32. Si quis *peregrinus* alicuius civis filiam in uxorem duxerit, eius liberi sunt cives censendi et in catalogo familiae matris inscribendi. Qui autem ex peregrinis parentibus in ipso imperio nati et educati sunt, iis constituto aliquo pretio ius civis ex chiliarchis alicuius familiae emere liceat, et in catalogum eiusdem familiae referantur. Nec imperio, tametsi chiliarchae lucri causa aliquem peregrinum infra constitutum pretium in numerum suorum civium receperint, aliquod inde detrimentum oriri potest; sed contra media excogitanda, quibus facilius civium augeri possit numerus et magna hominum detur confluentia. At qui in catalogum civium non referuntur, aequum est, ut tempore saltem belli otium suum labore aut exactione aliqua compensent.

33. *Legati*, qui tempore pacis ad alias civitates pacis contrahendae vel conservandae causa mitti debent, ex solis nobilibus eligendi sunt et ex civitatis aerario sumptus iisdem suppeditandi, non autem ex regis domestico aerario.

34. Qui aulam frequentant et regis domestici sunt, quibusque ex suo aerario domestico stipendia solvit, ab omni civitatis ministerio seu officio secludendi sunt. Dico expresse, *quibus rex ex aerario suo domestico stipendia solvit*, ut corporis custodes ab iisdem secludam. Nam corporis custodes nulli praeter cives eiusdem urbis in aula, servatis vicibus, vigilare pro rege ante fores debent.

35. *Bellum* non nisi pacis causa inferendum, ut eo finito arma cessent. Urbibus igitur iure belli captis et hoste subacto pacis conditiones instituendae sunt, ut captae urbes nullo praesidio servari debeant; sed vel ut hosti, pacis foedere accepto, potestas concedatur easdem pretio redimendi, vel (si ea ratione timor semper a tergo maneat formidine loci) prorsus delendae sunt et incolae alio locorum ducendi.

36. *Regi nullam extraneam matrimonio sibi iungere*, sed tantum ex consanguineis vel civibus aliquam in uxorem ducere liceat, ea tamen conditione, si scilicet civem aliquam duxerit, ut qui uxori sanguine sint proximi, nullum civitatis officium administrare possint.

37. *Imperium indivisibile* esse debet. Si igitur rex plures liberos procreaverit, illorum maior natu iure succedat, minime autem concedendum, ut imperium inter ipsos dividatur, nec ut indivisum omnibus vel aliquibus tradatur, et multo minus, ut partem imperii dotem filiae dare liceat. Nam, filias in haereditatem imperii venire, nulla ratione concedendum.

38. Si rex liberis masculis orbus obierit, ille, qui ipsi sanguine proximus, *heres imperii* habendus, nisi forte uxorem extraneam duxerit, quam repudiare nolit.

39. Ad cives quod attinet, patet ex art. 5. cap. 3. eorum unumquemque ad omnia regis mandata sive edicta a concilio magno promulgata (vide de hac conditione art. 18. et 19. huius cap.) obtemperare debere, tametsi eadem absurdissima credat, vel iure ad id cogi. Atque haec imperii monarchici fundamenta sunt, quibus superstrui debet, ut stabile sit, quemadmodum in seq. cap. demonstrabimus.

40. Ad *religionem* quod attinet, nulla plane templa urbium sumptibus aedificanda, nec iura de opinionibus statuenda, nisi seditiosae sint et civitatis fundamenta evertant. Ii igitur, quibus religionem publice exercere conceditur, templum si velint suis sumptibus aedificent. At rex ad religionem, cui addictus est, exercendam templum in aula sibi proprium habeat.

CAPUT VII. De monarchia. Continuatio.

1. Imperii monarchici fundamentis explicatis *eadem hic ordine demonstrare suscepi*; ad quod apprime notandum est, praxi nullo modo repugnare, quod iura adeo firma constituantur, quae nec ab ipso rege aboleri queant. Persae enim reges suos inter deos colere solebant, et tamen ipsi reges potestatem non habebant iura semel instituta revocandi, ut ex Daniele patet; et nullibi, quod sciam, monarcha

absolute eligitur, nullis expressis conditionibus. Imo nec rationi, nec obedientiae absolutae, quae regi debetur, repugnat. Nam fundamenta imperii veluti regis aeterna decreta habenda sunt, adeo ut eius ministri ei omnino obediant, si, quando aliquid imperat, quod imperii fundamentis repugnat, mandata exsequi velle negent. Quod exemplo Ulissis clare explicare possumus. Socii enim Ulissis ipsius mandatum exsequebantur, quando navis malo alligatum et cantu Syrenum mente captum religare noluerunt; tametsi id modis multis minitando imperabat, et prudentiae eiusdem imputatur, quod postea sociis gratias egerit, quod ex prima ipsius mente ipsi obtemperaverint. Et ad hoc Ulissis exemplum solent etiam reges iudices instruere, ut scilicet iustitiam exerceant, nec quemquam respiciant, nec ipsum regem, si quid singulari aliquo casu imperaverit, quod contra institutum ius esse noverint. Reges enim non dii, sed homines sunt, qui Syrenum capiuntur saepe cantu. Si igitur omnia ab inconstanti unius voluntate penderent, nihil fixum esset. Atque adeo imperium monarchicum, ut stabile sit, instituendum est, ut omnia quidem ex solo regis decreto fiant, hoc est, ut omne ius sit regis explicata voluntas; at non ut omnis regis voluntas ius sit, de quo vide art. 3., 5. et 6. praeced. cap.

2. Deinde notandum, quod in iaciendis fundamentis maxime humanos affectus observare necesse est, nec ostendisse sufficit, quid oporteat fieri; sed apprime, qui fieri possit, ut homines, sive affectu sive ratione ducantur, iura tamen rata fixaque habeant. Nam si imperii iura, sive libertas publica solo invalido legum auxilio nitatur, non tantum nulla eius obtinendae erit civibus securitas, ut art. 3. cap. praeced. ostendimus, sed etiam exitio erit. Nam hoc certum est, nullam civitatis conditionem miseriorem esse, quam optimae, quae labascere incipit, nisi uno actu et ictu cadat et in servitutem ruat (quod sane impossibile videtur esse); ac proinde subditis multo satius esset suum ius absolute in unum transferre, quam incertas et vanas sive irritas libertatis conditiones stipulari, atque ita posteris iter ad servitutem crudelissimam parare. At si imperii monarchici fundamenta, quae in praeced. cap. retuli, firma esse ostendero, nec divelli posse nisi cum indignatione maximae partis armatae multitudinis, et ex iis regi et multitudini pacem et securitatem sequi, atque haec ex communi natura deduxero, dubitare nemo poterit eadem optima esse et vera, ut patet ex art. 9. cap. 3. et art. 3. et 8. praeced. cap. Quod autem huius illa naturae sint, quam paucis potero, ostendam.

3. Quod officium eius, qui imperium tenet, sit imperii statum et conditionem semper noscere et communi omnium saluti vigilare, et id omne, quod maiori subditorum parti utile est, efficere, apud omnes in confesso est. Cum autem unus solus omnia perlustrare nequeat, nec

semper animum praesentem habere et ad cogitandum instituere, et saepe morbo aut senectute aut aliis de causis rebus vacare publicis prohibeatur; necesse ergo est, ut monarcha consiliarios habeat, qui rerum statum noscant et regem consilio iuvent et ipsius locum saepe suppleant; atque adeo fiat, ut imperium seu civitas una semper eademque mente constet.

4. Sed quia cum humana natura ita comparatum est, ut unusquisque suum privatum utile summo cum affectu quaerat, et illa iura aequissima esse iudicet, quae rei suae conservandae, et augendae necessaria esse, et alterius causam eatenus defendat, quatenus rem suam eo ipso stabilire credit, hinc sequitur consiliarios necessario debere eligi, quorum privatae res et utilitas a communi omnium salute et pace pendeant. Atque adeo patet, quod, si ex unoquoque civium genere sive classe aliquot eligantur, id maiori subditorum parti utile erit, quod in hoc concilio plurima habuerit suffragia. Et quamvis hoc concilium, quod ex adeo magno civium numero componitur, frequentari necessario debeat a multis rudi admodum ingenio; hoc tamen certum est, unumquemque in negotiis, quae diu magno cum affectu exercuit, satis callidum atque astutum esse. Quapropter si nulli alii eligantur, nisi ii, qui ad quinquagesimum aetatis annum usque negotia sua sine ignominia exercuerunt, satis apti erunt, ut consilia res suas concernentia dare possint, praesertim si in rebus maioris ponderis tempus ad meditandum concedatur. Adde quod longe abest, ut concilium, quod paucis constat, a similibus non frequentetur. Nam contra maxima eius pars ex hominibus eiusmodi constat, quandoquidem unusquisque ibi maxime conatur socios habere bardos, qui ab ipsius ore pendeant, quod in magnis conciliis locum non habet.

5. Praeterea certum est, unumquemque malle regere, quam regi. "Nemo enim volens imperium alteri concedit", ut habet Sallustius in prima ad Caesarem oratione. Ac proinde patet, quod multitudo integra nunquam ius suum in paucos aut unum transferet, si inter ipsam convenire possit, nec ex controversiis, quae plerumque in magnis conciliis excitantur, in seditiones ire. Atque adeo multitudo id libere tantummodo in regem transfert, quod absolute in potestate ipsa habere nequit, hoc est, controversiarum diremptionem et in decernendo expeditionem. Nam quod saepe etiam fit, ut rex belli causa eligatur, quia scilicet bellum a regibus multo felicius geritur, inscitia sane est, nimirum quod, ut bellum felicius gerant, in pace servire velint; si quidem pax eo in imperio potest concipi, cuius summa potestas sola belli causa in unum translata est, qui propterea virtutem suam et quid omnes in ipso uno habeant, maxime in bello ostendere potest; cum contra imperium democraticum hoc praecipuum habeat, quod eius

virtus multo magis in pace, quam in bello valet. Sed quacumque de causa rex eligatur, ipse solus, ut iam diximus, quid imperio utile sit, scire nequit; sed ad hoc, ut in praeced. art. ostendimus, necesse est, ut plures cives consiliarios habeat, et quia concipere nequaquam possumus, quod aliquid de re consulenda potest concipi, quod tam magnum hominum numerum effugerit, sequitur, quod praeter omnes huius concilii sententias, quae ad regem deferuntur, nulla poterit concipi ad populi salutem idonea. Atque adeo, quia populi salus suprema lex seu regis summum ius est, sequitur, ius regis esse unam ex latis concilii sententiis eligere, non autem contra totius concilii mentem quicquam decernere vel sententiam ferre. Vide art. 25. praeced. cap. Sed si omnes sententiae in concilio latae ad regem deferendae essent, fieri posset, ut rex parvis urbibus, quae pauciora habent suffragia, semper faveret. Nam quamvis ex lege concilii statutum sit, ut sententiae non indicatis earum authoribus deferantur, nunquam tamen tam bene cavere poterunt, ut non aliqua effluat. Ac proinde necessario statuendum est, ut illa sententia, quae centum ad minimum suffragia non habuerit, irrita habeatur, quod quidem ius maiores urbes summa vi defendere debebunt.

6. Atque hic, nisi brevitati studerem, magnas huius concilii utilitates alias ostenderem; unam tamen, quae maximi videtur esse momenti, adducam. Nempe quod nullum maius ad virtutem incitamentum dari potest, hac communi spe summum hunc honorem adipiscendi. Nam gloria maxime ducimur omnes, ut in nostra ethica fuse ostendimus.

7. Quin maiori huius concilii parti nunquam animus gerendi bellum, sed magnum pacis studium et amor semper futurus sit, dubitari non potest. Nam, praeterquam quod ex bello ipsis timor semper erit bona sua cum libertate amittendi, accedit, quod ad bellum novi sumptus requirantur, quos suppeditare debent, ac etiam quod ipsorum liberi et affines curis domesticis intenti studium ad arma in bello applicare et militatum ire cogentur, unde domum nihil praeter gratuitas cicatrices referre poterunt. Nam, uti art. 31. praeced. cap. diximus, militiae stipendia nulla solvenda, et art. 10. eiusdem cap. ipsa ex solis civibus et ex nullis aliis formanda.

8. Ad pacem et concordiam aliud praeterea, quod etiam magni est momenti, accedit; nempe quod nullus civis bona fixa habeat. Vid. art. 12. praeced. cap. Unde omnibus ex bello par propemodum periculum est. Nam᾽ omnes lucri causa mercaturam exercere, vel argentum suum invicem credere, si, ut olim ab Atheniensibus, lex lata sit, qua prohibeatur unicuique argentum suum foenere aliis, quam

incolis dare; atque adeo negotia tractare debebunt, quae vel invicem intricata sunt, vel quae eadem media, ut promoveantur, requirunt. Atque adeo huius concilii maximae parti circa res communes et pacis artes una plerumque eademque erit mens; nam, ut art. 4. huius cap. diximus, unusquisque alterius causam eatenus defendit, quatenus eo ipso rem suam stabilire credit.

9. Quod nemo unquam in animum inducet hoc concilium muneribus corrumpere, dubitari non potest. Si enim aliquis ex tam magno hominum numero unum aut alterum ad se trahat, sane nihil promovebit. Nam, uti diximus, sententia, quae centum ad minimum suffragia non habuerit, irrita est.

10. Quod praeterea huius concilii semel stabiliti membra ad minorem numerum redigi non poterunt, facile videbimus si hominum communes affectus consideremus. Omnes enim gloria maxime ducuntur, et nullus est, qui sano corpore vivit, qui non speret in longam senectutem vitam trahere. Si itaque calculum ineamus eorum, qui revera annum quinquagesimum aut sexagesimum aetatis attigerunt, et rationem praeterea habeamus magni istius concilii numeri, qui quotannis eligitur, videbimus vix aliquem eorum, qui arma ferunt, dari posse, qui non magna spe teneatur, huc dignitatis ascendere; atque adeo omnes hoc concilii ius, quantum poterunt, defendent. Nam notandum, quod corruptio, nisi paulatim irrepat, facile praevenitur. At quia facilius concipi potest, et minori invidia fieri, ut ex unaquaque familia, quam ut ex paucis minor numerus eligatur, aut ut una, aut alia secludatur, ergo (per art. 15. praeced. cap.) consiliariorum numerus non potest ad alium minorem redigi, nisi simul ab eo una tertia, quarta aut quinta pars auferatur, quae sane mutatio admodum magna est, et consequenter a communi praxi omnino abhorrens. Nec mora praeterea, sive in eligendo negligentia timenda est, quia haec ab ipso concilio suppletur. Vid. art. 16. praeced. cap.

11. Rex igitur sive multitudinis metu ductus, vel ut sibi armatae multitudinis maiorem partem devinciat, sive animi generositate ductus, ut scilicet utilitati publicae consulat, illam semper sententiam, quae plurima suffragia habuerit, hoc est (per art. 5. huius cap.) quae imperii maiori parti est utilior, firmabit, aut discrepantes sententias, quae ad ipsum delatae sunt, si fieri potest, conciliare studebit, ut omnes ad se trahat, qua in re nervos intendet suos, et ut tam in pace, quam in bello experiantur, quid in ipso uno habeant. Atque adeo tum maxime sui iuris erit et imperium maxime habebit, quando maxime communi multitudinis saluti consulit.

12. Nam rex solus omnes metu continere nequit. Sed ipsius potentia, ut diximus, nititur militum numero, et praecipue eorundem virtute et fide, quae semper inter homines tamdiu constans erit, quamdiu indigentia, sive haec honesta, sive turpis sit, copulantur. Unde fit, ut reges incitare saepius milites, quam coërcere, et magis eorum vitia, quam virtutes dissimulare soleant, et plerumque, ut optimos premant, inertes et luxu perditos inquirere, agnoscere, pecunia aut gratia iuvare, prehensare manus, iacere oscula et omnia servilia pro dominatione agere. Ut itaque cives a rege prae omnibus agnoscantur, et quantum status civilis sive aequitas concedit, sui iuris maneant, necesse est, ut militia ex solis civibus componatur, et ut ipsi a consiliis sint; et contra eos omni no subactos esse et aeterni belli fundamenta iacere, simulatque milites auxiliares duci patiuntur, quorum mercatura bellum est, et quibus in discordiis et seditionibus plurima vis.

13. Quod regis consiliarii ad vitam eligi non debeant, sed in tres, quatuor vel quinque ad summum annos, patet tam ex art. 10. huius cap., quam ex iis, quae in art. 9. huius etiam cap. diximus. Nam si ad vitam eligerentur, praeterquam quo maxima civium pars vix ullam spem posset concipere eum honorem adipiscendi; atque adeo magna inde inter cives inaequalitas, unde invidia et continui rumores et tandem seditiones orirentur, quae sane regibus dominandi avidis non ingratae essent; magnam praeterea ad omnia licentiam (sublato scilicet succedentium metu) sumerent, rege minime adversante. Nam quo civibus magis invisi, eo magis regi adhaerebunt, eique ad adulandum magis proni erunt. Imo quinque annorum intervallum nimium adhuc videtur, quia eo temporis spatio non adeo impossibile factu videtur, ut magna admodum concilii (quam etiam magnum sit) pars muneribus aut gratia corrumpatur. Atque adeo longe securius res sese habebit, si quotannis ex unaquaque familia duo cedant et totidem iisdem succedant (si nimirum ex unaquaque familia quinque consiliarii habendi sunt), praeterquam eo anno, quo iuris prudens alicuius familiae cedit et novus eius loco eligitur.

14. Rex praeterea nullus maiorem sibi securitatem polliceri potest, quam qui in huiusmodi civitate regnat. Nam praeterquam quod cito perit, quem sui milites salvum esse nolunt, certum est regibus summum semper periculum esse ab iis, qui eis proximi sunt. Quo igitur consiliarii numero pauciores, et consequenter potentiores sunt, eo regi maius ab ipsis periculum est, ne imperium in alium transferant. Nihil sane Davidem magis terruit, quam quod ipsius consiliarius Achitophel partes Absolomi elegerat. Huc accedit, si omnis potestas in unum absolute translata fuerit, quae tum longe facilius ex uno in alium transferri potest. Suscepere enim duo manipulares imperium

Romanum transferre, et transtulerunt. Omitto artes et astus callidos consiliariorum, quibus sibi cavere debent, ne invidiae immolentur, quia nimis noti sunt; et nemo, qui historias legit, ignorare potest, consiliariis fidem plerumque exitio fuisse; atque adeo, ut sibi caveant, eosdem callidos, non fidos esse oportet. Sed si consiliarii plures numero, quam ut in eodem scelere convenire possint, et omnes inter se aequales sint, nec ultra quadriennium eo officio fungantur, regi nequaquam formidolosi esse queunt, nisi libertatem iis adimere tentet, quo omnes cives pariter offendet. Nam (ut Ant. Perezius optime notat) imperio absoluto uti Principi admodum periculosum, subditis admodum odiosum et institutis tam divinis, quam humanis adversum, ut innumera ostendunt exempla.

15. Praeter haec alia fundamenta in praeced. cap. iecimus, ex quibus regi magna imperii et civibus libertatis ac pacis obtinendae securitas oritur, quae suis locis ostendemus. Nam quae ad *supremum concilium* spectant, quaeque maximi ponderis sunt, ante omnia demonstrare volui. Iam reliqua eo, quo ipsa proposui, ordine persequar.

16. Quod cives eo potentiores, et consequenter magis sui iuris sint, quo maiores urbes et magis munitas habent, dubio caret. Quo enim locus, in quo sunt, tutior est, eo libertatem suam melius tueri, sive hostem externum vel internum minus timere possunt, et certum est, homines naturaliter securitati suae eo magis consulere, quo divitiis potentiores sunt. Quae autem urbes alterius potentia, ut conserventur, indigent, aequale ius cum eo non habent; sed eatenus alterius sunt iuris, quatenus alterius potentia indigent. Ius enim sola potentia definiri in cap. 2. ostendimus.

17. Hac eadem etiam de causa, ut cives scilicet sui iuris maneant et libertatem tueantur, militia ex solis civibus nullo excepto constare debet. Etenim homo armatus magis, quam inermis sui iuris (vide art. 12. huius cap.), et ii cives suum ius in alterum absolute transferunt, eiusdemque fidei omnino committunt, cui arma dederunt et urbium munimenta crediderunt. Huc accedit humana avaritia, qua plerique maxime ducuntur. Fieri enim non potest, ut auxiliarius miles sine magnis sumptibus conducatur, et cives vix pati possunt exactiones, quae sustentandae otiosae militiae requiruntur. Quod autem nullus, qui integrae militiae vel magnae eius parti imperet, nisi cogente necessitate in annum ad summum eligendus sit, norunt omnes, qui historias tam sacras quam profanas legerunt. Ratio autem nihil hoc clarius docet. Nam sane imperii robur ei omnino creditur, cui satis temporis conceditur, ut militarem gloriam occupet, ipsiusque nomen supra regis attollatur, vel fidum sibi exercitum faciat obsequio,

liberalitate et reliquis artibus, ducibus assuetis, quibus alienum servitium et sibi dominationem quaerunt. Denique ad maiorem totius imperii securitatem addidi, quod hi militiae imperatores eligendi sunt ex regis consiliariis, vel qui eodem officio functi sunt, hoc est, viris, qui eo aetatis pervenerunt, qua homines plerumque vetera et tuta, quam nova et periculosa malint.

18. *Cives inter se familiis distinguendos esse dixi*, et ex unaquaque aequalem consiliariorum numerum eligendum, ut maiores urbes plures haberent pro numero civium consiliarios, et plura, ut aequum est, adferre possent suffragia. Nam imperii potentia et consequenter ius ex civium numero aestimanda est; nec credo, quod ad hanc inter cives aequalitatem servandam aliud medium aptius excogitari potest, qui omnes natura ita comparati sunt, ut unusquisque generi suo adscribi velit, et stirpe a reliquis internosci.

19. Praeterea in statu naturali unusquisque nihil minus sibi vindicare, et sui iuris facere potest, quam solum, et quicquid solo ita adhaeret, ut id nusquam abscondere, nec portare, quo velit, potest. *Solum* igitur et quicquid ei ea, qua diximus, conditione adhaeret, apprime communis civitatis iuris est, nempe eorum omnium, qui iunctis viribus, vel eius, cui omnes potestatem dederunt, qua id sibi vendicare possit; et consequenter solum et quicquid ei adhaeret, tanti valere apud cives debet, quantum necesse est, ut pedem eo in loco figere, et commune ius seu libertatem tueri possint. Ceterum utilitates, quas civitas hinc necesse est ut capiat, ostendimus art. 8. huius cap.

20. Ut cives, quantum fieri potest, aequales sint, quod in civitate apprime necessarium est, nulli nisi a rege oriundi, *nobiles* censendi sunt. At si omnibus ex rege oriundis uxorem ducere seu liberos procreare liceret, successu temporis in magnum admodum numerum crescerent, et regi et omnibus non tantum oneri, sed formidolosissimi insuper essent. Homines enim, qui otio abundant, scelera plerumque meditantur. Unde fit, ut reges maxime nobilium causa inducantur, bellum gerere, quia regibus nobilibus stipatis maior ex bello, quam ex pace securitas et quies. Sed haec utpote satis nota relinquo, ut et quae ex art. 15. usque ad 27. in praeced. cap. dixi. Nam praecipua in hoc cap. demonstrata, et reliqua per se manifesta sunt.

21. Quod *iudices* plures numero esse debeant, quam ut a viro privato magna eius pars possit muneribus corrumpi, ut et quod suffragia non palam, sed clam ferre debeant, et quod vacationis praemium mereantur, omnibus etiam notum. Sed solent ubique annuum habere stipendium; unde fit, ut non admodum festinent lites dirimere, et saepe, ut quaestionibus nullus sit finis. Deinde ubi

bonorum publicatio regum emolumenta sunt, ibi saepe *non ius aut verum in cognitionibus, sed magnitudo opum spectatur; passim delationes, et locupletissimus quisque in praedam correpti, quae gravia et intoleranda, sed necessitate armorum excusata, etiam in pace manent.* At iudicum avaritia, qui scilicet in duos aut tres annos ad summum constituuntur, metu succedentium temperantur; ut iam taceam, quod iudices bona fixa nulla habere possunt, sed quod argentum suum lucri causa concivibus credere debeant. Atque adeo iis magis consulere, quam insidiari coguntur, praesertim si ipsi iudices magno, uti diximus, numero sint.

22. At *militiae nullum decernendum esse stipendium* diximus. Nam summum militiae praemium libertas est. In statu enim naturali nititur unusquisque sola libertatis causa sese, quantum potest, defendere, nec aliud bellicae virtutis praemium exspectat, quam ut suus sit; in statu autem civili omnes simul cives considerandi perinde ac homo in statu naturali, qui propterea, dum omnes pro eo statu militant, sibi cavent sibique vacant. At consiliarii, iudices, praetores etc. plus aliis, quam sibi vacant; quare iis vacationis praemium decerni aequum est. Accedit, quod in bello nullum honestius, nec maius victoriae incitamentum esse potest, quam libertatis imago. Sed si contra civium aliqua pars militiae designetur, qua de causa necesse etiam erit iisdem certum stipendium decernere, rex necessario eosdem prae reliquis agnoscet (ut art. 12. huius cap. ostendimus), homines scilicet, qui belli artes tantummodo norunt, et in pace propter nimium otium luxu corrumpuntur, et tandem propter inopiam rei familiaris nihil praeter rapinas, discordias civiles et bella meditantur. Atque adeo affirmare possumus imperium monarchicum huiusmodi revera statum belli esse, et solam militiam libertate gaudere, reliquos autem servire.

23. Quae de *peregrinis* in civium numerum recipiendis art. 32. praeced. cap. diximus, per se nota esse credo. Praeterea neminem dubitare existimo, quod ii, qui regi sanguine propinqui sunt, procul ab eo esse debeant, et non belli, sed pacis negotiis distrahi, ex quibus ipsis decus et imperio quies sequatur. Quamvis nec hoc quidem Turcarum tyrannis satis tutum visum fuerit, quibus propterea religio est, fratres omnes necare. Nec mirum; nam quo magis absolute imperii ius in unum translatum est, eo facilius ipsum (ut art. 14. huius cap. exemplo ostendimus) ex uno in alium transferri potest. At imperium monarchicum, quale hic concipimus, in quo scilicet mercenarius miles nullus est, satis hoc, quo diximus, modo regis saluti cautum fore, extra dubium est.

24. De iis etiam, quae art. 34. et 35. praeced. cap. diximus, ambigere nemo potest. Quod autem rex extraneam in uxorem ducere

non debet, facile demonstratur. Nam praeterquam quod duae civitates, quanquam foedere inter se sociatae, in statu tamen hostilitatis sunt (per art. 14. cap. 3.), apprime cavendum est, ne bellum propter regis res domesticas concitetur, et quia controversiae et dissensiones ex societate praecipue, quae ex matrimonio fit, oriuntur, et quae inter duas civitates quaestiones sunt, iure belli plerumque dirimuntur. Hinc sequitur imperio exitiale esse arctam societatem cum alio inire. Huius rei fatale exemplum in scriptura legimus mortuo enim Salomone, qui filiam regis Aegypti sibi matrimonio iunxerat, filius eius Rehabeam bellum cum Susaco Aegyptiorum rege infelicissime gessit, a quo ommino subactus est. Matrimonium praeterea Ludovici XIV. regis Galliarum cum filia Philippi quarti novi belli semen fuit. Et praeter haec plurima exempla in historiis leguntur.

25. Imperii facies una eademque servari, et consequenter rex unus et eiusdem sexus, et imperium indivisibile esse debet. Quod autem dixerim, ut filius regis natu maior patri iure succedat, vel (si nulli sint liberi) qui regi sanguine proximus est, patet tam ex art. 13. praeced. cap., quam quia regis electio, quae a multitudine fit, aeterna, si fieri potest, esse debet. Alias necessario fiet, ut summa imperii potestas saepe ad multitudinem transeat, quae mutatio summa est, et consequenter periculosissima. Qui autem statuunt, regem ex eo, quod imperii dominus est, idque iure absoluto tenet, posse, cui vellet, idem tradere, et successorem, quem velit, eligere, atque adeo regis filium imperii heredem iure esse, falluntur sane. Nam regis voluntas tamdiu vim iuris habet, quamdiu civitatis gladium tenet; imperii namque ius sola potentia definitur. Rex igitur regno cedere quidem potest, sed non imperium alteri tradere, nisi connivente multitudine vel parte eius validiore. Quod ut clarius intelligatur, venit notandum, quod liberi non iure naturali, sed civili parentum heredes sunt. Nam sola civitatis potentia fit, ut unusquisque quorundam bonorum sit dominus; quare eadem potentia sive iure, quo fit, ut voluntas alicuius, qua (le suis bonis statuit, rata sit, eodem fit, ut eadem voluntas etiam post ipsius mortem rata maneat, quamdiu civitas permanet; et hac ratione unusquisque in statu civili idem ius, quod dum in vivis est, etiam post mortem obtinet, quia, uti diximus, non tam sua, quam civitatis potentia, quae aeterna est, de suis bonis quicquam statuere potest. At regis alia prorsus est ratio. Nam regis voluntas ipsum ius civile est, et rex ipsa civitas. Mortuo igitur rege obiit quodammodo civitas, et status civilis ad naturalem, et consequenter summa potestas ad multitudinem naturaliter redit, quae propterea iure potest leges novas condere et veteres abrogare. Atque adeo apparet, neminem regi iure succedere, nisi quem multitudo successorem vult, vel in theocratia, qualis

Hebraeorum civitas olim fuit, quem Deus per prophetam elegerit. Possemus praeterea haec inde deducere, quod regis gladius sive ius sit revera ipsius multitudinis sive validioris eius partis voluntas, vel etiam ex eo, quod homines ratione praediti nunquam suo iure ita cedunt, ut homines esse desinant, et perinde ac pecudes habeantur. Sed haec ulterius persequi non est opus.

26. Ceterum religionis sive Deum colendi ius nemo in alium transferre potest. Sed de hoc in duobus ultimis capitibus tractatus theologico-politici prolixe egimus, quae hic repetere superfluum est. Atque his me optimi imperii monarchici fundamenta satis clare, quamvis breviter, demonstrasse autumo. Eorum autem cohaerentiam, sive imperii analogiam facile unusquisque observabit, qui eadem simul aliqua cum attentione contemplari velit. Superest tantum monere, me hic imperium monarchicum concipere, quod a libera multitudine instituitur, cui solummodo haec ex usu esse possunt. Nam multitudo, quae alii imperii formae assuevit, non poterit sine magno eversionis periculo totius imperii recepta fundamenta evellere, et totius imperii fabricam mutare.

27. Atque haec, quae scripsimus, risu forsan excipientur ab iis, qui vitia, quae omnibus mortalibus insunt, ad solam plebem restringunt; nempe quod in vulgo nihil modicum terrere, ni paveant, et quod plebs aut humiliter servit aut superbe dominatur, nec ei veritas aut iudicium etc. At *natura una et communis omnium est*. Sed potentia et cultu decipimur. Unde est, ut duo cum idem faciunt, saepe dicamus: hoc licet impune facere huic, illi non licet; non quod dissimilis res sit, sed qui facit. Dominantibus propria est superbia. Superbiunt homines annua designatione: quid nobiles, qui honores in aeternum agitant! Sed eorum arrogantia fastu, luxu, prodigalitate certoque vitiorum concentu et docta quadam insipientia et turpitudinis elegantia adornatur, ita ut vitia, quorum singula seorsim spectata, quia tum maxime eminent, foeda et turpia sunt, honesta et decora imperitis et ignaris videantur. Nihil praeterea in vulgo modicum terrere, nisi paveant; nam libertas, et servitium haud facile miscentur. Denique quod plebi nulla veritas neque iudicium sit, mirum non est, quando praecipua imperii negotia clam ipsa agitantur, et non nisi ex paucis, quae celari nequeunt, coniecturam facit. Iudicium enim suspendere rara est virtus. Velle igitur clam civibus omnia agere, et ne de iisdem prava iudicia ferant, neque ut res omnes sinistre interpretentur, summa est inscitia. Nam si plebs sese temperare, et de rebus parum cognitis iudicium suspendere, vel ex paucis praecognitis recte de rebus iudicare posset, dignior sane esset, ut regeret, quam ut regeretur. Sed, uti diximus, natura omnibus eadem est. Superbiunt omnes dominatione, terrent, nisi paveant, et

ubique veritas plerumque infringitur ab infensis, vel obnoxiis; praesertim ubi unus vel pauci dominantur, qui non ius aut verum in cognitionibus, sed magnitudinem opum spectant.

28. *Milites* deinde *stipendiarii*, militari scilicet disciplinae assueti, algoris et inediae patientes, civium turbam contemnere solent, utpote ad expugnatione, vel aperto Marte dimicandum longe inferiorem. Sed quod imperium ea de causa infelicius sit aut minus constans, nullus cui mens sana est affirmabit. Sed contra unusquisque aequus rerum aestimator illud *imperium omnium constantius* esse non negabit, quod parta tantum tueri, nec aliena appetere potest, quodque propterea bellum omnibus modis declinare, et pacem tueri summo studio conatur.

29. Ceterum fateor huius imperii consilia celari vix posse. Sed unusquisque mecum etiam fatebitur multo satius esse, ut recta imperii consilia hostibus pateant, quam ut prava tyrannorum arcana clam civibus habeantur. Qui imperii negotia secreto agitare possunt, idem absolute in potestate habent, et ut hosti in bello, ita civibus in pace insidiantur. Quod silentium imperio saepe ex usu sit, negare nemo potest; sed quod absque eodem idem imperium subsistere nequeat, nemo unquam probabit. At contra rempublicam alicui absolute credere, et simul libertatem obtinere, fieri nequaquam potest; atque adeo inscitia est, parvum damnum summo malo vitare velle. Verum eorum, qui sibi imperium absolutum concupiscunt, haec unica fuit cantilena, civitatis omnino interesse, ut ipsius negotia secreto agitentur, et alia huiusmodi, quae quanto magis utilitatis imagine teguntur, tanto ad infensius servitium erumpunt.

30. Denique quamvis nullum, quod sciam, imperium his omnibus, quas diximus, conditionibus institutum fuerit, poterimus tamen ipsa etiam experientia ostendere, hanc monarchici imperii formam optimam esse, si causas conservationis cuiuscumque imperii non barbari et eiusdem eversionis considerare velimus. Sed hoc non sine magno lectoris taedio hic facere possem. Attamen unum exemplum, quod memoria dignum videtur, silentio praeterire nolo; nempe *Aragonensium imperium*, qui singulari erga suos reges fide affecti et pari constantia regni instituta inviolata servaverunt. Nam hi simulatque servile Maurorum iugum a cervicibus deiecerant, regem sibi eligere statuerunt; quibus autem conditionibus, non satis inter eosdem conveniebat, et hac de causa summum pontificem Romanum de ea re consulere constituerunt. Hic Christi profecto vicarium hac in re se gerens, eos castigavit, quod non satis Hebraeorum exemplo moniti regem adeo obfirmato animo petere voluerint; sed si sententiam

mutare nollent, suasit, ne regem eligerent, nisi institutis prius ritibus satis aequis et ingenio gentis consentaneis, et apprime ut supremum aliquod concilium crearent, quod regibus, ut Lacedaemoniorum ephori, opponeretur, et ius absolutum haberet lites dirimendi, quae inter regem et cives orirentur. Hoc igitur consilium sequuti iura, quae ipsis omnium aequissima visa sunt, instituerunt, quorum summus interpres, et consequenter supremus iudex non rex, sed concilium esset, quod septendecim vocant, et cuius praeses Iustitia appellatur. Hic igitur Iustitia et hi septendecim nullis suffragiis, sed sorte ad vitam electi, ius absolutum habent omnes sententias in civem quemcumque ab aliis conciliis tam politicis, quam ecclesiasticis, vel ab ipso rege latas revocandi et damnandi, ita ut quilibet civis ius haberet ipsum etiam regem coram hoc iudicio vocandi. Praeterea olim ius etiam habuerunt regem eligendi et potestate privandi. Sed multis post elapsis annis rex Don Pedro, qui dicitur Pugio, ambiendo, largiendo, pollicitando omniumque officiorum genere tandem effecit, ut hoc ius rescinderetur (quod simulac obtinuit, manum pugione coram omnibus amputavit, vel, quod facilius crediderim, laesit, addens, non sine sanguinis regii impendio licere subditis regem eligere), ea tamen conditione: *ut potuerint et possint arma capere contra vim quamcumque, qua aliquis imperium ingredi in ipsorum damnum velit, imo contra ipsum regem et principem futurum heredem, si hoc modo (imperium) ingrediatur.* Qua sane conditione praecedens illud ius non tam aboleverunt, quam correxerunt. Nam ut art. 5. et 6. cap. 4. ostendimus, rex non iure civili, sed iure belli dominandi potentia privari potest, vel ipsius vim vi solummodo repellere subditis licet. Praeter hanc alias stipulati sunt conditiones, quae ad nostrum scopum non faciunt. Hi ritus ex omnium sententia instructi incredibili temporis spatio inviolati manserunt, pari semper fide regum erga subditos ac subditorum erga regem. Sed postquam regnum Castellae Ferdinando, qui omnium primus Catholicus nuncupatus fuit, hereditate cessit, incepit haec Arragonensium libertas Castellanis esse invisa, qui propterea ipsum Ferdinandum suadere non cessabant, ut iura illa rescinderet. At ille nondum imperio absoluto assuetus, nihil tentare ausus, consiliariis haec respondit: *praeterquam quod Arragonensium regnum iis, quas noverant, conditionibus acceperit, quodque easdem servare sanctissime iuraverit, et praeterquam quod inhumanum sit fidem datam solvere, se in animum induxisse, suum regnum stabile fore, quamdiu securitatis ratio non maior regi, quam subditis esset, ita ut nec rex subditis, nec contra subditi regi praeponderarent; nam si alterutra pars potentior evadat, pars debilior non tantum pristinam aequalitatem recuperare, sed dolore accepti damni in alteram contra referre conabitur, unde vel alterutrius, vel utriusque ruina sequeretur.* Quae sane sapientia verba non satis mirari possem, si prolata fuissent a rege, qui servis, non liberis hominibus imperare consuevisset. Retinuerunt igitur Arragonenses post Ferdinandum libertatem, non iam iure, sed regum potentiorum gratia usque ad Philippum secundum, qui eosdem feliciori quidem fato, sed non minori saevitia, quam Confoederatorum Provincias oppressit. Et quamvis Philippus tertius omnia in integrum restituisse videatur, Arragonenses tamen, quorum plerique cupidine potentioribus assentandi (nam inscitia est contra stimulos calces mittere), et reliqui metu territi, nihil praeter libertatis speciosa vocabula et inanes ritus retinuerunt.

31. Concludimus itaque multitudinem satis amplam libertatem sub rege servare posse, modo efficiat, ut regis potentia sola ipsius multitudinis potentia determinetur et ipsius multitudinis praesidio servetur. Atque haec unica fuit regula, quam in iaciendis imperii monarchici fundamentis sequutus sum.

CAPUT VIII. De aristocratia.

1. Huc usque de imperio monarchico. Qua autem ratione *aristocraticum* instituendum sit, ut permanere possit, hic iam dicemus. *Aristocraticum* imperium illud esse diximus, quod non unus, sed quidam ex multitudine selecti tenent, quos imposterum *patricios* appellabimus. Dico expresse: *quod quidam selecti tenent.* Nam haec praecipua est differentia inter hoc et democraticum imperium, quod scilicet in imperio aristocratico gubernandi ius a sola electione pendeat, in democratico autem maxime a iure quodam innato, vel fortuna adepto (ut suo loco dicemus); atque adeo, tametsi imperii alicuius integra multitudo in numerum patriciorum recipiatur, modo illud ius hereditarium non sit, nec lege aliqua communi ad alios descendat, imperium tamen aristocraticum omnino erit, quandoquidem nulli nisi expresse electi in numerum patriciorum recipiuntur. At si hi duo tantummodo fuerint, alter altero potior esse conabitur, et imperium facile ob nimiam uniuscuiusque potentiam, in duas partes dividetur, et in tres aut quatuor aut quinque, si tres aut quatuor aut quinque id tenuerint. Sed partes eo debiliores erunt, quo in plures ipsum imperium delatum fuerit. Ex quo sequitur, in imperio aristocratico, ut stabile sit, ad minimum patriciorum numerum determinandum necessario habendam esse rationem magnitudinis ipsius imperii.

2. Ponatur itaque pro mediocris imperii magnitudine satis esse, ut centum optimi viri dentur, in quos summa imperii potestas delata sit, et quibus consequenter ius competat collegas patricios eligendi,

quando eorum aliquis vita excessit. Hi sane omni modo conabuntur, ut eorum liberi, vel qui iis sanguine proximi sunt, sibi succedant. Unde fiet, ut summa imperii potestas semper penes eos erit, quos fortuna patriciis liberos aut consanguineos dedit, et quia ex centum hominibus, qui fortunae causa ad honores ascendunt, vix tres reperiuntur, qui arte et consilio pollent vigentque, fiet ergo, ut imperii potestas non penes centum, sed penes duos tantummodo aut tres sit, qui animi virtute pollent, quique facile omnia ad se trahere, et unusquisque more humanae cupidinis viam ad monarchiam sternere poterit. Atque adeo, si recte calculum ineamus, necesse est, ut summa potestas imperii, cuius magnitudinis ratio centum optimatum ad minimum exigit, in quinquies mille ad minimum patricios deferatur. Hac enim ratione nunquam deerit, quin centum reperiantur animi virtute excellentes, posito scilicet quod ex quinquaginta, qui honores ambiunt eosque adipiscuntur, unus semper reperiatur optimis non inferior, praeter alios, qui optimorum virtutes aemulantur, quique propterea digni etiam sunt, qui regant.

3. Solent frequentius patricii cives esse unius urbis, quae caput totius imperii est, ita ut civitas sive respublica ex eadem habeat vocabulum, ut olim Romana, hodie Veneta, Genuensis, etc. At Hollandorum respublica nomen ex integra provincia habet, ex quo oritur, ut huius imperii subditi maiori libertate gaudeant. Iam antequam fundamenta, quibus hoc imperium aristocraticum niti debet, determinare possimus, notanda est differentia inter imperium, quod in unum, et inter id, quod in satis magnum concilium transfertur, quae sane permagna est. Nam primo unius hominis potentia integro imperio sustinendo (ut art. 5. cap. 6. diximus) longe impar est, quod sine manifesto aliquo absurdo de concilio satis magno enunciare nemo potest. Qui enim concilium satis magnum esse affirmat, simul negat idem imperio sustinendo esse impar. Rex igitur consiliariis omnino indiget, concilium autem huiusmodi minime. Deinde reges mortales sunt, concilia contra aeterna. Atque adeo imperii potentia, quae semel in concilium satis magnum translata est, numquam ad multitudinem redit, quod in imperio monarchico locum non habet, ut art. 25. cap. praeced. ostendimus. Tertio regis imperium vel ob eius pueritiam, aegritudinem, senectutem vel aliis de causis saepe precarium est; huiusmodi autem concilii potentia econtra una eademque semper manet. Quarto unius hominis voluntas varia admodum et inconstans est; et hac de causa imperii monarchici omne quidem ius est regis explicata voluntas (ut in art. 1. cap. praeced. diximus); at non omnis regis voluntas ius esse debet, quod de voluntate concilii satis magni dici nequit. Nam quandoquidem ipsum concilium (ut modo ostendimus)

nullis consiliariis indiget, debet necessario omnis eius explicata voluntas ius esse. Ac proinde concludimus, imperium, quod in concilium satis magnum transfertur, absolutum esse vel ad absolutum maxime accedere. Nam si quod *imperium absolutum* datur, illud revera est, quod integra multitudo tenet.

4. Attamen quatenus hoc imperium aristocraticum nunquam (ut modo ostensum) ad multitudinem redit, nec ulla in eo multitudini consultatio, sed absolute omnis eiusdem concilii voluntas ius est, debet omnino ut absolutum considerari, et consequenter eius fundamenta sola eiusdem concilii voluntate et iudicio niti debent, non autem multitudinis vigilantia, quandoquidem ipsa tam a consiliis, quam suffragiis ferendis arcetur. Causa igitur, cur in praxi imperium absolutum non sit, nulla alia esse potest, quam quia multitudo imperantibus formidolosa est, quae propterea aliquam sibi libertatem obtinet, quam, si non expressa lege, tacite tamem sibi vendicat obtinetque.

5. Apparet itaque huius imperii conditionem optimam fore, si ita institutum fuerit, ut ad absolutum maxime accedat, hoc est, ut multitudo, quantum fieri potest, minus timenda sit, nullamque libertatem obtineat, nisi quae ex ipsius imperii constitutione ipsi necessario tribui debet, quaeque adeo non tam multitudinis, quam totius imperii ius sit, quod soli optimates ut suum vendicant conservantque. Hoc enim modo praxis cum theoria maxime conveniet, ut ex art. praeced. patet, et per se etiam manifestum est. Nam dubitare non possumus, imperium eo minus penes patricios esse, quo plura sibi plebs iura vendicat, qualia solent in inferiori Germania opificum collegia, *gilden* vulgo dicta, habere.

6. Neque hinc, quod scilicet imperium in concilium absolute delatum est, ullum ab eodem infensi servitii periculum plebi metuendum. Nam concilii adeo magni voluntas non tam a libidine, quam a ratione determinari potest; quippe homines ex malo affectu diversi trahuntur, nec una veluti mente duci possunt, nisi quatenus honesta appetunt, vel saltem quae speciem honesti habent.

7. In determinandis igitur *imperii aristocratici fundamentis* apprime observamdum est, ut eadem sola voluntate et potentia supremi eiusdem concilii nitantur, ita ut ipsum concilium, quantum fieri potest, sui iuris sit, nullumque a multitudine periculum habeat. Ad haec fundamenta, quae scilicet sola supremi concilii voluntate et potentia nitantur, determimandum, fundamenta pacis, quae imperii monarchici propria et ab hoc imperio aliena sunt, videamus. Nam si his alia aequipollentia fundamenta imperio aristocratico idonea

substituerimus, et reliqua, ut iam iacta sunt, reliquerimus, omnes absque dubio seditiomum causae sublatae erunt, vel saltem hoc imperium non minus securum, quam monarchicum, sed contra eo magis securum, et ipsius conditio eo melior erit, quo magis quam monarchicum absque pacis, et libertatis detrimento (vid. art. 3. et 6. huius cap.) ad absolutum accedit. Nam quo ius summae potestatis maius est, eo imperii forma cum rationis dictamine magis convenit (per art. 5. cap. 3.), et consequenter paci et libertati conservandae aptior est. Percurramus igitur, quae cap. 6. art. 9. diximus, ut illa, quae ab hoc aliena sunt, reiiciamus, et quae ei congrua sunt, videamus.

8. Quod primo necesse sit, *urbem unam aut plures* condere et munire, nemo dubitare potest. Sed illa praecipue munienda est, quae totius imperii est caput, et praeterea illae, quae in limitibus imperii sunt. Illa enim, quae totius *imperii caput* est, iusque summum habet, omnibus potentior esse debet. Ceterum in hoc imperio superfluum omnino est, ut incolae omnes in familias dividantur.

9. Ad *militiam* quod attinet, quoniam in hoc imperio non inter omnes, sed tantum inter patricios aequalitas quaerenda est, et praecipue patriciorum potentia maior est, quam plebis, certum est, ad leges seu iura fundamentalia huius imperii non pertinere, ut militia ex ullis aliis, quam ex subditis, formetur. Sed hoc apprime necesse est, ut nullus in patriciorum numerum recipiatur, nisi qui artem militarem recte noverit. Subditos autem extra militiam esse, ut quidam volunt, inscitia sane est. Nam praeterquam quod militiae stipendium, quod subditis solvitur, in ipso regno manet, cum contra id, quod militi extraneo solvitur, omne pereat, accedit, quod maximum imperii robur debilitaretur. Nam certum est, illos singulari animi virtute certare, qui pro aris et focis certant. Unde etiam apparet, illos etiam non minus errare, qui belli duces, tribunos, centuriones etc. ex solis patriciis eligendos statuunt. Nam qua virtute ii milites certabunt, quibus omnis gloriae et honores adipiscendi spes adimitur? Verum contra legem stabilire, ne patriciis militem extraneum liceat conducere, quando res postulat, vel ad sui defensionem et seditiones coërcendas, vel ob alias quascumque causas, praeterquam quod inconsultum est, repugnaret etiam summo patriciorum iuri, de quo vide art. 3., 4. et 5. huius cap. Ceterum unius exercitus vel totius militiae dux in bello tantummodo et ex solis patriciis eligendus, qui annum ad summum imperium habeat, nec continuari in imperio nec postea eligi possit; quod ius cum in monarchico, tum maxime in hoc imperio necessarium est. Nam quamvis multo facilius, ut supra iam diximus, imperium ex uno in alium, quam ex libero concilio in unum hominem transferri possit, fit tamen saepe, ut patricii a suis ducibus opprimantur, idque multo

maiori reipublicae damno; quippe quando monarcha e medio tollitur, non imperii, sed tantummodo tyranni mutatio fit. At in imperio aristocratico fieri id nequit absque eversione imperii et maximorum virorum clade. Cuius rei funestissima exempla Roma dedit. Ceterum ratio, cur in imperio monarchico diximus, quod Militia sine stipendio servire debeat, locum in huiusmodi imperio non habet. Nam quandoquidem subditi tam a consiliis, quam suffragiis ferendis arcentur, perinde ac peregrini censendi sunt, qui propterea non iniquiore conditione, ac peregrini, ad militandum conducendi sunt. Neque hic periculum est, ut a concilio prae reliquis agnoscantur. Quin imo ne unusquisque suorum factorum iniquus, ut fit, aestimator sit, consultius est, ut patricii certum praemium militibus pro servitio decernant.

10. Praeterea hac etiam de causa, quod omnes praeter patricios peregrini sunt, fieri non potest absque totius imperii periculo, ut agri et domus et omne solum publici iuris maneant, et ut incolis annuo pretio locentur. Nam subditi, qui nullam in imperio partem habent, facile omnes in adversis urbes desererent, si bona, quae possident, portare quo vellent liceret. Quare agri et fundi huius imperii subditis non locandi, sed vendendi sunt, ea tamen conditione, ut etiam ex annuo proventu partem aliquotam singulis annis numerent etc., ut in Hollandia fit.

11. His consideratis ad *fundamenta, quibus supremum concilium niti et firmari debet*, pergo. Huius concilii membra in mediocri imperio quinque circiter millia esse debere ostendimus art. 2. huius cap. Atque adeo ratio quaerenda est, qua fiat, ne paulatim ad pauciores deveniat imperium, sed contra, ut pro ratione incrementi ipsius imperii eorum augeatur numerus; deinde ut inter patricios aequalitas, quantum fieri potest, servetur; ut praeterea in conciliis celeris detur expeditio; ut communi bono consulatur; et denique ut patriciorum seu concilii maior sit, quam multitudinis potentia, sed ita, ut nihil inde multitudo detrimenti patiatur.

12. Ad primum autem obtinendum maxima oritur difficultas ex invidia. Sunt enim homines, ut diximus, natura hostes, ita ut, quamvis legibus copulentur adstringanturque, retineant tamen naturam. Atque hinc fieri existimo, ut imperia democratica in aristocratica, et haec tandem in monarchica mutentur. Nam plane mihi persuadeo, pleraque aristocratica imperia democratica prius fuisse, quod scilicet quaedam multitudo novas sedes quaerens, iisque inventis et cultis, imperandi aequale ius integra retinuit, quia nemo imperium alteri dat volens. Sed, quamvis eorum unusquisque aequum esse censeat, ut idem ius, quod

alteri in ipsum est, ipsi etiam in alterum sit, iniquum tamen esse putat, ut peregrinis, qui ad ipsos confluunt, aequale cum ipsis ius sit in imperio, quod sibi labore quaesierant, et sui sanguinis impendio occupaverant. Quod nec ipsi peregrini renuunt, qui nimirum non ad imperandum, sed ad res suas privatas curandum eo migrant, et satis sibi concedi putant, si modo ipsis libertas concedatur res suas cum securitate agendi. Sed interim multitudo ex peregrinorum confluentia augetur, qui paulatim illius gentis mores induunt, donec demum nulla alia diversitate dignoscuntur, quam hoc solo, quod adipiscendorum honorum iure careant; et dum horum numerus quotidie crescit, civium contra multis de causis minuitur. Quippe saepe familiae extinguuntur, alii ob scelera exclusi, et plerique ob rei domesticae angustiam rempublicam negligunt, dum interea potentiores nihil studeant, quam soli regnare; et sic paulatim imperium ad paucos, et tandem ob factiones ad unum redigitur. Atque his alias causas, quae huiusmodi imperia destruunt, adiungere possemus; sed, quia satis nota sunt, iisdem supersedeo, et *leges*, quibus hoc imperium, de quo agimus, conservari debet, ordine iam ostendam.

13. *Primaria huius imperii lex* esse debet, qua determinatur ratio numeri patriciorum ad multitudinem. Ratio enim (per art. 1. huius cap.) inter hanc et illos habenda est, ita ut pro incremento multitudinis patriciorum numerus augeatur. Atque haec (per illa quae art. 2. huius cap. diximus) debet esse circiter ut 1 ad 50, hoc est, ut inaequalitas numeri patriciorum ad multitudinem nunquam maior sit. Nam (per art. 1. huius cap.) servata imperii forma numerus patriciorum multo maior esse potest numero multitudinis. Sed in sola eorum paucitate periculum est. Qua autem ratione cavendum sit, ut haec lex inviolata servetur, suo loco mox ostendam.

14. Patricii ex quibusdam tantummodo familiis aliquibus in locis eliguntur. Sed hoc expresso iure statuere perniciosum est. Nam praeterquam quod familiae saepe extinguuntur, et quod nunquam reliquae absque ignominia excluduntur, accedit, quod huius imperii formae repugnat, ut patricia dignitas hereditaria sit (per art. 1. huius cap.). Sed imperium hac ratione democraticum potius videtur, quale in art. 12. huius cap. descripsimus, quod scilicet paucissimi tenent cives. Attamen contra cavere, ne patricii filios suos et consanguineos eligant, et consequenter ne imperandi ius in quibusdam familiis maneat, impossibile est, imo absurdum, ut art. 39. huius cap. ostendam. Verum, modo id nullo expresso iure obtineant, nec reliqui (qui scilicet in imperio nati sunt, et patrio sermone utuntur, nec uxorem peregrinam habent, nec infames sunt, nec serviunt, nec denique servili aliquo officio vitam sustentant, inter quos etiam oenopolae et cerevisiarii

numerandi sunt) excludantur, retinebitur nihilominus imperii forma, et ratio inter patricios et multitudinem servari semper poterit.

15. Quod si praeterea lege statuatur, ut nulli iuniores eligantur, nunquam fiet, ut paucae familiae ius imperandi retineant. Atque adeo lege statuendum, ut nullus, nisi qui ad annum aetatis trigesimum pervenit, in catalogum eligendorum referri possit.

16. Tertio deinde statuendum est, ut patricii omnes in quodam urbis loco statutis certis temporibus congregari debeant, et qui, nisi morbo aut publico aliquo negotio impeditus, concilio non interfuerit, sensibili aliqua pecuniae poena mulctetur. Nam ni hoc fieret, plurimi ob rei domesticae curam publicam negligerent.

17. Huius concilii officium sit leges condere et abrogare, collegas patricios et omnes imperii ministros eligere. Non enim fieri potest, ut is, qui supremum ius habet, ut hoc concilium habere statuimus, alicui potestatem det leges condendi et abrogandi, quin simul iure suo cedat, et in illum id transferat, cui illam potestatem dedit; quippe qui vel uno solo die potestatem habet leges condendi et abrogandi, ille totam imperii formam mutare potest. At quotidiana imperii negotia aliis ad tempus secundum constituta iura administranda tradere, retento supremo suo iure, potest. Praeterea si imperii ministri ab alio, quam ab hoc concilio eligerentur, tum huius concilii membra pupilli potius, quam patricii appellandi essent.

18. Huic concilio solent quidam *rectorem* seu *principem* creare, vel ad vitam, ut Veneti, vel ad tempus, ut Genuenses; sed tanta cum cautione, ut satis appareat, id non sine magno imperii periculo fieri. Et sane dubitare non possumus, quin imperium hac ratione ad monarchicum accedat, et quantum ex eorum historiis coniicere possumus, nulla alia de causa id factum est, quam quia ante constituta haec concilia sub rectore vel duce, veluti sub rege, fuerant. Atque adeo rectoris creatio gentis quidem, sed non imperii aristocratici absolute considerat, requisitum necessarium est.

19. Attamen, quia summa huius imperii potestas penes universum hoc concilium, non autem penes unumquodque eiusdem membrum est (nam alias coetus esset inordinatae multitudinis), necesse ergo est, ut Patricii omnes Legibus ita astringantur, ut unum veluti corpus, quod una regitur mente, component. At leges per se solae invalidae sunt et facile franguntur, ubi earum vindices ii ipsi sunt, qui peccare possunt, quique soli exemplum ex supplicio capere debent et collegas ea de causa punire, ut suum appetitum eiusdem supplicii metu frenent, quod magnum est absurdum. Atque adeo medium quaerendum

est, quo supremi huius concilii ordo et imperii iura inviolata serventur, ita tamen, ut inter patricios aequalitas, quanta dari potest, sit.

20. Cum autem ex uno rectore vel principe, qui etiam in conciliis suffragium ferre potest, magna necessario oriri debeat inaequalitas, praesertim ob potentiam, quae ipsi necessario concedi debet, ut suo officio securius fungi possit, nihil ergo, si omnia recte perpendamus, communi saluti utilius institui potest, quam quod huic supremo concilio aliud subordinetur ex quibusdam patriciis, quorum officium solummodo sit observare, ut imperii iura, quae concilia et imperii ministros concernunt, inviolata serventur, qui propterea potestatem habeant delinquentem quemcumque imperii ministrum, qui scilicet contra iura, quae ipsius ministerium concernunt, peccavit, coram suo iudicio vocandi et secundum constituta iura damnandi. Atque hos in posterum *syndicos* appellabimus.

21. Atque hi ad vitam eligendi sunt. Nam si ad tempus eligerentur, ita ut postea ad alia imperii officia vocari possent, in absurdum, quod art. 19. huius cap. modo ostendimus, incideremus. Sed, ne longa admodum dominatione nimium superbiant, nulli ad hoc ministerium eligendi sunt, nisi qui ad annum aetatis sexagesimum, aut ultra pervenerunt, et senatorio officio (de quo infra) functi sunt.

22. Horum praeterea numerum facile determinabimus, si consideremus hos syndicos ad patricios sese habere, ut omnes simul patricii ad multitudinem, quam regere nequeunt, si iusto numero pauciores sunt. Ac proinde syndicorum numerus ad patriciorum numerum debet esse, ut horum numerus ad numerum multitudinis, hoc est (per art. 13. huius cap.) ut 1 ad 50.

23. Praeterea ut hoc concilium secure suo officio fungi possit, militiae pars aliqua eidem decernenda est, cui imperare, quid velit possit.

24. Syndicis, vel cuicumque status ministro stipendium nullum, sed emolumenta decernenda sunt talia, ut non possint sine magno suo damno rempublicam prave administrare. Nam, quod huius imperii ministris aequum sit, vacationis praemium decerni, dubitare non possumus, quia maior huius imperii pars plebs est, cuius securitati Patricii invigilant, dum ipsa nullam reipublicae sed tantum privatae curam habet. Verum quia contra nemo (ut art. 4. cap. 7. diximus) alterius causam defendit, nisi quatenus rem suam eo ipso stabilire credit, res necessario ita ordinandae sunt, ut ministri, qui reipublicae curam habent, tum maxime sibi consulant, cum maxime communi bono invigilant.

25. Syndicis igitur, quorum officium, uti diximus, est observare, ut imperii iura inviolata serventur, haec emolumenta decernenda sunt, videlicet ut unusquisque paterfamilias, qui in aliquo imperii loco habitat, quotannis nummum parvi valoris, nempe argenti unciae quartam _ partem solvere teneatur syndicis, ut inde numerum inhabitantium cognoscere possint, atque adeo observare, quotam eius partem patricii efficiant. Deinde ut unusquisque patricius tyro, ut electus est, syndicis numerare debeat summam aliquam magnam, ex. gr. viginti aut viginti quinque argenti libras. Praeterea pecunia illa, qua absentes patricii (qui scilicet convocato concilio non interfuerunt) condemnantur, syndicis etiam decernenda est, et insuper ut pars bonorum delinquentium ministrorum, qui eorum iudicio stare tenentur, et qui certa pecuniae summa mulctantur, vel quorum bona proscribuntur, iisdem dedicetur, non quidem omnibus, sed iis tantummodo, qui quotidie sedent, et quorum officium est syndicorum concilium convocare, de quibus vide art. 28. huius cap. Ut autem syndicorum concilium suo semper numero constet, ante omnia in supremo concilio, solito tempore convocato, de eo quaestio habenda est. Quod si a syndicis neglectum fuerit, ut tum ei, qui senatui (de quo mox erit nobis dicendi locus) praeest, supremum concilium ea de re monere incumbat, et a syndicorum praeside silentii habiti causam exigere, et quid de ea supremi concilii sententia sit, inquirere. Quod si is etiam tacuerit, ut causa ab eo, qui supremo iudicio praeest, vel eo etiam tacente ab alio quocumque patricio suscipiatur, qui tam a syndicorum, quam senatus et iudicum praeside silentii rationem exigat. Denique ut lex illa, qua iuniores secluduntur, stricte etiam observetur, statuendum est, ut omnes, qui ad annum aetatis trigesimum pervenerunt, quique expresso iure a regimine non secluduntur, suum nomen in catalogo coram syndicis inscribi curent, et accepti honoris signum quoddam, statuto aliquo pretio, ab iisdem accipere, ut ipsis liceat certum ornatum, iis tantummodo concessum, induere, quo dignoscantur et in honore a reliquis habeantur; et interim iure constitutum sit, ut in electionibus nulli patricio quenquam nominare liceat, nisi cuius nomen in communi catalogo inscriptum est, idque sub gravi poena. Et praeterea ne cuiquam liceat officium sive munus, ad quod subeundum eligitur, recusare. Denique ut omnia absolute fundamentalia imperii iura aeterna sint, statuendum est, si quis in supremo concilio quaestionem de iure aliquo fundamentali moverit, utpote de prolonganda alicuius ducis exercitus dominatione, vel de numero patriciorum minuendo, et similibus, ut reus maiestatis sit, et non tantum mortis damnetur, eiusque bona proscribantur, sed ut supplicii aliquod signum in aeternam rei memoriam in publico emineat. Ad reliqua vero communia imperii iura stabiliendum sufficit, si modo statuatur, ut lex nulla abrogari nec nova condi possit, nisi prius syndicorum concilium, et deinde supremi concilii tres quartae aut quatuor quintae partes in eo convenerint.

26. Ius praeterea supremum concilium convocandi resque decernendas in eodem proponendi penes syndicos sit, quibus etiam primus locus in concilio concedatur; sed sine iure suffragii. Verum, antequam sedeant, iurare debent per salutem supremi illius concilii perque libertatem publicam, se summo studio conaturos, ut iura patria inviolata serventur et communi bono consulatur. Quo facto res proponendas ordine aperiant per ministrum, qui ipsis a secretis est.

27. Ut autem in decernendo et in eligendis imperii ministris omnibus patriciis aequa sit potestas, et celeris expeditio in omnibus detur, omnino probandus est ordo, quem Veneti observant, qui scilicet ad nominandos imperii ministros aliquot e concilio sorte eligunt, et ab his ordine ministris eligendis nominatis unusquisque patricius sententiam suam, qua propositum ministrum eligendum probat vel reprobat, indicat calculis, ita ut postea ignoretur, quisnam huius aut illius sententiae fuerit auctor. Quo fit non tantum, ut omnium Patriciorum in decernendo auctoritas aequalis sit, et ut negotia cito expediantur; sed etiam ut unusquisque absolutam libertatem, quod in conciliis apprime necessarium est, habeat suam sententiam absque ullo invidiae periculo proferendi.

28. In syndicorum etiam et reliquis conciliis idem ordo observandus est, ut scilicet suffragia calculis ferantur. Ius autem syndicorum concilium convocandi resque in eodem decernendas proponendi penes eorundem praesidem esse oportet, qui cum aliis decem aut pluribus syndicis quotidie sedeat, ad plebis de ministris querelas et secretas accusationes audiendum, et accusatores, si res postulat, asservandos, et concilium convocandum etiam ante constitutum tempus, quo congregari solet, si in mora periculum esse eorum aliquis iudicaverit. At hic praeses et qui cum ipso quotidie congregantur, a supremo concilio eligi, et quidem ex syndicorum numero debent, non quidem ad vitam, sed in sex menses, nec continuari, nisi post tres aut quatuor annos. Atque his, ut supra diximus, proscripta bona et pecuniarum mulctae, vel eorum pars aliqua decernenda est. Reliqua quae syndicos spectant suis in locis dicemus.

29. Secundum concilium, quod supremo subordinandum est, *senatum* appellabimus, cuius officium sit publica negotia agere, ex. gr. imperii iura promulgare, urbium munimenta secundum iura ordinare, diplomata militiae dare, tributa subditis imponere eaque collocare, externis legatis respondere, et quo legati mittendi sunt, decernere. Sed

ipsos legatos eligere supremi concilii officium sit. Nam id apprime observandum est, ne patricius ad aliquod imperii ministerium vocari possit, nisi ab ipso supremo concilio, ne ipsi patricii senatus gratiam aucupari studeant. Deinde illa omnia ad supremum concilium deferenda sunt, quae praesentem rerum statum aliqua ratione mutant, uti sunt belli et pacis decreta. Quare senatus decreta de bello et pace ut rata sint, supremi concilii auctoritate firmanda sunt. Et hac de causa iudicarem, ad solum supremum concilium, non ad Senatum pertinere, nova tributa imponere.

30. Ad senatorum numerum determinandum haec consideranda veniunt: primo ut omnibus patriciis spes aeque magna sit ordinem senatorium recipiendi; deinde ut nihilominus iidem senatores, quorum tempus, in quod electi fuerant, elapsum est, non magno post intervallo continuari possint, ut sic imperium a viris peritis et expertis semper regatur, et denique ut inter senatores plures reperiantur sapientia et virtute clari. Ad has autem omnes conditiones obtinendas, nihil aliud excogitari potest, quam quod lege institutum sit, ut nullus nisi qui ad annum aetatis quinquagesimum pervenit, in ordinem senatorium recipiatur, et ut quadringenti, hoc est, ut patriciorum una circiter duodecima pars in annum eligatur, quo elapso post biennium iidem continuari iterum possint. Hoc namque modo semper patriciorum una circiter duodecima pars, brevibus tantummodo interpositis intervallis, munus senatorium subibit; qui sane numerus una cum illo, quem syndici conficiunt, non multum superabitur a numero Patriciorum, qui annum aetatis quinquagesimum attigerunt. Atque adeo omnibus patriciis magna semper erit spes senatorum aut syndicorum ordinem adipiscendi; et nihilominus iidem patricii, interpositis tantummodo, uti diximus, brevibus intervallis, senatorium ordinem semper tenebunt, et (per illa quae art. 2. huius cap. diximus) nunquam in senatu deerunt viri praestantissimi, qui consilio et arte pollent. Et quia haec lex frangi non potest absque magna multorum patriciorum invidia, nulla alia cautione, ut valida semper sit, opus est, quam ut unusquisque patricius, qui eo, quo diximus, aetatis pervenit, syndicis eius rei testimonium ostendat, qui ipsius nomen in catalogum eorum, qui senatoriis muneribus adipiscendis destinantur, reponent et in supremo concilio legent, ut locum in hoc supremo concilio similibus dicatum, et qui senatorum loco proximus sit cum reliquis eiusdem ordinis occupet.

31. Senatorum emolumenta talia esse debent, ut iis maior utilitas ex pace, quam ex bello sit; atque adeo ex mercibus, quae ex imperio in alias regiones, vel quae ex aliis regionibus in imperium portantur, una centesima aut quinquagesima pars ipsis decernatur. Nam dubitare non possumus, quin hac ratione pacem, quantum poterunt, tuebuntur, et

bellum nunquam protrahere studebunt. Nec ab hoc vectigali solvendo ipsi senatores, si eorum aliqui mercatores fuerint, immunes esse debent; nam talis immunitas non sine magna commercii iactura concedi potest, quod neminem ignorare credo. Porro contra statuendum lege est, ut senator, vel qui senatoris officio functus est, nullo militiae munere fungi possit; et praeterea ut nullum ducem vel praetorem, quos tempore belli tantummodo exercitui praebendos diximus art. 9. huius cap., renunciare liceat ex iis, quorum pater vel avus senator est vel senatoriam dignitatem intra biennium habuit. Nec dubitare possumus, quin patricii, qui extra senatum sunt, haec iura summa vi defendant; atque adeo fiet, ut senatoribus maius semper emolumentum ex pace quam ex bello sit, qui propterea bellum nunquam nisi summa imperii necessitate cogente suadebunt. At obiici nobis potest, quod hac ratione, si scilicet syndicis et senatoribus adeo magna emolumenta decernenda sunt, imperium Aristocraticum non minus onerosum subditis erit, quam quodcumque monarchicum. Sed praeterquam quod regiae aulae maiores sumptus requirunt, quae tamen ad pacem tutandam non praebentur, et quod pax nunquam nimis caro pretio emi possit; accedit primo, quod id omne, quod in monarchico imperio in unum aut paucos, in hoc in plurimos confertur. Deinde reges eorumque ministri onera imperii cum subditis non ferunt, quod in hoc contra accidit; nam patricii, qui semper ex ditioribus eliguntur, maximam partem reipublicae conferunt. Denique imperii monarchici onera non tam ex regiis sumptibus, quam ex eiusdem arcanis oriuntur. Onera enim imperii, quae pacis et libertatis tutandae causa civibus imponuntur, quamvis magna sint, sustinentur tamen et pacis utilitate feruntur. Quae gens unquam tot, tamque gravia vectigalia pendere debuit, ut Hollandica? Atque haec non tantum non exhausta, quin contra opibus adeo potens fuit, ut eius fortunam omnes inviderent. Si itaque imperii monarchici onera pacis causa imponerentur, cives non premerent; sed, uti dixi, ex huiusmodi imperii arcanis fit, ut subditi oneri succumbant. Nempe quia regum virtus magis in bello, quam in pace valet, et quod ii, qui soli regnare volunt, summopere conari debent, ut subditos inopes habeant; ut iam alia taceam, quae prudentissimus Belga V. H. olim notavit, quia ad meum institutum, quod solummodo est *imperii cuiuscumque optimum statum describere*, non spectant.

32. In senatu aliqui ex syndicis, a supremo concilio electis, sedere debent, sed sine suffragii iure; nempe ut observent, num iura, quae illud concilium spectant, recte serventur, et ut supremum concilium convocari curent, quando ex senatu ad ipsum supremum concilium aliquid deferendum est. Nam ius supremum hoc concilium convocandi

resque in eo decernendas proponendi penes syndicos, ut iam diximus, est. Sed antequam de similibus suffragia colligantur, qui senatui tum praesidet, rerum statum, et quaenam de re proposita ipsius Senatus sit sententia, et quibus de causis, docebit; quo facto, suffragia solito ordine colligenda erunt.

33. Integer senatus non quotidie, sed, ut omnia magna concilia, statuto quodam tempore congregari debet. Sed quia interim imperii negotia exercenda sunt, opus est ergo, ut senatorum aliqua pars eligatur, quae dimisso senatu eius vicem suppleat, cuius officium sit, ipsum senatum, quando eo opus est, convocare, eiusque decreta de Republica exsequi, epistolas senatui supremoque concilio scriptas legere, et denique de rebus in senatu proponendis consulere. Sed ut haec omnia et universi huius concilii ordo facilius concipiatur, rem totam accuratius describam.

34. Senatores in annum, ut iam diximus, eligendi in quatuor aut sex ordines dividendi sunt, quorum primus primis tribus vel duobus mensibus in senatu sedeat, quibus elapsis secundus ordo locum primi occupet; et sic porro, servatis vicibus, unusquisque ordo eodem temporis intervallo primum locum in senatu teneat, ita ut, qui primis mensibus primus, is secundis ultimus sit. Praeterea quot ordines, totidem praesides, totidemque eorundem vicarii, qui ipsorum vicem, quando opus est, suppleant, eligendi sunt, hoc est, ex quocumque ordine duo eligendi sunt, quorum alter praeses, alter vicarius eiusdem ordinis sit, et qui primi ordinis praeses est, primis etiam mensibus senatui praesideat, vel si absit, eius vicarius ipsius vicem gerat, et sic porro reliqui, servato ut supra ordine. Deinde ex primo ordine aliqui sorte vel suffragio eligendi sunt, qui cum praeside et vicario eiusdem ordinis senatus vicem, postquam dimissus est, suppleant; idque eodem temporis intervallo, quo idem eorum ordo primum locum in senatu tenet; quippe eo elapso ex secundo ordine totidem iterum sorte vel suffragio eligendi sunt, qui cum suo praeside et vicario primi ordinis locum occupent, vicemque senatus suppleant; et sic porro reliqui, nec opus est, ut horum electio, quos scilicet sorte vel suffragio singulis tribus vel duobus mensibus eligendos dixi, et quos imposterum *consules* appellabimus, a supremo concilio fiat. Nam ratio, quam in art. 29. huius cap. dedimus, locum hic non habet, et multo minus illa art. 17. Sufficiet igitur, si a senatu et syndicis, qui praesentes adsunt, eligantur.

35. Horum autem numerum determinare non ita accurate possum. At tamen hoc certum est, plures esse debere, quam ut facile corrumpi possint. Nam, tametsi de republica nihil soli decernant, possunt tamen senatum protrahere, vel quod pessimum esset, ipsum

deludere proponendo illa, quae nullius, et illa reticendo, quae maioris momenti essent; ut iam taceam, quod si nimis pauci essent, sola unius aut alterius absentia moram publicis negotiis adferre posset. Sed quoniam contra hi consules ideo creantur, quia magna concilia publicis negotiis quotidie vacare nequeunt, medium necessario hic quaerendum est; et defectus numeri temporis brevitate supplendus. Atque adeo si modo triginta aut circiter in duos aut tres menses eligantur, plures erunt, quam ut hoc brevi tempore corrumpi possint, et hac de causa etiam monui, ut ii, qui in eorum locum succedunt, nullo modo eligendi sint, nisi eo tempore, quo ipsi succedunt et alii discedunt.

36. Horum praeterea officium esse diximus, senatum, quando eorum aliqui, licet pauci sint, opus esse iudicaverint, convocare, resque in eodem decernendas proponere, senatum dimittere, eiusque de negotiis publicis decreta exsequi. Quo autem id fieri ordine debeat, ne res inutilibus quaestionibus diu protrahantur, paucis iam dicam. Nempe consules de re in senatu proponenda, et quid factu opus sit consulant, et si de eo omnibus una fuerit mens, tum convocato senatu, et quaestione ordine exposita quaenam eorum sit sententia doceant, nec alterius sententia exspectata suffragia ordine colligant. Sed si consules plures, quam unam sententiam foverint, tum in senatu illa de quaestione proposita sententia prior dicenda erit, quae a maiori consulum numero defendebatur; et si eadem a maiori senatus et consulum parte non fuerit probata, sed quod numerus dubitantium et negantium simul maior fuerit, quod ex calculis, ut iam monuimus, constare debet, tum alteram sententiam, quae pauciora, quam prior, habuerit inter consules suffragia, doceant, et sic porro reliquas. Quod si nulla a maiori totius senatus parte probata fuerit, senatus in sequentem diem aut in tempus breve dimittendus, ut consules interim videant, num alia media, quae magis possint placere, queant invenire. Quod si nulla alia invenerint, vel si, quae invenerint, senatus maior pars non probaverit, tum senatoris cuiusque sententia audienda est, in quam si etiam maior senatus pars non iverit, tum de unaquaque sententia iterum suffragia ferenda, et non tantum affirmantium, ut huc usque factum, sed dubitantium etiam et negantium calculi numerandi sunt, et si plures reperientur affirmantes, quam dubitantes aut negantes, ut tum sententia rata maneat, et contra irrita, si plures invenientur negantes, quam dubitantes aut affirmantes; sed si de omnibus sententiis maior dubitantium quam negantium aut affirmantium fuerit numerus, ut tum syndicorum concilium senatui adiungatur, qui simul cum senatoribus suffragia ferant, calculis solummodo affirmantibus aut negantibus, omissis iis, qui animum ambiguum indicant. Circa res, quae

ad supremum concilium a senatu deferuntur, idem ordo tenendus est. Haec de senatu.

37. Ad *forum* quod attinet sive *tribunal*, non potest iisdem fundamentis niti, quibus illud, quod sub monarcha est, ut illud in cap. 6. art. 26. et seq. descripsimus. Nam (per art. 14. huius cap.) cum fundamentis huius imperii non convenit, ut ulla ratio stirpium sive familiarum habeatur. Deinde quia iudices ex solis patriciis electi metu quidem succedentium patriciorum contineri possent, ne in eorum aliquem iniquam aliquam sententiam pronuncient, et forte ut neque eos secundum merita punire sustineant; sed contra in plebeios omnia auderent, et locupletes quotidie in praedam raperent. Scio hac de causa Genuensium consilium a multis probari, quod scilicet non ex patriciis, sed ex peregrinis iudices eligant. Sed hoc mihi rem abstracte consideranti absurde institutum videtur, ut peregrini, et non patricii ad leges interpretandas vocentur. Nam quid aliud iudices sunt nisi legum interpretes. Quare mihi persuadeo, Genuenses in hoc etiam negotio magis suae gentis ingenium, quam ipsam huius imperii naturam respexisse. Nobis igitur rem abstracte considerantibus media excogitanda sunt, quae cum huius regiminis forma optime conveniunt.

38. Sed ad iudicum numerum quod attinet, nullum singularem huius status ratio exigit; sed ut in imperio monarchico, ita etiam in hoc apprime observari debet, ut plures sint, quam ut a viro privato corrumpi possint. Nam eorum officium solummodo est providere, ne quisquam privatus alteri iniuriam faciat; atque adeo quaestiones inter privatos, tam patricios quam plebeios, dirimere, et poenas delinquentibus, etiam ex patriciis, syndicis et senatoribus, quatenus contra iura, quibus omnes tenentur, deliquerunt, sumere. Ceeterum quaestiones, quae inter urbes, quae sub imperio sunt, moveri possunt, in supremo concilio dirimendae sunt.

39. Temporis praeterea, in quod eligendi sunt, ratio est eadem in quocumque imperio, et etiam ut quotannis aliqua eorum pars cedat, et denique, quamvis non opus sit, ut unusquisque ex diversa sit familia, necesse tamen est, ne duo sanguine propinqui simul in subselliis locum occupent: quod in reliquis conciliis observandum est, praeterquam in supremo, in quo sufficit, si modo in electionibus lege cautum sit, ne cuiquam propinquum nominare, nec de eo, si ab alio nominatus sit, suffragium ferre liceat, et praeterea ne ad imperii ministrum quemcumque nominandum duo propinqui sortem ex urna tollant. Hoc, inquam, sufficit in concilio, quod ex tam magno hominum numero componitur, et cui nulla singularia emolumenta decernuntur. Atque adeo imperio inde nihil erit detrimenti, ut absurdum sit, legem ferre,

qua omnium patriciorum propinqui a supremo concilio secludantur, ut art. 14. huius cap. diximus. Quod autem id absurdum sit, patet. Nam ius illud ab ipsis patriciis institui non posset, quin eo ipso omnes absolute suo iure eatenus cederent, ac proinde eiusdem iuris vindices non ipsi Patricii, sed plebs esset; quod iis directe repugnat, quae in art. 5. et 6. huius cap. ostendimus. Lex autem illa imperii, qua statuitur, ut una eademque ratio inter numerum patriciorum et multitudinis servetur, id maxime respicit, ut patriciorum ius et potentia conservetur, ne scilicet pauciores sint, quam ut multitudinem possint regere.

40. Ceterum iudices a supremo concilio ex ipsis patriciis, hoc est (per art. 17. huius cap.) ex ipsis legum conditoribus eligendi sunt, et sententiae, quas tulerunt tam de rebus civilibus, quam criminalibus, ratae erunt, si servato ordine et absque partium studio prolatae fuerint, de qua re syndicis lege permissum erit cognoscere, iudicare et statuere.

41. Iudicum emolumenta eadem esse debent, quae art. 29. cap. 6. diximus nempe ut ex unaquaque sententia, quam de rebus civilibus tulerint, ab eo, qui causa cecidit, pro ratione totius summae partem aliquotam accipiant. At circa sententias de rebus criminalibus haec sola hic differentia sit, ut bona ab ipsis proscripta, et quaecumque summa, qua minora crimina mulctantur, ipsis solis designetur, ea tamen conditione, ut nunquam iis liceat quenquam tormentis cogere quidpiam confiteri, et hoc modo satis cautum erit, ne iniqui in plebeios sint, et ne metus causa nimium patriciis faveant. Nam praeterquam quod hic metus sola avaritia, eaque specioso iustitiae nomine adumbrata temperetur, accedit, quod plures sint numero, et quod suffragia non palam, sed calculis ferantur, ita ut si quis ob damnatam suam causam stomachetur, nihil tamen habeat, quod uni imputare possit. Porro ne iniquam aut saltem ne absurdam aliquam sententiam pronuntient, et ne eorum quispiam dolo quicquam faciat, syndicorum reverentia prohibebit, praeterquam quod in tam magno iudicum numero unus semper aut alter reperietur, quem iniqui formident. Ad plebeios denique quod attinet, satis iis etiam cavebitur, si ad syndicos iisdem appellare liceat, quibus, uti dixi, iure permissum sit de iudicum rebus cognoscere, iudicare et statuere. Nam certum est, quod syndici multorum patriciorum odium vitare non poterunt, et plebi contra gratissimi semper erunt, cuius applausum, quantum ipsi etiam poterunt, captare studebunt. Quem in finem data occasione non omittent sententias contra leges fori prolatas revocare, et quemcumque iudicem examinare, et poenas ex iniquis sumere; nihil enim hoc magis multitudinis animos movet. Nec obstat, quod similia exempla raro contingere possint; sed contra maxime prodest. Nam praeterquam quod illa civitas prave constituta sit, ubi quotidie exempla

in delinquentes eduntur (ut cap. 5. art. 2. ostendimus), illa profecto rarissima esse debent, fama quae maxime celebrantur.

42. Qui in urbes vel provincias *proconsules* mittuntur, ex ordine senatorio eligendi essent, quia senatorum officium est de urbium munimentis, aerario, militia etc. curam habere. Sed, qui in regiones aliquantulum remotas mitterentur, senatum frequentare non possent, et hac de causa ii tantummodo ex ipso senatu vocandi sunt, qui urbibus in patrio solo conditis destinantur; at quos ad magis remota loca mittere volunt, ex iis eligendi sunt, quorum aetas a senatorio gradu non abest. Sed neque hac ratione paci totius imperii satis cautum fore existimo, si nimirum urbes circumvicinae iure suffragii omnino prohibeantur, nisi adeo impotentes omnes sint, ut palam contemni possint, quod sane concipi nequit. Atque adeo necesse est, ut urbes circumvicinae iure civitatis donentur, et ex unaquaque viginti, triginta aut quadraginta (nam numerus pro magnitudine urbis maior aut minor esse debet) cives electi in numerum patriciorum adscribantur, ex quibus tres, quatuor aut quinque quotannis eligi debent, qui ex senatu sint, et unus ad vitam syndicus. Atque hi, qui ex senatu sunt, proconsules in urbem, ex qua electi sunt, mittantur una cum syndico.

43. Ceterum *iudices in unaquaque urbe constituendi* ex Patriciis eiusdem urbis eligendi sunt. Sed de his non necesse iudico prolixius agere, quia ad singularis huius imperii fundamenta non pertinent.

44. *Qui in quocumque concilio a secretis sunt*, et alii eiusmodi *ministri*, quia suffragii ius non habent, eligendi sunt ex plebe. Sed, quia hi diuturna negotiorum tractatione maximam rerum agendarum notitiam habent, fit saepe, ut eorum consilio plus, quam par est, deferatur, et ut status totius imperii ab eorum directione maxime pendeat; quae res Hollandis exitio fuit. Nam id sine magna multorum optimorum invidia fieri nequit. Et sane dubitare non possumus, quin senatus, cuius prudentia non a senatorum, sed ab administrorum consilio derivatur, maxime ab inertibus frequentetur, et huius imperii conditio non multo melior erit, quam imperii monarchici, quod pauci regis consiliarii regunt, de quo vide cap. 6. art. 5., 6. et 7. Verumenimvero imperium, prout recte vel prave institutum fuerit, eo minus aut magis erit huic malo obnoxium. Nam imperii libertas, quae non satis firma habet fundamenta, nunquam sine periculo defenditur; quod patricii ne subeant, ministros gloriae cupidos ex plebe eligunt, qui postea vertentibus rebus veluti hostiae caeduntur ad placandam eorum iram, qui libertati insidiantur. At ubi libertatis fundamenta satis firma sunt, ibi patricii ipsi eiusdem tutandae gloriam sibi expetunt studentque, ut rerum agendarum prudentia ab eorum tantummodo

consilio derivetur; quae duo in iaciendis huius imperii fundamentis apprime observavimus, nempe ut plebs tam a consiliis, quam a suffragiis ferendis arceretur (vid. art. 3. et 4. huius cap.); atque adeo ut suprema imperii potestas penes omnes patricios, auctoritas autem penes syndicos et Senatum, et ius denique senatum convocandi resque ad communem salutem pertinentes penes consules ex ipso Senatu electos esset. Quod si praeterea statuatur, ut qui a secretis in senatu vel in aliis conciliis est, in quatuor aut quinque ad summum annos eligatur, atque ei secundus, qui a secretis in idem tempus designatus sit, adiungatur, qui interim laboris partem ferat, vel si in senatu non unus, sed plures a secretis sint, quorum alius his, alius aliis negotiis detinetur, nunquam fiet, ut administrorum potentia alicuius sit momenti.

45. *Aerarii tribuni* ex plebe etiam eligendi sunt, qui eius rationem non tantum senatui, sed etiam syndicis reddere teneantur.

46. Ad *religionem* quae spectant, satis prolixe ostendimus in tract. theologico-politico. Quaedam tamen tum omisimus, de quibus ibi non erat agendi locus; nempe quod omnes patricii eiusdem religionis, sumplicissimae scilicet et maxime catholicae, qualem in eodem tractatu descripsimus, esse debeant. Nam apprime cavendum est, ne ipsi patricii in sectas dividantur, et ne alii his, alii aliis plus faveant, et deinde, ne superstitione capti libertatem subditis dicendi ea, quae sentiunt, adimere studeant. Deinde quamvis unicuique libertas dicendi ea, quae sentit, danda est, magni tamen conventus prohibendi sunt. Atque adeo iis, qui alii religioni addicti sunt, concedendum quidem est, tot, quot velint, templa aedificare; sed parva et certae cuiusdam mensurae, et in locis aliquantulum ab invicem dissitis. At templa, quae patriae religioni dicantur, multum refert, ut magna et sumptuosa sint, et ut praecipuo ipsius cultui solis patriciis vel senatoribus manus admovere liceat, atque adeo ut solis patriciis liceat baptizare, matrimonium consecrare, manus imponere, et absolute ut templorum veluti sacerdotes patriaeque religionis vindices et interpretes agnoscantur. Ad concionandum autem et ecclesiae aerario eiusque quotidianis negotiis administrandis aliqui ex plebe ab ipso senatu eligendi sunt, qui senatus quasi vicarii sint, cui propterea rationem omnium reddere teneantur.

47. Atque haec illa sunt, quae huius imperii fundamenta spectant, quibus pauca alia minus quidem principalia, sed magni tamen momenti addam; nempe ut patricii veste quadam seu habitu singulari, quo dignoscantur, incedant, et ut singulari quodam titulo salutentur, et unusquisque ex plebe iis loco cedat, et si aliquis patricius bona sua aliquo infortunio, quod vitari nequit, amiserit, idque liquido docere poterit, ut in integrum ex publicis bonis restituatur; sed si contra

constet, eundem largitate, fastu, ludo, scortis etc. eadem consumpsisse, vel quod absolute plus debet, quam est solvendo, ut dignitate cedat, et omni honore officioque indignus habeatur. Qui enim seipsum resque suas privatas regere nequit, multo minus publicis consulere poterit.

48. Quos lex iurare cogit, a periurio multo magis cavebunt, si per salutem patriae et libertatem, perque supremum concilium, quam si per Deum iurare iubeantur. Nam qui per Deum iurat, privatum bonum interponit, cuius ille aestimator est; at qui iureiurando libertatem,patriaeque salutem interponit, is per commune omnium bonum, cuius ille aestimator non est, iurat, et, si peierat, eo ipso se patriae hostem declarat.

49. *Academiae*, quae sumptibus reipublicae fundantur, non tam ad ingenia colenda, quam ad eadem coercenda instituuntur. Sed in libera republica tum scientiae et artes optime excolentur, si unicuique veniam petenti concedatur publice docere, idque suis sumptibus, suaeque famae periculo. Sed haec et similia ad alium locum reservo. Nam hic de iis solummodo agere constitueram, quae ad solum imperium aristocraticum pertinent.

CAPUT IX. De aristocratia. Continuatio.

1. Huc usque hoc imperium consideravimus, quatenus ab una sola urbe, quae totius imperii caput est, nomen habet. Tempus iam est, ut de *eo* agamus, *quod plures urbes tenent*, quodque ego praecedenti praeferendum existimo. Sed ut utriusque differentiam et praestantiam noscamus, singula praecedentis imperii fundamenta perlustrabimus, et, quae ab hoc aliena sunt, reiiciemus, et alia, quibus niti debeat, eorum loco iaciemus.

2. *Urbes* itaque, quae civitatis iure gaudent, ita conditae et munitae esse debent, ut unaquaeque sola sine reliquis subsistere quidem non possit; sed contra etiam, ut a reliquis deficere nequeat absque magno totius imperii detrimento. Hoc enim modo semper unitae manebunt. At quae ita constitutae sunt, ut nec se conservare, nec reliquis formidini esse queant, eae sane non sui, sed reliquarum iuris absolute sunt.

3. Quae autem art. 9. et 10. praeced. cap. ostendimus, ex communi imperii aristocratici natura deducuntur, ut et ratio numeri patriciorum ad numerum multitudinis, et qualis eorum aetas et conditio esse debeat, qui patricii sunt creandi, ita ut nulla circa haec

oriri possit differentia, sive imperium una sive plures urbes teneant. At supremi concilii alia hic debet esse ratio. Nam si quae imperii urbs supremo huic concilio congregando destinaretur, illa revera ipsius imperii caput esset; atque adeo vel vices servandae essent, vel talis locus huic concilio esset designandus, qui civitatis ius non habeat, quique ad omnes aeque pertineat. Sed tam hoc, quam illud, ut dictu facile, ita factu difficile est, ut scilicet tot hominum millia extra urbes saepe ire, vel ut iam hoc, iam alio in loco convenire debeant.

4. Verum ut recte, quid in hac re fieri oporteat, et qua ratione huius imperii concilia instituenda sint, ex ipsius natura et conditione concludere possimus, haec consideranda sunt, nempe quod unaquaeque urbs tanto plus iuris, quam vir privatus habeat, quanto viro privato potentior est (per art. 4. cap. 2.); et consequenter unaquaeque huius imperii urbs (vide art. 2. huius cap.) tantum iuris intra moenia seu suae iurisdictionis limites habeat, quantum potest. Deinde quod omnes urbes non ut confoederatae, sed ut unum imperium constituentes invicem sociatae et unitae sint; sed ita, ut unaquaeque urbs tanto plus iuris in imperium, quam reliquae obtineat, quanto reliquis est potentior. Nam qui inter inaequales aequalitatem quaerit, absurdum quid quaerit. Cives quidem aequales merito aestimantur, quia uniuscuiusque potentia cum potentia totius imperii comparata nullius est considerationis. At urbis cuiuscumque potentia magnam partem potentiae ipsius imperii constituit, et eo maiorem quo ipsa urbs maior est. Ac proinde omnes urbes aequales haberi nequeunt. Sed ut uniuscuiusque potentia, ita etiam eiusdem ius ex ipsius magnitudine aestimari debet. Vincula vero, quibus adstringi debent, ut unum imperium componant, apprime sunt (per art. 1. cap. 4.) *senatus* et *forum*. Quomodo autem eae omnes his vinculis ita copulandae sunt, ut earum tamen unaquaeque sui iuris, quantum fieri potest, maneat, breviter hic ostendam.

5. Nempe uniuscuiusque urbis patricios, qui pro magnitudine urbis (per art. 3. huius cap.) plures aut pauciores esse debent, summum in suam urbem ius habere concipio, eosque in *concilio*, quod *illius urbis supremum* est, summam habere potestatem urbem muniendi eiusque moenia dilatandi, vectigalia imponendi, leges condendi et abrogandi, et omnia absolute agendi, quae ad suae urbis conservationem et incrementum necessaria esse iudicant. Ad communia autem imperii negotia tractanda *senatus* creandus est iis omnino conditionibus, quas in praeced. cap. diximus; ita ut inter hunc senatum et illum nulla alia sit differentia, quam quod hic auctoritatem etiam habeat dirimendi quaestiones, quae inter urbes oriri possunt. Nam hoc in hoc imperio,

cuius nulla urbs caput est, non potest, ut in illo a supremo concilio fieri (vide art. 38. praeced. cap.).

6. Ceterum in hoc imperio supremum concilium convocandum non est, nisi opus sit ipsum imperium reformare, vel in arduo aliquo negotio, ad quod peragendum senatores se impares esse credent; atque adeo raro admodum fiet, ut omnes patricii in concilium vocentur. Nam praecipuum supremi concilii officium esse diximus (art. 17. praeced. cap.) leges condere et abrogare, et deinde imperii ministros eligere. At leges sive communia totius imperii iura simulatque instituta sunt, immutari non debent. Quod si tamen tempus, et occasio ferat, ut novum aliquod ius instituendum sit aut iam statutum mutandum, potest prius de eodem quaestio in senatu haberi, et postquam senatus in eo convenerit, tum deinde legati ad urbes ab ipso senatu mittantur, qui uniuscuiusque urbis patricios senatus sententiam doceant; et si denique maior urbium pars in sententiam senatus iverit, ut tum ipsa rata maneat, alias irrita. Atque hic idem ordo in eligendis *ducibus exercitus et legatis* in alia regna mittendis, ut et circa decreta de bello inferendo et pacis conditionibus acceptandis teneri potest. Sed in reliquis imperii ministris eligendis, quia (ut in art. 4. huius cap. ostendimus) unaquaeque urbs, quantum fieri potest, sui iuris manere debet, et in imperio tanto plus iuris obtinere, quanto reliquis est potentior, hic ordo necessario servandus est. Nempe senatores a patriciis uniuscuiusque urbis eligendi sunt; videlicet unius urbis patricii in suo concilio certum senatorum numerum ex suis civibus collegis eligent, qui ad numerum patriciorum eiusdem urbis se habeat (vide art. 30. praeced. cap.), ut 1 ad 12. Et quos primi, secundi, tertii etc. ordinis esse volunt, designabunt; et sic reliquarum urbium patricii pro magnitudine sui numeri plures paucioresve senatores eligent, et in tot ordines distribuent, in quot senatum dividendum esse diximus (vid. art. 34. praeced. cap.). Quo fiet, ut in unoquoque senatorum ordine pro magnitudine cuiuscumque urbis plures paucioresve eiusdem senatores reperiantur. At *ordinum praesides eorumque vicarii*, quorum numerus minor est urbium numero, a senatu ex consulibus electis sorte eligendi sunt. In *iudicibus* praeterea supremis imperii eligendis idem ordo retinendus est, scilicet ut uniuscuiusque urbis patricii ex suis collegis pro magnitudine sui numeri plures aut pauciores iudices eligant. Atque adeo fiet, ut unaquaeque urbs in eligendis ministris sui iuris, quantum fieri potest, sit, et ut unaquaeque, quo potentior est, eo etiam plus iuris tam in senatu, quam in foro obtineat; posito scilicet, quod senatus et fori ordo in decernendis imperii rebus et quaestionibus dirimendis talis omnino sit, qualem art. 33. et 34. praeced. cap. descripsimus.

7. *Cohortium* deinde *duces* et *militiae tribuni* e patriciis etiam eligendi sunt. Nam quia aequum est, ut unaquaeque urbs pro ratione suae magnitudinis certum militum numerum ad communem totius imperii securitatem conducere teneatur, aequum etiam est, ut e patriciis uniuscuiusque urbis pro numero legionum, quas alere tenentur, tot tribunos, duces, signiferos etc. eligere liceat, quot ad illam militiae partem, quam imperio suppeditant, ordinandam requiruntur.

8. *Vectigalia* nulla etiam a senatu subditis imponenda, sed ad sumptus, qui ad negotia publica peragenda ex senatus decreto requiruntur, non subditi, sed urbes ipsae ab ipso senatu ad censum vocandae sunt, ita ut unaquaeque urbs pro ratione suae magnitudinis sumptuum partem maiorem, vel minorem ferre debeat; quam quidem partem eiusdem urbis patricii a suis urbanis ea, qua velint, via exigent, eos scilicet vel ad censum trahendo, vel, quod multo aequius est, iisdem vectigalia imponendo.

9. Porro quamvis omnes huius imperii urbes maritimae non sint, nec senatores ex solis urbibus maritimis vocentur, possunt tamen iisdem eadem emolumenta decerni, quae art. 31. praeced. cap. diximus. Quem in finem pro imperii constitutione media excogitari poterunt, quibus urbes invicem arctius copulentur. Ceterum reliqua ad senatum et forum, et absolute ad universum imperium spectantia, quae in praeced. cap. tradidi, huic etiam imperio applicanda sunt. Atque adeo videmus, quod in imperio, quod plures urbes tenent, non necesse sit supremo concilio convocando certum tempus aut locum designare. At senatui et foro locus dicandus est in pago vel in urbe, quae suffragii ius non habet. Sed ad illa, quae ad singulas urbes spectant, revertor.

10. Ordo *supremi concilii unius urbis* in eligendis urbis et imperii ministris, et in rebus decernendis idem ille, quem art. 27. et 36. praeced. cap. tradidi, esse debet. Nam eadem hic, quam illic, est ratio. Deinde *syndicorum concilium* huic subordinandum est, quod ad urbis concilium se habeat, ut illud syndicorum praeced. cap. ad concilium totius imperii, et cuius officium intra limites iurisdictionis urbis idem etiam sit, iisdemque emolumentis gaudeat. Quod si urbs, et consequenter patriciorum numerus adeo exiguus fuerit, ut non nisi unum aut duos syndicos creare possit, qui duo concilium facere nequeunt, tum syndicis in cognitionibus pro re nata iudices a supremo urbis concilio designandi sunt, vel quaestio ad supremum syndicorum concilium deferenda. Nam ex unaquaque urbe aliqui etiam ex syndicis in locum, ubi senatus residet, mittendi sunt, qui prospiciant, ut iura universi imperii inviolata serventur, quique in senatu absque iure suffragii sedeant.

11. *Urbium consules* a patriciis etiam eiusdem urbis eligendi sunt, qui veluti senatum illius urbis constituant. Horum autem numerum determinare non possum, nec etiam necesse esse existimo, quandoquidem eiusdem urbis negotia, quae magni ponderis sunt, a supremo eiusdem concilio, et, quae ad universum imperium spectant, a magno senatu peraguntur. Ceterum si pauci fuerint, necesse erit, ut in suo concilio palam suffragia ferant, non autem calculis, ut in magnis conciliis. In parvis enim conciliis, ubi suffragia clam indicantur, qui aliquanto callidior est, facile cuiusque suffragii auctorem noscere, et minus attentiores multis modis eludere potest.

12. In unaquaque praeterea urbe *iudices* a supremo eiusdem concilio constituendi sunt, a quorum tamen sententia supremum imperii iudicium appellare liceat, praeterquam reo palam convicto et confitenti debitori. Sed haec ulterius persequi non est opus.

13. Superest igitur, ut de *urbibus, quae sui iuris non sunt,* loquamur. Hae si in ipsa imperii provincia vel regione conditae et earum incolae eiusdem nationis et linguae sint, debent necessario, sicuti pagi, veluti urbium vicinarum partes censeri, ita ut earum unaquaeque sub regimine huius aut illius urbis, quae sui iuris est, esse debeat. Cuius rei ratio est, quod patricii non a supremo huius imperii, sed a supremo uniuscuiusque urbis concilio eligantur, qui in unaquaque urbe pro numero incolarum intra limites iurisdictionis eiusdem urbis plures paucioresve sunt (per art. 5. huius cap.). Atque adeo necesse est, ut multitudo urbis, quae sui iuris non est, ad censum multitudinis alterius, quae sui iuris sit, referatur, et ab eius directione pendeat. At urbes iure belli captae, et quae imperio accesserunt, veluti imperii sociae habendae, et beneficio victae obligandae, vel coloniae, quae iure civitatis gaudeant, eo mittendae, et gens alio ducenda vel omnino delenda est.

14. Atque haec sunt, quae ad huius imperii fundamenta spectant. Quod autem eius conditio melior sit, quam illius, quod nomen ab una urbe sola habet, hinc concludo; quod scilicet uniuscuiusque urbis patricii more humanae cupidinis suum ius tam in urbe, quam in senatu retinere, et, si fieri potest, augere studebunt; atque adeo, quantum poterunt, conabuntur multitudinem ad se trahere, et consequenter imperium beneficiis magis, quam metu agitare, suumque numerum augere; quippe quo plures numero fuerint, eo plures (per art. 6. huius cap.) ex suo concilio senatores eligent, et consequenter (per art. eundem) plus iuris in imperio obtinebunt. Nec obstat, quod, dum unaquaeque urbs sibi consulit reliquisque invidet, saepius inter se discordent, et tempus disputando consumant. Nam, si, dum Romani

deliberant, perit Sagunthus *); dum contra pauci ex solo suo affectu omnia decernunt, perit libertas communeque bonum. Sunt namque humana ingenia hebetiora, quam ut omnia statim penetrare possint; sed consulendo, audiendo et disputando acuuntur, et dum omnia tentant media, ea, quae volunt, tandem inveniunt, quae omnes probant, et de quibus nemo antea cogitasset.

Quod si quis regerat, hoc Hollandorum imperium non diu absque comite vel vicario, qui vicem comitis suppleret, stetisse, hoc sibi responsum habeat, quod Hollandi ad obtinendam libertatem satis putaverunt comitem deserere, et imperii corpus capite obtruncare, nec de eodem reformando cogitarunt; sed omnia eius membra, uti antea constituta fuerant, reliquerunt, ita ut Hollandiae comitatus sine comite, veluti corpus sine capite, ipsumque imperium sine nomine manserit. Atque adeo minime mirum, quod subditi plerique ignoraverint, penes quos summa esset imperii potestas. Et quamvis hoc non esset, ii tamen, qui imperium revera tenebant, longe pauciores erant, quam ut multitudinem regere, et potentes adversarios opprimere possent. Unde factum, ut hi saepe impune iis insidiari, et tandem evertere potuerint. Subita itaque eiusdem reipublicae eversio non ex eo orta est, quod tempus in deliberationibus inutiliter consumeretur, sed ex deformi eiusdem imperii statu et paucitate regentium.

15. Est praeterea hoc aristocraticum imperium, quod plures urbes tenent, alteri praeferendum, quia non opus est, ut in praecedenti, cavere, ne universum supremum eius concilium subito impetu opprimatur, quandoquidem (per art. 9. huius cap.) eidem convocando nullum tempus nec locus designatur. Sunt praeterea potentes cives in hoc imperio minus timendi. Nam ubi plures urbes libertate gaudent, non sufficit ei, qui viam ad imperium affectat, urbem unam occupare, ut imperium in reliquas obtineat. Est denique in hoc imperio libertas pluribus communis. Nam ubi una sola urbs regnat, eatenus reliquarum bono consulitur, quatenus regnanti huic urbi expedit.

CAPUT X. De aristocratia. Finis.

1. Imperii utriusque aristocratici fundamentis explicatis et ostensis, superest ut inquiramus, *an aliqua causa culpabili possint dissolvi aut in aliam formam mutari.* Primaria causa, unde huiusmodi imperia dissolvuntur, illa est, quam acutissimus Florentinus Disc. 1. lib. 3. in Tit. Livium observat, videlicet quod *"imperio, sicuti humano corpori, quotidie aggregatur aliquid, quod quandoque indiget curatione."* Atque adeo

necesse esse, ait, ut aliquando aliquid accidat, quo imperium ad suum principium, quo stabiliri incepit, redigatur. Quod si intra debitum tempus non acciderit, vitia eo usque crescent, ut tolli nequeant nisi cum ipso imperio. Atque hoc, inquit, vel casu contingere potest, vel consilio et prudentia legum, aut viri eximiae virtutis. Nec dubitare possumus, quin haec res maximi sit ponderis, et quod, ubi huic incommodo provisum non sit, non poterit imperium sua virtute, sed sola fortuna permanere; et contra ubi huic malo remedium idoneum adhibitum fuerit, non poterit ipsum suo vitio, sed solummodo inevitabili aliquo fato cadere, ut mox clarius docebimus. Primum quod huic malo remedium occurrebat, hoc fuit, ut scilicet singulis lustris *supremus* aliquis *dictator* in mensem unum aut duos crearetur, cui ius esset de senatorum et cuiuscumque ministri factis cognoscendi, iudicandi et statuendi, et consequenter imperium ad suum principium restituendi. Sed qui imperii incommoda vitare studet, remedia adhibere debet, quae cum imperii natura conveniant, et quae ex ipsius fundamentis deduci queant, alias in Scyllam incidet cupiens vitare Charybdin. Est quidem hoc verum, quod omnes, tam qui regunt, quam qui reguntur, metu supplicii aut damni contineri debeant, ne impune vel cum lucro peccare liceat; sed contra certum etiam est, quod si hic metus bonis et malis hominibus communis fuerit, versetur necessario imperium in summo periculo. Cum igitur dictatoria potestas absoluta sit, non potest non esse omnibus formidabilis, praesertim si statuto tempore, ut requiritur, dictator crearetur, quia tum unusquisque gloriae cupidus eum honorem summo studio ambiret; et certum est, quod in pace non tam virtus quam opulentia spectatur, ita ut quo quisque superbior, eo facilius honores adipiscatur. Et forte hac de causa Romani nullo constituto tempore, sed fortuita quadam necessitate coacti dictatorem facere consueverant. At nihilominus "rumor dictatoris, ut Ciceronis verba referam, bonis iniucundus" fuit. Et sane, quandoquidem haec dictatoria potestas regia absolute est, potest non absque magno reipublicae periculo imperium aliquando in monarchicum mutari, tametsi in tempus, quantumvis breve, id fiat. Adde quod, si ad creandum dictatorem nullum certum tempus designatum sit, ratio tum nulla temporis intercedentis ab uno ad alium, quam maxime servandam esse diximus, haberetur, et quod res etiam vaga admodum esset, ut facile negligeretur. Nisi itaque haec dictatoria potestas aeterna sit et stabilis, quae servata imperii forma in unum deferri nequit, erit ergo ipsa, et consequenter reipublicae salus et conservatio admodum incerta.

2. At contra dubitare nequaquam possumus (per art. 3. cap. 6.), quod si possit servata imperii forma dictatoris gladius perpetuus et

malis tantummodo formidini esse, nunquam eo usque vitia invalescere poterunt, ut tolli aut emendari nequeant. Ut igitur has omnes conditiones obtineamus, syndicorum concilium concilio supremo subordinandum diximus, ut scilicet dictatorius ille gladius perpetuus esset, non penes personam aliquam naturalem, sed civilem, cuius membra plura sint, quam ut imperium inter se possint dividere (per art. 1. et 2. cap. 8.) vel in scelere aliquo convenire. Ad quod accedit, quod a reliquis imperii muneribus subeundis prohibeantur, quod militiae stipendia non solvant, et quod denique eius aetatis sint, ut praesentia ac tuta, quam nova et periculosa malint. Quare imperio nullum ab iis periculum, et consequenter non bonis, sed malis tantummodo formidini esse queunt, et revera erunt. Nam ut ad scelera peragenda debiliores, ita ad militiam coercendam potentiores sunt. Nam praeterquam quod principiis obstare possunt (quia concilium aeternum est), sunt praeterea numero satis magno, ut sine invidiae timore potentem unum aut alterum accusare et damnare audeant; praesertim quia suffragia calculis feruntur, et sententia nomine totius concilii pronunciatur.

3. At Romae *plebis tribuni* perpetui etiam erant; verum impares, ut Scipionis alicuius potentiam premerent; et praeterea id, quod salutare esse iudicabant, ad ipsum senatum deferre debebant, a quo etiam saepe eludebantur, efficiendo scilicet, ut plebs ei magis faveret, quem ipsi senatores minus timebant. Ad quod accedit, quod tribunorum contra patricios auctoritas plebis favore defenderetur, et quotiescumque ipsi plebem vocabant, seditionem potius movere, quam concilium convocare viderentur. Quae sane incommoda in imperio, quod in praecedd. duobus capp. descripsimus, locum non habent.

4. Verumenimvero haec syndicorum auctoritas hoc solummodo praestare poterit, ut imperii forma servetur, atque adeo prohibere, ne leges infringantur, et ne cuiquam cum lucro peccare liceat; sed nequaquam efficere poterit, ne vitia, quae lege prohiberi nequeunt, gliscant, ut sunt illa, in quae homines otio abundantes incidunt, et ex quibus imperii ruina non raro sequitur. Homines enim in pace deposito metu paulatim ex ferocibus barbaris civiles seu humani, et ex humanis molles et inertes fiunt, nec alius alium virtute, sed fastu et luxu excellere studet. Unde patrios mores fastidire, alienos induere, hoc est, servire incipiunt.

5. Ad haec mala vitandum multi conati sunt *leges sumptuarias* condere, sed frustra. Nam omnia iura, quae absque ulla alterius iniuria violari possunt, ludibrio habentur, et tantum abest, ut hominum cupiditates et libidinem frenent, quin contra easdem intendant. Nam

nitimur in vetitum semper, cupimusque negata. Nec unquam hominibus otiosis ingenium deest ad eludenda iura, quae instituuntur de rebus, quae absolute prohiberi nequeunt, ut sunt convivia, ludi, ornatus et alia huiusmodi, quorum tantummodo excessus malus et ex uniuscuiusque fortuna aestimandus est, ita ut lege nulla universali determinari queat.

6. Concludo itaque, communia illa pacis vitia, de quibus hic loquimur, nunquam directe, sed indirecte prohibenda esse, talia scilicet imperii fundamenta iaciendo, quibus fiat, ut plerique, non quidem sapienter vivere studeant (nam hoc impossibile est), sed ut iis ducantur affectibus, ex quibus reipublicae maior sit utilitas. Atque adeo huic rei maxime studendum, ut divites si non parci, avari tamen sint. Nam non dubium est, quin, si hic avaritiae affectus, qui universalis est et constans, gloriae cupidine foveatur, plerique rei suae sine ignominia augendae summum ponant studium, quo honores adipiscantur et summum dedecus vitent.

7. Si itaque ad fundamenta utriusque imperii Aristocratici, quae praeced. duobus capp. explicui, attendamus, hoc ipsum ex iisdem sequi videbimus. Numerus enim regentium in utroque adeo magnus est, ut divitum maximae parti aditus ad regimen pateat et ad imperii honores adipiscendos. Quod si praeterea (uti diximus art. 47. cap. 8.) statuatur, ut patricii, qui plus debent, quam sunt solvendo, ordine patricio deturbentur, et qui bona sua infortunio perdiderunt, ut in integrum restituantur, non dubium est, quin omnes, quantum poterunt, conabuntur bona sua conservare. Peregrinos praeterea habitus nunquam concupiscent, nec patrios fastidient, si lege constituatur, ut patricii et qui honores ambiunt, singulari veste dignoscantur: de quo vide art. 25. et 47. cap. 8. Et praeter haec alia in quocumque imperio cum natura loci et gentis ingenio consentanea excogitari possunt, et in eo apprime vigilari, ut subditi magis sponte, quam lege coacti suum officium faciant.

8. Nam imperium, quod nihil aliud prospicit, quam ut homines metu ducantur, magis sine vitiis erit, quam cum virtute. Sed homines ita ducendi sunt, ut non duci, sed ex suo ingenio et libero suo decreto vivere sibi videantur; atque adeo ut solo libertatis amore et rei augendae studio, speque imperii honores adipiscendi retineantur. Ceterum imagines, triumphi et alia virtutis incitamenta magis servitutis, quam libertatis sunt signa. Servis enim, non liberis virtutis praemia decernuntur. Fateor quidem homi nes his stimulis maxime incitari; sed ut haec in initio viris magnis, ita postea crescente invidia ignavis et opum magnitudine tumidis decernuntur, magna omnium

bonorum indignatione. Deinde qui parentum triumphos et imagines ostentant, iniuriam sibi fieri credunt, ni reliquis praeferantur. Denique, ut alia taceam, hoc certum est, quod aequalitas, qua semel exuta communis libertas necessario perit, conservari nullo modo possit, simulatque alicui viro virtute claro singulares honores iure publico decernuntur.

9. His positis videamus iam, an huiusmodi imperia culpabili aliqua causa possint destrui. Verum si quod imperium aeternum esse potest, illud necessario erit, cuius semel recte instituta iura inviolata manent. Anima enim imperii iura sunt. His igitur servatis servatur necessario imperium. At iura invicta esse nequeunt, nisi et ratione et communi hominum affectu defendantur; alias si scilicet solo rationis auxilio nituntur, invalidae sane sunt facileque vincuntur. Cum itaque utriusque imperii aristocratici iura fundamentalia cum ratione et communi hominum affectu convenire ostenderimus, possumus ergo affirmare, si quae ulla imperia, haec necessario aeterna fore, vel nulla culpabili causa, sed fato tantummodo aliquo inevitabili posse destrui.

10. At obiici nobis adhuc potest, quod, quamvis imperii iura in praecedd. ostensa ratione et communi hominum affectu defendantur, possint nihilominus aliquando vinci. Nam nullus affectus est, qui aliquando a fortiori et contrario affectu non vincatur; timorem namque mortis a cupidine rei alienae saepe vinci videmus. Qui hostem metu territi fugiunt, nullo alterius rei metu detineri possunt, sed sese in flumina praecipitant vel in ignem ruunt, ut hostium ferrum fugiant. Quantumvis igitur civitas recte ordinata et iura optime instituta sint, in maximis tamen imperii angustiis, quando omnes, ut fit, terrore quodam panico capiuntur, tum omnes id solum, quod praesens metus suadet, nulla futuri neque legum habita ratione, probant, omnium ora in virum victoriis clarum vertuntur, eundemque legibus solvunt, atque ipsi imperium (pessimo exemplo) continuant totamque rempublicam ipsius fidei conimittunt, quae res sane Romani imperii exitii fuit causa. Sed ut huic obiectioni respondeam, dico primo, quod in recte constituta republica similis terror non oritur, nisi ex iusta causa. Atque adeo is terror et confusio ex eo orta nulli causae, quae prudentia humana vitari poterat, adscribi potest. Deinde notandum, quod in republica, qualem in praecedd. descripsimus, fieri non potest (per art. 9. et 25. cap. 8.), ut unus aut alter virtutis fama ita excellat, ut omniumora in se vertat; sed necesse est, ut plures habeat aemulos, quibus plures alii faveant. Quamvis itaque ex terrore confusio aliqua in republica oriatur, leges tamen fraudare atque aliquem contra ius ad imperium militare renunciare nemo poterit, quin statim contentio alios petentium oriatur, quae ut dirimatur, necesse tandem erit ad semel statuta et ab

omnibus probata iura recurrere, atque res imperii secundum leges latas ordinare. Possum igitur absolute affirmare, cum imperium, quod una sola urbs, tum praecipue illud, quod plures urbes tenent, aeternum esse, sive nulla interna causa posse dissolvi aut in aliam formam mutari.

CAPUT XI. De democratia.

1. Transeo tandem ad tertium et omnino absolutum imperium, quod *democraticum* appellamus. Huius ab aristocratico differentiam in hoc potissimum consistere diximus, quod in eo a sola supremi concilii voluntate et libera electione pendeat, ut hic aut ille patricius creetur, ita ut nemo ius suffragii et munera imperii subeundi hereditarium habeat, nemoque id ius sibi poscere iure possit, ut in hoc, de quo iam agimus, imperio fit. Nam omnes, qui ex parentibus civibus vel qui in patrio illo solo nati vel qui de republica bene meriti sunt, vel ob alias causas, ob quas lex alicui ius civis dare iubet, ii, inquam, omnes ius suffragii in supremo concilio muneraque imperii subeundi iure sibi poscunt; nec denegare iis licet, nisi ob crimen aut infamiam.

2. Si igitur iure institutum sit, ut seniores tantummodo, qui ad certum aetatis annum pervenerunt, vel ut soli primogeniti, simulatque per aetatem licet, vel qui certam pecuniae summam reipublicae contribuunt, ius suffragii in supremo concilio et imperii negotia tractandi habeant, quamvis hac ratione fieri posset, ut supremum concilium ex paucioribus civibus componeretur, quam illud imperii aristocratici, de quo supra egimus, erunt nihilominus huiusmodi imperia democratica appellanda, quoniam eorum cives, qui ad regendam rempublicam destinantur, non a supremo concilio ut optimi eliguntur, sed lege ad id destinantur. Et quamvis hac ratione huiusmodi imperia, ubi scilicet non qui optimi, sed qui forte fortuna divites, vel qui primi nati sunt, ad regimen destinantur, imperio aristocratico cedere videantur, tamen si praxin seu communem hominum conditionem spectemus, res eodem redibit. Nam patriciis ii semper optimi videbuntur, qui divites vel ipsis sanguine proximi vel amicitia coniuncti sunt. Et sane, si cum patriciis ita comparatum esset, ut liberi ab omni affectu et solo studio publicae salutis ducti collegas patricios eligerent, nullum esset imperium cum aristocratico comparandum. Sed rem contra omnino sese habere satis superque ipsa experientia docuit, praesertim in *oligarchiis*, ubi patriciorum voluntas ob defectum aemulantium maxime lege soluta est. Ibi enim studio optimos a concilio

arcent patricii, et eos sibi socios in concilio quaerunt, qui ab eorum ore pendent, ita ut in simili imperio multo infelicius res eius sese habeant, propterea quod patriciorum electio ab absoluta quorundam libera sive omni lege soluta voluntate pendeat. Sed ad inceptum redeo.

3. Ex dictis in praeced. art. patet, nos posse imperii democratici diversa genera concipere, sed meum institutum non est de unoquoque, sed de eo solummodo agere, in quo omnes absolute, qui solis legibus patriis tenentur, et praeterea sui iuris sunt honesteque vivunt, ius suffragii in supremo concilio habent muneraque imperii subeundi. Dico expresse, , ut peregrinos secludam, qui sub alterius imperio esse censentur. Addidi praeterea, *quod*, praeterquam quod legibus imperii teneantur, *in reliquis sui iuris sint*, ut mulieres et servos secluderem, qui in potestate virorum et dominorum, ac etiam liberos et pupillos, quamdiu sub potestate parentum et tutorum sunt. Dixi denique, *honesteque vivunt*, ut ii apprime secluderentur, qui ob crimen aut aliquod turpe vitae genus infames sunt.

4. Sed forsan rogabit aliquis, num feminae ex natura an ex instituto sub potestate virorum sint? Nam si ex solo instituto id factum est, nulla ergo ratio nos coegit feminas a regimine secludere. Sed si ipsam experientiam consulamus, id ex earum imbecillitate oriri videbimus. Nam nullibi factum est, ut viri et feminae simul regnarent, sed ubicumque terrarum viri et feminae reperiuntur, ibi viros regnare et feminas regi videmus, et hac ratione utrumque sexum concorditer vivere. Sed contra Amazonae, quas olim regnasse fama proditum est, viros in patrio solo morari non patiebantur, sed feminas tantummodo alebant, mares autem, quos pepererant, necabant. Quod si ex natura feminae viris aequales essent, et animi fortitudine et ingenio, in quo maxime humana potentia et consequenter ius consistit, aeque pollerent, sane inter tot tamque diversas nationes quaedam reperirentur, ubi uterque sexus pariter regeret, et aliae, ubi a feminis viri regerentur atque ita educarentur, ut ingenio minus possent. Quod cum nullibi factum sit, affirmare omnino licet, feminas ex natura non aequale cum viris habere ius; sed eas viris necessario cedere, atque adeo fieri non posse, ut uterque sexus pariter regat, et multo minus, ut viri a feminis regantur. Quod si praeterea humanos affectus consideremus, quod scilicet viri plerumque ex solo libidinis affectu feminas ament, et earum ingenium et sapientiam tanti aestiment, quantum ipsae pulchritudine pollent, et praeterea quod viri aegerrime ferant, ut feminae, quas amant, aliis aliquo modo faveant, et id genus alia, levi negotio videbimus, non posse absque magno pacis detrimento fieri, ut viri et feminae pariter regant. Sed de his satis.

Tractatus theologico-politicus

CONTINENS DISSERTATIONES ALIQUOT QUIBUS OSTENDITUR LIBERTATEM PHILOSOPHANDI NON TANTUM SALVA PIETATE, ET REIPUBLICAE PACE POSSE CONCEDI: SED EANDEM NISI CUM PACE REIPUBLICAE, IPSAQUE PIETATE TOLLI NON POSSE.

Praefatio

Si homines res omnes suas certo consilio regere possent, vel si fortuna ipsis prospera semper foret, nulla superstitione tenerentur. Sed quoniam eo saepe angustiarum rediguntur, ut consilium nullum adferre queant, et plerumque ob incerta fortunae bona, quae sine modo cupiunt, inter spem metumque misere fluctuant, ideo animum ut plurimum ad quidvis credendum pronissimum habent; qui dum in dubio facili momento huc, atque illuc pellitur, et multo facilius, dum spe, et metu agitatus haeret, praesidens alias, jactabundus, ac tumidus. Atque haec neminem ignorare existimo, quamvis plerosque se ipsos ignorare credam; nemo enim inter homines ita vixit, qui non viderit, plerosque in rebus prosperis, etsi imperitissimi sint, sapientiâ ita abundare, ut sibi injuriam fieri credant, si quis iis consilium dare velit; in adversis autem, quo se vertant, nescire, et consilium ab unoquoque supplices petere, nec ullum tam ineptum tamque ad absurdum, aut vanum audire, quod non sequantur: Deinde levissimis etiam de causis jam meliora sperare, rursus deteriora timere; si quid enim, dum in metu versantur, contingere vident, quod eos praeteriti alicujus boni, vel mali memores reddit, id exitum aut faelicem, aut infaelicem obnunciare putant, quod propterea, quamvis centies fallat, faustum vel infaustum omen vocant. Si quid porro insolitum magna cum admiratione vident, id prodigium esse credunt, quod Deorum aut summi Numinis iram indicat, quodque adeo hostiis, et votis non piare, nefas habent homines superstitioni obnoxii, et religioni adversi; eumque ad modum infinita fingunt, et quasi tota natura cum ipsis insaniret, eandem miris modis interpretantur. Cum igitur haec ita sese habeant, tum praecipue vidimus, eos omni superstitionis generi addictissimos esse, qui incerta sine modo cupiunt, omnesque tum maxime, cum scilicet in periculis versantur, et sibi auxilio esse nequeunt, votis, et lachrimis muliebribus divina auxilia implorare, et rationem (quia ad vana, quae cupiunt, certam viam ostendere nequit) caecam appellare, humanamque sapientiam vanam; et contrà imaginationis deliria, somnia, et pueriles ineptias divina responsa credere, imo Deum sapientes aversari, et sua decreta non menti, sed pecudum fibris inscripsisse, vel eadem stultos, vesanos, et aves divino afflatu, et instinctus praedicere. Tantum timor homines insanire facit. Causa itaque, a quâ superstitio oritur, et fovetur, metus est. Cujus rei si quis, praeter jam dicta, singularia exempla scire desiderat, Alexandrum videat, qui tum demum vates a superstitione animi adhibere caepit, cum primum fortunam timere didicit in Pylis Susidis (vide Curtii lib. 5 § 4); post Daruum autem victum ariolos, et vates consulere desiit, donec iterum temporis iniquitate territus, quia Bactriani desecerant, et Scytae certamen lacessebant, dum ipse propter vulnus segnis jaceret, rursus (ut ipse Curtius lib. 7 § 7 ait) *ad superstitionem humanarum mentium ludibria revolutus, Aristandrum, cui credulitatem suam addixerat, explorare eventum rerum Sacrificiis jubet.* Et ad hunc modum perplurima adferri possent exempla, quae quam clarissime id ipsum ostendunt, homines scilicet nonnisi durante metu superstitione conflictari; eaque omnia, quae unquam vana religione coluerunt, nihil praeter phantasmata, animique tristis, et timidi fuisse deliria: et denique vates in maximis imperii angustiis maxime in plebe regnavisse, maximeque formidolosos suis Regibus fuisse; sed, quandoquidem haec apud omnes satis vulgata esse existimo, iisdem supersedeo.

Ex hâc itaque superstitionis causa clare sequitur, omnes homines naturâ superstitioni esse obnoxios (quicquid dicant alii, qui putant, hoc inde oriri, quod omnes mortales confusam quandam numinis ideam habent). Sequitur deinde eandem variam admodum, et inconstantem debere esse, ut omnia mentis ludibria, et furoris impetus, et denique ipsam non nisi spe, odio, ira, et dolo defendi; nimirum, quia non ex ratione, sed ex solo affectu, eoque efficacissimo oritur. Quam itaque facile fit, ut homines quovis superstitionis genere capiantur, tam difficile contra est efficere, ut in uno, eodemque perstent; imo quia vulgus semper aeque miserum manet, ideo nusquam diu acquiescit, sed id tantum eidem maxime placet, quod novum est, quodque nondum fefellit, quae quidem inconstantia multorum tumultuum, et bellorum atrocium causa fuit; nam (ut ex modo dictis patet, et Curtius etiam lib. 4 cap. 10 optime notavit) *nihil effacius multitudinem regit, quam superstitio*; unde fit, ut facile specie religionis inducatur, nunc Reges suos tanquam Deos adorare, et rursus eosdem execrari, et tanquam communem generis humani pestem detestari. Hoc ergo malum ut vitaretur, ingens studium adhibitum est ad religionem veram, aut vanam cultu, et apparatu ita adornandum, ut omni momento gravior haberetur, summâque observantiâ ab omnibus semper coleretur, quod quidem Turcis faelicissime cessit, qui etiam disputare nefas habent, et judicium uniuscujusque tot praejudiciis occupant, ut nullum in mente locum sanae rationi, ne ad dubitandum quidem, relinquant.

Verum enimvero si regiminis Monarchici summum sit arcanum, ejusque omnino intersit, homines deceptos habere, et metum, quo retineri debent, specioso Religionis nomine adumbrare, ut pro servitio, tanquam pro salute pugnent, et ne turpe, sed maximum decus esse putent, in unius hominis jactationem sanguinem animamque impendere, nihil contra in libera republica excogitari, nec infaelicius tentari potest; quandoquidem communi libertati omnino repugnat, liberum uniuscujusque judicium praejudiciis occupare, vel aliquo modo coërcere; et quod ad seditiones attinet, quae specie religionis concitantur, eae profecto inde tantum oriuntur, quod leges de rebus speculativis conduntur, et quod opiniones tanquam scelera pro crimine habentur, et damnantur; quarum defensores et asseclae non publicae saluti, sed odio ac saevitiae adversariorum tantum immolantur. Quod si jure imperii non nisi facta arguerentur, et dicta impune essent, nullâ juris specie similes seditiones ornari possent, nec controversiae in seditiones verterentur. Cum itaque nobis haec rara faelicitas contigerit, ut in Republica vivamus, ubi unicuique judicandi libertas integra, et Deum ex suo ingenio colere conceditur, et ubi nihil libertate charius, nec dulcius habetur, me rem non ingratam, neque inutilem facturum credidi, si ostenderem hanc libertatem non tantum salva pietate, et Reipublicae, ac pietate tolli posse: Atque hoc praecipuum est, quod in hoc tractatu demonstrare constitui; ad quod apprime necesse fuit, praecipua circa religionem praejudicia, hoc est, antiquae servitutis vestigia indicare, tum etiam praejudicia circa summarum potestatum jus, quod multi procacissimâ quadam licentiâ magna ex parte arripere, et specie religionis mutitudinis animum, Gentilium superstitioni adhuc obnoxium, ab iisdem avertere student, quo omnia iterum in servitium ruant. Haec autem quo ordine ostenduntur, paucis jam dicam; sed prius causas, quae me ad scribendum impulerunt, docebo.

Miratus saepe fui, quod homines, qui se Christianam religionem profiteri jactant, hoc est, amorem, gaudium, pacem, continentiam, et erga omnes fidem, plus quam iniquo animo certarent, et acerbissimum in invicem odium quotidie exercerent, ita ut facilius ex his, quam illis fides uniuscujusque noscatur; jam dudum enim res eo pervenit, ut neminem fere, quisnam sit, num scilicet Christianus, Turca, Judaeus, vel Ethnicus, noscere possis, nisi ex corporis externo habitu, et cultu, vel quod hanc, aut illam Ecclesiam frequentat, vel denique, quod huic, aut illi opinioni addictus est, et in verba alicujus magistri jurare solet. Caeterum vita eadem omnibus est. Hujus igitur mali causam quaerens non dubitavi, quin inde ortum fuerit, quod Ecclesiae ministeria dignitates, et ejus officia beneficia aestimare, et pastores summo honore habere, vulgo religioni fuit; simul ac enim hic abusus in Ecclesia incepit, statim pessimo cuique ingens libido sacra officia administrandi incessit, et amor divinae religionis propagandae in sordidam avaritiam, et ambitionem, atque ita ipsum templum in Theatrum degeneravit, ubi non Ecclesiastici Doctores, sed oratores audiebantur, quorum nemo desiderio tenebatur populum docendi, sed eundem in admirationem sui rapiendi, et differentientes publice carpendi, et ea tantum docendi, quae nova ac insolita, quaeque vulgus maxime admiraretur; unde profecto magnae contentiones, invidia, et odium, quod nulla vetustate sedare potuit, oriri debuerunt. Non ergo mirum, quod antiquae Religionis nihil manserit praeter ejus externum cultum (quo vulgus Deum magis adulari, quam adorare videtur), et quod fides jam nihil aliud sit, quam credulitas et praejudicia: at quae praejudicia? quae homines ex rationalibus brutos reddunt, utpote quae omnino impediunt, quominus unusquisque libero suo judicio utatur, et verum a falso dignoscat, et quae veluti ad lumen intellectus penitus extinguendum, datâ operâ excogitata videntur. Pietas, proh Deus immortalis, et Religio in absurdis arcanis consistit, et qui rationem prorsus contemnunt, et intellectum tanquam natura corruptum rejiciunt, et aversantur, isti profecto, quod iniquissimum est, divinum lumen habere creduntur. Sane si vel luminis divini scintillam tantum haberent, non tam superbe insanirent, sed prudentius Deum colere discerent, et ut jam odio, amore contra inter reliquos excellerent; nec tam hostili animo eos, qui cum ipsis non sentiunt, persequerentur, sed eorundem potius (siquidem ipsorum saluti, et non suae fortunae timent), misererentur. Praeterea si lumen aliquod Divinum haberent, id saltem ex doctrina constaret; fateor, eos nunquam satis mirari potuisse Scripturae profundissima mysteria, attamen, praeter Aristotelicorum vel Platonicorum speculationes, nisi docuisse video; atque his, ne Gentiles sectari viderentur, Scripturam accomodaverunt. Non satis his fuit, cum Graecis insanire, sed Prophetas cum iisdem deliravisse voluerunt: quod sane clare ostendit eos Scripturae divinitatem nec per somnium videre; et quo impensius haec mysteria admirantur, eo magis ostendunt, se Scripturae non tam credere, quam assentari; quod hinc etiam patet, quod plerique tanquam fundamentum supponunt (ad eandem scilicet intelligendum, ejusque verum sensum eruendum) ipsam ubique veracem, et divinam esse; id nempe ipsum, quod ex ejusdem intellectione, et severo examine demum deberet constare: et quod ex ipsa, quae humanis figmentis minime indiget, longe melius edoceremur, in primo limine pro regula ipsius interpretationis statuunt.

Cum haec ergo animo perpenderem, scilicet lumen naturale non tantum contemni, sed a multis tanquam impietatis fontem damnari, humana deinde commenta pro divinis documentis haberi, credulitatem fidem aestimari, et controversias Philosophorum in Ecclesiâ, et in Curiâ summis animorum motibus agitari, ac inde saevissima odia, atque dissidia, quibus homines facile in seditiones vertuntur, plurimaque alia, quae hic narrare nimis longum foret, oriri animadverterem: sedulo statui, Scripturam de novo integro et libero animo examinare, et nihil de eadem affirmare, nihilque tanquam ejus doctrinam admittere, quod ab eadem clarissime non edocerer. Hâc igitur cautione Methodum Sacra volumina interpretandi concinnavi, et hâc instructus quaerere ante omnia incepi, quid esset Prophetia ? et qua ratione Deus sese Prophetis revelaverit ? et cur hi Deo accepti fuerint ? num scilicet propterea, quod de Deo et natura sublimes habuerint cogitationes ? an vero propter solam pietatem ? Postquam haec novi, facile determinare potui, Prophetarum authoritatem in iis tantum pondus habere, quae usum vitae, et veram virtutem spectant, caeterum eorum opiniones nos parum tangere. His cognitis quaesivi deinde, quid id fuerit, propter quod Hebraei Dei electi vocati fuerint ? Cum autem vidissem hoc nihil aliud fuisse, quam quod Deus ipsis certam mundi plagam elegerit, ubi secure, et commode vivere possent, hinc didici Leges Mosi a Deo revelatas nihil aliud fuisse, quam jura singularis Hebraeorum imperii, ac proinde easdem praeter hos neminem recipere debuisse; imo nec hos etiam, nisi stante ipsorum imperio, iisdem teneri. Porro, ut scirem, num ex Scriptura concludi posset, humanum intellectum naturâ corruptum esse, inquirere volui, num Religio catholica, sive lex divina per Prophetas et Apostolos universo humano generi revelata alia fuerit, quam illa, quam etiam lumen naturale docet ? et deinde num miracula contra naturae ordinem contigerint, et num Dei existentiam, et providentiam certius, et clarius doceant, quam res, quas clare et distincte per primas suas causas intelligimus ? Sed cum in iis, quae Scriptura expresse docet, nihil reperissem, quod cum intellectu non conveniret, nec quod eidem repugnaret, et praeterea viderem Prophetas nihil docuisse, nisi res admodum simplices, quae ab unoquoque facile percipi poterant, atque has eo stylo adornavisse, iisque rationibus confirmavisse, quibus maxime multitudinis animus ad devotionem erga Deum moveri posset, omnino mihi persuasi, Scripturam rationem absolute liberam relinquere, et nihil cum Philosophia commune habere, sed tam hanc, quam illam proprio suo talo niti. Ut haec autem apodictice demonstrarem, remque totam determinarem, ostendo, qua via Scriptura sit interpretanda, et quod tota ejus rerumque spiritualium cognitio ab ipsa sola, et non ab iis, quae lumine naturali cognoscimus, peti debeat. Hinc transeo ad ea praejudicia ostendenda, que inde orta sunt, quod vulgus (superstitioni addictum, et quod temporis reliquias supra ipsam aeternitatem amat) libros potius Scripturae, quam ipsum Dei Verbum adoret. Post haec ostendo Verbum Dei revelatum non esse certum quendam numerum librorum, sed conceptum simplicem mentis divinae Prophetis revelatae; scilicet Deo integro animo obedire, justitiam, et charitatem colendo. Atque hoc ostendo, in Scriptura doceri secundum captum, et opiniones eorum, quibus Prophetae, et Apostoli hoc Verbum Dei praedicare solebant; quod ideo fecerunt, ut id homines sine ulla repugnantia, atque integro animo amplecterentur.

Fundamentalibus deinde fidei ostensis, concludo denique objectum cognitionis revelatae nihil esse praeter obedientiam, atque adeo a naturali cognitione tam objecto, quam fundamentis, et mediis prorsus distinctam esse, et nihil cum hac commune habere, sed tam hanc, quam illam suum regnum absque ulla alterius repugnantia obtinere, et neutram alterutri ancillari debere. Porro quia hominum ingenium varium admodum est, et alius his, alius illis opinionibus melius acquiescit, et quod hunc ad religionem, illum ad risum movet, inde cum supra dictis concludo, unicuique sui judicii libertatem, et potestatem fundamenta fidei ex suo ingenio interpretandi relinquendam, et fidem uniuscujusque ex solis operibus judicandam, num pia, an impia sit ? sic ergo omnes integro, et libero animo Deo obedire poterunt, et sola justitia, et charitas apud omnes in pretio erit. Postquam his libertatem, quam lex divina revelata unicuique concedit, ostendi, ad alteram quaestionis partem pergo; nempe hanc eandem libertatem salvâ reipublicae pace, et summarum potestatum jure posse, et etiam concedi debere, nec posse adimi, absque magno pacis periculo, magnoque totius Reipublicae detrimento: ad haec autem demonstrandum a jure naturali uniuscujusque incipio; quod scilicet eo usque se extendit, quo uniuscujusque cupiditas et potentia se extendit, et quod nemo jure naturae ex alterius ingenio vivere tenetur, sed suae unusquisque libertatis vindex est. Praeterea ostendo hoc jure neminem revera cedere, nisi qui potestatem se defendendi in alium transfert, atque eum necessario hoc jus naturale absolute retinere, in quem unusquisque jus suum ex proprio suo ingenio vivendi, simul cum potestate sese defendendi transtulit; atque hinc ostendo, eos, qui summum imperium tenent, jus ad omnia, quae possunt, habere, solosque vindices juris, et libertatis esse, reliquos autem ex solo eorum decreto omnia agere debere. Verum quoniam nemo potestate suâ se defendendi ita se privare potest, ut homo esse desinat, hinc concludo, neminem jure suo naturali absolute privari posse, sed suditos quaedam quasi naturae jure retinere, quae iis adimi non possunt sine magno imperii periculo, quaeque adeo ipsis vel tacite conceduntur, vel ipsi expresse cum iis, qui imperium tenent, stipulantur. His consideratis ad Rempublicam Hebraeorum transeo, quam, ut ostendam, quâ ratione, et quorum decreto Religio vim juris habere incepit, et obiter etiam alia, quae scitu digna videbantur, satis prolixe describo. Post haec ostendo, eos, qui summum imperium tenent, non tantum juris civilis, sed etiam sacri vindices, et interpretes esse, eosque solos jus habere discernendi, quid justum, quid injustum, quid pium, et quid impium sit: et tandem concludo, eosdem hoc jus optime retinere, et imperium tuto conservare posse, si modo unicuique et sentire, quae velit, et, quae sentiat, dicere concedatur.

Haec sunt, philosophe lector, quae tibi hic examinanda do, quaeque non ingrata fore confido ob praestantiam, et utilitatem argumenti, tam totius operis, quam uniuscujusque capitis; de quibus plura adderem, sed nolo, ut haec praefatio in volumen crescat, praesertim quia praecipua Philosophis satis superque nota esse credo; reliquis autem hunc tractatum commendare non studeo, nam nihil est, quod sperem, eudem iis placere aliqua ratione posse; novi enim, quam pertinaciter ea praejudicia in mente inhaerent, quae pietatis specie amplexus est animus; novi deinde, aeque impossibile esse vulgo superstitionem adimere, ac metum; novi denique constantiam vulgi contumaciam esse, nec ratione regi, sed impetu rapi ad laudandum vel vituperandum. Vulgus ergo et omnes, qui cum vulgo iisdem affectibus conflictantur, ad haec legenda non invito, quin potius vellem, ut hunc librum prorsus negligant, quam eundem perverse, ut omnia solent, interpretando, molesti sint, et dum sibi nihil prosunt, aliis obsint, qui liberius philosopharentur, nisi hoc unum obstaret, quod putant rationem debere Theologiae ancillari; nam his hoc opus perquam utile fore confido.

Caeterum quoniam multis nec otium, nec animus forsan erit, omnia perlegere, cogor hic etiam ut in fine hujus Tractatus monere, me nihil scribere, quod non libentissime examini, et judicio summarum Potestatum Patriae meae subjiciam, nam si quid horum, quae dico, judicabunt patriis legibus repugnare, vel communi saluti obesse, id ego indictum volo. Scio me hominem esse, et errare potuisse; ne autem errarem, sedulo curavi, et apprime, ut quicquid scriberem, legibus patriae, pietati, bonisque moribus omnino responderet.

CAPUT I. De prophetia

Prophetia sive revelatio est rei alicujus certa cognitio a Deo hominibus revelata. Propheta autem is est, qui Dei revelata iis interpretatur, qui rerum a Deo revelatarum certam cognitionem habere nequeunt, quique adeo mera fide res revelatas amplecti tantum possunt. Propheta enim apud Hebraeos vocatur *nabi*[12], id est orator, et interpres, at in Scriptura semper usurpatur pro Dei interprete, ut ex cap. 7 v. 1 Exodi colligitur. Ubi Deus Mosi dicit, *ecce te constituo Deum Pharaonis, et Aharon tuus frater erit tuus propheta.* Quasi diceret, quoniam Aharon ea, quae tu loqueris, Pharaoni interpretando, personam agit prophetae, eris tu igitur quasi Deus Pharaonis, sive qui vicem Dei agit.

De prophetis in sequente capite, hic de prophetia agemus, ex cujus jam tradita definitione sequitur cognitionem naturalem, prophetiam vocari posse. Nam ea, quae lumine naturali cognoscimus, a sola Dei cognitione, ejusque aeternis decretis dependent. Verum, quia haec cognitio naturalis omnibus hominibus communibus, ideo a vulgo, ad rara semper, et a sua natura aliena anhelante, et dona naturalia spernente, non tanti aestimatur, et propterea, ubi de cognitione prophetica loquitur, hanc exclusam vult; attamen nihilominus aequali jure, ac alia, quaecunque illa sit, divina vocari potest, quandoquidem Dei natura, quatenus de ea participamus, Deique decreta eam nobis quasi dictant, nec ab illa, quam omnes divinam vocant, differt, nisi quod ea ultra limites hujus se extendit, et quod humanae naturae leges, in se consideratae, non possunt ejus esse causa; at respectu certitudinis, quam naturalis cognitio involvit, et fontis, e quo derivatur (nempe Deo) nullo modo cognitioni propheticae cedit. Nisi fortè aliquis intelligere, vel potius somniare velit, prophetas corpus quidem humanum, mentem vero non humanam habuisse, adeoque eorum sensationes, et conscientiam alterius prorsus naturae, quam nostrae sunt, fuisse.

At, quamvis scientia naturalis divina sit, ejus tamen propagatores non possunt vocari prophetae[13]. Nam quae illi docent, reliqui homines

---

[12] Verborum tertia radicalis, si ex iis est, quae quiescentes vocantur, solet omitti, et ejus loco secunda thematis litera duplicari, ut ex , omisso quiescente, fit et exinde , et ex fit , unde loquela sive oratio; sic est fit vel . Optime igitur R. Schelomo Jarghi hoc verbum interpretatus est; sed male ab Aben Hgezra, qui linguam Hebraicam non adeo exacte novit, carpitur. Praeterea notandum, nomen prophetia universale esse et omne prophetandi genus comprehendere, reliqua autem nomina specialiora esse, et maxime hoc vel illud prophetandi genus respicere, quod doctis notum esse credo.

[13] Hoc est, Dei interpretes. Nam interpretes Dei is est, qui Dei decreta ipsi revelata aliis interpretatur, quibus eadem revelata non sunt, quique in iisdem amplectendis sola prophetae auctoritate et fide, quae ipsi habetur, nituntur. Quod si homines, qui prophetas audiunt, prophetae fierent, sicut ii philosophi fiunt, qui philosophos audiunt, tunc propheta non esset divinorum decretorum interpres, quandoquidem ejus auditores, non ipsius prophetae testimonio, et autoritate, sed ipsa divina revelatione, et interno testimonio ut ipse, niterentur. Sic summae potestates sui imperii juris interpretes sunt, quia leges ab ipsis

aequali certitudine, et dignitate, ac ipsi, percipere possunt, atque amplecti, idque non ex fide sola.

Cum itaque mens nostra ex hoc solo, quod Dei naturam objective in se continet, et de eadem participat, potentiam habeat ad formandas quasdam notiones rerum naturam explicantes, et vitae usum docentes, merito mentis naturam, quatenus talis concipitur, primam divinae revelationis causam statuere possumus; ea enim omnia, quae clare, et distincte intelligimus, Dei idea (ut modo indicavimus), et natura nobis dictat, non quidem verbis, sed modo longe excellentiore, et qui cum natura mentis optime convenit, ut unusquisque, qui certitudinem intellectus gustavit, apud se, sine dubio expertus est. Verum quoniam meum institutum praecipue est, de iis tantum loqui, quae solam Scripturam spectant, sufficit de lumine naturali haec pauca dixisse. Quare ad alias causas, et media, quibus Deus ea hominibus revelat, quae limites naturalis cognitionis excedunt, et etiam quae non excedunt (nihil enim impedit, quominus Deus ea ipsa, quae nos lumine naturae cognoscimus, aliis modis hominibus communicet) pergo, ut de iis prolixius agam.

Verum enimvero quicquid de iis dici potest, ex Scriptura sola peti debet. Nam quid de rebus, limites nostri intellectus excendetibus dicere possumus, praeter id, quod ex ipsis prophetis ore, vel scripto nobis traditur? Et quia hodie nullos, quod sciam, habemus prophetas, nihil nobis relinquitur, nisi sacra volumina nobis a prophetis relicta evolvere. Hac quidem cautione, ut nihil de similibus rebus statuamus, aut ipsis prophetis aliquid tribuamus, quod ipsi non clare dictaverunt. Sed hic apprime notandum, quod Judaei nunquam causarum mediarum, sive particularium faciunt mentionem, nec eas curant, sed religionis ac pietatis, sive (ut vulgo dici solet) devotionis causa ad Deum semper recurrunt; si enim ex. gr. pecuniam mercatura lucrati sunt, eam a Deo sibi oblatam ajunt, si aliquid, ut fit, cupiunt, dicunt, Deum eorum cor disposuisse, et si quid etiam cogitant, Deum id eis dixisse ajunt. Quare non omne id, quod Scriptura ait Deum alicui dixisse, pro prophetia, et cognitione supra naturali habendum, sed tantum id, quod Scriptura expresse dicit, vel quod ex circumstantiis narrationis sequitur, prophetiam, sive revelationem fuisse.

Si igitur sacra volumina percurramus, videbimus, quod omnia, quae Deus prophetis revelavit, iis revelata fuerunt vel verbis, vel figuris, vel utroque hoc modo, verbis scil., et figuris. Verba vero, et

latae sola ipsarum summarum potestatum autoritate defenduntur, et earum solo testimonio nituntur.

etiam figurae vel verae fuerunt, et extra imaginationem prophetae audientis, seu videntis, vel imaginariae, quia nimirum prophetae imaginatio, etiam vigilando, ita disponebatur, ut sibi clare videretur verba audire, aut aliquid videre.

Voce enim vera revelavit Deus Mosi leges, quas Hebraeis praescribi volebat, ut constat ex Exodo cap. 25 v. 22, ubi ait *et paratus ero tibi ibi, et loquar tecum ex illa parte tegminis, quae est inter duos Cherubines.* Quod quidem ostendit, Deum usum fuisse voce aliqua vera, quandoquidem Moses, quandocunque volebat, Deum ibi ad loquendum sibi paratum inveniebat. Et haec sola, qua scilicet lex prolata fuit, vera fuit vox, ut mox ostendam.

Vocem, quâ Deus Shamuëlem vocavit, veram suspicarer fuisse, quia 1 Shamuelis cap. 3 v. ultimo dicitur *et rursus apparuit Deus Shamuëli in Shilo, quia manifestatus fuit Deus Shamuëli in Shilo verbo Dei*; quasi diceret, apparitio Dei Shamuëli nihil aliud fuit, quam quod Deus se verbo ipsi manifestavit, vel nihil aliud fuit, quam quod Shamuël Deum audiverit loquentem. Attamen, quia cogimur distinguere inter prophetiam Mosis, et reliquarum prophetarum, necessario dicendum hanc vocem a Shamuële auditam, imginariam fuisse; quod inde etiam colligi potest, quod ipsa vocem Heli, quam Shamuël maxime audire solebat, adeoque promptius etiam imaginari poterat, referebat: ter enim a Deo vocatus, suspicatus est se ab Heli vocari. Vox, quam Abimelech audivit, imaginaria fuit. Nam dicitur Gen. cap. 20 v. 6 *Et dixit ipsi Deus in somnis* etc. Quare hic non vigilando, sed tantum in somnis (tempore scilicet, quo imaginatio maxime naturaliter apta est, ad res, quae non sunt, imaginandum) Dei voluntatem imaginari potuit.

Verba Decalogi ex opinione quorundam Judaeorum non fuerunt a Deo prolata, sed putant, quod Israëlitae strepitum tantum audiverunt, nulla quidem verba proferentem, atque eo durante leges Decalogi pura mente perceperunt. Quod ego etiam aliquando suspicatus sum, quia videbam verba Decalogi Exodi variare ab iis Decalogi Deut.; ex quo videtur sequi (quandoquidem Deus semel tantum locutus est) Decalogum non ipsa Dei verba, sed tantum sententias docere velle. Attamen nisi Scripturae vim inferre velimus, omnino concedendum est, Israëlitas veram vocem audivisse. Nam Scriptura Deut. cap. 5 v. 4 expresse dicit *de facie ad faciem locutus est Deus vobiscum* etc., hoc est, ut duo homines suos conceptus invicem, mediantibus suis duobus corporibus, communicare solent. Quapropter magis cum Scriptura convenire videtur, quod Deus aliquam vocem vere creavit, qua ipse Decalogum revelavit. Causa autem, cur verba, et rationes unius a verbis et rationibus alterius variant, de ea vide cap. 8. Verumenimvero nec hoc modo omnis tollitur difficultas. Nam non parum a ratione alienum videtur, statuere, quod res creata, a Deo eodem modo, ac reliquae, dependens, essentiam, aut existentiam Dei re, aut verbis, exprimere, aut explicare per suam personam posset, nempe dicendo in prima persona, ego sum Jehova Deus tuus etc. Et quamvis, ubi aliquis ore dicit, *ego intellexi*, nemo putet, os, sed tantum mentem hominis id dicentis intellexisse, quia tamen os ad naturam hominis id dicentis refertur, et etiam is, cui id dicitur, naturam intellectus perceperat, mentem hominis loquentis per comparationem sui facile intelligit. At qui Dei nihil praeter nomen antea noverant, et ipsum alloqui cupiebant, ut de ejus Existentia certi fierent, non video, quomodo eorum petitioni satisfactum fuit per creaturam (quae ad Deum non magis, quam reliqua creata, refertur, et ad Dei naturam non pertinet), quae diceret, ego sum Deus. Quaeso quid, si Deus labia Mosis, sed quid Mosis ? imo alicujus bestiae contorsisset ad eadem pronuntiandum, et dicendum, ego sum Deus, an inde Dei existentiam intelligerent ? Deinde Scriptura omnino indicare videtur Deum ipsum locutum fuisse (quem ad finem e coelo supra montem Sinaï descenderit), et Judaeos non tantum eum loquentem audivisse, sed Magnates eum etiam vidisse (vide Exodi cap. 24), nec Lex, Mosi revelata, cui nihil addere, nihil adimere licebat, et quae tanquam jus Patriae instituta fuit, unquam praecepit, ut credamus, Deum esse incorporeum, nec etiam eum nullam habere imaginem, sive figuram, sed tantum Deum esse, eique credere, eumque solum adorare; a cujus cultu ne discederent, praecepit, ne ei aliquam imaginem affingerent, nec ullam facerent. Nam, quandoquidem Dei imaginem non viderant, nullam facere potuerant, quae Deum, sed quae necessario rem aliam creatam, quam viderant, referret, adeoque ubi Deum per illam imaginem adorarent, non de Deo, se de re, quam illa imago referret, cogitarent, et sic tandem honorem Dei, ejusque cultum illi rei tribuerent. Quinimo Scriptura clare indicat Deum habere figuram, et Mosi, ubi Deum loquentem audiebat, eam aspexisse, nec tamen videre contigisse, nisi Dei posteriora. Quare non dubito, quin hic aliquod lateat mysterium, de quo infra fusius loquemur. Hic ostendere pergam loca Scripturae, quae media indicant, quibus Deus sua decreta hominibus revelavit.

Quod Revelatio per solas imagines contigit, patet ex primo Paralip. cap. 21, ubi Deus Davidi iram suam ostendit per Angelum, gladium manu prehendentem. Sic etiam Balamo. Et quamvis Maimonides, et alii hanc historiam et itidem omnes, quae Angeli alicujus apparitionem narrant, ut illa Manoae, Abrahami, ubi filium immolare putabat, etc. in somnis contigisse volunt, non vero, quod aliquis oculis apertis Angelum videre potuerit: illi sane garriunt; nam nihil aliud curaverunt, quam nugas Aristotelicas, et sua propria figmenta ex Scriptura extorquere; quo mihi quidem nihil magis ridiculum videtur.

Imaginibus vero non realibus, sed a sola imaginatione Prophetae dependentibus revelavit Deus Josepho Dominium sibi futurum.

Per imagines, et verba revelavit Deus Josuae, se pro iis pugnaturum, nimirum ostendens ei Angelum cum gladio, quasi ducem exercitus, quod etiam verbis ei revelaverat, et Josua ab Angelo audiverat. Esaiae etiam (ut cap. 6 narratur) repraesentatum fuit per figuras Dei providentiam populum deserere, nempe imaginando Deum ter Sanctum in throno altissimo, et Israëlitas illuvie peccatorum inquinatos, et sterquiliniis quasi immersos, adeoque a Deo maxime distantes. Quibus praesentem populi miserrimum statum intellexit, ejusdem vero futurae calamitates verbis, tanquam a Deo prolatis, ei revelatae fuerunt. Et ad hujus exemplar multa possem adferre exempla ex Sacris Literis, nisi putarem ea omnibus esse satis nota.

Sed haec omnia clarius confirmantur ex textu Numer. cap. 12 v. 6. 7. sic sonante; *si aliquis vestri Propheta Dei erit, in visione ei revelabor* (id est per figuras, et hieroglyphica; nam de Prophetia Moses ait esse visionem sine hieroglyphicis); *in somnis loquar ipsi* (id est non verbis realibus, et vera voce). *Verum Mosi non sic* (revelor); *ore ad os loquor ipsi, et visione, sed non aenigmatibus, et imaginem Dei aspicit,* hoc est me aspiciens, ut socius, non vero perterritus mecum loquitur, ut habetur in Exodo cap. 33 v. 11. Quare non dubitandum est, reliquos Prophetas vocem veram non audivisse, quod magis adhuc confirmatur ex Deut. cap. 34 v. 10, ubi dicitur *et non consistit* (proprie surrexit) *unquam Israëli propheta sicut Moses, quem Deus noverit de facie ad faciem*; quod quidem intelligendum est per solam vocem; nam nec Moses ipse Dei faciem nunquam viderat (Exodi cap. 33).

Praeter haec media, nulla alia, quibus Deus se hominibus communicaverit, in Sacris Literis reperio, adeoque ut supra ostendimus, nulla alia fingenda, neque admittenda. Et quamvis clare intelligamus, Deum posse immediate se hominibus communicare; nam nullis mediis corporeis adhibitis, menti nostrae suam essentiam communicat; attamen ut homo aliquis sola mente aliqua perciperet, quae in primis nostrae cognitionis fundamentis non continentur, nec ab iis deduci possunt, ejus mens praestantior necessario, atque humanâ longe excellentior esse deberet. Quare non credo ullum alium ad tantam perfectionem supra alios pervenisse, praeter Christum, cui Dei placita, quae homines ad salutem ducunt, sine verbis, aut visionibus, sed immediate revelata sunt: adeo ut Deus per mentem Christi sese

Apostolis manifestaverit, ut olim Mosi mediante voce aërea. Et ideo vox Christi, sicuti illa, quam Moses audiebat, Vox Dei vocari potest. Et hoc sensu etiam dicere possumus, Sapientiam Dei, hoc est, Sapientiam, quae supra humanam est, naturam humanam in Christo assumpsisse, et Christum viam salutis fuisse.

Verum monere hic necesse est, me de iis, quae quaedam Ecclesiae de Christo statuunt, prorsus non loqui, neque ea negare; nam libenter fateor me ea non capere. Quae modo affirmavi, ex ipsa Scriptura conjicio. Nam nullibi legi, Deum Christo apparuisse, aut locutum fuisse, sed Deum per Christum Apostolis revelatum fuisse, eumque viam salutis esse, et denique veterem legem per Angelum, non vero a Deo immediate traditam fuisse etc. Quare, si Moses cum Deo de facie ad faciem, ut vir cum socio solet (hoc est mediantibus duobus corporibus) loquebatur, Christus quidem de mente ad mentem cum Deo communicavit.

Asserimus itaque praeter Christum, neminem nisi imaginationis ope, videlicet ope verborum, aut imaginum, Dei revelata accepisse, atque adeo ad prophetizandum non esse opus perfectiore mente, sed vividiore imaginatione, ut clarius in sequenti capite ostendam. Hic jam quaerendum est, quidnam Sacrae Literae intelligant per Spiritum Dei prophetis infusum, vel quod prophetae ex Dei Spiritu loquebantur; ad quod investigandum, quaerendum prius, quid significat vox Hebraea *ruagh*, quam vulgus Spiritum interpretatur.

Vox *ruagh* genuino sensu significat ventum, ut notum, sed ad plura alia significandum saepissime usurpatur, quae tamen hinc derivantur. Sumitur enim

1. ad significandum halitum, ut Psal. 135 v. 17, *etiam non est Spiritus in ore suo.*

2. animum, sive respirationem, ut Shamuëlis I cap. 30 v. 12 *et rediit ei Spiritus*, id est, respiravit. Hinc sumitur

3. pro animositate, et viribus, ut Josuae cap. 2 v. 11 *nec constitit postea Spiritus in ullo viro.* Item Ezechiel. cap. 2 v. 2 *et venit in me Spiritus* (seu vis), *qui me fecti instare pedibus meis.* Hinc sumitur

4. pro virtute, et aptitudine, ut Job. cap. 32 v. 8 *certe ipse Spiritus est in homine*, hoc est, scientia non praecise apud senes est quaerenda, nam illam a singulari hominis virtute, et capacitate pendere jam reperio. Sic Numeri cap. 27 v. 18 *vir, in quo est Spiritus.* Sumitur deinde

5. pro animi sentientia, ut Num. cap. 14 v. 24 *quoniam ipsi alius fuit Spiritus*, hoc est, alia animi sententia, sive alia mens. Item Prov. cap. 1 v.

23 *eloquar vobis Spiritum* (hoc est mentem) *meum.* Et hoc sensu usurpatur ad significandam voluntatem, sive decretum, appetitum, et impetum animi; ut Ezechiel cap. 1 v. 12 *quo erat Spiritus* (seu voluntas) *eundi, ibant.* Item Esaiae cap. 30 v. 1 *et ad fundendam fusionem et non ex meo Spiritu.* Et cap. 29 v. 10 *quia fudit super ipsos Deus Spiritum* (hoc est appetitum) *dormiendi.* Et Judic. cap. 8 v. 3 *tunc mitigatus est eorum Spiritus,* sive impetus. Item Prov. cap. 16 v. 32 *qui dominatur Spiritui* (sive appetitui) *suo, quam qui capit civitatem.* Idem cap. 25 v. 28 *vir, qui non cohibet Spirituum suum.* Et Esaiae cap. 33 v. 11 *Spiritus vester est ignis, qui vos consumit.* Porro haec vox *ruagh,* quatenus animum significat, inservit ad exprimendum omnes animi passiones, et etiam dotes ut *Spiritus altus,* ad significandum superbiam, *Spiritus demissus,* ad humilitatem, *Spiritus malus,* ad odium et melancholiam, *Spiritus bonus,* ad benignitatem, *Spiritus Zelotypiae, Spiritus* (sive appetitus) *fornicationum, Spiritus sapientiae, consilii, fortitudinis,* id est (nam hebraice frequentius substantivis, quam adjectivis utimur) animus sapiens, prudens, fortis, vel virtus sapientiae, consilii, fortitudinis, *Spiritus benevolentiae* etc. 6. significat ipsam mentem sive animam, ut Eccl. 3 v. 19 *Spiritus* (sive *anima) eadem est omnibus, et Spiritus ad Deum revertitur.* 7. Denique significat mundi plagas (propter ventos, qui inde stant), et etiam latera cujuscunque rei, quae illas mundi plagas respiciunt. Vide Ezechiëlem cap. 37 v. 9 et cap. 42 v. 16-19 etc.

Jam notandum, quod res aliqua ad Deum refertur, et Dei dicitur esse.

1. Quia ad Dei naturam pertinet, et quasi pars est Dei, ut cum dicitur *potentia Dei, oculi Dei.*

2. Quia in Dei potestate est, et ex Dei nutu agit, sic in Sacris coeli vocantur *coeli Dei,* quia Dei quadriga, et domicilium sunt, Assyria flagellum Dei vocatur, et Nabuchodonosor servus Dei, etc.

3. Quia Deo dicata est, ut *templum Dei, Dei Nazarenus, panis Dei* etc.

4. Quia per Prophetas tradita est, at non lumine naturali revelata; ideo Lex Mosis, Lex Dei vocatur.

5. Ad rem in superlativo gradu exprimendum, ut *montes Dei,* hoc est, montes altissimi, *somnus Dei,* id est, profundissimus, et hoc sensu Amos cap. 4 v. 11 explicandus est, ubi Deus ipse sic loquitur *subverti vos, sicuti subversio Dei* (subvertit) *Sodomam et Gomorram,* id est, sicuti memorabilis illa subversio: Nam, cum Deus ipse loquatur, aliter proprie explicari non potest. Scientia etiam naturalis Salomonis, Dei scientia vocatur, id est, divina, sive supra communem. In Psalmis etiam

vocantur *cedri Dei,* ad exprimendam earum insolitam magnitudinem. Et 1 Shamuëlis cap. 11 v. 7 ad significandum metum admodum magnum, dicitur *et cecidit metus Dei supra populum.* Et hoc sensu omnia, quae captum Judaeorum superabant, et quorum causas naturales tum temporis ignorabant, ad Deum referri solebant. Ideo tempestas *increpatio Dei,* tonitrua autem, et fulmina, Dei sagittae vocabantur; putabant enim, Deum ventos in cavernis, quas Dei aeraria vocabant, inclusos habere, in qua opinione ab Ethnicis in hoc differabant, quod non Aeolum, sed Deum eorum rectorem credebant. Hac etiam de causa miracula opera Dei vocantur, hoc est, opera stupenda. Nam sane omnia naturalia Dei opera sunt, et per solam divinam potentiam sunt, et agunt. Hoc ergo sensu Psaltes vocat Aegypti miracula Dei potentias, quia Hebraeis nihil simile expectantibus viam ad salutem in extremis periculis aperuerunt, atque ideo ipsi eadem maxime admirabantur.

Cum igitur opera naturae insolita, opera Dei vocentur, et arbores insolitae magnitudinis arbores Dei, minime mirandum, quod in Genesi homines fortissimi, et magnae staturae, quamvis impii raptores, et scortatores, filii Dei vocantur. Quare id absolute omne, quo aliquis reliquos excellebat, ad Deum referre solebant antiqui, non tantum Judaei, sed etiam Ethnici; Pharao enim ubi somnii interpretationem audivit, dixit, Josepho mentem Deorum inesse, et Nabuchodonosor etiam Daniëli dixit, eum mentem Deorum Sanctorum habere. Quin etiam apud Latinos nihil frequentius; nam quae affabre facta sunt, dicunt ea divina manu fuisse fabricata, quod si quis hebraice transferre vellet, deberet dicere, *Manu Dei fabricata,* ut hebraizantibus notum.

His itaque Loca Scripturae, in quibus de Dei Spiritu fit mentio, facile intelligi, et explicari possunt. Nempe *Spiritus Dei,* et *Spiritus Jehovae* quibusdam in locis nihil aiud significat, quam ventum vehementissimum, siccissimum, et fatalem, ut in Esaiae cap. 40 v. 7 *ventus Jehovae flavit in eum,* hoc est, ventus siccissimus, et fatalis. Et Geneseos cap. 1 v. 2 *et ventus Dei* (sive ventus fortissimus) *movebatur super aquam.* Deinde significat animum magnum; Gideonis enim, et Samsonis animus vocantur in Sacris Literis *Spiritus Dei,* hoc est, animus audacissimus, et ad quaevis paratus. Sic etiam quaecunque virtus, sive vis supra communem vocatur *Spiritus,* seu *virtus Dei,* ut in Exod. cap. 31 v. 3 *et adimplebo ipsum* (nempe Betzaleëlem) *Spiritu Dei,* hoc est (ut ipsa Scriptura explicat), ingenio, et arte supra communem hominum fortem. Sic Esaiae cap. 11 v. 3 *et quiescet supra ipsum Spiritus Dei,* hoc est, ut ipse propheta, more in Sacris Literis usitatissimo, particulatim postea id explicando declarat, virtus sapientiae, consilii, fortitudinis etc ; sic etiam melancholia Saulis vocatur *Dei Spiritus malus,* id est, melancholia profundissima; servi enim Saulis, qui ejus melancholiam vocabant, ei fuerunt authores, ut aliquem ad se musicum vocaret, qui fidibus canendo ipsum recrearet, quod ostendit eos per Dei melancholiam, naturalem melancholiam intellexisse. Significatur deinde per *Dei Spiritum*, ipsa homini mens, sicuti in Job. cap. 27 v. 3 *et Spiritus Dei in naso meo*, alludens ad id, quod habetur in Genesi, nempe, quod Deus flavit animam vitae in naso hominis. Sic Ezechiël, mortuis prophetizans, ait cap. 37 v. 14 *et dabo meum Spiritum vobis, et vivetis*; id est,vitam vobis restituam. Et hoc sensu dicitur Jobi cap. 34 vers. 14 *si velit* (nempe Deus) *Spiritum suum*, (hoc est mentem, quam nobis dedit) *et animam suam sibi recolliget*. Sic etiam intelligendus est Genes. cap. 6 v. 3 *non ratiocinabitur* (aut non decernet) *Spiritus meus in homine unquam*, *quoniam caro est*, hoc est, homo posthac ex decretis carnis et non mentis, quam ipsi, ut de bono discerneret, dedi, aget. Sic etiam Psalmi 51 v. 12-13 *cor purum crea mihi Deus, et Spiritum* (id est appetitum) *decentem* (sive moderatum) *in me renova, non me rejice e tuo conspectu, nec mentem tuae sanctitatis ex me cape*. Quia peccata ex sola carne oriri credebantur, mens autem non nisi bonum suadere, ideo contra carnis appetitum Dei auxilium invocat, mentem autem, quam Deus Sanctus ipsi dedit, a Deo conservari tantum precatur. Jam, quoniam Scriptura Deum instar hominis depingere, Deoque mentem, animum, animique affectus, ut et etiam corpus, et halitum tribuere, propter vulgi imbecillitatem, solet; ideo *Spiritus Dei* in Sacris saepe usurpatur pro mente, scilicet animo, affectu, vi, et halitu oris Dei. Sic Esaias cap. 40 v. 13 ait, *quis disposuit Dei Spiritum* (sive mentem)? hoc est, quis Dei mentem praeter Deum ipsum ad aliquid volendum determinavit? et cap. 63 v. 10 *et ipsi amaritudine, et tristitia affecerunt Spiritum suae sanctitatis*; et hinc fit, ut pro Lege Mosis usurpari soleat, quis Dei quasi mentem explicat, ut ipse Esaias in eodem cap. v. 11 *ubi* (ille) *est, qui posuit in medio ejus Spiritum suae sanctitatis*, nempe, Legem Mosis, ut clare ex toto contextu orationis collegitur; et Nehemias cap. 9 v. 20 *et Spiritum, sive mentem tuam bonam eis dedisti, ut eos intelligentes faceres*; de tempore enim Legis loquitur, et etiam ad id Deut. cap. 4 v. 6 alludit, ubi Moses ait, *quoniam ipsa* (nempe Lex) *est vestra scientia, et prudentia* etc. Sic etiam in Psalmo 143 v. 10 *mens tua bona me ducet in terram planam*, hoc est, mens tua nobis revelata me in rectam viam ducet. Significat etiam, uti diximus, Spiritus Dei, Dei halitum, qui etiam improprie, sicuti mens, animus, et corpus Deo in Scriptura tribuitur, ut Psal. 33 v. 6. Deinde Dei potentiam, vim, sive virtutem, ut Job. cap. 33 v. 4 *Spiritus Dei me fecit*, hoc est, virtus, sive potentia Dei, vel si mavis, Dei decretum; nam Psaltes poëtice loquendo, etiam ait, jussu Dei coeli facti sunt, et Spiritu, sive flatu oris sui (hoc est, decreto suo, uno quasi flatu pronunciatio) omnis eorum exercitus. Item

Psalmo 139 v. 7 *quo ibo* (ut sim) *extra Spiritum tuum, aut quo fugiam,* (ut sim) *extra tuum conspectum,* hoc est (ut ex iis, quibus Psaltes ipse hoc pergit amplificare, patet), quo ire possum, ut sim extra tuam potentiam, et praesentiam? Denique *Spiritus Dei* usurpatur in Sacris ad animi Dei affectus, exprimendum, nempe Dei benignitatem, et misericordiam, ut in Michae cap. 2 v. 7 *num angustatus est Spiritus Dei* (hoc est, Dei misericordia)? *suntne haec* (saeva scilicet) *ejus opera?* Item Zachar. cap. 4 v. 6 *non exercitu, nec vi, sed solo meo Spiritu,* id est, sola mea misericordia. Et hoc sensu puto etiam intelligendum esse v. 12 capitis 7 ejusdem prophetae nempe *et cor suum constituerunt cautum, ne obedirent Legi, et mandatis, quae Deus misit ex suo Spiritu* (hoc est, ex sua misericordia) *per primos prophetas.* Hoc etiam sensu ait Hagaeus cap. 2 v. 5 *et Spiritus meus* (sive mea gratia) *permanet inter vos, nolite timere.* Quod autem Esaias cap. 48 v. 16 ait *at nunc Dominus Deus me misit, ejusque Spiritus,* potest quidem intelligi per Dei animum, et misericordiam, vel etiam per ejus mentem in Lege revelatam; nam ait *a principio* (hoc est, cum primum ad vos veni, ut vobis Dei iram, ejusque sententiam contra vos prolatam praedicarem) *non occulte locutus sum, ex tempore, quo ipsa* (prolata) *fuit, ego adfui* (ut ipse cap. 7 testatus est), ad nunc laetus nuncius sum, et Dei misericordia missus, ut vestram restaurationem canam: Potest etiam, uti dixi, per Dei mentem in Lege revelatam intelligi, hoc est, quod ille jam etiam ex mandato Legis, nempe Levit. cap. 19 v. 17 ad eos monendum venit. Quare eos iisdem conditionibus, et eodem modo, quo Moses solebat, monet. Et tandem, ut etiam Moses fecit, eorum restaurationem praedicendo desinit. Attamen prima explicatio mihi magis consona videtur.

Ex his omnibus, ut tandem ad id, quod intendimus, revertamur, hae Scripturae phrases perspicuae fiunt, nempe *Prophetae Spiritus Dei fuit, Deus Spiritum suum hominibus infudit, homines Spiritu Dei, et Spiritu Sancto repleti sunt,* etc. Nihil enim aliud significant, quam quod prophetae virtutem singularem et supra communem habebant[14],

---

[14] Quamvis quidam homines quaedam habeant, quae natura aliis non impertit, non tamen humanam naturam excedere dicuntur, nisi ea, quae singulariter habent, talia sint, ut ex definitione humanae naturae percipi nequeant. Ex. gr. gigantis magnitudo rara est, at tamen humana. Carmina praeterea ex tempore componere paucissimis datur, et nihilominus humanum est <et il s'en trouve qui en font aisément>, ut etiam quod oculis apertis aliquis res quasdam adeo vivide imaginetur, ac si easdem coram se haberet. At si quis esset, qui aliud percipiendi medium, aliaque cognitionis fundamenta haberet, is sane humanae naturae limites transcenderet.

quodque pietatem eximia anima constantia colebant. Deinde, quod Dei mentem, sive sententiam percipiebant; ostendimus enim, Spiritum hebraice significare tam mentem, quam mentis sententiam et hac de causa, ipsam legem, quia Dei mentem explicabat, Spiritum sive mentem Dei vocari; quare aequali jure imaginatio prophetarum, quatenus per eam Dei decreta revelabantur, mens Dei etiam vocari poterat, prophetaeque mentem Dei habuisse dici poterant. Et quamvis menti etiam nostrae mens Dei, ejusque aeternae sententiae inscriptae sint, et consequenter mentem etiam Dei (ut cum Scriptura loquar) percipiamus, tamen quia cognitio naturalis omnibus communis est, non tanti ab hominibus, ut jam diximus, aestimatur, et praecipue ab Hebraeis, qui se supra omnes esse jactabant, imo qui omnes, et consequenter scientiam omnibus communem, contemnere solebant. Denique Prophetae Dei Spiritum habere dicebantur, quia homines causas Propheticae cognitionis ignorabant, eandemque admirabantur et propterea, ut reliqua portenta, ipsam ad Deum referre, Deique cognitionem vocare solebant.

Possumus jam igitur sine scrupulo affirmare, Prophetas, non nisi ope imaginationis, Dei revelata percepisse, hoc est, mediantibus verbis, vel imaginibus, iisque veris, aut imaginariis. Nam, cum nulla alia media in Scriptura praeter haec reperiamus, nulla etiam alia, ut jam ostendimus, nobis fingere licet. Quibus autem naturae legibus id factum fuerit, fateor me ignorare. Potuissem quidem, ut alii, dicere, per Dei potentiam factum fuisse; attamen garrire viderer. Nam idem esset, ac si termino aliquo transcendentali formam alicujus rei singularis velim explicare. Omnia enim per Dei potentiam facta sunt: Imo quia Naturae potentia nulla est nisi ipsa Dei potentia, certum est nos eatenus Dei potentiam non intelligere, quatenus causas naturales ignoramus; adeoque stulte ad eandem Dei potentiam recurritur, quando rei alicujus causam naturalem, hoc est, ipsam Dei potentiam ignoramus. Verum nec nobis jam opus est, Propheticae cognitionis causam scire: Nam ut jam monui, hic tantum Scripturae documenta investigare conamur, ut ex iis, tanquam ex datis naturae, nostra concludamus; documentorum autem causas nihil curamus.

Cum itaque Prophetae imaginationis ope Dei revelata perceperint, non dubium est, eos multa extra intellectus limites percipere potuisse; nam ex verbis, et imaginibus longe plures ideae componi possunt, quam ex solis iis principiis, et notionibus, quibus tota nostra naturalis cognitio superstruitur.

Patet deinde, cur Prophetae omnia fere parabolice, et aenigmatice perceperint, et docuerint, et omnia spiritualia corporaliter expresserint: haec enim omnia cum natura imaginationis magis conveniunt. Nec jam mirabimur, cur Scriptura, vel Prophetae adeo improprie, et obscure de Dei Spiritu, sive mente loquantur, ut Numeri cap. 11 v. 17 et Primi Regum cap. 22 v. 2 etc. Deinde quod Michaeas Deum sedentem, Daniël autem ut senem vestibus albis indutum, Ezechiël vero veluti ignem, et qui Christo aderant, Spiritum Sanctum, ut columbam descendentem, Apostoli vero ut linguas igneas, et Paulus denique, cum prius converteretur, lucem magnam viderit. Hae enim omnia cum vulgaribus de Deo et Spiritibus imaginationibus plane conveniunt. Denique quoniam imaginatio vaga est, et inconstans, ideo Prophetia Prophetis non diu haerebat, nec etiam frequens, sed admodum rara erat, in paucissimis scilicet hominibus, et in iis etiam admodum raro. Cum hoc ita sit, cogimur jam inquirere, unde Prophetis oriri potuit certitudo eorum, quae tantum per imaginationem, et non ex certis mentis principiis percipiebant. Verum quicquid et circa hoc dici potest, ex Scriptura peti debet, quandoquidem hujus rei (ut jam diximus) veram scientiam non habemus, sive eam per primas suas causas explicare non possumus. Quid autem Scriptura de certitudine Prophetarum doceat, in sequente capite ostendam, ubi de Prophetis agere constitui.

CAPUT II. De prophetis

Ex superiori capite, ut jam indicavimus, sequitur prophetas non fuisse perfectiore mente praeditos, sed quidem potentiâ vividius imaginandi, quod Scripturae narrationes abunde etiam docent. De Salomone enim constat, eum quidem sapientiâ, sed non dono prophetico caeteros excelluisse. Prudentissimi etiam illi Heman, Darda, Kalchol, prophetae non fuerunt, et contra homines rustici, et extra omnem disciplinam; imo mulierculae etiam, ut Hagar ancilla Abrahami, dono prophetico fuerunt praeditae. Quod etiam cum experientia, et ratione convenit: Nam qui maxime imaginatione pollent, minus apti sunt ad res pure intelligendum, et contra, qui intellectu magis pollent, eumque maxime colunt, potentiam imaginandi magis temperatam, magisque sub potestatem habent, et quasi freno tenent, nè cum intellectu confundatur. Qui igitur sapientiam, et rerum naturalium, et spiritualium cognitionem ex prophetarum libris investigare student, totâ errant viâ: quod, quoniam tempus, philosophia, et denique res ipsa postulat, hic fuse ostendere decrevi, parum curans, quid superstitio ogganniat, quae nullos magis odit, quam qui veram scientiam, veramque vitam colunt. Et, proh dolor ! res eo jam pervenit, ut, qui aperte fatentur, se Dei ideam non habere, et Deum non nisi per res creatas (quarum causas ignorant) cognoscere, non erubescant philosophos atheismi accusare.

Ut autem rem ordine deducam, ostendam, prophetias variavisse, non tantum pro ratione imaginationis, et temperamenti corporis cujusque prophetae, sed etiam pro ratione opinionum, quibus fuerant imbuti, atque adeo prophetiam nunquam prophetas doctiores reddidisse, ut statim fusius explicabo; sed prius de certitudine prophetarum hic agendum, tum quia hujus capitis argumentum spectat, tum etiam, quia ad id, quod demonstrare intendimus, aliquantum inservit.

Cum simplex imaginatio non involvat ex sua natura certitudinem, sicuti omnis clara et distincta idea, sed imaginationi, ut de rebus, quas imaginamur, certi possumus esse, aliquid necessario accedere debeat, nempe ratiocinium; hinc sequitur Prophetiam per se non posse involvere certitudinem, quia, ut jam ostendimus, a sola imaginatione pendebat; et ideo Prophetae non certi erant de Dei revelatione per ipsam revelationem, sed per aliquod signum, ut patet ex Abrahamo (vide Genes. cap. 15 v. 8), qui audita Dei promissione signum rogavit; ille quidem Deo credebat, nec signum petiit, ut Deo fidem haberet, sed ut sciret id a Deo ei promitti. Idem etiam clarius ex Gideone constat; sic enim Deo ait *et fac mihi signum* (ut sciam), *quod tu mecum loqueris.* Vide Judicum cap. 6 v. 17. Mosi etiam dicit Deus *et hoc* (sit) *tibi signum, quod ego te misi.* Ezechias, qui dudum noverat Esaiam esse Prophetam, signum Prophetiae ejus valetudinem praedicentis rogavit. Quod quidem ostendit Prophetas semper signum aliquod habuisse, quo certi fiebant de rebus, quas Prophetice imaginabantur, et ideo Moses monet (vide Deut. cap. 18 vers. ult.), ut signum ex Propheta petant, nempe eventum alicujus rei futurae. Prophetia igitur hac in re naturali cedit cognitioni, quae nullo indiget signo, sed ex sua natura certitudinem involvit. Etenim haec certitudo Prophetica mathematica quidem non erat, sed tantum moralis: Quod etiam ex ipsa Scriptura constat; nam Deut. cap. 13 monet Moses, quod si quis Propheta novos Deos docere velit, is, quamvis suam confirmet doctrinam signis, et miraculis, mortis tamen damnetur; nam, ut ipse Moses pergit, Deus signa etiam, et miracula facit ad tentandum populum; atque hoc Christus etiam Discipulos suos cap. 14 v. 9 clare docet, Deum homines aliquando falsis revelationibus decipere: nam ait *et quando Propheta* (falsus scil.) *inducitur, et verbum locutus fuerit, ego Deus induxi illum Prophetam,* quod etiam Michaeas (vide Regum Lib. 1 cap. 22 v. 23) de Prophetis Achabi testatur.

Et quamvis hoc ostendere videatur Prophetiam et revelationem rem esse plane dubiam, habebat tamen, uti diximus, multum certitudinis: Nam Deus pios, et electos nunquam decipit, sed juxta illud antiquum proverbium (vide Shamuëlis 1 cap. 24 v. 14), et ut ex historia Abigaëlis, ejusque oratione constat, Deus utitur piis, tanquam suae pietatis instrumentis, et impiis tanquam suae irae executoribus, et mediis: quod etiam clarissime constat ex illo casu Michaeae, quem modo citavimus; nam, quamquam Deus decreverat Achabum decipere per Prophetas, falsis tamen tantum Prophetis usus fuit, pio autem rem, ut erat, revelavit, et vera praedicere non prohibuit. Attamen, uti dixi, certitudo Prophetae moralis tantum erat, quia nemo se justificare coram Deo potest, nec jactare, quod sit Dei pietatis instrumentum, ut ipsa Scriptura docet, et re ipsâ indicat; nam Dei ira Davidem seduxit ad numerandum populum, cujus tamen pietatem Scriptura abunde testatur. 1. Quod res revelatas vividissime, ut nos vigilando ab objectis affecti solemus, imaginabantur. 2. Signo. 3. Denique, et praecipuo, quod animum ad solum aequum, et bonum inclinatum habebant. Et quamvis Scriptura non semper Signi mentionem mentionem faciat, credendum tamen est, Prophetas semper Signum habuisse; nam Scriptura non semper solet omnes conditiones, et circumstantias enarrare (ut multi jam notaverunt), sed res potius ut notas supponere. Praeterea concedere possumus, Prophetas, qui nihil novi, nisi quod in Lege Mosis continetur, prophetabant, non indiguisse signo, quia ex Lege confirmabantur. Ex. gr. Prophetia Jeremiae de vastatione Hierosolymae confirmabatur Prophetiis reliquorum prophetarum, et minis Legis, ideoque signo non indigebat, sed Chananias, qui contra omnes Prophetas citam civitatis restaurationem prophetabat, signo necessario indigebat, alias de sua Prophetia dubitare deberet, donec eventus rei ab ipso praedictae suam Prophetiam confirmaret. Vide Jerem. cap. 28 v. 9.

Cum itaque certitudo, quae ex signis in Prophetis oriebatur, non mathematica (hoc est, quae ex necessitate perceptionis rei perceptae, aut visae sequitur), sed tantum moralis erat, et signa non nisi ad Prophetae persuadendum dabantur, hinc sequitur, Signa pro opinionibus, et capacitae Prophetae data fuisse: ita ut signum, quod unum Prophetam certum redderet de sua Prophetiâ, alium, qui aliis esset imbutus opinionibus, minime convincere posset; et ideo signa in unoquoque Propheta variabant. Sic etiam ipsa revelatio variabat, ut jam diximus, in unoquoque Propheta pro dispositione temperamenti corporis, imaginationis, et pro ratione opinionum, quas antea amplexus fuerat. Pro ratione enim temperamenti variabat hoc modo, nempe, si Propheta erat hilaris, ei revelabantur victoriae, pax, et quae porro homines ad laetitiam movent; tales enim similia saepius imaginari solent; si contra tristis erat, bella, supplicia, et omnia mala ei revelabantur; et sic prout Propheta erat misericors, blandus, iracundus, severus etc., eatenus magis aptus erat ad *has*, quam ad *illas* revelationes.

Pro dispositione imaginationis autem sic etiam variabat, nempe, si Propheta erat elegans, stylo etiam eleganti Dei mentem percipiebat, sin autem confusus, confuse; et sic porro circa revelationes, quae per imagines repraesentabantur, nempe, si Propheta erat rusticus, boves, et vaccae etc., si vero miles, duces, exercitus; si denique aulicus, solium regium, et similia ipsi repraesentabantur. Denique variabat Prophetia pro diversitate opinionum Prophetarum; nempe Magis (vide Matthaei cap 2), qui nugis astrologiae credebant, revelata fuit Christus nativitas, per imaginationem stellae in oriente ortae. Auguribus Nabucadonossoris (vide Ezechiëlis cap. 21 v. 26) in extis revelata fuit vastatio Hierosolymae, quam etiam idem Rex ex oraculis intellexit, et ex directione sagittarum, quas fursum in aërem projecit. Prophetis deinde, qui credebant homines ex libera electione, et propria potentia agere, Deus ut indifferens revelabatur, et ut futurarum humanarum actionum inscius. Quae omnia ex ipsa Scriptura singulatim jam demonstrabimus.

Primum igitur constat ex illo casu Elisae (vide Regum Lib. 2 cap. 3 v. 15), qui, ut Jehoramo prophetaret, organum petiit, nec Dei mentem percipere potuit, nisi postquam musica organi delectatus fuit; tum demum Jehoramo cum sociis laeta praedixit, quod antea contingere nequiit, quia Regi iratus erat; et qui in aliquem irati sunt, apti quidem sunt ad mala, non vero bona de iisdem imaginandum. Quod autem alii dicere volunt, Deum iratis, et tristibus non revelari, ii quidem somniant; nam Deus Mosi in Pharahonem irato revelavit miseram illam primogenitorum stragem (vide Exodi cap. 11 v. 8), idque nullo adhibitio organo. Kaino etiam furenti Deus revelatus est. Ezechiëli prae irâ impatienti miseria, et contumacia Judaeorum revelata fuit (vide Ezechiëlis cap. 3 v. 14), et Jeremias moestissimus, et magno vitae taedio captus calamitates Judaeorum prophetavit: adeo ut Josias eum consulere noluerit, sed foeminam ei contemporaneam, utpote quae ex ingenio muliebri magis apta erat, ut ei Dei misericordia revelaretur (vide lib. 2 Paralip. cap. 34), Michaeas etiam nunquam Achabo aliquid boni, quod tamen alii veri prophetae fecerunt (ut patet ex primo Regum cap. 20), sed tota ejus vita mala prophetavit (vide 1 Reg. cap. 22 v. 8 et clarius in 2 Paralip. cap. 18 v. 7). Prophetae itaque pro vario corporis temperamento magis ad *has*, quam ad *illas* revelationes erant apti. Stylus deinde prophetiae pro eloquentia cujusque prophetae variabat; prophetiae enim Ezechiëlis, et Amosis non sunt, ut illae Esaiae, Nachumi eleganti, sed rudiore stylo scriptae. Et si quis, qui linguam hebraicam callet, haec curiosus inspicere velit, conferat diversorum prophetarum quaedam ad invicem capita, quae ejusdem sunt argumenti, et magnam reperiet in stylo discrepantiam. Conferat scil. cap. 1 aulici Esaiae ex v. 11 usque ad 20 cum cap. 5 rustici Amosis ex v. 21 usque ad 24. Conferat deinde ordinem, et rationes prophetiae Jeremiae, quam cap. 49 Edomaeae scripsit, cum ordine, et rationibus Hobadiae. Conferat porro etiam Esaiae cap. 40 v. 19-20 et cap. 44 ex v. 8 cum cap. 8 v. 6 et cap. 13 v. 2 Hoseae. Et sic de caeteris: quae si omnia recte perpendantur, facile ostendent, Deum nullum habere stylum peculiarem dicendi, sed tantum pro eruditione, et capacitate prophetae eatenus esse elegantem, compendiosum, severum, rudem, prolixum, et obscurum.

Repraesentationes propheticae, et hieroglyphica, quamvis idem significarent, variabant tamen; nam Esaiae aliter Dei gloria templum relinquens repraesentata fuit, quam Ezechiëli: Rabini autem volunt utramque repraesentationem eandem prorsus fuisse, at Ezechiëlem, ut rusticum eam supra modum miratum fuisse, et ideo ipsam omnibus circumstantiis enarravisse. Attamen, nisi ejus rei certam habuerunt traditionem, quod minime credo, rem plane fingunt: Nam Esaias Seraphines senis alis, Ezechiël vero bestias quaternis alis vidit. Esaias vidit Deum vestitum, et in solio regio sedentem, Ezechiël autem instar ignis; uterque sine dubio Deum vidit, prout ipsum imaginari solebat. Variabant praeterea repraesentationes non modo tantum, sed etiam perspicuitate; nam repraesentationes Zachariae obscuriores erant, quam ut ab ipso absque explicatione possent intelligi, ut ex ipsarum narratione constat; Daniëlis autem etiam explicatae nec ab ipso propheta potuerunt intelligi. Quod quidem non contigit propter rei revelandae difficultatem (de rebus enim humanis tantum agebatur, quae quidem limites humanae capacitatis non excedunt, nisi quia futurae sunt), sed tantum quia Daniëlis imaginatio non aeque valebat ad prophetandum vigilando, ac in somnis, quod quidem inde apparet, quod statim in initio revelationis ita perturritus fuit, ut fere de suis viribus desperaret. Quare propter imaginationis, et virium imbecillitatem res ipsi admodum obscurae repraesentatae fuerunt, neque eas etiam explicatas intelligere potuit. Et hic notandum verba a Daniële audita (ut supra ostendimus) imaginaria tantum fuisse; quare non mirum est, illum tum temporis perturbatum omnia illa verba adeo confuse, et obscure imaginatum fuisse, ut nihil ex iis postea intelligere potuerit. Qui autem dicunt, Deum notuisse Daniëli rem clare revelare, videntur non legisse verba angeli, qui expresse dicit (vide cap. 10 v. 14) *se venisse, ut Daniëlem intelligere faceret, quid suo populo in posteritate dierum contingeret.* Quare res illae obscurae manserunt, quia nullus tum temporis reperiebatur, qui tantum imaginationis virtute polleret, ut ipsi clarius revelari possent. Denique prophetae, quibus revelatum fuit, Deum Eliam abrepturum, persuadere volebant Elisae, eum alibi locorum delatum, ubi adhuc inveniri ab ipsis posset; quod sane clare ostendit, eos Dei revelationem non recte intellexisse. Haec fusius ostendere non est opus; nam nihil ex Scriptura clarius constat, quam quod Deus unum prophetam longe majore gratia ad prophetizandum donavit, quam alium. At quod prophetiae sive repraesentationes pro opinionibus prophetarum, quas amplexi fuerint, etiam variarent, et quod prophetae varias, imo contrarias habuerint opiniones, et varia praejudicia (loquor circa res mere speculativas, nam circa ea, quae probitatem, et bonos mores spectant, longe aliter sentiendum), curiosius, et prolixius ostendam; nam hanc rem majoris momenti esse puto; inde enim tandem concludam, prophetiam nunquam prophetas doctiores reddidisse, sed eos in suis praeconceptis opinionibus reliquisse, ac propterea nos iis circa res mere speculativas minime teneri credere.

Mirâ quadam praecipitantiâ omnes sibi persuaserunt, prophetas omnia, quae humanus intellectus assequi potest, scivisse: Et quamvis loca quaedam Scripturae nobis quam clarissime dictent, prophetas quaedam ignoravisse, dicere potius volunt, se Scripturam iis in locis non intelligere, quam concedere prophetas rem aliquam ignoravisse, aut verba Scripturae ita torquere conantur, ut id, quod plane non vult, dicat. Sane si horum utrumvis licet, actum est cum tota Scriptura; frustra enim conabimur aliquid ex Scriptura ostendere, si ea, quae maxime clara sunt, inter obscura, et impenetrabilia ponere licet, aut ad libitum interpretari. Ex. gr. nihil in Scriptura clarius, quam quod Jossua, et forte etiam author, qui ejus historiam scripsit, putaverunt, solem circum terram moveri, terram autem quiescere, et quod sol per aliquod tempus immotus fecit. Attamen multi, quia nolunt concedere in coelis aliquam posse dari mutationem, illum locum ita explicant, ut nihil simile dicere videatur; alii autem, qui rectius philosophari didicerunt, quoniam intelligunt terram moveri, solem contra quiescere, sive circum terram non moveri, summis viribus idem ex Scriptura, quamvis aperte reclamante, extorquere conantur: quos sane miror. An, quaeso, tenemur credere, quod miles Josua astronomiam callebat? et quod miraculum ei revelari non potuit, aut quod lux solis non potuit diuturnior solito supra horizontem esse, nisi Josua ejus causam intelligeret? mihi sane utrumque ridiculum videtur; malo igitur aperte dicere Josuam diuturnioris illius lucis causam veram ignoravisse, eumque, omnemque turbam, quae aderat, simul putavisse solem motu diurno circa terram moveri, et illo die aliquamdiu stetisse, idque causam diuturnioris illius lucis credidisse, nec ad id attendisse, quod ex nimia glacie, quae tum temporis in regione aëris erat (vide Josuae cap. 10 v. 11) refractio solito major oriri potuerit, vel aliud quid simile, quod jam non inquirimus. Sic etiam Esaiae signum umbrae retrogradae ad ipsius captum revelatum fuit, nempe per retrogradationem solis: nam etiam putabat solem moveri, et terram quiescere. Et de parheliis forte nunquam nec per somnium cogitavit. Quod nobis sine ullo scrupulo statuere licet; nam signum revera contingere poterat, et regi ab Esaiâ praedici, quamvis propheta veram ejus causam ignoraret. De fabrica Salomonis, siquidem illa a Deo revelata fuit, idem etiam dicendum: nempe, quod omnes ejus mensurae pro captu, et opinionibus Salomonis ei revelatae fuerunt: quia enim non tenemur credere Salomonem mathematicum fuisse, licet nobis affirmare, eum rationem inter peripheriam, et circuli diametrum ignoravisse, et cum vulgo operariorum putavisse, eam esse, ut 3 ad 1. Quod si licet dicere nos textum illum lib. 1 Reg. cap. 7 v. 23 non intelligere, nescio hercule, quid ex Scriptura intelligere possumus, cum ibi fabrica simpliciter narretur, et mere historice; imo si licet fingere Scripturam aliter sensisse, sed propter aliquam rationem nobis incognitam, ita scribere voluisse, tum nihil aliud fit, quam totius Scripturae omnimoda eversio: nam unusquisque aequali jure de omnibus Scripturae locis idem dicere poterit; atque adeo quicquid absurdum, et malum humana malitia excogitare potest, id, salva Scripturae authoritate, et defendere, et patrare licebit. At id, quod nos statuimus, nihil impietatis continet; nam Salomon, Esaias, Josua etc. quamvis prophetae, homines tantum fuerunt, et nihil humani ab ipsis alienum existimandum. Ad captum Noachi etiam revelatum ei fuit Deum humanum genus delere, quia putabat mundum extra Palaestinam non inhabitari. Nec tantum hujusmodi res, sed etiam alias majoris momenti prophetae salva pietate ignorare potuerunt, et revera ignoraverunt; nihil enim singulare de divinis attributis docuerunt, sed admodum vulgares de Deo habuerunt opiniones: ad quas etiam eorum revelationes accomodatae sunt, ut jam multis Scripturae testimoniis ostendam: ita ut facile videas, eos non tam ob ingenii sublimitatem, et praestantiam, quam ob pietatem, et animi constantiam laudari, et tantopere commendari.

Adamus, primus cui Deus revelatus fuit, ignoravit, Deum esse omnipraesentem, et omniscium; se enim a Deo abscondidit, et suum peccatum coram Deo, quasi hominem coram haberet, conatus est excusare: quare Deus etiam ei ad ipsius captum revelatus fuit, nempe ut qui non ubique est, et ut inscius loci, et peccati Adami: audivit enim, aut visus est audire Deum per hortum ambulantem, eumque vocantem, et quaerentem, ubi esset; deinde ex occasione ejus verecundiae ipsum rogantem, num de arbore prohibita comederit. Adamus itaque nullum aliud Dei attributum noverat, quam quod Deus omnium rerum fuit opifex. Kaino etiam Deus revelatus fuit ad ipsius captum, nempe ut rerum humanarum inscius, nec ipsi, ut sui peccati poeniteret, opus erat sublimiorem Dei cognitionem habere. Labano Deus sese revelavit, tanquam Deus Abrahami, quia credebat, unamquamque nationem suum habere Deum peculiarem. Vide Gen. cap. 31 v. 29. Abrahamus etiam ignoravit Deum esse ubique, resque omnes praecognoscere: ubi enim sententiam in Sodomitas audivit, oravit, ut Deus etiam non exequeretur, antequam sciret, num omnes illo supplicio essent digni; ait enim (vide Gen. cap. 18 v. 24) *forte reperiuntur quinquaginta justi in illa civitate*: nec Deus ipsi aliter revelatus fuit; sic enim in Abrahami imaginatione loquitur, *nunc descendam, ut videam, num juxta summam querelam, quae ad me venit, fecerunt, sin autem minus,* (rem) *sciam*. Divinum etiam de Abrahamo testimonium (de quo vide Gen. cap. 18 v. 19) nihil continet praeter solam obedientiam, et quod domesticos suos ad aequum, et bonum moneret, non autem quod sublimes de Deo habuerit cogitationes. Moses non satis etiam percepit, Deum esse omniscium, humanasque actiones omnes ex solo decreto dirigi: Nam, quanquam Deus ipsi dixerat (vide Exod. cap. 3 v. 18) Israëlitas ei obtemperaturos, rem tamen in dubium revocat, regeritque (vide Exod. cap. 4 v. 1) *quid si mihi non credant, nec mihi obtemperent.* Et ideo Deus etiam ipsi ut indifferens, et ut inscius futurarum humanarum actionum revelatus fuit. Dedit enim ei duo signa, dixitque (Exod. 4 v. 8), *si contigerit, ut primo signo non credant, credent tamen ultimo; quod si etiam nec ultimo credent, cape (tum) aliquantulum aquae fluvii* etc. Et sane siquis sine praejudicio Mosis sententias perpendere velit, clare inveniet, ejus de Deo opinionem fuisse, quod sit ens, quod semper extitit, existit, et semper existet; et hac de causa ipsum vocat *Jehova* nomine, quod hebraice haec tria tempora existendi exprimit: de ejus autem natura nihil aliud docuit, quam quod sit misericors, benignus, etc. et summe zelotypus, ut ex plurimis locis Pentateuchi constat. Deinde credidit, et docuit, hoc ens ab omnibus aliis entibus ita differre, ut nulla imagine alicujus rei visae posset exprimi, nec etiam videri, non tam propter rei repugnantiam, quam propter humanam imbecillitatem: et praeterea ratione potentiae, singulare, vel unicum esse: concessit quidem dari entia, quae (sine dubio ex ordine et mandato Dei) vicem Dei gerebant, hoc est, entia, quibus Deus autoritatem, jus, et potentiam dedit ad dirigendas nationes, et iis providendum et curandum; at hoc ens, quod colere tenebantur, summum et supremum Deum, sive (ut Hebraeorum phrasi utar) Deum Deorum esse docuit, et ideo in cantico Exodi (cap. 15 v. 11) dixit *quis inter Deos tui similis, Jehova ?* et Jetro (cap. 18 v. 11) *nunc novi, quod Jehova major est omnibus Diis,* hoc est, tandem cogor Mosi concedere, quod Jehova major est omnibus Diis, et potentia singulari: an vero Moses hac entia, quae vicem Dei gerebant, a Deo creata esse crediderit, dubitari potest: quandoquidem de eorum creatione, et principio nihil, quod scimus, dixerit: docuit praeterea, hoc ens mundum hunc visibilem ex Chao (vide cap. 1 Gen. v. 2) in ordinem redegisse, seminaque naturae indidisse, adeoque in omnia summum jus et summam potentiam habere, et (vide Deut. cap. 10 v. 14-15) pro hoc summo suo jure, et potentiâ sibi soli Hebraeam nationem elegisse, certamque mundi plagam (vide Deut. cap. 4 v. 19 et cap. 32 v. 8-9), reliquas autem nationes, et regiones curis reliquorum Deorum a se substitutorum reliquisse; et ideo Deus Israëlis, et Deus (vide libri 2 Paralip. cap. 32 v. 19) Hierosolymae, reliqui autem Dii reliquarum nationum Dii vocabantur. Et hac etiam de causa credebant Judaei regionem illam, quam Deus sibi elegerat, cultum Dei singularem, et ab aliarum regionum cultu prorsus diversum requirere, imo nec posse pati cultum aliorum Deorum, aliisque regionibus proprium: nam gentes illae, quas rex Assyriae in Judaeorum terras duxit, credebantur a leonibus dilaniari, quia cultum Deorum illius terrae ignorabant (vide lib. 2 Regum cap. 17 v. 25-26 etc.). Et Jacobus, ex Aben Hezrae opinione, dixit propterea filiis, ubi patriam petere voluit, ut se novo cultui praepararent, et Deos alienos, hoc est, cultum Deorum illius terrae, in quâ tum erant, deponerent (vide Gen. cap. 35 v. 2-3). David etiam, ut Saulo diceret, se propter ejus persecutionem coactum esse, extra patriam vivere, dixit, se ab haereditate Dei expelli, et ad alios Deos colendos mitti (vide Sham. lib. 1 cap. 26 v. 19). Denique credidit hoc ens, sive Deum, suum domicilium in coelis habere (vide Deut. cap. 33 v. 27), quae opinio inter Ethnicos frequentissima fuit. Si jam ad Mosis revelationes attendamus, eas hisce opinionibus accomodatas fuisse reperiemus; nam quia credebat Dei naturam illas, quas diximus, pati conditiones, nempe, misericordiam, benignitatem etc., ideo Deus, ad hanc ejus opinionem, et sub hisce attributis ipsi revelatus fuit (vide Exodi cap. 34 v. 6-7, ubi narratur, qua ratione Deus Mosi apparuit, et Decalogi v. 4-5). Deinde cap. 33 v. 18 narratur, Mosen a Deo petiisse, ut sibi liceret, eum videre; sed quoniam Moses, ut jam dictum est, nullam Dei imaginem in cerebro formaverat, et Deus (ut jam ostendi) non revelatur prophetis, nisi pro dispositione eorum imaginationis, ideo Deus nulla ipsi imagine apparuit: atque hoc contigisse inquam, quia Mosis imaginationi repugnabat; nam alii prophetae, Deum se vidisse testantur, nempe Esaias, Ezechiël, Daniël, etc. Et hac de causa Deus Mosi respondit, *non poteris meam faciem videre*, et quia Moses credebat, Deum esse visibilem, hoc est, ex parte divinae naturae nullam id implicare contradictionem, alias enim nihil simile petiisset; ideo addit *quoniam nemo me videbit, et vivet*; reddit igitur rationem opinioni Mosis consentaneam; non enim dicit, id ex parte divinae naturae implicare contradictionem, ut res revera se habet, sed id contingere non posse, propter humanam imbecillitatem. Porro ut Deus Mosi revelaret, Israëlitas, quia vitulum adoraverant, reliquis gentibus similes factos esse, ait cap. 33 v. 2-3 se missurum angelum, hoc est ens, quod vice supremi entis Israëlitarum curam haberet, se autem nolle inter ipsos esse; hoc enim modo nihil Mosi relinquebatur, ex quo ipsi constaret Israëlitas Deo reliquis nationibus, quas Deus etiam curae aliorum entium, sive angelorum tradiderat, dilectiores esse, ut constat ex v. 16 ejusdem capitis. Denique, quia Deus in coelis habitare credebatur, ideo Deus, tanquam e coelo supra montem descendens, revelabatur, et Moses etiam montem, ut Deum alloqueretur, ascendebat, quod minime opus ei esset, si aeque facile Deum ubique imaginari posset. Israëlitae de Deo nihil fere norunt, tametsi ipsis revelatus est, quod quidem plusquam satis ostenderunt, cum ejus honorem, et cultum paucis post diebus vitulo tradiderunt, credideruntque illum esse eos Deos, qui eos ex Aegypto eduxerant. Nec sane credendum est, quod homines superstitionibus Aegyptiorum assueti, rudes, et miserrima servitute confecti, aliquid sani de Deo intellexerint, aut quod Moses eos aliquid docuerit, quam modum vivendi, non quidem tanquam philosophus, ut tandem ex animi libertate, sed tanquam legis lator, ut ex imperio legis coacti essent bene vivere. Quare ratio bene vivendi, sive vera vita, Deique cultus, et amor iis magis servitus, quam vera libertas, Deique gratia, et donum fuit; Deum enim amare, ejusque legem servare jussit, ut Deo praeterita bona (ex Aegyptiaca scilicet servitute libertatem etc.) accepta ferrent, et porro minis eos perterrefacit, si illorum praeceptorum fuissent transgressores, et contra, si ea observaverint, multa promittit bona. Eosque itaque eodem modo docuit, ac parentes pueros, omni ratione carentes, solent. Quare certum est, eos virtutis excellentiam, veramque beatitudinem ignoravisse. Jonas conspectum Dei fugere putavit, quod videtur ostendere, eum etiam credidisse, Deum curam caeterarum regionum, extrà Judaeam, aliis potentiis, a se tamen substitutis, tradidisse.Nec ullus in Vetere Testamento habetur, qui magis secundum rationem de Deo locutus est, quam Salomon, qui lumine naturali omnes sui saeculi superavit; et ideo etiam se supra Legem (nam ea iis tantum tradita est, qui ratione, et naturalis intellectus documentis carent) existimavit, legesque omnes, quae regem spectant, et quae tribus potissimum constabant (vide Deut. cap. 17 v. 16-17), parvi pependit, imo eas plane violavit (in quo tamen erravit, nec quod philosopho dignum egit, nempe, quod voluptatibus indulserit), omnia fortunae bona mortalibus vana esse docuit (vide Eccl.), et nihil homines intellectu praestantius habere, nec majori supplicio, quam stultitiâ, puniri (vide Proverb. cap. 16 v. 22). Sed ad prophetas revertamur, quorum discrepantes opiniones etiam notare suscepimus. Ezechiëlis sententias adeo sententiis Mosis repugnantes invenerunt rabini, qui nobis illos (qui jam tantum extant) libros Prophetarum reliquerunt (ut tractatu Sabbati cap. 1 fol. 13 p. 2 narratur), ut fere deliberaverint, ejus librum inter canonicos non admittere, atque eundem plane abscondidissent, nisi quidam Chananias in se suscepisset ipsum explicare, quod tandem magno cum labore, et studio (ut ibi narratur) ajunt ipsum fecisse; qua ratione autem, non satis constat, nempe, an quod commentarium, qui forte periit, scripserit, vel quod ipsa Ezechiëlis verba, et orationes (ut fuit audacia) mutaverit, et ex suo ingenio ornaverit; quidquid sit, cap. saltem 18 non videtur convenire cum v. 7 cap. 34 Exodi, nec cum v. 18 cap. 32 Jerem. etc. Shamuël credebat Deum, ubi aliquid decreverat, nunquam decreti poenitere (vide lib. 1 Shamuëlis cap. 15 v. 29), nam Saulo, sui peccati poenitenti, et Deum adorare, veniamque ab ipso petere volenti, dixit, Deum suum contra eum decretum non mutaturum: Jeremiae autem contra revelatum fuit (vide cap. 18 v. 8, 10), nempe Deum, sive aliquid damni, sive aliquid boni alicui nationi decreverit, sui decreti poenitere, modo homines etiam a tempore sententiae, vel in melius, vel in pejus mutentur. At Joël Deum damni poenitere tantum docuit (vide ejus cap. 2 v. 13). Denique ex cap. 4 Gen. v. 7 clarissime constat, hominem posse peccati tentationes domare, et bene agere; id enim Kaino dicitur, qui tamen, ut ex ipsa Scripturâ, et Josepho constat, eas nunquam domavit; idem etiam ex modo allato cap. Jeremiae evidentissime colligitur; nam ait Deum sui decreti in damnum, aut bonum hominum prolati, poenitere, prout homines mores, et modum vivendi mutare volunt: at Paulus contra nihil apertius docet, quam quod homines nullum imperium, nisi ex Dei singulari vocatione, et gratia in carnis tentationes habent. Vide Epist. ad Romanos cap. 9 ex v. 10 etc. et quod cap. 3 v. 5 et cap. 6 v. 19, ubi Deo justitium tribuit, se corrigit, quod humano more sic loquatur, et propter carnis imbecillitatem.

Ex his itaque satis, superque constat, id, quod ostendere proponebamus, nempe Deum revelationes captui, et opinionibus prophetarum accommodavisse, prophetasque res, quae solam speculationem, et quae non charitatem, et usum vitae spectant, ignorare potuisse, et revera ignoravisse, contrariasque habuisse opiniones. Quare longe abest, ut ab iis cognitio rerum naturalium, et spiritualium sit petenda. Concludimus itaque nos Prophetis nihil aliud teneri credere praeter id, quod finis et substantia est revelationis; in reliquis, prout unicuique libet, liberum est credere; exempli gratia, revelatio Kaini nos tantum docet, Deum Kainum monuisse ad veram vitam; id enim tantum intentum, et substantia revelationis est, non

336

vero libertatem voluntatis, aut res Philosophicas docere; quare, tametsi in verbis illius monitionis, et rationibus libertas voluntatis clarissime continetur, nobis tamen licitum est, contrarium sentire, quandoquidem verba illa, et rationes ad captum tantum Kaini accommodatae sunt. Sic etiam Michaeae revelatio tantum docere vult, quod Deus Michaeae verum exitum pugnae Achabi contra Aram revelavit, quare hoc etiam tantum tenemur credere; quicquid igitur praeter hoc in illa revelatione continetur, nempe de Dei Spiritu vero, et falso, et de exercitu coeli, ab utroque Dei latere stante, et reliquae illius revelationis circumstantiae, nos minime tangunt: adeoque de iis unusquisque, prout suae rationi magis consentaneum videbitur, credat. De rationibus, quibus Deus Jobo ostendit suam in omnia potentiam, si quidem verum est, quod Jobo revelatae fuerunt, et quod author historiam narrare, non autem (ut quidam credunt) suos conceptus ornare studuerit, idem etiam dicendum, nempe eas ad captum Jobi, et ad ipsum tantum convincendum allatas fuisse, non vero quod sint rationes universales ad omnes convincendum. Nec aliter de Christi rationibus, quibus Pharisaeos contumaciae, et ignorantiae convincit, discipulosque ad veram vitam hortatur, statuendum; quod nempe suas rationes opinionibus, et principiis unius cujusque accommodavit. Ex. gr. cum Pharisaeis dixit, vide Matth. cap. 12 v. 26, *et si Satanas Satanam ejicit, adversus se ipsum divisus est; quomodo igitur staret regnum ejus*, nihil nisi Pharisaeos ex suis principiis convincere voluit, non autem docere, dari Daemones, aut aliquod Daemonum regnum: sic etiam cum discipulis dixit Matth. 18 v. 10, *videte ne contemnatis unum ex parvis istis, dico enim vobis Angelos eorum in coelis* etc. Nihil aliud docere vult, quam ne sint superbi, et ne aliquem contemnant, non vero reliqua, quae in ipsius rationibus, quas tantum adfert ad rem discipulis melius persuadendum, continentur. Idem denique de rationibus, et signis Apostolorum absolute dicendum, nec de his opus est fusius loqui: nam si mihi enumeranda essent omnia Scripturae Loca, quae tantum ad hominem, sive ad captum alicujus scripta sunt, et quae non sine magno Philosophiae praejudicio, tanquam divina doctrina defenduntur, a brevitate, cui studeo, longe discederem: sufficiat igitur, quaedam pauca, et universalia attigisse, reliqua curiosus lector apud se perpendat. Verum enimvero quamvis haec tantum, quae de Prophetis, et Prophetia egimus, ad scopum, ad quem intendo, praecipue pertineant, nempe ad separandam Philosophiam a Theologia, attamen, quia hanc quaestionem universaliter attigi, lubet adhuc inquirere, num donum Propheticum Hebraeis tantum peculiare fuerit, an vero omnibus nationibus commune; tum etiam quid de vocatione Hebraeorum statuendum; de quibus vide caput sequens.

CAPUT III. De Hebraeorum vocatione.
Et an donum propheticum Hebraeis peculiare fuerit.

Vera foelicitas, et beatitudo uniuscujusque in sola boni fruitione consistit, non vero in ea gloria, quod solus scilicet, et reliquis exclusis, bono fruatur; qui enim se propterea beatoriem aestimat, quod ipsi soli, caeteris non item bene sit, aut quod reliquis sit beatior, et magis fortunatus, is veram foelicitatem, et beatitudinem ignorat, et laetitia, quam inde concipit, nisi puerilis sit, ex nulla alia re oritur, quam ex invidia, et malo animo. Ex. gr. vera hominis foelicitas, et beatitudo in sola sapientiâ, et veri cognitione consistit, at minime in eo, quod sapientior reliquis sit, vel quod reliqui vera cognitione careant; hoc enim ejus sapientiam, hoc est, veram ejus foelicitatem nihil prorsus auget. Qui itaque propter hoc gaudet, is malo alterius gaudet, adeoque invidus est, et malus, nec veram novit sapientiam, neque verae vitae tranquillitatem. Cum igitur Scriptura, ut Hebraeos ad obedientiam legis hortetur, dicit Deum eos prae caeteris nationibus sibi elegisse (vide Deut. cap. 10 v. 15), ipsis propinquum esse, aliis non item (Deut. cap. 4 v. 4, 7), iis tantum leges justas praescripsisse (ejusdem cap. v. 8), ipsis denique tantum, caeteris posthabitis, innotuisse (vide ejusdem cap. v. 32), etc., ad eorum captum tantum loquitur, qui, ut in superiore capite ostendimus, et Moses etiam testatur (vide Deut.cap. 9 v. 6, 7) veram beatitudinem non noverant; nam sane ipsi non minus beati fuissent, si Deus omnes aeque ad salutem vocavisset; nec ipsis Deus minus foret propitius, quamvis reliquis aeque prope adesset, nec leges minus justae, nec ipsi minus sapientes, etsi omnibus praescriptae fuissent, nec miracula Dei potentiam minus ostendissent, si etiam propter alias nationes facta fuissent; nec denique Hebraei minus tenerentur Deum colere, si Deus haec omnia dona omnibus aequaliter largitus fuisset. Quod autem Deus Salomoni dicit (vide Reg. Lib. 1 cap. 3 v. 12), neminem post eum aeque sapientem, acipsum, futurum, modus tantum loquendi videtur esse ad significandam eximiam sapientiam; quicquid sit, minime credendum est, quod Deus Salomoni, ad majorem ejus foelicitatem, promiserit, se nemini postea tantam sapientiam largiturum fore; hoc enim Salomonis intellectum nihil augeret, nec prudens Rex, etsi Deus se eadem sapientiâ omnes donaturum dixisset, minores pro tanto munere Deo ageret gratias.

Verum enimvero, etsi dicamus Mosen in locis Pentateuchi modò citatis ad Hebraeorum captum locutum fuisse, nolumus tamen negare, quod Deus ipsis solis leges illas Pentateuchi praescripserit, neque, quod tantum iis locutus fuerit, nec denique quod Hebraei tot miranda viderint, qualia nulli alii nationi contigerunt; sed id tantum volumus, Mosen tali modo, iisque praecipue rationibus Hebraeos monere voluisse, ut eos ex ipsorum puerili captu ad Dei cultum magis devinciret; deinde ostendere voluimus Hebraeos non scientiâ, neque pietate, sed plane alia re caeteras nationes excelluisse; sive (ut cum Scripturâ ad eorum captum loquar) Hebraeos non ad veram vitam, et sublimes speculationes, quanquam saepe monitos, sed ad aliam plane rem electos a Deo prae reliquis fuisse; quaenam autem ea fuerit, ordine hic ostendam.

Verum antequam incipiam, explicare paucis volo, quid per Dei directionem, perque Dei auxilium externum et internum, et quid per Dei electionem, quidque denique per fortunam in sequentibus intelligam. Per Dei directionem intelligo fixum illum et immutabilem naturae ordinem, sive rerum naturalium concatenationem: diximus enim supra, et in alio loco jam ostendimus, leges naturae universales, secundum quas omnia fiunt et determinantur, nihil esse nisi Dei aeterna decreta, quae semper aeternam veritatem et necessitatem involvunt. Sive igitur dicamus omnia secundum leges naturae fieri, sive ex Dei decreto et directione ordinari, idem dicimus. Deinde quia rerum omnium naturalium potentia nihil est nisi ipsa Dei potentia, per quam solam omnia fiunt, et determinantur, hinc sequitur, quicquid homo, qui etiam pars est naturae, sibi in auxilium, ad suum esse conservandum parat, vel quicquid natura ipso nihil operante, ipsi offert, id omne sibi a sola divina potentia oblatum esse, vel quatenus per humanam naturam agit, vel per res extra humanam naturam. Quicquid itaque natura humana ex solo sua potentia praestare potest ad suum esse conservandum, id Dei auxilium internum, et quicquid praeterea ex potentia causarum externarum in ipsius utile cedit, id Dei auxilium externum merito vocare possumus. Atque ex his etiam facile colligitur, quid per Dei electionem sit intelligendum: Nam cum nemo aliquid agat, nisi ex praedeterminato naturae ordine, hoc est, ex Dei aeterna directione et decreto, hinc sequitur, neminem sibi aliquam vivendi rationem eligere, neque aliquid efficere, nisi ex singulari Dei vocatione, qui hunc ad hoc opus, vel ad hanc vivendi rationem prae aliis eligit. Denique per fortunam nihil aliud intelligo, quam Dei directionem, quatenus per causas externas et inopinatas res humanas dirigit. His praelibatis ad nostrum intentum revertamur, ut videamus, quid id fuerit, propter quod hebraea natio dicta fuerit a Deo prae reliquis electa. Ad quod ostendendum, sic procedo.

Omnia, quae honeste cupimus, ad haec tria potissimum referuntur, nempe, res per primas suas causas intelligere, passiones domare, sive virtutis habitum acquirere, et denique secure, et sano corpore vivere. Media, quae ad primum et secundum directe inserviunt, et quae tanquam causae proximae, et efficientes considerari possunt, in ipsa humana natura continentur; ita ut eorum acquisitio a sola nostra potentiâ, sive a solis humanae naturae legibus praecipue pendeat: et hac de causa omnino statuendum est, haec dona nulli nationi peculiara, sed toti humano generi communia semper fuisse; nisi somniare velimus, naturam olim diversa hominum genera procreavisse. At media, quae ad secure vivendum, et corpus conservandum inserviunt, in rebus externis praecipue sita sunt; atque ideo dona fortunae vocantur, quia nimirum maxime a directione causarum externarum, quam ignoramus, pendent: ita ut hac in re stultus fere aeque foelix et in foelix, ac prudens sit. Attamen ad secure vivendum, et injurias aliorum hominum, et etiam brutorum, evitandum, humana directio, et vigilantia multum juvare potest. Ad quod nullum certius medium ratio, et experientia docuit, quam societatem certis legibus formare, certamque mundi plagam occupare, et omnium vires ad unum quasi corpus, nempe societatis, redigere: Verum enimvero ad societatem formandam, et conservandam ingenium, et vigilantia non mediocris requiritur; et idcirco illa societas securior erit, et magis constans, minusque fortunae obnoxia, quae maxime ab hominibus prudentibus, et vigilantibus fundatur, et dirigitur; et contra, quae ex hominibus rudis ingenii constat, maximâ ex parte a fortuna pendet, et minus est constans. Quod si tamen diu permanserit, id alterius directioni, non suae debetur; imo si magna pericula exsuperaverit, et res ipsi prospere successerint, non poterit ipsa Dei directionem (nempe quatenus Deus per causas latentes externas, at non quatenus per humanam naturam, et mentem agit) non admirari, et adorare: quandoquidem ipsi nihil nisi admodum inexpectatum, et praeter opinionem contigit; quod revera etiam pro miraculo haberi potest.

Per hoc igitur tantum nationes ab invicem distinguuntur, nempe ratione societatis, et legum, sub quibus vivunt, et diriguntur; adeoque hebraea natio, non ratione intellectus, neque animi tranquillitatis a Deo prae caeteris electa fuit, sed ratione societatis, et fortunae, quâ imperium adepta est, quâque id ipsum tot annos retinuit. Quod etiam ex ipsa Scripturâ quam clarissime constat: si quis enim ipsam vel leviter percurrit, clare videt Hebraeos in hoc solo caeteras nationes excelluisse, quod res suas, quae ad vitae securitatem pertinent, foeliciter gesserint, magnaque pericula exsuperaverint, idque maxime solo Dei externo auxilio, in reliquis autem caeteris aequales fuisse, et Deum omnibus aeque propitium. Nam ratione intellectus constat (ut in superiori capite ostendimus) eos de Deo et natura vulgares admodum cogitationes habuisse; quare ratione intellectus non fuerunt a Deo prae caeteris electi; at nec etiam ratione virtutis, et verae vitae; hac enim in re etiam reliquis Gentibus aequales fuerunt, et non nisi paucissimi electi; eorum igitur electio, et vocatio in sola imperii temporanea foelicitate, et commodis constitit; nec videmus, quod Deus Patriarchis[15], aut eorum successoribus aliud praeter hoc promiserit; imo in Lege pro obedientia nihil aliud promittitur, quam imperii continua foelicitas, et reliqua hujus vitae commoda, et contra pro contumacia, pactique ruptione, imperii ruina, maximaque incommoda. Nec mirum; nam finis universae societatis, et imperii est (ut ex modo dictis patet, et in sequentibus fusius ostendemus) secure et commode vivere; imperium autem non nisi legibus, quibus unusquisque teneatur, subsistere potest: quod si omnia unius societatis membra legibus valedicere velint, eo ipso societatem dissolvent, et imperium destruent. Hebraeorum igitur societati nihil aliud, pro constanti legum observatione, promitti potuit, quam vitae securitas[16], ejusque commoda, et contra pro contumacia nullum certius supplicium praedici, quam imperii ruina, et mala, quae inde communiter sequuntur, et praeterea alia, quae ex eorum singularis imperii ruina ipsis peculiariter suborirentur, sed de his non est opus impraesentiarum prolixius agere. Hoc tantum addo, Leges etiam Veteris Testamenti Judaeis tantum revelatas, et praescriptas fuisse; nam, cum Deus ipsos ad singularem societatem, et imperium constituendum tantum elegerit, necessario singulares etiam leges habere debebant; an vero aliis etiam nationibus Deus leges peculiares praescripserit, et earum Legislatoribus sese prophetice revelaverit, nempe sub iis attributis, quibus Deum imaginari solebant, mihi non satis constat; hoc saltem ex ipsa Scriptura patet, alias etiam nationes ex Dei directione externa imperium, legesque singulares habuisse: ad quod ostendendum, duo tantum Scripturae loca adferam. Cap. 14 Gen. v. 18-20 narratur, quod Malkitsedek rex fuit Hierosolymae, et Dei altissimi pon tifex; et quod Abrahamo, ut jus erat Pontificis (vide Numeri cap. 6 v. 23) benedixit, et denique quod Abrahamus Dei dilectus decimam partem totius praedae huic Dei pontifici dedit. Quae omnia satis

---

[15] Genes. cap. 15 narratur, quod Deus Abrahamo dixerit, se ipsius esse defensorem, et remunerationem daturum amplam admodum; ad quae Abrahamus, sibi nihil, quod alicujus posset momenti esse, expectandum, quia provecta jam senectute orbus erat.

[16] Ad vitam aeternam non sufficere Veteri Testamenti mandata observare, patet ex Marco cap. 10, v. 21.

ostendunt, Deum,antequam Gentem Israëliticam condiderit, reges, et pontifices in Hierosolyma constituisse, iisque ritus, et leges praescripsisse: an vero prophetice, id, uti diximus, non satis constat. Hoc mihi saltem persuadeo, Abrahamum, dum ibi vixit, religiose secundum illas leges vixisse; nam Abrahamus nullos ritus particulariter a Deo accepit, et nihilominus dicitur Gen. cap. 26 v. 5 Abrahamum observavisse cultum, praecepta, instituta, et Leges Dei, quod sine dubio intelligendum est de cultu, praeceptis, institutis, et legibus regis Malkitsedeki. Malachias cap. 1 v. 10-11 Judaeos his verbis increpat, *quinam est inter vos, qui claudat ostia* (scil. templi), *ne meae arae frustra ignis imponatur; in vobis non delector etc.* *Nam ex ortu solis usque in ejus occasum meum nomen magnum est inter gentes, et ubique suffitus mihi adfertur, et munus purum; meum enim nomen magnum est inter gentes, ait Deus exercituum:* Quibus sane verbis, quandoquidem nullum aliud tempus quam praesens, nisi iis vim inferri velimus, pati possunt, satis superque testatur, Judaeos illo tempore Deo non magis dilectos fuisse, quam alias Nationes; imo Deum aliis Nationibus miraculis magis innotuisse, quam tum temporis Judaeis, qui tum sine miraculis imperium iterum ex parte adepti fuerant: deinde Nationes ritus, et caeremonias, quibus Deo acceptae erant, habuisse. Sed haec missa facio, nam ad meum intentum sufficit ostendisse electionem Judaeorum nihil aliud spectavisse, quam temporaneam corporis foelicitatem, et libertatem, sive imperium, et modum, et media, quibus ipsum adepti sunt, et consequenter etiam Leges, quatenus ad illud singulare imperium stabiliendum necessariae erant, et denique modum, quo ipsae revelatae fuerunt; in caeteris autem, et in quibus vera hominis foelicitas consistit, eos reliquis aequales fuisse. Cum itaque in Scriptura (vide Deut. cap. 4 v. 7) dicitur, nullam Nationem Deos sibi aeque propinquos, ac Judaeos Deum habere; id tantum ratione imperii, et de illo solo tempore, quo iis tot miracula contigerunt, intelligendum etc. Ratione enim intellectus, et virtutis, hoc est, ratione beatitudinis Deus, uti jam diximus, et ipsa ratione ostendimus, omnibus aeque propitius est, quod quidem ex ipsa Scriptura satis etiam constat; ait enim Psaltes Psal. 145 v. 18 *propinquus est Deus omnibus, qui eum vocant, omnibus, qui eum vere vocant.* Item in eodem Psal. v. 9 *benignus est Deus omnibus, et ejus misericordia* (est) *erga omnia, quae fecit.* In Psal. 33 v. 15 clare dicitur Deum omnibus eundem intellectum dedisse, his scilicet verbis *qui format eodem modo eorum cor.* Cor enim ab Hebraeis sedes animae, et intellectus credebatur, quod omnibus satis esse notum existimo. Deinde ex cap. 29 v. 28 Jobi constat, Deum toti humano generi hanc Legem praescripsisse, Deum revereri, et a malis operibus abstinere, sive bene agere, et ideo Jobus, quamvis gentilis, Deo omnium acceptissimus fuit, quoniam omnes pietate, et religione superavit. Denique ex cap. 4 v. 2

Jonae clarissime constat, Deum non solum Judaeis, sed omnibus propitium, misericordem, longanimem, et amplum benignitate, ac poenitentem mali esse; ait enim Jonas, *ideo antea statui fugere Tharsum, quia noveram* (nempe ex verbis Mosis, quae habentur cap. 34 v. 6 Exodi) *te Deum propitium, misericordem etc. esse*, adeoque gentilibus Ninivitis condonaturum. Concludimus ergo (quandoquidem Deus omnibus aeque propitius est, et Hebraei, non nisi ratione societatis, et imperii a Deo electi fuerunt) unumquemque Judaeum extra societatem, et imperium solum consideratum nullum Dei donum supra alios habere, nec ullum discrimen inter ipsum, et gentilem esse. Cum itaque verum sit, quod Deus omnibus aeque benignus, misericors etc. sit, et prophetae officium non tam fuerit leges patriae peculiares, quam veram virtutem docere, hominesque de ea monere, non dubium est, quin omnes nationes prophetas habuerint, et quod donum propheticum Judaeis peculiare non fuerit. Quod revera etiam tam profanae, quam sacrae historiae testantur; et quamvis ex sacris historiis Veteris Testamenti non constet alias Nationes tot prophetas, ac Hebraeos, habuisse, imo nullum prophetam gentilem a Deo nationibus expresse missum, id nihil refert, nam Hebraei res suas tantum, non autem aliarum gentium scribere curaverunt. Sufficit itaque, quod in Vetere Testamento reperiamus, homines gentiles, et incircumcisos, ut Noach, Chanoch, Abimelech, Bilham, etc. prophetavisse; deinde hebraeos prophetas non tantum suae, sed etiam multis aliis nationibus a Deo missos fuisse. Ezechiël enim omnibus gentibus tum notis vaticinatus est. Imo Hobadias nullis, quod scimus, nisi Idumaeis, et Jonas Ninivitas praecipue vates fuit. Esaias non tantum Judaeorum calamitates lamentatur, et praedicit, eorumque restaurationem canit, sed etiam aliarum gentium; ait enim cap. 16 v. 9 *ideo fletu deplorabo Jahzerem*, et cap. 19 prius Aegyptiorum calamitates, et postea eorum restaurationem praedicit (vide ejusdem cap. v. 19, 20 , 21, 25). Nempe quod Deus iis Salvatorem mittet, qui eos liberabit, et quod Deus iis innotescet, et quod denique Aegyptii Deum sacrificiis, et numeribus colent, et tandem vocat hanc natione, *Benedictum Aegyptium Dei populum*: quae omnia profecto valde digna sunt, ut notentur. Jeremias denique non Hebraeae gentis tantum, sed absolute gentium propheta vocatur (vide ejus cap. 1 v. 5); hic etiam nationum calamitates praedicendo deflet, et eorum restaurationem praedicit; ait enim cap. 48 v. 31 de Moabitis *idcirco propter Moabum ejulabo, et propter totum Moabum clamo* etc., et v. 36 *idcirco cor meum propter Moabum, sicut tympana, obstrepit*; et tandem eorum restaurationem praedicit; ut et etiam restaurationem Aegyptiorum, Hamonitarum, et Helamitarum. Quare non dubium est caeteras gentes suos etiam prophetas ut Judaeos habuisse, qui iis et Judaeis prophetaverunt. Quamvis tamen Scriptura non nisi de uno Bilhamo, cui res futurae Judaeorum, et aliarum nationum revelatae fuerint, mentionem faciat, non tamen credendum est, Bilhamum sola illa occasione prophetavisse; ex ipsa enim historia clarissime constat eum dudum antea prophetiâ, et aliis divinis dotibus claruisse. Nam, cum Balak eum ad se accersere jubet, ait (Num. cap. 22 v. 6) *quoniam scio eum, cui benedictis, benedictum, et cui maledicis, maledictum esse.* Quare is illam eandem virtutem, quam Deus Abrahamo (vide Genes. cap. 12 v. 3) largitus est, habebat. Balamus deinde, ut assuetus prophetiis, legatis respondet, ut ipsum manerent, donec ei Dei voluntas revelaretur. Cum prophetabat, hoc est, cum veram Dei mentem interpretabatur, haec de se dicere solebat *dictus ejus, qui audit dicta Dei, et qui novit scientiam* (vel mentem, et praescientiam) *excelsi, visionem omnipotentis videt, excidens, sed retectus oculis.* Denique postquam Hebraeis ex mandato Dei benedixit (nimirum ut solebat) aliis gentibus prophetare, resque earum futuras praedicere incipit. Quae omnia satis superque indicant eum semper prophetam fuisse, aut saepius prophetavisse, et (quod adhuc hic notandum) id, quod praecipue prophetas de prophetiae veritate certos reddebat, habuisse, nempe animum ad solum aequum, et bonum inclinatum; non enim cui ipse volebat, benedicebat, nec, cui volebat, maledicebat, ut Balak putabat, sed tantum iis, quibus Deus benedici, aut maledici volebat; ideo Balako respondit, *quamvis Balakus mihi daret tantum argenti, et auri, quantum ejus domum adimplere posset, non potero transgredi edictum Dei, ad faciendum ex meo arbitrio bonum aut malum; quod Deus loquetur, loquar*; quod autem Deus ei, dum erat in itinere, iratus fuerit, id etiam Mosi, dum in Aegyptum ex Dei mandato proficiscebatur, contigit (vide Exodi cap. 4 v. 24), et quod argentum ad prophetandum accipiebat, idem Shamuël faciebat (vide Shamuël. lib. 1 cap. 9 v. 7-8), et si in aliqua re peccavit (de eo vide 2 Epist. Petr. cap. 2 v. 15-16 et Judae v. 11), *nemo adeo aequus, qui bene semper agat, et nunquam peccet* (vide Eccl. cap. 7 v. 20). Et sane ejus orationes multum semper apud Deum valere debuerunt, et ejus vis ad maledicendum certe magna admodum fuit, quandoquidem toties in Scriptura reperiatur, ad Dei magnam misericordiam erga Israëlitas testandum, quod Deus noluerit Bilhamum audire, et quod maledictionem in benedictionem converterit (vide Deut. cap. 23 v. 6, Jos. 24 v. 10, Neh. 13 v. 2); quare sine dubio Deo acceptissimus erat; nam impiorum orationes, et maledicta Deum minime movent. Cum itaque hic verus propheta fuerit, et tamen ab Josua (cap. 13 v. 22) vocetur *divinus*, sive *augur*, certum est, hoc nomen etiam in bonam partem sumi, et quos gentiles solebant vocare augures, et divinos, veros fuisse prophetas, et eos, quos Scriptura saepe acculat, et condemnat, pseudo-divinos fuisse, qui gentes sicut pseudo-prophetae Judaeos, decipiebant, quod etiam ex aliis Scripturae locis satis clare constat;

quare concludimus, donum propheticum Judaeis peculiare non fuisse, sed omnibus nationibus commune. Pharisaei tamen contra acriter contendunt, hoc donum divinum suae tantum nationi peculiare fuisse, reliquas autem nationes ex virtute nescio quâ diabolicâ (quid tandem non finget superstitio) res futuras praedixisse. Praecipuum, quod ex Vetere Testamento adferunt, ad hanc opinionem ejus authoritate confirmandum, est illud Exod. cap. 33 v. 16, ubi Moses Deo ait, *quânam enim re cognoscetur, me, et populum tuum invenisse gratiam in oculis tuis?* *certe quando cum nobis ibis, et separabimur ego, et populus tuus ab omni populo, qui est in superficie terrae*; hinc inquam inferre volunt, Mosen a Deo petiisse, ut Judaeis esset praesens, iisque prophetice sese revelaret, deinde ut hanc gratiam nulli alii nationi concederet. Ridiculum sane, quod Moses praesentiam Dei gentibus invideret, aut quod tale quid a Deo ausus esset petere. Sed res est, postquam Moses novit ingenium, et animum suae nationis contumacem, clare vidit, eos non sine maximis miraculis, et singulari Dei auxilio externo, res inceptas perficere posse; imo eos necessario sine tali auxilio perituros; adeoque ut constaret, Deum eos conservatos velle, hoc Dei singulare auxilium externum petit. Sic enim cap. 34 v. 9 ait, *si inveni gratiam in oculis tuis Domine, eat, precor, Dominus inter nos, quoniam hic populus contumax est* etc. Ratio itaque, cur Dei singulare auxilium externum petit, est, quia populus erat contumax, et quod adhuc clarius ostendit, Mosen nihil praeter hoc singulare Dei auxilium externum petivisse, est ipsa Dei responsio; respondit enim statim (v. 10 ejusdem capitis), *ecce ego pango foedus, coram toto populo tuo me facturum mirabilia, quae non fuerunt facta in tota terra, nec in omnibus gentibus* etc. Quare Moses hic de sola Hebraeorum electione, ut eam explicui, agit, nec aliud a Deo petiit. Attamen in Epistola Pauli ad Rom. alium textum reperio, qui me magis movet, nempe cap. 3 v. 1-2, ubi Paulus aliud, quam nos hic, docere videtur; ait enim, *quae est igitur praestantia Judaei? aut quae utilitas circumcisionis? multa per omnem modum; primarium enim est, quod ei concredita sunt eloquia Dei.* Sed si ad Pauli doctrinam, quam praecipue docere vult, attendimus, nihil inveniemus, quod nostrae huic doctrinae repugnet, sed contra eadem, quae nos hic, docere: ait enim v. 29 ejusdem capitis, Deum, et Judaeorum, et gentium Deum esse, et cap. 2 v. 25-26, *si circumcisum resiliat a lege, circumcisionem factam fore praeputium, et contra, si praeputium observet mandatum legis, ejus praeputium reputari circumcisionem.* Deinde v. 9 cap. 3 et v. 15 cap. 4 ait omnes aeque Judaeos scilicet, et gentes sub peccato fuisse; peccatum autem sine mandato, et lege non dari. Quare hinc evidentissime constat, legem omnibus absolute (quod supra etiam ex Job. cap. 28 v. 28 ostendimus) revelatam fuisse, sub quâ omnes vixerunt, nempe legem, quae solam veram virtutem spectat, non autem illam, quae pro ratione, et constitutione singularis cujusdam imperii stabilitur, et ad ingenium unius nationis accommodatur. Denique concludit Paulus, quoniam Deus omnium nationum Deus est, hoc est, omnibus aeque propitius, et omnes aeque sub lege, et peccato fuerant, ideo Deus omnibus nationibus Christum suum misit, qui omnes aeque a servitute legis liberaret, ne amplius ex mandato Legis, sed ex constanti animi decreto, bene agerent. Paulus itaque id, quod volumus, adamussim docet. Cum ergo ait, *Judaeis tantum Dei eloquia credita fuisse*, vel intelligendum est, quod iis tantum leges scripto, reliquis autem gentibus sola tantum revelatione, et conceptu concreditae fuerunt, vel dicendum (quandoquidem id, quod soli Judaei objicere poterant, propulsare studet), Paulum ex captu et secundum opiniones Judaeorum, tum temporis receptas, respondere; nam ad ea, quae partim viderat, partim audiverat, edocendum, cum Graecis erat Graecus, et cum Judaeis Judaeus. Superest jam tantum, ut quorundam rationibus respondeamus, quibus sibi persuadere volunt, Hebraeorum electionem non temporaneam, et ratione solius imperii, sed aeternam fuisse: nam, ajunt, videmus Judaeos post imperii amissionem, tot annos ubique sparsos, separatosque ab omnibus nationibus, superstites esse, quod nulli alii Nationi contigit, deinde quod Sacrae Literae multis in locis docere videntur, Deum Judaeos in aeternum sibi elegisse, adeoque, tametsi imperium perdiderunt, nihilominus tamen Dei electos manere. Loca quae hanc aeternam electionem quam clarissime docere putant, sunt praecipue, I. v. 36 cap. 31 Jeremiae, ubi propheta semen Israëlis in aeternum gentem Dei mansurum testatur, comparando nimirum eos cum fixo coelorum et naturae ordine. II. Ezechiëlis cap. 20 v. 32 etc., ubi videtur velle, quod, quamvis Judaei data opera Dei cultui valedicere velint, Deus tamen eos ex omnibus regionibus, in quibus dispersi erant, recolliget, ducetque ad desertum populorum, sicuti eroum parentes ad Aegypti deserta duxit, et tandem inde, postquam eos a rebellibus et deficientibus selegerit, ad montem ejus sanctitatis, ubi tota Israëlis familia ipsum colet. Alia praeter haec adferri solent, praecipue a Pharisaeis, sed omnibus me satisfacturum puto, ubi hisce duobus respondero: quod levi negotio faciam, postquam ex ipsa Scriptura ostendero, Deum Hebraeos in aeternum non elegisse, sed tantum eadem conditione, quâ ante Canahanitas elegerit, qui etiam, ut supra ostendimus, pontifices habuerunt, qui Deum religiose colebant, et quos tamen Deus propter eorum luxum, et socordiam, et malum cultum rejecit. Moses enim in Levitico cap. 18 v. 27-28 monet Israëlitas, ne incestis polluantur, veluti Canahanitae, ne ipsos terra evomat, sicuti evomuit illas gentes, quae illa loca inhabitabant. Et Deut. cap. 8 v. 19-20 ipsis expressissimis verbis totalem ruinam minatur. Sic enim ait, *testor vobis hodie, quod absolute peribitis, sicuti gentes, quas Deus ex vestrâ praesentiâ perire facit, sic peribitis.* Et ad hunc modum alia in Lege reperiuntur, quae expresse indicant, Deum non absolute, neque in aeternum Hebraeam nationem elegisse. Si itaque Prophetae iis novum, et aeternum foedus Dei cognitionis, amoris, et gratiae praedixerunt, id piis tantum promitti facile convincitur; nam in eodem Ezechiëlis capite, quod modo citavimus, expresse dicitur, quod Deus ab iis separabit rebelles, et deficientes, et Tsephoniae cap. 3 v. 12-13, quod Deus superbos auferet e medio, et pauperes superstites faciet, et quia haec electio veram virtutem spectat, non putandum est, quod piis Judaeorum tantum, caeteris exclusis, promissa fuerit, sed plane credendum gentiles veros prophetas, quos omnes nationes habuisse ostendimus, eandem etiam fidelibus suarum Nationum promisisse, eosque eâdem solatos fuisse. Quare hoc aeternum foedus Dei cognitionis, et amoris universale est, etiam ex Tsephoniae cap. 3 v. 10-11 evidentissime constat, adeoque hac in re nulla est admittenda differentia inter Judaeos, et gentes, neque igitur etiam alia electio iis peculiaris praeter illam, quam jam ostendimus. Et quod prophetae, dum de hac electione, quae solam veram virtutem spectat, multa de sacrificiis, et aliis caeremoniis, Templi, et Urbis reaedificatione misceant, pro more, et natura prophetiae res spirituales sub talibus figuris explicare voluerunt, ut Judaeis, quorum erant prophetae, imperii, et Templi restaurationem, tempore Cyri expectandam, simul indicarent. Quare hodie Judaei nihil prorsus habent, quod sibi supra omnes nationes tribuere possint. Quod autem tot annos dispersi absque imperio perstiterint, id minime mirum, postquam se ab omnibus nationibus ita separaverunt, ut omnium odium in se converterint, idque non tantum ritibus externis, ritibus caeterarum nationum contrariis, sed etiam signo circumcisionis, quod religiosissime servant. Quod autem nationum odium eos admodum conservet, id jam experientia docuit. Cum rex Hispaniae olim Judaeos coëgit regni religionem admittere, vel in exilium ire, perplurimi Judaei pontificiorum religionem admiserunt; sed quia iis, qui religionem admiserunt, omnia Hispanorum naturalium privilegia concessa sunt, iique omnibus honoribus digni existimati sunt, statim ita se Hispanis immiscuerunt, ut pauco post tempore nullae eorum reliquiae manserint, neque ulla memoria. At plane contra iis contigit, quos rex Lusitanorum religionem sui imperii admittere coëgit, qui semper, quamvis ad religionem conversi, ab omnibus separati vixerunt, nimirum quia eos omnibus honoribus indignos declaravit. Signum circumsicionis etiam hac in re tantum posse existimo, ut mihi persuadeam, hoc unum hanc nationem in aeternum conservaturum, imo nisi fundamenta suae religionis eorum animos effoeminarent, absolute crederem, eos aliquando, data occasione, ut sunt res humanae mutabiles, suum imperium iterum erecturos, Deumque eos de novo electurum. Cujus etiam rei exemplum praeclarum habemus in Chinensibus, qui etiam comma aliquod in capite religiosissime servant, quo se ab omnibus aliis separant, et ita separati tot annorum millia se conservaverunt, ut antiquitate reliquas omnes nationes longe superent; nec semper imperium ostinuerunt, attamen illud amissum recuperaverunt, et sine dubio iterum recuperabunt, ubi Tartarorum animi prae luxu divitiarum, et socordia languescere incipient. Denique si quis vellet defendere, Judaeos hac, vel alia de causa a Deo in aeternum electos fuisse, non ipsi repugnabo, modo statuat, hanc electionem, vel temporaneam, vel aeternam, quatenus ea tantum Judaeis peculiaris est, non respicere, nisi imperium, et corporis commoditates (quandoquidem hoc solum unam nationem ab alia distinguere potest), at ratione intellectus, et verae virtutis nullam nationem ab alia distingui, adeoque his in rebus nec a Deo unam prae alia eligi.

CAPUT IV. De lege divina

Legis nomen absolute sumptum significat id, secundum quod unumquodque individuum, vel omnia vel aliquot ejusdem speciei una, eademque certa ac determinata ratione agunt; ea vero vel a necessitate naturae, vel ab hominum placito dependet: Lex, quae a necessitate naturae dependet, illa est, quae ex ipsa rei natura sive definitione necessario sequitur; ab hominum placito autem, et quae magis proprie jus appellatur, est ea, quam homines ad tutius, et commodius vivendum, vel ob alias causas, sibi et aliis praescribunt. Ex. gr. quod omnia corpora, ubi in alia minora impingunt, tantum de suo motu amittunt, quantum aliis communicant, lex est universalis omnium corporum, quae ex necessitate naturae sequitur. Sic etiam, quod homo, cum unius rei recordetur, statim recordetur alterius similis, vel quam simul cum ipsa perceperat, lex est, quae ex naturâ humanâ necessario sequitur. At quod homines de suo jure, quod ex natura habent, cedant, vel cedere cogantur, et certae rationi vivendi sese adstringant, ex humano placito pendet. Et quamvis absolute concedam omnia ex legibus universalibus naturae determinari ad existendum, et operandum, certa, ac determinata ratione, dico tamen has leges ex placito hominum pendere.I. Quia homo, quatenus pars est naturae, eatenus partem potentiae naturae constituit; quae igitur ex necessitate naturae humanae sequuntur, hoc est, ex natura ipsa, quatenus eam per naturam humanam determinatam concipimus, ea, etiamsi necessario, sequuntur tamen ab humanâ potentiâ, quare sanctionem istarum legum ex hominum placito pendere optime dici potest, quia praecipue a potentia humanae mentis ita pendet, ut nihilominus humana mens, quatenus res sub ratione veri, et falsi percipit, sine hisce legibus clarissime concipi possit, at non sine lege necessaria, ut modo ipsam definivimus. II. Has leges ex placito hominum pendere etiam dixi, quia res per proximas suas causas definire, et explicare debemus, et illa universalis consideratio de fato, et concatenatione causarum, minime nobis inservire potest ad nostras cogitationes circa res particulares formandas, atque ordinandas. Adde, quod nos ipsam rerum coordinationem, et concatenationem, hoc est, quomodo res revera ordinatae, et concatenatae sunt, plane ignoremus, adeoque as usum vitae melius, imo necesse est, res ut possibiles considerare. Haec de lege absolute considerata.

Verum enimvero quoniam nomen legis per translationem ad res naturales applicatum videtur, et communiter per legem nihil aliud intelligitur, quam mandatum, quod homines et perficere, et negligere possunt, utpote, quia potentiam humanam sub certis limitibus, ultra quos se extendit, constringit, nec aliquid supra vires imperat; ideo Lex particularius definienda videtur, nempe, quod sit ratio vivendi, quam homo sibi, vel aliis ob aliquem finem praescribit. Attamen, quoniam verus finis legum paucis tantum patere solet, et perplurimum homines ad eum percipiendum fere inepti sunt, et nihil minus quam ex ratione vivunt, ideo legislatores, ut omnes aeque constringerent, alium finem, longe diversum ab eo, qui ex legum natura necessario sequitur, sapienter statuerunt, nempe legum propugnatoribus promittendo id, quod vulgus maxime amat, et contra iis, qui eas violarent, minitando id, quod maxime timet; sicque conati sunt vulgum, tanquam equum fraeno, quoad ejus fieri potest, cohibere; unde factum est, ut pro lege maxime haberetur ratio vivendi, quae hominibus ex aliorum imperio praescribitur: et consequenter ut ii, qui legibus otemperant, sub lege vivere dicantur, et servire videantur, et revera qui unicuique suum tribuit, quia patibulum timet, is ex alterius imperio et malo coactus agit, nec justus vocari potest; at is, qui unicuique suum tribuit, ex eo quod veram legum rationem, et earum necessitatem novit, is animo constanti agit, et ex proprio, non vero alieno decreto, adeoque justus merito vocatur: quod etiam Paulum docere voluisse puto, cum dixit, eos, qui sub lege vivebant, per legem justificari non potuisse; justitia enim, ut communiter definitur, est constans et perpetua voluntas jus suum cuique tribuendi; et ideo Salomon cap. 21 v. 15 Prov. ait, Justum laetari, cum sit Judicium, iniquos autem pavere. Cum itaque Lex nihil aliud sit, quam ratio vivendi, quam homines ob aliquem finem sibi, vel aliis praescribunt, ideo Lex distinguenda videtur in humanam, et divinam; per humanam intelligo rationem vivendi, quae ad tutendam vitam, et rempublicam tantum inservit; per divinam autem, quae solum summum bonum, hoc est, Dei veram cognitionem, et amorem spectat. Ratio, cur hanc legem voco divinam, est propter summi boni naturam, quam hic paucis, et quam clare potero, jam ostendam.

Cum melior pars nostri sit intellectus, certum est, si nostrum utile revera quaerere velimus, nos supra omnia debere conari, ut eum quantum fieri potest, perficiamus; in ejus enim perfectione summum nostrum bonum consistere debet. Porro quoniam omnis nostra cognitio, et certitudo, quae revera omne dubium tollit, a sola Dei cognitione dependet, tum quia sine Deo nihil esse, neque concipi potest, tum etiam, quia de omnibus dubitare possumus, quam diu Dei nullam claram, et distinctam habemus ideam, hinc sequitur, summum nostrum bonum, et perfectionem a sola Dei cognitione pendere etc. Deinde cum nihil sine Deo nec esse, nec concipi possit, certum est, omnia, quae in natura sunt, Dei conceptum, pro ratione suae essentiae suaeque perfectionis involvere, atque exprimere, ac proinde nos, quo magis res naturales cognoscimus, eo majorem, et perfectiorem Dei cognitionem acquirere; vel (quoniam cognitio effectus per causam nihil aliud est, quam causae proprietatem aliquam cognoscere) quo magis res naturales cognoscimus, eo Dei essentiam (quae omnium rerum causa est) perfectius cognoscere; atque adeo tota nostra cognitio, hoc est, summum nostrum bonum, non tantum a Dei cognitione dependet, sed in eadem omnino consistit: quod etiam ex hoc sequitur, quod homo pro natura, et perfectione rei, quam prae reliquis amat, eo etiam perfectior est, et contra: adeoque ille necessario perfectissimus est, et de summa beatitudine maxime participat, qui Dei, entis nimirum perfectissimi, intellectualem cognitionem supra omnia amat, eâdemque maxime delectatur. Huc itaque nostrum summum bonum, nostraque beatitudo redit, in cognitionem scilicet et amorem Dei. Media igitur, quae hic finis omnium humanarum actionum, nempe ipse Deus, quatenus ejus idea in nobis est; exigit, jussa Dei vocari possunt, quia quasi ab ipso Deo, quatenus in nostra mente existit, nobis praescribuntur, atque adeo ratio vivendi, quae hunc finem spectat, lex Divina optime vocatur. Quaenam autem haec media sint, et quaedam ratio vivendi, quam hic finis exigit, et quomodo hunc optimae reipublicae fundamenta sequantur, et ratio vivendi inter homines, ad universalem Ethicam pertinet. Hic non nisi de lege divina in genere pergam agere.

Cum itaque amor Dei summa hominis foelicitas sit, et beatitudo, et finis ultimus, et scopus omnium humanarum actionum, sequitur eum tantum legem divinam sequi, qui Deum amare curat, non ex timore supplicii, nempe prae amore alterius rei, ut deliciarum, famae etc., sed ex eo solo, quod Deum novit, sive quod novit, Dei cognitionem, et amorem, summum esse bonum. Legis igitur divinae summae, ejusque summum praeceptum est, Deum ut summum bonum amare, nempe ut jam diximus, non ex metu alicujus supplicii, et poenae, nec prae amore alterius rei, quâ delectari cupimus: hoc enim idea Dei dictat, Deum summum esse nostrum bonum, sive Dei cognitionem, et amorem, finem esse ultimum, ad quem omnes actiones nostrae sunt dirigendae. Homo tamen carnalis haec intelligere nequit, et ipsi vana videntur, quia nimis jejunam Dei habet cognitionem, et etiam quia in hoc summo bono nihil repperit, quod palpet, comedat, aut denique quod carnem, quâ maxime delectatur, afficiat, utpote, quod in sola speculatione, et pura mente consistit. At ii, qui norunt se nihil intellectu, et sana mente praestantius habere, haec, sine dubio, solidissima judicabunt. Explicuimus itaque, in quo potissimum lex divina consistit, et quaenam sint leges humanae, nempe omnes illae, quae alium scopum collimant, nisi ex revelatione fancitae fuerint; nam hac etiam consideratione res ad Deum referuntur (ut supra ostendimus), et hoc sensu lex Mosis, quamvis non universalis, sed maxime ad ingenium et singularem conservationem unius populi accommodata fuerit, vocari tamen potest Lex Dei, sive Lex divina; quandoquidem credimus, eam lumine prophetico fancitam fuisse. Si jam ad Naturam legis divinae naturalis, ut eam modo explicuimus, attendamus, videbimus, I. eam esse universalem, sive omnibus hominibus communem; eam enim ex universali humanâ naturâ deduximus; II. eam non exigere fidem historiarum, quaecumque demum eae fuerint, nam quandoquidem haec Lex divina naturalis ex sola consideratione humanae naturae intelligatur, certum est, nos eam aeque concipere posse in Adamo, ac alio quocunque homine, aeque in homine, qui inter homines vivit, ac in homine, qui solitariam vitam agit. Nec fides historiarum, quantumvis certa, Dei cognitionem, et consequenter nec etiam Dei amorem nobis dare potest; amor enim Dei ab ejus cognitione oritur; ejus autem cognitio ex communibus notionibus per se certis, et notis hauriri debet, quare longe abest, ut fides historiarum requisitum sit necessarium, ut ad summum nostrum bonum perveniamus. Attamen, quamvis fides historiarum Dei cognitionem et amorem nobis dare nequeat, earum tamen lectionem, ratione vitae civilis, perutilem esse, non negamus; quo enim hominum mores, et conditiones, quae ex nulla re melius, quam ex eorum actionibus nosci possunt, observaverimus, et melius noverimus, eo inter ipsos cautius vivere, nostrasque actiones, et vitam eorum ingenio, quantum ratio fert, melius accommodare poterimus. Videmus III. hanc legem divinam naturalem non exigere caeremonias, hoc est, actiones, quae in se indifferentes sunt, et solo instituto bonae vocantur, vel, quae aliquod bonum ad salutem necessarium repraesentant, vel, si mavis, actiones, quarum ratio captum humanum superat; nihil enim lumen naturale exigit, quod ipsum lumen non attingit, sed id tantum, quod nobis clarissime indicare potest, bonum, sive medium ad nostram beatitudinem esse: Quae autem ex solo mandato, et instituto bona sunt, vel ex eo, quod alicujus boni sint repraesentamina, ea nostrum intellectum perficere nequeunt, nec aliud, nisi merae umbrae sunt, nec inter actiones, quae quasi proles, aut fructus intellectus, et sanae mentis sunt, numerari possunt. Quod hic non opus est, prolixius ostendere. IV. Denique vidimus summum legis divinae praemium esse, ipsam legem, nempe Deum cognoscere, eumque ex vera libertate, et animo integro et constante amare, poenam autem, horum privationem, et carnis servitutem, sive animum inconstantem, et fluctuantem. His sic notatis inquirendum jam est, I. num lumine naturali concipere possumus, Deum veluti legislatorem, aut principem leges hominibus praescribentem; II. quid Sacra Scriptura de lumine, et lege hac naturali doceat; III. quem ad finem caeremoniae olim institutae fuerunt; IV. denique quid referat sacras historias scire, et eis credere ? De primis duobus in hoc capite, de duobus autem ultimis in sequente agam. Quid circa primum statuendum sit, facile deducitur ex natura voluntatis Dei, quae a Dei intellectu non nisi respectu nostrae rationis distinguitur, hoc est, Dei voluntas, et Dei intellectus in se revera unum et idem sunt; nec distinguuntur, nisi respectu nostrarum cogitationum, quas de Dei intellectu formamus. Exempli gratia, cum ad hoc tantum attendimus, quod natura trianguli in natura divina ab aeterno continetur, tanquam aeterna veritas, tum dicimus Deum trianguli ideam habere, sive naturam trianguli intelligere; sed cum postea ad hoc attendimus, quod natura trianguli sic in natura divina continetur, ex sola necessitate divinae naturae, et non ex necessitate essentiae et naturae trianguli, imo, quod necessitas essentiae, et proprietatum trianguli, quatenus etiam ut aeternae veritates concipiuntur, a sola necessitate divinae naturae et intellectus pendeat, et non ex natura trianguli, tum id ipsum, quod Dei intellectum vocavimus, Dei voluntatem sive decretum appellamus. Quare respectu Dei unum et idem affirmamus, cum dicimus, Deum ab aeterno decrevisse, et voluisse tres angulos trianguli aequales esse duobus rectis, vel Deum hoc ipsum intellexisse. Unde sequitur, Dei affirmationes et negationes aeternam semper necessitatem sive veritatem involvere. Si itaque, exempli gratia, Deus Adamo dixit, se nolle, ut de arbore cognitionis boni et mali comederet, contradictionem implicaret, Adamum de illa arbore posse comedere, adeoque impossibile foret, ut Adamus de ea comederet; nam divinum illud decretum aeternam necessitatem et veritatem debuisset involvere. Verum quoniam Scriptura tamen narrat, Deum id Adamo praecepisse, et nihilominus Adamum de eadem comedisse, necessario dicendum est, Deum Adamo malum tantum revelavisse, quod eum necessario sequeretur, si de illa arbore comederet, at non necessitatem consecutionis illius mali: Unde factum est, ut Adamus illam revelationem non ut aeternam et necessariam veritatem perceperit, sed ut legem, hoc est, ut institutum, quod lucrum aut damnum sequitur, non ex necessitate et natura actionis patratae, sed ex solo libitu et absoluto imperio alicujus Principis. Quare illa revelatio respectu solius Adami, et propter solum defectum ejus cognitionis lex fuit, Deusque quasi legislator aut Princeps. Et hac etiam de causa, nempe ob defectum cognitionis, Decalogus, respectu Hebraeorum tantum, lex fuit; nam quoniam Dei existentiam ut aeternam vertitatem non noverant, ideo id, quod ipsis in Decalogo revelatum fuit, nempe Deum existere, Deumque solum adorandum esse, tanquam legem percipere debuerunt: quod si Deus nullis mediis corporeis adhibitis, sed immediate iis loquutus fuisset, hoc ipsum non tanquam legem, sed tanquam aeternam veritatem percepissent. Atque hoc, quod de Israëlitis et Adamo dicimus, de omnibus etiam Prophetis, qui nomine Dei leges scripserunt, dicendum, videlicet, quod Dei decreta non adaequate, ut aeternas veritates perceperunt. Ex. gr. de ipso Mose etiam dicendum est, eum ex revelatione vel ex fundamentis ei revelatis percepisse modum, quo populus Israëliticus in certa mundi plaga optime uniri posset, et integram societatem formare, sive imperium erigere; deinde etiam modum, quo ille populus optime posset cogi ad obediendum, sed non percepisse, nec ipsi revelatum fuisse, modum illum optimum esse, neque etiam, quod ex populi communi obedientiâ in tali mundi plaga necessario sequeretur scopus, ad quem collimabant. Quapropter haec omnia non ut aeternas veritates, sed ut praecepta et instituta percepit, et tanquam Dei leges praescripsit; et hinc factum est, ut Deum rectorem, legislatorem, regem, misericordem, justum etc. imaginaretur; cum tamen haec omnia solius humanae naturae sint attributa, et a natura divina prorsus removenda: atque hoc inquam de solis Prophetis dicendum, qui nomine Dei leges scripserunt, non autem de Christo; de Christo enim, quamvis is etiam videatur leges Dei nomine scripsisse, sentiendum tamen est, eum res vere et adaequate percepisse: nam Christus non tam Propheta, quam os Dei fuit. Deus enim per mentem Christi (ut in cap. I ostendimus) sicuti ante per Angelos, nempe per vocem creatam, visiones etc. quaedam humano generi revelavit. Quapropter aeque a ratione alienum esset, statuere Deum suas revelationes opinionibus Christi accommodavisse, ac, quod Deus antea suas revelationes opinionibus angelorum, hoc est, vocis creatae, et visionum accommodaverit, ut res revelandas Prophetis communicaret, quo quidem nihil absurdius statui posset; praesertim cum non ad solos Judaeos, sed totum humanum genus docendum missus fuerit, adeoque non satis erat, ut mentem opinionibus Judaeorum tantum accommodatam haberet, sed opinionibus et documentis humano generi universalibus, hoc est, notionibus communibus, et veris. Et sane ex hoc, quod Deus Christo, sive ejus menti sese immediate revelaverit, et non ut Prophetis, per verba, et imagines, nihil aliud intelligere possumus, quam quod Christus res revelatas vere percepit, sive intellexit; tum enim res intelligitur, cum ipsa purâ mente extra verba et imagines percipitur. Christus itaque res revelatas vere et adequate percepit; si igitur eas tanquam leges unquam praescripsit, id propter populi ignorantiam et pertinaciam fecit; quare hac in re vicem Dei gessit, quod sese ingenio populi accommodavit, et ideo, quamvis aliquantulum clarius, quam caeteri Prophetae loquutus sit, obscure tamen, et saepius per parabolas res revelatas docuit, praesertim quando iis loquebatur, quibus nondum datum erat, intelligere regnum coelorum (vide Matth. cap. 13 v. 10 etc.), et sine dubio eos, quibus datum erat mysteria coelorum noscere, res ut aeternas veritates docuit, non vero ut leges praescripsit, et hac ratione eos a servitute legis liberavit, et nihilominus legem hoc magis confirmavit et stabilivit, eorumque cordibus penitus inscripsit. Quod etiam Paulus quibusdam in locis indicare videtur: nempe Epistol. ad Rom. cap. 7 v. 6 et cap. 3 v. 28. Attamen nec ille etiam aperte loqui vult, sed, ut ipse ait cap. 3 v. 5 et cap. 6 v. 19 ejusdem Epistolae, humano more loquitur, quod expresse dicit, cum Deum justum vocat, et sine dubio etiam propter carnis imbecillitatem Deo misericordiam, gratiam, iram, etc. affingit, et ingenio plebis, sive (ut ipse etiam ait cap. 3 v. 1-2 Epistol. 1 ad Corinth.) hominum carnalium sua verba accommodat: nam cap. 9 v. 18 epist. ad Rom. absolute docet, Dei iram, ejusque misericordiam non ab humanis operibus, sed a sola Dei vocatione, hoc est, voluntate pendere; deinde quod ex operibus legis nemo fiat justus, sed ex sola fide (vide ep. ad Rom. cap. 3 v. 28), per quam sane nihil aliud intelligit, quam plenum animi consensum, et denique, quod nemo fiat beatus, nisi mentem Christi in se habeat (vide Epist. ad Rom. cap. 8 v. 9), quâ scilicet leges Dei, ut aeternas veritates percipiat. Concludimus itaque, Deum non nisi ex captu vulgi, et ex solo defectu cogitationis tanquam legislatorem aut principem describi, et justum, misericordem, etc. vocari, Deumque revera ex solius suae naturae, et perfectionis necessitate agere, et omnia dirigere, et ejus denique decreta, et volitiones aeternas esse veritates, semperque necessitatem involvere: idque est, quod primo in loco explicare, et ostendere constitueram. Ad secundum igitur transeamus, et Sacram Paginam percurramus, et quid ipsa de lumine naturali et lege hac divina docet, videamus. Primum, quod nobis occurrit, est ipsa primi hominis historia, ubi narratur, Deum Adamo praecepisse, ne comederet de fructu arboris cognitionis boni et mali, quod significare videtur, Deum Adamo praecepisse bonum agere, et quaerere sub ratione boni, et non quatenus contrarium est malo, hoc est, ut bonum ex amore boni quaereret, non autem ex timore mali: qui enim, ut jam ostendimus, bonum agit ex vera boni cognitione et amore, libere et constanti animo agit, qui autem ex timore mali, is malo coactus, et serviliter agit, et sub imperio alterius vivit, atque adeo hoc unicum, quod Deus Adamo praecipit, totam legem divinam naturalem comprehendit, et cum dictamine luminis naturalis absolute convenit, nec difficile esset, totam istam primi hominis historiam, sive parabolam ex hoc fundamento explicare; sed malo id missum facere, cum quia non possum absolute esse certus, num mea explicatio cum scriptoris mente conveniat, tum quia plerique non concedunt, hanc historiam esse parabolam, sed plane statuunt, eam simplicem narrationem esse. Praestabilius erit igitur, alia Scripturae loca in medium adferre, illa praesertim, quae ab eo dictata sunt, qui ex vi luminis naturalis, quo omnes sui aevi sapientes superavit, loquitur, et cujus sententias aeque sancte, ac Prophetarum amplexus est populus; Salomonem puto, cujus non tam Prophetia et pietas, quam prudentia et sapientia in sacris commendatur. Is in suis Proverbiis vocat humanum intellectum verae vitae fontem, et infortunium in sola stultitia constituit. Sic enim ait cap. 16 v. 22 *fons vitae* (est) *intellectus sui domini*[17], *et supplicium stultorum est stultitia*; ubi notandum, quod per vitam absolute hebraice vera vita intelligatur, ut patet ex Deut. cap. 30 v. 19. Fructum igitur intellectus in solâ verâ vitâ constituit, et supplicium in sola ejus privatione, quod quidem absolute convenit cum eo, quod IV. loco notavimus circa legem divinam naturalem: quod autem hic fons vitae, sive, quod solus intellectus, ut etiam ostendimus, leges sapientibus praescribit, aperte ab eodem hoc sapiente docetur; ait enim cap. 13 v. 14 *Lex prudentis* (est) *fons vitae*, id est, ut ex modo allato textu patet, intellectus. Porro cap. 3 v. 13 expressissimis verbis docet, intellectum hominem beatum et foelicem reddere, veramque animi tranquillitatem dare. Sic enim ait *beatus homo, qui invenit scientiam, et filius hominis, qui intelligentiam eruit*. Ratio est (ut v. 16-17 pergit), quia *directe dat dierum longitudinem*[18] *indirecte divitias et honorem; ejus viae* (quas nimirum scientia indicat) *amoenae sunt, et omnes ejus semitae pax*. Soli igitur sapientes ex sententia etiam Salomonis animo pacato et constante vivunt, non ut impii, quorum animus contrariis affectibus fluctuat, adeoque (ut Esaias etiam ait cap. 57 v. 20) pacem, neque quietem

---

[17] Hebraismus. Qui rem aliquam habet vel in sua natura continet, ejus rei Dominus vocatur : Sic avis Dominus alarum hebraice vocatur, quia alas habet. Dominus intellectus, intelligens, quia intellectum habet.

[18] Hebraismus, nihil aliud significans quam vitam.

habent. Denique in his Salomonis Proverbiis maxime nobis notanda sunt, quae habentur in secundo cap., utpote quae nostram sententiam quam clarissime confirmant; sic enim v. 3 ejusdem cap. incipit *nam si prudentiam inclamabis, et intelligentiae dederis vocem tuam, etc., tunc timorem Dei intelliges, et Dei scientiam* (vel potius amorem; nam haec duo verbum *Jadah* significat) *invenies; nam* (NB) *Deus dat sapientiam: ex ore suo* (manat) *scientia et prudentia.* Quibus sane verbis clarissime indicat, I. quod sola sapientia, sive intellectus nos doceat, Deum sapienter timere, hoc est, vera religione colere. Deinde docet,sapientiam, et scientiam ex Dei ore fluere, Deumque illam dare, quod quidem nos etiam supra ostendimus, nempe, quod noster intellectus nostraque scientia a sola Dei idea sive cognitione pendeat, oriatur, et perficiatur. Pergit deinde v. 9 expressissimis verbis docere, hanc scientiam veram Ethicam, et Politicam continere, et ex ea deduci, *tunc intelliges Justitiam, et Judicium, et rectitudines,* (et) *omnem bonam semitam,* nec his contentus pergit, *quando intrabit scientia in cor tuum, et sapientia tibi erit suavis; tum tua*[19] *providentia tibi vigilabit, et prudentia te custodiet.* Quae omnia cum scientia naturali plane conveniunt; haec enim Ethicam docet, et veram virtutem, postquam rerum cognitionem acquisivimus, et scientiae praestantiam gustavimus. Quare foelicitas, et tranquillitas ejus, qui naturalem intellectum colit, ex mente Salomonis etiam, non ab imperio fortunae (hoc est Dei auxilio externo), sed a sua interna virtute (sive Dei auxilio interno) maxime pendet, nempe, quia vigilando, agendo, et bene consulendo se maxime conservat. Denique nequaquam hic praetereundus est locus Pauli, qui habetur cap. 1 v. 20 Epist. ad Rom., ubi (ut Tremellius vertit ex Syriaco textu) sic ait, *occulta enim Dei, a fundamentis mundi, in creaturis suis per intellectum conspiciuntur, et virtus et divinitas ejus, quae est in aeternum, adeo ut sint sine effugio.* Quibus satis clare indicat, unumquemque lumine naturali clare intelligere Dei virtutem, et aeternam divinitatem, ex qua scire et deducere possunt, quid iis quaerendum, quidve fugiendum sit, adeoque concludit, omnes sine effugio esse, nec ignorantiâ excusari posse, quod profecto possent, si de lumine supra naturali loqueretur, et de carnali Christi passione, et resurrectione etc. Et ideo paulo infra v. 24 sic pergit, *propter hoc tradidit eos Deus in concupiscentias immundas cordis eorum* etc. usque ad finem capitis, quibus vitia ignorantiae describit, eaque tanquam ignorantiae supplicia enarrat, quod plane convenit cum Proverbio illo Salomonis cap. 15 v. 22, quod jam citavimus, nempe, *et supplicium stultorum est stultitia.* Quare non mirum, quod dicat Paulus maleficos esse inexcusabiles: Nam prout unusquisque seminat, ita metet, ex malis mala necessario sequuntur, nisi sapienter corrigantur, et ex bonis bona,

---

[19] mezima proprie cogitationem, deliberationem, et vigilantiam significat.

si animi constantia comitetur. Scriptura itaque lumen, et legem divinam naturalem absolute commendat; atque his, quae in hoc capite agere proposueram, absolvi.

CAPUT V. De ratione, cur caeremoniae institutae fuerint, et de fide historiarum, nempe, qua ratione, et quibus ea necessaria sit

In superiore capite ostendimus, legem divinam, quae homines vere beatos reddit, et veram vitam docet, omnibus esse hominibus universalem; imo eam ex humana natura ita deduximus, ut ipsa humanae menti innata, et quasi inscripta existimanda sit. Cum autem caeremoniae, eae saltem, quae habentur in Vetere Testamento, Hebraeis tantum institutae, et eorum imperio ita accommodatae fuerint, ut maxima ex parte ab universa societate, non autem ab unoquoque exerceri potuerint, certum est, eas ad legem divinam non pertinere, adeoque nec etiam ad beatitudinem et virtutem aliquid facere; sed eas solam Hebraeorum electionem, hoc est (per ea, quae in tertio capite ostendimus) solam corporis temporaneam foelicitatem, et imperii tranquillitatem respicere, proptereaque nonnisi stante eorum imperio, ullius usus esse potuisse. Si eae igitur in Vetere Testamento ad legem Dei referebantur, id propterea tantum fuit, quia ex revelatione vel ex fudamentis revelatis institutae fuerunt. Verum quia ratio tametsi solidissima apud communes theologos non multum valet, lubet hic haec, quae modo ostendimus Scripturae etiam authoritate confirmare; et deinde ad majorem perspicuitatem ostendere, qua ratione, et quomodo caeremoniae ad imperium Judaeorum stabiliendum et conservandum inserviebant. Esaias nihil clarius docet, quam quod lex divina absolute sumpta significet illam legem universalem, quae in verâ vivendi ratione consistit, non autem caeremonias. Capite enim I v. 10 propheta gentem suam vocat ad Legem divinam ex se audiendam, ex qua prius omnia sacrificiorum genera secludit, et omnia festa, et tandem legem ipsam docet (vide v. 16-17), atque his paucis comprehendit, nempe in purificatione animi, et virtutis sive bonarum actionum usu seu habitu, et denique inopi auxilium ferendo. Nec minus luculentum testimonium est illud Psalmi 40 v. 7-9; hic enim Psaltes Deum alloquitur *sacrificium et munus non voluisti[20], aures mihi persodisti, holocaustum, et peccati oblationem non petiisti; tuam voluntatem exequi, mi Deus, volui; nam lex tua est im meis visceribus.* Vocat igitur illam tantum legem Dei, quae visceribus, vel menti inscripta est, et ab ea

---

[20] Est phrasis ad significandum perceptionem.

caeremonias secludit; nam eae ex solo instituto, et non ex natura sunt bonae, adeoque neque mentibus inscriptae. Praeter haec alia adhuc in Scriptura reperiuntur, quae idem testantur, sed haec duo attulisse sufficit. Quod autem caeremoniae nihil ad beatitudinem juvent, sed quod tantum imperii temporaneam foelicitatem respiciant, etiam ex ipsa Scriptura constat, quae pro caeremoniis nihil nisi corporis commoda, et delicias promittit, et pro sola lege divina universali beatitudinem. In quinque enim libris, qui Mosis vulgo dicuntur, nihil aliud, ut supra diximus, promittitur, quam haec temporanea foelicitas, nempe honores, sive fama, victoriae, divitiae, deliciae, et valetudo. Et quamvis quinque illi libri, praeter caeremonias, multa moralia contineant, haec tamen in iis non continentur, tanquam documenta moralia, omnibus hominibus universalia, sed tanquam mandata ad captum, et ingenium solius hebraeae nationis maxime accommodata, et quae adeo etiam solius imperii utilitatem spectant. Ex gr. Moses non tanquam doctor aut propheta Judaeus docet, ne occidant neque furentur, sed haec tanquam legislator et princeps jubet; non enim documenta ratione comprobat, sed jussibus poenam addit, quae pro ingenio uiuscujusque nationis variare potest et debet, ut experientia satis docuit. Sic etiam jussum de non committendo adulterio, solius rei publicae et imperii utilitatem respicit; nam si documentum morale docere voluisset, quod non solam reipublicae utilitatem, sed animi tranquillitatem, et veram uniuscujusque beatitudinem respiceret, tum non tantum actionem externam, sed et ipsum animi consensum damnaret, ut Christus fecit, qui documenta universalia tantum docuit (vide Matth. cap. 5 v. 28), et hac de causa Christus praemium spirituale, non autem ut Moses corporeum promittit; nam Christus, uti dixi, non ad imperium conservandum, et leges instituendum, sed ad solam legem universalem docendum missus fuit; et hinc facile intelligimus, Christum legem Mosis minime abrogavisse, quandoquidem Christus nullas novas leges in rempublicam introducere voluerit, nec aliud magis curaverit, quam documenta moralia docere, eaque a legibus Reipublicae distinguere, idque maxime propter Pharisaeorum ignorantiam, qui putabant, illum beate vivere, qui jura Reipublicae sive legem Mosis defendebat; cum tamen ipsa, uti diximus, nullam nisi Reipublicae rationem habuerit, nec tam ad Hebraeos docendum, quam cogendum inserviverit. Sed ad nostrum propositum revertamur, et alia Scripturae loca, quae pro caeremoniis nihil praeter corporis commoda, et pro solâ lege divina universali beatitudinem promittunt, in medium proferamus. Inter prophetas nemo clarius quam Esaias hoc docuit; hic enim cap. 58, postquam hypocrisin damnavit, libertatem, et charitatem erga se, et proximum commendat, et pro his haec promittit *tunc erumptet sicuti aurora lux tua, et tua sanitas protinus efflorescet, et ibit ante te justitia tua, et gloria Dei te²¹ aggregabit* etc. Post haec sabbatum etiam commendat, pro cujus in observando diligentia, hoc promittit *tunc²² cum Deo delectaberis, et te²³ quitare faciam super excelsa terrae, et faciam, ut comedas haereditatem Jacobi, tui patris, ut os Jehovae locutum est.* Videmus itaque prophetam pro libertate, et charitate mentem sanam in corpore sano, Deique gloriam etiam post mortem promittere: pro caeremoniis autem nihil nisi imperii securitatem, prosperitatem, et corporis foelicitatem. In Psalmis 15 et 24 nulla fit caeremoniarum mentio, sed tantum documentorum moralium, nimirum, quia in iis de sola beatitudine agitur, eaque sola proponitur, quamvis tamen parabolice; nam certum est, ibi per montem Dei, ejusque tentoria, et horum inhabitationem, beatitudinem, et animi tranquillitatem, non vero montem Hierosolymae, neque Mosis tabernaculum intelligi; haec enim loca a nemine inhabitabantur, nec nisi ab iis, qui ex sola tribu Levi erant, administrabantur. Porro omnes etiam illae Salomonis sententiae, quas in superiore capite attuli, pro solo cultu intellectus et sapientiae, veram promittunt beatitudinem, nempe, quod ex ea tandem timor Dei intelligetur, et Dei scientia invenietur. Quod autem Hebraei post destructum eorum imperium non tenentur caeremonias exercere, patet ex Jeremia, qui, ubi urbis vastationem prope instare vidit, et praedicat, ait *Deum eos tantum diligere, qui sciunt et intelligunt, quod ipse exercet misericordiam, judicium, et justitiam in mundo; adeoque in posterum non nisi eos, qui haec norunt, laude dignos aestimandos esse* (vide cap. 9 v. 23), quasi diceret, Deum post urbis vastationem nihil singulare a Judaeis exigere, nec aliud ab iisdem in posterum petere praeter legem naturalem, quâ omnes mortales tenentur. Novum praeterea Testamentum hoc ipsum plane confirmat, in eo enim, uti diximus, documenta tantum moralia docentur, et pro iis regnum coeleste promittitur, caeremonias autem, postquam Euangelium aliis etiam gentibus, qui alterius Reipublicae jure tenebantur, praedicari incepit, missas fecerunt apostoli; quod autem Pharisaei post amissum imperium eas, aut saltem magnam earum partem retinuerint, id magis animo Christianis adversandi, quam Deo placendi fecerunt. Nam post primam urbis vastationem, cum Babylonem captivi ducti fuerunt, quia tum in sectas non erant, quod sciam, divisi, statim caeremonias neglexerunt, imo toti legi Mosis valedixerunt, patriaeque jura oblivioni, ut plane superflua, tradiderunt,

---

²¹ Hebraismus, quo tempus mortis significatur, aggregari ad populos suos, mori significat, vide Genes. cap. 49 v. 29, 33.
²² Significat honeste delectari sicuti etiam belgice dicitur, met Godt, en met eere.
²³ Significat imperium, tanquam equum fraeno tenere.

et se cum caeteris nationibus immiscere inceperunt, ut ex Hezdra, et Nehemia satis superque constat; quare non dubium est, quin Judaei, jam post dissolutum imperium, lege Mosis non magis teneantur, quam antequam eorum societas, et Respublica inceperit; dum enim inter alias Nationes, ante exitum ex Aegypto vixerunt, nullas leges peculiares habuerunt, nec ullo, nisi naturali jure, et sine dubio, etiam jure Reipublicae, in qua vivebant, quatenus legi divinae naturali non repugnabat, tenebantur. Quod autem Patriarchae Deo sacrificaverunt, id fecisse puto, ut suum animum, quem a pueritia sacrificiis assuetum habebant, magis ad devotionem incitarent; omnes enim homines a tempore Enos sacrificiis plane consueverant, ita ut iis solis maxime ad devotionem incitarentur. Patriarchae igitur non ex jure aliquo divino imperante, vel ex universalibus fundamentis legis divinae edocti, sed ex sola illius temporis consuetudine, Deo sacrificaverunt, et si ex alicujus mandato id fecerunt, mandatum illud nullum aliud fuit, quam jus Reipublicae, in quâ vivebant, quo etiam (ut jam hic, et etiam capite tertio, cum de Malkitsedek loquuti sumus, notavimus) tenebantur.

His puto, me meam sententiam Scripturae authoritate confirmavisse; superest jam ostendere, quomodo et qua ratione caeremoniae inserviebant ad imperium Hebraeorum conservandum, et stabiliendum; quod quam paucissimis potero, ex universalibus fundamentis ostendam. Societas non tantum ad secure ab hostibus vivendum, sed etiam ad multarum rerum compendium faciendum, perutilis est, et maxime etiam necessaria; nam, nisi homines invicem operam mutuam dare velint, ipsis et ars, et tempus deficeret ad se, quoad ejus fieri potest, sustentandum ,et conservandum. Non enim omnes ad omnia aeque apti sunt, nec unusquisque potis esset ad ea comparandum, quibus solus maxime indiget. Vires, et tempus, inquam, unicuique deficerent, si solus deberet arare, feminare, metere, molere, coquere, texere, fuere, et alia perplurima, ad vitam sustentandum efficere, ut jam taceam artes, et scientias, quae etiam ad perfectionem humanae naturae, ejusque beatitudinem sunt summe necessariae. Videmus enim eos, qui barbare sine politiâ vivunt, vitam miseram, et paene brutalem agere, nec tamen pauca illa, misera et impolita, quae habent, sine mutua opera, qualis qualis ea sit, sibi comparant. Jam si homines a natura ita essent constituti, ut nihil nisi id, quod vera ratio indicat, cuperent, nullis sane legibus indigeret societas, sed absolute sufficeret, homines vera documenta moralia docere, ut sponte integro et liberali animo id, quod vere utile est, agerent. Verum longe aliter cum humana natura constitutum est; omnes quidem suum utile quaerunt, at minime ex sanae rationis dictamine, sed perplurimum ex sola libidine, et animi affectibus abrepti (qui nullam temporis futuri, aliarumque rerum rationem habent) res appetunt, utilesque judicant. Hinc fit, ut nulla societas possit substitere, absque imperio, et vi, et consequenter legibus, quae hominum libidinem, atque effraenatum impetum moderentur, et cohibeant: non tamen humana natura patitur absolute se cogi, ut Seneca Tragicus ait, violenta imperia nemo continuit diu; moderata durant: quamdiu enim homines ex solo metu agunt, tamdiu id, quod maxime nolunt, faciunt, nec rationem utilitatis et necessitatis rei agendae tenent, sed id tantum curant, ne capitis, aut supplicii rei sint scilicet. Imo non possunt malo, aut damno imperatoris, quamvis cum suo magno etiam malo non tamen laetari, ipsique omnia mala non cupere, et, ubi poterunt, adferre. Homines deinde nihil minus pati possunt, quam suis aequalibus servire, et ab iis regi. Denique nihil difficilius, quam libertatem hominibus semel concessam iterum adimere. Ex his sequitur primo, quod vel tota societas, si fieri potest, collegialiter imperium tenere debet, ut sic omnes sibi, et nemo suo aequali servire teneatur, vel, si pauci, aut unus solus imperium teneat, is aliquid supra communem humanam naturam habere, vel saltem summis viribus conari debet, vulgo id persuadere. Deinde leges in quocunque imperio ita institui debent, ut homines non tam metu, quam spe alicujus boni, quod maxime cupiunt, retineantur; hoc enim modo unusquisque cupide suum officium faciet. Denique quoniam obedientia in eo consistit, quod aliquis mandata ex sola imperantis authoritate exequatur, hinc sequitur eandem in societate, cujus imperium penes omnes est, et leges ex communi consensu sanciuntur, nullum locum habere, et, sive in tali societate leges augeantur, vel minuantur, populum nihilominus aeque liberum manere, quia non ex authoritate alterius, sed ex proprio suo consensu agit. At contra accidit, ubi unus solus imperium absolute tenet; nam omnes ex sola authoritate unius mandata imperii exequuntur, adeoque, nisi ita ab initio educati fuerint, ut ab ore imperantis pendeant, difficile is poterit, ubi opus erit, novas leges instituere, et libertatem semel concessam populo adimere.

His sic universaliter consideratis, ad Hebraeorum rempublicam descendamus. Hi cum primum Egypto exiverunt, nullo alterius nationis jure amplius tenebantur, adeoque iis licebat, novas leges ad libitum sancire, sive nova jura constituere, et imperium, ubicunque locorum vellent, tenere et, quas terra vellent, occupare. Attamen ad nihil minus erant apti, quam ad jura sapienter constituendum, et imperium penes sese collegialiter retinendum; rudis fere ingenii omnes erant, et misera servitute confecti. Imperium igitur penes unum tantum manere debuit, qui caeteris imperaret, eosque vi cogeret, et qui denique leges praescriberet, et imposterum eas interpretaretur. Hoc autem imperium

Moses facile retinere potuit, quia divina virtute supra caeteros excellebat, et se eam habere populo persuasit, multisque testimoniis ostendit (vide Exodi cap. 14 vers. ultimo, et cap. 19 v. 9); is itaque virtute, qua pollebat, divinâ jura constituit, et populo praescripsit: at in iis summam curam gessit, ut populus, non tam metu, quam spontè suum officium faceret; ad quod haec duo eum maxime cogebant, populi scilicet ingenium contumax (quod sola vi cogi non patitur), et instans bellum; ubi, ut res prospere cedant, milites magis hortari, quam poenis, et minis territare necesse est: sic enim unusquisque magis studet virtute, et magnanimitate animi clarere, quam supplicium tantum vitare. Hac igitur de causâ Moses virtute, et jussu divino religionem in rempublicam introduxit, ut populus non tam ex metu, quam devotione suum officium faceret. Deinde eos beneficiis obligavit, et divinitus multa in futurum promisit, nec leges admodum severas sancivit, quod unusquisque, qui iis studuit, facile nobis concedet, praecipue si ad circumstantias, quae ad aliquem reum damnandum requirebantur, attenderit. Denique, ut populus, qui sui juris esse non poterat, ab ore imperantis penderet, nihil hominibus scilicet servituti assuetis ad libitum agere concessit; nihil enim populus agere poterat, quin simul teneretur legis recordari, et mandata exequi, quae a solo imperantis arbitrio pendebant; non enim ad libitum, sed secundum certum, et determinatum jussum legis licebat arare, seminare, metere, item nec aliquid comedere, induere, neque caput, et barbam radere, neque laetari, nec absolute aliquid agere licebat, nisi secundum jussa, et mandata in legibus praescripta, nec hoc tantum, sed etiam in postibus, manibus, et inter oculos signa quaedam habere tenebantur, quae eos semper obedientiam monerent. Hic igitur scopus caeremoniarum fuit, ut homines nihil ex proprio decreto, sed omnia ex mandato alterius agerent, et continuis actionibus, et meditationibus faterentur, se nihil prorsus sui, sed omnino alterius juris esse: ex quibus omnibus luce clarius constat, caeremonias ad beatitudinem nihil facere, et illas Veteris Testamenti, imo totam legem Mosis nihil aliud, quam Hebraeorum imperium, et consequenter nihil praeter corporis commoda spectavisse. Quod autem ad christianorum caeremonias attinet, nempe baptismum, coenam dominicam, festa, orationes externas, et si quae adhuc aliae, quae toti christianismo communes sunt, semperque fuerunt, si eae unquam a Christo, aut ab apostolis institutae sunt (quod adhuc mihi non satis constat), eae nonnisi ut universalis Ecclesiae signa externa institutae sunt, non autem ut res, quae ad beatitudinem aliquid faciunt, vel quae aliquid sanctimoniae in se habeant; quare, quamvis hae caeremoniae non ratione imperii, ratione tamen integrae societatis tantum institutae sunt; adeoque ille, qui solus vivit, iis minime tenetur; imo, qui in imperio, ubi christiana religio interdicta est, vivit, is ab his caeremoniis abstinere tenetur, et nihilominus poterit beate vivere. Hujus rei exemplum in regno Japonensium habetur, ubi christiana religio interdicta est, et Belgae, qui ibi habitant, ex mandato societatis Indiae Orientalis ab omni externo cultu abstinere tenentur; nec hoc alia authoritate jam confirmare puto; et quamvis non difficile foret, hoc ipsum etiam ex fundamentis Novi Testamenti deducere, et forte claris insuper testimoniis ostendere, haec tamen libentius missa facio, quia ad alia festinat animus. Pergo itaque ad id, de quo secundo loco in hoc capite agere constitui; scilicet quibus, et qua ratione fides historiarum in Sacris contentarum necessaria sit: Ut autem hoc lumine naturali investigetur, sic procedendum videtur.

Si quis hominibus aliquid suadere, vel dissuadere vult, quod per se notum non est, is, ut id iidem amplectantur, rem suam ex concessis deducere, eosque experientia vel ratione convincere debet, nempe ex rebus, quas per sensus experti sunt, in natura contingere, vel ex axiomatibus intellectualibus per se notis: at ni experientia talis sit, ut clare, et distincte intelligatur, quamvis hominem convincat, non tamen poterit ipsa intellectum aeque afficere, ejusque nebulas dissipare, ac cum res docenda ex solis axiomatibus intellectualibus, hoc est, ex sola virtute intellectus, ejusque in percipiendo ordine, deducitur, praesertim si quaestio de re spirituali, et quae sub sensus nullo modo cadit, sit. Verum quia ad res ex solis notionibus intellectualibus deducendum, longa perceptionum concatenatio saepissime requiritur, et praeterea etiam summa praecautio, ingenii perspicacitas, et summa continentia, quae omnia raro in hominibus reperiuntur, ideo homines ab experientia doceri malunt, quam omnes suas perceptiones ex paucis axiomatibus deducere, et invicem concatenare; unde sequitur, quod si quis doctrinam aliquam integram nationem, ne dicam, universum humanum genus docere, et ab omnibus in omnibus intelligi vult, is rem suam solâ experientiâ confirmare tenetur, rationeque suas, et rerum docendarum definitiones ad captum plebis, quae maximam humani generis partem componit, maxime accommodare, non autem eas concatenare, neque definitiones, prout ad rationes melius concatenandum inserviunt, tradere; alias doctis tantum scribet, hoc est, a paucissimis tantum hominibus, si cum reliquis comparentur, poterit intelligi. Cum itaque tota Scriptura in usum integrae nationis prius, et tandem universi humani generis revelata fuerit, necessario ea, quae in ipsa continentur, ad captum plebis maxime accommodari debuerunt, et solâ experientiâ comprobari. Rem clarius explicemus. Quae Scriptura docere vult, quae solam speculationem spectant, haec potissimum sunt, nempe dari Deum, sive ens, quod omnia fecit, et summâ sapientiâ dirigit, et sustentat, et quod hominum summam habet curam, nempe eorum, qui piè et honestè vivant: reliquos autem multis suppliciis punit, et a bonis segregat. Atque haec Scriptura sola experientia comprobat, nempe iis, quas narrat, historiis, nec ullas harum rerum definitiones tradit, sed omnia verba, et rationes captui plebis accommodat. Et quamvis experientia nullam harum rerum claram cognitionem dare possit, nec docere, quid Deus sit, et qua ratione res omnes sustentet, et dirigat, hominumque curam habeat, potest tamen homines tantum docere, et illuminare, quantum ad obedientiam, et devotionem eorum animis imprimendum sufficit. Atque ex his satis clare constare puto, quibus, et qua ratione fides historiarum in Sacris contentarum necessaria sit: ex modo ostensis enim evidentissime sequitur, earum notitiam, et fidem vulgo, cujus ingenium ad res clare, et distincte percipiendum non valet, summe esse necessariam. Deinde, eum, qui eas negat, quia non credit Deum esse, neque eum rebus, et hominibus providere, impium esse: qui autem eas ignorat, et nihilominus lumine naturali novit, Deum esse, et quae porro diximus, et deinde veram vivendi rationem habet, beatum omnino esse, imo vulgo beatiorem, quia praeter veras opiniones, clarum insuper, et distinctum habet conceptum: denique sequitur, eum, qui has historias Scripturae ignorat, nec lumine naturali aliquid novit, si non impium, sive contumacem, inhumanum tamen esse, et paene brutum, nec ullum Dei donum habere. Verum hic notandum, nos cum dicimus, notitiam historiarum vulgo summe esse necessariam, non intelligere notitiam omnium prorsus historiarum, quae in Sacris Literis continentur, sed tantum earum, quae praecipue sunt, et quae solae, sine reliquis, doctrinam, quam modo diximus, evidentius ostendunt, hominumque animos maxime movere possunt. Nam, si omnes Scripture historiae necessariae essent ad ejus doctrinam probandam, nec conclusio elici posset, nisi ex universali consideratione omnium prorsus historiarum, quae in ipsa continentur, tum sane ejus doctrinae demonstratio, et conclusio non tantum plebis, sed absolute humanum captum, et vires superaret; quis enim ad tam magnum numerum historiarum simul attendere posset, et ad tot circumstantias, et partes doctrinae, quae ex tot tamque diversis historiis deberet elici. Ego saltem mihi non possum persuadere, quod homines illi, qui nobis Scripturam, prout eam habemus, reliquerunt, tanto ingenio abundaverint, ut talem demonstrationem investigare potuerint, et multo minus, quod doctrina Scripturae non posset intelligi, nisi auditis litibus Isaaci, Achitophelis consiliis Absolomo datis, et bello civili Judaeorum, et Israëlitarum, et aliis ad hunc modum Chronicis; aut quod primis Judaeis, qui tempore Mosis vixerunt, ipsa doctrina ex historiis non aeque facile demonstrari potuerit, ac iis, qui tempore Hesdrae vixerunt. Sed de his fusius in sequentibus. Vulgus itaque eas tantum historias, quae maxime eorum animos ad obendientiam et devotionem movere possunt, scire tenetur. At ipsum vulgus non satis aptum est ad faciendum de iis judicium, utpote quod magis narrationibus, et rerum singulari et inexpectato eventu, quam ipsa historiarum doctrinâ delectatur: atque hac de causa praeter lectionem historiarum Pastoribus sive Ecclesiae ministris insuper indiget, qui ipsum pro imbecillitate ejus ingenii doceant. Attamen ne a nostro proposito divagemur, sed id, quod praecipue intendebamus ostendere, concludamus, nempe fidem historiarum, quaecunque demus eae sint, ad legem divinam non pertinere, nec homines per se beatos reddere, neque ullam utilitatem, nisi ratione doctrinae, habere, qua sola ratione aliae historiae aliis praestantiores possunt esse. Narrationes igitur in Vetere, et Novo Testamento contentae, reliquis profanis, & ipsae etiam inter se, unae aliis praestantiores sunt, pro ratione salutarium opinionum, quae ex iis sequuntur. Quare si historias Sacrae Scripturae legerit, eique in omnibus fidem habuerit, nec tamen ad doctrinam, quam ipsa iisdem docere intendit, attenderit, nec vitam emendaverit, perinde ipsi est, ac si Alcoranum, aut poëtarum fabulas scenicas, aut saltem communia chronica ea attentione, qua vulgus solet, legisset; et contra, uti diximus, is, qui eas plane ignorat, et nihilominus salutares habet opiniones, veramque vivendi rationem, is absolute beatus est, et revera Christi Spiritum in se habet. At Judaei contra plane sentiunt; statuunt enim veras opiniones, veramque vivendi rationem nihil prodesse ad beatitudinem, quamdiu homines eas ex solo lumine naturali amplectuntur, et non ut documenta Mosi prophetice revelata: hoc enim Maimonides cap. 8 Regum lege 11 aperte his verbis audet affirmare, *omnis, qui ad se suscipit*[24] *septem praecepta, et ea diligenter exequutus fuerit, is ex piis Nationum est, et haeres futuri mundi: videlicet si ipsa susceperit et exequutus fuerit, propterea, quod Deus ea in lege praeceperit, et quod nobis per Mosen revelaverit, quod filiis Noae eadem antea praecepta fuerunt, sed si ea a ratione ductus exequutus fuerit, hic non est incola, nec ex piis, nec ex scientibus Nationum.* Haec sunt verba Maimonidis, quibus R. Joseph filius Shem Tob in suo libro, quem vocat Kebod Elohim, seu *gloriam Dei* addit, quod quamvis Aristoteles (quem summam Ethicam scripsisse putat, et supra omnes aestimat) nihil eorum, quae ad veram Ethicam spectant, et quae etiam in sua Ethica amplexus est, omisisset, sed omnia diligenter exequutus fuisset, hoc tamen ipsi ad salutem prodesse non potuit, quia ea, quae docet, non amplexus est, ut

---

[24] Judaeos putare, Deum Noae septem praecepta dedisse, et iis solis omnes nationes teneri : Hebraeae autem soli alia perplurima praeterea dedisse, ut eam beatiorem reliquis faceret.

documenta divina prophetice revelata, sed ex solo dictamine rationis. Verum haec omnia mera esse figmenta, et nullis rationibus, neque Scripturae authoritate suffulta, unicuique haec attente legenti satis constare existimo, quare ad eandem rem refutandum, ipsam recenfuisse sufficit; nec etiam eorum sententiam hic refutare in animo est, qui nimirum statuunt, lumen naturale nihil sani de iis, quae ad veram salutem spectant, docere posse; hoc enim ipsi, qui nullam sanam rationem sibi concedunt, nulla etiam ratione probare possunt; et si aliquid supra rationem se habere venditant, id merum est figmentum, et longe infra rationem, quod jam satis eorum communis vivendi modus indicavit. Sed de his non est opus apertius loqui. Hoc tantum addam, nos neminem, nisi ex operibus cognoscere posse; qui itaque his fructibus abundaverit, scilicet charitate, gaudio, pace, longanimitate, benignitate, bonitate, fide, mansuetudine, et continentia, adversus quos (ut Paulus in epistola ad Galatas cap. 5 v. 22 ait) lex non est posita, is, sive ex sola ratione, sive ex sola Scriptura edoctus sit, a Deo revera edoctus est, et omnino beatus. His itaque omnia, quae circa legem divinam agere constitueram, absolvi.

CAPUT VI. De miraculis

Sicuti scientiam illam, quae captum humanum superat, divinam, sic opus, cujus causa vulgo ignoratur, divinum, sive Dei opus vocare consueverunt homines: vulgus enim tum Dei potentiam et providentiam quam clarissime constare putat, cum aliquid in natura insolitum, et contra opinionem, quam ex consuetudine de naturâ habet, contingere videt; praesertim si id in ejus lucrum aut commodum cesserit, et ex nulla re clarius existentiam Dei probari posse existimat, quam ex eo, quod natura, ut putant, suum ordinem non servet; et propterea illos omnes Deum, aut saltem Dei providentiam tollere putant, qui res, et miracula per causas naturales explicant, aut intelligere student: Existimant scilicet, Deum tamdiu nihil agere, quamdiu natura solito ordine agit, et contra, potentiam naturae et causas naturales tamdiu esse otiosas, quamdiu Deus agit; duas itaque potentias numero ab invicem distinctas imaginantur, scilicet, potentiam Dei, et potentiam rerum naturalium, a Deo tamen certo modo determinatam, vel (ut plerique magis hodierno tempore sentiunt) creatam. Quid autem per utramque, et quid per Deum et naturam intelligant, nesciunt sane, nisi quod Dei potentiam tanquam regiae cujusdam majestatis imperium, naturae autem tanquam vim et impetum imaginentur. Vulgus itaque opera naturae insolita vocat miracula, sive Dei opera, et partim ex devotione, partim ex cupiditate adversandi iis, qui scientias naturales colunt, rerum causas naturales nescire cupit, et ea tantum audire gestit, quae maxime ignorat, quaeque propterea maxime admiratur. Videlicet, quia nulla alia ratione, nisi causas naturales tollendo, resque extra naturae ordinem imaginando, Deum adorare, omniaque ad ejus imperium et voluntatem referre potest, nec Dei potentiam magis admiratur, nisi dum potentiam naturae a Deo quasi subactam imaginatur. Quod quidem originem duxisse videtur a primis Judaeis, qui ut Ethnicos sui temporis, qui Deos visibiles adorabant, videlicet Solem, Lunam, Terram, Aquam, Aërem etc. convincerent, iisque ostenderent, Deos illos imbecilles et inconstantes, sive mutabiles, et sub imperio Dei invisibilis esse, miracula sua narrabant, quibus insuper conabantur ostendere, totam naturam ex Dei, quem adorabant, imperio in eorum tantum commodum dirigi, quod quidem hominibus adeo arrisit, ut in hoc usque tempus miracula fingere non cessaverint, ut ipsi Deo dilectiores reliquis, causaque finalis, propter quam Deus omnia creavit, et continuo dirigit, crederentur. Quid sibi vulgi stultitia non arrogat, quod nec de Deo, nec de natura ullum sanum habet conceptum, quod Dei placita cum hominum placitis confundit, et quod denique naturam adeo limitatam fingit, ut hominem ejus praecipuam partem esse credat. His vulgi de natura, et miraculis opiniones, et praejudicia satis prolixe enarravi; attamen, ut rem ordine edoceam, ostendam I. Nihil contra naturam contingere, sed ipsam aeternum fixum, et immutabilem ordinem servare, et simul, quid per miraculum intelligendum sit. II. Nos ex miraculis, nec essentiam nec existentiam, et consequenter, nec providentiam Dei posse cognoscere, sed haec omnia longe melius percipi ex fixo et immutabili naturae ordine. III. Ex aliquot Scripturae exemplis ostendam, ipsam Scripturam per Dei decreta et volitiones, et consequenter providentiam nihil aliud intelligere, quam ipsum naturae ordinem, qui ex ejus aeternis legibus necessario sequitur. IV. Denique de modo miracula Scripturae interpretandi, et de iis, quae praecipue circa miraculorum narrationes notari debeant, agam. Et haec praecipua sunt, quae ad hujus capitis argumentum spectant, et quae praeterea ad intentum totius hujus operis non parum inservire existimo. Ad primum quod attinet, id facile ostenditur ex iis, quae in cap. IV circa legem divinam demonstravimus; nempe, omne id, quod Deus vult sive determinat, aeternam necessitatem et veritatem involvere; ostendimus enim ex eo, quod Dei intellectus a Dei voluntate non distinguitur, idem nos affirmare, cum dicimus Deum aliquid velle, ac cum dicimus, Deum id ipsum intelligere; quare eadem necessitate, qua ex natura et perfectione divina sequitur, Deum rem aliquam, ut est, intelligere, ex eadem sequitur, Deum eandem, ut est, velle. Cum autem nihil, nisi ex solo divino decreto necessario verum sit, hinc clarissime sequitur, leges naturae universales mera esse decreta Dei, quae ex necessitate et perfectione naturae divinae sequuntur. Si quid igitur in natura contingeret, quod ejus universalibus legibus repugnaret, id decreto, et intellectui, et naturae divinae necessario etiam repugnaret; aut si quis statueret, Deum aliquid contra leges naturae agere, is simul etiam cogeretur statuere, Deum contra suam naturam agere, quo nihil absurdius. Idem etiam facile ex hoc posset ostendi, quod nimirum potentia naturae sit ipsa divina potentia et virtus; divina autem potentia sit ipsissima Dei essentia, sed hoc impraesentiarum libentius omitto. Nihil igitur[25] in natura contingit, quod ipsius legibus universalibus repugnet; at nec etiam aliquid, quod cum iisdem non convenit, aut ex iisdem non sequitur: nam quicquid fit, per Dei voluntatem et aeternum decretum fit, hoc est, ut jam ostendimus, quicquid fit, id secundum leges et regulas, quae aeternam necessitatem et veritatem involvunt, fit; natura itaque leges et regulas, quae aeternam necessitatem et veritatem involvunt, quamvis omnes nobis notae non sint, semper tamen observat, adeoque etiam fixum atque immutabilem ordinem; nec ulla sana ratio suadet, naturae limitatam potentiam et virtutem tribuere, ejusque leges ad certa tantum, et non ad omnia aptas, statuere; nam, cum virtus, et potentiae naturae sit ipsa Dei virtus et potentia, leges autem et regulae naturae ipsa Dei decreta, omnino credendum est, potentiam naturae infinitam esse, ejusque leges adeo latas, ut ad omnia, quae ab ipso divino intellectu concipiuntur, se extendant; alias enim, quid aliud statuitur, quam quod Deus naturam adeo impotentem creaverit, ejusque leges et regulas adeo steriles statuerit, ut saepe de novo ei subvenire cogatur, si eam conservatam vult, et ut res ex voto succedant, quod sane a ratione alienissimum esse existimo. Ex his itaque, quod in natura nihil contingit, quod ex ejus legibus non sequitur, et quod ejus leges ad omnia, quae et ab ipso divino intellectu concipiuntur, se extendunt, et quod denique natura fixum atque immutabilem ordinem servat, clarissime sequitur, nomen miraculi non nisi respective ad hominum opiniones posse intelligi, et nihil aliud significare, quam opus, cujus causam naturalem exemplo alterius rei solitae explicare non possumus, vel saltem ipse non potest, qui miraculum scribit aut narrat. Possem quidem dicere, miraculum esse id, cujus causa ex principiis rerum naturalium lumine naturali notis explicari nequit; verum, quoniam miracula ad captum vulgi facta fuerunt, quod quidem principia rerum naturalium plane ignorabat, certum est, antiquos id pro miraculo habuisse, quod explicare non poterant eo modo, quo vulgus res

---

[25] NB. Me hic per Naturam non intelligere solam materiam, ejusque affectiones, sed praeter materiam, alia infinita.

naturales explicare solet, recurrendo scilicet ad memoriam, ut alterius rei similis, quam sine admiratione imaginari solet, recordetur; tum enim vulgus rem aliquam se satis intelligere existimat, cum ipsam non admiratur. Antiqui itaque, et omnes fere in hoc usque tempus nullam praeter hanc normam miraculi habuerunt; quare non dubitandum, quin in Sacris Literis multa tanquam miracula narrentur, quorum causae ex principiis rerum naturalium notis facile possunt explicari, ut jam supra innuimus in cap. II, cum de eo, quod sol steterit tempore Josuae, et quod retrogradatus fuerit tempore Achaz, loquuti sumus; sed de his mox prolixius agemus, nempe circa miraculorum interpretationem, de quâ in hoc capite agere promisi. Hic jam tempus est, ut ad secundum transeam, nempe ut ostendam, nos ex miraculis nec Dei essentiam, nec existentiam, nec providentiam posse intelligere, sed contra haec longe melius percipi ex fixo atque immutabili naturae ordine; ad quod demonstrandum sic procedo. Cum Dei existentia non sit per se nota[26], debet necessario concludi ex notionibus, quarum veritas adeo firma et inconcussa sit, ut nulla dari neque concipi possit potentia, a qua possint immutari: nobis saltem ab eo tempore, quo ex iis Dei existentiam concludimus, ita apparere debent, si ex ipsis eam extra omnem dubitationis aleam concludere volumus: nam si possemus concipere, ipsas notiones ab aliqua potentia, quaecunque demum ea fuerit, mutari posse, tum de earum veritate dubitaremus, et consequenter etiam de nostra conclusione, nempe de Dei existentia, nec de ulla re unquam poterimus esse certi. Deinde nihil cum natura convenire, vel ei repugnare scimus, nisi id, quod ostendimus, cum istis principiis convenire, vel iis repugnare; quare, si concipere possemus aliquid in natura ab aliqua potentia (quaecunque demum ea fuerit) posse fieri, quod naturae repugnet, id primis istis notionibus repugnabit, adeoque id ut absurdum rejiciendum, vel de primis notionibus (ut modo ostendimus) et consequenter de Deo, et de omnibus quomodocunque perceptis, dubitandum. Longe igitur abest, ut

---

[26] De Dei existentia, et consequenter de omnibus dubitamus, quamdius ipsius Dei non claram et distinctam, sed confusam habemus ideam. Nam ut ille, qui naturam trianguli non recte novit, nescit ejus tres angulos aequales esse duobus rectis, sic is, qui naturam divinam confuse concipit, non videt, quod ad Dei naturam pertineat existere. At ut Dei natura clare, et distincte a nobis possit concipi, necesse est, ut ad quasdam notiones simplicissimas, quas communes vocant, attendamus, et cum iis illa, quae ad divinam naturam pertinent, concatenemus, atque tum primum perspicuum nobis fit, Deum necessario existere, et ubique esse, tumque simul apparet, omnia, quae concipimus, Dei naturam in se involvere, perque eandem concipi, et denique omnia illa vera esse, quae adaequate concipimus. Sed de his vide prolegomenon libri, cui titulus est Principia philosophiae more geometrico demonstrata.

miracula, quatenus per id intelligitur opus, quod ordini naturae repugnet, nobis Dei existentiam ostendant, cum contra nos de eadem dubitare facerent, quando absque iis absolute de ipsa possemus esse certi, nempe quando scimus, omnia naturae certum atque immutabilem ordinem sequi. At ponatur, id esse miraculum, quod per causas naturales explicari non potest, quod quidem duobus modis potest intelligi, vel quod causas naturales quidem habet, quae tamen ab humano intellectu investigari non possunt, vel quod nullam causam, praeter Deum, sive Dei voluntatem agnoscit: Verum quia omnia, quae per causas naturales fiunt, ex sola Dei potentia et voluntate etiam fiunt, necessario huc tandem perveniendum, nempe, miraculum, sive id causas naturales habeat, sive minus, opus esse, quod per causam explicari non potest, hoc est opus, quod captum humanum superat; sed ex opere, et absolute ex eo, quod nostrum captum superat, nihil intelligere possumus. Nam quicquid clare et distincte intelligimus, id per se, vel per aliud, quod per se clare et distincte intelligitur, nobis debet innotescere. Quare ex miraculo, sive opere, quod nostrum captum superat, nec Dei essentiam, nec existentiam, nec absolute aliquid de Deo, et naturâ intelligere possumus, sed contra, cum omnia a Deo determinata et sancita scimus esse, et operationes naturae ex Dei essentiâ consequi, naturae vero leges Dei aeterna decreta et volitiones esse, absolute concludendum, nos eo melius Deum, Deique voluntatem cognoscere, quo melius res naturales cognoscimus, et clarius intelligimus, quomodo a prima sua causa dependent, et quomodo secundum aeternas naturae leges operantur. Quare ratione nostri intellectus, longe meliore jure ea opera, quae clare et distincte intelligimus, Dei opera vocanda, et ad Dei voluntatem referenda, quam ea, quae plane ignoramus, quamvis imaginationem valde occupent, et homines in admirationem sui rapiant; quandoquidem ea sola naturae opera, quae clare et distincte intelligimus, Dei cognitionem reddunt sublimiorem, et Dei voluntatem et decreta quam clarissime indicant; ii igitur plane nugantur, qui, ubi rem ignorant, ad Dei voluntatem recurrunt; ridiculus sane modus ignorantiam profitendi. Porro quamvis ex miraculis aliquid concludere possemus, nullo tamen modo Dei existentia inde posset concludi. Nam, cum miraculum opus limitatum sit, nec unquam, nisi certam et limitatam potentiam exprimat, certum est, nos ex tali effectu non posse concludere existentiam causae, cujus potentia sit infinita, sed ad summum causae, cujus potentia major sit; dico ad summum, potest enim etiam consequi ex multis causis simul concurrentibus opus aliquod, cujus quidem vis et potentia minor sit potentiâ omnium causarum simul, at longe major potentiâ uniuscujusque causae. At quoniam naturae leges (ut jam ostendimus) ad infinita se extendunt, et sub quadam specie aeternitatis a nobis concipiuntur, et natura secundum eas certo, atque immutabili ordine procedat, ipsae nobis eatenus Dei infinitatem, aeternitatem, et immutabilitatem aliquo modo indicant. Concludimus itaque, nos per miracula Deum, ejusque existentiam et providentiam cognoscere non posse, sed haec longe melius concludi ex naturae fixo atque immutabili ordine. Loquor in hac conclusione de miraculo, quatenus per id nihil aliud intelligitur, quam opus, quod hominum captum superat, aut superare creditur; nam quatenus supponeretur ordinem naturae destruere, sive interrumpere, aut ejus legibus repugnare, eatenus (ut modo ostendimus) non tantum nullam Dei cognitionem dare posset, sed contra illam, quam naturaliter habemus, adimeret, et nos de Deo, et omnibus dubitare faceret. Neque hic ullam agnosco differentiam inter opus contra naturam, et opus supra naturam (hoc est, ut quidam ajunt, opus, quod quidem naturae non repugnat, attamen ab ipsa non potest produci, aut effici); nam cum miraculum non extra naturam, sed in ipsa natura fiat, quamvis supra naturam statuatur, tamen necesse est, ut naturae ordinem interrumpat, quem alias fixum atque immutabilem ex Dei decretis concipimus. Si quid igitur in natura fieret, quod ex ipsius legibus non sequeretur, id necessario ordini, quem Deus in aeternum per leges naturae universales in natura statuit, repugnaret, adeoque id contra naturam ejusque leges esset, et consequenter ejus fides nos de omnibus dubitare faceret, et ad atheismum duceret. Et his puto, me id, quod secundo intendebam, satis firmis rationibus ostendisse, ex quibus de novo concludere possumus, miraculum sive contra naturam, sive supra naturam, merum esse absurdum; et propterea per miraculum in Sacris Literis nihil aliud posse intelligi, quam opus naturae, uti diximus, quod captum humanum superat, aut superare creditur. Jam antequam ad III pergam, libet prius hanc nostram sententiam, nempe, quod ex miraculis Deum non possumus cognoscere, authoritate Scripturae confirmare; et quamvis Scriptura hoc nullibi aperte doceat, facile tamen ex ipsa potest concludi, imprimis ex eo, quod Moses (Deut. cap. 13) praecipit, ut prophetam seductorem, quamvis faciat miracula, mortis tamen damnent: sic enim ait, et (quamvis) *contigerit signum, et portentum, quod tibi praedixit etc., noli* (tamen) *assentire verbis ejus prophetae etc., quia Dominus vester Deus vos tentat etc. Propheta* (igitur) *ille mortis damnetur* etc. Ex quibus clare sequitur, miracula a falsis etiam prophetis posse fieri, et homines, nisi Dei vera cognitione et amore probe sint muniti, aeque facile ex miraculis falsos Deos, ac Verum posse amplecti. Nam addit *quoniam Jehova vester Deus vos tentat, ut sciat, num eum amatis integro corde vestro, et animo vestro.* Deinde Israëlitae ex tot miraculis nullum de Deo sanum conceptum formare potuerunt, quod ipsa experientia testata est; nam, cum sibi persuaderent, Mosen ab iis abiisse, numina visibilia ab Aharone petierunt, et vitulus, proh pudor !

eorum Dei fuit idea, quam tandem ex tot miraculis formaverunt. Asaph quamvis tot miracula audivisset, de Dei providentia tamen dubitavit, et fere a vera via deflexisset, nisi tandem veram beatitudinem intellexisset (vide Psal. 73). Salomon etiam, cujus tempore res Judaeorum in summo vigore erant, suspicatur omnia casu contingere. Vide Eccl. cap. 3 v. 19-21 et cap. 9 v. 2-3 etc. Denique omnibus fere prophetis hoc ipsum valde obscurum fuit, nempe, quomodo ordo naturae et hominum eventus cum conceptu, quem de providentia Dei formaverant, possent convenire, quod tamen philosophis, qui non ex miraculis, sed ex claris conceptibus res conantur intelligere, semper admodum clarum fuit, iis nimirum, qui veram foelicitatem in sola virtute, et tranquillitate animi constituunt, nec student, ut natura iis, sed contra, ut ipsi naturae pareant; utpote qui certe sciunt, Deum naturam dirigere, prout ejus leges universales, non autem prout humanae naturae particulares leges exigunt, adeoque Deum non solius humani generis, sed totius naturae rationem habere. Constat itaque etiam ex ipsa Scriptura, miracula veram Dei cognitionem non dare, nec Dei providentiam clare docere. Quod autem in Scriptura saepe reperitur, Deum portenta fecisse, ut hominibus innotesceret, ut in Exodi cap. 10 v. 2 Deum Aegyptios illusisse, et signa sui dedisse, ut Israëlitae cognoscerent eum esse Deum, inde tamen non sequitur, miracula id revera docere, sed tantum sequitur, Judaeos tales habuisse opiniones, ut facile iis miraculis convinci possent; supra enim in capite secundo clare ostendimus, rationes propheticas, sive quae ex revelatione formantur, non elici ex notionibus universalibus et communibus, sed ex concessis, quamvis absurdis, et opinionibus eorum, quibus res revelantur, sive quos Spiritus Sanctus convincere vult, quod multis exemplis illustravimus, et etiam testimonio Pauli, qui cum Graecis erat Graecus, et cum Judaeis Judaeus. Verum quamvis illa miracula Aegyptios, et Judaeos ex suis concessis convincere, non tamen veram Dei ideam, et cognitionem dare poterant, sed tantum facere, ut concederent, dari Numen, omnibus rebus, iis notis, potentius, deinde quod Hebraeos, quibus cum temporis omnia praeter spem foelicissime cesserunt, supra omnes curabat, non autem quod Deus omnes aeque curet; nam hoc sola philosophia docere potest; ideo Judaei et omnes, qui non nisi ex dissimili rerum humanarum statu et impari hominum fortuna Dei providentiam cognoverunt, sibi persuaserunt, Judaeos Deo dilectiores reliquis fuisse, quamvis tamen reliquos vera humana perfectione non superaverint, ut jam cap. III ostendimus. Ad tertium igitur pergo, ut scilicet ex Scriptura ostendam, Dei decreta et mandata, et consequenter providentiam nihil esse revera praeter naturae ordinem, hoc est, quando Scriptura dicit hoc vel illud a Deo vel Dei voluntate factum, nihil aliud revera intelligere, quam quod id ipsum secundum leges et ordinem naturae fuerit factum, non autem, ut vulgus opinatur, quod natura tamdiu cessavit agere, aut quod ejus ordo aliquamdiu interruptus fuit. At Scriptura ea, quae ad ejus doctrinam non spectant, directe non docet, quia ejus non est (ut circa legem divinam ostendimus) res per causas naturales, neque res mere speculativas docere: Quare id, quod hic volumus, ex quibusdam Scripturae Historiis, quae casu prolixius et pluribus circumstantiis narrantur, per consequentiam eliciendum est; talium itaque aliquot in medium proferam. In libro 1 Shamuëlis cap. 9 v. 15-16 narratur, quod Deus Shamuëli revelavit, se Saulum ad eum missurum; nec tamen Deus eum ad Shamuëlem misit, ut homines solent aliquem ad alium mittere, sed haec Dei missio nihil aliud fuit, quam ipse naturae ordo; quaerebat nimirum Saul (ut in praedicto capite narratur) asinas, quas perdiderat, et jam absque iis domum redire deliberans, ex consilio sui famuli Shamuëlem prophetam adivit, ut ex eo sciret, ubi easdem invenire posset, nec ex tota narratione constat, Saulum aliud Dei mandatum praeter hunc naturae ordinem habuisse, ut Shamuëlem adiret. In Psalm. 105 v. 24 dicitur, quod Deus Aegyptiorum animum mutavit, ut odio haberent Israëlitas, quae etiam mutatio naturalis plane fuit, ut patet ex cap. 1 Exodi, ubi ratio non levis Aegyptiorum narratur, quae eos movit, Israëlitas ad servitutem redigere. Cap. 9 Genes. v. 13 ait Deus Noae, se iridem in nube daturum, quae etiam Dei actio nulla sane alia est, nisi radiorum solis refractio et reflexio, quam ipsi radii in aquae guttulis patiuntur. Psalmo 147 v. 18 vocatur illa venti naturalis actio et calor, quo pruina et nix liquescunt, verbum Dei; et v. 15 dictum Dei et verbum ventus et frigus vocantur. Ventus et ignis vocantur in Psalmo 104 v. 4 legati, et ministri Dei, et alia ad hunc modum plura in Scriptura reperiuntur, quae clarissime indicant, Dei decretum, jussum, dictum, et verbum nihil aliud esse, quam ipsam naturae actionem, et ordinem. [q]uare non dubium est, quin omnia, quae in Scriptura narrantur, naturaliter contigerint, et tamen ad Deum referuntur, quia Scripturae, ut jam ostendimus, non est, res per causas naturales docere, sed tantum eas res narrare, quae imaginationem late occupant, idque ea methodo, et stylo, qui melius inservit ad res magis admirandum, et consequenter ad devotionem in animis vulgi imprimendum. Si igitur quaedam in Sacris Literis reperiuntur, quorum causas reddere nescimus, et quae praeter, imo contra ordinem naturae videntur contigisse, ea moram nobis injicere non debent, sed omnino credendum, id, quod revera contigit, naturaliter contigisse; quod etiam ex hoc confirmatur, quod in miraculis plures circumstantiae reperiebantur, quamvis tamen non semper narrentur, pracipue cum stylo poëtico canantur; circumstantiae, inquam, miraculorum clare ostendunt, ipsa causas naturales requirere. Nempe ut Aegyptii scabie infestarentur, opus fuit, ut Moses favillam in aërem sursum spargeret (vide Exodi cap. 9 v. 10); locustae etiam ex mandato Dei naturali, nempe ex vento orientali integro die et nocte stante, Aegyptiorum regionem petierunt, et vento occidentali fortissimo eandem reliquerunt (vide Exod. cap. 10 v. 14,[-] 19). Eodem etiam Dei jussu mare viam Judaeis aperuit (vide Exod. cap. 14 v. 21), nempe Euro, qui fortissime integra nocte flavit. Deinde ut Elisa puerum, qui mortuus credebatur, excitaret, aliquoties puero incumbere debuit, donec prius incaluerit, et tandem oculos aperuit (vide Regum lib. 2 cap. 4 v. 34-35). Sic etiam in Euangelio Johannis cap. 9 quaedam narratur circumstanciae, quibus Christus usus est, ad sanandum caecum, et sic alia multa in Scripturis reperiuntur, quae omnia satis ostendunt, miracula aliud, quam absolutum Dei, ut ajunt, mandatum requirere. Quare credendum, quamvis circumstanciae miraculorum, eorumque naturales causae non semper, neque omnes enarrentur, miracula tamen non sine iisdem contigisse. Quod etiam constat ex Exodi cap. 14 v. 27, ubi tantum narratur, quod ex solo nutu Mosis mare iterum intumuit, nec ulla venti mentio fit. Et tamen in Cantico (cap. 15 v. 10) dicitur, id contigisse ex eo, quod Deus vento suo (id est, vento fortissimo) flaverit; quare haec circumstantia in historia omittitur, et miraculum ea de causa majus videtur. At forsan instabit aliquis, nos perplura in Scripturis reperire, quae nullo modo per causas naturales videntur posse explicari, ut quod peccata hominum, eorumque precationes, possunt esse pluviae terraeque fertilitatis causa, aut quod fides caecos sanare potuit, et alia ad hunc modum, quae in Bibliis narrantur. Sed ad haec me jam respondisse puto: ostendi enim, Scripturam res non docere per proximas suas causas, sed tantum res eo ordine, iisque phrasibus narrare, quibus maxime homines, et praecipue plebem ad devotionem movere potest, et hac de causa de Deo, et de rebus admodum improprie loquitur, quia nimirum non rationem convincere, sed hominum phantasiam et imaginationem afficere et occupare studet. Si enim Scriptura vastationem alicujus imperii, ut historici politici solent, narraret, id plebem nihil commoveret, at contra maxime, si omnia poëtice depingat et ad Deum referat, quod facere solet. Cum itaque Scriptura narrat, terram propter hominum peccata sterilem esse, aut quod caeci ex fide sanabantur, ea nos non magis movere debent, quam cum narrat, Deum propter hominum peccata irasci, contristari, poenitere boni promissi et facti, aut quod Deus, ex eo quod signum videt, promissi recordetur et alia perplurima, quae vel poëtice dicta sunt, vel secundum scriptoris opiniones, et praejudicia relata. Quare hic absolute concludimus, omnia, quae in Scriptura vere narrantur contigisse, ea secundum leges naturae ut omnia necessario contigisse, et si quid reperiatur, quod apodictice demonstrari potest, legibus naturae repugnare, aut ex iis consequi non potuisse, plane credendum id a sacrilegis hominibus Sacris Literis adjectum fuisse; quicquid enim contra naturam est, id contra rationem est, et quod contra rationem, id absurdum est, ac proinde etiam refutandum. Superest jam, tantum pauca adhuc de miraculorum interpretatione notare, vel potius recolligere (nam praecipua jam dicta sunt), et uno aut altero exemplo illustrare, quod hic quarto facere promisi, idque propterea volo, ne quis, miraculum aliquod male interpretando, temere suspicetur, se aliquid in Scriptura reperisse, quod lumini naturae repugnet. Raro admodum fit, ut homines rem aliquam, ut gesta est, ita simpliciter narrent, ut nihil sui judicii narrationi immisceant. Imo, cum aliquid novi vident aut audiunt, nisi maxime a suis praeconceptis opinionibus caveant, iis plerumque ita praeoccupabantur, ut plane aliud, quam quod vident, aut contigisse audiunt, percipiant, praesertim si res acta captum narrantis, aut audientis superat, et maxime si ad ejus rem referat, ut ipsa certo modo contingat. Hinc sit, ut homines in suis chronicis et historiis magis suas opiniones, quam res ipsas actas narrent, et ut unus, idemque casus, a duobus hominibus, qui diversas habent opiniones, ita diverse narretur, ut non nisi de duobus casibus loqui videantur, et denique, ut saepe non admodum difficile sit, ex solis historiis opiniones chronographi et historici investigare. Ad hoc confirmandum multa adferre possem, tam philosophorum, qui historiam naturae scripserunt, quam chronographorum exempla, nisi id superfluum existimarem; ex Sacra autem Scriptura unum tantum adferam, de reliquis lector ipse judicet. Tempore Josuae Hebraei (ut jam supra monuimus) cum vulgo credebant, solem motu, ut vocant, diurno moveri, terram autem quiescere, et huic praeconceptae opinioni miraculum, quod iis contigit, cum contra quinque illos reges pugnarent, adaptaverunt; non enim simpliciter narraverunt, diem illum solito longiorem fuisse, sed solem et lunam stetisse, sive a suo motu cessavisse, quod ipsis etiam cum temporis non parum inservire poterat, ad Ethnicos, qui solem adorabant, convincendum et ipsa experientia comprobandum, solem sub alterius numinis imperio esse, ex cujus nutu ordinem suum naturalem mutare tenetur. Quare partim ex religione, partim ex praeconceptis opinionibus rem longe aliter, quam revera contingere potuit, conceperunt, atque enarraverunt. Igitur ad miracula Scripturae interpretandum, et ex eorum narrationibus intelligendum, quomodo ipsa revera contigerint, necesse est, opiniones eorum scire, qui ipsa primi narraverunt, et qui nobis ea scripto reliquerunt, et eas ab eo, quod sensus iis repraesentare potuerunt, distinguere; alias enim eorum opiniones et judicia cum ipso miraculo, prout revera contigit, confundemus: nec ad haec tantum, sed ne etiam confundamus res, quae revera contigerunt, cum rebus imaginariis, et quae non nisi repraesentationes propheticae fuerunt, eorum opiniones scire refert. In Scriptura enim multa, ut realia narrantur, et quae etiam realia esse credebantur, quae tamen non nisi repraesentationes, resque imaginariae fuerunt; ut quod Deus (summum ens) e coelo descenderit (vide Exodi cap. 19 v. 18 et Deut. cap. 5 v. 19), et quod mons Sinai propterea fumabat, quia Deus supra eundem descenderat, igne circumdatus, quod Elias ad coelum igneo curru, et igneis equis ascenderit; quae sane omnia non nisi repraesentationes fuerunt, adaptatae opinionibus eorum, qui eas nobis, ut iis repraesentatae sunt, nempe ut res actuales, tradiderunt. Omnes enim, qui aliquantulum supra vulgum sapiunt, sciunt, Deum non habere dextram, neque sinistram, neque moveri, neque quiescere, neque in loco, sed absolute infinitum esse, et in eo omnes contineri perfectiones. Haec, inquam, ii sciunt, qui res ex perceptionibus puri intellectus judicant, et non prout imaginatio a sensibus externis afficitur, ut vulgus solet, quod ideo Deum corporeum, et imperium regium tenentem imaginatur, cujus solium in convexitate coeli supra stellas esse fingit, quarum a terra distantiam non admodum longam credit esse. Et his et similibus opinionibus (uti diximus) perplurimi Scripturae casus adaptati sunt, qui proinde non debent ut reales a philosophis accipi. Refert denique ad miracula, ut realiter contigerint, intelligendum, Hebraeorum phrases et tropos scire; qui enim ad ipsos non satis attenderit, multa Scripturae affinget miracula, quae ejus scriptores nunquam enanarre cogitaverunt, adeoque non tantum res et miracula, prout revera contigerint, sed mentem etiam authorum sacrorum codicum plane ignorabit. Ex. gr. Zacharias cap. 14 v. 7 de quodam bello futuro loquens, ait *et dies erit unicus, Deo tantum notus, non* (enim erit) *dies neque nox, tempore autem vespertino lux erit.* Quibus verbis magnum miraculum praedicere videtur, et tamen iis nihil aliud significare vult, quam quod bellum toto die erit anceps, ejusque eventus Deo tantum notus, et quod tempore vespertino victoriam adipiscentur; similibus enim phrasibus victorias et clades nationum praedicere et scribere solebant prophetae. Sicuti videmus Esaiam, qui cap. 13 vastationem Babiloniae sic depingit *quoniam stellae coeli, ejusque fidera, non illuminabunt luce sua, sol in ortu suo tenebrescet, et luna non emittet splendorem suae lucis:* quae sane neminem credere existimo in vastatione illius imperii contigisse; ut neque etiam ea, quae mox addit, nempe *propterea coelos contremiscere faciam, et terra e suo loco dimovebitur.* Sic etiam Esaias cap. 48 v. paenult., ut Judaeis significaret, eos Babilonia Hierosolymam secure redituros, neque in itinere sitim passuros, ait, *et non sitiverunt, per deserta eos duxit, aquam ex petra iis instillare fecit, petram rupit, et fluxerunt aquae.* His inquam verbis nihil aliud significare vult, quam quod Judaei fontes in desertis, ut fit, invenient, quibus sitim suam mitigabunt; nam cum ex consensu Cyri Hierosolymam petierunt, nulla similia miracula iis contigisse constat; et ad hunc modum perplurima in Sacris Literis occurrunt, quae tantum modi loquendi inter Judaeos fuerunt, nec opus est, omnia hic singulatim recensere; sed tantum hoc in genere notari velim, Hebraeos his phrasibus non tantum consuevisse ornate, sed etiam et quidem maxime, devote loqui. Hac enim de causa in Sacris Literis invenitur, *Deo benedicere* pro *maledicere* (vide lib. 1 Regum cap. 1 v. 10 et Job. cap. 2 v. 9), et eadem etiam de causa omnia ad Deum referebant, et ideo Scriptura nihil nisi miracula narrare videtur, idque, cum de rebus maxime naturalibus loquitur, cujus rei exempla aliquot jam supra retulimus; quare credendum, cum Scriptura dicit, Deum cor Pharaonis induravisse, nihil aliud tum significari, quam quod Pharao fuit contumax. Et cum dicitur Deum fenestras coeli aperire, nihil aliud significat, quam quod multa aqua pluerit, et sic alia. Ad haec igitur, et, quod multa admodum breviter, sine ullis circumstantiis, et fere mutilate narrentur, si quis probe attenderit, nihil fere in Scriptura reperiet, quod possit demonstrari lumini naturae repugnare, et contra multa, quae obscurissima visa sunt, mediocri meditatione intelligere poterit et facile interpretari. Atque his existimo, me id, quod intenderam, satis clare ostendisse. Attamen antequam huic capiti finem dem, aliud adhuc restat, quod hic monere volo; nempe, me alia prorsus methodo hic circa miracula processisse, quam circa prophetiam. De prophetia enim nihil affirmavi, nisi quod ex fundamentis in Sacris Literis revelatis concludere potui, at his praecipua ex solis principiis lumine naturali notis elicui, quod etiam consulto feci; quia de prophetia, quandoquidem ipsa captum humanum superat, et quaestio mere theologica est, nihil affirmare, neque etiam scire poteram, in quo ipsa potissimum constiterit, nisi ex fundamentis revelatis; atque adeo coactus tum sui historiam prophetiae concinare, et ex ea quaedam dogmata formare, quae me naturam prophetiae, ejusque proprietates, quoad fieri potest, docerent. At hic circa miracula, quia id, quod inquirimus (nempe an concedere possumus, aliquid in natura contingere, quod ejus legibus repugnet, aut quod ex iis non posset sequi) philosophicum plane est, nullo simili indegebam; imo consultius duxi, hanc quaestionem ex fundamentis lumine naturali cognitis utpote maxime notis enodare.Dico, me id consultius duxisse: nam eam etiam ex solis Scripturae dogmatibus et fundamentis facile solvere potueram; quod, ut unicuique pateat, hic paucis ostendam. Scriptura de natura in genere quibusdam in locis affirmat, eam fixum atque immutabilem ordinem servare, ut in Psal. 148 v. 6 et Jerem. cap. 31 v. 35-36. Philosophus praeterea in suo Eccl. cap. 1 v. 10 clarissime docet, nihil novi in natura contingere; et v. 11-12 hoc idem illustrans, ait, quod, quamvis aliquando aliquid contingat, quod novum videtur, id tamen novum non est, sed in saeculis, quae antea fuerunt, et quorum nulla est memoria, contigit; nam ut ipse ait, antiquorum nulla est apud hodiernos memoria, nec ulla etiam hodiernorum apud posteros erit. Deinde cap. 3 v. 11 dicit, Deum omnia probe in eorum tempus ordinavisse, et v. 14 se novisse, ait, quod, quicquid Deus facit, id in aeternum permanebit, nec ei aliquid addi, nec de eo aliquid subtrahi posse; quae omnia clarissime docent, naturam fixum atque immutabilem ordinem servare, Deum omnibus saeculis nobis notis et ignotis eundem fuisse, legesque naturae adeo perfectas et fertiles esse, ut iis nihil addi neque detrahi possit, et denique miracula, non nisi propter hominum ignorantiam, ut aliquid novi, videri. Haec igitur in Scriptura expresse docentur, at nullibi, quod in natura aliquid contingat, quod ipsius legibus repugnet, aut quod ex iis nequeat sequi, adeoque neque etiam Scripturae affingendum. At haec accedit, quod miracula causas et circumstantias requirant (ut jam ostendimus), et quod non sequantur ex nescio quo imperio regio; quod vulgus Deo affingit, sed ex imperio et decreto divino, hoc est (ut etiam ex ipsa Scriptura ostendimus), ex legibus naturae ejusque ordine, et quod denique miracula etiam a seductoribus fieri possint, ut convincitur ex cap. 13 Deut. et cap. 24 v. 24 Matthaei. Ex quibus porro evidentissime sequitur, miracula res naturales fuisse, atque adeo eadem ita explicanda, ut neque nova (ut Salomonis verbo utar) neque naturae repugnantia videantur, sed, si fieri potuit, ad res naturales maxime accedentia, quod ut facilius ab unoquoque possit fieri, quasdam regulas ex sola Scriptura petitas tradidi. Attamen, quamvis dicam, Scripturam haec docere, non tamen intelligo, haec ab eadem doceri tanquam documenta ad salutem necessaria, sed tantum quo prophetae haec eadem uti nos amplexi sunt; quare de his unicuique, prout sibi melius esse sentiet, ad Dei cultum, et religionem integro animo suscipiendum, liberum est existimare. Quod etiam Josephus sentit; sic enim in conclusione libri II Antiquit. scribit. *Nullus vero discredat verbo miraculi, si antiquis hominibus, et malitia privatis via salutis liquet per mare facta, sive voluntate Dei, sive sponte revelata: dum et eis, qui cum Alexandro rege Macedoniae fuerint olim, et antiquitus a resistentibus Pamphylicum mare divisum sit, et cum aliud* iter non esset, *transitum praebuit iis, volente Deo, per eum Persarum destruere principatum; et hoc confitentur omnes, qui actus Alexandri scripserunt, de his itaque, sicut placuerit cuilibet, existimet.* Haec sunt verba Josephi, ejusque de fide miraculorum judicium.

CAPUT VII. De interpretatione Scripturae

Omnibus in ore quidem est, Sacram Scripturam verbum esse Dei, quod homines veram beatitudinem vel salutis viam docet: Verum re ipsa aliud planè indicant. Vulgus enim nihil minus curare videtur, quam ex documentis Sacrae Scripturae vivere, et omnes fere sua commenta pro Dei verbo venditare videmus, nec aliud studere, quam sub praetextu religionis caeteros cogere, ut secum sentiant. Videmus, inquam, Thelogos sollicitos plerumque fuisse, quomodo sua figmenta et placita ex Sacris Literis extorquere possent, et divina authoritate munire, nec aliud minore cum scrupulo majoreque cum temeritate agere, quam Scripturas sive Spiritus Sancti mentem interpretari, et si tum eos aliquid sollicitos habet, non est, quod verentur, ne Spiritui sancto aliquem errorem affingant, et a via salutis aberrent, sed ne erroris ab aliis convincantur, atque ita propria eorum sub pedibus jaceat authoritas, et ab aliis contemnantur. Quod si homines id, quod verbis de Scriptura testantur, ex vero animo dicerent, tum aliam prorsus vivendi rationem haberent, neque tot discordiae eorum mentes agitarent, neque tot odiis certarent, nec tam caeca et temeraria cupiditate interpretandi Scripturam, novaque in Religione excogitandi tenerentur: Sec contra nihil tanquam Scripturae doctrinam amplecti auderent, quod ab ipsa quam clarissime non edocerentur: et denique sacrilegi illi, qui Scripturam plurimis in locis adulterare non sunt veriti, a tanto scelere maxime cavissent, manusque sacrilegas ab iis abstinuissent. At ambitio et scelus tantum tandem potuerunt, ut religio non tam in obtemperandis Spiritus Sancti documentis, quam in defendendis hominum commentis sita sit, imo ut religio non charitate, sed disseminandis discordiis inter homines, et odio infensissimo, quod falso nomine zeli divini et ardentis studii adumbrant, propagando contineatur. Ad haec mala accessit superstitio, quae homines rationem et naturam contemnere docet, et id tantum admirari ac venerari, quod huic utrique repugnat: quare non mirum est, quod homines, ut Scripturam magis admirentur et venerentur, eam ita explicare studeant, ut his, rationi scilicet et naturae, quam maxime repugnare videatur; ideoque in Sacris Literis profundissima mysteria latere somniant, et in iis, hoc est, in absurdis investigandis, caeteris utilibus neglectis, defatigantur, et quicquid sic delirando fingunt, id omne Spiritui Sancto tribuunt, et summa vi atque affectum impetu defendere conantur. Ita enim cum hominibus comparatum est, ut quicquid puro intellectu concipiunt, solo intellectu et ratione, quicquid contra ex animi affectibus opinantur, iisdem etiam defendant. Ut autem ab his turbis extricemur, et mentem a praejudiciis theologicis liberemus, nec temere hominum figmenta pro divinis documentis amplectamur, nobis de vera methodo Scripturam interpretandi agendum est, et de eadem differendum: hac enim ignorata nihil certò scire possumus, quid Scriptura, quidve Spiritus Sanctus docere vult. Eam autem, ut his paucis complectar, dico methodum interpretandi Scripturam haud differre a methodo interpretandi naturam, sed cum ea prorsus convenire. Nam sicuti methodus interpretandi naturam in hoc potissimum consistit, in concinnanda scilicet historia naturae, ex qua, utpote ex certis datis, rerum naturalium definitiones concludimus: sic etiam ad Scripturam interpretandam necesse est ejus sinceram historiam adornare, et ex ea tanquam ex certis datis et principiis mentem authorum Scripturae legitimis consequentiis concludere: sic enim unusquisque (si nimirum nulla alia principia, neque data ad interpretandam Scripturam et de rebus, quae in eadem continentur, differendum, admiserit, nisi ea tantummodo, quae ex ipsa Scriptura ejusque historia depromuntur) sine ullo periculo errandi semper procedet, et de iis, quae nostrum captum superant, aequè securè differere poterit, ac de iis, quae lumine naturali cognoscimus. Sed ut clare constet, hanc viam non tantum certam, sed etiam unicam esse, eamque cum methodo interpretandi naturam convenire, notandum, quod Scriptura de rebus saepissime agit, quae ex principiis lumine naturali notis de duci nequeunt; ejus enim maximam partem historiae et revelationes componunt: at historiae miracula potissimum continent, hoc est (ut in superiore capite ostendimus) narrationes rerum insolitarum naturae, opinionibus et judiciis historicorum, qui eas scripserunt, accommodatas; revelationes autem opinionibus etiam Prophetarum accommodatae sunt, ut in secundocapite ostendimus, et ipsae revera captum humanum superant. Quare cognitio horum omnium, hoc est, omnium ferè rerum, quae in Scriptura continentur, ab ipsa Scriptura sola peti debet: sicuti cognitio naturae ab ipsa natura. Quod ad documenta moralia, quae etiam in Bibliis continentur, attinet, etsi ipsa ex notionibus communibus demonstrari possunt, non potest tamen ex iisdem demonstrari, Scripturam eadem docere, sed hoc ex sola ipsa Scriptura constare potest. Imo si sine praejudicio Scripturae divinitatem testari volumus, nobis ex eadem sola constare debet, ipsam vera documenta moralia docere; ex hoc enim solo ejus divinitas demonstrari potest: nam certitudinem Prophetarum ex hoc praecipue constare ostendimus, quod Prophetae animum ad aequum et bonum inclinatum habebant. Quare hoc idem etiam nobis constare debet, ut fidem ipsis possimus habere. Ex miraculis autem Dei divinitatem non posse convinci, jam etiam demonstravimus, ut jam taceam, quod etiam a Pseudo-propheta fieri poterant. Quare Scripturae divinitas ex hoc solo constare debet, quod ipsa veram virtutem doceat. Atqui hoc ex sola Scriptura constare potest. Quod si non posset fieri, non sine magno praejudicio eandem amplecteremur, et de ejus divinitate testaremur. Tota itaque Scripturae cognitio ib ipsa sola peti debet. Denique Scriptura rerum, de quibus loquitur, definitiones non tradit, ut nec etiam natura. Quare quemadmodum ex diversi naturae actionibus definitiones rerum naturalium concludendae sunt, eodem modo hae ex diversis narrationibus, que de unaquaque re in Scriptis occurrunt, sunt eliciendae. Regula igitur universalis interpretandi Scripturam est, nihil Scripturae tanquam ejus documentum tribuere, quod ex ipsisu historia quam maxime perspectum non habeamus. Qualis autem ejus historia debeat esse, et quae potissimum enarrare, hîc jam dicendum.

Nempe I. continere debet naturam et proprietates linguae, qua libri Scripturae scripti fuerunt, et quam eorum Authores loqui solebant. Sic enim omnes sensus, quos una quaeque oratio ex communi loquendi usu admittere potest, investigare poterimus. Et quia omnes tam Veteris, quam Novi Testamenti scriptores hebraei fuerunt, certum est, Historiam linguae hebraicae prae omnibus necessariam esse, non tantum ad intelligentiam librorum Veteris Testamenti, qui hac lingua scripti sunt, sed etiam Novi; nam quamvis aliis linguis vulgati fuerint, hebraizant tamen.

II. Sententias uniuscujusque libri colligere debet, easque ad summa capita redigere, ut sic omnes, quae de eadem re reperiuntur, in promtu habere possimus: deinde eas omnes, quae ambiguae vel obscurae sunt, vel quae invicem repugnare videntur, notare. Atque eas sententias hîc obscuras aut claras voco, quarum sensus ex contextu orationis facile vel difficulter elicitur, at non quatenus earum veritas facile vel difficulter ratione percipitur. De solo enim sensu orationum, non autem de earum veritate laboramus. Quin imo apprime cavendum est, quamdiu sensum Scripturae quaerimus, ne ratiocino nostro, quatenus principiis naturalis cognitionis fundatum est (ut jam taceam praejudicia), praeoccupemur; sed ne verum sensum cum rerum veritate confundamus, ille ex solo linguae usu erit investigandus, vel ex ratiocinio, quod nullum aliud fundamentum agnoscit, quam Scripturam. Quae omnia, ut clarius intelligantur, exemplo illustrabo: Hae Mosis sententiae, quod *Deus sit ignis*, et quod *Deus sit zelotypus*, quam clarissimae sunt, quamdiu ad solam verborum significationem attendimus, ideoque eas etiam inter claras repono, tametsi respectu veritatis et rationis obscurissimae sunt; imo quamvis earum literalis sensus lumini naturali repugnet, nisi etiam principiis et fundamentis ex historiae Scripturae petitis clarè opponatur, is sensus, nempe literalis, erit tamen retinendus; et contra, si hae sententiae ex literali earum interpretatione principiis ex Scriptura petitis reperirentur repugnare, quanquam cum ratione maxime convenirent, aliter tamen (metaphoricè scilicet) essent interpretandae. Ut itaque sciamus, an Moses crediderit, Deum esse ignem, an secus, nullo modo id concludendum est ex eo, quod haec opinio cum ratione conveniat, aut quod ei repugnet, sed tantum ex aliis ipsius Mosis sententiis. Videlicet quoniam Moses plurimis in locis clarè etiam docet, Deum nullam habere similitudinem cum rebus visibilibus, quae in coelis, in terra, aut in aqua sunt, hinc concludendum, hanc sententiam, aut illas omnes metaphorice esse explicandas. At quia a literali sensu, quam minime fieri potest, est recedendum, ideo prius quaerendum, num haec unica sententia, *Deus est ignis*, alium praeter literalem sensum admittat, hoc est, an nomen *ignis* aliud quam naturalem ignem significet. Quod si non reperiatur ex usu linguae aliud significare, nullo etiam alio modo interpretanda esset haec sententia, quantumvis rationi repugnans; sed contra reliquae omnes, quamvis rationi consentaneae, huic tamen essent accommodandae. Quod si nec hoc etiam ex usu linguae posset fieri, tum hae sententiae irreconciliabiles essent, ac proinde de iis judicium erit suspendendum. Sed quia nomen ignis pro ira et zelotypia etiam sumitur (vide Jobi cap. 31 v. 12), hinc facile Mosis sententiae reconciliantur, atque legitime concludimus, duas has sententias, *Deus est ignis*, et *Deus est zelotypus*, unam eandemque esse sententiam. Porro quoniam Moses clarè docet, Deum esse zelotypum, nec ullibi docet, Deum carere passionibus sive animi pathematis, hinc plane concludendum, Mosem hoc ipsum credidisse aut saltem docere voluisse, quantumvis hanc sententiam rationi repugnare credamus. Nam, ut jam ostendimus, nobis non licet ad dictamina nostrae rationis, et ad nostras praeconceptas opiniones mentem Scripturae torquere, sed tota Bibliorum cognitio ab iisdem solis est petenda.

III. Denique enanarre debet haec historia casus omnium librorum Prophetarum, quorum memoria apud non est; videlicet vitam, mores, ac studia authoris uniuscujusque libri, quisnam fuerit, qua occasione, quo tempore, cui, et denique qua lingua scripserit. Deinde uniuscujusque libri fortunam: nempe quomodo prius acceptus fuerit, et in quorum manus inciderit, deinde quot ejus variae lectiones fuerint, et quorum concilio inter sacros acceptus fuerit, et denique quomodo omnes libri, quos omnes jam sacros esse fatentur, in unum corpus coaluerint. Haec omnia inquam historia Scripturae continere debet. Nam ut sciamus, quaenam sententiae tanquam leges proferantur, quaenam vero tanquam documenta moralia, refert scire vitam, mores, ac studia authoris; adde quod eò facilius verba alicujus explicare possumus, quò ejus genium et ingenium melius noverimus. Deinde ne documenta aeterna cum iis, quae ad tempus tantum, vel paucis solummodo ex usu poterant esse, confundamus, refert etiam scire, qua occasione, quo tempore et cui nationi, aut saeculo omnia documenta scripta fuerunt. Refert denique reliqua, quae praeterea diximus, scire, ut praeter libri cujusque authoritatem etiam sciamus, num ab adulterinis manibus conspurcari potuerit, an minus; num errores irrepserint, num a viris satis peritis et fide dignis correcti fuerint. Quae omnia scitu admodum necessaria sunt, ut ne caeco impetu correpti, quicquid nobis obtruditur, sed tantum id, quod certum et indubitatum est, amplectamur.

Jam postquam hanc hisoriam Scripturae habuerimus, et firmiter decreverimus, nihil tanquam doctrinam prophetarum certò staturere, quod ex hâc historiâ non sequatur, aut quam clarissime eliciatur, tum tempus erit, ut ad mentem prophetarum et Spiritus Sancti investigandam nos accingamus. Sed ad hoc etiam methodus et ordo requiritur similis ei, quo ad interpretationem naturae ex ipsius historia utimur. Sicuti enim in scrutandis rebus naturalibus ante omnia investigare conamur res maxime universales et toti naturae communes, videlicet motum et quietem, eorumque leges et regulas, quas natura semper observat, et per quas continuo agit, et ex his gradatim ad alia minus universalia procedimus; sic etiam ex historia Scripturae id primum quaerendum, quod universalissimum, quodque totius Scripturae basis et fundamentum est, et quod denique in ipsa tanquam aeterna et omnibus mortalibus utilissima doctrina ab omnibus prophetis commendatur. Exempli gratia, quod Deus unicus et omnipotens existit, qui solus est adorandus, et qui omnes curat, eosque supra omnes diligit, qui ipsum adorant, et proximum tanquam semet ipsos amant etc. Haec et similia, inquam, Scriptura ubique tam clare, tamque expresse docet, ut nullus unquam fuerit, qui de ejus sensu circa haec ambegerit. Quid autem Deus sit, et qua ratione res omnes videat, iisque provideat, haec et similia Scriptura ex professo, et tanquam aeternam doctrinam non docet: Sed contrà prophetas ipsos circa haec non convenisse jam supra ostendimus; adeoque de similibus nihil tanquam doctrinam Spiritus Sancti statuendum, tametsi lumine naturali optime determinari possit. Hâc igitur universali Scripturae doctrinâ probe cognitâ procedendum deinde est ad alia minus universalia, et quae tamen communem usum vitae spectant, quaeque ex hac universali doctrina tanquam rivuli derivantur; uti sunt omnes verae virtutis actiones particulares externae, quae non nisi data occasione exerceri possunt; et quicquid circa haec obscurum sive ambiguum in Scriptis reperiatur, ex doctrina Scripturae universali explicandum et determinandum est: si quae autem invicem contraria reperiantur, videndum, qua occasione, quo tempore, vel cui scripta fuerint. Ex. gr. cum Christus dicit, *beati lugentes, quoniam consolationem accipient*, ex hoc textu nescimus, quales lugentes intelligat; sed quia postea docet, ut de nulla re simus solliciti, nisi de solo regno Dei ejusque justitia, quod ut summum bonum commendat (vide Matth. cap. 6 v. 33), hinc sequitur, eum per lugentes eos tantum intelligere, qui lugent regnum Dei et justitiam ab hominibus neglectam: hoc enim tantum lugere possunt ii, qui nihil nisi regnum divinum, sive aequitatem amant, et reliqua fortunae plane contemnunt. Sic etiam, cum ait, *sed ei, qui percutit te supra maxillam tuam dextram, obverte illi etiam alteram*, et quae deinde sequuntur. Si haec Christus tanquam legislator judices juberet, legem Mosis hoc praecepto destruxisset; quod tamen contra aperte monet casino online(vide Matth. cap. 5 v. 17); quare videndum, quisnam haec dixit, quibus et quo tempore. Nempe Christus dixit, qui non tanquam legislator leges instituebat, sed ut doctor documenta docebat, quia (ut supra ostendimus) non tam actiones externas, quam animum corrigere voluit. Deinde haec hominibus oppressis dixit, qui vivebant in republica corrupta, et ubi justitia prorsus negligebatur, et cujus ruinam prope instare videbat. Atqui hoc idem ipsum, quod hîc Christus instante Urbis ruina docet, Jeremiam etiam in prima Urbis vastatione, simili nimirum tempore, docuisse videmus (vide Lament. cap. 3 lit. Tet, et Jot); quare cum hoc non, nisi tempore oppressionis, docuerint prophetae, nec id ullibi tanquam lex prolatum sit, et contra Moses (qui non tempore oppressionis scripsit, sed (et hoc nota) de instituenda bona republica laboravit), quamvis etiam vindictam et odium in proximum damnaverit, tamen jusserit oculum pro oculo solvere; hinc clarissime sequitur ex ipsis solis Scripturae fundamentis, hoc Christi et Jeremiae documentum de toleranda injuria, et impiis in omnibus concedendo, locum tantum habere in locis, ubi justitia neglegitur et temporibus oppressionis, non autem in bona republica: quinimo in bona republica, ubi justitia defenditur, tenetur unusquisque, si se vult perhiberi justum, injurias coram judice exigere (vide Levit. cap. 5 v. 1) non propter vindictam (vide Levit. cap. 19 v. 17-18), sed animo justitiam legesque Patriae defendendi, et ut ne malis expediat esse malos. Quae omnia etiam cum ratione naturali plane conveniunt. Ad hunc modum alia plura possem adferre exempla, sed haec sufficere arbitror ad meam mentem, et utilitatem hujus methodi explicandam, quod impraesentiarum tantum curo. At hucusque eas tantum Scripturae sententias investigare docuimus, quae usum vitae spectant, et quae propterea facilius investigari queunt; nam revera de iis nulla inter scriptores bibliorum unquam fuit controversia. Reliqua autem, quae in Scriptis occurrunt, quaeque solius sunt speculationis, non tam facile indagari possunt; via enim ad haec angustior est; nam quandoquidem in rebus speculativis (ut jam ostendimus) prophetae inter se dissentiebant, et rerum narrationes maxime accommodatae sunt uniuscujusque aevi praejudiciis, minime nobis licet mentem unius prophetae ex locis clarioribus alterius concludere, neque explicare, nisi evidentissime constet, eos unam eandemque fovisse sententiam. Quomodo igitur mens prophetarum in similibus sit ex historia Scripturae eruenda, paucis jam exponam. Nempe circa haec etiam a maxime universalibus incipiendum, inquirendo scilicet ante omnia ex sententiis Scripturae maxime claris, quid sit prophetia sive revelatio, et qua in re potissimum consistat. Deinde quid sit miraculum, et sic porro res maxime communes: dehinc ad opiniones uniuscujusque prophetae descendendum; et ex his tandem ad sensum uniuscujusque revelationis sive prophetiae, historiae, et miraculi procedendum. Qua autem cautione utendum sit, ne in his mentem prophetarum et historicorum cum mente Spiritus Sancti, et rei veritate confundamus, supra suis in locis multis exemplis ostendimus; quare de his non necesse habeo prolixius agere; hoc tamen circa sensum revelationum notandum, quod haec methodus tantum investigare docet id, quod revera prophetae viderint aut audiverint, non autem quid illis hieroglyphicis significare aut repraesentare voluerint; hoc enim hariolari possumus, non autem ex Scripturae fundamentis certo deducere. Ostendimus itaque rationem interpretandi Scripturam, et simul demonstravimus hanc unicam et certiorem esse viam ad ejus verum sensum investigandum. Fateor quidem, eos de eodem certiores esse, si qui sunt, qui certam ejus traditionem, sive veram explicationem ab ipsis prophetis acceptam habent, ut pharisaei autumant, vel si qui pontificem habent, qui circa interpretationem Scripturae errare non potest, quod catholici romani jactant. Attamen quandoquidem nec de hac traditione, nec de pontificis authoritate possumus esse certi, nihil etiam certi super his fundare possumus; hanc enim antiquissimi christianorum, illam autem antiquissimae Judaeorum sectae negaverunt; et si deinde at seriem annorum attendamus (ut jam alia taceam), quam pharisaei acceperunt a suis rabbinis, qua hanc traditionem ad Mosen usque proferunt, eam falsam esse reperiemus, quod alio in loco ostendo. Quare talis traditio nobis admodum debet esse suspecta; et quanquam nos in nostra methodo Judaeorum traditionem aliquam, ut incorruptam, cogimur supponere, nempe significationem verborum linguae hebraicae, quam ab iisdem accepimus, de illa tamen dubitamus, de hac autem minime. Nam nemini unquam ex usu esse potuit, alicujus verbi significationem mutare, at quidem non raro sensum alicujus orationis. Quin et factu difficillimum est; nam qui verbi alicujus significationem conaretur mutare, cogeretur simul omnes authores, qui illa lingua scripserunt, et illo verbo in recepta sua significatione usi sunt, ex ingenio vel mente uniuscujusque explicare, vel summa cum cautione depravare. Deinde vulgus linguam cum doctis servat, sensus autem orationum et libros docti tantum; ac proinde facile possumus concipere, doctos sensum orationis alicujus libri rarissimi, quem in sua potestate habuerunt, mutare vel corrumpere potuisse, non autem verborum significationem: adde quod si quis alicujus verbi significationem, cui consuevit, in aliam mutare velit, non poterit sine difficultate id imposterum et inter loquendum et scribendum observare. Ex his itaque et aliis rationibus facile nobis persuademus, nemini in mentem venire potuisse, linguam aliquam corrumpere; at quidem saepe mentem alicujus scriptoris, ejus orationes mutando, vel easdem perperam interpretando. Cum itaque haec nostra methodus (quae in eo fundatur, ut cognitio Scripturae ab eadem sola petatur) unica et vera sit, quicquid ipsa praestare non poterit ad integram Scripturae cognitionem acquirendam, de eo plande desperandum. Quid autem ipsa difficultatis habeat, vel quid in ipsa desiderandum, ut ad integram et certam Sacrorum Codicum cognitionem nos ducere possit, hic jam dicendum. Magna imprimis in hac methodo oritur difficultas ex eo, quod linguae hebraeicae integram cognitionem exigit. At haec unde jam petenda ? antiqui linguae hebraicae cultores nihil posteritati ee fundamentis et doctrina hujus linguae reliquerunt: nos saltem ab iisdem nihil prorsus habemus: non ullum dictionarium, neque grammaticam, neque rhetoricam: hebraeea autem natio omnia ornamenta, omneque decus perdidit (nec mirum, postquam tot clades et persecutiones passa est) nec nisi pauca quaedam fragmenta linguae et paucorum librorum retinuit; omnia enim fere nomina fructuum, avium, piscium, et permulta alia temporum injuria periere. Significatio deinde multorum nominum, et verborum, quae in Bibliis occurrunt, vel prorsus ignoratur, vel de eadem disputatur. Cum haec omnia, tum praecipue hujus linguae phraseologiam desideramus; ejus enim phrases et modos loquendi, hebraeae nationi peculiares, omnes fere tempus edax ex hominum memoria abolevit. Non itaque semper poterimus, ut desideramus, omnes uniuscujusque orationis sensus, quos ipsa ex linguae usu admittere potest, investigare, et multae occurrent orationes, quamvis notissimis vocibus expressae, quarum tamen sensus obscurissimus erit, et plane imperceptibilis. Ad haec, quod scilicet linguae hebraeae perfectam historiam non possumus habere, accedit ipsa hujus linguae constitutio et natura; ex qua tot oriuntur ambiguitates, ut impossibile sit, talem invenire methodum[27], quae verum sensum omnium orationum Scripturae certò doceat investigare. Nam praeter ambiguitatum causas omnibus linguis

---

[27] Nobis scilicet, qui huic linguae non assuevimus, et ejusdem phraseologiam desideramus.

communes, quaedam aliae in hac lingua dantur, ex quibus permultae nascuntur ambiguitates; eas hîc notare, operae pretium duco.

Prima oritur in Bibliis saepe ambiguitas, et orationum obscuritas ex eo, quod literae ejusdem organi unae pro aliis sumantur: Dividunt scilicet Hebraei omnes alphabeti literas in quinque classes, propter quinque oris instrumenta, quae pronunciationi inserviunt, nempe labia, lingua, dentes, palatum et gutturales. Ex. gr. alpha, ghet, hgain, he gutturales vocantur, et sine ullo discrimine, nobis saltem noto, una pro alia usurpatur. Nempe *el*, quod significat *ad*, sumitur saepe pro *hgal*, quod significat *super*, et viceversa. Unde fit, ut omnes orationis partes saepe vel ambiguae reddantur, vel tanquam voces, quae nullam habent significationem.

Secunda deinde oritur orationum ambiguitas ex multiplici conjunctionum et adverbiorum significatione. Ex. gr. *vau* promiscue inservit ad conjungendum et disjungendum, significat *et, sed, quia, autem, tum. ki* septem aut octo habet significationes; nempe, *quia, quamvis, si, quando, quemadmodum, quod, combustio* etc. Et sic fere omnes particulae.

Tertia est, et quae multarum ambiguitatum fons est, quia verba in indicativo carent praesenti, praeterito imperfecto, plusquam perfecto, futuro perfecto et aliis in aliis linguis usitatissimis; in imperativo autem et infinitivo omnibus, praeter praesens, et in subjunctivo omnibus abolute carent. Et quamvis haec omnia temporum et modorum defecta certis regulis ex fundamentis linguae deductis facile imo summa cum elegantia suppleri possent, scriptores tamen antiquissimi eas plane neglexerunt, et promiscue tempus futurum pro praesenti et praeterito, et contra praeteritum pro futuro, et praeterea indicativum pro imperativo et subjunctivo usurpaverunt, idque non sine magna amphibiolia orationum. Praeter has tres ambiguitatum linguae hebraicae causas, duae adhuc aliae supersunt notandae, quarum unaquaeque longe majoris est momenti. Harum prima est, quod Hebraei literas vocales non habent. Secunda, quod nullis signis orationes distinguere solebant, neque exprimere sive intendere: et quamvis haec duo, vocales scilicet et signa, punctis et accentibus suppleri soleant, eis tamen acquiescere non possumus, quandoquidem a posterioris aevi hominibus, quorum authoritas apud nos nihil debet valere, inventa et instituta sunt: antiqui autem sine punctis (hoc est sine vocalibus et accentibus) scripserunt (ut ex multis testimoniis constat). Posteri vero, prout iis Biblia interpretari visum est, haec duo addiderunt; quare accentus et puncta, qua jam habemus, merae hodiernorum interpretationes sunt, nec plus fidei neque authoritatis merentur, quam reliquae authorum explicationes. Qui autem hoc ignorant, nesciunt, quâ ratione author, qui Epistolam ad Hebraeos scripsit, excusandus sit, quod cap. 11 v. 21 interpretatus est textum Geneseos cap. 47 v. 31 longè aliter, quam in punctato hebraeo textu habetur, quasi apostolus sensum Scripturae a punctistis discere debuerit. Mihi sane punctistae potius culpandi videntur, quod ut unusquisque videat, et simul quod haec discrepantia a solo vocalium defectu orta est, utramque interpretationem hic ponam. Punctistae, suis punctis scilicet, interpretati sunt, *et incurvavit se Israël supra*, vel (mutando hgain in aleph, in literam scilicet ejusdem organi) *versus caput lecti*: author autem epistolae, *et incurvavit se Israël supra caput bacilli*, legendo nimirum *mate*, loco quod alii *mita*, quae differentia a solis vocalibus oritur. Jam quandoquidem in illa narratione de sola senectute Jacobi, non autem, ut in sequenti capite, de ipsius morbo agitur, magis vero simile videtur, mentem historici fuisse, quod Jacobus supra caput bacilli (quo nimirum senes provectissimae aetatis ad se sustinendum indigent), non autem lecti, se incurvaverit, praecipue cum hoc modo non necesse sit, ullam literarum subalternationem supponere. Atque hoc exemplo non tantum volui locum istum epistolae ad Hebraeos cum textu Geneseos reconciliare, sed praecipue ostendere, quam parum fidei hodiernis punctis et accentibus sit habendum: atque adeo qui Scripturam sine ullo praejudicio interpretari vult, de hisce dubitare tenetur et de integro examinare.

Ex hac igitur (ut ad nostrum propositum revertamur) linguae hebraeae constitutione et natura facile unusquisque conjicere potest, tot debere oriri ambiguitates, ut nulla possit dari methodus, qua eae omnes determinari queant. Nam nihil est, quod speramus, ex mutua orationum collatione (quam unicam esse viam ostendimus ad verum sensum ex multis, quos una quaeque oratio ex usu linguae admittere potest, eruendum) hoc posse absolute fieri; cum quia haec orationum collatio, non nisi casu, orationem aliquam illustrare potest, quandoquidem nullus propheta eo fine scripsit, ut verba alterius aut sua ipsa ex professo explicaret; tum etiam quia mentem unius prophetae, apostoli etc. ex mente alterius concludere non possumus, nisi in rebus usum vitae spectantibus, ut jam evidenter ostendimus; at non, cum de rebus speculativis loquuntur, sive cum miracula aut historias narrant. Possum hoc praeterea, nempe quod multae orationes inexplicabiles in Sanctis Scriptis occurrunt, quibusdam exemplis ostendere, sed impraesentiarum iis lubentius supersedeo, et ad reliqua, quae supersunt, notanda, quid scilicet haec vera methodus Scripturam interpretandi difficultatis adhuc habeat, vel quid in ipsa desideretur, pergam.

Oritur in hac methodo alia praeterea difficultas ex eo, quod ipsa historiam casuum omnium librorum Scripturae exigit, cujus maximam partem ignoramus; multorum enim librorum authores, vel (si mavis) Scriptores vel prorsus ignoramus, vel de iisdem dubitamus, ut in sequentibus fuse ostendam. Deinde neque etiam scimus, qua occasione, neque quo tempore hi libri, quorum scriptores ignoramus, scripti fuerunt. Nescimus praeterea, in quorum manus libri omnes inciderint, neque in quorum exemplaribus tot variae lectiones repertae sint, nec denique an non plures aliae fuerint apud alios lectiones. Quid autem haec omnia scire referat, suo in loco breviter indicavi, quaedam tamen ibi consultò omisi, quae jam hic veniunt consideranda. Si quem librum res incredibiles aut imperceptibiles continentem, vel terminis admodum obscuris scriptum, legimus, neque ejus authorem novimus, neque etiam quo tempore et qua occasione scripserit, frustra de ejus vero sensu certiores fieri conabimur. His enim omnibus ignoratis, minime scire possumus, quid author intenderit, aut intendere potuerit: cum contra his probè cognitis nostras cogitationes ita determinamus, ut nullo praejudicio praeoccupemur, ne scilicet authori, vel ei, in cujus gratiam author scripsit, plus minusve justò tribuamus, et ne de ullis aliis rebus cogitemus, quam de iis, quas author in mente habere potuerit, vel quas tempus et occasio exegerit. Quod quidem omnibus constare existimo. Saepissime enim contingit, ut consimiles historias in diversis libris legamus, de quibus longe diversum judicium facimus, pro diversitate scilicet opinionum, quas de scriptoribus habemus. Scio, me olim in libro quodam legisse, virum, cui nomen erat Orlandus furiosus, monstrum quoddam alatum in aëre agitare solere, et quascunque volebat regiones supervolare, ingentem numerum hominum, et gigantum solum trucidare, et alia hujusmodi phantasmata, quae ratione intellectus plane imperceptibilia sunt. Huic autem consimilem historiam in Ovidio de Perseo legeram, et aliam denique in libris Judicum, et Regum de Samsone (qui solus et inermis millia hominum trucidavit) et de Elia, qui per aëra volitabat, et tandem igneis equis et curru coelum petiit. Hae, inquam, consimiles plane historiae sunt, attamen longe dissimile judicium de unaquaque facimus: nempe primum non nisi nugas scribere voluisse, secundum autem res politicas, tertium denique sacras, hocque nulla alia de causa nobis persuademus, quam propter opiniones, quas de earum scriptoribus habemus. Constat itaque, notitiam authorum, qui res obscuras aut intellectu imperceptibiles scripserunt, apprimè necessariam esse, si eorum scripta interpretari volumus; iisdem etiam de causis, ut ex variis obscurarum historiarum lectionibus veras eligere possemus, necesse est scire, in quorum exemplari variae hae lectiones repertae sint, et an

389

non plures aliae apud alios majoris authoritatis viros unquam fuerint inventae.

Alia denique difficultas quosdam libros Scripturae ex hac methodo interpretandi in eo est, quod eos eadem lingua, qua primum scripti fuerunt, non habeamus. Euangelium enim secundum Matthaeum, et sine dubio etiam Epistolae ad Hebraeos hebraicè ex communi opinione scripta sunt, quae tamen non extant. De libro autem Jobi dubitatur, quae lingua scriptus fuerit. Aben Hezra in suis commentariis affirmat, eum ex alia lingua in hebraeam translatum fuisse, et hanc esse ejus obscuritatis causam. De libris apocryphis nihil dico, quandoquidem longe dissimilis sunt authoritatis. Atque hae omnes hujus methodi interpretandi Scripturam ex ipsius, quam habere possumus, historia difficultates sunt, quas enanarre susceperam, quasque ego adeo magnas existimo, ut affirmare non dubitem, nos verum Scripturae sensum plurimis in locis vel ignorare, vel sine certitudine hariolari. Verum enimvero hoc iterum contra notandum venit, has omnes difficultas impedire tantum posse, quominus mentem prophetarum assequamur circa res imperceptibiles, et quas tantum imaginari, at non circa res, quas et intellectu assequi, et quarum clarum possumus facile formare conceptum[28]: res enim, quae sua natura facile percipiuntur, nunquam tam obscure dici possunt, quin facile intelligantur, juxta illud proverbium, intelligenti dictum sat est. Euclides, qui non nisi res admodum simplices et maxime intelligibiles scripsit, facile ab unoquoque in quavis lingua explicatur; non enim ut ejus mentem assequamur, et de vero ejus sensu certi simus, opus est integram linguae, qua scripsit, cognitionem habere, sed tantum admodum communem et fere puerilem, non vitam, studia, et mores authoris scire, neque qua lingua, cui, neque quando scripserit, non libri fortunam neque varias ejus lectiones, nec quomodo, nec denique quorum concilio acceptus fuerit. Et quod hic de Euclide, id de omnibus, qui de rebus sua natura perceptibilibus scripserunt, dicendum; adeoque concludimus, nos mentem Scripturae circa documenta moralia ex ipsius, quam habere possumus, historia facile posse assequi, et de vero

---

[28] Per res perceptibiles non illas tantum intelligo, quae legitime demonstrantur, sed etiam illas, quae morali certitudine amplecti, et sine admiratione audire solemus, tametsi demonstrari nequaquam possint. Euclidis propositiones a quovis percipiuntur, priusquam demonstrantur. Sic etiam historias rerum tam futurarum quam praeteritarum, quae humanam fidem non excedunt, ut etiam jura, instituta, et mores, perceptibiles voco, et claros, tametsi nequeunt mathematice demonstrari. Caeterum hieroglyphica, et historias, quae fidem omnem excedere videntur, imperceptibiles dico ; et tamen ex his plura dantur, quae ex nostra methodo investigari possunt, ut mentem autoris percipiamus.

ejus sensu esse certos. Verae enim pietatis documenta verbis usitatissimis exprimuntur, quandoquidem admodum communia, nec minus simplicia, et intellectu facilia sunt; et quia vera salus et beatitudo in vera animi acquiescentia consistit, et nos in iis tantum vere acquiescemus, quae clarissime intelligimus, hinc evidentissime sequitur, nos mentem Scripturae circa res salutares, et ad beatitudinem necessarias certò posse assequi; quare non est, cur de reliquis simus adeo solliciti: reliqua enim, quandoquidem ea ut plurimum ratione et intellectu complecti non possumus, plus curiositatis quam utilitatis habent. His existimo me veram methodum Scripturam interpretandi ostendisse, meamque de eadem sententiam satis explicasse. Praeterea non dubito, quin unusquisque jam videat, hanc methodum nullum lumen praeter ipsum naturale exigere. Hujus enim luminis natura et virtus in hoc potissimum consistit, quod res scilicet obscuras ex notis, aut tanquam notis datis, legitimis consequentiis deducat atque concludat, nec aliud est, quod haec nostra methodus exigit: et quamvis concedamus, eandem non sufficere ad omnia, quae in Bibliis occurrunt, certò investigandum, id tamen non ex ipsius defectu oritur, sed ex eo, quod via, quam veram et rectam esse docet, nunquam fuerit culta, nec ab hominibus trita, adeoque successu temporis admodum ardua et ferè invia facta sit, ut ex ipsis difficultatibus, quas retuli, clarissime constare puto. Superest jam discrepantium a nobis sententias examinare. Quae hîc primum examinanda venit, eorum est sententia, qui statuunt lumen naturale non habere vim ad Scripturam interpretandam, sed ad hoc maxime requirit lumen supernaturale; quid autem hoc lumen praeter naturale sit, ipsis explicandum relinquo. Ego saltem nihil aliud possum conjicere, quam quod ipsi obscurioribus terminis etiam voluerunt fateri, se de vero Scripturae sensu ut plurimum dubitare: si enim ad eorum explicationes attendimus, eas nihil supra naturale continere, imò nihil nisi meras conjecturas esse reperiemus. Considerantur, si placet, cum explicationibus eorum, qui ingenuè fatentur, se nullum lumen praeter naturale habere, et planè consimiles reperientur, humanae scilicet, diu cogitatae, et cum labore inventae: quod autem ajunt lumen naturale ad hoc non sufficere, falsum esse constat, tum ex eo, quod jam demonstravimus, quod difficultas interpretandi Scripturam nulla orta est defectu virium luminis naturalis, sed tantum ex hominum socordia (ne dicam malitia), qui historiam Scripturae, dum eam concinnare poterant, neglexerunt: tum etiam ex hoc, quod (ut omnes, nî fallor, fatentur) hoc lumen supranaturale donum sit divinum fidelibus tantum concessum. At prophetae et apostoli non fidelibus tantum, sed maxime infidelibus et impiis praedicare solebant, quique adeo apti erant ad mentem prophetarum et apostolorum intelligendam. Alias visi essent prophetae et apostoli puerulis et infantibus praedicare, non viris ratione praeditis: et frustra Moses leges praescripsisset, si ipsae non nisi a fidelibus, qui nulla indigent lege, intelligi poterant. Quare qui lumen supranaturale quaerunt ad mentem prophetarum et apostolorum intelligendam, ii sane lumine naturali indigere videntur; longe igitur abest, ut tales donum divinum supranaturale habere existimem. Maimonidae alia planè fuit sententia: sensit enim unumquemque Scripturae locum varios, imo contrarios sensus admittere, nec nos de vero ullius esse certos, nisi sciamus locum illum, prout illum interpretamur, nihil continere, quod cum ratione non conveniat, aut quod ei repugnet; si enim rationi ex ipsius literali sensu reperiatur repugnare, quantumvis ipse clarus videatur, locum tamen aliter interpretandum censet, atque hoc cap. 25 P. II libr. More Nebuchim quam clarissime indicat; ait enim, *Scito, quod non fugimus dicere mundum fuisse ab aeterno propter textus, qui in Scriptura occurrunt de creatione mundi. Nam textus, qui docent mundum esse creatum, non plures sunt iis, qui docent Deum esse corporeum; nec aditus ad eos explicandum, qui in hac materia de mundi creatione reperiuntur, nobis interclusi sunt, nec etiam impediti, sed ipsos explicare potuissemus, sicut fecimus, cum corporeitatem a Deo removimus; et fortè hoc multò facilius factu esset, et magis commodè potuissemus eos explicare et mundi aeternitatem statuminare, quam cum:explicuimus Scripturas, ut removeremus Deum benedictum esse coporeum: at huc hoc non facerem et ne hoc credam* (mundum scilicet esse aeternum) *duae causae me movent, I. quia clara demonstratione constat Deum non esse corporeum, et necesse est, omnia illa loca explicare, quorum literalis sensus demonstrationi repugnat, nam certum est ea necessario tum explicationem* (aliam praeter literalem) *habere. At mundi aeternitas nulla demonstratione ostenditur; adeoque non est necesse Scripturis vim facere easque explicare propter apparentem opinionem, ad cujus contrariam inclinare, aliqua suadente ratione, possemus. Secunda causa, quia credere Deum esse incorporeum fundamentalibus Legis non repugnat etc. Sed mundi aeternitatem credere, eô modô, quô Aristoteli visum fuit, legem a suo fundamento destruit* etc. Haec sunt verba Maimonidae, ex quibus evidenter sequitur id, quod modo diximus; si enim ipsi constaret ex ratione mundum esse aeternum, non dubitaret Scripturam torquere et explicare, ut tandem hoc idem ipsum docere videretur. Imo statim certus esset Scripturam, quanquam ubique aperte reclamantem, hanc tamen mundi aeternitatem docere voluisse; adeoque de vero sensu Scripturae, quantumvis claro, non poterit esse certus, quamdiu de rei veritate dubitare poterit, aut quamdiu de eadem ipsi non constet. Nam quamdiu de rei veritate non constat, tamdiu nescimus, an res cum ratione conveniat, an vero eidem repugnet; et consequenter etiam tamdiu nescimus, an literalis sensus verus sit an falsus. Quae quidem sententia si vera esset, absolute concederem nos alio praeter lumen naturale indigere ad Scripturam interpretandam. Nam fere omnia, quae in Scriptis reperiuntur, deduci nequeunt ex principiis lumine naturali notis (ut jam ostendimus), adeoque de eorum veritate ex vi luminis naturalis nihil nobis constare potest, et consequenter neque etiam de vero sensu et mente Scripturae, sed ad hoc alio necessariò lumine indigeremus. Deinde si haec sententia vera esset, sequeretur, quod vulgus, qui ut plurimum demonstrationes ignorat, vel iis vacare nequit, de Scriptura nihil nisi ex sola authoritate et testimoniis philosophantum admittere poterit, et consequenter supponere debebit, philosophos circa Scripturae interpretationem errare non posse, quae sanè nova esset Ecclesiae authoritas, novumque sacerdotum vel pontificum genus, quod vulgus magis irrideret, quam veneraretur; et quamvis nostra methodus linguae hebraeae cognitionem exigat, cujus etiam studio vulgus vacare non potest, nihil tamen simile nobis objici potest; nam vulgus Judaeorum et gentilium, quibus olim prophetae et apostoli praedicaverunt et scripserunt, linguam prophetarum et apostolorum intelligebant, ex qua etiam mentem prophetarum percipiebant, at non ratione rerum, quas praedicabant, quas ex sententia Maimonidae etiam scire deberent, ut mentem prophetarum capere possent. Ex ratione igitur nostrae methodi non sequitur necessario vulgus testimonio interpretum acquiescere; ostendo enim vulgus, quod linguam prophetarum et apostolorum; at Maimonides nullum ostendet vulgus, quod rerum causas intelligat, ex quibus eorum mentem percipiat. Et quod ad hodiernum vulgus attinet, jam ostendimus omnia ad salutem necessaria, quamvis eorum rationes ignorentur, facile tamen in quavis lingua posse percipi, propterea quod adeo communia et usitata sunt, et in hac perceptione, non quidem in testimonio interpretum, vulgus acquiescit; et quod ad reliqua attinet, eandem in his cum doctis sequitur fortunam. Sed ad Maimonidae sententiam revertamur, atque ipsam accuratius examinemus. Primò supponit prophetas in omnibus inter se convenisse, summosque fuisse philosophos et theologos; ex rei enim veritate eos concludisse vult: atqui hoc falsum esse in cap. II ostendimus. Deinde supponit sensum Scripturae ex ipsa Scriptura constare non posse; rerum enim veritas ex ipsa Scriptura non constat (utpote quae nihil demonstrat, nec res, de quibus loquitur, per definitiones et primas suas causas docet); quare ex sententia Maimonidae neque ejus verus sensus ex ipsa constare potest, adeoque neque ab ipsa erit petendus. Atqui hoc etiam falsum esse ex hoc capite constat: ostendimus enim et ratione et exemplis sensum Scripturae ex ipsa sola Scriptura constare, et ab ipsa sola, etiam cum de rebus loquitur lumine naturali notis, petendum. Supponit denique nobis licere secundum nostras praeconceptas opiniones Scripturae verba explicare, torquere, et literalem sensum, quanquam perspectissimum sive expressissimum, negare, et in alium quemvis mutare. Quam quidem licentiam, praeterquam quod ipsa ex diametro iis, quae in hoc capite et aliis demonstravimus, repugnat, nemo non videt nimiam et temerariam esse: Sed magnam hanc libertatem ipsi concedamus, quid tandem promovet? Nihil sanè; quae enim indemonstrabilia sunt, et quae maximam Scripturae partem componunt, hac ratione investigare non poterimus, neque ex hac norma explicare, neque interpretari; cum contra nostram methodum insequendo, plurima hujus generis explicare, et de iis secure differre possumus, ut jam et ratione, et ipso facto ostendimus: quae autem sua natura perceptibilia sunt, eorum sensus facile, ut jam etiam ostendimus, ex solo orationum contextu elicitur. Quare haec methodus plane inutilis est. Adde quod omnem certitudinem, quam vulgus ex sincera lectione, et quam omnes aliam methodum insequendo, de sensu Scripturae habere possunt, plane iis adimit. Quapropter hanc Maimonidae sententiam ut noxiam, inutilem, et absurdam explodimus. Quod porro Pharisaeorum traditionem attinet, jam supra diximus, eam sibi non constare; pontificum autem romanorum authoritatem luculentiori testimonio indigere; et nulla alia de causa hanc reprobo. Nam si ex ipsa Scriptura eam nobis aequè certò ostendere, ad Judaeorum pontifices olim poterant, nihil me moveret, quod inter romanos pontifices reperti fuerint haeretici et impii; cum olim inter Hebraeorum pontifices etiam reperti fuerint haeretici et impii, qui sinistris mediis pontificatum adepit sunt, penes quos tamen ex Scripturae mandato summa erat potestas legem interpretandi. Vide Deut. cap. 17 v. 11-12 et cap. 33 v. 10 et Malach. cap. 2 v. 8. At quoniam nullum tale testimonium nobis ostendunt, eorum authoritas admodum suspecta manet; et ne quis exemplo pontificis Hebraeorum deceptus putet religionem catholicam etiam indigere pontifice, venit notandum, quod leges Mosis, quia publica jura patriae erant, indigebant necessario, ut conservarentur, authoritate quadam publica; si enim unusquisque libertatem haberet jura publica ex suo arbitrio interpretandi, nulla respublica subsistere posset, sed hoc ipso statim dissolveretur, et jus publicum jus esset privatum. At religionis longe alia est ratio. Nam quandoquidem ipsa non tam in actionibus externis, quam in animi simplicitate et veracitate consistit, nullius juris neque authoritatis publicae est. Animi enim simplicitas et veracitas non imperio legum, neque authoritate publica hominibus infunditur, et absolute nemo vi aut legibus potest cogi, ut fiat beatus, sed ad hoc requiritur pia et fraterna monitio, bona educatio et supra omnia proprium et liberum judicium. Cum igitur summum jus liberè sentiendi, etiam de religione, penes unumquemque sit, nec possit concipi aliquem hoc jure decedere posse, erit ergo etiam penes unumquemque summum jus summaque authoritas de religione liberè judicandi, et consequenter eandem sibi explicandi et interpretandi; nam nulla alia de causa summa authoritas leges interpretandi, et summum de rebus publicis judicium penes magistratum est, quam quia publici juris sunt: adeoque eadem de causa summa authoritas religionem explicandi, et de eadem judicandi penes unumquemque erit, scilicet quia uniuscujusque juris est. Longè igitur abest, ut ex authoritate pontificis Hebraeorum ad leges patriae interpretandum posset concludi romani pontificis authoritas ad interpretandam religionem; cum contrà hanc unumquemque maximè habere facilius ex illa concludatur; atque etiam hinc ostendere possumus nostram methodum Scripturam interpretandi apud unumquemque sit, interpretandi ergo norma nihil debet esse praeter lumen naturale omnibus commune, non ullum supra naturam lumen, neque ulla externa authoritas; non etiam debet esse adeo difficilis, ut non nisi ab acutissimis philosophis dirigi possit, sed naturali et communi hominum ingenio et capacitati accommodata, ut nostram esse ostendimus. Vidimus enim eas, quas jam habet difficultates, orta fuisse ob hominum socordia, non autem ex natura methodi.

CAPUT VIII. In quo ostenditur Pentateuchon et libros Josuae, Judicum, Rut, Samuëlis et Regum non esse autographa. Deinde inquiritur, an eorum omnium scriptores plures fuerint, an unus tantum, et quinam

In praecedenti capite de fundamenta et principiis cognitionis Scripturarum egimus, eaque nulla alia esse ostendimus, quam harum sinceram historiam. Hanc autem, quanquam apprime necessariam, Veteres tamen neglexisse, vel, si quam scripserint aut tradiderint, temporum unjuria periisse, et consequenter magnam partem fundamentorum et principiorum hujus cognitionis intercidisse. Quod adhuc tolerandum esset, si posteri intra veros limites se continuissent, et pauca, quae acceperant aut invenerant, bona cum fide successoribus suis tradidissent, nec nova ex proprio cerebro excussissent: quo factum est, ut Scripturae historia non tantum imperfecta, sed etiam mendosior manserit, hoc est, ut fundamenta cognitionis Scripturarum non tantum pauciora, ut iis integra superstrui possit, sed etiam vitiosa sint. Haec emendare et communia theologiae praejudicia tollere ad meum institutum spectat. At vereor, ne nimis sero hoc tentare aggrediar; res enim eò jam ferme pervenit, ut homines circa hoc non patiantur corrigi, sed id, quod sub specie religionis amplexi sunt, pertinaciter defendant; nec ullus locus rationi, nisi apud paucissimos (si cum reliquis comparentur) relictus videtur, adeo late haec praejudicia hominum mentes occupaverunt. Enitar tamen, remque experiri non desinam, quandoquidem nihil est, cur de hac re prorsus sit desperandum.

Ut ea autem ordine ostendam, a praejudiciis circa veros Scriptores Sacrorum Librorum incipiam, et primò de scriptore Pentateuchi: quem fere omnes Mosen esse crediderunt, imo adeò pertinaciter defenderunt Pharisaei, ut eum haereticum habuerint, qui aliud visus est sentire, et hac de causa Aben Hezra, liberioris ingenii Vir, et non mediocris eruditionis, et qui primus omnium, quos legi, hoc praejudicium animadvertit, non ausus est mentem suam apertè explicare, sed rem obscurioribus verbis tantum indicare, quae ego hîc clariora reddere non verebor, remque ipsam evidenter ostendere. Verba itaque Aben Hezrae, quae habentur in suis commentariis supra Deuteronomium, haec sunt. *Ultra Jordanem etc. modo intelligas mysterium duodecim, etiam et scripsit Moses legem et Kenahanita tunc erat in terra, in Dei monte revelabitur, tum etiam ecce lectum suum lectum ferreum, tum cognosces veritatem.* His autem paucis indicat simulque ostendit non fuisse Mosen, qui Pentateuchon scripsit, sed alium quempiam, qui longe post vixit, et denique quem Moses scripsit librum, alium fuisse. Ad haec, inquam, ostendendum, notat I. ipsam Deuteronomii praefationem, quae a Mose, qui Jordanem non transivit, scribi non potuit. Notat II., quod totus liber Mosis descriptus fuerit admodum diserte in solo ambitu unius arae (vide Deuter. cap. 27 et Josuae cap. 8 v. 37 etc.), quae ex Rabinorum relatione duodecim tantum lapidibus constabat; ex quo sequitur librum Mosis longè minoris fuisse molis, quam Pentateuchon: Hoc, inquam, puto authorem hunc significare voluisse per mysterium duodecim; nisi forte intellexit duodecim illas maledictiones, quae in praedicto cap. Deut. habentur, quas fortasse credidit non fuisse in libro legis descriptas, idque propterea, quod Moses praeter descriptionem legis Levitas insuper recitare illas maledictiones jubet, ut populum jurejurando ad leges descriptas observandum adstringerent. Vel forte ultimum caput Deuteronomii de morte Mosis significare voluit, quod caput duodecim versibus constat. Sed haec et quae praeterea alii hariolantur, non est opus curiosus hîc examinare. Notat deinde III. dici in Deuter. cap. 31 v. 9 *et scripsit Moses legem*; quae quidem verba non possunt esse Mosis, sed alterius scriptoris, Mosis facta et scripta narrantis. Notat IV. locum Genes. cap. 12 v. 6, ubi narrando, quod Abrahamus terram Kanahanitarum lustrabat, addit historicus, quod *Kanahanita tum temporis erat in illa terra*: quibus tempus, quo haec scripsit, clare secludit. Adeoque post mortem Mosis, et cum Kanahanitae jam erant expulsi, illasque regiones non amplius possidebant, haec debuerunt scribi; quod idem Aben Hezra super hunc locum commentando etiam his significat, *et Kanahanita tum erat in illa terra: videtur, quod Kanahan* (nepos Noae) *terram Kanahanitae ab alio possessam cepit, quod si non verum est, inest huic rei mysterium, et qui id intelligit, taceat.* Hoc est, si Kanahan regiones illas invadit, tum sensus erit, *Kanahanitam jam tum fuisse in illa terra*, excludendo scilicet tempus praeteritum, quo ab alia natione inhabitabatur. At si Kanahan regiones illas primus coluit (ut ex cap. 10 Genes. sequitur), tum textus tempus praesens, scriptoris scilicet secludit; adeoque non Mosis, cujus nimirum tempore etiamdum illas regiones possidebant; hoc est mysterium, quod tacendum commendat. V. Notat, quod Genes. cap. 22 v. 14 vocetur mons Morya mons Dei,quod quidem nomen non habuit, nisi postquam aedificationi templi dicatus fuit; et haec montis electio nondum erat tempore Mosis facta; Moses enim nullum locum a Deo electum indicat, sed contra praedicit Deum locum aliquem olim electurum, cui nomen Dei imponetur. VI. Denique notat, quod cap. 3 Deuter. narrationi Og regis Basan haec interponantur, *Solus Og rex Basan mansit ex reliquis*[29] *gigantibus, ecce quod lectus ejus erat lectus ferreus, is certe* (lectus), *qui est in Rabat filiorum Hamon novem cubitos longus* etc. Quae parenthesis clarissime indicat horum librorum Scriptorem longe vixisse post Mosen; hic enim modus loquendi ejus tantum est, qui res antiquissimas narrat, quique rerum reliquias ad fidem faciendam indicat; et sine dubio hîc lectus tempore primum Davidis, qui hanc urbem subegit, ut in libro 2 Samuël. cap. 12 v. 30 narratur, inventus est. At non hîc tantum, sed paulo etiam infra idem hic historicus verbis Mosis inserit *Jair filius Manassis cepit totam juridictionem Argobi usque ad terminum Gesuritae, et Mahachatitae, vocavitque illa loca suo nomine cum Bassan pagos Jairi usque in hunc diem.* Haec, inquam, addit historicus ad explicanda verba Mosis, quae modo retulerat, nempe *et reliquum Giliad et totum Bassan regnum Og, dedi dimidiae tribui Manassis, tota jurisdictio Argobi sub toto Bassan, quae vocatur terra Gigantum.* Noverant procul dubio Hebraei tempore hujus scriptoris, quinam essent pagi Jairi tribulis Jehudae, at non nomine jurisdictionis Argobi, nec terrae Gigantum, ideoque coactus est explicare, quaenam essent haec loca, quae antiquitus sic vocabantur, et simul rationem dare, cur suo tempore nomine Jairi, qui tribulis Judae, non vero Manassis erat (vide 1 Paralip. cap. 2 v. 21-22) insignirentur. His Aben Hezrae sententiam explicuimus, ut et loca Pentateuchi, quae ad eandem confirmandam adfert. Verum enimvero nec omnia, nec praecipua notavit, plura enim in hisce libris et majoris momenti notanda supersunt. Nempe I. quod

---

[29] rephaim significare damnatos, et videtur etiam esse nomen proprium ex Paralip. I cap. 20. Et ideo puto hîc familiam aliquam significare

horum librorum scriptor de Mose non tantum in tertia persona loquatur, sed quod insuper de eo multa testetur: Videlicet *Deus cum Mose loquutus est. Deus loquebatur cum Mose de facie ad faciem. Moses omnium hominum erat humillimus* (Num. cap. 12 v. 3). *Moses irâ captus est in duces exercitus* (Num. cap. 31 v. 14). *Moses vir divinus* (Deuter. cap. 33 v. 1). *Moses servus Dei mortuus est. Nunquam extitit propheta in Israël sicut Moses* etc. At contra in Deuteronomio, ubi lex, quam Moses populo explicuerat, quamque scripserat, describitur, loquitur, suaque facta narrat Moses in prima persona; nempe *Deus mihi loquutus est* (Deuter. cap. 2 v. 1, 17, etc.), *Deum precatus sum* etc. Nisi quod postea historicus in fine libri, postquam verba Mosis retulit, iterum in tertia persona loquendo narrare pergit, quomodo Moses hanc legem (quam scilicet explicuerat) populo scripto tradidit, eumque novissime monuit et quomodo tandem vitam finierit. Quae omnia, nempe modus loquendi, testimonia, et ipse totius historiae contextus plane suadent hos libros ab alio, non ab ipso Mose fuisse conscriptos. II. Venit etiam notandum, quod in hac historia non tantum narratur, quomodo Moses obierit, sepultus fuerit, et Hebraeos triginta dies in luctum conjecerit, sed quod insuper facta comparatione ejus cum omnibus prophetis, qui postea vixerunt, dicitur ipsum omnes excelluisse. *Non extitit unquam,* inquit, *propheta in Israël, sicut Moses, quem Deus noverit de facie ad faciem.* Quod sane testimonium non Moses ipsus de se, nec alius, qui eum immediate secutus est, sed aliquis, qui multis post saeculis vixit, dare potuit, praesertim quia historicus de praeterito tempore loquitur, nempe nunquam extitit propheta etc. Et de sepultura, quod nemo illam novit in hunc usque diem. III. Notandum, quod quaedam loca non iis indicentur nominibus, quae vivente Mose obtinebant, sed aliis, quibus dudum postea insignita sunt. Ut quod Abrahamus *persecutus est* hostes *usque ad Dan* (vide Gen. 14 v. 14), quod nomen haec urbs non obtinuit, nisi longe post mortem Josuae (vide Judic. cap. 18 v. 29). IV. Quod historiae aliquando etiam ultra tempus vitae Mosis producantur. Nam Exod. cap. 16 v. 34 narratur, quod filii Israëlis comederunt Man quadraginta annos, donec venerunt ad terram habitatam, donec venerunt ad finem terrae Kanahan, nempe usque in tempus, de quo in libro Josuae cap. 5 v. 12. In libro etiam Genes. cap. 36 v. 31 dicitur, *Hi sunt reges, qui regnaverunt in Edom, antequam regnavit rex in filiis Israëlis*: Narrat sine dubio ibi historicus, quos reges Idumaei habuerint, antequam David eos subegit[30] et praesides in ipsa Idumaea constituit.

---

[30] A quo tempore usque ad Jehorami regnum, quo ab eo discesserunt (2 Reg. cap. 8 v. 20), Idumaea reges non habuit, sed praesides a Judaeis constituti regis locum supplebant ; vide 1 Reg. cap. 22 v. 48 ; et ideo Idumaeae praeses (2 Reg. cap. 3 v. 9 rex appellatur. An autem ultimus Idumaeorum regum regnare

(Vide Samuël. 2 cap. 8 v. 14.) Ex his itaque omnibus luce meridiana clarius apparet, Pentateuchon non a Mose, sed ab alio, et qui a Mose multis post saeculis vixit, scriptum fuisse: sed si placet, attendamus insuper ad libros, quos ipse Moses scripsit, et qui in Pentateucho citantur; ex iis ipsis enim constabit, eos alios, quam Pentateuchon fuisse. Primò itaque constat ex Exod. cap. 17 v. 14 Mosen ex Dei mandato bellum contra Hamalek scripsisse; in quo autem libro, non constat ex illo ipso capite: at Numer. cap. 21 v. 12 citatur quidam liber, qui *bellorum Dei* vocabatur, et in hoc sine dubio bellum hoc contra Hamalek, et praeterea etiam castrametationes omnes (quas etiam author Pentateuchi Numer. cap. 33 v. 2 testatur a Mose descriptas fuisse) narrabantur. Constat praeterea de alio in Exod. cap. 24 v. 4, 7, qui vocabatur[31] *liber pacti*, quem coram Israëlistis legit, quando primum cum Deo pactum iniverant: At hic liber sive haec epistola pauca admodum continebat; videlicet leges sive Dei jussa, quae narrantur ex v. 22 cap. 20 Exod. usque ad cap. 24 ejusdem libri, quod nemo inficias ibit, qui sano aliquo judicio, et sine partium studio praedictum caput legerit. Narratur enim ibi, quod, simul ac Moses sententiam populi intellexit de ineundo cum Deo pacto, statim Dei eloquia et jura scripsit, et matutina luce, quibusdam caeremoniis peractis, universae concioni pacti ineundi conditiones praelegit, quibus praelectis et sine dubio ab universa plebe perceptis, populus se pleno consensu adstrinxit. Quare tam ex temporis brevitate, quo descriptus fuit, quam ex ratione pacti ineundi sequitur hunc librum nihil praeter pauca ea, quae modo dixi, continuisse. Constat denique, anno quadragesimo ab exitu Aegypti Mosen leges omnes, quas tulerat, explicuisse (vide Deuter. cap. 1 v. 5) populumque de novo iisdem obligavisse (vide Deuter. cap. 29 v. 14) et tandem librum, qui has leges explicatas, novumque hoc pactum continebat, scripsisse (vide Deuter. cap. 31 v. 9), et hic vocatus est *liber legis Dei*, quem Josua postea auxit, narratione scilicet pacti, quo suo tempore populus se de integro obligavit, quodque cum Deo tertiò inivit (vide Josuae cap. 24 v. 25-26). At quoniam nullum habemus librum, qui hoc pactum Mosis, simul et pactum Josuae contineat, necessariò concedendum hunc librum periisse, vel cum Paraphraste chaldaeo Jonatane insaniendum, et verba Scripturae ad libitum torquenda: Hic enim hac difficultate motus maluit Scripturam corrumpere, quam

---

inceperit, antequam Saul rex creatus fuerit, an vero Scriptura in hoc Geneseos capite reges solummodo, qui invicti <en glorieux> obierint, tradere voluerit, ambigi potest. Caeterum ii plane nugantur, qui Mosen, qui divinitus Hebraeorum imperium a monarchico omnino abhorrens instituit, ad regum Hebraeorum catalogum referre volunt.

[31] sepher Hebraice significare saepius epistolam, sive chartam.

ignorantiam suam fateri. Nempe haec libri Josuae verba (vide cap. 24 v. 26) *scripsitque Josua haec verba in libro legis Dei*, chaldaice sic transtulit *et scripsit Josua haec verba et custodivit ea cum libro legis Dei.* Quid cum illis agas, qui nihil vident, nisi quod lubet ? quid, inquam, hoc aliud est, quam ipsam Scripturam negare, et novam ex proprio cerebro cudere ? Nos igitur concludimus, hunc librum legis Dei, quem Moses scripsit, non fuisse Pentateuchon, sed prorsus alium, quem author Pentateuchi suo operi ordine inseruit, quod cum ex modò dictis, tum ex jam dicendis eventissime sequitur. Nempe cum in Deuteronomii loco jam citato narratur, quod Moses legis librum scripsit, addit historicus, quod Moses eum sacerdotibus tradidit, et quod praeterea eos jusserit, ut ipsum certo tempore omni populo praelegerent: quod ostendit, hunc librum longe minoris molis fuisse, quam Pentateuchon, quandoquidem in una concione ita perlegi poterat, ut ab omnibus intelligeretur: nec hîc praetereundum, quod ex omnibus libris, quos Moses scripsit, hunc unum secundi pacti et canticum (quod postea etiam scripsit, ut id universus populus edisceret) religiosè servare et custodire jusserit. Nam quia primo pacto non nisi praesentes, qui aderant, obligaverat, at secundo omnes etiam eorum posteros (vide Deuter. cap. 29 v. 14-15), ideo hujus secundi pacti librum futuris saeculis religiose servandum jussit, et praeterea etiam, ut diximus, canticum, quod futura saecula potissimum respicit: cum itaque non constet Mosen alios, praeter hos libros scripsisse, et ipse nullum alium, praeter libellum legis cum cantico posteritati religiose servandum mandaverit, et denique plura in Pentateucho occurrant, quae a Mose scribi non potuerunt, sequitur, neminem cum fundamento, sed omnino contra rationem affirmare Mosen autorem esse Pentateuchi. At hic aliquis forsan rogabit, num Moses praeter haec non etiam scripserit leges, cum ipsi primum revelarentur ? hoc est, an spatio quadraginta annorum nullas legum, quas tulerat, scripserit, praeter paucas illas, quas in primi pacti libro contentas fuisse dixi ? Sed ad haec respondeo, quamvis concederem rationi consentaneum videri, quod Moses eo ipso tempore et loco, quod leges communicare contigit, eo etiam easdem scripserit, nego tamen nobis hac de causa licere hoc affirmare; supra enim ostendimus nobis de similibus nihil esse statuendum, nisi id, quod ex ipsa Scriptura constat, aut quod ex solis ipsius fundamentis legitima consequentia elicitur, at non ex eo, quod rationi consentaneum videtur. Adde, quod nec ipsa ratio nos cogat hoc statuere. Nam forsan senatus Mosis edicta populo scripto communicabat, quae postea historicus collegit, et historiae vitae Mosis ordine inseruit. Atque haec de quinque libris Mosis: nunc tempus est, ut reliquos etiam examinemus. Josuae librum similibus etiam rationibus ostenditur non esse autographon: alius enim est, qui de Josua testatur, quod ejus fama fuerit per totam tellurem (vide cap. 6 v. 27), quod nihil eorum omiserit, quae Moses praeceperat (vide vers. ult. cap. 8 et 11 v. 15), quod senuerit, omnesque in concionem vocaverit, et quod tamen animam egerit. Deinde etiam quaedam narrantur, quae post ipsius mortem contigerunt. Videlicet quod post ejus mortem Israëlitae Deum coluerunt, quamdius senes, qui ipsum noverant, vixerunt. Et cap. 16 v. 10, quod (Ephraim et Manasse) *non expulerunt Kanahanitam habitantem in Gazer, sed* (addit) *quod Kanahanita inter Ephraim habitavit usque in hunc diem, et fuit tributarius.* Quod idem ipsum est, quod libro Judicum cap. 1 narratur, et modus etiam loquendi *in hunc usque diem* ostendit, Scriptorem rem antiquam narrare. Huic etiam consimilis est textus cap. 15 vers. ult. de filiis Jehudae, et historia Kalebi, ex v. 13 ejusdem capitis. Et casus ille etiam, qui cap. 22 ex v. 10 etc. narratur de duabus tribubus et dimidia, quae aram ultra Jordanem aedificaverunt, post mortem Josuae contigisse videtur: quandoquidem in tota illa historia nulla Josuae fit mentio, sed solus populus bellum gerere deliberat, legatos mitti, eorumque responsum expectat et tandem approbat. Denique ex cap. 10 v. 14 evidenter sequitur hunc librum multis post Josuam saeculis scriptum fuisse: Sic enim testatur, *nullus alius, sicuti ille dies, fuit nec antea neque postea, quo Deus* (ita) *obediret cuiquam* etc. Si quem igitur librum Josua unquam scripsit, fuit sane ille, qui cap. 10 v. 13 in hac eadem scilicet historia citatur. Librum autem Judicum neminem sanae mentis sibi persuadere credo ab ipsis Judicibus esse scriptum: epilogus enim totius historiae, qui habetur cap. 2, clare ostendit, eum totum ab uno solo historico scriptum fuisse. Deinde quia ejus scriptor saepe monet, quod illis temporibus nullus erat rex in Israël, non dubium est, quin scriptus fuerit, postquam imperium reges obtinuerant. Circa Samuëlis libros non etiam est, cur diu moremur, quandoquidem historia longe post ejus vitam producitur. Hoc tamen tantum notari velim, hunc librum etiam multis post Samuëlem saeculis scriptum fuisse. Nam libr. 1 cap. 9 v. 9 historicus per parenthesin monet, *antiquitus in Israël sic dicebat quisque, quando ibat ad consulendum Deum, age eamus ad videntem, nam qui hodie propheta, antiquitus videns vocabatur.* Libri denique Regum, ut ex iisdem constat, decerpti sunt ex libris rerum Salomonis (vide Reg. 1 cap. 11 v. 41), chronicorum regum Jehudae (vide cap. 14 v. 19-29 ejusdem), et chronicorum regum Israëlis. Concludimus itaque omnes hos libros, quos huc usque recensuimus, esse apographa, resque in iis contentas ut antiquas enarrari. Si jam ad connexionem et argumentum horum omnium librorum attendamus, facile colligemus eos omnes ab uno eodemque historico scriptos fuisse, qui Judaeorum antiquitates ab eorum prima origine usque ad primam Urbis vastationem scribere voluit. Hi enim libri ita invicem connectuntur, ut ex hoc solo dignoscere possimus, eos non nisi unam unius historici narrationem continere. Nam simulac Mosis vitam narrare desinit, ad historiam Josuae sic transit, *et contigit, postquam mortuus est Moses servus Dei, ut Deus diceret Josuae* etc. Et hac morte Josuae finita, eadem transitione et conjunctione historiam Judicum incipit, nempe, *Et contigit, postquam mortuus est Josua, ut filii Israëlis a Deo quaererent* etc. Et huic libro, tanquam appendicem, librum Rut sic annectit, *Et contigit iis diebus, quibus Judices judicabant, ut fames esset in illa terra.* Cui etiam eodem modo librum primum Samuëlis annectit, quo finito solita sua transitione ad secundum pergit; et huic, historia Davidis nondum finita, librum primum Regum jungit, et historiam Davidis narrare pergens, tandem huic eadem conjuntione librum secundum annectit. Contextus deinde et ordo historiarum etiam indicat unum tantum fuisse historicum, qui certum sibi scopum praefixit: incipit enim primam nationis hebraeae originem narrare, deinde ordine dicere, qua occasione et quibus temporibus Moses leges tulerit, ipsisque multa praedixerit: Deinde quomodo secundum Mosis praedictiones terram promissam (vide cap. 7 Deuter.) invaserint, eâ vero possessâ legibus valedixerant (Deuter. cap. 31 v. 16), indeque ipsos multa mala consequuta sunt (ejusdem 17). Quomodo deinde reges eligere voluerunt (Deuter. cap. 17 v. 14), qui etiam prout leges curaverant, ita res ipsis prospere vel infoeliciter cesserunt (Deut. cap. 28 v. 36 et v. ult.), donec tandem imperii ruinam, sicuti ipsam Moses praedixerat, narrat. Reliqua autem, quae ad confirmandam legem nihil faciunt, vel prorsus silentio mandavit, vel lectorem ad alios historicos ablegat. Omnes igitur hi libri in unum conspirant, nempe dicta et edicta Mosis docere, eaque per rerum eventus demonstrare. Ex his igitur tribus simul consideratis, nempe simplicitate argumenti horum omnium librorum, connexione, et quod sint apographa multis post saeculis a rebus gestis scripta, concludimus, ut modo diximus, eos omnes ab uno solo historico scriptos fuisse. Quisnam autem is fuerit, non ita evidenter ostendere possum, suspicor tamen ipsum Hesdram fuisse, et quaedam non levia concurrunt, ex quibus conjecturam facio. Nam cum Historicus (quem jam scimus unum tantum fuisse) historiam producat usque ad Jojachini libertatem, et insuper addat, ipsum regis mensae accubuisse tota ejus vita (hoc est vel Jojachini vel filii Nebucadnesoris, nam sensus est planè ambiguus), hinc sequitur eum nullum ante Hesdram fuisse. At Scriptura de nullo, qui tum floruit, nisi de solo Hesdra testatur (vide Hesdrae cap. 7 v. 10), quod ipse suum studium applicuerit ad quaerendam legem Dei, et adornandam, et quod erat scriptor (ejusdem cap. v. 6) promptus in Lege Mosis. Quare nullum praeter Hesdram suspicari possum fuisse, qui hos libros scripserit. Deinde in hoc de Hesdra testimonio videmus, quod ipse non tantum studium adhibuerit ad quaerandam legem Dei, sed etiam ad eandem adornandam, et in Nehemiae cap. 8 v. 9 etiam dicitur, *quod legerunt librum legis Dei explicatum, et adhibuerunt intellectum et intellexerunt Scripturam.* Cum autem in Deuteronomii libro non tantum liber legis Mosis, vel maxima ejus pars contineatur, sed insuper multa ad pleniorem explicationem inserta reperiantur, hinc conjicio librum Deuteronomii illum esse librum legis Dei ad Hesdra scriptum, adornatum et explicatum, quem tum legerunt. Quod autem in hoc libro Deuteronomii multa per parenthesin ad pleniorem explicationem inferantur, duo de hac re exempla ostendimus, cum sententiam Aben Hezrae explicaremus, cujus notae plura alia reperiuntur, ut ex. gr. in cap. 2 v. 12 *et in Sehir habitaverunt Horitae antea, filii autem Hesau eos expulerunt et a suo conspectu deleverunt et loco eorum habitaverunt, sicuti Israël fecit in terra suae haereditatis, quam Deus ipsi dedit.* Explicat scilicet v. 3-4 ejusdem cap., nempe quod montem Sehir, qui filiis Hesau haereditate venerat, ipsi eum non inhabitatum occupaverunt, sed quod ipsum invaserunt, et Horitas, qui ipsum prius inhabitabant, inde, sicuti Israëlitae post mortem Mosis Kenahanitas, deturbaverunt et deleverunt. Per parenthesin etiam inseruntur verbis Mosis v. 6-9 cap. 10; nemo enim non videt, quod v. 8, qui incipit *in illo tempore separavit Deus tribum Levi,* necessario debeat referri ad v. 5, non autem ad mortem Aharonis, quam nulla alia de causa Hezras hîc inseruisse videtur, quam quia Moses in hac narratione vituli, quem populus adoraverat, dixerat (vide cap. 9 v. 20) se Deum pro Aharone oravisse. Explicat deinde, quod Deus eo tempore, de quo Moses hic loquitur, tribum Levi sibi elegit, ut causam electionis, et cur Levitae in partem haereditatis non fuerint vocati, ostenderet, et hoc facto pergit verbis Mosis filum historiae persequi. His adde libri praefationem et omnia loca, quae de Mose in tertia persona loquuntur: et praeter haec alia multa, quae jam a nobis dignosci nequeunt, sine dubio, ut facilius ab hominibus sui aevi perciperentur, addidit, vel aliis verbis expressit: Si, inquam, ipsum Mosis librum legis haberemus, non dubito, quin tam in verbis, quam in ordine, et rationibus praeceptorum magnam discrepantiam reperimus. Dum enim solum Decalogum hujus libri cum Decalogo Exodi (ubi ejus historia ex professo narratur) confero, eum ab hoc in his omnibus discrepare video: quartum enim praeceptum non tantum alio modo imperatur, sed insuper multo prolixius extenditur: ejus autem ratio ab ea, quae in Decalogo Exodi adfertur, toto coelo discrepat. Denique ordo, quo hîc decimum praeceptum explicatur, etiam alius est, quam in Exodo. Haec igitur cum hîc, tum in aliis locis, ut jam dixi, ab Hezra facta existimo, quia is legem Dei hominibus sui temporis explicuit, atque proinde hunc esse librum legis Dei ab ipso ornatae et explicatae: et hunc librum omnium, quos ipsum scripsisse dixi, primum fuisse puto; quod hinc conjicio, quia leges patriae continet, quibus populus maxime indiget: et etiam quia hic liber antecedenti nulla conjunctione, ut reliqui omnes, annectitur, sed soluta oratione incipit, *Haec sunt verba Mosis,* etc. At postquam hunc absolvit et populum leges edocuit, tum studium adhibuisse credo ad integram historiam Hebraeae nationis describendam, a mundo scilicet condito usque ad summam Urbis vastationem, cui hunc librum Deuteronomii suo loco inseruit; et forte ejus primos quinque libros nomine Mosis vocavit, quia in iis praecipue ejus vita continetur et nomen a potiore sumpsit: Et hac etiam de causa sextum nomine Josuae, septimum Judicum, octavum Ruth, nonum et forte etiam decimum Samuelis, et denique undecimum et duodecimum Regum appellavit. An vero Hezras huic operi ultimam manum imposuerit, idque, ut desiderabat, perfecerit, de eo vide sequens caput.

CAPUT IX. De iisdem Libris alia inquiruntur, nempe an Hezras iis ultimam manum imposuerit: et deinde utrum notae marginales, quae in hebraeis codicibus reperiuntur, variae fuerint lectiones

Quantum superior disquisitio de vero horum librorum Scriptore juvet ad eorundem perfectam intelligentiam, facile colligitur ex solis ipsis locis, quae ad nostram de hac re sententiam confirmandam attulimus, quaeque absque ea unicuique deberent obscurissima videri. Verum praeter Scriptorem alia animadvertenda in ipsis libris supersunt, quae communis superstitio vulgus deprehendere non sinit. Horum praecipuum est, quod Hezras (eum pro Scriptore praedictorum librorum habebo, donec aliquis alium certiorem ostendat) narrationibus in hisce libris contentis ultimam manum non imposuit, nec aliud fecit, quam historias ex diversis scriptoribus colligere, et quandoque non nisi simpliciter describere, atque eas nondum examinatas neque ordinatas posteris reliquit. Quae autem causae impediverint (nisi fortè intempestiva mors), quo minus hoc opus omnibus suis numeris adimpleret, nequeo conjicere. At reipsa, quamvis antiquis Hebraeorum historicis destituti simus, ex paucissimis tamen eorum fragmentis, quae habemus, evidentissime constat. Nam historia Hiskiae ex v. 17 cap. 18 lib. 2 Regum, ex relatione Esaiae, prout ipsa reperta est scripta in Chronicis Regum Judae, descripta est: hanc namque totam in libro Esaiae, qui in Chronicis Regum Judae continebatur (vide lib. 2 Paralip. cap. 32 vers. paenult.) iisdem, quibus hîc, verbis narratam legimus, exceptis tantum paucissimis; ex quibus tamen nihil aliud concludi potest, quam quod hujus Esaiae narrationis variae lectiones repertae fuerint, nisi quis mallet in his etiam mysteria somniare. Deinde etiam caput ultimum hujus libri in Jeremiae cap. ultimo, 39 et 40 continetur. Praeterea cap. 7 Samuël. 2 in libr. 1 Paralip. cap. 17 descriptum reperimus: at verba variis in locis adeo mirifice mutata deprehenduntur, ut facillimè dignoscatur, haec duo capita ex duobus diversis exemplaribus historiae Natanis desumpta esse. Denique genealogia regum Idumaeae, quae habetur Genesis cap. 36 ex v. 31, iisdem etiam verbis in libro 1 Paralip. cap. 1 deducitur, cum tamen hujus libri authorem ea, quae narrat, ex aliis historicis sumsisse constat, non vero ex his duodecim libris, quos Hezrae tribuimus. Quare non dubium est, quin, si ipsos haberemus historicos, res ipsa directè constaret: sed quia iisdem, ut dixi, destituti sumus, id nobis tantum restat, ut ipsas historias examinemus: nempe earum ordinem et connexionem, variam repetitionem, et denique in annorum computatione discrepantiam, ut de reliquis judicare possimus. Eas itaque vel saltem praecipuas perpendamus; et primò illam Judae et Tamar, quam cap. 38 Genesis historicus sic narrare incipit, *Contigit autem in illo tempore, ut Judas a suis fratribus discederet.* Quod tempus necessario referendum est ad aliud[32], de quo immediate loquutus est: at ad id, de quo in Genes. immediate agitur, minime referri potest. Ab eo enim, nempe a quo Josephus in Aegyptum ductus fuit, usque quo Jacobus patriarcha cum tota familia eò etiam profectus est, non plus, quam viginti duos annos numerare possumus; nam Josephus, cum a fratribus venderetur, septendecim annos natus erat, et cum a pharaone e carceribus vocari juberetur, triginta: quibus si addantur septem anni fertilitatis et duo famis, conficient simul viginti duos annos. Atqui hoc temporis intervallo nemo concipere poterit tot res contingere potuisse. Nempe quod Juda tres liberos ex unica uxore, quam tum duxit, unum post alium procreaverit, quorum major natu, ubi per aetatem licuit,

---

[32] Quod hic textus nullum aliud tempus respiciat, quam illud, quo Josephus fuit venditus, non tantum ex ipsius orationis contextu constat, sed etiam ex ipsa ipsius Judae aetate colligitur, qui tum temporis vigesimum secundum aetatis annum ad summum agebat, si ex ipsius praecedenti historia calculum facere licet. Nam ex cap. 29 v. ultimo Geneseos apparet, quod Juda natus fuerit anno decimo, a quo Jacobus patriarcha servire incepit Labano, Josephus autem decimo quarto. Cum itaque ipse Josephus, cum venderetur, aetatis decimum septimum egerit annum, ergos Judas tum temporis annos viginti et unum natus erat, non amplius. Qui igitur hanc Judae diuturnam domo absentiam ante Josephi venditionem contigisse credunt, sibi blandire student, et de Scripturae divinitate magis solliciti, quam certi sunt.

Tamar in uxorem duxit, eô vero mortuô secundus eam in matrimonium recepit, qui etiam obiit, et quod dudum postquam haec acta sunt, ipse Judas cum ipsa nuru Tamar ignarus rem habuerit, ex qua iterum duos, uno tamen partu, liberos acceperit, quorum etiam unus intra praedictum tempus factus est parens. Cum igitur haec omnia non possunt referri ad illud tempus, de quo in Genesi, referendum necessario est ad aliud, de quo immediate in alio libro agebatur; ac proinde Hezras hanc etiam historiam simpliciter descripsit, eamque nondum examinatam reliquis inservit. At non tantum hoc caput, sed totam Josephi et Jacobi historiam ex diversis historicis decerptam et descriptam esse necessario fatendum est, adeo parum sibi constare videmus. CAPUT enim 47 Geneseos narrat, quod Jahacob, cum primum pharahonem ducente Josepho salutavit, annos 130 natus erat, a quibus si auferantur viginti duo, quos propter Josephi absentiam in maerore transegit et praeterea septemdecim aetatis Josephi, cum venderetur, et denique septem, quos propter Rachelem servivit, reperietur ipsum provectissimae aetatis fuisse, octoginta scilicet et quatuor annorum, cum Leam in uxorem duceret, et contra Dinam vix septem fuisse annorum[33], cum a Sechemo vim passa est, Simeon autem et Levi vix duodecim et undecim, cum totam illam civitatem depraedati sunt,

---

[33] Nam quod quidam putant, Jacobum 8 vel 10 annos inter Mesopotamiam, et Betel peregrinavisse, stultitiam redolet, quod pace Aben Hgezrae dixerim. Nam non tantum propter desiderium, quo sine dubio tenebatur, videndi provectissimae aetatis parentes, sed etiam et praecipue, ut votum solveret, quod voverat, cum fratrem fugeret (vide Gen. cap. 28 v. 10 et cap. 31 v. 13 et cap. 35 v. 1), quantum potuit, festinavit, ad quod etiam solvendum Deus ipsum monuit (Gen. cap. 31 v. 3 et 13) et auxilium suum, quo in patriam duceretur, promisit. Quod si tamen haec conjecturae potius, quam rationes videntur, age concedamus, Jacobum 8 vel 10, et si placet plures insuper annos brevi hoc itinere, pejori fato, quam Ulissem actum, consumpsisse. Hoc certe negare non poterunt, quod Binjamin in ultimo hujus peregrinationis anno natus fuerit ; hoc est, ex eorum sententia ac hypothesi, anno nativitatis Josephi decimo quinto, aut decimo sexto, aut circiter. Nam Jacobus anno a nativitate ipsius Josephi septimo Labano valedixit. At ex anno 17° aetatis Josephi usque ad annum, quo ipse patriarcha Egyptum peregre ivit, non plures, quam viginti duo anni numerantur, ut in hoc ipso capite ostendimus ; adeoque Binjamin eodem tempore, quo scilicet Egyptum profectus est, viginti tres, aut viginti quatuor annos ad summum habebat, quo aetatis flore nepotes eum habuisse constat (vide Gen. cap. 46 v. 21, quem confer cum v. 38, 39, 40 cap. 26 Num. et cum v. 1 et seq. cap. 8 l. 1 Paral.). Nam Belah Benjamini primogenitus duos jam filios, Ard et Nahgaman, genuerat. Quod sane non minus a ratione alienum est, quam statuere, quod Dina septennia vim passa fuerit, et reliqua, quae ex hujus historiae ordine deduximus. Atque adeo apparet, homines imperitos, dum nodos solvere student, in alios incidere, remque magis intricare, et dilacerare.

ejusque omnes cives gladio confecerunt. Nec hic opus habeo omnia Pentateuchi recensere. Si quis modo ad hoc attenderit, quod in hisce quinque libris omnia praecepta scilicet et historiae promiscue sine ordine narrentur, neque ratio temporum habeatur, et quod una eademque historia saepe, et aliquando diversimode repetatur, facile dignoscet haec omnia promiscue collecta, et coacervata fuisse, ut postea facilius examinarentur, et in ordinem redigerentur. At non tantum haec, quae in quinque libris, sed etiam reliquae historiae usque ad vastationem urbis, quae in reliquis septem libris continentur, eodem modo collectae sunt. Quis enim non videt, in cap. 2 Judicum ex v. 6 novum Historicum adferri (qui res a Josua gestas etiam scripserat) ejusque verba simpliciter describi. Nam postquam historicus noster in ultimo capite Josuae narravit, quod ipse mortem obierit, quodque sepultus fuerit, et in primo hujus libri narrare ea promiserit, quae post ejusdem mortem contigerunt, qua ratione, si filum suae historiae sequi volebat, potuisset superioribus annectere, quae hîc de ipso Josua narrare incipit. Sic etiam capita 17, 18 etc. Samuëlis 1 ex alio historico desumpta sunt, qui aliam causam sentiebat fuisse, cur David aulam Saulis frequentare inceperit, longe diversam ab illa, quae in cap. 16 libri ejusdem narratur: non enim sensit, quod David ex consilio servorum a Saulo vocatus ipsum adiit (ut in cap. 16 narratur), sed quod casu a patre ad fratres in castra missus Saulo ex occasione victoriae, quam contra Philistaeum Goliat habuit, tum demum innotuit, et in aula detentus fuit. Idem de cap. 26 ejusdem libri suspicor, quod nimirum historicus eandem ibi historiam, quae cap. 24 habetur, secundum opinionem alterius narrare videatur. Sed hoc missum facio, et ad annorum computationem examinandam pergo. Cap. 6 libri 1 Regum dicitur, quod Salomon templum aedificavit anno 480 ab Aegypti exitu, at ex historiis ipsis longe majorem numerum concludimus. Nam

	Annos
Moses populum in desertis gubernavit	40
Josuae, qui centum et decem annos vixit, non plus tribuuntur ex Josephi et aliorum sententia quam	26
Kusan Rishgataim populum in ditione tenuit	8
Hotniel filius Kenaz judicavit	40
Heglon rex Moabi imperium in populum tenuit	18
Eud et Sangar eundem judicaverunt	80
Jachin rex Kanahani populum iterum in ditione tenuit	20

Quievit postea populus	40
Fuit deinde in ditione Midiani	7
Tempore Gidehonis transegit in libertate	40
Sub imperio autem Abimelechi	3
Tola filius Puae judicavit	23
Jair autem	22
Populus iterum in ditione Philistaeorum et Hamonitarum fuit	18
Jephta judicavit	6
Absan Bethlehemita	7
Elon Sebulonita	10
Habdan Pirhatonita	8
Populus fuit iterum in ditione Philistaeorum	40
Samson judicavit	20
Heli autem	40
Fuit iterum populus in ditione Philistaeorum, antequam a Samuële liberaretur	20
David regnavit	40
Salomon antequam templum aedificavit	4
Atque hi omnes additi numerum conficiunt annorum	580

Quibus deinde addendi sunt anni illius saeculi, quo post mortem Josuae Respublica Hebraeorum floruit, donec a Kusan Rishgataim subacta fuit, quorum numerum magnum fuisse credo; non enim mihi persuadere possum, quod statim post mortem Josuae omnes, qui ejus portenta viderant, uno momento perierunt, nec quod eorum successores uno actu et ictu legibus valedixerunt, et ex summa virtute in summam nequitiam et socordiam lapsi sunt, nec denique quod Kusan Rishgataim eos dictum factum subegit. Sed cum horum singula aetatem fere requirant, non dubium est, quin Scriptura cap. 2 v. 7, 9, 10 libri Judicum historias multorum annorum comprehenderit, quas silentio transmisit. Sunt praeterea addendi anni, quibus Samuël fuit Judex, quorum etiam numerus in Scriptura non habetur. Sunt deinde addendi anni Regni Saulis, quos in superiore computatione omisi, quia ex ejus historia non satis constat, quot annos regnaverit; dicitur quidem cap. 13 v. 1 lib. 1

Samuëlis, eundem duos annos regnavisse, sed et ille textus truncatus est, et ex ipsa historia majorem numerum colligimus. Quod textus truncatus sit, nemo, qui hebraeam liguam vel a primo lime salutavit, dubitare potest. Sic enim incipit יעראל על מלך שנים ושתי במלכו *annum natus erat Saul, cum regnaret, et duos annos regnavit supra Israëlem*. Quis, inquam, non videt numerum annorum aetatis Saulis, cum regnum adeptus esset, omissum esse ? At quod ex ipsa historia major numerus concluditur, credo neminem etiam dubitare. Nam cap. 27 v. 7 ejusdem libri habetur, quod David apud Philistaeos, ad quos propter Saulum confugit, moratus fuit unum annum et quatuor mentes: quare ex hac computatione reliqua spatio octo mensium contingere debuerunt, quod neminem credere existimo. Josephus saltem in fine libri sexti Antiquitatum textum sic correxit, *Regnavit itaque Saul Samuële vivente annos decem et octo, moriente autem alios duos*. Quin tota haec historia cap. 13 nullo modo cum antecedentibus convenit. In fine cap. 7 narratur, quod Philistaei ab Hebraeis ita debellati fuerunt, ut non fuerint ausi vivente Samuële terminos Israëlis ingredi; at hîc, quod Hebraei (vivente Samuële) a Philistaeis invaduntur, a quibus ad tantam miseriam et paupertatem redacti fuerant ut armis, quibus se defendere possest, destituerentur, et insuper mediis eadem conficiendi. Sudarem sane satis, fi omnes has historias, quae in hoc primo libro Samuëlis habentur, ita conarer conciliare, ut omnes ab uno Historico descriptae et ordinatae viderentur. Sed ad meum propositum revertor. Anni itaque regni Saulis superiori computationi sunt addendi. Denique annos anarchiae Hebraeorum etiam non numeravi, quia non constant ex ipsa Scriptura. Non, inquam, mihi constat tempus, quo illa contigerint, quae ex cap. 17 usque ad finem libri Judicum narrantur. Ex his itaque clarissime sequitur veram annorum computationem neque ex ipsis historiis constare, neque ipsas historias in una eademque convenire, sed valde diversas supponere. Ac proinde fatendum has historias ex diversis scriptoribus collectas esse, nec adhuc ordinatas neque examinatas fuisse. Nec minor videtur fuisse circa annorum computationem discrepantia in libris Chronicorum Regum Judae et libris Chronicorum Regum Israëlis. In Chronicis enim Regum Israëlis habebatur, quod Jehoram filius Aghabi regnare incepit anno secundo regni Jehorami filli Jehosaphat (vide Regum libr. 2 cap. 1 v. 17). At in Chronicis Regum Judae, quod Jehoram filius Jehosaphat regnare incepit anno quinto regni Jehorami filii Aghabi (vide cap. 8 v. 16 ejusdem libri). Et si quis praeterea historias libri Paralip. conferre velit cum historiis librorum Regum, plures similes discrepantias inveniet, quas hic non opus habeo recensere, et multo minus authorum commenta, quibus has historias conciliare conantur. Rabini namque planè delirant. Commentatores autem, quos legi, somniant, fingunt, et linguam denique ipsam planè corrumpunt. Ex. gr. cum in libro 2 Paralip. dicitur, *annos quadraginta duos natus erat Aghazia, cum regnaret*: fingunt quidam hos annos initium capere a regno Homri, non autem a nativitate Aghaziae: quod si possent ostendere intentum authoris librorum Paralip. hoc fuisse, non dubitaverim affirmare, eundem loqui nescivisse. Et ad hunc modum plura alia fingunt, quae si vera essent, absolute dicerem antiquos Hebraeos et linguam suam, et narrandi ordinem plane ignoravisse, nec ullam rationem neque normam Scripturas interpretandi agnoscerem, sed ad libitum omnia fingere liceret. Si quis tamen putat, me hîc nimis generaliter, nec satis cum fundamento loqui, ipsum rogo, ut hoc agat, et nobis ostendat certum aliquem ordinem in hisce historiis, quem Historici in Chronologicis sine peccato imitari possent, et dum historias interpretatur et conciliare conatur, phrases et modos loquendi, et orationes disponendi, et contexendi adeo strictè observet, atque ita explicet, ut eos secundum suam explicationem in scribendo imitari etiam possimus[34]: quod si praestiterit, manus ipsi statim dabo, et erit mihi magnus Apollo; nam fateor, quamvis diu quaesiverim, me nihil tamen unquam simile invenire potuisse: Quin addo me nihil hîc scribere, quod dudum et diu meditatum non habuerim, et quanquam a pueritia opinionibus de Scriptura communibus imbutus fuerim, non tamen potui tandem haec non admittere. Sed non est, cur circa haec lectorem diu detineam, et ad rem desparatam provocem; opus tamen fuit rem ipsam proponere, ut meam mentem clarius explicarem: ad reliqua igitur, quae circa fortunam horum librorum notanda suscepi, pergo. Nam venit praeterea, quae modo ostendimus, notandum, quod hi libri ea diligentia a Posteris servati non fuerint, ut nullae mendae irrepserint; plures enim dubias lectiones animadverterunt antiquiores Scribae, et praeterea aliquot loca truncata, non tamen omnia; an autem mendae talis notae sint, ut lectori magnam moram injiciant, de eo jam non disputo; credo tamen eas levioris esse momenti, iis saltem, qui Scripturas liberiore judicio legunt, et hoc certò affirmare possum, me nullam animadvertisse mendam, nec lectionum varietatem circa moralia documenta, quae ipsa obscura aut dubia reddere possent. At plerique nec in reliquis aliquod vitium incidisse concedunt; sed statuunt Deum singulari quadam providentia omnia Biblia incorrupta servasse: varias autem lectiones signa profundissimorum mysteriorum esse dicunt, idem de asterismis, qui in medio paragrapho 28 habentur, contendunt, imo in ipsis apicibus literarum magna arcana contineri. Quod sane an ex stultitia et anili devotione, an autem ex arrogantia et malitia, ut Dei arcana soli habere crederentur, haec dixerint, nescio;

---

[34] Alias Scripturae verba corrigunt potius, quam explicant.

hoc saltem scio, me nihil, quod arcanum redoleat, sed tantum pueriles cogitationes apud istos legisse. Legi etiam et insuper novi nugatores aliquos Kabbalistas, quorum insaniam nunquam mirari satis potui. Quod autem mendae, uti diximus, irrepserint, neminem sani judicii dubitare credo, qui textum illum Sauli (quem jam ex libr. 1 Samuël. cap. 13 v. 1 allegavimus) legit et etiam v. 2 cap. 6 Samuël. 2, nempe *et surrexit et ivit David et omnis populus, qui ipsi aderat, ex Juda, ut inde auferrent arcam Dei*. Nemo hîc etiam non videre potest locum, quo iverant, nempe Kirjat Jeharim[35], unde arcam auserrent, esse omissum: nec etiam negare possumus, quod v. 37 cap. 13 Sam. 2 perturbatus et truncatus sit, scilicet, *et Absalom fugit ivitque ad Ptolomaeum filium Hamihud Regem Gefur, et luxit filium suum omnibus diebus, et Absalom fugit ivitque Gefur mansitque ibi tres annos*. Et ad hunc modum scio me antehac alia notavisse, quae impraesentiarum non occurrunt. Quod autem notae marginales, quae in hebraeis Codicibus passim inveniuntur, dubiae fuerint lectiones, nemo etiam dubitare potest, qui attendit, quod pleraeque ex magna literarum hebraicarum similitudine inter se ortae sint. Nempe ex similitudine, quam habet *Kaf* cum *Bet, Jod* cum *Vau, Dalet* cum *Res* etc. Ex. gr. ubi lib. 2 Sam. cap. 5 v. paenult. scribitur *et ineo* (tempore), *quo audies* habetur in margine *cum audies*, etc. cap. 21 Jud. v. 22 *et quando earum patres vel fratres in multitudine* (h.e. saepe) *ad nos venerint* etc., habetur in margine *ad litigandum*. Et ad hunc modum permultae deinde etiam ortae sunt ex usu literarum, quas Quiescentes vocant, quarum nimirum pronunciatio saepissime nulla sentitur, et promiscuè una pro alia sumitur. Ex. gr. Levit. cap. 25 v. 30 scribitur *et confirmabitur domus, quae est in civitate, cui non est murus*, in margine autem habetur *cui est murus* etc. At quamvis haec per se satis clara sint, libet rationibus quorundam Pharisaeorum respondere, quibus persuadere conantur notas marginales ad aliquod mysterium significandum ab ipsis librorum Sacrorum Scriptoribus appositas vel indicatas fuisse. Harum primam, quae quidem me parum tangit, sumunt ex usu legendi Scripturas: si, inquiunt, hae notae appositae sunt propter lectionum varietatem, quas posteri decidere non potuerunt, cur ergo usus invaluit, ut sensus marginalis ubique retineatur ? cur, inquiunt,

---

[35] Kirjat Jehgarim vocatur etiam Bahgal Jehuda, unde Kimchi et alii putant, Bahgale Jehuda, quod hic transtuli ex populo Jehudae, nomen esse oppidi ; sed falluntur, qui [heb.] pluralis est numeri. Deinde, si hic Samuëlis textus cum eo, qui est in libr. 1 Paralip., conferatur, videbimus, quod David non surrexerit, et exiverit ex Bahgal, sed quod eo iverit. Quod si autor 2 Samuëlis libri locum saltem indicare studuerit, unde David arcam abstulit, tunc, ut Hebraice loqueretur, sic dixisset : et surrexit, et profectus est David etc. ex Bahgal Judae, et inde abstulit arcam Dei.

sensum, quem retinere volebant, in margine notaverunt ? debuerant contra ipsa volumina scribere, prout legi volebant, non autem sensum et lectionem, quam maxime probabant, in margine notare. Secunda vero ratio et quae aliquam speciem prae se ferre videtur, ex ipsa rei natura sumitur. Nempe quod mendae non data opera, sed casu in Codices irrepserunt, et quod ita fit, varie contingit. At in quinque libris semper nomen *puella*, uno tantum excepto loco, defectivum contra regulam Grammatices sine litera *he* scribitur, in margine vero rectè secundum regulam Grammatices universalem. An hoc etiam ex eo, quod manus in describendo erravit, contigerit ? quo fato id fieri potuit, ut calamus semper, quotiescunque hoc nomen occurrerit, festinaret ? deinde hunc defectum facile et sine scrupulo ex regulis Grammatices supplere et emendare potuissent. Igitur cum hae lectiones casu non contigerint, nec tam clara vitia correxerint, hinc concludunt, haec certo consilio a primis Scriptoribus facta fuisse, ut iis aliquid significarent. Verum his facile respondere possumus, nam quod ex usu, qui apud eos invaluit, argumentantur, nihil moror; nescio quid superstitio suadere potuit, et forte inde factum est, quia utramque lectionem aeque bonam seu tolerabilem aestimabant, ideoque, ne earum aliqua negligeretur, unam scribendam et aliam legendam voluerunt. Timebant scilicet in re tanta judicium determinare, ne incerti falsam pro vera eligerent, ideoque neutram alterutri praeponere voluerunt, quod absolutè fecissent, si unam solam scribere et legere jussissent, praesertim cum in Sacris voluminibus notae marginales non scribantur: vel forte inde factum est, quia quaedam, quamvis recte descripta, aliter tamen legi, prout scilicet in margine notaverant, volebant. Ideoque universaliter instituerunt, ut Biblia secundum notas marginales legerentur. Quae causa autem Scribas moverit, quaedam expresse legenda in margine notare, jam dicam, nam non omnes marginales notae dubiae sunt lectiones, sed etiam, quae ab usu remota erant, notaverunt. Nempe verba obsoleta, et quae probati illius temporis mores non sinebant in publica concione legi. Nam antiqui Scriptores malitia privati nullis aulicis ambagibus, sed res propriis suis nominibus indicabant. At postquam malitia et luxus regnavit, illa, quae sine obscoenitate ab antiquis dicta sunt, in obscoenis haberi inceperunt. Hac autem de causa Scripturam ipsam mutare non erat opus, attamen ut plebis imbecillitati subvenirent, introduxerunt, ut nomina coitus et excrementorum honestius in publico legerentur, videlicet sicuti ipsa in margine notaverunt. Denique quicquid fuerit, cur usu factum fuerit, ut Scripturas secundum marginales lectiones legant, et interpretentur, id saltem non fuit, quod vera interpretatio secundum ipsas debet fieri. Nam praeterquam quod ipsi Rabini in Talmud saepe a Masoretis recedunt, et alias habebant lectiones, quas probabant, ut mox ostendam, quaedam insuper in margine reperiuntur, quae minus secundum usum linguae probata videntur. Ex. gr. in libr. 2 Samuël. cap. 14 v. 22 scribitur *quia Rex effecit secundum sententiam sui servi,* quae constructio planè regularis est et convenit cum illa v. 15 ejusdem cap., at quae in margine habetur (*servi tui*) non convenit cum persona verbi. Sic etiam v. ult. cap. 16 ejusdem libri scribitur *ut cum consultat* (id est consultatur) *verbum Dei,* ubi in margine additur *quis* pro verbi nominativo. Quod non satis accurate factum videtur, nam communis hujus linguae usus est, verba impersonalia in tertia persona singularis verbi activi usurpare, ut Grammaticis notissimum. Et ad hunc modum plures inveniuntur notae, quae nullo modo scriptae lectioni praeponi possunt. Quod autem ad secundam rationem Pharisaeorum attinet, ei etiam ex modò dictis facile respondetur, nempe quod Scribae praeter dubias lectiones verba etiam obsoleta notaverunt: Nam non dubium est, quin in lingua hebraea, sicuti in reliquis, multa obsoleta et antiquata posterior usus fecerit, et reperta fuerint ab ultimis Scribis in Bibliis, quae, uti diximus, omnia notaverunt, ut coram populo secundum tum receptum usum legerentur. Hac igitur de causa nomen *nahgar* ubique notatum reperitur, quia antiquitus communis erat generis, et idem significabat, quod apud Latinos *Juvenis.* Sic etiam Hebraeorum metropolis vocari apud antiquos solebat *Jerusalem,* non autem *Jerusalaim*: de pronomine *ipse,* et *ipsa* idem sentio, quod scilicet recentiores *vau* in *jod* mutaverunt (quae mutatio in hebraea lingua frequens est), cum genus foemininum significare volebant; at quod antiqui non, nisi vocalibus hujus pronominis foemininum a masculino solebant distinguere. Sic praeterea quorundam verborum anomalia alia apud priores, alia apud posteros fuit, et denique antiqui literis paragogicis singulari sui temporis elegantia utebantur. Quae omnia hîc multis exemplis illustrare possem, sed nolo taediosa lectione lectorem detinere. At si quis roget, unde haec noverim ? respondeo, quia ipsa apud antiquissimos Scriptores, nempe in Bibliis saepe reperi, nec tamen eos posteri imitari voluerunt, quae unica est causa, unde in reliquis linguis, quamvis jam etiam mortuis, tamen verba obsoleta noscuntur. Sed fortè adhuc aliquis instabit, cum ego maximam harum notarum partem dubias esse lectiones statuerim, cur nunquam unius loci plures, quam duae lectiones repertae sint ? cur aliquando non tres vel plures ? Deinde quod quaedam in Scriptis adeo manifestè Grammaticae repugnant, quae in margine rectè notantur, ut minime credendum sit scribas haerere potuisse et, utra esset vera, dubitare. Sed ad haec etiam facile respondetur, et quidem ad primum dico, plures fuisse lectiones, quam quas in nostris codicibus notatas reperimus. In Talmude enim plures notantur, quae a Masoretis neglectae sunt, et tam apertè multis in locis ab iisdem recedunt, ut superstitiosus ille corrector Bibliorum Bombergianorum tandem coactus fuerit fateri, in sua praefatione, se eos reconciliare nescire et, inquit, *hic nescimus responderi, nisi quod supra respondimus,* nempe, *quod usus Talmudis est Masoretis contradicere.* Quare non satis cum fundamento statuere possumus, unius loci non plures quam duas lectiones unquam fuisse. Attamen facile concedo, imò credo unius loci nunquam plures, quam duas lectiones repertas fuisse, idque ob duas rationes; nempe

I. quia causa, unde harum lectionum varietatem ortam esse ostendimus, non plures quam duas concedere potest: ostendimus enim eas potissimum ex similitudine quarundam literarum ortas fuisse. Quare dubium ferè semper huc tandem redibat, videlicet utra ex duabus literis esset scribenda *Bet* an *Kaf, Jod* an *Vau, Dalet* an *Res* etc., quarum usus frequentissimus est; et ideo saepe contingere poterat, ut utraque sensum tolerabilem pareret. Deinde utrum syllaba longa aut brevis esset, quarum quantitas iis literis, quas Quiescentes vocavimus, determinatur. His adde, quod non omnes notae dubiae sunt lectiones; multas enim appositas esse diximus honestatis causa, et etiam ut verba obsoleta et antiquata explicarent.

II. Ratio, cur mihi persuadeo, unius loci non plures, quam duas lectiones reperiri, est, quia credo Scribas pauca admodum exemplaria reperisse, forte non plura, quam duo vel tria. In tractatu Scribarum cap. 6. non nisi de tribus fit mentio, quae fingunt tempore Hezrae inventa fuisse, quia venditant has notas ab ipso Hezra appositas fuisse. Quicquid sit, si tria habuerunt, facile concipere possumus, duo semper in eodem loco convenisse, quin imo unusquisque mirari sane potuisset, si in tribus tantum exemplaribus tres diversae unius ejusdemque loci lectiones reperirentur. Quo autem fato factum est, ut post Hezram tanta exemplarium penuria fuerit, is mirari desinet, qui vel solum cap. I. Libr. I. Machabaeorum legerit, vel cap. 5. Libr. 12. Antiquit. Josephi. Imo prodigio simile videtur, quod post tantam tamque diuturnam persecutionem pauca illa retinere potuerint; de quo neminem dubitare opinor, qui illam historiam mediocri cum attentione legerit. Causas itaque videmus, cur nullibi plures quam duae dubiae lectiones occurrunt. Quapropter longe abest, ut ex eo, quod non plures duabus ubique dentur, concludi possit, Biblia in locis notatis data opera perperam scripta fuisse ad significanda mysteria. Quod autem ad secundum attinet, quod quaedam reperiantur adeo perperam scripta, ut nullo modo dubitare potuerint, quin omnium temporum scribendi usui repugnarent, quaeque adeo absolute corrigere, non autem im margine notare debuerant, me parum tangit, neque enim scire teneor, quae religio ipsos moverit, ut id non facerent. Et forte id ex animi sinceritate fecerunt, quod posteris Biblia, ut ut ab ipsis in paucis originalibus inventa fuerint, tradere voluerunt, atque originalium discrepantias notare, non quidem ut dubias, sed ut varias lectiones; nec ego easdem dubias vocavi, nisi quia revera fere omnes tales reperio, ut minime sciam, quaenam prae alia sit probanda. Denique praeter dubias has lectiones notaverunt insuper Scribae (vacuum spatium in mediis paragraphis interponendo) plura loca truncata, quorum numerum Masoretae tradunt; numerant scilicet viginti octo loca, ubi in medio paragrapho spatium vacuum interponitur, nescio an etiam in numero aliquod mysterium latere credunt. Spatii autem certam quantitatem religiose observant Pharisaei. Horum exemplum (ut unum adferam) habetur in Genes. cap. 4. v. 8., qui sic scribitur: *Et dixit Kain Habeli fratri suo... et contigit, dum erant in campo, ut Kain* etc., ubi spatium relinquitur vacuum, ubi scire expectabamus, quid id fuerit, quod Kain fratri dixerat. Et ad hunc modum (praeter illa, quae jam notavimus) a Scribis relicta vigintiocto reperiuntur. Quorum tamen multa non apparerent truncata, nisi spatium interjectum esset. Sed de his satis.

CAPUT X. Reliqui Veteris Testamenti libri eodem modo quo superiores examinantur

Transeo ad reliquos Veteris Testamenti libros. At de duobus Paralipomenon nihil certi et quod operae pretium sit, notandum habeo, nisi quod dudum post Hezram, et forte postquam Judas Machabaeus templum restauravit[36], scripti fuerunt. Nam cap. 9. libri I. narrat

---

[36] Oritur hic suspicio, siquidem suspicio dici potest, quod certum est, ex deductione genealogiae regis Jechoniae, quae traditur cap. 3 l. 1 Paral. et producitur usque ad filios Eljohgenai, qui decimi tertii ab eo erant <en ligne directe> ; et notandum, quod Jechonias iste, cum ei catenae injectae sunt, liberos non habebat, sed videtur, quod <deux> liberos in carcere genuerit, quantum ex nominibus, quae iis dedit, conjicere licet. At nepotes, quantum etiam ex eorum nominibus conjicere licet, habuisse videtur, postquam e carcere liberatus fuit ; ac proinde [heb.] Pedaja (quod significat Deus liberavit), qui in hoc capite dicitur fuisse <le Pere de Zorobabel, nâquit> anno 37, aut 38 captivitatis Jechoniae, hoc est 33 annis, antequam Cyrus rex Judaeis veniam dedit, et consequenter Zerubabel, quem Cyrus Judaeis praeposuerat, 13 aut 14 annos ad summum natus videtur fuisse. Sed haec potius silentio praetire volui ob causas, quas temporis [injuriae et superstitio regnans] gravitas explicare non sinit. Sed prudentibus rem indicare sufficit. Qui si hanc Jechoniae integram progeniem, quae traditur cap. 3 lib. 1 Paralip. ex vs. 17 usque ad finem ipsius capitis, aliqua cum attentione percurrere, et Hebraeum textum cum versione, quae Septuaginta dicitur, conferre velint, nullo negotio videre poterunt, hos libros post secundam Urbis restaurationem a Juda Machabaeo factam restitutos fuisse, quo tempore Jechoniae posteri principatum amiserant, non antea.

Historicus, *quaenam familiae primum* (tempore scilicet Hezrae) *Hierosolymae habitaverint*; et deinde v. 17. *Janitores*, quorum duo etiam in Nehem. cap. 2 v. 19. narrantur, indicat. Quod ostendit hos libros dudum post urbis reaedificationem scriptos fuisse. Caeterum de vero eorundem Scriptore, deque eorum authoritate, utilitate et doctrina nihil mihi constat. Imo non satis mirari possum, cur inter Sacros recepti fuerint ab iis, qui librum sapientiae, Tobiae et reliquos, qui apocryphi dicuntur, ex canone Sacrorum deleverunt: intentum tamen non est eorum authoritatem elevare, sed quandoquidem ab omnibus sunt recepti, eos etiam, ut ut sunt, relinquo. Psalmi collecti etiam fuerunt, et in quinque libros dispartiti in secundo templo; nam Ps. 88. ex Philonis Judaei testimonio editus fuit, dum Rex Jehojachin Babiloniae in carcere detentus adhuc erat, et Ps. 89. cum idem Rex libertatem adeptus est; nec credo, quo Philo hoc unquam dixisset, nisi vel sui temporis recepta opinio fuisset, vel ab aliis fide dignis accepisset. Proverbia Salomonis eodem etiam tempore collecta fuisse credo, vel ad minimum tempore Josiae Regis, idque quia cap. 24. vers. ult. dicitur, *Haec etiam sunt Salomonis Proverbia, quae transtulerunt viri Hiskiae Regis Judae.* At hic tacere nequeo Rabinorum audaciam, qui hunc librum cum Ecclesiaste ex canone Sacrorum exclusos volebant, et cum reliquis, quos jam desideramus, custodire. Quod absolute fecissent, nisi quaedam reperissent loca, ubi lex Mosis commendatur. Dolendum sane, quod res sacrae et optimae ab horum electione dependerint. Ipsis tamen gratulor, quod hos etiam nobis communicare voluerunt, verum non possum non dubitare, num eos bona cum fide tradiderint, quod hic ad severum examen revocare nolo. Pergo igitur ad libros Prophetarum. Cum ad hos attendo, video Prophetias, quae in iis continentur, ex aliis libris collectas fuisse, neque in hisce eodem ordine semper describi, quo ab ipsis Prophetis dictae vel scriptae fuerunt, neque etiam omnes contineri, sed eas tantum, quas hinc illinc invenire potuerunt: quare hi libri non nisi fragmenta Prophetarum sunt. Nam Esaias regnante Huzia prophetare incepit, ut descriptor ipse primo versu testatur. At non tantum tum temporis prophetavit, sed insuper omnes res ab hoc Rege gestas descripsit (vide Paral. lib. 2. cap. 26. v. 22.), quem librum jam desideramus. Quae autem habemus, ex Chronicis Regum Judae, et Isra,lis descripta esse ostendimus. His adde, quod Rabini statuunt hunc Prophetam etiam regnante Manasse, a quo tandem peremtus est, prophetavisse, et quamvis fabulam narrare videantur, videntur tamen credidisse omnes ejus Prophetias non extare. Jeremiae deinde Prophetiae, quae historice narrantur, ex variis Chronologis decerptae et collectae sunt. Nam praeterquam, quod perturbate accumulentur nulla temporum ratione habita, eadem insuper historia diversis modis repetitur. Nam cap. 21. causam apprehensionis Jeremiae exponit, quod scilicet urbis vastationem Zedechiae ipsum consulenti praedixerit, et hac historia interrupta transit cap. 22. ad ejus in Jehojachinum, qui ante Zedechiam regnavit, declamationem narrandum, et quod Regis captivitatem praedixerit, et deinde cap. 25. ea describit, quae ante haec anno scilicet quarto Jehojakimi, Prophetae revelata sunt. Deinde quae anno primo hujus Regis, et sic porro, nullo temporum ordine servato, Prophetias accumulare pergit, donec tandem cap. 38. (quasi haec 15 capita per parenthesin dicta essent) ad id, quod cap. 21. narrare incepit, revertitur. Nam conjunctio, qua illud caput incipit, ad v. 8. 9. et 10. hujus refertur; atque tum longe aliter ultimam Jeremiae apprehensionem describit, et causam diuturnae ejus detentionis in atrio custodiae longe aliam tradit, quam quae in cap. 37. narratur: Ut clare videas haec omnia ex diversis Historicis esse collecta, nec ulla alia ratione excusari posse. At reliquae Prophetiae, quae in reliquis capitibus continentur, ubi Jeremias in prima persona loquitur, ex volumine, quod Baruch, ipso Jeremia dictante, scripsit, descriptae videntur: Id enim (ut ex cap. 36. v. 2. constat) ea tantum continebat, quae huic Prophetae revelata fuerant a tempore Josiae usque ad annum quartum Jehojakimi; a quo etiam tempore hic liber incipit. Deinde ex eodem volumine etiam descripta videntur, quae habentur ex cap. 45. v. 2. usque ad cap. 51. v. 59. Quod autem Ezechiëlis liber fragmentum etiam tantum sit, id primi ejus versus clarissime indicant; quis enim non videt conjunctionem, qua liber incipit, ad alia jam dicta referri, et cum iis dicenda connectere? at non tantum conjunctio, sed totus etiam orationis contextus alia scripta supponit: annus enim trigesimus, a quo hic liber incipit, ostendit Prophetam in narrando pergere, non autem incipere; quod etiam Scriptor ipse per parenthesin v. 3. sic notat, *fuerat saepe verbum Dei Ezechiëli filio Buzi sacerdoti in terra Chaldaeorum* etc., quasi diceret, verba Ezechiëlis, quae huc usque descripserat, ad alia referri, quae ipsi ante hunc annum trigesimum revelata erant. Deinde Josephus lib. 10. Antiq. cap. 7. narrat Ezechiëlem praedixisse, quod Tsedechias Babiloniam non videret, quod in nostro, quem ejus habemus, libro, non legitur, sed contra cap. scilicet 17., quod Babiloniam captus duceretur[37]. De Hosea non certo dicere possumus, quod plura scripserit, quam quae in libro, qui ejus dicitur, continentur. Attamen miror nos ejus plura non habere, qui ex testimonio Scriptoris plus quam octoginta quatuor annos prophetavit. Hoc saltem in genere scimus, horum librorum Scriptores neque omnium Prophetarum, neque horum, quos habemus, omnes prophetias collegisse: Nam eorum

---

[37] Atque adeo suspicari potuisset nemo, ejus prophetiam Jeremiae praedictioni contradicere, ut ex Josephi narratione suspicati sunt omnes, donec ex rei eventu ambos vera praedixisse cognoverunt.

Prophetarum, qui regnante Manasse prophetaverunt, et de quibus in Libr. 2. Paral. cap. 33. v. 10. 18. 19. in genere fit mentio, nullas plane prophetias habemus; nec etiam omnes horum duodecim Prophetarum. Nam Jonae non nisi Prophetiae de Ninivitis describuntur, cum tamen etiam Isra,litis prophetaverit, qua de re vide Libr. 2. Reg. cap. 14. v. 25.

De Libro Jobi, et de ipso Jobo multa inter Scriptores fuit controversia. Quidam putant Mosen eundem scripsisse, et totam historiam non nisi parabolam esse; quod quidam Rabinorum in Talmude tradunt, quibus Maimonides etiam favet in suo libro More Nebuchim. Alii historiam veram esse crediderunt, quorum quidam sunt, qui putaverunt hunc Jobum tempore Jacobi vixisse, ejusque filiam Dinam in uxorem duxisse. At Aben Hezra, ut jam supra dixi, in suis commentariis supra hunc librum affirmat eum ex alia lingua in hebraeam fuisse translatum; quod quidem vellem, ut nobis evidentius ostendisset, nam inde possemus concludere gentiles etiam libros sacros habuisse. Rem itaque in dubio relinquo, hoc tamen conjicio, Jobum gentilem aliquem fuisse virum, et animi constantissimi, cui primo res prosperae, deinde adversissimae, et tandem foelicissimae fuerunt. Nam Ezechiël cap. 14. v. 14. eum inter alios nominat: atque hanc Jobi variam fortunam, et animi constantiam multis occasionem dedisse credo de Dei providentia disputandi, vel saltem authori hujus libri Dialogum componendi: nam quae in eo continentur, ut etiam stylus, non viri inter cineres misere aegrotantis, sed otiose in musaeo meditantis videntur: Et hic cum Aben Hezra crederem hunc librum ex alia lingua translatum fuisse, quia Gentilium po,sin affectare videtur; Deorum namque Pater bis concilium convocat, et Momus, qui hic Satan vocatur, Dei dicta summa cum libertate carpit etc.; sed haec merae conjecturae sunt, nec satis firmae. Transeo ad Dani,lis librum; hic sine dubio ex cap. 8. ipsius Dani,lis scripta continet. Undenam autem priora septem capita descripta fuerint, nescio. Possumus suspicari, quandoquidem praeter primum Chaldaice scripta sunt, ex Chaldaeorum Chronologiis. Quod si clare constaret, luculentissimum esset testimonium, unde evinceretur, Scripturam eatenus tantum esse sacram, quatenus per ipsam intelligimus res in eadem significatas, at non quatenus verba sive linguam et orationes, quibus res significantur, intellegimus: et praeterea libros, qui res optimas docent et narrant, quacunque demum lingua, et a quacunque natione scripti fuerint, aeque sacros esse. Hoc tamen notare saltem possumus, haec capita Chaldaice scripta esse, et nihilominus aeque sacra esse, ac reliqua Bibliorum. Huic autem Dani,lis libro primus Hezrae ita annectitur, ut facile dignoscatur eundem Scriptorem esse, qui res Judaeorum a prima captivitate successive narrare pergit. Atque huic non dubito annecti Librum Ester. Nam conjunctio, qua is liber incipit, ad nullum alium referri potest: nec credendum est, eum eundem esse, quem Mardochaeus scripsit. Nam cap. 9. v. 20. 21. 22. narrat alter de ipso Mardochaeo, quod Epistolas scripserit, et quid illae continuerint: deinde v. 31. ejusdem cap., quod regina Ester edicto firmaverit res ad festum Sortium (Purim) pertinentes, et quod scriptum fuerit in libro, hoc est (ut hebraice sonat) in libro omnibus tum temporis (quo haec scilicet scripta sunt) noto: atque hunc fatetur Aben Hezra, et omnes fateri tenentur, cum aliis periisse. Denique reliqua Mardochaei refert Historicus ad Chronica Regum Persarum. Quare non dubitandum est, quin hic liber ab eodem Historico, qui res Dani,lis et Hezrae narravit, etiam scriptus fuerit; et insuper etiam liber Nehemiae[38], quia Hezrae secundus dicitur. Quatuor igitur hos libros, nempe Dani,lis, Hezrae, Esteris et Nehemiae ab uno eodemque Historico scriptos esse affirmamus: quisnam autem is fuerit, nec suspicari quidem possum. Ut autem sciamus, undenam ipse, quisquis tandem fuerit, notitiam harum historiarum acceperit, et forte etiam maximam earum partem descripserit, notandum, quod praefecti, sive principes Judaeorum in secundo templo, ut eorum Reges in primo, scribas sive historiographos habuerunt, qui annales sive eorum Chronologiam successive scribebant: Chronologiae enim Regum sive annales in libris Regum passim citantur: at Principum et sacerdotum secundi templi citantur primo in libr. Nehemiae cap. 12. v. 23., deinde in Mach. lib. I. cap. 16. v. 24. Et sine dubio hic ille est liber (vide Est. cap. 9. v. 31.), de quo modo loquuti sumus, ubi edictum Esteris, et illa Mardochaei scripta erant, quemque cum Aben Hezra periisse diximus. Ex hoc igitur libro omnia, quae in hisce continentur, desumpta vel descripta videntur; nullus enim alius ab eorum Scriptore citatur, neque ullum alium publicae authoritatis novimus. Quod autem hi libri nec ab Hezra, nec a Nehemia scripti fuerint, patet ex eo, quod Nehem. cap. 12. v. 10. 11. producitur genealogia summi pontificis Jesuhgae usque ad Jaduah, sextum scilicet pontificem, et qui Alexandro Magno, jam fere Persarum imperio subacto, obviam ivit (vide Josephi Antiq. lib. II. cap. 8.), vel ut Philo Judaeus in libro temporum ait, sextum et ultimum sub Persis pontificem. Imo in eodem hoc Nehemiae cap., vers. scilicet 22., hoc ipsum clare indicatur. *Levitae*, inquit Historicus, *temporis Eljasibi, Jojadae, Jonatanis et Jaduhae supra regnum Darii Persae scripti sunt*, nempe

---

[38] Hujus libri maximam partem desumtam esse ex libro, quem ipse Nehemias scripsit, testatur ipse historicus v. 1 cap. 1. Sed quae ex cap. 8 usque ad v. 26 cap. 12 narrantur, et praeterea duos ultimos versus cap. 12, qui Nehemiae verbis per parenthesin inseruntur, ab ipso historico, qui post Nehemiam vixit, additos esse dubio caret.

in Chronologiis: atque neminem existimare credo, quod Hezras[39] aut Nehemias adeo longaevi fuerint, ut quatuordecim Reges Persarum supervixerint; nam Cyrus omnium primus Judaei veniam largitus est templus reaedificandi, et ab eo tempore usque ad Darium decimumquartum, et ultimum Persarum Regem ultra 230 anni numerantur. Quare non dubito, quin hi libri, dudum postquam Judas Machabaeus templi cultum restauravit, scripti fuerint, idque quia tum temporis falsi Dani,lis, Hezrae et Esteris libri edebantur a malevolis quibusdam, qui sine dubio Sectae Zaducaeorum erant; nam Pharisaei nunquam illos libros, quod sciam, receperunt. Et quamvis in libro, qui Hezrae quartus dicitur, fabulae quaedam reperiantur, quas etiam in Talmude legimus, non tamen ideo Pharisaeis sunt tribuendi, nam, si stupidissimos demas, nullus eorum est, qui non credat, illas fabulas ab aliquo nugatore adjectas fuisse; quod etiam credo aliquos fecisse, ut eorum traditiones omnibus ridendas praeberent. Vel forte ea de causa tum temporis descripti atque editi sunt, ut populo ostenderent, Dani,lis Prophetias adimpletas esse, atque eum hac ratione in religione confirmarent, ne de melioribus et futura salute in tantis calamitatibus desperaret. Verum enimvero quamvis hi libri adeo recentes et novi sint, multae tamen mendae ex festinatione, ni fallor, describentium in eosdem irrepserunt. In hisce enim, ut in reliquis, notae marginales, de quibus in praecedenti cap. egimus, plures etiam reperiuntur, et praeterea etiam loca quaedam, quae nulla alia ratione excusari possunt, ut jam ostendam: sed prius circa horum marginales lectiones notari volo, quod si Pharisaeis concedendum, eas aeque antiquas esse, ac ipsos horum librorum Scriptores, tum necessario dicendum erit Scriptores ipsos, si forte plures fuerunt, eas ea de causa notavisse, quia ipsas Chronologias, unde eas descripserunt, non satis accurate scriptas invenerunt; et quamvis quaedam mendae clarae essent, non tamen

---

[39] Hezras avunculus primi summi pontificis Josuae fuit (vid. Hezr. cap. 7 v. 1 et 1 Paral. cap. 6 v. 13-15) et simul cum Zorobabele Babylone Hierosolymam profectus est (vide Nehem. cap. 12 v. 1). Sed videtur, quod, cum Judaeorum res turbari viderit, Babyloniam iterum petierit ; quod etiam alii fecerunt, ut patet ex Nehem. cap. 1 v. 2 ; ibique usque ad Artaghsasti regnum manserit, donec, impetratis, quae voluerat, secundo Hierosolymam petiit. Nehemias etiam cum Zorobabele Hierosolymam tempore Cyri petiit ; vid. Hezrae cap. 2 v. 2 et 63, quem confer cum v. 2 cap. 10, Nehem. et cap. 12 v. 1. Nam quod interpretes [heb.] Hatirschata legatum vertunt, nullo id exemplo probant, cum contra certum sit, quod Judaeis, qui aulam frequentare debebant, nova nomina imponebantur. Sic Daniel Beltesatsar, Zerubabel Sesbatsar (vid. Dan. cap. 1 v. 7, Hezr. cap. 1 v. 8 et cap. 5 v. 14), et Nehemias Hatirschata vocabatur. At ratione officii salutari solebat [heb.] procurator s. praeses ; vid. Nehem. cap. 5 v. 14 et cap. 12 v. 26

ausos fuisse antiquorum et majorum scripta emendare. Nec opus jam habeo, ut de his prolixius hic iterum agam. Transeo igitur ad eas indicandum, quae in margine non notantur. Atque I. nescio, quot dicam irrepsisse in cap. 2. Hezrae: nam v. 64. traditur summa totalis eorum omnium, qui distributive in toto capite numerantur, atque iidem dicuntur simul fuisse 42360: et tamen, si summas partiales addas, non plures invenies, quam 29818. Error igitur hic est vel in totali, vel in partialibus summis. At totalis credenda videtur recte tradi, quia sine dubio eam unusquisque memoriter retinuit, ut rem memorabilem, partiales autem non item. Adeoque si error in totalem summam laberetur, statim unicuique pateret, et facile corrigeretur. Atque hoc ex eo plane confirmatur, quod in Nehem. cap. 7., ubi hoc caput Hezrae (quod Epistola genealogiae vocatur) describitur, sicuti expresse v. 5. ejusdem cap. Nehemiae dicitur, summa totalis cum hac libri Hezrae plane convenit, partiales autem valde discrepant: quasdam enim majores, quasdam porro minores, quam in Hezra reperies, easque omnes simul conficere 31089. Quare non dubium est, quin in solas summas partiales tam libri Hezrae quam Nehemiae plures mendae irrepserint. Commentatorum autem, qui has evidentes contradictiones reconciliare conantur, unusquisque pro viribus sui ingenii, quicquid potest, fingit et interea, dum scilicet literas et verba Scripturae adorant, nihil aliud faciunt, ut jam supra monuimus, quam Bibliorum Scriptores contemtui exponere, adeo ut viderentur nescivisse loqui, neque res dicendas ordinare: Imo nihil aliud faciunt, quam Scripturae perspicuitatem plane obscurare: nam si ubique liceret Scripturas ad eorum modum interpretari, nulla esset sane oratio, de cujus vero sensu non possemus dubitare. Sed non est, cur circa haec diu detinear: mihi enim persuadeo, quod si aliquis Historicus ea omnia imitari vellet, quae ipsi Scriptoribus Bibliorum devote concedunt, eum ipsi multis modis irriderent. Et si putant eum blasphemum esse, qui Scripturam alicubi mendosam esse dicit, quaeso quo nomine tum ipsos apellabo, qui Scripturis, quicquid lubet, affingunt? qui Sacros Historicos ita prostituunt, ut balbutire, et omnia confundere credantur? qui denique sensus Scripturae perspicuos et evidentissimos negant? quid enim in Scriptura clarius, quam quod Hezras cum sociis in Epistola Genealogiae, in cap. 2. libri, qui ejus dicitur, descripta, numerum eorum omnium, qui Hierosolymam profecti sunt, per partes comprehenderit, quandoquidem in iis, non tantum eorum numerus traditur, qui suam Genealogiam, sed etiam eorum, qui eam non potuerunt indicare. Quid inquam clarius, ex v. 5. cap. 7. Nehemiae, quam quod ipse hanc eandem Epistolam simpliciter descripserit? Ii igitur, qui haec aliter explicant, nihil aliud faciunt, quam verum Scripturae sensum et consequenter Scripturam ipsam negare; quod autem putant pium esse, una loca

Scripturae aliis accomodare, ridicula sane pietas, quod loca clara obscuris, et recta mendosis accommodent, et sana putridis corrumpant. Absit tamen, ut eos blasphemos appellem, qui nullum animum maledicendi habent; nam errare humanum quidem est. Sed ad propositum revertor. Praeter mendas, quae in summis Epistolae Genealogiae tam Hezrae quam Nehemiae sunt concedendae, plures etiam notantur in ipsis nominibus familiarum, plures insuper in ipsis Genealogiis, in historiis, et vereor ne etiam in ipsis Prophetiis. Nam sane Prophetia Jeremiae cap. 22. de Jechonia nullo modo cum ejus historia (vide finem libri 2. Regum, et Jerem. et libr. I. Paral. cap. 3. v. 17. 18. 19.) convenire videtur, et praecipue verba versus ultimi illius capitis; nec etiam video, qua ratione de Tsidchia, cujus oculi, simulac filios necare vidit, effossi sunt, dicere potuit pacifice morieris etc. (vide Jerem. cap. 34. v. 5.). Si ex eventu Prophetiae interpretandae sunt, haec nomina mutanda essent, et pro Tsidchia Jechonias, et contra pro hoc ille sumendus videretur: Sed hoc nimis paradoxum, adeoque rem ut imperceptibilem relinquere malo, praecipue quia, si hic aliquis est error, is Historico, non vitio exemplarium tribuendus est. Quod ad reliquos attinet, quos dixi, eos hic notare non puto, quandoquidem id non sine magno lectoris taedio efficere possim; praesertim quia ab aliis jam animadversa sunt. Nam R. Selomo ob manifestissimas contradictiones, quas in relatis genealogiis observavit, coactus est in haec verba erumpere, nempe (vide ejus commentaria in lib. I. cap. 8. Paralip.) *quod Hezras* (quem libros Paral. scripsisse putat) *filios Benjaminis aliis nominibus appellat, ejusque genealogiam aliter, quam eam habemus in libr. Geneseos, diducit, et quod denique maximam partem civitatum Levitarum aliter, quam Josua, indicat, inde evenit, quod discrepantia originalia invenit*; et paulo infra *quod Genealogia Gibeonis et aliorum bis et varie describitur, quia Hezras plures et varias uniuscujusque Genealogiae Epistolas invenit, et in his describendis maximum numerum exemplarium secutus est, at quando numerus discrepantium Genealogorum aequalis erat, tum utrorumque exemplaria descripsit*; atque hoc modo absolute concedit hos libros ex originalibus non satis correctis nec satis certis descriptos fuisse. Imo commentatores ipsi saepissime, dum loca conciliare student, nihil plus agunt quam errorum causas indicare; denique neminem sani judicii credere existimo, quod Sacri Historici consulto ita scribere voluerint, ut sibi passim contradicere viderentur. At forte aliquis dicet, me hac ratione Scripturam plane evertere, nam hac ratione eam ubique mendosam esse suspicari omnes possunt: Sed ego contra ostendi, me hac ratione Scripturae consulere, ne ejus loca clara, et pura mendosis accommodentur, et corrumpantur: nec quia quaedam loca corrupta sunt, idem de omnibus suspicari licet: nullus enim liber unquam sine mendis repertus est. An quaeso ea de causa ubique mendosos aliquis unquam suspicatus est? nemo sane: praesertim quando oratio est perspicua, et mens authoris clare percipitur. His ea, quae circa historiam Librorum Veteris Testamenti notare volueram absolvi. Ex quibus facile colligimus ante tempus Machabaeorum nullum canonem Sacrorum Librorum fuisse[40], sed hos, quos jam habemus, a Pharisaeis secundi templi, qui etiam formulas precandi instituerunt, prae multis aliis selectos esse, et ex solo eorum decreto receptos. Qui itaque authoritatem Sacrae Scripturae demonstrare volunt, ii authoritatem uniuscujusque libri ostendere tenentur, nec sufficit divinitatem unius probare ad eandem de omnibus concludendam: alias statuendum concilium Pharisaeorum in hac electione librorum errare non potuisse, quod nemo unquam demonstrabit. Ratio autem, quae me cogit statuere, solos Pharisaeos libros Veteris Testamenti elegisse, et in canonem Sacrorum posuisse, est, quia in libro Dani,lis cap. ult. v. 2. resurrectio mortuorum praedicitur, quam Tsaducaei negabant: deinde quia ipsi Pharisaei in Talmude hoc clare indicant. Nempe Tractatus Sabbathi cap. 2. fol. 30. p. 2. dicitur *dixit R. Jehuda nomine Rabi, quaesiverunt periti abscondere librum Ecclesiastis, quia ejus verba verbis legis* (NB libro legis Mosis) *repugnant. Cur autem ipsum non absconderunt? quia secundum legem incipit et secundum legem desinit.* Et paulo infra *et etiam librum Proverbiorum quaesiverunt abscondere* etc. et denique ejusdem Tractatus cap. I. fol. 13. p. 2. *profecto illum virum benignitatis causa nomina, cui nomen Neghunja filius Hiskiae; nam ni ipse fuisset, absconditus fuisset liber Ezechiëlis, quia ejus verba verbis legis repugnabant* etc. Ex quibus clarissime sequitur, legis peritos concilium adhibuisse, quales libri ut sacri essent recipiendi, et quales excludendi. Qui igitur de omnium authoritate certus esse vult, consilium de integro ineat, et rationem cujusque exigat. Jam autem tempus esset libros

---

[40] Synagoga, quae dicitur magna, initium non habuit, nisi postquam Asia a Macedonibus subacta fuit. Quod autem Maimonides, R. Abraham ben David, et alii statuunt, hujus concilii praesides fuisse Hgezram, Daniëlem, Nehemiam, Ghagaeum, Zachariam, etc., ridiculum figmentum est, nec alio fundamento nituntur, quam Rabinorum traditione, qui scilicet tradunt Persarum regnum 34 annos stetisse, non amplius. Nec alia ratione probare possunt, decreta magnae istius Synagogae sive Synodi, a solis Pharisaeis habitae, accepta fuisse a Prophetis, qui eadem ab aliis Prophetis accepissent, et sic porro usque ad Mosen, qui eadem ab ipso Deoi accepissent, et posteris ore, non scripto, tradiderit. Sed haec ea, quâ solent, pertinaciâ Pharisaei credant ; prudentes autem, qui Conciliorum et Synodorum causas, et simul Pharisaeorum et Tsadducaeorum controversias norunt, facile conjicere poterunt causas magnae illius Synagogae seu Concilii convocandi. Hoc certum est illi concilio nullos interfuisse Prophetas, et Pharisaeorum decreta, quae traditiones vocant, auctoritatem ex eodem Concilio accepisse.

etiam Novi Testamenti eodem modo examinare. Sed quia id a Viris cum scientiarum, tum maxime linguarum peritissimis factum esse audio, et etiam, quia tam exactam linguae Graecae cognitionem non habeo, ut hanc provinciam suscipere audeam, et denique quia librorum, qui hebraea lingua scripti fuerunt, exemplaribus destituimur, ideo huic negotio supersedere malo. Attamen ea notare puto, quae ad meum institutum maxime faciunt, de quibus in sequentibus.

CAPUT XI. Inquiritur, an apostoli epistolas suas tanquam Apostoli et Prophetae, an vero tanquam Doctores scripserint. Deinde Apostolorum officium ostenditur

Nemo, qui Novum Testamentum legit, dubitare potest apostolos prophetas fuisse. Verum quia prophetae non semper ex revelatione loquebantur, sed contra admodum raro, ut in fine capitis I ostendimus, dubitare possumus, num apostoli tanquam prophetae ex revelatione et expresso mandato, ut Moses, Jeremias et alii, an vero tanquam privati, vel doctores epistolas scripserint; praesertim quia in epistola ad Corinthios 1, cap. 14 v. 6 Paulus duo praedicandi genera indicat, ex revelatione unum, ex cognitione alterum, atque ideo inquam dubitandum, an in epistolis prophetent, an vero doceant. Verum si ad earum stylum attendere volumus, eum a stylo prophetiae alienissimum inveniemus. Nam prophetis usitatissimum erat, ubique testari, se ex Dei edicto loqui; nempe *sic dicit Deus, ait Deus exercituum, edictum Dei* etc., atque hoc non tantum videtur locum habuisse in publicis prophetarum concionibus, sed etiam in epistolis, quae revelationes continebant, ut ex illa Eliae Jehoramo scripta patet (vide librum 2 Paral. cap. 21 v. 12), quae etiam incipit *sic dicit Deus.* At in epistolis apostolorum nihil simile legimus, sed contra in 1 ad Corinth. cap. 7 v. 40 Paulus secundum suam sententiam loquitur. Imo perplurimis in locis animi ambigui et perplexi modi loquendi occurrunt, ut (epist.ad Roman. cap. 3 v. 28) *arbitramur*[41] *igitur,* etc. (cap. 8 v. 18) *arbitror enim ego,* et ad hunc

---

[41] Logizomai vertunt hujus loci interpretes concludo, et a Paulo usurpari contendunt quoquo modo pro sullogizomai, cum tamen logizomai apud Graecos idem valeat ac apud Hebraeos computare, cogitare, existimare, quâ significatione cum textu syriaco optime convenit. Syriaca enim versio (si quidem versio est, quod dubitari potest, quandoquidem nec interpretem novimus, nec tempus, quo vulgata fuit, et apostolorum lingua vernacula nulla

modum plura. Praeter haec alii inveniuntur modi loquendi, ab authoritate prophetica plane remoti. Nempe, *hoc autem dico ego, tanquam infirmus, non autem ex mandato* (vide Epistol. ad Corinth. 1 cap. 7 v. 6), *consilium de tanquam vir, quia Dei gratia fidelis est* (vide ejusdem cap. 7 v. 25) et sic alia multa; et notandum, quod, cum in praedicto cap. ait, se praeceptum Dei vel mandatum habere vel non habere, non intelligit praeceptum vel mandatum sibi a Deo revelatum, sed tantum Christi documenta, quae discipulos in monte docuit. Praeterea si ad modum etiam attendamus, quo in his epistolis apostoli doctrinam euangelicam tradunt, eum etiam a modo prophetarum valde discedere videbimus. Apostoli namque ubique ratiocinantur, ita ut non prophetare, sed disputare videantur. Prophetiae verò contra mera tantum dogmata et decreta continent, quia in iis Deus quasi loquens introducitur, qui non ratiocinatur, sed ex absoluto suae naturae imperio decernit, et etiam quia prophetae authoritas ratiocinari non patitur; quisquis enim vult sua dogmata ratione confirmare, eô ipso ea arbitrali uniuscujusque judicio submittit. Quod etiam Paulus, quia ratiocinatur, fecisse videtur, qui in epistola ad Corinth. 1 cap. 10 v. 15 ait, *tanquam sapientibus loquor, judicate vos id, quod dico.* Et denique quia prophetae res revelatas non ex virtute luminis naturalis, hoc est, non ratiocinando percipiebant, ut in cap. 1 ostendimus. Et quamvis in quinque libris etiam quaedam per illationem concludi videantur, si quis tamen ad ea attenderit, eadem nullo modo tanquam peremtoria argumenta sumi posse videbit. Ex. gr. cum Moses Deuter. cap. 31 v. 27 Israëlitis dixit, *si, dum ego vobiscum vixi, rebelles fuistis contra Deum, multo magis postquam mortuus ero.* Nullo modo intelligendum est, quod Moses ratione convincere vult Israëlitas post ejus mortem a vero Dei cultu necessario deflexuros; argumentum enim falsum esset, quod etiam ex ipsa Scriptura ostendi posset: nam Israëlitae constanter perseverarunt vivente Josua, et Senibus, et postea etiam vivente Samuële, Davide, Salomone etc. Quare verba illa Mosis moralis locutio tantum sunt, qua rhetorice et prout futuram populi defectionem vividius imaginari potuerat, praedicit: Ratio autem, cur non dico Mosen ex se ipso, ut populo suam praedictionem verisimilem faceret, et non tanquam Prophetam ex revelatione haec dixisse, est, quia v. 21 ejusdem cap. narratur Deum hoc ipsum Mosi aliis verbis revelavisse, quem sane non opus erat, verisimilibus rationibus certiorem de hac Dei praedictione et decreto reddere, at necesse erat, ipsam in ipsius imaginatione vivide repraesentari, ut in cap. I

---

alia fuit quam syriaca) hunc Pauli textum sic vertit methrahgenan hachil, quod Tremellius optime interpretatur arbitramur igitur. Nam rehgjono nomen, quod ex hoc verbo formatur, significat arbitratus ; est namque rehgjono in Hebraeo rehgutha voluntas ; ergo volumus seu arbitramur.

ostendimus; quod nullo meliori modo fieri poterat, quam praesentem populi contumaciam, quam saepe expertus fuerat, tanquam futuram imaginando. Et ad hunc modum omnia argumenta Mosis, quae in quinque libris reperiuntur, intelligenda sunt; quod scilicet non sunt ex scriniis rationis desumpta, sed tantum dicendi modi, quibus Dei decreta efficacius exprimebat, et vivide imaginabatur. Nolo tamen absolute negare Prophetas ex revelatione argumentari potuisse, sed hoc tantum affirmo, quo Prophetae magis legitime argumentantur, eo eorum cognitio, quam rei revelatae habent, ad naturalem magis accedit, atque ex hoc maxime dignosci Prophetas cognitionem supra naturalem habere, quod scilicet pura dogmata, sive decreta, sive sententias loquantur; et ideo summum Prophetam Mosen nullum legitimum argumentum fecisse; et contra longas Pauli deductiones et argumentationes, quales in Epistol. ad Romanos reperiuntur, nullo modo ex revelatione supranaturali scriptas fuisse concedo. Itaque tam modi loquendi, quam disserendi Apostolorum in Epistolis clarissime indicant, easdem non ex revelatione, et divino mandato, sed tantum ex ipsorum naturali judicio scriptas fuisse, et nihil continere praeter fraternas monitiones mixtas urbanitate (a qua sane Prophetica authoritas plane abhorret), qualis est illa Pauli excusatio in Epist. ad Rom. cap. 15. v. 15., *paulo audacius scripsi vobis, fratres.* Possumus praeterea hoc ipsum ex eo concludere, quod nullibi legimus, quod Apostoli jussi sint scribere, sed tantum praedicare, quocunque irent, et dicta signis confirmare. Nam eorum praesentia, et signa absolute requirebantur ad gentes ad religionem convertendas, easque in eadem conifirmandas, ut ipse Paulus in Epist. ad Rom. cap. I. v. II. expresse indicat; *quia valde,* inquit, *desidero, ut videam vos, ut impertiar vobis donum Spiritus, ut confirmemini.* At hic objici posset, quod eodem modo possemus concludere Apostolos nec etiam tanquam Prophetas praedicavisse: nam cum huc aut illuc praedicatum ibant, id non ex expresso mandato, sicuti olim Prophetae, faciebant. Legimus in Veteri Testamento, quod Jonas Niniven praedicatum ivit, ac simul, quod eo expresse missus est, et quod ei revelatum fuerit id, quod ibi praedicare debebat. Sic etiam de Mose prolixe narratur, quod in Aegyptum tanquam Dei legatus profectus est, et simul, quid populo Isra,litico et Regi Pharahoni dicere, et quaenam signa ad fidem faciendam coram ipsis facere tenebatur. Esaias, Jeremias, Ezechiël expresse jubentur Israëlitis praedicare. Et denique nihil Prophetae praedicaverunt, quod Scriptura non testetur eos id a Deo accepisse. At de Apostolis nihil simile, cum huc, aut illuc ibant praedicatum, in Novo Testamento, nisi admodum raro legimus. Sed contra quaedam reperiemus, quae expresse indicant, Apostolos ex proprio consilio loca ad praedicandum elegisse: ut contentio illa ad dissidium usque, Pauli et Barnabae, de qua vide Act. cap. 15. v. 37. 38. etc. Et quod saepe etiam frustra aliquo ire tentaverint, ut idem Paulus in Epist. ad Rom. cap. I. v. 13. testatur, nempe *his temporibus multis volui venire ad vos et prohibitus sum*, et cap. 15. v. 22. *propter hoc impeditus sum temporibus multis, quominus venirem ad vos*. Et cap. denique ult. Epist. ad Corinth. I. v. 12. *De Apollo autem fratre meo multum petii ab eo, ut proficisceretur ad vos cum fratribus, et omnino nulla erat ei voluntas, ut veniret ad vos; cum autem ei erit opportunitas* etc. Quare tam ex his modis loquendi, et contentione Apostolorum, quam ex eo, quod nec, cum ad praedicandum aliquo irent, testetur Scriptura, sicut de antiquis Prophetis, quod ex Dei mandato iverant, concludere debueram, Apostolos tanquam doctores, et non tanquam Prophetas etiam praedicavisse. Verum hanc quaestionem facile solvemus, modo attendamus ad differentiam vocationis Apostolorum et Prophetarum Veteris Testamenti. Nam hi non vocati sunt, ut omnibus nationibus praedicarent et prophetarent, sed quibusdam tantum peculiaribus, et propterea expressum et singulare mandatum ad unamquamque requirebant. At Apostoli vocati sunt, ut omnibus absolute praedicarent, omnesque ad religionem converterent. Quocunque igitur ibant, Christi mandatum exequebantur, nec ipsis opus erat, ut, antequam irent, res praedicandae iisdem revelarentur; discipulis scilicet Christi, quibus ipse dixerat, *quum autem tradiderint vos, ne sitis solliciti, quomodo aut quid loquamini; dabitur enim vobis in illa hora, quid loquemini* etc. (vide Matth.XI. 155.cap. 10. v. 19. 20. Concludimus itaque Apostolos ea tantum ex singulari revelatione habuisse, quae viva voce praedicaverunt, et simul signis confirmaverunt (vide quae in initio II. cap. ostendimus), quae autem simpliciter nullis adhibitis, tanquam testibus, signis, scripto vel viva voce docuerunt, ea ex cognitione (naturali scilicet) loquuti sunt, vel scripserunt; qua de re vide Epist. ad Corinth. I. cap. 14. v. 6. Nec hic nobis moram injicit, quod omnes Epistolae exordiantur ab Apostolatus approbatione; nam Apostolis, ut mox ostendam, non tantum virtus ad prophetandum, sed etiam authoritas ad docendum concessa est. Et hac ratione concedimus eos tanquam Apostolos suas Epistolas scripsisse, et hac de causa exordium a sui Apostolatus approbatione unumquemque sumsisse: vel forte, ut animum lectoris facilius sibi conciliarent, et ad attentionem excitarent, voluerunt ante omnia testari, se illos esse, qui omnibus fidelibus ex suis praedicationibus innotuerant, et qui tum claris testimoniis ostenderant, se veram docere religionem et salutis viam. Nam quaecunque ego in hisce Epistolis dici video de Apostolorum vocatione, et Spiritu Sancto et divino, quem habebant, ad eorum, quas habuerant, praedicationes referri video, iis tantum locis exceptis, in quibus Spiritus Dei, et Spiritus Sanctus pro mente sana, beata et Deo dicata etc. (de quibus in primo cap. diximus) sumitur. Ex. gr. in Epist. ad Corinth. I.

cap. 7. v. 40. ait Paulus, *beata autem est, si ita maneat secundum sententiam meam, puto autem etiam ego, quod Spiritus Dei sit in me.* Ubi per *Spiritum Dei* ipsam suam mentem intelligit, ut ipse orationis contextus indicat: hoc enim vult, viduam, quae secundo non vult nubere marito, beatam judico secundum meam sententiam, qui caelebs vivere decrevi, et me beatum puto. Et ad hunc modum alia reperiuntur, quae hic adferre supervacaneum judico. Cum itaque statuendum sit Epistolas Apostolorum a solo lumine naturali dictatas fuisse, videndum jam est, quomodo Apostoli ex sola naturali cognitione res, quae sub eandem non cadunt, docere poterant. Verum si ad illa, quae circa Scripturae interpretationem cap. VII. hujus Tractatus diximus, attendamus, nulla hic nobis erit difficultas. Nam quamvis ea, quae in Bibliis continentur, ut plurimum nostrumXI. 156.captum superent, possumus tamen secure de iisdem disserere, modo nulla alia principia admittamus, quam ea, quae ex ipsa Scriptura petuntur; atque hoc eodem etiam modo Apostoli ex rebus, quas viderant, quasque audiverant, et quas denique ex revelatione habuerant, multa concludere, et elicere, eaque homines, si libitum iis esset, docere poterant. Deinde quamvis religio, prout ab Apostolis praedicabatur, nempe simplicem Christi historiam narrando, sub rationem non cadat, ejus tamen summam, quae potissimum documentis moralibus constat, ut tota Christi doctrina, potest unusquisque lumine naturali facile assequi. Denique Apostoli non indigebant lumine supernaturali ad religionem, quam antea signis confirmaverant, communi hominum captui ita accommodandam, ut facile ab unoquoque ex animo acciperetur; neque etiam eodem indigebant ad homines de eadem monendos; atque hic finis Epistolarum est, homines scilicet ea via docere et monere, quam unusquisque Apostolorum optimam judicavit ad eosdem in religione confirmandos: et hic notandum id, quod paulo ante diximus, nempe, quod Apostoli non tantum virtutem acceperant ad historiam Christi tanquam Prophetae praedicandam, eandem scilicet sgnis [signis] confirmando, sed praeterea etiam authoritatem docendi et monendi ea via, quam unusquisque optimam esse judicaret; quod utrumque donum Paulus in Epist. ad Timoth. 2. cap. I. v. II. clare his indicat, *in quo ego constitutus sum praeco et Apostolus et doctor gentium.* Et in I. ad eund. cap. 2. v. 7., *cujus constitutus sum ego praeco et Apostolus (veritatem dico per Christum, non mentior) doctor gentium cum fide* NB. *ac veritate.* His, inquam, clare utramque approbationem, nempe Apostolatus et doctoratus, indicat; at authoritatem monendi quemcunque et quandocunque voluerit, in Epist. ad Philem. v. 8. his significat, *quamvis multam in Christo libertatem habeam praecipiendi tibi, quod convenit, tamen* etc. Ubi notandum, quod si ea, quae Philemoni praecipere oportebat, Paulus ut Propheta a Deo acceperat, et tanquam Propheta praecipere debebat, tum profecto ipsi non licuisset Dei praeceptum in preces mutare. Quare necessario intelligendum eum loqui de libertate monendi, quae ipsi tanquam Doctori, et non tanquam Prophetae erat. Attamen nondum satis clare sequitur Apostolos viam docendi, quam unusquisque meliorem judicasset, eligere potuisse, sed tantum eos ex officio Apostolatus non solum Prophetas, sed etiam Doctores fuisse, nisi rationem in auxilium vocare velimus, quae plane docet eum, qui authoritatem docendi habet, habere etiam authoritatem eligendi, quam velit, viam. Sed satius erit rem omnem ex sola Scriptura demonstrare: Ex ipsa enim clare constat, unumquemque Apostolorum singularem viam elegisse; nempe ex his verbis Pauli Epist. ad Rom. cap. 15. v. 20., *Sollicite curans, ut praedicarem non, ubi invocatum erat nomen Christi, ne aedificarem supra alienum fundamentum.* Sane si omnes eandem docendi viam habebant et omnes supra idem fundamentum Christianam religionem aedificaverant, nulla ratione Paulus alterius Apostoli fundamenta aliena vocare poterat, utpote quae et ipsius eadem erant: Sed quandoquidem ipsa aliena vocat, necessario concludendum, unumquemque religionem diverso fundamento superaedificasse, et Apostolis in suo doctoratu idem contigisse, quod reliquis Doctoribus, qui singularem docendi methodum habent, ut semper magis eos docere cupiant, qui plane rudes sunt, et linguas vel scientias, etiam mathematicas, de quarum veritate nemo dubitat, ex nullo alio discere inceperunt. Deinde si ipsas Epistolas aliqua cum attentione percurramus, videbimus Apostolos in ipsa religione quidem convenire, in fundamentis autem admodum discrepare. Nam Paulus ut homines in religione confirmaret, et iis ostenderet salutem a sola Dei gratia pendere, docuit neminem ex operibus, sed sola fide gloriari posse, neminemque ex operibus justificari (vide Epist. ad Rom. cap. 3. v. 27. 28.) et porro totam illam doctrinam de praedestinatione. Jacobus autem contra in sua Epistola hominem ex operibus justificari et non ex fide tantum (vide ejus Epist. cap. 2. v. 24.) et totam doctrinam religionis, missis omnibus illis Pauli disputationibus, paucis admodum comprehendit. Denique non dubium est, quin ex hoc, quod scilicet Apostoli diversis fundamentis religionem superaedificaverint, ortae sint multae contentiones et schismata, quibus ecclesia jam inde ab Apostolorum temporibus indesinenter vexata fuit, et profecto in aeternum vexabitur, donec tandem aliquando religio a speculationibus philosophicis separetur et ad paucissima et simplicissima dogmata, quae Christus suos docuit, redigatur: quod Apostolis impossibile fuit, quia Euangelium ignotum erat hominibus; adeoque ejus ne doctrinae novitas eorum aures multum laederet, eam, quoad fieri poterat, hominum sui temporis ingenio accommodaverunt (vide Epist. ad Cor. cap. 9. v. 19. 20. etc.), et fundamentis tum temporis maxime notis, et acceptis superstruxerunt: et ideo nemo Apostolorum magis philosophatus est, quam Paulus, qui ad gentibus praedicandum vocatus fuit. Reliqui autem, qui Judaeis praedicaverunt, Philosophiae scilicet contemtoribus, eorum etiam ingenio sese accomodaverunt (de hoc vide Epist. ad Galat. cap. 2. v. II. etc.) et religionem nudam a speculationibus philosophicis docuerunt. Jam autem foelix profecto nostra esset aetas, si ipsam etiam ab omni superstitione liberam videremus.

CAPUT XII. et qua ratione Scriptura sacra vocatur, et qua ratione Verbum Dei, et denique ostenditur ipsam, quatenus Verbum Dei continet, incorruptam ad nos pervenisse

Qui Biblia ut ut sunt, tanquam Epistolam Dei, e coelo hominibus missam considerant, clamabunt sine dubio me peccatum in Spiritum Sanctum commisisse, qui scilicet Dei verbum mendosum, truncatum, adulteratum, et sibi non constans statuerim, nosque ejus non nisi fragmenta habere et denique syngraphum pacti Dei, quod cum Judaeis pepigit, periisse. Verum non dubito, si rem ipsam perpendere velint, quin statim clamare desinent: Nam tam ipsa ratio, quam Prophetarum et Apostolorum sententiae aperte clamant Dei aeternum verbum et pactum, veramque religionem hominum cordibus, hoc est, humanae menti divinitus inscriptam esse, eamque verum esse Dei syngraphum, quod ipse suo sigillo, nempe sui idea, tanquam imagine suae divinitatis consignavit. Primis Judaeis Religio tanquam lex scripto tradita est, nimirum quia tum temporis veluti infantes habebantur. Verum imposterum Moses (Deuter. cap. 30. v. 6.) et Jeremias (cap. 31. v. 33.) tempus futurum ipsis praedicant, quo Deus suam legem eorum cordibus inscribet. Adeoque solis Judaeis, et praecipue Zaducaeis competebat olim pro lege in tabulis scripta pugnare, at iis minime, qui ipsam mentibus inscriptam habent: qui igitur ad haec attendere velit, nihil in supradictis reperiet, quod Dei verbo sive verae Religioni, et fidei repugnet, vel quod eam infirmare possit, sed contra nos eandem confirmare, ut etiam circa finem cap. X. ostendimus; et ni hoc esset, plane de his tacere decrevissem, imo libenter concessissem ad effugiendas omnes difficultates, in Scripturis profundissima latere mysteria: sed quia inde intolerabilis orta est superstitio, et alia perniciosissima incommoda, de quibus in praefatione cap. VII. loquutus sum, his minime supersedendum esse duxi; praesertim quia religio nullis superstitiosis ornamentis indiget, sed contra de ipsius splendore adimitur, quando similibus figmentis adornatur. At dicent, quamvis lex divina cordibus inscripta sit, Scripturam nihilominus Dei esse verbum, adeoque non magis de Scriptura, quam de Dei Verbo dicere licet, eandem truncatam, et depravatam esse: Verum ego contra vereor, ne nimis studeant esse sancti et Religionem in superstitionem convertant, imo ne simulacra et imagines, hoc est chartam et atramentum pro Dei Verbo adorare incipiant. Hoc scio, me nihil indignum Scriptura aut Dei verbo dixisse, qui nihil statuerim, quod non evidentissimis rationibus verum esse demonstraverim; et hac de causa etiam certo affirmare possim, me nihil dixisse, quod impium sit, vel quod impietatem redoleat. Fateor profanos quosdam homines, quibus religio onus est, ex his licentiam peccandi sumere posse, et sine ulla ratione, sed tantum ut voluptati concedant, hinc concludere Scripturam ubique esse mendosam et falsificatam, et consequenter nullius etiam authoritatis. Verum similibus subvenire impossibile est secundum illud tritum, quod nihil adeo recte dici potest, quin male interpretando possit depravari. Qui voluptatibus indulgere volunt, facile causam quamcumque invenire possunt, nec olim ii, qui ipsa originalia, arcam foederis, imo ipsos Prophetas et Apostolos habebant, meliores fuerunt, nec magis obtemperantes, sed omnes tam Judaei, quam Gentiles iidem semper fuerunt, et in omni aevo virtus admodum rara fuit. Attamen ut omnem amoveam scrupulum, ostendendum hic est, qua ratione Scriptura, et quaecunque res muta sacra et divina dici debeat, deinde quid sit revera verbum Dei, et quod id non contineatur in certo numero librorum, et denique Scripturam, quatenus ea docet, quae ad obedientiam et salutem necessaria sunt, non potuisse corrumpi. Nam ex his facile unusquisque judicare poterit, nos nihil contra Dei verbum dixisse, nec ullum locum impietati dedisse.

Id sacrum et divinum vocatur, quod pietati et religioni exercendae destinatum est, et tamdiu tantum sacrum erit, quamdiu homines eo religiose utuntur: quod si pii esse desinant, et id etiam simul sacrum esse desinet: at si idem ad res impias patrandas dedicent, tum id ipsum, quod antea sacrum erat, immundum et profanum reddetur. Ex. gr. locus quidam a Jacobo Patriarcha vocatus fuit *domus Dei*, quia ibi Deum ei revelatum coluit: sed a Prophetis ille ipse locus vocatus fuit *domus iniquitatis* (vide Hamos cap. 5. v. 5. et Hoseae cap. 10. v. 5.), quia Isra,litae ex instituto Jarobohami ibi idolis sacrificare solebant. Aliud exemplum, quod rem clarissime indicat. Verba ex solo usu certam habent significationem, et si secundum hunc eorum usum ita disponantur, ut homines eadem legentes ad devotionem moveant, tum illa verba sacra erunt, et etiam liber tali verborum dispositione scriptus. Sed si postea usus ita pereat, ut verba nullam habeant significationem, vel quod liber prorsus negligatur, sive ex malitia, sive quia eodem non indigent, tum et verba, et liber nullius usus, neque sanctitatis erunt: denique si eadem verba aliter disponantur, vel quod usus praevaluerit ad eadem in contrariam significationem sumenda, tum et verba et liber, qui antea sacri, impuri et profani erunt. Ex quo sequitur nihil extra mentem absolute, sed tantum respective ad ipsam, sacrum aut profanum aut impurum esse. Quod etiam ex multis Scripturae locis evidentissime constat. Jeremias (ut unum aut alterum adferam) cap. 7. v. 4. ait Judaeos sui temporis falso vocavisse templum Salomonis, templum Dei: nam, ut ipse in eodem capite pergit, Dei nomen illi templo tantum inesse potuerat, quamdiu ab hominibus, qui ipsum colunt, et justitiam defendunt, frequentatur; quod si ab homicidis, furibus, idololatris, aliisque nefariis hominibus frequentetur, tum foveam potius esse transgressorum. Quid de arca foederis factum sit, nihil Scriptura narrat, quod saepe miratus sum: hoc tamen certum est, eandem periisse, vel cum templo combustam fuisse, etsi nihil magis sacrum, nec majoris reverentiae apud Hebraeos fuit. Hac itaque ratione Scriptura etiam tamdiu sacra est, et ejus orationes divinae, quamdiu homines ad devotionem erga Deum movet; sed si ab iisdem prorsus negligatur, ut olim a Judaeis, nihil est praeter chartam, et atramentum, et ab iisdem absolute profanatur, et corruptioni obnoxia relinquitur, ideoque si tum corrumpitur, aut perit, falso tum dicitur verbum Dei corrumpi, aut perire: sicuti etiam tempore Jeremiae falso diceretur templum, quod tum temporis templum Dei esset, flammis periisse. Quod ipse Jeremias etiam de ipsa lege ait: Sic namque impios sui temporis increpat *qua ratione dicitis, periti sumus, et lex Dei nobiscum est. Certe frustra adornata fuit; calamus scribarum frustra* (factus est), hoc est, falso dicitis vos, etsi Scriptura penes vos est, legem Dei habere, postquam ipsam irritam fecistis. Sic etiam cum Moses primas tabulas fregit, ille minime verbum Dei prae ira e manibus ejecit, atque fregit (nam quis hoc de Mose, et verbo Dei suspicari posset), sed tantum lapides, qui quamvis antea sacri essent, quia iis inscriptum erat foedus, sub quo Judaei Deo obedire se obligaverant, tamen quia postea vitulum adorando pactum illud irritum fecerant, nullius prorsus tum erant sanctitatis; et eadem etiam de causa secundae cum arca perire potuerunt. Non itaque mirum, si jam etiam prima originalia Mosis non extent, neque quod ea, quae in superioribus diximus, libris, quos habemus, contigerint, quando verum originale foederis divini, et omnium sanctissimum totaliter perire potuerit. Desinant ergo nos impietatis accusare, qui nihil contra verbum Dei loquuti sumus, nec idem contaminavimus, sed iram, si quam justam habere possint, in antiquos vertant, quorum malitia Dei arcam, templum, legem et omnia sacra profanavit, et corruptioni subjecit. Deinde si secundum illud Apostoli in 2. Epist. ad Corinth. cap. 3. v. 3. Dei Epistolam in se habent non atramento, sed Dei Spiritu, neque in tabulis lapideis, sed in tabulis carneis cordis scriptam, desinant literam adorare et de eadem adeo esse solliciti. His puto me satis explicuisse, qua ratione Scriptura Sacra et divina habenda sit. Videndum jam est, quid proprie intelligendum sit per *debar Jehova* (verbum Dei). *dabar* quidem significat *verbum, orationem, edictum* et *rem.* Quibus autem de causis res aliqua hebraice dicitur Dei esse, et ad Deum refertur, in cap. I. ostendimus; atque ex iis facile intelligitur, quid Scriptura significare velit per verbum Dei, orationem, edictum et rem. Omnia itaque hic repetere non est opus, nec etiam quae in cap. VI. de miraculis tertio loco ostendimus. Sufficit rem tantum indicare, ut, quae de his hic dicere volumus, melius intelligantur. Nempe, quod verbum Dei, quando de subjecto aliquo praedicatur, quod non sit ipse Deus, proprie significat legem illam Divinam, de qua in IV. cap. egimus: hoc est, religionem toti humano generi universalem, sive catholicam, qua de re vide Esaiae cap. I. v. 10. etc., ubi verum vivendi modum docet, qui scilicet non in caeremoniis, sed in charitate, et vero animo consistit, eumque legem, et verbum Dei promiscue vocat. Sumitur deinde metaphorice pro ipso naturae ordine, et fato (quia revera ab aeterno divinae naturae decreto pendet et sequitur) et praecipue pro eo, quod hujus ordinis Prophetae praeviderant, idque quia ipsi res futuras per causas naturales non percipiebant, sed tanquam Dei placita vel decreta. Deinde etiam sumitur pro omni cujuscunque Prophetae edicto, quatenus id singulari sua virtute, vel dono Prophetico, et non ex communi naturali lumine perceperat, idque potissimum, quia revera Deum tanquam legislatorem percipere solebant Prophetae, ut cap. IV. ostendimus. Tribus itaque his de causis Scriptura verbum Dei appellatur: nempe quia veram docet religionem, cujus Deus aeternus est author; deinde quia praedictiones rerum futurarum, tanquam Dei decreta narrat; et denique quia ii, qui revera fuerunt ejus authores, ut plurimum non ex communi naturali lumine, sed quodam sibi peculiari docuerunt, et Deum eadem loquentem introduxerunt. Et quamvis praeter haec plura in Scriptura contineantur, quae mere historica sunt, et ex lumine naturali percepta, nomen tamen a potiore sumitur. Atque hinc facile percipimus, qua ratione Deus author Bibliorum sit intelligendus, nempe propter veram religionem, quae in iis docetur: at non quod voluerit certum numerum librorum hominibus communicare. Deinde hinc etiam scire possumus, cur Biblia in libros Veteris et Novi Testamenti dividantur: videlicet quia ante adventum Christi Prophetae religionem praedicare solebant, tanquam legem Patriae, et ex vi pacti tempore Mosis initi: post adventum autem Christi eandem tanquam legem catholicam, et ex sola vi passionis Christi omnibus praedicaverunt Apostoli; at non quod doctrina diversi sint, nec quod tanquam syngrapha foederis scripti fuerint, nec denique quod religio catholica, quae maxime naturalis est, nova esset, nisi respectu hominum, qui eam non noverant; *in mundo erat*, ait Johannes Euangelista cap. I. v. 10., *et mundus non novit eum.* Quamvis itaque pauciores libros, tam Veteris, quam Novi Testamenti haberemus, non tamen Dei verbo (per quod proprie, ut jam diximus, vera religio intelligitur) destitueremur, sicuti non putamus nos eodem jam destitutos esse, etsi multis aliis praestantissimis scriptis caremus, ut libro Legis, qui tanquam foederis syngraphum religiose in templo custodiebatur, et praeterea libris Bellorum, Chronologiarum, et aliis plurimis, ex quibus hi, quos Veteris Testamenti habemus, decerpti et collecti sunt: atque hoc multis praeterea rationibus confirmatur. Nempe I. quia libri utriusque Testamenti non fuerunt expresso mandato uno eodemque tempore omnibus saeculis scripti, sed casu quibusdam hominibus, idque prout tempus et eorum singularis constitutio exigebat, ut aperte indicant Prophetarum vocationes (qui ut impios sui temporis monerent, vocati sunt), et etiam Apostolorum Epistolae. II. quia aliud est Scripturam et mentem Prophetarum, aliud autem mentem Dei, hoc est, ipsam rei veritatem intelligere, ut ex eo, quod in cap. II. de Prophetis ostendimus, sequitur. Quod etiam in Historiis et miraculis locum habere ostendimus cap. VI. Atqui hoc de locis, in quibus de vera religione et vera virtute agitur, minime dici potest. III. quia Libri Veteris Testamenti ex multis electi fuerunt, et a concilio tandem Pharisaeorum collecti et probati, ut in cap. X. ostendimus. Libri autem Novi Testamenti decretis etiam Conciliorum quorundam in Canonem assumpti sunt, quorum etiam decretis plures alii, qui sacri a multis habebantur, ut spurii rejecti sunt. At horum Conciliorum (tam Pharisaeorum quam Christianorum) membra non constabant ex Prophetis, sed tantum ex Doctoribus et peritis; et tamen fatendum necessario est, eos in hac electione verbum Dei pro norma habuisse: adeoque antequam omnes libros probaverant, debuerunt necessario notitiam Verbi Dei habere. IV. quia Apostoli non tanquam Prophetae, sed (ut in praecedente Capite diximus) tanquam Doctores scripserunt, et viam ad docendum elegerunt, quam faciliorem judicaverunt fore discipulis, quos tum docere volebant: ex quo sequitur in iis (ut etiam in fine praedicti Capitis conclusimus) multa contineri, quibus jam ratione religionis carere possumus. V. denique quia quatuor habentur in Novo Testamento Euangelistae, et quis credet, quod Deus quater Historiam Christi narrare voluerit, et scripto hominibus communicare? et quamvis quaedam in uno contineantur, quae in alio non habentur, et quod unus ad alium intelligendum saepe juvat, inde tamen non concludendum est, omnia, quae in hisce quatuor narrantur, cognitu necessaria fuisse, et Deum eos elegisse ad scribendum, ut Christi Historia melius intelligeretur; nam unusquisque suum Euangelium diverso loco praedicavit, et unusquisque id, quod praedicaverat, scripsit, idque simpliciter, ut Historiam Christi dilucide narraret, et non ad reliquos explicandum. Si jam ex eorum mutua collatione facilius et melius quandoque intelliguntur, id casu contingit et paucis tantum in locis, quae quamvis ignorarentur, historia tamen aeque perspicua esset, et homines non minus beati. His ostendimus Scripturam ratione religionis tantum, sive ratione legis divinae universalis, proprie vocari verbum Dei: Superest jam ostendere eandem, quatenus proprie sic vocatur, non esse mendosam, depravatam, neque truncatam. Atqui id hic mendosum, depravatum, atque truncatum voco, quod adeo perperam scriptum et constructum est, ut sensus orationis ex usu linguae investigari, vel ex sola Scriptura depromi nequeat: nam affirmare nolo, quod Scriptura, quatenus legem Divinam continet, semper eosdem apices, easdem literas, et denique eadem verba servavit (hoc enim Masoretis, et qui literam superstitiose adorant, demonstrandum relinquo), sed tantum quod sensus, ratione cujus tantum oratio aliqua divina vocari potest, incorruptus ad nos pervenit, tametsi verba, quibus primo significatus fuit, saepius mutata fuisse supponantur. Nam hoc, ut diximus, nihil Scripturae divinitati detrahit; nam Scriptura aeque divina esset, etsi aliis verbis aut alia lingua scripta fuisset. Quod itaque legem divinam hac ratione incorruptam accepimus nemo dubitare potest. Nam ex ipsa Scriptura absque ulla difficultate, et ambiguitate percipimus ejus summam esse, Deum supra omnia amare, et proximum tanquam se ipsum: atqui hoc adulterium esse non potest, nec a festinante et errante calamo scriptum; nam si Scriptura unquam aliud docuit, necessario etiam reliqua omnia docere aliter debuit, quandoquidem hoc totius religionis fundamentum est, quo sublato tota fabrica uno lapsu ruit. Adeoque talis Scriptura illa eadem non esset, de qua hic loquimur, sed alius prorsus liber. Manet igitur inconcussum Scripturam hoc semper docuisse, et consequenter hic nullum errorem, qui sensum corrumpere possit, incidisse, qui statim ab unoquoque non animadverteretur, nec aliquem hoc depravare potuisse, cujus malitia non illico pateret. Cum itaque hoc fundamentum statuendum sit incorruptum, idem necessario fatendum est de reliquis, quae ex eo absque ulla controversia sequuntur, et quae etiam fundamentalia sunt: ut, quod Deus existit, quod omnibus provideat, quod sit omnipotens, et quod piis ex ipsius decreto bene sit, improbis vero male, et quod nostra salus a sola ejus gratia pendeat. Haec enim omnia Scriptura perspicue ubique docet, et semper docere debuit, alias reliqua omnia vana essent, et sine fundamento: nec minus incorrupta statuenda reliqua moralia, quandoquidem ab hoc universali fundamento evidentissime sequuntur. Videlicet justitiam defendere, inopi auxilio esse, neminem occidere, nihil alterius concupiscere etc. Horum inquam nihil nec hominum malitia depravare, nec vetustas delere potuit. Quicquid enim ex his deletum esset, id statim iterum horum universale fundamentum dictavisset, et praecipue documentum charitatis, quae ubique in utroque Testamento summe commendatur. Adde quod, quamvis nullum facinus execrandum excogitari possit, quod non sit ab aliquo commissum, tamen nemo est, qui ad facinora sua excusanda leges delere tentet, aut aliquid, quod impium sit, tanquam documentum aeternum et salutare introducere: ita enim hominum naturam constitutam videmus, ut unusquisque (sive Rex, sive subditus sit), si quid turpe commisit, factum suum talibus circumstantiis adornare studeat, ut nihil contra justum et decorum commisisse credatur. Concludimus itaque absolute totam legem divinam universalem, quam Scriptura docet, incorruptam ad nostras manus pervenisse. At praeter haec alia adhuc sunt, de quibus non possumus dubitare, quin bona fide nobis sint tradita. Nempe summae Historiarum Scripturae, quia notissimae omnibus fuerunt. Vulgus Judaeorum solebat olim nationis antiquitates Psalmis cantare. Summa etiam rerum a Christo gestarum et ejus passio statim per totum Romanum Imperium vulgata fuit. Quare minime credendum est, nisi maxima hominum pars in eo conveniret, quod incredibile est, id, quod harum historiarum praecipuum est, posteros aliter tradidisse, quam a primis acceperant. Quicquid igitur adulteratum est, aut mendosum, id tantum in reliquis contingere potuit: Videlicet in una aut altera historiae aut Prophetiae circumstantia, ut populus ad devotionem magis commoveretur, vel in uno aut altero miraculo, ut Philosophos torquerent, vel denique in rebus speculativis, postquam a schismaticis in religionem introduci inceperunt, ut sic unusquisque sua figmenta authoritate divina abutendo statuminaret. Sed ad salutem parum refert, sive talia depravata sint, sive minus: quod in sequenti cap. ex professo ostendam, etsi ex jam dictis et praecipue ex cap. II. jam constare puto.

CAPUT XIII. Ostenditur Scripturam non nisi simplicissima docere, nec aliud praeter obedentiam intendere; nec de divina naturâ aliud docere, quam quod homines certa vivendi ratione imitari possunt

In cap. II. hujus Tractatus ostendimus, Prophetas singularem tantum potentiam imaginandi, sed non intelligendi habuisse, Deumque nulla Philosophiae arcana, sed res simplicissimas tantum iisdem revelavisse, seseque eorum praeconceptis opinionibus accommodavisse. Ostendimus deinde in cap. V. Scripturam res eo modo tradere, et docere, quo facillime ab unoquoque percipi possunt; quae scilicet non ex axiomatibus, et definitionibus res deducit, et concatenat, sed tantum simpliciter dicit, et ad fidem faciendam, sola experientia, miraculis scilicet, et historiis dicta confirmat, quaeque etiam tali stylo, et phrasibus narrantur, quibus maxime plebis animus commoveri potest: qua de re vide cap. VI. circa ea, quae loco III. demonstrantur. Ostendimus denique in cap. VII. difficultatem intelligendi Scripturam in sola lingua, et non in sublimitate argumenti sitam esse. His accedit, quod Prophetae non peritis, sed omnibus absolute Judaeis praedicaverunt, Apostoli autem doctrinam Euangelicam in Ecclesiis, ubi communis omnium erat conventus, docere solebant: ex quibus omnibus sequitur, Scripturae doctrinam non sublimes speculationes, neque res philosophicas continere, sed res tantum simplicissimas, quae vel a quovis tardissimo possunt percipi. Non satis itaque mirari possum eorum, de quibus supra loquutus sum, ingenia, qui scilicet tam profunda in Scriptura vident mysteria, ut nulla humana lingua possint explicari; et qui deinde in religionem tot res philosophicae speculationis introduxerunt, ut Ecclesia Academia, et Religio scientia, vel potius altercatio videatur. Verum quid miror, si homines, qui lumen supra naturale habere jactant, Philosophis, qui nihil praeter naturale habent, nolint cognitione cedere. Id sane mirarer, si quid novi, quod solius esset speculationis, docerent, et quod olim apud Gentiles Philosophos non fuerit tritissimum (quos tamen caecutiisse ajunt); nam si inquiras, quaenam mysteria in Scriptura latere vident, nihil profecto reperies, praeter Aristotelis, aut Platonis, aut alterius similis commenta, quae saepe facilius possit quivis Idiota somniare, quam literatissimus ex Scriptura investigare. Etenim absolute statuere nolumus ad doctrinam Scripturae nihil pertinere, quod solius sit speculationis; nam in superiori cap. quaedam hujus generis attulimus, tanquam Scripturae fundamentalia; sed hoc tantum volo, talia admodum pauca, atque admodum simplicia esse. Quaenam autem ea sint, et qua ratione determinentur, hic ostendere constitui; quod nobis jam facile erit, postquam novimus, Scripturae intentum non fuisse scientias docere; hinc enim facile judicare possumus, nihil praeter obedientiam eandem ab hominibus exigere, solamque contumaciam, non autem ignorantiam damnare. Deinde quia obedientia erga Deum in solo amore proximi consistit (nam qui proximum diligit, eo scilicet fine, ut Deo obsequatur, is, ut Paulus ait in Epistola ad Rom. cap. 13. v. 8. Legem implevit), hinc sequitur, in Scriptura nullam aliam scientiam commendari, quam quae omnibus hominibus necessaria est, ut Deo secundum hoc praescriptum obedire possint, et qua ignorata, homines necessario debent esse contumaces, vel saltem sine disciplina obedientiae; reliquas autem speculationes, quae huc directe non tendunt, sive eae circa Dei, sive circa rerum naturalium cognitionem versentur, Scripturam non tangere, atque adeo a Religione revelata separandas. At etsi haec unusquisque, uti diximus, jam facile videre potest, tamen, quia hinc totius Religionis decisio pendet, rem totam accuratius ostendere, et clarius explicare volo: Ad quod requiritur, ut ante omnia ostendamus, intellectualem, sive accuratam Dei cognitionem, non esse donum omnibus fidelibus commune sicuti obedientiam. Deinde cognitionem illam, quam Deus per Prophetas ab omnibus universaliter petiit, et unusquisque scire tenetur, nullam esse, praeter cognitionem Divinae ejus Justitiae, et Charitatis, quae ambo ex ipsa Scriptura facile demonstrantur. Nam I. evidentissime sequitur ex Exodi cap. 6. v. 3., ubi Deus Mosi, ad singularem gratiam, ipsi largitam, indicandum, ait *et revelatus sum Abrahamo, Isaaco, et Jacobo Deo Sadai, sed nomine meo Jehova non sum cognitus ipsis:* ubi ad meliorem explicationem notandum El Sadai significare hebraice Deum, qui sufficit, quia unicuique, quod ei sufficit, dat; et quamvis saepe Sadai absolute pro Dei sumatur, non dubitandum tamen est, quin ubique nomen El Deus subintelligendum sit. Deinde notandum in Scriptura nullum nomen praeter Jehova reperiri, quod Dei absolutam essentiam, sine relatione ad res creatas indicet. Atque ideo Hebraei hoc solum nomen Dei esse proprium contendunt, reliqua autem appellativa esse; et revera reliqua Dei nomina, sive ea substantiva sint, sive adjectiva, attributa sunt, quae Deo competunt, quatenus cum relatione ad res creatas consideratur, vel per ipsas manifestatur. Ut *El,* vel cum litera *He* paragogica *Eloah,* quod nihil aliud significat, quam potentem, ut notum; nec Deo competit, nisi per excellentiam, sicuti cum Paulum Apostolum appellamus; alias virtutes ejus potentiae explicantur, ut El (potens) magnus, tremendus, justus, misericors, etc. vel ad omnes comprehendendas simul hoc nomen in plurali numero usurpatur, et significatione singulari, quod in Scriptura frequentissimum. Jam quandoquidem Deus Mosi dicit, se nomine Jehova non fuisse patribus cognitum, sequitur, eos nullum Dei attributum novisse, quod ejus absolutam essentiam explicat, sed tantum ejus effecta, et promissa, hoc est, ejus potentiam, quatenus per res visibiles manifestatur. Atqui hoc Deus Mosi non dicit, ad eosdem infidelitatis accusandum, sed contra ad eorum credulitatem, et fidem extollendam, qua quamvis non aeque singularem Dei cognitionem ac Moses habuerint, Dei tamen promissa fixa rataque crediderunt, non ut Moses, qui quamvis sublimiores de Deo cogitationes habuerit, de divinis tamen promissis dubitavit, Deoque objecit, quod, loco promissae salutis, Judaeorum res in pejus mutaverit. Cum itaque Patres Dei singulare nomen ignoraverint, hocque Deus Mosi dicat factum, ad eorum animi simplicitatem et fidem laudandam, simulque ad commemorandam singularem gratiam Mosi concessam, hinc evidentissime sequitur, id quod primo loco statuimus, homines ex mandato non teneri Dei attributa cognoscere, sed hoc peculiare esse donum quibusdam tantum fidelibus concessum; nec operae pretium est hoc pluribus Scripturae testimoniis ostendere; quis enim non videt divinam cognitionem non fuisse omnibus fidelibus aequalem? et neminem posse ex mandato sapientem esse, non magis, quam vivere, et esse? Viri, mulieres, pueri, et omnes ex mandato obtemperare quidem aeque possunt, non autem sapere. Quod si quis dicat, non esse quidem opus Dei attributa intelligere, at omnino simpliciter, absque demonstratione credere, is sane nugabitur: Nam res invisibiles, et quae solius mentis sunt objecta, nullis aliis oculis videri possunt, quam per demonstrationes; qui itaque eas non habent, nihil harum rerum plane vident; atque adeo quicquid de similibus auditum referunt, non magis eorum mentem tangit, sive indicat, quam verba Psittaci, vel automati, quae sine mente, et sensu loquuntur. Verum antequam ulterius pergam, rationem dicere teneor, cur in Genesi saepe dicitur, quod Patriarchae nomine Jehova praedicaverint, quod plane jam dictis repugnare videtur. Sed si ad illa, quae cap. VIII. ostendimus, attendamus, facile haec conciliare poterimus; in praedicto enim cap. ostendimus scriptorem Pentateuchi res, et loca non iisdem praecise nominibus indicare, quae eodem tempore, de quo loquitur, obtinebant, sed iis, quibus tempore scriptoris melius innotuerant. Deus igitur in Genesi Patriarchis praedicatus nomine Jehova indicatur, non quia Patribus hoc nomine innotuerat, sed quia hoc nomen apud Judaeos summae erat reverentiae: hoc, inquam, necessario dicendum, quandoquidem in hoc nostro textu Exodi expresse dicitur, Deum hoc nomine non fuisse cognitum Patriarchis, et etiam quod Exodi cap. 3. 13. Moses Dei nomen scire cupit: quod si antea notum fuisset, fuisset saltem et ipsi etiam notum. Concludendum igitur, ut volebamus; nempe fideles Patriarchas hoc Dei nomen ignoravisse, Deique cognitionem donum Dei, non autem mandatum esse. Tempus igitur est, ut ad secundum transeamus, nempe, ad ostendendum Deum nullam aliam sui cognitionem ab hominibus per Prophetas petere, quam cognitionem divinae suae Justitiae, et Charitatis, hoc est talia Dei attributa, quae homines certa vivendi ratione imitari possunt: quod quidem Jeremias expressissimis verbis docet. Nam cap. 22. v. 15. 16. de Rege Josia loquens haec ait *Pater tuus quidem comedit, et bibit, et fecit judicium, et justitiam, tum ei bene* (fuit), *judicavit jus pauperis, et indigentis, tum ipsi bene* (fuit), *nam* (NB.) *hoc est me cognoscere, dixit Jehova:* nec minus clara sunt, quae habentur cap. 9. v. 23 nempe *sed in hoc tantum glorietur unusquisque, me intelligere, et cognoscere, quod ego Jehova facio charitatem, judicium, et justitiam in terra, nam his delector, ait Jehova.* Colligitur hoc etiam praeterea ex Exodi cap. 34. v. 6. 7., ubi Deus Mosi cupienti ipsum videre, et noscere, nulla alia attributa revelat, quam quae divinam Justitiam et Charitatem explicant. Denique illud Johannis, de quo etiam in sequentibus, apprime hic notandum venit, qui scilicet, quia nemo Deum vidit, Deum per solam charitatem explicat, concluditque eum revera Deum habere, et noscere, qui charitatem habet. Videmus itaque Jeremiam, Mosen, Johannem Dei cognitionem, quam unusquisque scire tenetur, paucis comprehendere, eamque in hoc solo, ut volebamus, ponere, quod scilicet Deus sit summe justus, et summe misericors, sive unicum verae vitae exemplar. His accedit, quod Scriptura nullam Dei definitionem expresse tradit, nec alia Dei attributa amplectenda praeter modo dicta praescribat, nec ex professo, ut haec, commendet: ex quibus omnibus concludimus, intellectualem Dei cognitionem, quae ejus naturam, prout in se est, considerat, et quam naturam homines certa vivendi ratione imitari non possunt, neque tanquam exemplum sumere, ad veram vivendi rationem instituendam, ad fidem, et religionem revelatam nullo modo pertinere, et consequenter homines circa hanc sine scelere toto coelo errare posse. Minime itaque mirum, quod Deus sese imaginationibus, et praeconceptis Prophetarum opinionibus accommodaverit, quodque fideles diversas de Deo foverint sententias, ut in cap. II. multis exemplis ostendimus. Deinde minime etiam mirum, quod Sacra volumina ubique adeo improprie de Deo loquantur, eique manus, pedes, oculos, aures, mentem, et motum localem tribuant, et praeterea etiam animi commotiones, ut quod sit Zelotypus, misericors etc., et quod denique ipsum depingant tanquam Judicem, et in coelis, tanquam in solio regio sedentem, et Christum ad ipsius dextram. Loquuntur nimirum secundum captum vulgi, quem Scriptura non doctum, sed obedientem reddere studet. Communes tamen Theologi, quicquid horum lumine naturali videre potuerunt cum divina natura non convenire, metaphorice interpretandum, et quicquid eorum captum effugit, secundum literam accipiendum contenderunt. Sed, si omnia, quae in Scriptura hujus generis reperiuntur, essent necessario metaphorice interpretanda, et intelligenda, tum Scriptura non plebi et rudi vulgo, sed peritissimis tantum, et maxime Philosophis scripta esset. Quinimo, si impium esset pie, et simplicitate animi haec, quae modo retulimus, de Deo credere, profecto maxime cavere debuissent Prophetae, saltem propter vulgi imbecillitatem, a similibus phrasibus, et contra Dei attributa, prout unusquisque eadem amplecti tenetur, ante omnia ex professo, et clare docere, quod nullibi factum est: adeoque minime credendum opiniones absolute consideratas, absque respectu ad opera, aliquid pietatis, aut impietatis habere, sed ea tantum de causa hominem aliquid pie, aut impie credere dicendum, quatenus ex suis opinionibus ad obedientiam movetur, vel ex iisdem licentiam ad peccandum, aut rebellandum sumit, ita ut, siquis vera credendo fiat contumax, is revera impiam, et si contra falsa credendo obediens, piam habet fidem; veram enim Dei cognitionem non mandatum, sed donum divinum esse ostendimus, Deumque nullam aliam ab hominibus petiisse, quam cognitionem divinae suae Justitiae, et Charitatis, quae cognitio non ad scientias, sed tantum ad obedientiam necessaria est.

CAPUT XIV. Quid sit fides, quinam fideles, fidei fundamenta determinantur, et ipsa a philosophia tandem separatur

Ad veram fidei cognitionem apprime necessarium esse, scire, quod Scriptura accommodata sit non tantum captui Prophetarum, sed etiam varii, et inconstantis Judaeorum vulgi, nemo qui vel leviter attendit, ignorare potest; qui enim omnia, quae in Scriptura habentur, promiscue amplectitur, tanquam universalem, et absolutam de Deo doctrinam, nec accurate cognovit, quidnam captui vulgi accommodatum sit, non poterit vulgi opiniones cum divina doctrina non confundere, et hominum commenta et placita pro divinis documentis non venditare, Scripturaeque authoritate non abuti. Quis inquam non videt, hanc maximam esse causam, cur sectarii tot, tamque contrarias opiniones, tanquam fidei documenta doceant, multisque Scripturae exemplis confirment, unde apud Belgas dudum in usum Proverbii abierit, *geen ketter tonder letter*. Libri namque Sacri non ab uno solo, nec unius aetatis vulgo scripti fuerunt, sed a plurimis, diversi ingenii, diversique aevi viris, quorum, si omnium tempus computare velimus, fere bis mille annorum, et forte multo longius invenietur. Sectarios tamen istos nolumus ea de causa impietatis accusare, quod scilicet verba Scripturae suis opinionibus accommodant; sicuti enim olim ipsa captui vulgi accommodata fuit, sic etiam unicuique eandem suis opinionibus accommodare licet, si videt, se ea ratione Deo, in iis, quae justitiam, et charitatem spectant, pleniore animi consensu obedire posse; sed ideo eosdem accusamus, quod hanc eandem libertatem reliquis nolunt concedere, sed omnes, qui cum iisdem non sentiunt, quanquam honestissimi, et verae virtuti obtemperantes sint, tanquam Dei hostes tamen persequuntur, et contra eos, qui iis assentantur, quamvis impotentissimi animi sint, tamen tanquam Dei electos diligunt, quo nihil profecto scelestius, et reipublicae magis perniciosum excogitari potest. Ut igitur constet, quousque, ratione fidei, uniuscujusque libertas sentiendi, quae vult, se extendit, et quosnam, quamvis diversa sentientes, tanquam fideles tamen aspicere tenemur, fides, ejusque fundamentalia determinanda sunt; quod quidem in hoc Capite facere constitui, simulque fidem a Philosophia separare, quod totius operis praecipuum intentum fuit. Ut haec igitur ordine ostendam, summum totius Scripturae intentum repetamus, id enim nobis veram normam fidei determinandae indicabit. Diximus in superiori Capite, intentum Scripturae esse tantum obedientiam docere. Quod quidem nemo inficias ire potest. Quis enim non videt, utrumque Testamentum nihil esse praeter obedientiae disciplinam? nec aliud utrumque intendere, quam quod homines ex vero animo obtemperent? Nam, ut jam omittam, quae in superiori Capite ostendi, Moses non studuit Israëlitas ratione convincere, sed pacto, juramentis, et beneficiis obligare, deinde populo legibus obtemperare sub poena interminatus est, et praemiis eundem ad id hortatus; quae omnia media non ad scientias, sed ad solam obedientiam sunt. Euangelica autem doctrina nihil praeter simplicem fidem continet, nempe Deo credere, eumque revereri, sive, quod idem est, Deo obedire. Non opus igitur habeo, ad rem manifestissimam demonstrandam, textus Scripturae, qui obedientiam commendant, et quorum perplures in utroque Testamento reperiuntur, coäcervare. Deinde quidnam unusquisque exequi debeat, ut Deo obsequatur, ipsa etiam Scriptura plurimis in locis quam clarissime docet, nempe totam legem in hoc solo consistere, in amore scilicet erga proximum; quare nemo etiam negare potest, quod is, qui ex Dei mandato proximum tanquam se ipsum diligit, revera est obediens, et secundum legem beatus, et qui contra odio habet, vel negligit, rebellis est, et contumax. Denique apud omnes in confesso est, Scripturam non solis peritis, sed omnibus cujuscunque aetatis, et generis hominibus scriptam, et vulgatam fuisse: atque ex his solis evidentissime sequitur, nos ex Scripturae jussu, nihil aliud teneri credere, quam id, quod ad hoc mandatum exequendum absolute necessarium sit. Quare hoc ipsum mandatum unica est totius fidei catholicae norma, et per id solum omnia fidei dogmata, quae scilicet unusquisque amplecti tenetur, determinanda sunt. Quod cum manifestissimum sit, et quod ex hoc solo fundamento, vel sola ratione omnia legitime possunt deduci, judicet unusquisque, qui fieri potuit, ut tot dissensiones in Ecclesia ortae sint? et an aliae potuerint esse causae, quam quae in initio cap. VII. dictae sunt? Eae itaque ipsae me cogunt hic ostendere modum, et rationem determinandi ex hoc invento fundamento fidei dogmata; nam ni hoc fecero, remque certis regulis determinavero, merito credar me huc usque parum promovisse, quandoquidem unusquisque, quicquid velit, sub hoc etiam praetextu, quod scilicet medium necessarium sit ad obedientiam, introducere poterit; praesertim quando de divinis attributis fuerit quaestio. Ut itaque rem totam ordine ostendam, a fidei definitione incipiam, quae ex hoc dato fundamento sic definiri debet, nempe quod nihil aliud sit, quam de Deo talia sentire, quibus ignoratis tollitur erga Deum obedientia, et hac obedientia posita, necessario ponuntur. Quae definitio adeo clara est, et adeo manifeste ex modo demonstratis sequitur, ut nulla explicatione indigeat. Quae autem ex eadem sequuntur, paucis jam ostendam. Videlicet I. fidem non per se, sed tantum ratione obedientiae salutiferam esse, vel, ut ait, Jacob. cap. 2. v. 17. fidem per se absque operibus mortuam esse; qua de re vide totum hujus Apostoli praedictum caput. II. Sequitur, quod is, qui vere est obediens, necessario veram et salutiferam habet fidem. Obedientia enim posita, et fidem necessario poni diximus, quod etiam idem Apostolus cap. 1. v. 18. expresse ait, nempe his *ostende mihi fidem tuam, absque operibus, et ego ostendam tibi ex operibus meis fidem meam*. Et Johannes in Epist. I. cap. 4. v. 7. 8. *quisquis diligit* (scilicet proximum), *ex Deo natus est, et novit Deum, qui non diligit, non novit Deum; nam Deus est Charitas.* Ex quibus iterum sequitur, nos neminem judicare posse fidelem, aut infidelem esse, nisi ex operibus: Nempe, si opera bona sunt, quamvis dogmatibus ab aliis fidelibus dissentiat, fidelis tamen est; et contra si mala sunt, quamvis verbis conveniat, infidelis tamen est. Obedientia enim posita fides necessario ponitur, et fides absque operibus mortua est. Quod etiam idem Johannes v. 13. ejusdem cap. expresse docet. *Per hoc*, inquit, *cognoscimus, quod in eo manemus, et ipse manet in nobis, quod de Spiritu suo dedit nobis*, nempe Charitatem. Dixerat enim antea, Deum esse Charitatem, unde (ex suis scilicet tum receptis principiis) concludit, eum revera Spiritum Dei habere, qui Charitatem habet. Imo, quia nemo Deum vidit, inde concludit, neminem Deum sentire, vel animadvertere, nisi ex sola Charitate erga proximum, atque adeo neminem etiam aliud Dei attributum noscere posse, praeter hanc Charitatem, quatenus de eadem participamus. Quae quidem rationes si non peremtoriae sunt, satis tamen clare Johannis mentem explicant, sed longe clarius, quae habentur cap. 2. v. 3. 4. ejusdem Epist., ubi expressissimis verbis id, quod hic volumus, docet. *Et per hoc*, inquit, *scimus, quod ipsum novimus, si praecepta ipsius observamus. Qui dicit, novi eum, et praecepta ejus non observat, mendax est, et in eo non est veritas.* Atque ex his iterum sequitur, eos revera Antichristos esse, qui viros honestos, et qui Justitiam amant, persequuntur, propterea quod ab ipsis dissentiunt, et cum ipsis eadem fidei dogmata non defendunt: Qui enim Justitiam et Charitatem amant, eos per hoc solum fideles esse scimus; et qui fideles persequitur, Antichristus est. Sequitur denique fidem non tam requirere vera, quam pia dogmata, hoc est, talia, quae animum ab obedientiam movent: Tametsi inter ea plurima sint, quae nec umbram veritatis habent, dummodo tamen is, qui eadem amplectitur, eadem falsa esse ignoret, alias rebellis necessario esset. Quomodo enim fieri posset, ut aliquis, qui Justitiam amare, et Deo obsequi studet, tanquam divinum adoret, quod a divina natura alienum scit esse: at animi simplicitate errare possunt homines, et Scriptura non ignorantiam, sed solam contumaciam, ut jam ostendimus, damnat; imo ex sola fidei definitione hoc necessario sequitur, cujus omnes partes ex universali jam ostenso fundamento, et unico totius Scripturae intento, nisi nostra placita admiscere lubet, peti debent; atqui haec non expresse exigit vera, sed talia dogmata, quae ad obedientiam necessaria sunt, quae scilicet animum in amore erga proximum confirment, cujus tantum ratione unusquisque in Deo (ut cum Johanne loquar) et Deus in unoquoque est. Cum itaque uniuscujusque fides ratione obedientiae, vel contumaciae tantum, et non ratione veritatis, aut falsitatis pia, vel impia sit habenda, et nemo dubitet, commune hominum ingenium varium admodum esse, nec omnes in omnibus aeque acquiescere, sed opiniones diverso modo homines regere, quippe quae hunc devotionem, eae ipsae alterum ad risum, et contemtum movent, hinc sequitur, ad fidem catholicam, sive universalem nulla dogmata pertinere, de quibus inter honestos potest dari controversia: Quae enim ejus naturae sunt, respectu unius pia, et respectu alterius impia esse possunt, quandoquidem ex solis operibus sunt judicanda. Ad fidem ergo catholicam ea solummodo dogmata pertinent, quae erga Deum obedientia absolute ponit, et quibus ignoratis, obedientia est absolute impossibilis; de reliquis autem, prout unusquisque, quia se ipsum melius novit, sibi, ad se in amore Justitiae confirmandum, melius esse viderit, sentire debet. Et hac ratione, puto, nullum locum controversiis in Ecclesia relinqui: Nec jam verebor fidei universalis dogmata, sive universae Scripturae intenti fundamentalia enumerare, quae (ut ex iis, quae in his duobus Capitibus ostendimus, evidentissime sequitur) omnia huc tendere debent, nempe, dari ens supremum, quod Justitiam et Charitatem amat, cuique omnes, ut salvi sint, obedire tenentur, eumque cultu Justitiae, et Charitate erga proximum adorare, atque hinc facile omnia determinantur, quaeque adeo nulla, praeter haec, sunt. Videlicet, I. Deum, hoc est ens supremum, summe justum, et misericordem, sive verae vitae exemplar existere; qui enim nescit, vel non credit, ipsum existere, ei obedire nequit, neque eum Judicem noscere. II. eum esse unicum: Hoc enim etiam ad supremam devotionem, admirationem, et amorem erga Deum absolute requiri nemo dubitare potest. Devotio namque, admiratio, et amor, ex sola excellentia unius supra reliquos orientur. III. eum ubique esse praesentem, vel omnia ipsi patere: Si res ipsum latere crederentur, vel ipsum omnia videre ignoraretur, de aequitate ejus Justitiae, qua omnia dirigit, dubitaretur, vel ipsa ignoraretur. IV. ipsum in omnia supremum habere jus, et dominium, nec aliquid jure coactum, sed ex absoluto beneplacito, et singulari gratia facere: Omnes enim ipsi absolute obedire tenentur, ipse autem nemini. V. Cultum Dei, ejusque obedientiam in sola Justitia, et Charitate, sive amore erga proximum consistere. VI. omnes, qui hac vivendi ratione Deo obediunt, salvos tantum esse, reliquos autem, qui sub imperio voluptatum vivunt, perditos: Si homines hoc firmiter non crederent, nihil causae esset, cur Deo potius, quam voluptatibus obtemperare mallent. VII. denique Deum poenitentibus peccata condonare: Nullus enim est, qui non peccet; si igitur hoc non statueretur, omnes de sua salute desperarent, nec ulla esset ratio, cur Deum misericordem crederent; qui autem hoc firmiter credit, videlicet Deum ex misericordia, et gratia, qua omnia dirigit, hominum peccata condonare, et hac de causa in Dei amore magis incenditur, is revera Christum secundum Spiritum novit, et Christus in eo est. Atque haec omnia nemo ignorare potest apprime cognitu necessaria esse, ut homines, nullo excepto, ex praescripto Legis supra explicato, Deo obedire possint, nam horum aliquo sublato, tollitur etiam obedientia. Caeterum quid Deus, sive illud verae vitae exemplar sit: an scilicet sit ignis, spiritus, lux, cogitatio etc., id nihil ad fidem, ut nec etiam, qua ratione sit verae vitae exemplar, an scilicet propterea, quod animum justum, et misericordem habet, vel quia res omnes per ipsum sunt, et agunt, et consequenter nos etiam per ipsum intelligimus, et per ipsum id, quod verum aequum, et bonum est videmus? perinde est, quicquid de his unusquisque statuerit. Deinde nihil etiam ad fidem, si quis credat, quod Deus secundum essentiam, vel secundum potentiam ubique sit, quod res dirigit ex libertate, vel necessitate naturae, quod leges tanquam princeps praescribat, vel tanquam aeternas veritates doceat, quod homo ex arbitrii libertate, vel ex necessitate divini decreti Deo obediat, quodque denique praemium bonorum, et poena malorum naturalis vel supranaturalis sit: Haec, et similia, inquam, nihil refert, in respectu fidei, qua ratione unusquisque intelligat; dummodo nihil eum in finem concludat, ut majorem licentiam ad peccandum sumat, vel ut minus fiat Deo obtemperans; quinimo unusquisque, ut jam supra diximus, haec fidei dogmata ad suum captum accommodare tenetur, eaque sibi eo modo interpretari, quo sibi videtur eadem facilius, sine ulla haesitatione, sed integro animi consensu amplecti posse, ut consequenter Deo pleno animi consensu obediat: Nam, ut jam etiam monuimus, sicuti olim fides secundum captum, et opiniones Prophetarum, et vulgi illius temporis revelata, scriptaque fuit, sic etiam jam unusquisque tenetur eandem suis opinionibus accommodare, ut sic ipsam, absque ulla mentis repugnantia, sineque ulla haesitatione amplectatur; ostendimus enim, fidem non tam veritatem, quam pietatem exigere, et non nisi ratione obedientiae piam, et salutiferam esse; et consequenter neminem nisi ratione obedientiae fidelem esse. Quare non ille, qui optimas ostendit rationes, optimam necessario ostendit fidem, sed ille, qui optima ostendit opera Justitiae, et Charitatis. Quae Doctrina, quam salutaris, quamque necessaria sit in republica, ut homines pacifice, et concorditer vivant: quotque, inquam, quantasque perturbationum, et scelerum causas praescindat, omnibus judicandum relinquo. Atque hic, antequam ulterius pergam, notandum venit, nos, ex modo ostensis, facile respondere posse ad objectiones, quas cap. I. movimus, quando de Deo cum Isra,litis ex Monte Sinai loquente verba fecimus: Nam quamvis vox illa, quam Isra,litae audiverunt, illis hominibus nullam philosophicam, seu mathematicam certitudinem de Dei existentia dare potuerat, sufficiebat tamen ad eosdem in admirationem Dei, prout ipsum antea noverant, rapiendos, et ad obedientiam instigandos: qui finis illius spectaculi fuit. Nam Deus non volebat Isra,litas suae essentiae absoluta attributa docere (nulla enim tum temporis revelavit), sed eorum animum contumacem frangere, et ad obedientiam trahere; ideoque non rationibus, sed tubarum strepitu, tonitru, et fulminibus eosdem adorsus est. (Vide Exodi cap. 20. v. 20.)

Superest jam, ut tandem ostendam, inter fidem, sive Theologiam, et Philosophiam nullum esse commercium, nullamve affinitatem, quod jam nemo potest ignorare, qui harum duarum facultatum, et scopum, et fundamentum novit, quae sane toto coelo discrepant: Philosophiae enim scopus nihil est, praeter veritatem: Fidei autem, ut abunde ostendimus, nihil praeter obedientiam, et pietatem. Deinde Philosophiae fundamenta notiones communes sunt, et ipsa ex sola natura peti debet. Fidei autem: historiae, et lingua, et ex sola Scriptura, et revelatione petenda, ut in VII. cap. ostendimus. Fides igitur summam unicuique libertatem ad philosophandum concedit, ut quicquid velit, de rebus quibuscunque sine scelere sentire possit, et eos tantum, tanquam haereticos, et schismaticos damnat, qui opiniones docent, ad contumaciam, odia, contentiones, et iram suadendum: et eos contra fideles tantum habet, qui Justitiam et Charitatem, pro viribus suae rationis, et facultatibus, suadent. Denique, quoniam haec, quae hic ostendimus, praecipua sunt, quae in hoc tractatu intendo, volo, antequam ulterius pergam, lectorem enixissime rogare, ut haec duo Capita attentius legere, et iterum, atque iterum perpendere dignetur; et sibi persuasum habeat, nos non eo sripsisse animo, ut nova introduceremus, sed ut depravata corrigeremus, quae tandem aliquando correcta videre speramus.

CAPUT XV. Nec theologiam rationi, nec rationem theologiae ancillari, ostenditur, et ratio, qua nobis Sanctae Scripturae authoritatem persuademus

Qui philosophiam a theologia separare nesciunt, disputant, num Scriptura rationi, an contra ratio Scripturae debeat ancillari; hoc est, an sensus Scripturae rationi, an vero ratio Scripturae accommodari debeat: atque hoc a scepticis, qui rationis certitudinem negant, illud autem a dogmaticis defenditur. Sed tam hos quam illos toto coelo errare ex jam dictis constat. Nam utramque sequamur sententiam, vel rationem vel Scripturam corrumpere necesse est. Ostendimus enim Scripturam non res philosophicas, sed solam pietatem docere, et omnia, quae in eadem continentur, ad captum et praeconceptas opiniones vulgi fuisse accommodata. Qui igitur ipsam ad philosophiam accommodare vult, is sanè prophetis multa, quae ne per somnium cogitarunt, affinget, et perperam eorum mentem interpretabitur. Qui autem contra rationem et philosophiam theologiae ancillam facit, is antiqui vulgi praejudicia tanquam res divinas tenetur admittere, et iisdem mentem occupare et obcaecare; adeoque uterque, hic scilicet sine ratione, ille vero cum ratione insaniet. Primus, qui inter pharisaeos apertè statuit Scripturam rationi esse accommodandam, fuit Maimonides (cujus quidem sententiam cap. VII recensuimus, multisque argumentis refutavimus), et quamvis hic author magnae inter eos fuerit authoritatis, eorum tamen maxima pars hac in re ab eo recedit, et pedibus it in sententiam cujusdam R. Jehudae Alpakhar, qui errorem Maimonidis vitare cupiens in alterum ei contrarium incidit. Statuit scilicet[42] rationem Scripturae ancillari debere, eique prorsus submitti; nec aliquid in Scripturae ancillari debere, eique prorsus submitti; nec aliquid in Scriptura propterea metaphorice explicandum sensit, quod literalis sensus rationi, sed tantum, quia ipsi Scripturae, hoc est, claris ejus dogmatibus repugnat; atque hinc hanc universalem regulam

---

[42] Memini me haec olim legisse in Epistola contra Maimonidem, quae inter Epistolas, quae Maimonidis dicuntur, habetur.

format, videlicet, quicquid Scriptura dogmaticè docet, et expressis verbis affirmat, id ex sola ejus authoritate, tanquam verum absolute admittendum; nec ullum aliud dogma in Bibliis reperietur, quod ei directe repugnet, sed tantum per consequentiam, quia scilicet modi loquendi Scripturae saepe videntur supponere aliquid contrarium ei, quod expresse docuit: et propterea tantum eadem loca metaphoricè explicanda. Ex. gr. Scriptura clare docet, Deum esse unicum (vide Deut. cap. 6 v. 4), nec ullibi alius locus reperitur directè affirmans, dari plures Deos: at quidem plura, ubi Deus de se, et prophetae de Deo in plurali numero loquuntur, qui modus tantum loquendi supponit, non autem ipsius orationis intentum indicat, plures esse Deos, et ideo ipsa omnia metaphoricè explicanda, scilicet non quia rationi repugnat, plures dari, sed quia ipsa Scriptura directè affirmat, unicum esse Deum. Sic etiam, quia Scriptura Deut. cap. 4 v; 15 directè (ut putat) affirmat, Deum esse incorporeum, ideo, ex sola scilicet hujus loci et non rationis authoritate, tenemur credere Deum non habere corpus, et consequenter ex sola Scripturae authoritate omnia loca metaphoricè explicare tenemur, quae Deo manus, pedes etc. tribuunt, quorumque solus modus loquendi videtur Deum corporeum supponere. Haec est hujus authoris sententia, quem quatenus Scripturas per Scripturas explicare vult, laudo: at miror, quod vir ratione praeditus ipsam destruere studeat. Verum quidem est Scripturam per Scripturam explicandam esse, quamdiu de solo orationum sensu, et mente prophetarum laboramus, sed postquam verum sensum eruimus, necessariò judicio et ratione utendum, ut ipsi assensum praebeamus. Quod si ratio, quamvis reclamet Scripturae, tamen plane submittenda est, quaeso an id cum, vel sine ratione, ut caeci, facere debemus ? Si hoc, stulte sane et sine judicio agimus; si illud? ex solo igitur rationis imperio Scripturam amplectimur, quam igitur, si eidem repugnaret, non amplecteremur. Et quaeso quis mente aliquid amplecti potest reclamante ratione? quid enim aliud est mente aliquid negare, quam quod ratio reclamat? et profecto non satis mirari possum, quod rationem, donum maximum, et lucem divinam mortuis literis, et quae humana malitia depravari potuerunt, submittere velint, et quod nullum existimetur scelus, contra mentem, verum Dei verbi syngraphum, indigne loqui, eamque corruptam, caecam, et perditam statuere; at maximum habeatur scelus, talia de litera et verbi Dei idolo cogitare. Pium esse putant, rationi et proprio judicio nihil fidere, at impium de fide eorum dubitare, qui nobis Libros Sacros tradiderunt, quod quidem mera stultitia est, non pietas. Sed quaeso quid eos sollicitat? quid timent? an Religio et fides defendi non possunt, nisi homines data opera omnia ignorent et rationi prorsus valedicant? profecto, si hoc credunt, Scripturae magis timent, quam fidunt. Sed longe absit, quod

Religio et pietas rationem, aut quod ratio Religionem sibi ancillari velit, et quod utraque suum regnum summa cum concordia obtinere nequeat; qua de re statim, nam hic ante omnia istius Rabini Regulam examinare libet. Is, uti diximus, vult nos id omne, quod Scriptura affirmat aut negat, tanquam verum amplecti, vel tanquam falsum rejicere teneri: deinde Scripturam nunquam aliquid expressis verbis affirmare vel negare, contrarium ei, quod in alio loco affirmavit vel negavit. Quae duo, quam temere dicta sint, nemo ignorare potest. Nam ut jam omittam, quod non animadverterit, Scripturam diversis libris constare, diversis temporibus, diversis hominibus, et denique a diversis authoribus scriptam esse, tum hoc alterum, quod haec ex propria authoritate, et ratione et Scriptura nihil tale dicentibus, statuat; debuisset enim ostendere omnia loca, quae non nisi per consequentiam aliis repugnant, posse ex natura linguae, et ratione loci commode metaphorice explicari, deinde Scripturam ad nostras manus incorruptam venisse. Sed rem ordine examinemus, et quidem circa primum rogo, quid si ratio reclamet, an nihilominus tenemur id, quod Scriptura affirmat vel negat, tanquam verum amplecti, vel tanquam falsum rejicere? at forte addet, nihil in Scriptura reperiri, quod rationi repugnet. Verum ego insto, ipsam expresse affirmare et docere, Deum esse zelotypum (nempe in ipso Decalogo et Exod. 4. v. 14. et Deut. 4. v. 24. et pluribus aliis locis); atqui hoc rationi repugnat, ergo nihilominus tanquam verum ponendum. Imo si quaedam in Scriptura reperiantur, quae supponant Deum non esse zelotypum, ea necessario metaphorice essent explicanda, ut nihil tale supponere videantur. Sic etiam Scriptura expresse dicit, Deum in montem Sinai descendisse (vide Exod. cap. 19. v. 20. etc.), ipsique alios motus locales tribuit, nec ullibi docet expresse, Deum non moveri, adeoque hoc etiam omnibus tanquam verum admittendum, et quod Salomon dicit, Deum nullo loco comprehendi (vide I. Reg. cap. 8. v. 27.), quandoquidem non expresse statuit, sed tantum inde sequitur, Deum non moveri, id necessario ita explicandum, ne videatur Deo motum localem detrahere. Sic etiam coeli pro Dei habitaculo, et solio sumendi essent, quia Scriptura id expresse affirmat. Et ad hunc modum plurima secundum opiniones Prophetarum et vulgi dicta, et quae sola ratio et Philosophia, non autem Scriptura, docet falsa esse, quae tamen omnia ex opinione istius authoris, quia nulla in his rationi consultatio est, tanquam vera essent supponenda. Deinde falso affirmat, unum locum alteri per consequentiam tantum repugnare, non autem directe. Nam Moses directe affirmat, *Deum esse ignem* (vide Deut. 4. v. 24.) et directe negat, Deum ullam habere similitudinem cum rebus visibilibus (vide Deut. 4. v. 12.), et, si regerat, hoc non directe, sed tantum per consequentiam negare Deum esse ignem, adeoque illi accommodandum, ne id negare videatur, age concedamus, Deum esse ignem, vel potius, ne cum ipso insaniamus, haec missa faciamus, et aliud exemplum in medium proferamus. Nempe Samuël directe negat, Deum sententiae poenitere (vide I. Samuël. cap. 15. v. 29.) et Jeremias contra affirmat, Deum poenitere boni et mali, quod decreverat (vide Jerem. cap. 18. v. 8. 10.); quid? an ne haec quidem sibi invicem directe opponuntur? quem igitur ex istis duobus metaphorice explicare vult? Utraque sententia universalis est et utrique contraria; quod una directe affirmat, id altera directe negat. Adeoque ipse ex ipsius regula, hoc ipsum tanquam verum amplecti et simul tanquam falsum rejicere tenetur. Deinde quid refert, quod locus aliquis non directe, sed tantum per consequentiam alteri repugnet, si consequentia clara sit, et loci circumstantia, et natura metaphoricas explicationes non patiantur, quorum plurima in Bibliis reperiuntur, de quibus vide cap. Secundum (ubi ostendimus Prophetas diversas, et contrarias habuisse opiniones) et praecipue omnes illas contradictiones, quas in Historiis esse ostendimus (nempe Capitibus IX. et X.). Nec opus habeo hic omnia recensere, nam dicta sufficiunt ad absurda, quae ex hac sententia et regula sequuntur, ejusque falsitatem et authoris praecipitantiam ostendendum. Quare tam hanc, quam illam Maimonidis sententiam explodimus, et pro inconcusso statuimus, quod nec Theologia rationi, nec ratio Theologiae ancillari teneatur, sed unaquaeque suum regnum obtineat. Nempe, uti diximus, ratio regnum veritatis, et sapientiae, Theologia autem pietatis, et obedientiae: nam rationis potentia, ut jam ostendimus, non eo usque se extendit, ut determinare possit, quod homines sola obedientia absque rerum intelligentia possint esse beati: Theologia vero nihil praeter hoc dictat, nihilque praeter obedientiam imperat, et contra rationem nihil vult, neque potest: Fidei enim dogmata (ut in praecedente Capite ostendimus) eatenus tantum determinat, quatenus obedientiae sufficit; quomodo autem praecise ratione veritatis intelligenda sint, rationi determinandum relinquit, quae revera mentis lux est, sine qua nihil videt praeter insomnia, et figmenta. Atque hic per Theologiam praecise intelligo revelationem, quatenus indicat scopum, quem diximus Scripturam intendere (nempe rationem et modum obediendi, sive verae pietatis et fidei dogmata), hoc est, id quod proprie vocatur Dei verbum, quod in certo numero librorum non consistit (qua de re vide cap. XII.). Theologiam enim sic acceptam, si ejus praecepta sive documenta vitae spectes, cum ratione convenire, et si ejus intentum et finem, nulla in re eidem repugnare comperies, et propterea omnibus universalis est. Quod ad totam Scripturam in genere attinet, jam etiam cap. VII. ostendimus, ejus sensum ex sola ejus historia, et non ex universali historia Naturae, quae solius Philosophiae fundamentum est, determinandum esse; nec nobis moram injicere debet, si postquam ejus verum sensum sic investigavimus, ipsam hic illic rationi repugnare comperiamus. Nam quicquid hujus generis in Bibliis reperitur, vel quod homines salva charitate ignorare possunt, id certo scimus Theologiam sive vebum Dei non tangere, et consequenter unumquemque de iis, quicquid velit, sentire posse absque scelere. Absolute igitur concludimus, quod nec Scriptura rationi, nec ratio Scripturae accommodanda sit. Verum enimvero quandoquidem Theologiae fundamentum, quod scilicet homines vel sola obedientia salvantur, ratione non possumus demonstrare, verum sit, an falsum, potest ergo nobis etiam objici, cur igitur id credimus? si sine ratione, tanquam caeci, id ipsum amplectimur, ergo nos etiam stulte et sine judicio agimus. Quod si contra statuere velimus, hoc fundamentum ratione demonstrari posse, erit ergo Theologia Philosophiae pars, nec ab eadem esset separanda. Sed ad haec respondeo me absolute statuere hoc Theologiae fundamentale dogma non posse lumine naturali investigari, vel saltem neminem fuisse, qui ipsum demonstraverit, et ideo revelationem maxime necessariam fuisse: at nihilominus nos judicio uti posse, ut id jam revelatum morali saltem certitudine amplectamur: Dico morali certitudine, nam non est, quod expectemus, nos de eo certiores esse posse, quam ipsos Prophetas, quibus primo revelatum fuit, et quorum tamen certitudo non nisi moralis fuit, ut jam ostendimus cap. II. hujus Tractatus. Ii igitur tota errant via, qui Scripturae authoritatem mathematicis demonstrationibus ostendere conantur. Nam Bibliorum authoritas ab authorite Prophetarum dependet, adeoque ipsa nullis fortioribus argumentis demonstrari potest, quam iis, quibus Prophetae olim suam populo persuadere solebant; imo nullo alio fundamento nostra de eadem certitudo fundari potest, quam eo, quod Prophetae suam certitudinem et authoritatem fundabant. Nam totam Prophetarum certitudinem his tribus consistere ostendimus. Nempe I. distincta, et vivida imaginatione, II. Signo, III. denique et praecipuo, animo ad aequum et bonum inclinato; nec ullis aliis rationibus fundabantur, adeoque neque etiam populo, cui olim viva voce, nec nobis, quibus scripto loquuntur, ullis aliis rationibus suam authoritatem demonstrare poterunt. At primum, quod scilicet res vivide imaginabantur, Prophetis tantum constare poterat, quare tota nostra de revelatione certitudo in reliquis duobus tantum, nempe Signo, et Doctrina fundari potest et debet. Quod quidem Moses etiam expresse docet. Nam Deuter. cap. 18. jubet populum obedire Prophetae, qui nomine Dei verum signum dedit, sed si falso aliquid, etsi nomine Dei, praedixerit, mortis tamen eundem damnare, ut et etiam eum, qui populum a vera religione seducere voluerit, tametsi suam authoritatem signis et portentis confirmaverit: qua de re vide Deut. cap. 13., unde sequitur verum Prophetam a falso dignosci ex doctrina et miraculo simul; talem enim Moses verum esse declarat, eique absque ullo fraudis timore credere jubet: atque eos falsos esse ait et reos mortis, qui falso, etsi nomine Dei, aliquid praedixerint, vel qui falsos Deos, etsi vera miracula fecissent, docuerunt. Quare nos etiam hac tantum de causa Scripturae, hoc est ipsis Prophetis credere tenemur, nimirum propter doctrinam signis confirmatam. Nam quoniam videmus Prophetas Charitatem et Justitiam supra omnia commendare, et nihil aliud intendere, hinc concludimus, eos non dolo malo, sed ex vero animo docuisse, homines obedientia et fide beatos fieri, et quia hoc insuper signis confirmaverunt, hinc nobis persuademus, eos non temere id dixisse, neque deliravisse, dum prophetabant; in quo etiam magis confirmamur, dum attendimus, quod nihil morale docuerunt, quod cum ratione planissime non conveniat; nam non temere est, quod verbum Dei in Prophetis cum ipso verbo Dei in nobis loquente omnino conveniat. Atque haec, inquam, nos aeque certi ex Bibliis, ac olim Judaei ex viva voce Prohetarum haec eadem concludebant. Nam supra in fine cap. XII. ostendimus Scripturam ratione doctrinae et praecipuarum historiarum incorruptam ad nostras manus pervenisse. Quare hoc totius Theologiae et Scripturae fundamentum, quamvis mathematica demonstratione ostendi nequeat, sano tamen judicio amplectimur. Nam inscitia quidem est, id, quod tot Prophetarum testimoniis confirmatum est, et ex quo magnum solamen iis, qui ratione non ita pollent, oritur, et Reipublicae non mediocris utilitas sequitur, et quod absolute sine periculo aut damno credere possumus, nolle tamen amplecti, idque ea sola de causa, quia mathematice demonstrari nequit: quasi vero ad vitam sapienter instituendam, nihil tanquam verum admittamus, quod ulla dubitandi ratione in dubium revocari queat, aut quod pleraeque nostrae actiones non admodum incertae sint, et alea plenae. Equidem fateor, qui putant Philosophiam et Theologiam sibi invicem contradicere, et propterea alterutram e suo regno deturbandam existimant, et huic aut illi valedicendum, eos non absque ratione studere Theologiae firma fundamenta jacere, eamque mathematice demonstrare conari. Quis enim nisi desperatus et insanus rationi temere valedicere vellet, vel artes et scientias contemnere, et rationis certitudinem negare? at interim eos absolute excusare non possumus, quandoquidem rationem in auxilium vocare volunt ad eandem repellendam, et certa ratione eandem incertam reddere conantur. Imo dum student mathematicis demonstrationibus Theologiae veritatem et authoritatem ostendere, et rationi et lumini naturali authoritatem adimere, nihil aliud faciunt quam ipsam Theologiam sub rationis imperium trahere, et plane videntur supponere, Theologiae authoritatem nullum habere splendorem, nisi lumine naturali rationis illustretur. Et, si contra jactant se interno

Spiritus Sancti testimonio omnino acquiescere, et nulla alia de causa rationem in auxilium vocare, quam propter infideles, ad eosdem scilicet convincendos, nil tamen fidei eorum dictis habendum, nam jam facile ostendere possumus, eos vel ex affectibus, vel vana gloria id dicere. Ex praecedente enim Capite evidentissime sequitur, Spiritum Sanctum non nisi de bonis operibus testimonium dare; quae etiam Paulus ideo in Epist. ad Galat. cap. 5. v. 22. fructus Spiritus Sancti vocat, et ipse revera nihil aliud est, praeter animi acquiescientiam, quae ex bonis actionibus in mente oritur. De veritate autem et certitudine rerum, quae solius sunt speculationis, nullus Spiritus testimonium dat, praeter rationem, quae sola, ut jam ostendimus, veritatis regnum sibi vindicavit. Si quem ergo praeter hunc Spiritum contendunt habere, qui ipsos de veritate certos reddit, id falso jactant, et non nisi ex affectuum praejudicio loquuntur, vel prae magno timore, ne a Philosophis vincantur et publice risui exponantur, ad sacra confungiunt; sed frustra, nam quam aram sibi parare potest, qui rationis majestatem laedit? verum eos missos facio, quandoquidem me meae causae satisfecisse puto, quod ostenderim, qua ratione Philosophia a Theologia separanda sit, et in quo utraque potissimum consistat, et quod neutra neutri ancilletur, sed quod unaquaeque suum regnum sine ulla alterius repugnantia obtineat, et quod denique, ubi data fuit occasio, etiam ostenderim absurda, incommoda et damna, quae secuta sunt ex eo, quod homines has duas facultates miris modis inter se confuderint, nec accurate inter ipsas distinguere, unamque ab alia separare sciverint. Jam antequam ad alia pergam, hic expresse monere volo (tametsi jam dictum sit) circa utilitatem, et necessitatem Sacrae Scripturae, sive revelationis, quod ipsam permagnam statuo. Nam, quandoquidem non possumus lumine naturali percipere, quod simplex obedientia via ad salutem sit[43], sed sola revelatio doceat, id ex singulari Dei gratia, quam ratione assequi non possumus, fieri, hinc sequitur Scripturam magnum admodum solamen mortalibus attulisse. Quippe omnes absolute obedire possunt, et non nisi paucissimi sunt, si cum toto humano genere comparentur, qui virtutis habitum ex solo rationis ductu acquirunt, adeoque, nisi hoc Scripurae testimonium haberemus, de omnium fere salute dubitaremus.

---

[43] Hoc est, <que nous ne savons pas naturellement>(quod ad salutem s. beatitudinem satis sit, divina decreta tanquam jura seu mandata amplecti, nec opus sit, eadem ut aeternas vertitates concipere, non ratio sed revelatio docere potest, ut patet ex demonstratis cap. IV.

CAPUT XVI. De reipublicae fundamentis; de jure uniuscujusque naturali et civili, deque summarum potestatum jure

Huc usque Philosophiam a Theologia separare curavimus et libertatem philosophandi ostendere, quam haec unicuique concedit. Quare tempus est, ut inquiramus, quo usque haec libertas sentiendi, et quae unusquisque sentit, dicendi in optima Republica se extendat. Hoc ut ordine examinemus, de fundamentis Reipublicae disserendum, et prius de jure naturali uniuscujusque, ad Rempublicam et Religionem nondum attendentes.

Per jus et institutum naturae nihil aliud intelligo, quam regulas naturae uniuscujusque individui, secundum quas unumquodque naturaliter determinatum concipimus ad certo modo existendum et operandum. Ex. gr. pisces a natura determinati sunt ad natandum, magni ad minores comedendum, adeoque pisces summo naturali jure aqua potiuntur, et magni minores comedunt. Nam certum est naturam absolute consideratam jus summum habere ad omnia, quae potest, hoc est, jus naturae eo usque se extendere, quo usque ejus potentia se extendit; naturae enim potentia ipsa Dei potentia est, qui summum jus ad omnia habet: sed quia universalis potentia totius naturae nihil est praeter potentiam omnium individuorum simul, hinc sequitur unumquodque individuum jus summum habere ad omnia, quae potest, sive jus uniuscujusque eo usque se extendere, quo usque ejus determinata potentia se extendit: Et quia lex summa naturae est, ut unaquaeque res in suo statu, quantum in se est, conetur perseverare, idque nulla alterius, sed tantum sui habita ratione, hinc sequitur unumquodque individuum jus summum ad hoc habere, hoc est (uti dixi), ad existendum et operandum prout naturaliter determinatum est. Nec hic ullam agnoscimus differentiam inter homines et reliqua naturae individua, neque inter homines ratione praeditos et inter alios, qui veram rationem ignorant, neque inter fatuos, delirantes, et sanos. Quicquid enim unaquaeque res ex legibus suae naturae agit, id summo jure agit, nimirum quia agit, prout ex natura determinata est, nec aliud potest. Quare inter homines, quamdiu sub imperio solius naturae vivere considerantur, tam ille, qui rationem nondum novit, vel qui virtutis habitum nondum habet, ex solis legibus appetitus summo jure vivit, quam ille, qui ex legibus rationis vitam suam dirigit. Hoc est, sicuti sapiens jus summum habet ad omnia, quae ratio dictat, sive ex legibus rationis vivendi; sic etiam ignarus, et animi impotens summum jus habet ad omnia, quae appetitus suadet, sive ex legibus appetitus vivendi. Atque hoc idem est, quod Paulus docet, qui ante legem, hoc est, quamdiu homines ex naturae imperio vivere considerantur, nullum peccatum agnoscit.

Jus itaque naturale uniuscujusque hominis non sana ratione, sed cupiditate et potentia determinatur. Non enim omnes naturaliter determinati sunt ad operandum secundum regulas et leges rationis, sed contra, omnes ignari omnium rerum nascuntur, et antequam veram vivendi rationem noscere possunt et virtutis habitum acquirere, magna aetatis pars, etsi bene educati fuerint, transit, et nihilominus interim vivere tenentur, seque, quantum in se est, conservare, nempe ex solo appetitus impulsu: quandoquidem natura iis nihil aliud dedit, et actualem potentiam ex sana ratione vivendi denegavit, et propterea non magis ex legibus sanae mentis vivere tenentur, quam felis ex legibus naturae leoninae. Quicquid itaque unusquisque, qui sub solo naturae imperio consideratur, sibi utile vel ductu sanae rationis, vel ex affectuum impetu judicat, id summo naturae jure appetere, et quacunque ratione, sive vi, sive dolo, sive precibus, sive quocunque demum modo facilius poterit, ipsi capere licet, et consequenter pro hoste habere eum, qui impedire vult, quominus animum expleat suum.

Ex quibus sequitur Jus et Institutum naturae, sub quo omnes nascuntur, et maxima ex parte vivunt, nihil nisi quod nemo cupit, et quod nemo potest, prohibere; non contentiones, non odia, non iram, non dolos, nec absolute aliquid, quod appetitus suadet, aversari: nec mirum, nam natura non legibus humanae rationis, quae non nisi hominum verum utile, et conservationem intendunt, intercluditur, sed infinitis aliis, quae totius naturae, cujus homo particula est, aeternum ordinem respiciunt: Ex cujus sola necessitate omnia individua certo modo determinantur ad existendum et operandum. Quicquid ergo nobis in natura ridiculum, absurdum, aut malum videtur, id inde venit, quod res tantum ex parte novimus, totiusque naturae ordinem et cohaerentiam maxima ex parte ignoramus, et quod omnia ex usu nostrae rationis dirigi volumus, cum tamen id, quod ratio malum esse dictat, non malum sit respectu ordinis et legum universae naturae, sed tantum solius nostrae naturae legum respectu.

Verum enimvero, quanto sit hominibus utilius secundum leges, et certa nostrae rationis dictamina vivere, quae, uti diximus, non nisi verum hominum utile intendunt, nemo potest dubitare. Praeterea nullus est, qui non cupiat secure extra metum, quoad fieri potest, vivere; quod tamen minime potest contingere, quamdiu unicuique ad lubitum omnia facere licet, nec plus juris rationi, quam odio et irae conceditur; nam nullus est, qui inter inimicitias, odia, iram, et dolos non anxie vivat, quaeque adeo, quantum in se est, non conetur vitare.

Quod si etiam consideremus homines absque mutuo auxilio miserrime, et absque rationis cultu necessario vivere, ut in cap. V. ostendimus, clarissime videbimus homines ad secure, et optime vivendum necessario in unum conspirare debuisse, ac proinde effecisse, ut jus, quod unusquisque ex natura ad omnia habebat, collective haberent, neque amplius ex vi et appetitu uniuscujusque, sed ex omnium, simul potentia, et voluntate determinaretur. Quod tamen frustra tentassent, si, nisi quod appetitus suadet, sequi vellent (ex legibus enim appetitus unusquisque diverse trahitur), adeoque firmissime statuere, et pacisci debuerunt ex solo rationis dictamine (cui nemo aperte repugnare audet, ne mente carere videatur) omnia dirigere, et appetitum, quatenus in damnum alterius aliquid suadet, fraenare, neminique facere, quod sibi fieri non vult, jusque denique alterius tanquam suum defendere. Qua autem ratione pactum hoc iniri debeat, ut ratum fixumque sit, hic jam videndum. Nam lex humanae naturae universalis est, ut nemo aliquid, quod bonum esse judicat, negligat, nisi spe majoris boni, vel ex metu majoris damni; nec aliquod malum perferat, nisi ad majus evitandum, vel spe majoris boni: Hoc est, unusquisque de duobus bonis, quod ipse majus esse judicat, et de duobus malis, quod minus sibi videtur, eliget. Dico expresse, quod sibi eligenti majus aut minus videtur, non quod res necessario ita se habeat, ut ipse judicat. Atque haec lex adeo firmiter naturae humanae inscripta est, ut inter aeternas veritates sit ponenda, quas nemo ignorare potest. At ex ea necessario sequitur neminem absque dolo promissurum, se jure, quod in omnia habet, cessurum, et absolute neminem promissis staturum, nisi ex metu majoris mali vel spe majoris boni. Quod ut melius intelligatur, ponatur Latronem me cogere, ut ei promittam me mea bona, ubi velit, ipsi daturum. Jam quandoquidem, ut jam ostendi, meum jus naturale sola mea potentia determinatur, certum est, quod, si possum dolo me ab hoc Latrone liberare, ipsi, quicquid velit, promittendo, mihi id naturae jure facere licere, dolo scilicet, quicquid velit, pacisci. Vel ponatur, me absque fraude alicui promisisse me spatio viginti dierum non gustaturum cibum neque ullum alimentum, et postea vidisse me stulte primisisse, nec sine damno maximo promisso stare posse, quandoquidem ex jure naturali de duobus malis minus eligere teneor; possum ergo summo jure fidem talis pacti rumpere, et dictum, indictum ut sit, facere. Atque hoc inquam jure naturali licere, sive vera et certa ratione videam, sive ex opinione videre videar me male promisisse: sive enim id vere, sive falso videam, maximum timebo malum, quodque adeo ex naturae instituto omni modo vitare conabor. Ex quibus concludimus pactum nullam vim habere posse, nisi ratione utilitatis, qua sublata pactum simul tollitur, et irritum manet. Ac propterea stulte alterius fidem in aeternum sibi aliquem expostulare, si simul non conatur efficere, ut ex ruptione pacti ineundi plus damni quam utilitatis ruptorem sequatur: quod quidem in Republica instituenda maxime locum habere debet. At si omnes homines facile solo ductu rationis duci possent, summamque Reipublicae utilitatem et necessitatem noscere, nullus esset, qui dolos prorsus non detestaretur; sed omnes summa cum fide ex cupiditate summi hujus boni, nempe Reipublicae conservandae, pactis omnino starent, et fidem summum Reipublicae praesidium, supra omnia servarent; sed longe abest, ut omnes ex solo ductu rationis facile semper duci possint: nam unusquisque a sua voluptate trahitur, et avaritia, gloria, invidia, ira etc. saepissime mens ita occupatur, ut nullus locus rationi relinquatur: quapropter quamvis homines certis signis simplicis animi promittant, et paciscantur se fidem servaturos, nemo tamen nisi promisso aliud accedat, de fide alterius potest esse certus; quandoquidem unusquisque naturae jure, dolo agere potest, nec pactis stare tenetur, nisi spe majoris boni vel metu majoris mali. Verum quia jam ostendimus jus naturale sola potentia uniuscujusque determinari, sequitur, quantum unusquisque potentiae, quam habet, in alterum vel vi, vel sponte transfert, tantum etiam de suo jure alteri necessario cedere, et illum summum jus in omnes habere, qui summam habet potestatem, qua omnes vi cogere, et metu summi supplicii, quod omnes universaliter timent, retinere potest: quod quidem jus tamdiu tantum retinebit, quamdiu hanc potentiam, quicquid velit, exequendi, conservabit; alias precario imperabit, et nemo fortior, nisi velit, ei obtemperare tenebitur.

Hac itaque ratione sine ulla naturalis juris repugnantia, societas formari potest, pactumque omne summa cum fide semper servari; si nimirum unusquisque omnem, quam habet, potentiam in societatem transferat, quae adeo summum naturae jus in omnia, hoc est, summum imperium sola retinebit, cui unusquisque vel ex libero animo, vel metu summi supplicii parere tenebitur. Talis vero societatis jus Democratia vocatur, quae proinde definitur coetus universus hominum, qui collegialiter summum jus ad omnia, quae potest, habet. Ex quo sequitur summam potestatem nulla lege teneri, sed omnes ad omnia ei parere debere: hoc enim tacite vel expresse pacisci debuerunt omnes, cum omnem suam potentiam se defendendi, hoc est, omne suum jus in eam transtulerunt. Quippe si aliquid sibi servatum volebant, debuerant simul sibi cavere, quo id tuto defendere possent; cum autem id non fecerint, nec absque imperii divisione, et consequenter destructione facere potuerint, eo ipso se arbitrio summae potestatis absolute submiserunt: quod cum absolute fecerint idque (ut jam ostendimus) et necessitate cogente, et ipsa ratione suadente, hinc sequitur, quod, nisi

457

hostes imperii esse velimus, et contra rationem, imperium summis viribus defendere suadentem, agere, omnia absolute summae potestatis mandata exiqui [exequi] tenemur, tametsi absurdissima imperet; talia enim ratio exequi etiam jubet, ut de duobus malis minus eligamus. Adde quod hoc periculum, se scilicet alterius imperio et arbitrio absolute submittendi, facile unusquisque adire poterat; nam, ut ostendimus, summis potestatibus hoc jus, quicquid velint, imperandi, tamdiu tantum competit, quamdiu revera summam habent potestatem: quod si eandem amiserint, simul etiam jus omnia imperandi amittunt, et in eum vel eos cadit, qui ipsum acquisiverunt, et retinere possunt. Quapropter raro admodum contingere potest, ut summae potestates absurdissima imperent; ipsis enim maxime incumbit, ut sibi prospiciant, et imperium retineant, communi bono consulere, et omnia ex rationis dictamine dirigere: violenta enim imperia, ut ait Seneca, nemo continuit diu. Quibus accedit, quod in democratico imperio minus timenda sunt absurda. Nam fere impossibile est, ut major unius coetus pars, si magnus est, in uno absurdo conveniat: deinde propter ejus fundamentum et finem, qui, ut etiam ostendimus, nullus alius est quam absurda appetitus vitare, et homines sub rationis limites, quoad ejus fieri potest, continere, ut concorditer et pacifice vivant; quod fundamentum si tollatur, facile tota fabrica ruet. His ergo providere summae tantum potestati incumbit, subditis autem, uti diximus, ejus mandata exequi, nec aliud jus agnoscere, quam quod summa potestas jus esse declarat. At forsan aliquis putabit, nos hac ratione subditos servos facere, quia putant servum esse eum, qui ex mandato agit, et liberum, qui animo suo morem gerit, quod quidem non absolute verum est; nam revera is, qui a sua voluptate ita trahitur, et nihil, quod sibi utile est, videre neque agere potest, maxime servus est, et solus ille liber, qui integro animo ex solo ductu rationis vivit. Actio autem ex mandato, hoc est, obedientia libertatem quidem aliquo modo tollit, at non illico servum facit, sed actionis ratio. Si finis actionis non est ipsius agentis, sed imperantis utilitas, tum agens servus est, et sibi inutilis: at in Republica et imperio, ubi salus totius populi, non imperantis, summa lex est, qui in omnibus summae potestati obtemperat, non sibi inutilis servus, sed subditus dicendus; et ideo illa Respublica maxime libera est, cujus leges sana ratione fundatae sunt; ibi enim unusquisque, ubi velit, liber esse potest, hoc est, integro animo ex ductu rationis vivere. Sic etiam liberi, tametsi omnibus parentum mandatis obedire tenentur, non tamen servi sunt; nam parentum mandata liberorum utilitatem maxime spectant. Magnam ergo differentiam inter servum, filium et subditum agnoscimus, qui propterea sic definiuntur, nempe, servus est, qui mandatis domini, quae utilitatem imperantis tantum spectant, obtemperare tenetur; filius autem, qui id, quod sibi utile est, ex mandato parentis agit; subditus denique, qui id, quod communi et consequenter quoque sibi utile est, ex mandato summae potestatis agit. Atque his imperii democratici fundamenta satis clare ostendisse puto; de quo prae omnibus agere malui, quia maxime naturale videbatur, et maxime ad libertatem, quam natura unicuique concedit, accedere. Nam in eo nemo jus suum naturale ita in alterum transfert, ut nulla sibi imposterum consultatio sit, sed in majorem totius Societatis partem, cujus ille unam facit. Atque hac ratione omnes manent, ut antea in statu naturali, aequales. Deinde de hoc solo imperio ex professo agere volui, quia ad meum intentum maxime facit, qui de utilitate libertatis in Republica agere constitueram. Reliquarum ergo potestatum fundamentis supersedeo, nec nobis, ut earum jus noscamus, scire jam opus est, unde ortum habuerint, et saepe habeant; id enim ex modo ostensis satis superque constat. Nam quisquis summam habet potestatem, sive unus sit, sive pauci, sive denique omnes, certum est ei summum jus, quicquid velit, imperandi, competere; et praeterea, quisquis potestatem se defendendi sive sponte, sive vi coactus in alium transtulit, eum suo jure naturali plane cessisse et consequenter eidem ad omnia absolute parere decrevisse, quod omnino praestare tenetur, quamdiu Rex, sive Nobiles, sive Populus summam, quam acceperunt, potestatem, quae juris transferendi fundamentum fuit, conservant; nec his plura addere opus est.

Imperii fundamentis et jure ostensis, facile erit determinare, quid jus civile privatum, quid injuria, quid justitia, et injustitia in statu civili sit: deinde quis confoederatus, quis hostis et quid denique crimen laesae majestatis sit. Per jus enim civile privatum nihil aliud intelligere possumus, quam uniuscujusque libertatem ad sese in suo statu conservandum, quae edictis summae potestatis determinatur, solaque ejusdem authoritate defenditur. Nam postquam unusquisque jus suum ex proprio beneplacito vivendi, quo sola sua potestate determinabatur, hoc est, suam libertatem et potentiam se defendendi in alium transtulit, ex sola illius ratione jam vivere tenetur, et solo ejusdem praesidio defendere. Injuria est, cum civis vel subditus ab alio aliquod damnum contra jus civile, sive edictum summae potestatis pati cogitur: Injuria enim non nisi in statu civili potest concipi; sed neque a summis potestatibus, quibus jure omnia licent, ulla fieri potest subditis; ergo in privatis tantum, qui jure tenentur invicem non laedere, locum habere potest. Justitia est animi constantia tribuendi unicuique, quod ei ex jure civili competit: Injustitia autem est specie juris alicui detrahere, quod ei ex vera legum interpretatione competit: Vocantur etiam aequitas et iniquitas, quia qui constituti sunt ad lites dirimendas, nullum respectum personarum, sed omnes aequales habere tenentur, et jus uniuscujusque aeque defendere, non diviti invidere, neque pauperem contemnere. Confoederati sunt homines duarum civitatum, qui ne belli discrimine in periculum veniant, vel ob aliam quamcumque utilitatem inter se contrahunt invicem non laedere, sed contra necessitate cogente opitulari, idque unoquoque suum imperium retinente. Hic contractus tamdiu erit validus, quamdiu ejus fundamentum, nempe ratio periculi, sive utilitatis in medio erit: quippe nemo contrahit, nec pactis stare tenetur, nisi spe alicujus boni, vel sollicitudine alicujus mali: quod fundamentum si tollatur, pactum ex sese tollitur; quod etiam experientia satis superque docet. Nam quamvis diversa imperia inter se contrahant invicem non laedere, conantur tamen, quantum possunt, impedire, quo minus alterutrum potentius evadat, nec fidem dictis habent, nisi utriusque ad contrahendum finem et utilitatem satis perspectam habuerint; alias dolum timent, nec injuria; quis enim dictis et promissis ejus, qui summam potestatem, et jus retinet ad quidlibet faciendum, et cui sui imperii salus et utilitas summa lex debet esse, acquiescet, nisi stultus, qui summarum potestatum jus ignorat? et si praeterea ad pietatem, et religionem attendamus, videbimus insuper neminem, qui imperium tenet, absque scelere promissis stare posse cum damno sui imperii; quicquid enim promisit, quod in damnum sui imperii cadere videt, id praestare non potest, nisi fidem subditis datam solvendo, qua tamen maxime tenetur, et quam etiam servare, sanctissime promittere solent. Porro hostis est, quicunque extra civitatem ita vivit, ut neque ut confoederatus, neque ut subditus imperium civitatis agnoscit: hostem enim imperii non odium, sed jus facit, et jus civitatis in eum, qui ejus imperium nullo contrahendi genere agnoscit, idem est ac in eum, qui damnum intulit: quippe quacunque ratione poterit, eundem vel ad deditionem, vel ad confoederationem jure potest cogere. Denique crimen laesae majestatis in subditis sive civibus tantum, qui pacto tacito vel expresso omne suum jus in civitatem transtulerunt, locum habet, atque is subditus tale crimen commisisse dicitur, qui jus summae potestatis aliqua ratione arripere, seu in alium transferre conatus est. Dico conatus est, nam si non essent condemnandi nisi post factum commissum, sero plerumque post jus arreptum, aut translatum in alium id conaretur civitas. Dico deinde absolute, qui aliqua ratione jus summae potestatis arripere conatur, nullam scilicet agnoscendo differentiam, sive inde damnum sive incrementum totius Reipublicae quam clarissime sequeretur. Quacunque enim ratione id conatus est, majestatem laesit et jure damnatur, quod quidem in bello omnes fatentur jure optimo fieri; nempe si quis stationem suam non servat, sed inscio imperatore hostem adit, quamvis bono consilio, sed suo, rem aggressus fuerit, hostemque expugnaverit, capitis tamen jure damnatur, quia juramentum jusque imperatoris violavit. At quod omnes absolute cives hoc jure semper teneantur, non aeque clare omnes vident, ratio tamen eadem prorsus est. Nam quandoquidem Respublica solo summae potestatis consilio debet conservari, et dirigi, hocque jus ei soli competere absolute pacti sunt, si quis ergo solo suo arbitrio, et inscio supremo consilio negotium aliquod publicum aggressus est 198. exequi, quamvis inde incrementum civitatis, uti diximus, certo sequeretur, jus tamen summae potestatis violavit, et majestatem laesit, atque jure merito damnatur.

Superest jam, ut omnem scrupulum amoveamus, respondere, an id, quod supra affirmavimus, quod scilicet unusquisque, qui rationis usum non habet, in statu naturali ex legibus appetitus summo jure naturae vivit, non aperte juri divino revelato repugnet? nam cum omnes absolute (sive rationis usum habeant, sive minus) aeque tenerentur ex mandato divino proximum tanquam se ipsum amare, non ergo sine injuria alteri damnum inferre possumus et solis legibus appetitus vivere. Verum huic objectioni, si tantum ad statum naturalem attendimus, facile respondere possumus; nam is et natura et tempore prior est religione. Nemo enim ex natura scit, se ulla erga Deum teneri obedientia, imo nec ulla ratione hoc assequi, sed tantum ex revelatione signis confirmata unusquisque id habere potest. Quare ante revelationem nemo jure divino, quod non potest non ignorare, tenetur. Et ideo status naturalis cum statu religionis minime confundendus, sed absque religione et lege, et consequenter absque peccato et injuria concipiendus, ut jam fecimus, et Pauli authoritate confirmavimus. Nec tantum ratione ignorantiae statum naturalem ante jus divinum revelatum, et absque eodem concipimus, sed etiam ratione libertatis, qua omnes nascuntur. Si enim homines ex natura jure divino tenerentur, vel si jus divinum ex natura jus esset, superfluum erat, ut Deus cum hominibus contractum iniret, et pacto et juramento eosdem obligaret. Quare absolute concedendum jus divinum ab eo tempore incepisse, a quo homines expresso pacto Deo promiserunt in omnibus obedire, quo sua libertate naturali quasi cesserunt, jusque suum in Deum transtulerunt, sicuti in statu civili fieri diximus. Sed de his in sequentibus prolixius agam. Verum instari adhuc potest, quod summae potestates aeque ac subditi hoc jure divino tenentur, quas tamen diximus jus naturale retinere, et iis omnia jure licere. Quare ad hanc integram amovendam difficultatem, quae non tam ex ratione status, quam juris naturalis oritur, dico, quod unusquisque in statu naturali eadem ratione tenetur jure revelato, ac tenetur ex dictamine sanae rationis vivere; nempe quia ipsi utilius est et ad salutem necessarium; quod si nollet, cum suo periculo licet. Atque adeo ex solo proprio, non autem ex alterius decreto vivere, neque aliquem mortalem judicem, nec jure religionis vindicem agnoscere tenetur. Atque hoc jus summam potestatem retinuisse affirmo, quae quidem homines consulere potest, at neminem judicem agnoscere tenetur, nec ullum mortalem praeter se alicujus juris vindicem, nisi Prophetam, qui expresse a Deo missus fuerit, quique id indubitatis signis ostenderit. At nec tunc quidem hominem, sed Deum ipsum judicem agnoscere cogitur. Quod si summa potestas nollet Deo in jure suo revelato obedire, id ipsi cum suo periculo, et damno licet, nullo scilicet jure civili vel naturali repugnante: Jus enim civile ab ejus decreto tantum pendet: Jus autem naturale pendet a legibus naturae, quae non Religioni, humanum tantum utile intendenti, sed ordini universae naturae, hoc est, aeterno Dei decreto nobis incognito accomodatae sunt. Quod quidem Alii obscurius concepisse videntur, qui scilicet statuunt, hominem contra voluntatem Dei revelatam quidem, sed non contra ejus aeternum decretum, quo omnia praedeterminavit, posse peccare. Si quis autem jam roget, quid si summa potestas aliquid contra religionem, et obedientiam, quam Deo expresso pacto promisimus, imperet? divino an humano imperio obtemperandum? Sed quia de his in sequentibus prolixius agam, hic breviter tantum dico, Deo supra omnia obediendum, quando certam, et indubitatam habemus revelationem: Sed quia circa religionem maxime errare solent homines, et pro ingeniorum diversitate multa magno certamine fingere, ut experientia plus quam satis testatur, certum est, quod si nemo summae potestati jure teneretur obtemperare in iis, quae ipse ad religionem pertinere putat, tum jus civitatis a diverso uniuscujusque judicio et affectu penderet. Nam nemo eodem teneretur, qui id contra suam fidem, et superstitionem statutum judicaret, atque adeo unusquisque sub hoc praetextu licentiam ad omnia sumere posset: et quandoquidem hac ratione jus civitatis prorsus violatur, hinc sequitur summae potestati, cui soli jura imperii conservare, et tutari tam jure divino, quam naturali incumbit, jus summum competere de religione statuendi, quicquid judicat; et omnes ad ejusdem de eadem decreta, et mandata, ex fide ipsi data, quam Deus omnino servari jubet, obtemperare teneri. Quod si ii, qui summum tenent imperium, sint Ethnici, vel cum iis nihil contrahendum, sed potius quam jus suum in eos transferant, extrema pati deliberandum, vel si contraxerint, jusque suum in eos transtulerint, quandoquidem eo ipso se, religionemque defendendi privaverunt, iis obtemperare tenentur, fidemque servare, vel ad id cogi, excepto eo, cui Deus certa revelatione singulare contra Tyrannum promiserit auxilium, vel nominatim exceptum voluit. Sic videmus ex tot Judaeis, qui Babylone erant, tres tantum juvenes, qui de Dei auxilio non dubitabant, Nabucadonozori obtemperare noluisse; reliqui autem sine dubio, excepto etiam Dani,le, quem Rex ipse adoraverat, jure coacti obtemperaverunt, animo forte reputantes se ex Dei decreto Regi deditos, Regemque summum obtinere imperium et divina directione conservare. Contra Eleazarus stante adhuc utcunque Patria, exemplum constantiae suis dare voluit, ut eum secuti omnia potius tolerarent, quam paterentur jus suum et potestatem in Graecos transferri, et omnia experirentur, ne in Ethnicorum fidem jurare cogerentur; quod etiam quotidiana experientia confirmatur. Qui enim Christianum imperium obtinent, ad majorem ejus securitatem non dubitant foedus cum Turcis et Ethnicis pangere, subditosque suos, qui eo habitatum eunt, jubere, ne majorem libertatem ad aliquid humanum aut divinum exercendum sumant, quam expresse contraxerunt, vel illud imperium concedit. Ut patet ex contractu Belgarum cum Japonensibus, de quo supra diximus.

CAPUT XVII. Ostenditur neminem omnia in summam potestatem transferre posse, nec esse necesse: De republica Hebraeorum, qualis fuerit vivente Mose, qualis post ejus mortem, antequam reges elegerint, deque ejus praestantia, et denique de causis, cur respublica divina interire, et vix absque seditionibus subsistere potuerit

Contemplatio praecedentis Capitis de jure summarum potestatum in omnia, deque jure naturali uniuscujusque in easdem translato, quamvis cum praxi non parum conveniat, et praxis ita institui possit, ut ad eandem magis ac magis accedat, nunquam tamen fiet, quin in multis mere theoretica maneat. Nam nemo unquam suam potentiam et consequenter neque suum jus ita in alium transferre poterit, ut homo esse desinat; nec talis ulla summa potestas unquam dabitur, quae omnia ita, ut vult, exequi possit: Frustra enim subdito imperaret, ut illum odio habeat, qui eum sibi beneficio junxit, ut amet, qui ei damnum intulit, ut contumeliis non offendatur, ut a metu liberari non cupiat, et alia perplurima hujusmodi, quae ex legibus humanae naturae necessario sequuntur. Atque hoc ipsam etiam experientiam clarissime docere existimo; nam nunquam homines suo jure ita cesserunt, suamque potentiam in alium ita transtulerunt, ut ab iis ipsis, qui eorum jus, et potentiam acceperunt, non timerentur, et imperium, non magis propter cives, quanquam suo jure privatos, quam propter hostes periclitaretur; et sane si homines jure suo naturali ita privari possent, ut nihil in posterum possent , nisi volentibus iis, qui supremum Jus retinuerunt, tum profecto impune violentissime in subditos regnare liceret: quod nemini in mentem venire posse credo. Quare concedendum unumquemque multa sibi sui juris reservare, quae propterea a nullius decreto, sed a suo solo pendent. Attamen ut recte intelligatur, quousque imperii jus et potestas se extendat, notandum imperii potestatem non in eo praecise contineri, quod homines metu cogere potest, sed absolute in omnibus, quibus efficere potest, ut homines ejus mandatis obsequantur: non enim ratio obtemperandi, sed obtemperantia subditum facit. Nam quacunque ratione homo deliberet summae potestatis mandata exequi, sive ideo sit, quod poenam timet, sive quod aliquid inde sperat, sive quod Patriam amat, sive alio quocunque affectu impulsus, tamen ex proprio suo consilio deliberat, et nihilominus ex summae potestatis imperio agit. Non igitur ex eo, quod homo proprio consilio aliquid facit, illico concludendum eum id ex suo, et non imperii jure agere; nam quandoquidem tam cum ex amore obligatus, quam cum metu coactus ad malum evitandum, semper ex proprio consilio, et decreto agit, vel imperium nullum esset, nec ullum jus in subditos, vel id necessario ad omnia se extendit, quibus effici potest, ut homines ipsi cedere deliberent, et consequenter quicquid subditus facit, quod mandatis summae potestatis respondet, sive id amore obligatus, sive metu co,rcitus, sive (quod quidem magis frequens) ex spe et metu simul, sive ex reverentia, quae passio est ex metu et admiratione composita, sive quacunque ratione ductus, ex jure imperii, non autem suo agit. Quod etiam hinc quam clarissime constat, quod obedientia non tam externam, quam animi internam actionem respiciat; adeoque ille maxime sub alterius imperio est, qui alteri integro animo ad omnia ejus mandata obtemperare deliberat, et consequitur eum maximum tenere imperium, qui in subditorum animos regnat; quod si qui maxime timentur, maximum tenerent imperium, tum profecto id Tyrannorum subditi tenerent, qui a suis Tyrannis maxime timentur. Deinde quamvis non perinde animis, ac linguis imperari possit, sunt tamen animi aliqua ratione sub imperio summae potestatis, quae multis modis efficere potest, ut permagna hominum pars, quicquid vult, credat, amat, odio habeat etc. Adeoque etsi haec non directo mandato summae potestatis fiant, fiunt tamen saepe, ut experientia abunde testatur, ex authoritate ipsius potentiae, et ipius directione, id est, ex ipsius jure: quare sine ulla intellectus repugnantia concipere possumus homines, qui ex solo imperii jure credunt, amant, odio habent, contemnunt, et absolute nullo non affectu corripiuntur.

At quanquam hac ratione jus et potestatem imperii satis amplam concipimus, nunquam tamen fiet, ut ullum adeo magnum detur, ut ii, qui id tenent, potentiam absolute ad omnia, quae velint, habeant, quod me jam satis clare ostendisse puto. Qua autem ratione imperium formari posset, ut nihilominus secure semper conservetur, jam dixi meum intentum non esse, id ostendere, attamen ut ad id, quod volo, perveniam, ea notabo, quae in hunc finem divina revelatio Mosen olim docuit, et deinde Hebraeorum historias, et successus perpendemus, ex quibus tandem videbimus, quaenam praecipue subditis, ad majorem imperii securitatem, et incrementum concedenda sunt a summis potestatibus.

Quod imperii conservatio praecipue pendeat a subditorum fide, eorumque virtute et animi constantia in exequendis mandatis, ratio, et experientia quam clarissime docent: qua autem ratione iidem duci debeant, ut fidem et virtutem constanter servent, non aeque facile est videre. Omnes namque tam qui regunt, quam qui reguntur, homines sunt ex labore scilicet proclives ad libidinem. Imo qui tantum varium multitudinis ingenium experti sunt, de eo fere desperant: quia non ratione, sed solis affectibus gubernatur, praeceps ad omnia, et facillime vel avaritia vel luxu corrumpitur: Unusquisque solus omnia se scire putat, et omnia ex suo ingenio moderari vult, et eatenus aliquid aequum vel iniquum, fasque nefasque existimat, quatenus in suum lucrum vel damnum cadere judicat, prae gloria aequales contemnit, nec ab iis dirigi patitur, prae invidia melioris laudis, vel fortunae, quae nunquam aequalis est, malum alterius cupit, eoque delectatur: nec opus est omnia recensere, norunt quippe omnes, quid sceleris fastidium praesentium et rerum novandarum cupiditas, quid praeceps ira, quid contemta paupertas frequenter suadeant hominibus, quantumque eorum animos occupent agitentque. His ergo omnibus praevenire et imperium ita constituere, ut nullus locus fraudi relinquatur, imo omnia ita instituere, ut omnes, cujuscunque ingenii sint, jus publicum privatis commodis praeferant, hoc opus, hic labor est. Rei quidem necessitas multa excogitare co,git, attamen nunquam eo perventum est, ut imperium non magis propter cives, quam hostes periclitaretur, et qui id tenent, non magis illos, quam hos timerent. Testis invictissima ab hostibus Romanorum Respublica, toties a suis civibus victa et miserrime oppressa, ac praecipue in bello civili Vespasiani contra Vitellium: Qua de re vide Tacitum in initio libr. IV. Histor., ubi miserrimam urbis faciem depingit. Alexander simplicius (ut ait Curtius in fine libr. 8) famam in hoste, quam in cive aestimabat, quippe a suis credebat magnitudinem suam posse destrui etc. Et fatum suum timens amicos haec praecatur, *Vos modo me ab intestina fraude et domesticorum*

insidiis praestate securum, belli martisque discrimen impavidus subibo.
Philippus in acie tutior, quam in theatro fuit, hostium manum saepe vitavit,
suorum effugere non valuit. Aliorum quoque Regum exitus si reputaveritis,
plures a suis quam ab hoste interemptos numerabitis (vide Q. Curtii lib. 9.
par 6.). Hac igitur de causa Reges, qui olim imperium usurpaverant, ad
se scilicet securos praestandos, persuadere conati sunt, se genus suum
a Diis immortalibus ducere. Nimirum quia putabant, si modo subditi et
omnes eosdem non ut aequales aspicerent, sed Deos esse crederent,
libenter se ab iisdem regi paterentur, seseque facile ipsis dederent. Sic
Augustus Romanis persuasit se ab Enea, qui Veneris filius et inter Deos
credebatur, originem suam ducere: Se templis, et effigie numinum, per
flamines, et sacerdotes coli voluit (Tac. Annal. lib. I.). Alexander ut Jovis
filius salutari voluit; quod quidem consilio, non autem ex superbia
fecisse videtur, ut ejus responsio ad Hermolai invectivam indicat. *Illud,*
inquit, *paene risu dignum fuit, quod Hermolaus postulabat me, ut aversarer*
Jovem, cujus oraculo agnoscor. An etiam, quid Dii respondeant, in mea
potestate est? obtulit nomen filii mihi, recipere (NB.) *ipsis rebus, quas agimus,*
haud alienum fuit. Utinam Indi quoque Deum esse me credant. Fama enim
bella constant, et saepe, quod falso creditum est, veri vicem obtinuit. (Curtii
lib. 8. par. 8.) Quibus paucis acute rem simulatam ignaris persuadere
pergit, et simul causam simulationis innuit. Quod etiam Cleo in sua
oratione, qua Macedonibus conabatur persuadere, ut Regi
assentarentur, fecit; postquam enim laudes Alexandri cum admiratione
narrando, ejusdemque merita recensendo, simulationi speciem veri
dedit, ad rei utilitatem sic transit, *Persas quidem, non pie solum, sed etiam*
prudenter Reges suos inter Deos colere: Majestatem enim imperii salutis esse
tutelam, et tandem concludit, *semet ipsum, cum Rex inisset convivium,*
prostraturum humi corpus. Debere idem facere caeteros et imprimis sapientia
praeditos (vide ejusd. lib. 8. par. 5.). Sed prudentiores erant Macedones,
nec homines nisi prorsus barbari sint, tam aperte falli et ex subditis
inutiles sibi servi fieri patiuntur. Alii autem facilius persuadere
potuerunt Majestatem sacram esse et vicem Dei in terra gerere, et a
Deo, non autem ab hominum suffragio, et consensu constitui,
singularique providentia et auxilio divino conservari, atque defendi. Et
ad hunc modum Monarchae ad sui imperii securitatem alia
excogitaverunt, quae omnia missa facio, et ut ad ea, quae volo,
perveniam, ea tantum, uti dixi, notabo et perpendam, quae in hunc
finem olim divina revelatio Mosen docuit.

Diximus jam supra cap. V., quod, postquam Hebraei Aegypto
exiverunt nullo alterius nationis jure amplius tenebantur, sed iis ad
lubitum nova jura instituere, et quas volebant, terras occupare licebat.
Nam postquam ab intoleranda Aegyptiorum oppressione liberati, et

nulli mortalium ullo pacto addicti erant, jus suum naturale ad omnia, quae possent, iterum adepti sunt, et unusquisque de integro deliberare poterat, num id retinere, an vero eodem cedere, idque in alium transferre volebat. Igitur in hoc statu naturali constituti, ex consilio Mosis, cui omnes maximam fidem habebant, suum jus in neminem mortalium, sed tantum in Deum transferre deliberaverunt, nec diu cunctati omnes aeque uno clamore promiserunt, Deo ad omnia ejus mandata absolute obtemperare, nec aliud jus agnoscere, nisi quod ipse revelatione Prophetica ut jus statueret. Atque haec promissio, sive juris in Deum translatio eodem modo facta est, ac in communi societate supra concepimus fieri, quando homines jure suo naturali cedere deliberant. Expresse enim pacto (vide Exod. cap. 24. v. 7.) et juramento jure suo naturali libere, non autem vi coacti, neque minis territi cesserunt, et in Deum transtulerunt. Deinde ut pactum ratum fixumque esset, et absque fraudis suspicione, nihil Deus cum ipsis pepigit, nisi postquam experti sunt ejus admirandam potentiam, qua sola servati fuerant, et qua sola in posterum servari poterant (vide Exod. cap. 19. v. 4. 5.). Nam hoc ipso, quod se sola Dei potentia servari posse crediderunt, omnem suam naturalem potentiam se conservandi, quam ex se habere antea forte putaverant, in Deum transtulerunt, et consequenter omne suum jus. Imperium ergo Hebraeorum Deus solus tenuit, quodque adeo solum ex vi pacti Regnum Dei jure vocabatur, et Deus jure etiam Rex Hebraeorum: et consequenter hujus imperii hostes, hostes Dei, et cives, quid id usurpare vellent, rei laesae divinae Majestatis, et jura denique imperii, jura et mandata Dei. Quare in hoc imperio jus civile et Religio, quae, ut ostendimus, in sola obedientia erga Deum consistit, unum et idem erant. Videlicet Religionis dogmata non documenta, sed jura et mandata erant, pietas justitia, impietas crimen et injustitia aestimabatur: Qui a Religione deficiebat, civis esse desinebat, et eo solo hostis habebatur, et qui pro Religione moriebatur, pro Patria mori reputabatur, et absolute jus civile et Religio nullo prorsus discrimine habebantur. Et hac de causa hoc imperium Theocratia vocari potuit; quandoquidem ejus cives nullo jure nisi a Deo revelato tenebantur. Verum enimvero haec omnia opinione magis, quam re constabant. Nam Hebraei revera jus imperii absolute retinuerunt, ut ex jam dicendis constabit; nempe ex modo, et ratione, qua hoc imperium administrabatur, et quam hic explicare constitui.

Quandoquidem Hebraei suum jus in nullum alium transtulerunt, sed omnes aeque ut in Democratia suo jure cesserunt, unoque ore clamaverunt, quicquid Deus loquetur (nullo expresso mediatore) faciemus, hinc sequitur omnes ab hoc pacto aequales prorsus mansisse, jusque Deum consulendi, legesque accipiendi, et interpretandi omnibus aequale fuisse, et absolute omnem imperii administrationem omnes aeque tenuisse. Hac ergo de causa omnes aeque prima vice Deum adiverunt, ut quae imperare vellet, audirent; sed in hac prima salutatione adeo perterriti fuerunt, et Deum loquentem adeo attoniti audiverunt, ut supremum sibi tempus adesse putaverint: Pleni igitur metu Mosen de novo sic adeunt, *ecce Deum in igne loquentem audivimus, nec causa est, cur mori velimus; hic certe ingens ignis nos vorabit; si iterum nobis vox Dei audienda est, certe moriemur. Tu igitur adi, et audi omnia Dei nostri dicta, et tu* (non Deus) *nobis loqueris: Ad omne, quod Deus tibi loquetur, obediemus idque exequemur.* His clare primum pactum aboleverunt, suumque jus Deum consulendi ejusque edicta interpretandi in Mosen absolute transtulerunt: Non enim hic, ut antea, ad omnia, quae Deus ipsis, sed quae Deus Mosi loqueretur, obedire promiserunt (vide Deuter. cap. 5. post Decalog. et cap. 18. v. 15. 16.). Moses ergo solus legum divinarum lator, et interpres mansit, et consequenter etiam supremus Judex, quem nemo judicare poterat, et qui solus apud Hebraeos vicem Dei, hoc est, supremam majestatem habuit: quandoquidem solus jus habebat Deum consulendi, et populo divina responsa dandi, ipsumque ad ea exequenda cogendi. Solus, inquam, nam si quis, vivente Mose nomine Dei praedicare aliquid volebat, quamvis verus Propheta esset, reus tamen erat, et supremi juris usurpator (vide Numer. cap. II. v. 28.), et hic notandum, quod, etsi Mosen populus elegerit, successorem tamen loco Mosis eligere jure non potuit: Nam simul ac jus suum Deum consulendi in Mosen transtulerunt, et absolute promiserunt ipsum loco divini oraculi habere, omne jus plane amiserunt, et quem Moses successorem eligeret, tanquam a Deo electum admittere debebant. Quod si talem elegisset, qui ut ipse totam imperii administrationem haberet, nempe jus Deum in suo tentorio solus consulendi, et consequenter authoritatem leges instituendi et abrogandi, de bello et pace decernendi, legatos mittendi, judices constituendi, successorem eligendi, et absolute summae potestatis omnia officia administrandi, imperium mere monarchicum fuisset, nec ulla alia esset differentia, nisi quod communiter monarchicum imperium ex Dei decreto, ipsi etiam Monarchae occulto, Hebraeorum autem a Dei decreto Monarchae tantum revelato certa ratione regatur, vel regi debuerit. Quae quidem differentia Monarchae dominium, et jus in omnes non minuit, sed contra auget. Caeterum quod ad populum utriusque imperii, aeque uterque subjectus est, et ignarus divini decreti: Nam uterque ab ore Monarchae pendet, et quid fas nefasque sit, ab eo solo intelligit, nec propterea quod populus credit, Monarcham nihil, nisi ex Dei decreto ipsi revelato, imperare, eidem minus, sed contra magis revera subjectus est. At Moses nullum talem successorem elegit, sed imperium ita administrandum successoribus reliquit, ut nec populare, nec aristocraticum, nec monarchicum, sed Theocraticum vocari potuerit. Nam jus leges interpretandi, et Dei responsa communicandi penes unum, et jus et potestas imperium administrandi secundum leges jam explicatas, et jam communicata responsa, penes alium erat. Qua de re vide Num. cap. 27. v. 21. Et ut haec melius intelligantur, administrationem totius imperii ordine exponam. Primo jussus est populus domum aedificare, quae quasi Dei, hoc est supremae illius imperii Majestatis aula esset. Atque haec non sumtibus unius, sed totius populi aedificanda fuit, ut domus, ubi Deus consulendus erat, communis esset juris. Regiae hujus divinae aulici, et administratores Levitae electi sunt: horum autem supremus, et quasi a Rege Deo secundus electus est Aharon frater Mosis, in cujus locum ejus filii legitime succedebant. Hic ergo, ut Deo proximus, summus legum divinarum interpres erat, et qui populo divini oraculi responsa dabat, et qui denique pro populo Deo supplicabat. Quod si cum his jus eadem imperandi haberet, nihil restabat, ut absolutus esset monarcha, sed eo privatus erat, et absolute tota tribus Levi communi imperio ita destituta fuit, ut ne quidem partem cum reliquis tribubus habuerit, quam jure possideret, unde saltem vivere posset; sed ut a reliquo populo aleretur, instituit, at ita, ut semper maximo honore a communi plebe haberetur, utpote sola Deo dicata. Deinde, militia ex reliquis duodecim tribubus formata, jussi sunt Canahanitarum imperium invadere, idque in duodecim partes dividere, et tribubus per fortes distribuere. Ad hoc ministerium electi sunt duodecim principes, ex unaquaque tribu unus, quibus simul cum Josua, et summo pontifice Eleazaro, jus datum est terras in aequales duodecim partes dividere, et per sortes distribuere. Militiae autem summus imperator Josua electus est, qui solus in rebus novis jus habebat Deum consulendi, at non ut Moses solus in suo tentorio, vel in tabernaculo, sed per summum Pontificem, cui soli responsa Dei dabantur, deinde Dei mandata per pontificem communicata statuendi, et populum ad ea cogendi, media ad eadem exequenda excogitandi et adhibendi, et militia, quot velit, et quos velit eligendi, legatos XVII. 209. suo nomine mittendi, et absolute omne jus belli a solo ejus decreto pendebat: In ejus autem locum nemo legitime succedebat, nec ab aliquo nisi a Deo immediate eligebatur, idque cogente universi populi necessitate; alias omnia belli et pacis a principibus Tribuum administrabantur, ut mox ostendam. Denique omnes ab anno vigesimo aetatis usque ad sexagesimum arma ad militandum capere jussit, et ex solo populo exercitus formare, qui non in fidem imperatoris, nec summi pontificis, sed Religionis sive Dei jurabant: qui adeo exercitus, sive ordines Dei vocabantur, et Deus contra apud Hebraeos Deus exercituum, et hac de causa arca foederis in magnis proeliis, a quorum discrimine totius populi vel victoria, vel clades pendebat, in medio exercitu ibat, ut populus Regem suum quasi praesentem videns, extremis viribus pugnaret. Ex his a Mose successoribus mandatis facile colligimus, ipsum administratores, non autem dominatores imperii elegisse. Nam nemini jus dedit, Deum solus et, ubi vellet, consulendi, et consequenter nemini authoritatem dedit, quam ipse habebat, leges statuendi, et abrogandi, de bello et pace discernendi, administratores tam templi, quam civitatum eligendi; quae omnia summi imperii tenentis officia sunt: summus enim pontifex jus quidem habebat leges interpretandi, et responsa Dei dandi, at non ut Moses, quandocunque volebat, sed tantum ab imperatore, vel summo concilio vel similibus rogatus: et contra summus exercitus imperator, et concilia Deum, quando volebant, consulere poterant, at non nisi a summo pontifice Dei responsa accipere; quare Dei dicta in ore pontificis non decreta, ut in ore Mosis, sed tantum responsa erant: a Josua autem et conciliis accepta, tum demum vim mandati et decreti habebant. Deinde hic summus pontifex, qui Dei responsa a Deo accipiebat, militiam non habebat, nec imperium jure possidebat: et contra, qui terras jure possidebant, leges statuere jure non poterant. Summus deinde pontifex tam Aharon, quam filius ejus Eleazarus, uterque a Mose quidem electus fuit, mortuo autem Mose nemo jus eligendi pontificem habuit, sed filius patri legitime succedebat. Imperator exercitus a Mose etiam electus fuit, et non ex jure summi pontificis, sed jure Mosis ipsi dato, personam imperatoris induit; et ideo mortuo Josua pontifex neminem ejus loco elegit, nec principes de novo imperatore Deum consuluerunt, sed unusquisque in militiam suae tribus, et omnes simul in universam militiam jus Josuae retinuerunt; et videtur non opus fuisse summo imperatore, nisi quando conjunctis viribus contra communem hostem pugnare debebant; quod quidem maxime locum habuit tempore Josuae, quo locum fixum nondum omnes habebant, et omnia communis juris erant; at postquam omnes tribus terras jure belli possessas, et quas adhuc possidere in mandatis erat, inter se diviserunt, nec amplius omnia omnium erant, eo ipso ratio communis imperatoris cessavit, quandoquidem tribus diversae non tam concives quam confoederatae ab ea divisione reputari debuerunt: Respectu Dei et Religionis concives quidem aestimari debuerunt; at respectu juris, quod una in aliam habebat, non nisi confoederatae: eodem fere modo (si templum commune demas), ac Praepotentes Confoederati Belgarum Ordines: Nam divisio rei communis in partes nihil aliud est, quam quod unusquisque suam partem solus jam possideat, et reliqui jure, quod in illam partem habebant, cedant. Hac igitur de causa Moses principes tribuum elegit, ut post divisum imperium unusquisque curam suae partis haberet, nempe Deum per summum pontificem de rebus suae tribus consulendi, suae militiae imperandi, urbes condendi et muniendi, judices in unaquaque urbe constituendi, hostem sui singularis imperii invadendi, et absolute omnia belli et pacis administrandi.

Nec alium judicem praeter Deum noscere tenebatur, vel quem Deus prophetam expresse misisset: Alias si a Deo defecisset, reliquae tribus ipsum non tanquam subditum judicare, sed tanquam hostem, qui fidem contractus solverat, invadere debebant. Quorum exempla in Scriptura habemus. Mortuo enim Josua filii Isra,lis, non summus novus imperator, Deum consuluerunt; intellecto autem, quod tribus Judae omnium prima hostem suum invadere debebat, ipsa sola cum Simeone contrahit, ut junctis viribus utriusque hostem invaderent, in quo contractu reliquae tribus non fuerunt comprehensae (vide Judic. cap. I v. 1. 2. 3.), sed unaquaeque separatim (ut in praedicto cap. narratur) bellum contra suum hostem gerit, et quem vult, in ditionem et fidem accipit, etsi in mandatis esset, nulli ulla pacti conditione parcere, sed omnes exterminare: propter quod peccatum reprehenduntur quidem, a nemine autem in judicium vocantur. Nec erat, quod propterea bella contra invicem movere inciperent, et rebus alterius alii se immiscerent; contra Benjaminitas, qui reliquos offenderant et pacis vinculum ita solverant, ut nullus ex confoederatis secure apud ipsos hospitium habere posset, hostiliter invadunt, et ter proelio commisso tandem victores, omnes nocentes et innocentes jure belli aeque trucidant, quod postea sera poenitentia lamentati sunt.

His exemplis, quae de jure uniuscujusque tribus modo diximus, plane confirmantur. At forsan aliquis rogabit, quisnam successorem principis cujusque tribus eligebat? verum de hac re nihil certi ex ipsa Scriptura possum colligere; hoc tamen conjicio, quod quandoquidem unaquaeque tribus in familias erat divisa, quarum capita ex senioribus familiae eligebantur, ex his qui senior erat, loco principis jure succedebat: ex Senioribus enim Moses septuaginta coadjutores, qui cum ipso supremum concilium formabant, elegit; qui post mortem Josuae imperii administrationem habuerunt, senes in Scriptura vocantur, et denique apud Hebraeos nihil frequentius, quam per senes judices intelligere, quod omnibus notum existimo. Sed ad nostrum propositum parum refert hoc certo scire; sufficit, quod ostenderim, neminem post mortem Mosis omnia summi imperatoris officia habuisse: nam quandoquidem omnia non ab unius viri, neque unius concilii, neque populi decreto pendebant, sed quaedam ab una tribu, alia a reliquis aequali utriusque jure administrabantur, sequitur evidentissime imperium ab obitu Mosis neque monarchicum, neque aristocraticum, neque populare mansisse, sed, uti diximus, Theocraticum, I. quia imperii domus regia templum erat, et sola ejus ratione, ut ostendimus, omnes tribus concives erant; II. quia omnes cives in fidem Dei supremi sui judicis jurare debebant, cui soli in omnibus absolute obedire promiserant. Et denique quia summus omnium imperator, quando eo opus erat, a nemine nisi a solo Deo eligebatur. Quod Moses nomine Dei populo expresse praedicit Deuter. cap. 18. v. 15. et re ipsa electio Gideonis, Samsonis et Samu,lis testatur; quare non dubitandum, quin reliqui fideles duces simili etiam modo electi feurint, etsi id ex eorum historia non constet.

His positis tempus est, ut videamus, quantum haec ratio imperii constituendi animos moderari poterat, et tam eos, qui regebant, quam qui regebantur, ita continere, ut neque hi rebelles, neque illi Tyranni fierent.

Qui imperium administrant, vel qui id tenent, quicquid facinoris committunt, id semper specie juris adumbrare, et populo id a se honeste factum persuadere student, quod facile etiam obtinent, quando tota juris interpretatio ab iis solis pendet. Nam non dubium est, quin eo ipso maximam ad omnia, quae volunt, et eorum appetitus suadet, libertatem sumant, et contra magnam iisdem adimi, si jus leges interpretandi apud alium sit, et simul si vera earundem interpretatio omnibus ita pateat, ut nemo de eadem dubitare possit. Ex quo manifestum fit, magnam Hebraeorum principibus causam facinorum sublatam fuisse, eo quod jus omne leges interpretandi Levitis datum fuerit (vide Deuteron. cap. 21. v. 5.), qui nullam imperii administrationem nec partem cum caeteris habebant, et quorum tota fortuna et honor a vera legum interpretatione pendebat. Deinde quod universus populus jussus est singulis septem annis certo in loco congregari, ubi a Pontifice leges edoceretur, et praeterea ut unusquisque solus continuo, et summa cum attentione librum legis legeret, et perlegeret (vide Deuteron. cap. 31. v. 9. etc. et cap. 6. v. 7.). Principes igitur maxime sui saltem causa curare debebant, ut omnia secundum leges praescriptas, et omnibus satis perspectas administrarent, si a populo maximo honore coli volebant, qui tum eos utpote Dei imperii ministros, et vicem Dei gerentes veneraretur; alias summum subditorum odium, quale Theologicum esse solet, fugere non poterant. Ad haec, nempe ad effraenatam Principum libidinem co,rcendam, aliud permagni momenti accessit, videlicet quod militia ex omnibus civibus (nullo a vigesimo usque ad sexagesimum aetatis annum excepto) formabatur, et quod Principes nullum extraneum militem mercede conducere poterant. Hoc, inquam, permagni fuit momenti; nam certum est Principes sola militia, cui stipendia solvunt, populum opprimere posse. Deinde eos nihil magis timere quam libertatem militum concivium, quorum virtute, labore, et magno sui sanguinis impendio imperii libertas et gloria parta est. Ideo Alexander, cum secundo contra Darium dimicandum erat, audito Parmenionis consilio, non ipsum, qui consilium dedit, sed Polyperconta, qui cum eodem stabat, increpuit. Nam, ut ait Curtius lib. 4. par. 13., Parmenionem nuper acrius, quam vellet, increpitum rursus castigare non sustinuit, nec Macedonum libertatem, quam maxime, ut jam diximus, timebat, opprimere potuit, nisi postquam numerum militum ex captivis longe supra Macedones auxit; tum enim animo suo impotenti, et diu civium optimorum libertate co,rcito, morem gerere potuit. Si haec itaque militum concivium libertas humani imperii principes, qui soli totam laudem victoriarum usurpare solent, retinet, multo magis Hebraeorum principes co,rcere debuit, quorum milites non pro Principis, sed pro Dei gloria pugnabant, et solo Dei responso accepto proelium committebant.

Accessit deinde, quod omnes Hebraeorum Principes solo religionis vinculo associati erant: quare, si aliquis ab eadem defecisset, jusque divinum uniuscujusque violare incepisset, eo hostis a reliquis haberi potuerat, et jure opprimi.

Accessit III. timor novi alicujus Prophetae: modo enim probatae vitae aliquis receptis quibusdam signis ostenderet se Prophetam esse, eo ipso jus summum imperandi habebat, nempe sicuti Moses Dei nomine ei soli revelati, et non tantum ut principes per pontificem consulti; et non dubium est, quin tales populum oppressum facile ad se trahere poterant, et levibus signis, quicquid vellent, persuadere; cum contra si res recte administrabantur, princeps in tempore providere poterat, ut Propheta prius ejus judicio stare deberet, ut ab eo examinaretur, num probatae vitae esset, num certa et indubitata signa suae legationis haberet, et denique num id, quod nomine Dei dicere volebat, cum recepta doctrina, et communibus legibus patriae conveniret: quod si nec signa satis responderent, vel doctrina nova esset, eum jure mortis damnare poterat, alias sola principis authoritate et testimonio recipiebatur.

Accessit IV., quod Princeps reliquos nobilitate non excellebat, nec jure sanguinis, sed tantum ratione aetatis et virtutis administratio imperii ei competebat.

Accessit denique, quod Principes, et universa militia non magis desiderio belli, quam pacis teneri poterant. Nam militia, uti diximus, ex solis civibus constabat; quare tam res belli, quam pacis ab iisdem hominibus administrabantur. Qui igitur in castris miles, is in foro civis erat, et qui in castris dux, is in curia judex, et qui denique in castris imperator, princeps in civitate erat. Quare nemo bellum propter bellum, sed propter pacem, et ad tuendam libertatem desiderare poterat, et forte Princeps, ne summum Pontificem adire teneretur, et coram ipso praeter dignitatem stare, a rebus novis, quantum poterat, abstinebat. Haec de rationibus, quae Principes intra suos limites continebant. Videndum jam, qua ratione populus retinebatur: sed hanc etiam imperii fundamenta clarissime indicant; si quis enim ad ea vel leviter attendere velit, videbit statim haec amorem adeo singularem in civium animis parere debuisse, ut nihil difficilius aliquis in mentem inducere potuerit, quam patriam prodere, vel ab ea deficere: sed contra omnes ita affecti esse debuerint, ut extrema potius, quam alienum imperium paterentur. Nam postquam suum jus in Deum transtulerunt, suumque regnum Dei regnum esse, seque solos filios Dei, reliquas autem nationes Dei hostes esse crediderunt, in quas propterea odio infensissimo affecti erant (nam et hoc pium esse credebant, vide Psalm. 139. v. 21. 22.), nihil magis abhorrere potuerunt, quam in fidem alicujus extranei jurare, eique obedientiam promittere; nec majus flagitium, nec quid magis execrandum excogitari apud ipsos poterat, quam patriam, hoc est, ipsum regnum Dei, quem adorabant, prodere; imo aliquo extra patriam tantum habitatum ire pro flagitio habebatur, quia Dei cultus, quo semper tenebantur, non nisi in patrio solo exerceri concedebatur; utpote quae sola tellus sancta, reliqua autem immunda et profana haberetur. Ideo David, quia exulare cogebatur, sic coram Saulo conqueritur, *Si qui te contra me instigant, homines sunt, maledicti sunt, quia me secludunt, ne spatier in Dei haereditate, sed dicunt, vade, et Deos alienos cole.* Et hac etiam de causa nullus civis, quod hic apprime notandum, exilii damnabatur: nam qui peccat, supplicio quidem dignus est, non autem flagitio. Amor ergo Hebraeorum erga patriam non simplex amor, sed pietas erat, quae simul et odium in reliquas nationes ita quotidiano cultu fovebantur, et alebantur, ut in naturam verti debuerint: quotidianus enim cultus non tantum diversus omnino erat (quo fiebat, ut omnino singulares, et a reliquis prorsus essent separati), sed etiam absolute contrarius. Quare ex quotidiana quadam exprobratione continuum odium oriri debuit, quo nullum firmius animis haerere potuit: utpote odium ex magna devotione seu pietate ortum, quodque pium credebatur, quo sane nullum majus nec pertinacius dari potest: nec causa communis deerat, qua odium semper magis ac magis incenditur, nempe ejus reciprocatio; nam nationes eos contra odio infensissimo habere debuerunt. Quantum autem haec omnia, videlicet humani imperii libertas, erga patriam devotio, in omnes reliquos jus absolutum, et odium non tantum licitum, sed etiam pium, omnes infensos habere, morum et rituum singularitas, quantum, inquam, haec Hebraeorum animos firmare valuerint ad omnia singulari constantia et virtute pro Patria tolerandum, ratio quam clarissime docet, et ipsa experientia testata est. Nunquam enim stante urbe, sub alterius imperio durare potuerunt, et ideo Hierosolymam rebellem civitatem vocitabant (vide Hezrae cap. 4. v. 12. 15.). Secundum imperium (quod primi vix umbra fuit, postquam Pontifices jus etiam principatus usurpaverunt) difficillime a Romanis destrui potuit, quod ipse Tacitus lib. 2. Histor. his testatur, *Profligaverat bellum Judaicum Vespasianus, oppugnatione Hierosolymorum reliqua, duro magis et arduo opere ob ingenium gentis et pervicaciam superstitionis, quam quod satis virium obsessis ad tolerandas necessitates superesset.* Verum praeter haec, quorum aestimatio a sola opinione pendet, aliud in hoc imperio, quod solidissimum est, singulare fuit, quo cives maxime retineri debuerunt, ne de defectione cogitarent, et ne unquam desiderio tenerentur deserendae patriae, nimirum ratio utilitatis, quae omnium humanarum actionum robur et vita est, atque haec inquam in hoc imperio singularis erat: Nam cives nullibi majore jure sua possidebant, quam hujus imperii subditi, qui cum principe aequalem partem terrarum, et agrorum habebant, et unusquisque suae partis aeternus dominus erat; nam si quis paupertate coactus fundum suum, vel agrum vendiderat, adventante jubilaeo ei de integro restitui debebat, et ad hunc modum alia instituta erant, ut nemo a fixis suis bonis alienari posset. Deinde paupertas nullibi tolerabilior esse poterat, quam ubi charitas erga proximum, hoc est, erga concivem summa pietate coli debebat, ut Deum suum Regem propitium haberent. Civibus igitur Hebraeis non nisi in sua patria bene esse poterat, extra eandem autem damnum maximum et dedecus. Deinde ad eosdem non tantum in patrio solo retinendum, sed ad bella etiam civilia vitandum, et causas contentionum tollendum haec apprime conducebant; nempe quod nemo suo aequali, sed soli Deo serviebat, et quod charitas et amor erga concivem summa aestimabatur pietas, qui non parum fovebatur communi odio, quo reliquas nationes, et hae eos contra, habebant. Praeterea apprime conducebat summa obedientiae disciplina, qua educabantur, quod scilicet omnia ex determinato legis praescripto facere debebant: non enim ad libitum arare licebat, sed certis temporibus et annis, et non nisi uno bestiarum genere simul: sic etiam non nisi certa ratione certoque tempore seminare, et metere licebat, et absolute eorum vita continuus obedientiae cultus erat (qua de re vide cap. V. circa usum Caeremoniarum). Quare eidem omnino assuefactis ipsa non amplius servitus, sed libertas videri debuit: unde sequi etiam debuit, ut nemo negata, sed mandata cuperet; ad quod etiam non parum conduxisse videtur, quod certis anni temporibus otio et laetitiae se dare tenebantur, non ut animo, sed ut Deo ex animo obtemperarent. Ter in anno Dei convivae erant (vide Deut. cap. 16.), septimo septimanae die ab omni opere cessare, seseque otio dare debebant, et praeter haec alia tempora signata erant, quibus laetitiae actus honesti, et convivia non quidem concedebantur, sed mandabantur; nec puto, quod aliquid hoc efficacius ad hominum animos flectendos excogitari potest; nam nulla re magis capiuntur animi, quam laetitia, quae ex devotione, hoc est, ex amore et admiratione simul oritur. Nec facile fastidio rerum usitatarum capi poterant, nam cultus diebus festis destinatus rarus, et varius erat. His accessit summa templi reverentia, quam propter singularem ejus cultum, et res, quas tenebantur observare, antequam alicui eo ire liceret, religiosissime semper servaverunt, atque adeo ut hodierni adhuc non sine magno horrore illud Manassae flagitium legant, quod scilicet idolum in ipso templo ponere sustinuerit. Erga leges etiam, quae in intimo sacrario religiosissime custodiebantur, non minor erat populo reverentia. Quare populi rumores et praejudicia hic minime timenda erant: Nemo enim de rebus divinis judicium ferre audebat, sed ad omnia, quae ipsis imperabantur ex authoritate divini responsi in templo accepti, vel legis a Deo conditae, sine ulla rationis consultatione obtemperare debebant. Atque his me summam rationem hujus imperii, etsi breviter, satis tamen clare exposuisse puto. Superest jam, ut causas etiam inquiramus, quare factum sit, ut Hebraei toties a lege defecerint, cur toties subacti fuerint, et cur tandem imperium omnino vastari potuerit. At forsan hic aliquis dicet, id evenisse ex gentis contumacia. Verum hoc puerile est; nam cur haec natio reliquis contumacior fuit? an natura? haec sane nationes non creat, sed individua, quae quidem in nationes non distinguuntur nisi ex diversitate linguae, legum et morum receptorum, et ex his duobus, legibus scilicet et moribus, tantum oriri potest, quod unaquaeque natio singulare habeat ingenium, singularem conditionem et denique singularia praejudicia. Si igitur concedendum esset, quod Hebraei supra reliquos mortales contumaces fuerint, id vitio legum vel receptorum morum imputari deberet. Et sane hoc verum est, quod, si Deus eorum imperium constantius voluisset, aliter etiam jura et leges condidisset, aliamque rationem id administrandi instituisset: quare quid aliud dicere possumus, nisi quod Deum suum iratum habuerint, non tantum, ut Jeremias cap. 32. v. 31. ait, ab urbe condita, sed jam inde a legibus conditis. Quod Ezechiël cap. 20. v. 25. etiam testatur, inquiens, *ego etiam dedi ipsis statuta non bona, et jura, quibus non viverent, eo quod impuravi ipsos muneribus suis remittendo omnem aperturam vulvae* (id est primogenitum), *ut eos vastarem, ut scirent, quod ego sum Jehova.* Quae verba, et causa vastationis imperii, ut recte intelligantur, notandum, quod primum intentum fuit totum sacrum ministerium primogenitis tradere, non Levitis (vide Numer. cap. 8. v. 17.), sed postquam omnes praeter Levitas, vitulum adoraverunt, repudiati et impurati sunt primogeniti, et Levitae eorum loco electi (Deuteron. cap.

10. v. 8.), quae mutatio, quo eam magis ac magis considero, in verba Taciti me cogit erumpere, illo tempore non fuisse Deo curae securitatem illorum, fuisse ultionem. Nec satis mirari possum tantam animo coelesti fuisse iram, ut ipsas leges, quae semper solum universi populi honorem, salutem et securitatem intendunt, animo se vindicandi, et ad populum puniendum condiderit, ita ut leges non leges, hoc est, populi salus, sed potius poenae et supplicia visae sint. Omnia enim munera, quae Levitis et sacerdotibus dare tenebantur, ut etiam quod primogeniti redimi debebant, et argentum pro capite levitis dare, et denique quod Levitis solis ad sacra accedere concedebatur, eos continuo suae impuritatis, et repudiationis arguebant. Habebant deinde Levitae, quod iis continuo exprobrarent: Nam non dubium est, quin inter tot millia multi importuni Theologastri reperti fuerint: unde populo desiderium facta Levitarum, qui absque dubio homines erant, observandi, et, ut fit, omnes ob unius delictum accusandi. Hinc continuo rumores, deinde fastidium, homines otiosos et invisos, nec sanguine iis conjunctos alendi, praecipue si annona cara erat. Quid igitur mirum, si in otio, quando manifesta miracula cessabant, nec homines exquisitissimae authoritatis dabantur, populi animus irritatus, et avarus languescere inciperet, et tandem a cultu, quamvis divino, sibi tamen ignominioso et etiam suspecto deficeret, et novum cuperet; et quod Principes, qui semper ut jus summum imperii soli obtineant, viam affectant, ut populum sibi alligarent, et a Pontifice averterent, omnia ei concederent, novosque cultus introducerent. Quod si ex prima intentione Respublica constituta fuisset, jus omnibus tribubus et honor aequalis semper fuisset, et omnia securissime sese habuissent: nam quis jus sacrum suorum consanguineorum violare vellet? qui aliud mallent, quam suos consanguineos, fratres et parentes, ex pietate Religionis alere? quam ab iisdem legum interpretationem edoceri? et quam denique ab iisdem divina responsa expectare? Deinde hac ratione omnes tribus longe arctius invicem unitae mansissent, si nimirum omnibus aequale jus fuisset sacra administrandi: quin imo nihil timendum esset, si ipsa Levitarum electio aliam causam quam iram et vindictam habuisset. Sed, sicuti diximus, Deum suum iratum habuerunt, qui ipsos, ut verba Ezechiëlis iterum repetam, suis muneribus impuravit, remittendo omnem aperturam vulvae, ut eosdem vastaret. Confirmantur haec praeterea ipsis hitoriis. Simul ac populus in desertis otio abundare coepit, multi, et non de plebe viri hanc electionem aegre ferre inceperunt, et hinc occasionem ceperunt credendi Mosen nihil ex mandato divino, sed ad libitum omnia instituere, quia scilicet suam tribum prae omnibus elegerit, et jus pontificatus in aeternum suo fratri dederit; quopropter ipsum tumultu concitato adeunt clamantes omnes aeque sanctos esse, ipsumque supra

omnes contra jus extolli. Nec eos ulla ratione sedare potuit, sed adhibito in signum fidei miraculo omnes extincti sunt; unde nova et universalis populi totius seditio orta est, credentis scilicet eos non Deo judice, sed arte Mosis extinctos esse, qui tandem post magnam cladem vel pestilentiam fessus sedavit, ast ita ut omnes mori mallent, quam vivere. Quare tunc temporis seditio magis desierat, quam concordia coeperat. Quod ita Scriptura testatur Deut. cap. 31. v. 21., ubi Deus Mosi, postquam ei praedixit populum post ejus mortem a divino cultu defecturum, haec ait, *novi enim ipsius appetitum et quid hodie machinatur, dum nondum eundem duxero ad terram, quam juravi.* Et paulo post Moses ipsi populo, *nam ego novi rebellionem tuam et contumaciam tuam. Si dum ego vobiscum vixi, rebelles fuistis contra Deum, multo magis eritis post mortem meam.* Et revera sic etiam contigit, ut notum. Unde magnae mutationes, magnaque ad omnia licentia, luxus et socordia, quibus omnia in deterius ire coeperunt, donec saepe subacti jus divinum plane ruperunt, et regem mortalem voluerunt, ut imperii regia non Templum, sed aula esset, et ut omnes tribus non amplius juris divini, et pontificatus, sed Regum respectu concives manerent. At hinc ingens materia novis seditionibus, ex quibus etiam tandem imperii totius ruina sequuta est. Nam quid aliud Reges minus ferre possunt, quam precario regnare, et imperium in imperio pati? Qui primi ex privatis electi sunt, gradu dignitatis, ad quem ascenderant, contenti fuerunt; at postquam filii jure successionis regno potiti sunt, omnia paulatim mutare coeperunt, ut omne jus imperii soli tenerent, quo maxima ex parte carebant, quamdiu jus legum ab iisdem non pendebat, sed a Pontifice, qui eas in sacrario custodiebat, easque populo interpretabatur. Adeoque tanquam subditi legibus tenebantur, nec jure eas abrogare poterant, vel novas aequali authoritate condere. Deinde quia jus Levitarum Reges aeque, ac subditos, ut profanos, sacra administrare prohibebat, et denique quia tota sui imperii securitas a sola voluntate unius, qui Propheta videbatur, pendebat, cujus rei exempla viderant: nimirum quanta cum libertate Samuël Saulo omnia imperabat, et quam facile unam ob noxam jus regnandi in Davidem transferre potuerit: quare et imperium in imperio habebant, et precario regnabant. Ad haec ergo superanda, alia templa Diis dicare concesserunt, ut nulla Levitis amplius consultatio esset; deinde plures, qui nomine Dei prophetarent, quaesiverunt, ut Prophetas haberent, quos veris opponerent. Sed quicquid conati sunt, nunquam voti compotes esse potuerunt. Prophetae enim ad omnia parati tempus opportunum expectabant, nempe imperium successoris, quod semper dum memoria praecedentis viget, precarium est: tum facile authoritate divina aliquem in Regem infensum, et virtute clarum inducere poterant ad jus divinum vindicandum, et imperium vel ejus partem jure possidendum. Verum nec Prophetae aliquid hac ratione promovere poterant; nam etsi Tyrannum e medio tollerent, manebant tamen causae: Quare nihil aliud faciebant, quam novum Tyrannum multo civium sanguine emere. Discordiis igitur bellisque civilibus finis nullus, causae autem jus divinum violandi semper eaedem, quae etiam non nisi simul cum toto imperio e medio tolli potuerunt.

His videmus, quomodo Religio in Hebraeorum Rempublicam introducta fuerit, et qua ratione imperium aeternum esse potuerit, si justa legislatoris ira in eodem persistere concessisset. Sed quia id fieri non potuit, tandem interire debuit. Atque hic de solo primo imperio loquutus sum, nam secundum vix umbra fuit primi, quandoquidem jure Persarum, quorum subditi erant, tenebantur, et postquam libertatem adepti sunt, Pontifices jus principatus usurpaverunt, quo imperium absolutum obtinuerunt. Unde Sacerdotibus regnandi et pontificatum simul adipiscendi ingens libido, quare de hoc secundo minime opus fuit plura dicere. An vero primum, prout ipsum durabile concepimus, imitabile sit, vel pium, id quoad ejus fieri potest imitari, id ex sequentibus patebit. Hic tantum coronidis loco notari velim, id quod jam supra innuimus, nempe ex his, quae in hoc Capite ostendimus, constare jus divinum sive religionis ex pacto oriri, sine quo nullum est nisi naturale, et ideo Hebraei nulla pietate erga gentes, quae pacto non interfuerunt, ex jussu religionis tenebantur, sed tantum in concives.

CAPUT XVIII. Ex Hebraeorum Republica, et historiis quaedam dogmata Politica concluduntur.

Quamvis Hebraeorum imperium, quale ipsum in praecedenti Capite concepimus, aeternum esse potuerit, idem tamen nemo jam imitari potest, nec etiam consultum est. Nam si qui suum jus in Deum transferre vellent, id cum Deo, sicuti Hebraei fecerunt, expresse pacisci deberent, adeoque non tantum voluntas jus transferentium, sed etiam Dei, in quem esset transferendum, requireretur. At Deus contra per Apostolos revelavit, Dei pactum non amplius atramento, nec in tabulis lapideis, sed Dei spiritu in corde scribi. Deinde talis imperii forma iis forsan tantum utilis esse posset, qui sibi solis absque externo commercio vivere, seseque intra suos limites claudere, et a reliquo orbe segregari velint, at minime iis, quibus necesse est cum aliis commercium habere; quapropter talis imperii forma paucissimis tantum ex usu esse potest. Verum enimvero, tametsi in omnibus imitabile non sit, multa tamen habuit dignissima, saltem ut notarentur, et quae forsan imitari consultissimum esset. Attamen, quia mea intentio, ut jam monui, non est, de Republica ex professo agere, eorum pleraque missa faciam, et tantum ea, quae ad meum scopum faciunt, notabo. Nempe quod contra Dei Regnum non pugnet, summam majestatem eligere, quae summum imperii jus habeat: Nam postquam Hebraei suum jus in Deum transtulerunt, jus summum imperandi Mosi tradiderunt, quique adeo solus authoritatem habuit leges Dei nomine condendi, et abrogandi, sacrorum ministros eligendi, judicandi, docendi, et castigandi, et omnibus denique omnia absolute imperandi. Deinde quod, quamvis sacrorum ministri legum interpretes fuerint, eorum tamen non erat, cives judicare, nec aliquem excommunicare; hoc enim tantum judicibus, et principibus ex populo electis competebat (vide Josuae cap. 6. vers. 26., Judicum cap. 21. vers. 18. et 1. Samuëlis cap. 14. vers. 24.). Praeter haec, si etiam ad Hebraeorum successus, et historias attendere velimus, alia, digna etiam ut notentur, reperiemus. Videlicet I. quod nullae in Religione sectae fuerint, nisi postquam Pontifices in secundo imperio authoritatem habuerunt decretandi, et negotia imperii tractandi, quae authoritas ut aeterna esset, jus sibi principatus usurpaverunt, et tandem Reges appellari voluerunt. Ratio in promptu est; in primo namque imperio nulla decretalia nomen a Pontifice habere poterant, quandoquidem nullum jus decretandi habebant, sed tantum Dei responsa, a principibus, vel conciliis rogati, dandi; ac propterea nulla tum iis libido esse potuit, nova decretandi, sed tantum assueta, et recepta administrandi, et defendendi. Nam nulla alia ratione libertatem suam invitis principibus conservare tuto poterant, nisi leges incorruptas servando. At postquam potestatem etiam ad imperii negotia tractandum, jusque principatus juxta pontificatum adepti sunt, unusquisque tam in religione, quam in reliquis sui nominis gloriam incepit quaerere, omnia scilicet pontificali authoritate determinando, et quotidie nova de caeremoniis, de fide, et omnibus decretando, quae non minus sacra, nec minoris authoritatis esse voluerunt, quam leges Mosis; ex quo factum, ut religio in exitiabilem superstitionem declinaret, et legum verus sensus, et interpretatio corrumperetur; ad quod etiam accessit, quod dum pontifices viam ad principatum in initio restaurationis affectabant, omnia, ut plebem ad se traherent, assentabantur; plebis scilicet facta, etsi impia approbando, et Scripturam pessimis ejus moribus accommodando: Quod quidem Malachias de iis conceptissimis verbis testatur; is enim, postquam sacerdotes sui temporis increpuit, eos Dei nominis contemptores appellando, sic eos castigare pergit, *Labia pontificis custodiunt scientiam, et lex ex ipsius ore quaeritur, quia Dei missarius est; At vos recessistis a via, fecistis, ut lex multis esset offendiculo: Pactum Levi corrupistis, ait Deus exercituum;* et sic porro eos accusare pergit, quod leges ad libitum interpretabantur, et nullam Dei rationem, sed tantum personarum habebant. At certum est, Pontifices haec nunquam tam caute facere potuisse, ut a prudentioribus non animadverterentur, qui proinde, crescente audacia, contenderunt, nullas alias leges teneri debere, quam quae scriptae erant; caeterum decreta, quae decepti Pharisaei (qui, ut Josephus in Antiquitatibus habet, ex communi plebe maxime constabant), traditiones patrum vocabant, minime custodienda esse. Quicquid fuerit, nullo modo possumus dubitare, quin Pontificum adulatio, religionis, et legum corruptio, harumque incredibilis augmentatio magnam admodum, et frequentem occasionem dederint disputationibus, et altercationibus, quae numquam componi potuerunt; nam ubi homines ardore superstitionis, magistratu alterutram partem adjuvante, litigare incipiunt, nequaquam sedari possunt, sed necessario in sectas dividuntur.

II. Notatu dignum est, quod Prophetae, viri scilicet privati, libertate sua monendi, increpandi, et exprobrandi, homines magis irritaverunt, quam correxerunt; qui tamen a Regibus moniti, vel castigati facile flectebantur. Imo Regibus etiam piis saepe intolerabiles fuerunt, propter authoritatem, quam habebant judicandi, quid pie vel impie factum esset, et vel Reges ipsos castigandi, si quod negotium publicum, vel privatum contra eorum judicium agere sustinebant: Rex Asa, qui ex testimonio Scripturae pie regnavit, Prophetam Hananiam in pistrinum dedit (vide 2. Paralip. cap. 16.), quia ipsum libere reprehendere, et increpare sustinuit, ob pactum cum Rege Aramaeae factum; et praeter hoc alia reperiuntur exempla, quae ostendunt, religionem plus detrimenti, quam incrementi ex tali libertate accepisse, ut jam taceam, quod hinc etiam, quod Prophetae tantum sibi jus retinuerint, magna bella civilia orta fuerint.

III. Dignum etiam, ut notetur, est, quod, quamdiu populus regnum tenuit, non nisi unum bellum civile habuerit, quod tamen absolute extinctum fuit, et victores victorum ita miseriti sunt, ut omnibus modis curaverint, eosdem in antiquam suam dignitatem, et potentiam restituere. At postquam populus regibus minime assuetus imperii primam formam in monarchicam mutavit, civilibus bellis nullus fere finis fuit, et proelia adeo atrocia commiserunt, ut omnium famam exuperaverint; in uno enim proelio (quod fidem fere superat) quingenta millia Israëlitarum necati sunt a Judaeis; et in alio contra Israëlitae Judaeorum multos trucidant (numerus in Scriptura non traditur), ipsum Regem capiunt, Hierosolymae murum fere demoliuntur, et ipsum Templum (ut irae nullum modum fuisse noscatur) omnino spoliant, et ingenti fratrum praedâ onusti, et sanguine satiati, acceptis obsidibus, et Rege in jam fere vastato suo regno relicto, arma deponunt, non fide, sed imbecillitate Judaeorum securi facti. Nam paucis post annis, Judaeorum viribus refectis, novum proelium rursus committunt, in quo iterum Israëlitae victores evadunt, centum et viginti millia Judaeorum trucidant, mulieres, et liberos eorum usque ad ducenta millia captivos ducunt, magnamque praedam iterum rapiunt; atque his, et aliis proeliis, quae in historiis obiter narrantur, consumpti, praeda tandem hostibus fuerunt. Deinde si etiam tempora reputare velimus, quibus absoluta pace frui licuit, magnam reperiemus discrepantiam; saepe enim ante reges quadraginta, et semel (quod omni opinione majus) octoginta annos sine bello externo, vel interno concorditer transegerunt. At postquam Reges imperium adepti sunt, quia non amplius ut antea pro pace, et libertate, sed pro gloria certandum erat, omnes praeter unum Salomonem (cujus virtus, sapientia scilicet, melius in pace, quam in bello constare poterat) bella gessisse legimus; accessit deinde exitiabilis regnandi libido, quae plerisque iter ad regnum admodum cruentum fecit. Denique leges durante populi regno incorruptae manserunt, et constantius observatae fuerunt. Nam ante reges paucissimi fuerunt Prophetae, qui populum monerent, post electum autem Regem, permulti simul fuerunt; Hobadias namque centum a caede liberavit, eosque abscondidit, ne cum reliquis occiderentur. Nec videmus, quod populus ullis falsis Prophetis deceptus fuit, nisi postquam imperium regibus cessit, quibus plerique assentari student. Adde, quod populus, cujus plerumque animus, pro re nata, magnus, vel humilis est, facile se in calamitatibus corrigebat, et ad Deum convertebat, legesque restituebat, et hoc modo sese etiam omni periculo expediebat: contra reges, quorum animi semper aeque elati sunt, nec flecti absque ignominia possunt, pertinaciter vitiis adhaeserunt, usque ad supremum urbis excidium.

Ex his clarissime videmus, I. quam perniciosum et religioni, et Reipublicae sit, sacrorum ministris jus aliquod decretandi, vel imperii negotia tractandi, concedere; et contra omnia multo constantius sese habere, si hi ita contineantur, ut de nulla re, nisi rogati respondeant, et ut interim recepta tantum, et maxime usitata doceant, exerceantque.

II. quam periculosum sit ad jus divinum referre res mere speculativas, legesque de opinionibus condere, de quibus homines disputare solent, vel possunt; ibi enim violentissime regnatur, ubi opiniones, quae uniuscujusque juris sunt, quo nemo cedere potest, pro crimine habentur; imo plebis ira, ubi hoc fit, maxime regnare solet: Pilatus namque, ut Pharisaeorum irae concederet, Christum, quem innocentem noverat, crucifigere jussit. Deinde ut Pharisaei ditiores a suis dignitatibus deturbarent, quaestiones de religione movere coeperunt, et Tsaducaeos impietatis accusare; et ad hoc Pharisaeorum exemplum, pessimi quique hypocritae eâdem rabiê agitati, quam zelum juris divini vocant, viros probitate insignes, et virtute claros, et ob id plebi invisos, ubique persecuti sunt; eorum scilicet opiniones publice detestando, et saevam multitudinem irâ in eosdem incendendo. Atque haec procax licentia, quia specie religionis adumbratur, non facile coërceri potest, praecipue ubi summae potestates sectam aliquam introduxerunt, cujus ipsae authores non sunt, quia tum non ut juris divini interpretes, sed ut sectarii habentur, hoc est, ut qui sectae doctores juris divini interpretes agnoscunt; et ideo magistratuum authoritas circa haec apud plebem parum valere solet, at plurimum doctorum authoritas, quorum interpretationibus vel reges submitti debere putant. Ad haec ergo mala vitanda nihil Reipublicae tutius excogitari potest, quam pietatem, et Religionis cultum in solis operibus, hoc est, in solo exercitio charitatis, et justitiae ponere, et de reliquis liberum unicuique judicium relinquere; sed de his postea fusius.

III. Videmus, quam necesse sit, tam Reipublicae, quam religioni, summis potestatibus jus, de eo, quod fas, nefasque sit, discernendi, concedere: Nam si hoc jus, de factis discernendi, ipsis divinis Prophetis concedi non potuit, nisi cum magno Reipublicae, et Religionis damno, multo minus iis concedendum erit, qui nec futura praedicere sciunt, nec miracula possunt facere. Verum de hoc in sequenti ex professo agam. IV. Denique videmus, quam exitiale sit populo, qui sub regibus non consuevit vivere, quique jam leges conditas habet, Monarcham eligere: Nam nec ipse tantum imperium sustinere, nec regia authoritas pati poterit leges, et jura populi ab alio minoris authoritatis instituta, et multo minus animum inducere ad easdem defendendum, praesertim quia in iis instituendis nulla ratio Regis, sed tantum populi, vel concilii, qui regnum tenere putabat, haberi potuit; atque adeo Rex jura populi antiqua desendendo, ejus potius servus, quam dominus videretur. Novus ergo Monarcha summo studio novas leges statuere conabitur, et jura imperii in suum usum reformare, et populum eo redigere, ut non tam facile Regibus dignitatem adimere possit, quam dare. At hic praeterire nequaquam possum, non minus periculosum etiam esse Monarcham e medio tollere, tametsi omnibus modis constet eundem tyrannum esse: Nam populus regiae authoritati assuetus, eaque sola retentus, minorem contemnet, et ludibrio habebit, ac proinde, si unum e medio tollat, necesse ipsi erit, ut olim Prophetis, alium loco prioris eligere, qui non sponte, sed necessario tyrannus erit. Nam quâ ratione videre poterit civium manus caede regia cruentatas, eosque parricidio, tanquam re bene gesta, gloriari ? quod non, nisi ad exemplum in ipsum solum statuendum, commiserunt. Sane, si Rex esse vult, nec populum Regum judicem, suumque dominum agnoscere, nec precario regnare, prioris mortem vindicare debet, et contra sui causa exemplum statuere, ne populus iterum tale facinus committere audeat. At mortem tyranni civium nece non facile vindicare poterit, nisi simul ejusdem prioris tyranni causam defendat, ejusque facta approbet, et consequenter omnia prioris tyranni vestigia sequatur. Hinc igitur factum, ut populus saepe quidem tyrannum mutare, at nunquam tollere, nec imperium monarchicum in aliud alterius formae mutare potuerit. Hujus rei fatale exemplum populus Anglicanus dedit, qui causas quaesivit, quibus specie juris monarcham e medio tolleret; at, eo sublato, nihil minus facere potuit, quam formam imperii mutare, sed post multum sanguinem effusum huc perventum est, ut novus monarcha alio nomine salutaretur (quasi tota quaestio de solo nomine fuisset), qui nulla ratione persistere poterat, nisi stirpem regiam penitus delendo, regis amicos vel amicitiâ suspectos necando, et otium pacis rumoribus aptum, bello disturbando, ut plebs novis rebus occupata, et intenta cogitationes de caede regia alio diverteret. Sero igitur animadvertit populus se pro salute patriae nihil aliud secisse, quam jus legitimi regis violare, resque omnes in pejorem statum mutare. Ergo gradum, ubi licuit, revocare decrevit, nec quievit, donec omnia in pristinum suum statum restaurata vidit. At forsan aliquis exemplo populi Romani objiciet, populum facile posse tyrannum e medio tollere, sed ego, eodem nostram sententiam omnino confirmari existimo: Nam quamvis populus Romanus longe facilius tyrannum e medio tollere, et formam imperii mutare potuerit, propterea quod jus regem, ejusque successorem eligendi penes ipsum populum erat, et quod ipse (utpote ex seditiosis, et flagitiosis hominibus conflatus) nondum regibus obedire consueverat; nam ex sex, quos antea habuerat, tres intersecerat; tamen nihil aliud fecit, quam loco unius plures tyrannos eligere, qui ipsum externo, et interno bello misere conflictum semper habuerunt, donec tandem imperium iterum in monarcham, mutato etiam tantum, ut in Anglia, nomine, cessit. Quod autem ad Ordines Hollandiae attinet, hi nunquam, quod scimus, Reges habuerunt, sed comites, in quos nunquam jus imperii translatum fuit: Nam, ut ipsi Praepotentes Ordines Hollandiae in inductione, tempore comitis Leycestriae ab ipsis editâ, palam faciunt, sibi authoritatem semper reservaverunt, ad eosdem comites sui officii monendum, et potestatem sibi retinuerunt ad hanc suam authoritatem, et civium libertatem defendendum, seseque de iisdem, si in tyrannos degenerarent, vindicandum, et eos ita retinendum, ut nihil, nisi concedentibus, et approbantibus ordinibus, efficere possent. Ex quibus sequitur, jus supremae majestatis semper penes ordines fuisse, quod quidem ultimus comes conatus est usurpare; quare longe abest, quod ab eo defecerint, cum pristinum suum imperium paene jam amissum restauraverunt. His igitur exemplis id, quod diximus, omnino confirmatur, quod scilicet uniuscujusque imperii forma necessario retinenda est, nec absque periculo totalis ipsius ruinae mutari potest; et haec sunt, quae hic operae pretium notare duxi.

CAPUT XIX. Ostenditur, jus circa sacra penes summas potestates omnino esse, et religionis cultum externum reipublicae paci accommodari debere, si recte Deo obtemperare velimus

Cum supra dixi, eos, qui imperium tenent, jus ad omnia solos habere, et a solo eorum decreto jus omne pendere, non tantum civile intelligere volui, sed etiam sacrum; nam hujus etiam et interpretes esse debent, et vindices; atque hoc hic expresse notare volo, et de eo ex professo in hoc Capite agere, quia plurimi sunt, qui pernegant, hoc jus, nempe circa sacra summis potestatibus competere, neque eos interpretes juris divini agnoscere volunt; unde etiam licentiam sibi sumunt, easdem accusandi, et traducendi, imo ab Ecclesia (ut olim Ambrosius Theodosium caesarem) excommunicandi. Sed eos hac ratione imperium dividere, imo viam ad imperium affectare, infra in hoc ipso Capite videbimus; nam prius ostendere volo, Religionem vim juris accipere ex solo eorum decreto, qui jus imperandi habent; et Deum nullum singulare regnum in homines habere, nisi per eos, qui imperium tenent, et praeterea quod Religionis cultus, et pietatis exercitium Reipublicae paci, et utilitati accommodari, et consequenter a solis summis potestatibus determinari debet, quaeque adeo ejus etiam interpretes debent esse. Loquor expresse de pietatis exercitio, et externo Religionis cultu; non autem de ipsa pietate, et Dei interno cultu, sive mediis, quibus mens interne disponitur ad Deum integritate animi colendum; internus enim Dei cultus, et ipsa pietas uniuscujusque juris est (ut in fine cap. VII. ostendimus), quod in alium transferri non potest. Porro quid hic per Dei Regnum intelligam, ex cap. XIV. satis constare existimo; in eo enim ostendimus, eum legem Dei adimplere, qui justitiam, et charitatem ex Dei mandato colit: unde sequitur illud Regnum esse Dei, in quo justitia et charitas vim juris, et mandati habent. Atque hic nullam agnosco differentiam, sive Deus verum justitiae et charitatis cultum lumine naturali, sive revelatione doceat, imperetque; nihil enim refert, quomodo ille cultus revelatus sit, modo summum jus obtineat, summaque lex hominibus sit. Si igitur jam ostendam justitiam, et charitatem vim juris, et mandati non posse accipere, nisi ex jure imperii, facile inde concludam (quandoquidem jus imperii penes summas potestates tantum est) Religionem vim juris accipere ex solo eorum decreto, qui jus imperandi habent, et Deum nullum singulare regnum in homines habere, nisi per eos, qui imperium tenent. At quod cultus justitiae, et charitatis vim juris non accipit, nisi ex jure imperii, ex antecedentibus patet; ostendimus enim cap. XVI. in statu naturali non plus juris rationi, quam appetitui esse, sed tam eos, qui secundum leges appetitus, quam eos, qui secundum leges rationis vivunt, jus ad omnia, quae possunt, habere. Hac de causa in statu naturali peccatum concipere non potuimus, nec Deum tanquam judicem homines propter peccata punientem, sed omnia secundum ‰leges universae naturae communes ferri, et eundem casum (ut cum Salomone loquar) justo, ac impio, puro, ac impuro etc. contingere, et nullum locum justitiae, nec charitati esse. At, ut verae rationis documenta, hoc est (ut in cap. IV. circa legem divinam ostendimus), ipsa divina documenta vim juris absolute haberent, necesse fuisse, ut unusquisque jure suo naturali cederet, et omnes idem in omnes, vel in aliquot, vel in unum transferrent, et tum demum nobis primum innotuit, quid justitia, quid injustitia, quid aequitas, quidque iniquitas esset. Justitia igitur, et absolute omnia verae rationis documenta, et consequenter erga proximum charitas, a solo imperii jure, hoc est (per ea quae in eodem cap. ostendimus), a solo eorum decreto, qui jus imperandi habent, vim juris, et mandati accipiunt: et quia (ut jam ostendi) in solo justitiae, et charitatis, sive verae Religionis jure Dei regnum consistit, sequitur, ut volebamus, Deum nullum regnum in homines habere, nisi per eos, qui imperium tenent; et perinde, inquam, est, sive Religionem lumine naturali, sive Prophetico revelatam concipiamus; demonstratio enim universalis est, quandoquidem religio eadem est, et a Deo aeque revelata, sive hoc, sive illo modo hominibus innotuisse supponatur; et ideo, ut etiam religio Prophetice revelata vim juris apud Hebraeos haberet, necesse fuit, ut unusquisque eorum jure suo naturali prius cederet, et omnes ex communi consensu statuerent, iis tantum obedire, quae ipsis a Deo Prophetice revelarentur, eodem prorsus modo, ac in imperio democratico fieri ostendimus, ubi omnes communi consensu deliberant, ex solo rationis dictamine vivere; et quamvis Hebraei suum jus praeterea in Deum transtulerint, hoc magis mente, quam opera facere potuerunt: Nam re ipsa (ut supra vidimus) jus imperii absolute retinuerunt, donec ipsum in Mosen transtulerunt, qui etiam deinceps rex absolute mansit, et per eum solum Deus Hebraeos regnavit. Porro hac etiam de causa (quod scilicet religio ex solo jure imperii vim juris accipit) Moses nullo eos supplicio afficere potuit, qui ante pactum, et qui consequenter sui adhuc juris erant, Sabbatum violaverunt (vide Exodi cap. 16. v. 27.), sicuti post pactum (vide Num. cap. 15. v. 36.), postquam scilicet unusquisque jure suo naturali cessit, et Sabbatum ex jure imperii, vim mandati accepit. Denique hac etiam de causa destructo Hebraeorum imperio Religio revelata vim juris habere desiit; nequaquam enim dubitare possumus, quin simul, ac Hebraei jus suum in Babilonium Regem transtulerunt, continuo regnum Dei, jusque divinum cessaverit. Nam eo ipso pactum, quo promiserant, omnibus, quae Deus loqueretur, obedire, quodque Dei regni fundamentum fuerat, omnino sublatum est, nec eo amplius stare poterant, quandoquidem ab eo tempore non amplius sui juris (ut cum in desertis, vel in patria essent) sed Regis Babiloniae erant, cui in omnibus (ut cap. XVI. ostendimus) obedire tenebantur; quod etiam Jeremias eosdem cap. 29. v. 7. expresse monet. *Consulite*, inquit, *paci civitatis, ad quam vos captivos duxi: Nam ipsius incolumitate vobis erit incolumitas.* At incolumitati illius civitatis consulere non poterant, tanquam imperii ministri (captivi enim erant), sed tanquam servi; se scilicet, ad vitandas seditiones, in omnibus obedientes praestando, imperii jura, et leges, tametsi a legibus, quibus in patria consueverant, admodum diversa, observando, etc. Ex quibus omnibus evidentissime ‰sequitur, Religionem apud Hebraeos vim juris a solo imperii jure accepisse, et eo destructo, non amplius tanquam jussum singularis imperii, sed catholicum rationis documentum haberi potuisse; rationis, inquam; nam Catholica Religio nondum ex revelatione innotuerat. Absolute igitur concludimus religionem, sive ea lumine naturali, sive Prophetico revelata sit, vim mandati accipere ex solo eorum decreto, qui jus imperandi habent, et Deum nullum singulare regnum in homines habere, nisi per eos, qui imperium tenent. Sequitur hoc etiam, et clarius etiam intelligitur ex dictis in cap. IV. Ibi enim ostendimus, Dei decreta aeternam veritatem, et necessitatem omnia involvere, nec posse concipi, Deum tanquam principem vel legislatorem leges hominibus ferentem. Quapropter divina documenta lumine naturali, vel Prophetico revelata vim mandati a Deo immediate non accipiunt, sed necessario ab iis, vel mediantibus iis, qui jus imperandi, et decretandi habent; adeoque non nisi mediantibus iisdem concipere possumus Deum in homines regnare, resque humanas secundum justitiam, et aequitatem dirigere, quod ipsa etiam experientia comprobatur; nam nulla divinae justitiae vestigia reperiuntur, nisi ubi justi regnant, alias (ut Salomonis verba iterum repetam) eundem casum justo, ac injusto, puro, ac impuro contingere videmus; quod quidem plurimos, qui Deum in homines immediate regnare, et totam naturam in eorum usum dirigere putabant, de divina providentia dubitare fecit. Cum itaque tam experientia, quam ratione constet jus divinum a solo decreto summarum potestatum pendere, sequitur, easdem etiam ejusdem esse interpretes; qua autem ratione, jam videbimus; nam tempus est, ut ostendamus, cultum religionis externum, et omne pietatis exercitium reipublicae paci, et conservationi debere accommodari, si recte Deo obtemperare velimus. Hoc autem demonstrato facile intelligemus, qua ratione summae potestates interpretes religionis, et pietatis sunt.

Certum est, quod pietas erga patriam summa sit, quam aliquis praestare potest, nam, sublato imperio, nihil boni potest consistere, sed omnia in discrimen veniunt, et sola ira, et impietas maximo omnium metu regnat; unde sequitur nihil proximo pium praestari posse, quod non impium sit, si inde damnum totius reipublicae sequatur, et contra nihil in eundem impium committi, quod pietati non tribuatur, si propter reipublicae conservationem fiat. Ex. gr. pium est, ei, qui mecum contendit, et meam tunicam vult capere, pallium etiam dare. At ubi judicatur, hoc reipublicae conservationi perniciosum esse, pium contra est, eundem in judicium vocare, tametsi mortis damnandus sit. Hac de causa Manlius Torquatus celebratur, quod salus populi plus apud ipsum valuerit, quam erga filium pietas. Cum hoc ita sit, sequitur, salutem populi summam esse legem, cui omnes, tam humanae, quam divinae accommodari debent. At cum solius summae potestatis officium sit, determinare, quid saluti totius populi, et imperii securitati necesse sit, et quid necesse esse judicaverit, imperare, hinc sequitur, solius etiam summae potestatis officium esse, determinare, qua ratione unusquisque debet proximum pietate colere, hoc est, qua ratione unusquisque Deo obedire tenetur. Ex his clare intelligimus, qua ratione summae potestates interpretes religionis sint; deinde quod nemo Deo recte obedire potest, si cultum pietatis, qua unusquisque tenetur, publicae utilitati non accommodet, et consequenter, si omnibus summae ‰potestatis decretis non obediat. Nam quandoquidem ex Dei mandato omnes (nullo excepto) pietate colere tenemur, neminique damnum inferre, hinc sequitur, nemini licere, opem alicui cum alterius, et multo minus cum totius reipublicae damno ferre; adeoque neminem posse proximum pietate colere secundum Dei mandatum, nisi pietatem, et religionem publicae utilitati accommodet. At nullus privatus scire potest, quid reipublicae utile sit, nisi ex decretis summarum potestatum, quarum tantum est, negotia publica tractare; ergo nemo pietatem recte colere, nec Deo obedire potest, nisi omnibus summae potestatis decretis obtemperet: Atque hoc ipsa etiam praxi confirmatur. Quem enim, sive civem, sive extraneum, privatum, vel imperium in alios tenentem summa potestas reum mortis vel hostem judicavit, nemini subditorum eidem auxilium ferre licet. Sic etiam, quamvis Hebraeis dictum fuerit, ut unusquisque socium tanquam se ipsum amaret (vide Levit. cap. 19. v. 17. v. 18.), tenebantur tamen eum, qui contra edicta legis aliquid commiserat, Judici indicare (vide Levit. cap. 5. v. I. et Deut. cap. 13. v. 8. 9.) et eundem, si reus mortis judicabatur, interficere (vide Deut. cap. 17. v. 7.). Deinde ut Hebraei libertatem adeptam possent conservare, et terras, quas occuparent, imperio absoluto retinerent, necesse fuit, ut cap. XVII. ostendimus, religionem suo soli imperio accommodarent, seseque a reliquis nationibus separarent; et ideo iis dictum fuit, *dilige proximum tuum, et odio habe inimicum tuum* (vide Matth. cap. 5. v. 43); postquam autem imperium amiserunt, et Babiloniam captivi ducti sunt, Jeremias eosdem docuit, ut incolumitati (etiam) illius civitatis, in quam captivi ducti erant, consulerent, et postquam Christus eos per totum orbem dispersum iri vidit, docuit, ut omnes absolute pietate colerent; quae omnia evidentissime ostendunt, religionem reipublicae utilitati accommodatam semper fuisse. Si quis autem jam quaerat, quo ergo jure Christi discipuli, qui viri scilicet privati, religionem praedicare poterant? eosdem id fecisse dico jure potestatis, quam a Christo acceperant, adversus Spiritus impuros (vide Matth. cap. 10. v. 1.). Supra enim in fine cap. XVI. expresse monui, omnes fidem Tyranno etiam servare teneri, excepto eo, cui Deus certa revelatione singulare contra Tyrannum auxilium promiserit; quare nemini inde exemplum sumere licet, nisi etiam potestatem habeat ad facienda miracula, quod hinc etiam conspicuum fit, quod Christus discipulis etiam dixerit, ne metuerent eos, qui occidunt corpora (vide Matth. cap. 10. v. 28.). Quod si hoc unicuique dictum fuisset, frustra imperium statueretur, et illud Salomonis (Prov. cap. 24. v. 21.) *fili mi, time Deum, et regem*, impie dictum fuisset, quod longe a vero abest; atque adeo necessario fatendum authoritatem illam, quam Christus discipulis dedit, iis tantum singulariter datam fuisse, nec inde exemplum aliis sumi posse. Caeterum adversariorum rationes, quibus jus sacrum a jure civili separare volunt, et hoc tantum penes summas potestates, illud autem penes universam ecclesiam esse contendunt, nihil moror; adeo namque frivolae sunt, ut nec refutari mereantur. Hoc unum silentio praeterire nequeo, quam misere ipsi decipiantur, quod ad hanc seditiosam opinionem (veniam verbo duriori precor) confirmandam exemplum sumant a summo Hebraeorum Pontifice, penes quem olim jus sacra administrandi fuit; quasi Pontifices illud jus a Mose non acceperint (qui, ut supra ostendimus, summum solus imperium retinuit), ex cujus etiam decreto eodem privari poterant; ipse enim non tantum Aharonem, sed etiam filium ejus Eleazarum, et nepotem Pineham elegit, et authoritatem pontificatum administrandi dedit, quam postea Pontifices ita retinuerunt, ut nihilominus Mosis, id est, summae potestatis substituti viderentur: Nam, ut jam ostendimus, Moses nullum imperii successorem elegit, sed ejus omnia officia ita distribuit, ut posteri ejus vicarii visi fuerint, qui imperium, quasi rex absens esset, non mortuus, administrabant. In secundo deinde imperio hoc jus absolute tenuerunt Pontifices, postquam cum pontificatu jus principatus etiam adepti sunt. Quare jus pontificatus ex edicto summae potestatis semper dependit, nec Pontifices id unquam nisi cum principatu tenuerunt. Imo jus circa sacra penes Reges absolute fuit (ut ex mox dicendis in fine hujus Capitis patebit) praeter hoc unum, quod manus sacris in templo administrandis admovere non licebat, quia omnes, qui suam genealogiam ex Aharone non ducebant, profani habebantur, quod sane in Christiano imperio locum nullum habet; atque ideo dubitare non possumus, quin hodierna sacra (quorum administratio singulares mores, non autem familiam requirit, unde nec ii, qui imperium tenent, tanquam profani ab eadem secluduntur) solius juris summarum potestatum sint; et nemo, nisi ex eorum authoritate, vel concessu jus potestatemque eadem administrandi, eorum ministros eligendi, Ecclesiae fundamenta, ejusque doctrinam determinandi, et stabiliendi, de moribus et pietatis actionibus judicandi, aliquem excommunicandi, vel in Ecclesiam recipiendi, nec denique pauperibus providendi habet. Atque haec non tantum demonstrantur (ut jam fecimus) vera, sed etiam apprime necessaria, tam ipsi religioni, quam reipublicae conservationi esse; norunt enim omnes, quantum jus, et authoritas circa sacra apud populum valeat, et quantum unusquisque ab ejus ore pendeat, qui eandem habet; ita ut affirmare liceat eum maxime in animos regnare, cui haec authoritas competit. Si quis ergo hanc summis potestatibus adimere vult, is imperium dividere studet, ex quo necessario, ut olim inter Hebraeorum Reges, et Pontifices contentiones, et discordiae oriri debebunt, quae nunquam sedari possunt: Imo qui hanc authoritatem summis potestatibus adimere studet, is viam (ut jam diximus) ad imperium affectat. Nam quid ipsae decernere possunt, si hoc iisdem jus denegatur? nihil profecto nec de bello, nec de pace, nec de ullo quocunque negotio, si sententiam alterius expectare tenentur, qui ipsas doceat, num id, quod utile judicant, pium sit, an impium; sed contra omnia potius ex illius decreto fient, qui jus habet judicandi, et decretandi, quid pium vel impium, fas, nefasque sit. Cujus rei exempla omnia viderunt saecula, quorum unum tantum, quod instar omnium est, adferam. Quia Romano Pontifici hoc jus absolute concessum fuit, tandem omnes paulatim Reges sub potestate habere incepit, donec etiam ad summum imperii fastigium ascenderit; et quicquid postea monarchae, et praecipue Germaniae Caesares conati sunt, ejus authoritatem vel tantillum diminuere, nihil promoverunt, sed contra eandem eo ipso multis numeris auxerunt. Verum enimvero hoc idem, quod nullus Monarcha nec ferro, nec igne, Ecclesiastici solo tantum calamo facere potuerunt, ut vel hinc tantum ejusdem vis, et potentia facile dignoscatur, et praeterea, quam necesse sit ‰summis potestatibus hanc sibi authoritatem reservare. Quod, si etiam ea, quae in superiore Capite notavimus, considerare velimus, videbimus hoc ipsum religionis et pietatis incremento non parum etiam conducere: Vidimus enim supra, ipsos Prophetas, quamvis divina virtute praeditos, tamen quia privati viri erant, libertate sua monendi, increpandi, et exprobrandi, homines magis irritavisse, quam correxisse, qui tamen a Regibus moniti vel castigati facile flectebantur. Deinde ipsos reges ab hoc tantum, quod ipsis hoc jus non absolute competebat, saepissime a religione descivisse, et cum ipsis fere totum populum, quod etiam in Christianis imperiis ob eandem causam saepissime contigisse constat. At hic forsan me aliquis rogabit, quisnam ergo, si ii, qui imperium tenent, impii esse velint, pietatem jure vindicabit? an tum etiam iidem ejus interpretes habendi sunt? Verum ego contra ipsum rogo, quid si Ecclesiastici (qui etiam homines sunt et privati, quibus sua tantum negotia curare incumbit), vel alii, penes quos jus circa sacra esse vult, impii esse velint; an tum etiam ejusdem interpretes habendi sunt? Certum quidem est, quod si ii, qui imperium tenent, qua juvat, ire velint, sive jus circa sacra habeant, sive minus, omnia tam sacra, quam profana in deterius ruent: et longe citius, si qui viri privati seditiose jus divinum vindicare velint. Quapropter hoc iisdem jus denegando nihil absolute promovetur, sed contra malum magis augetur, nam hoc ipso fit, ut necessario (sicuti Hebraeorum Reges, quibus hoc jus non absolute concessum fuit) impii sint, et consequenter, ut totius Reipublicae damnum et malum ex incerto, et contingente certum, et necessarium reddatur. Sive igitur rei veritatem, sive imperii securitatem, sive denique pietatis incrementum spectemus, statuere cogimur jus etiam divinum, sive jus circa sacra a decreto summarum potestatum absolute pendere, easque ejusdem interpretes esse, et vindices; ex quibus sequitur, illos Dei verbi ministros esse, qui populum ex authoritate summarum potestatum pietatem docent, prout ipsa ex earum decreto publicae utilitati accomodata est.

Superest jam causam etiam indicare, cur semper in Christiano imperio de hoc jure disceptatum fuit, cum tamen Hebraei nunquam, quod sciam, de eodem ambegerint. Sane monstro simile videri posset, quod de re tam manifesta, tamque necessaria quaestio semper fuerit, et quod summae potestates hoc jus nunquam absque controversia, imo nunquam nisi magno seditionum periculo, et religionis detrimento habuerint. Profecto, si hujus rei nullam certam causam assignare possemus, facile mihi persuaderem, omnia, quae in hoc Capite ostendi, non nisi theoretica esse, sive ex earum speculationum genere, quae

491

nunquam ex usu esse possunt: Etenim ipsa primordia Christianae religionis consideranti hujus rei causa sese omnino manifestat. Christianam namque religionem non reges primi docuerunt, sed viri privati, qui, invitis iis, qui imperium tenebant, et quorum subditi erant, privatis Ecclesiis concionari, sacra officia instituere, administrare, et soli omnia ordinare, et decretare, nulla imperii ratione habita, diu consueverunt; cum autem multis jam elapsis annis religio in imperium introduci incepit, Ecclesiastici eandem, sicuti ipsam determinaverant, ipsos Imperatores docere debuerunt, ex quo facile obtinere potuerunt, ut ejus doctores, et interpretes, et praeterea Ecclesiae pastores, et quasi Dei vicarii agnoscerentur ‰et ne postea Reges Christiani hanc sibi authoritatem capere possent, optime sibi caverunt Ecclesiastici, prohibendo scilicet matrimonium supremis Ecclesiae ministris, summoque religionis interpreti. Ad quod praeterea accessit, quod Religionis dogmata ad tam magnum numerum auxerant, et cum Philosophia ita confuderant, ut summus ejus interpres summus Philosophus, et Theologus esse, et plurimis inutilibus speculationibus vacare deberet, quod tantum viris privatis, et otio abundantibus contingere potest. At apud Hebraeos longe aliter res sese habuit: Nam eorum Ecclesia simul cum imperio incepit, et Moses, qui id absolute tenebat, populum religionem docuit, sacra ministeria ordinavit, eorumque ministros elegit. Hinc igitur contra factum est, ut authoritas regia apud populum maxime valuerit, et ut jus circa sacra Reges maxime tenuerint. Nam quamvis post mortem Mosis nemo imperium absolute tenuerit, jus tamen decretandi tam circa sacra, quam circa reliqua, penes principem (ut jam ostendimus) erat; deinde, ut populus religionem, et pietatem edoceretur, non magis Pontificem, quam supremum Judicem adire tenebatur. (Vide Deut. cap. 17. v. 9. 11.) Reges denique quamvis non aequale ac Moses jus habuerint, omnis tamen fere sacri ministerii ordo, et electio ab eorum decreto pendebat: David enim fabricam templi totam concinnavit (vide Paralip. 1. cap. 28. v. 11. 12. etc.), ex omnibus deinde Levitis viginti quatuor millia elegit ad psallendum, et sex millia, ex quibus Judices, et praetores eligerentur, quatuor deinde millia janitorum, et quatuor denique millia, qui organis canerent. (Vide ejusdem libri cap. 23. v. 4. 5.) Porro eosdem in cohortes (quarum etiam primarios elegit) divisit, ut unaquaeque suo tempore, servatis vicibus, administraret. (Vide v. 6. ejusdem cap.) Sacerdotes itidem in tot cohortes divisit; sed ne omnia singulatim recensere tenear, lectorem refero ad lib. 2. Paralip. cap. 8., ubi vers. scil. 13. dicitur, *cultum Dei, sicuti eundem Moses instituerat, fuisse ex mandato Salomonis in templo administratum*, et v. 14., *quod ipse* (Salomon) *cohortes sacerdotum in suis ministeriis et Levitarum etc. constituerit, secundum jussum viri divini Davidis*. Et versu denique 15. testatur Historicus, *quod non recesserunt a praecepto Regis imposito sacerdotibus, et Levitis in nulla re, neque in aerariis administrandis,* ex quibus omnibus, et aliis Regum historiis sequitur evidentissime, totum religionis exercitium, sacrumque ministerium a solo Regum mandato dependisse. Cum autem supra dixi, eosdem jus non habuisse, ut Moses, summum pontificem eligendi, Deum immediate consulendi, et Prophetas, qui ipsis viventibus prophetarent, damnandi; nulla alia de causa id dixi, quam quia Prophetae ex authoritate, quam habebant, novum Regem eligere poterant, et veniam parricidio dare, at non quod Regem, si quid contra leges audebat, in judicium vocare liceret, et jure contra eundem agere. Quapropter, si nulli fuissent Prophetae, qui singulari revelatione veniam parricidio tuto possent concedere, jus ad omnia absolute tam sacra, quam civilia omnino habuissent; quare hodiernae summae potestates, quae nec Prophetas habent, nec recipere jure tenentur (Hebraeorum enim legibus addicti non sunt), hoc jus, tametsi caelibes non sint, absolute habent, et semper retinebunt, modo tantum Religionis dogmata in magnum numerum non augeri, neque cum scientiis confundisinant.

CAPUT XX. Ostenditur, in libera Republica unicuique et sentire, quae velit, et quae sentiat, dicere licere

Si aeque facile esset animis, ac linguis imperare, tuto unusquisque regnaret, et nullum imperium violentum foret: Nam unusquisque ex imperantium ingenio viveret, et ex solo eorum decreto, quid verum, vel falsum, bonum, vel malum, aequum, vel iniquum esset, judicaret. Sed hoc, ut jam in initio cap. XVII. notavimus, fieri nequit, ut scilicet animus alterius juris absolute sit; quippe nemo jus suum naturale, sive facultatem suam libere ratiocinandi, et de rebus quibuscunque judicandi, in alium transferre, neque ad id cogi potest. Hinc ergo fit, ut illud imperium violentum habeatur, quod in animos est, et ut summa majestas injuriam subditis facere, eorumque jus usurpare videatur, quando unicuique praescribere vult, quid tanquam verum amplecti, et tanquam falsum rejicere, et quibus porro opinionibus uniuscujusque animus erga Deum devotione moveri debeat; haec enim uniuscujusque juris sunt, quo nemo, etsi velit, cedere potest. Fateor, judicium multis, et paene incredibilibus modis praeoccupari posse, atque ita, ut, quamvis sub alterius imperio directe non sit, tamen ab ore alterius ita pendeat, ut merito eatenus ejus juris dici possit: Verum quicquid ars hac in re praestare potuerit, nunquam tamen eo perventum est, ut homines unquam non experirentur, unumquemque suo sensu abundare, totque capitum, quam palatorum esse discrimina. Moses, qui non dolo, sed divina virtute judicium sui populi maxime praeoccupaverat, utpote qui divinus credebatur, et divino afflatu dicere, et facere omnia, ejus tamen rumores, et sinistras interpretationes fugere non potuit, et multo minus reliqui Monarchae, et si hoc aliqua ratione posset concipi, conciperetur saltem in monarchico imperio, at minime in democratico, quod omnes, vel magna populi pars collegialiter tenet; cujus rei causam omnibus patere existimo.

Quantumvis igitur summae potestates jus ad omnia habere, et juris, et pietatis interpretes credantur, nunquam tamen facere poterunt, ne homines judicium de rebus quibuscunque ex proprio suo ingenio ferant, et ne eatenus hoc, aut illo affectu afficiantur. Verum quidem est, eas jure posse omnes, qui cum iisdem in omnibus absolute non sentiunt, pro hostibus habere, sed nos de ipsarum jure jam non disputamus, sed de eo, quod utile est; concedo enim easdem jure posse violentissime regnare, et cives levissimis de causis ad necem ducere, at omnes negabunt, haec salvo sanae rationis judicio, fieri posse: imo quia haec non sine magno totius imperii periculo facere queunt, negare etiam possumus easdem absolutam potentiam ad haec, et similia habere, et consequenter neque etiam absolutum jus; jus enim summarum potestatum ab earum potentia determinari ostendimus.

Si itaque nemo libertate sua judicandi, et sentiendi, quae vult, cedere potest, sed unusquisque maximo naturae jure dominus suarum cogitationum est, sequitur, in republica nunquam, nisi admodum infoelici successu tentari posse, ut homines, quamvis diversa, et contraria sentientes, nihil tamen nisi ex praescripto summarum potestatum loquantur; nam nec peritissimi, ne dicam plebem, tacere sciunt. Hoc hominum commune vitium est, consilia sua, etsi tacito opus est, aliis credere: illud ergo imperium violentissimum erit, ubi unicuique libertas dicendi, et docendi, quae sentit, negatur, et contra id moderatum, ubi haec eadem libertas unicuique conceditur. Verum enimvero nequaquam etiam negare possumus, quin majestas tam verbis, quam re laedi potest, atque adeo, si impossible [impossibile] est, hanc libertatem prorsus adimere subditis, perniciosissimum contra erit, eandem omnino concedere; quapropter nobis hic inquirere incumbit, quousque unicuique haec libertas, salva reipublicae pace, salvoque summarum potestatum jure, potest, et debet concedi, quod hic, ut in initio cap. XVI. monui, praecipuum meum intentum fuit.

Ex fundamentis Reipublicae supra explicatis evidentissime sequitur, finem ejus ultimum non esse dominari, nec homines metu retinere, et alterius juris facere, sed contra unumquemque metu liberare, ut secure, quoad ejus fieri potest, vivat, hoc est, ut jus suum naturale ad existendum, et operandum absque suo, et alterius damno optime retineat. Non, inquam, finis Reipublicae est homines ex rationalibus bestias, vel automata facere, sed contra ut eorum mens, et corpus tuto suis functionibus fungantur, et ipsi libera ratione utantur, et ne odio, ira, vel dolo certent, nec animo iniquo invicem ferantur. Finis ergo Reipublicae revera libertas est. Porro ad formandam Rempublicam hoc unum necesse fuisse vidimus, nempe ut omnis decretandi potestas penes omnes, vel aliquot, vel penes unum esset. Nam quandoquidem liberum hominum judicium varium admodum est, et unusquisque solus omnia scire putat, nec fieri potest, ut omnes aeque eadem sentiant, et uno ore loquantur, pacifice vivere non poterant, nisi unusquisque jure agendi ex solo decreto suae mentis cederet. Jure igitur agendi ex proprio decreto unusquisque tantum cessit, non autem ratiocinandi, et judicandi; adeoque salvo summarum potestatum jure nemo quidem contra earum decretum agere potest, at omnino sentire, et judicare, et consequenter etiam dicere, modo simpliciter tantum dicat vel doceat, et sola ratione, non autem dolo, ira, odio, nec animo aliquid in rempublicam ex authoritate sui decreti introducendi, defendat. Ex. gr. siquis legem aliquam sanae rationi repugnare ostendit, et propterea eandem abrogandam esse censet, si simul suam sententiam judicio summae potestatis (cujus tantum est, leges condere et abrogare) submittit, et nihil interim contra illius legis praescriptum agit, bene sane de republica meretur, ut optimus quisque civis; sed si contra id faciat ad magistratum iniquitatis accusandum, et vulgo odiosum reddendum, vel seditiose studeat invito magistratu legem illam abrogare, omnino perturbator est, et rebellis. Videmus itaque, qua ratione unusquisque, salvo jure, et authoritate summarum potestatum, hoc est, salva Reipublicae pace, ea, quae sentit, dicere, et docere potest; nempe si decretum omnium rerum agendarum iisdem relinquat, et nihil contra earum decretum agat, etiamsi saepe contra id, quod bonum judicat, et palam sentit, agere debeat; quod quidem salva justitia et pietate facere potest, imo debet, si se justum, et pium praestare vult: Nam, ut jam ostendimus, justitia a solo summarum potestatum decreto pendet, adeoque nemo, nisi qui secundum earum recepta decreta vivit, justus esse potest. Pietas autem (per ea, quae in praecedente Capite ostendimus) summa est, quae circa pacem, et tranquillitatem reipublicae exercetur; atqui haec conservari non potest, si unicuique ex suae mentis arbitrio vivendum esset; adeoque impium etiam est, ex suo arbitrio aliquid contra decretum summae potestatis, cujus subditus est, facere, quandoquidem, si hoc unicuique liceret, imperii ruina inde necessario sequeretur. Quinimo nihil contra decretum, et dictamen propriae rationis agere potest, quamdiu juxta decreta summae potestatis agit; ipsa enim ratione suadente omnino decrevit, jus suum vivendi ex proprio suo judicio, in eandem transferre: Atqui hoc ipsa etiam praxi confirmare possumus; in conciliis namque tam summarum, quam minorum potestatum raro aliquid fit ex communi omnium membrorum suffragio, et tamen omnia ex communi omnium decreto, tam scilicet eorum, qui *contra*, quam qui *pro* suffragium tulerunt, fiunt. Sed ad meum propositum revertor: qua ratione unusquisque Judicii libertate, salvo summarum potestatum jure, uti potest, ex fundamentis reipublicae vidimus. At ex iis non minus facile determinare possumus, quaenam opiniones in Republica seditiosae sint; eae nimirum, quae simul ac ponuntur, pactum, quo unusquisque jure agendi ex proprio suo arbitrio cessit, tollitur. Ex. gr. si quis sentiat, summam potestatem sui juris non esse, vel neminem promissis stare debere, vel oportere unumqumque ex suo arbitrio vivere et alia hujusmodi, quae praedicto pacto directe repugnant, is seditiosus est, non tam quidem propter judicium, et opinionem quam propter factum, quod talia judicia involvunt, videlicet, quia eo ipso, quod tale quid sentit, fidem summae potestati tacite, vel expresse datam solvit; ac proinde caeterae opiniones, quae actum non involvunt, nempe ruptionem pacti, vindictam, iram etc., seditiosae non sunt, nisi forte in Republica aliqua ratione corrupta, ubi scilicet superstitiosi, et ambitiosi, qui ingenuos ferre nequeunt, ad tantam nominis famam pervenerunt, ut apud plebem plus valeat eorum, quam summarum potestatum authoritas; nec tamen negamus, quasdam praeterea esse sententias, quae, quamvis simpliciter circa verum, et falsum versari videantur, iniquo tamen animo proponuntur, et divulgantur. Verum has etiam cap. XV. jam determinavimus, at ita, ut ratio nihilominus libera manserit. Quod si denique ad hoc etiam attendamus, quod fides uniuscujusque erga Rempublicam, sicuti erga Deum, ex solis operibus cognosci potest, nempe ex charitate erga proximum, nequaquam dubitare poterimus, quin optima respublica unicuique eandem philosophandi libertatem concedat, quam fidem unicuique concedere ostendimus. Equidem fateor, ex tali libertate incommoda quaedam aliquando oriri; verum quid unquam tam sapienter institutum fuit, ut nihl inde incommodi oriri potuerit? qui omnia legibus determinare vult, vitia irritabit potius, quam corriget. Quae prohiberi nequeunt, necessario concedenda sunt, tametsi inde saepe damnum sequatur. Quot enim mala ex luxu, invidia, avaritia, ebrietate, et aliis similibus oriuntur? feruntur tamen haec, quia imperio legum prohiberi nequeunt, quamvis revera vitia sint; quare multo magis judicii libertas concedi debet, quae profecto virtus est, nec opprimi potest. Adde, quod nulla ex eadem incommoda oriuntur, quae non possint (ut statim ostendam) authoritate magistratuum vitari, ut jam taceam, quod haec libertas apprime necessaria est ad scientias, et artes promovendum; nam hae ab iis tantum foelici cum successu coluntur, qui judicium liberum, et minime praeoccupatum habent.

At ponatur, hanc libertatem opprimi, et homines ita retineri posse, ut nihil mutire audeant, nisi ex praescripto summarum potestatum; hoc profecto nunquam fiet, ut nihil etiam, nisi quid ipsae velint, cogitent: atque adeo necessario sequeretur, ut homines quotidie aliud sentirent, aliud loquerentur, et consequenter ut fides, in Republica apprime necessaria, corrumperetur, et abominanda adulatio, et perfidia foverentur, unde doli, et omnium bonarum artium corruptio. Verum longe abest, ut id fieri possit, ut omnes scilicet praefinito loquantur; sed contra quo magis libertas loquendi hominibus adimi curatur, eo contumacius contra nituntur, non quidem avari, adulatores, et reliqui impotentes animi, quorum summa salus est, nummos in arca contemplari, et ventres distentos habere, sed ii, quos bona educatio, morum integritas, et virtus liberiores fecit. Ita homines plerumque constituti sunt, ut nihil magis impatienter ferant, quam quod opiniones, quas veras esse credunt, pro crimine habeantur, et quod ipsis sceleri reputetur, id, quod ipsos ad pietatem erga Deum, et homines movet, ex quo fit, ut leges detestari, et quid vis in magistratum audeant; nec turpe, sed honestissimum putent, seditiones hac de causa movere, et quodvis facinus tentare. Cum itaque humanam naturam sic comparatam esse constet, sequitur, leges, quae de opinionibus conduntur, non scelestos, sed ingenuos respicere, nec ad malignos co,rcendum, sed potius ad honestos irritandum condi, nec sine magno imperii periculo defendi posse. Adde, quod tales leges inutiles omnino sunt; nam qui opiniones, quae legibus damnatae sunt, sanas esse credent, legibus parere non poterunt, qui contra easdem tanquam falsas rejiciunt, leges, quibus hae damnantur, tanquam privilegia recipiunt, et iisdem ita triumphant, ut magistratus easdem postea, etsi velit, abrogare non valeat. His accedunt, quas supra cap. XVIII. ex historiis Hebraeorum N° II. deduximus: Et denique quot schismata in Ecclesia ex hoc plerumque orta sunt, quod magistratus doctorum controversias legibus dirimere voluerunt? nam ni homines spe tenerentur leges, et magistratum ad se trahendi, et de suis adversariis, communi vulgi applausu triumphandi, et honores adipiscendi, nunquam tam iniquo animo certarent, nec tantus furor eorum mentes agitaret. Atque haec non tantum ratio, sed etiam experientia quotidianis exemplis docet; nempe similes leges, quibus scilicet imperatur, quid unicuique credendum sit, et contra hanc aut illam opinionem aliquid dicere, vel scribere prohibetur, saepe institutas fuisse ad largiendum, vel potius cedendum eorum ira, qui libera ingenia ferre nequeunt, et torva quadam authoritate seditiosae plebis devotionem facile in rabiem mutare, et in quos volunt, instigare possunt. At quanto satius foret, vulgi iram, et furorem cohibere, quam leges inutiles statuere, quae violari non possunt, nisi ab iis, qui virtutes, et artes amant, et Rempublicam in tantam angustiam redigere, ut viros ingenuos sustinere non possit? Quid enim majus Reipublicae malum excogitari potest, quam quod viri honesti, quia diversa sentiunt, et simulare nesciunt, tanquam improbi in exilium mittantur? quid inquam magis perniciosum, quam quod homines ob nullum scelus, neque facinus, sed quia liberalis ingenii sunt, pro hostibus habeantur, et ad necem ducantur, et quod catasta, malorum formido, pulcherrimum fiat theatrum ad summam tolerantiae, et virtutis exemplum cum insigni majestatis opprobrio ostentandum? qui enim se honestos norunt, mortem ut scelesti non timent, nec supplicium deprecantur; eorum quippe animus nulla turpis facti poenitentia angitur, sed contra honestum, non supplicium putant, pro bona causa mori, et pro libertate gloriosum. Quid ergo talium nece exempli statuitur, cujus causam inertes, et animo impotentes ignorant, seditiosi oderunt, et honesti amant? Nemo sane ex eadem exemplum capere potest, nisi ad imitandum, vel saltem ad adulandum.

Ne itaque assentatio, sed ut fides in pretio sit, et ut summae potestates imperium optime retineant, nec seditiosis cedere cogantur, judicii libertas necessario concedenda est, et homines ita regendi sunt, ut quamvis diversa, et contraria palam sentiant, concorditer tamen vivant. Nec dubitare possumus, quin haec ratio imperandi optima sit, et minora patiatur incommoda; quandoquidem cum hominum natura maxime convenit. In imperio enim democratico (quod maxime ad statum naturalem accedit) omnes pacisci ostendimus, ex communi decreto agere, at non judicare, et ratiocinari; hoc est, quia omnes homines non possunt aeque eadem sentire, pacti sunt, ut id vim decreti haberet, quod plurima haberet suffragia, retinendo interim authoritatem eadem, ubi meliora viderint, abrogandi; quo igitur hominibus libertas judicandi minus conceditur, eo a statu maxime naturali magis receditur, et consequenter violentius regnatur. Ut autem porro constet, ex hac libertate nulla oriri incommoda, quae non possint sola summae potestatis authoritate vitari: et hac sola homines, etsi palam contraria sentientes facile retineri, ne invicem laedant; exempla praesto sunt; nec opus mihi est ea longe petere: urbs Amstelodamum exemplo sit, quae tanto cum suo incremento, et omnium nationum admiratione hujus libertatis fructus experitur; in hac enim florentissima Republica, et urbe praestantissima omnes cujuscunque nationis, et sectae homines summa cum concordia vivunt, et ut alicui bona sua credant, id tantum scire curant, num dives, an pauper sit, et num bona fide, an dolo solitus sit agere: Caeterum Religio, vel secta nihil eos movet, quia haec coram judice ad justificandam, vel damnandam causam nihil juvat; et nulla omnino tam odiosa secta est, cujus sectarii (modo neminem laedant, et suum unicuique tribuant, honesteque vivant) publica magistratuum authoritate, et praesidio non protegantur: Contra cum olim Remonstrantium, et Contraremonstrantium controversia de religione a Politicis et Ordinibus provinciarum agitari incepit, tandem in schisma abiit, et multis tum exemplis constitit, leges, quae de Religione conduntur, ad dirimendas scilicet controversias, homines magis irritare, quam corrigere, alios deinde infinitam ex iisdem licentiam sumere, praeterea schismata non oriri ex magno veritatis studio (fonte scilicet comitatis, et mansuetudinis), sed ex magna libidine regnandi; ex quibus luce meridiana clarius constat eos potius schismaticos esse, qui aliorum scripta damnant, et vulgum petulantem in scriptores seditiose instigant, quam scriptores ipsi, qui plerumque doctis tantum scribunt, et solam rationem in auxilium vocant; deinde eos revera perturbatores esse, qui in libera Republica libertatem judicii, quae non potest opprimi, tollere tamen volunt.

His ostendimus I. impossibile esse libertatem hominibus dicendi ea, quae sentiunt, adimere. II. hanc libertatem, salvo jure, et authoritate summarum potestatum uniquique concedi, et eandem unumquemque servare posse, salvo eodem jure, si nullam inde licentiam sumat, ad aliquid in Rempublicam tanquam jus introducendum, vel aliquid contra receptas leges agendum. III. hanc eandem libertatem unumquemque habere posse, servata Reipublicae pace, et nulla ex eadem incommoda oriri, quae facile coerceri non possint. IV. eandem salva etiam pietate unumquemque habere posse. V. leges, quae de rebus speculativis conduntur, inutiles omnino esse. VI. Denique ostendimus, hanc libertatem non tantum servata Reipublicae pace, pietate, et summarum potestatum jure posse, sed ad haec omnia conservandum, etiam debere concedi; nam ubi ex adverso eandem hominibus adimere laboratur, et discrepantium opiniones, non autem animi, qui soli peccare possunt, in judicium vocantur, ibi in honestos exempla eduntur, quae potius martyria videntur, quaeque reliquos magis irritant, et ad misericordiam, si non ad vindictam plus movent, quam terrent; bonae deinde artes, et fides corrumpuntur, adulatores, et perfidi foventur, et adversarii triumphant, quod eorum irae concessum sit, quodque imperium tenentes suae doctrinae, cujus interpretes habentur, sectatores fecerint, ex quo fit, ut eorum authoritatem, et jus usurpare audeant, nec jactare erubescant, se a Deo immediate electos, et sua decreta divina, summarum autem potestatum contra humana esse, quae propterea divinis, hoc est, suis decretis, ut cedant, volunt; quae omnia nemo ignorare potest Reipublicae saluti omnino repugnare. Quapropter hic, ut supra cap. XVIII., concludimus nihil reipublicae tutius, quam ut pietas, et Religio in solo Charitatis, et Aequitatis exercitio comprehendatur, et jus summarum potestatum tam circa sacra, quam profana ad actiones tantum referatur, caeterum unicuique et sentire, quae velit, et quae sentiat, dicere concedatur.

His, quae in hoc Tractatu agere constitueram, absolvi. Superest tantum expresse monere, me nihil in eo scripsisse, quod non libentissime examini, et judicio summarum Potestatum Patriae meae subjiciam: Nam si quid horum, quae dixi, patriis legibus repugnare, vel communi saluti obesse judicabunt, id ego indictum volo: scio me hominem esse, et errare potuisse; ne autem errarem, sedulo curavi, et apprime, ut quicquid scriberem, legibus patriae, pietati, bonisque moribus omnino responderet.